Wolf Friederich

MODERNE DEUTSCHE IDIOMATIK

Alphabetisches Wörterbuch
mit Definitionen und Beispielen

Max Hueber Verlag

ISBN 3–19–00.1017–X
2. neubearbeitete Auflage 1976
© 1976 Max Hueber Verlag München
Gesamtherstellung: Druckerei Ludwig Auer, Donauwörth
Printed in Germany

Inhaltsverzeichnis

Vorwort	Seite 5
Einführung	
Grundsätze für die Auswahl und die Bearbeitung	6
Die Stilebenen der Wendungen	9
Varianten der Wendungen	9
Die Definitionen	10
Die Beispiele	10
Verwendete Abkürzungen	11
Benutzte Literatur	12
Idiomatische Redewendungen von A–Z	13

Vorwort

Den Wünschen von Benutzern und Rezensenten entsprechend habe ich in dieser Auflage die Einteilung in Sachkapitel aufgegeben und alle idiomatischen Wendungen in eine durchgehende alphabetische Ordnung gebracht, wodurch mancherlei Verweise und das Register überflüssig wurden. Um das Buch zu erschwinglichem Preis wieder herausbringen zu können, wurde die Zahl der Beispiele verringert; manche sehr wenig gebräuchlichen Wendungen wurden gestrichen. Dank der rührigen Unterstützung meines Verlegers Ernst Hueber war es möglich, eine größere Zahl von Beispielen zu modernisieren.

Die im ganzen so außerordentlich positive Kritik auf dieses Buch brachte (neben der Alphabetisierung) weitere Wünsche vor: Angaben über die Herkunft der Wendungen und literarische Zitate statt der Alltagsbeispiele. Ersteres ist aus Umfangsgründen leider ausgeschlossen; literarische Beispiele für alle Wendungen beizubringen ist mehr, als selbst ein Team auch bei erheblichem Zeitaufwand zu leisten vermag. Der Hauptzweck dieses Buches, heutige Sprache zu lehren, wäre im übrigen dadurch völlig verfehlt.

Möge das Buch in seiner neuen Gestalt wieder viele Freunde gewinnen. Anregungen und Kritik sind stets willkommen.

München, Januar 1976   Wolf Friederich

Einführung

Grundsätze für die Auswahl und die Bearbeitung

Der Begriff der „idiomatischen Redewendung" ist nicht eindeutig festgelegt; die zahlreichen Bücher, die solche Redewendungen bieten, lassen kein Auswahlprinzip erkennen. Es besteht aber kein Zweifel, daß eine *Wendung* nicht identisch ist mit einem einzelnen *Wort* und daß *Redewendung* und *idiomatische Redewendung* zwei verschiedene Begriffe sind.

Eine *Wendung* ist eine Wortgruppe, die aus Verb und Objekt, Adjektiv und Substantiv, Präposition und Substantiv oder ähnlichen Verbindungen besteht. Die Verbindung eines Vollworts (Substantiv, Verb, Adjektiv, Adverb, Präposition) mit einem Formwort (Pronomen, Artikel, Partikel) ergibt keine Wendung.

Hierbei erhebt sich durch die Regeln der Duden-Rechtschreibung ein besonderes Problem: nach dem Prinzip, daß eine Wendung nicht nur aus einem Wort bestehen kann, sind Ausdrücke wie *überhandnehmen, flötengehen, lockermachen, geradestehen (für), sich großtun, sitzenbleiben, schiefgehen, schiefgewickelt, sich schieflachen, kurzerhand, unterderhand, unverrichteterdinge, imstande (sein), außerstande (sein), j-m nahegehen* keine Wendungen. Da es sich hier aber um offensichtliche Zusammenfügungen handelt, die von sehr vielen Deutschen als zwei Wörter empfunden und so geschrieben werden und die bei einer Reform der deutschen Rechtschreibung wohl einmal für die Getrenntschreibung freigegeben werden müssen, habe ich sie in das vorliegende Buch aufgenommen, zumal die meisten Benutzer sie hier auch erwarten werden.

Das Gesagte gilt freilich nicht für substantivische Komposita von der Art *Angsthase, Frechdachs, Bücherwurm, Pyrrhussieg, Danaergeschenk,* denn hier besteht kein Zweifel, daß es sich um Einzelwörter handelt, die jeder Deutsche als *ein* Wort empfindet. Ebensowenig sind als Wendungen anzusehen solche Verben oder Adjektive wie *einseifen, eintrichtern, durchhecheln, anzetteln, ankreiden, sich drücken, sich haben, etw. mit sich selbst abmachen, sich etw. abquälen, etw. auf j-n abschieben, ausmerzen, altfränkisch, aufgedonnert, ausgelassen, entrüstet, pudelnaß,* die man oft in Büchern über idiomatische Redewendungen aufgeführt findet.

Die Verbindung *Präposition + Substantiv* oder *Präposition + Pronomen* kann durchaus idiomatischen Charakter haben: *durch die Bank, aufs Geratwohl, unter Umständen, in der Regel, zum Kuckuck, bei Gott, an sich, alles in allem* usw.

Dagegen sind die Verbindungen, in denen die Präposition von einem Verb, einem Adjektiv oder Substantiv abhängig ist, nicht als Wendungen anzusprechen, denn hier handelt es sich ja nur um einen Fall der Rektion. Keine idiomatischen *Wendungen* sind daher trotz ihrer figürlichen Bedeutungen solche Ausdrücke wie *brennen auf etw., zu j-m halten, auf etw. herumreiten, mit etw. liebäugeln, sich in etw. hineinknien, sich an etw./j-m vergreifen, sich für etw. einsetzen, sich um etw. reißen, sich in etw. verbeißen, sich auf etw. versteifen, sich auf etw. spitzen, s. mit j-m anlegen oder verrückt nach etw./j-m sein, verschossen in j-n, versessen auf etw.* oder *Hingabe an, Einsatz in, Beschlagenheit in etw.*

Ebensowenig kann man als idiomatische Wendungen Ausdrücke ansprechen, deren figürliche Bedeutung daran gebunden ist, daß zu dem jeweiligen Verb ein Qualitätsadjektiv (aber eben *kein bestimmtes*) hinzutritt, etwa: (das Kleid) *steht ihr gut* (großartig, wunderbar, schlecht), (die Sache) *ist* (noch mal) *gut* (gnädig, glimpflich) *abgegangen, es sich gut* (prima, hervorragend) *mit j-m stellen, gut* (hervorragend, ausgezeichnet, prima) *mit j-m stehen, es steht schlecht* (traurig, bedenklich) *um j-n, gut* (hervorragend, prima, mäßig, schlecht) *abschneiden bei etw., sich gut* (erfreulich, zufriedenstellend, positiv, ziemlich schlecht) *anlassen.* Der Vergleich etwa mit der idiomatischen Wendung *hoch hergehen* zeigt den springenden Punkt: *hoch* ist nicht mit irgendwelchen anderen Adverbien (Adjektiven) austauschbar. Ähnlich *j-m übel mitspielen, sich schwer tun, mit j-m fertig sein, das läßt tief blicken* usw.

Idiomatische Redewendungen sind solche Wendungen, deren Sinn ein anderer ist als die Summe der Einzelbedeutungen der Wörter.
Der Ausdruck *sich in die Länge ziehen* besagt nichts anderes, als was die einzelnen Wörter — zusammengenommen — besagen: *etwas durch den Kakao ziehen* hat dagegen eine Bedeutung, die weder mit *Kakao* noch mit *ziehen* das geringste zu tun hat. *Jemandem den Kopf waschen* ist eine Wendung, die im Zusammenhang mit den Pflichten einer Mutter nicht mehr sagen will, als die einzelnen Wörter bedeuten; das benutzte Mittel ist Seife. Als *idiomatische Redewendung* dagegen besagt der Ausdruck etwas ganz anderes: das benutzte Mittel ist eine Strafpredigt oder Standpauke. Es ist also klar, daß solche Wendungen wie *die Katze im Sack kaufen, etwas für bare Münze nehmen, eine harte Nuß knacken, ans Ruder kommen, ins Garn gehen, durch die Bank, von echtem Schrot und Korn* mit all den genannten konkreten Dingen *(Katze, Sack, Münze, Nuß, Ruder, Garn, Bank, Schrot, Korn)* heute nichts mehr zu tun haben und darum ‚idiomatisch' sind.
Sprichwörter sind zwar in ihren Bildern und Ausdrücken den idiomatischen Redewendungen manchmal ähnlich, gehören aber in eine eigene Sammlung.
Stilsammlungen führen unter dem Stichwort „Klischee" manchmal Wendungen auf, die sie verdammen. Soweit diese idiomatisch sind, haben wir sie aufgenommen, z. B. *den Schlaf des Gerechten schlafen, die bessere Hälfte, es ist die höchste Eisenbahn, der schnöde Mammon* u. a.
Manche idiomatische Wendungen kommen heute praktisch nur in ganz bestimmten Sätzen vor. Sie werden dann in dieser Satzform gebracht, obwohl ein Satz natürlich strenggenommen keine Wendung ist. Beispiele: *es ist die höchste Eisenbahn; es ist noch nicht aller Tage Abend; da hast du die Bescherung; er hat nicht alle Tassen im Schrank.*
Irrtümlicherweise werden als idiomatische Wendungen oft solche Ausdrücke angesprochen, bei denen *ein* Wort einen figurativen Sinn hat, dieser ist aber nicht an das Vorhandensein bestimmter anderer Wörter in der betreffenden Wendung gebunden. Gerade das ist aber das Kriterium für eine idiomatische Wendung. Zum Beispiel steht neben Sätzen wie *Dieser Abstecher hat sich nicht gelohnt* oder *Für einen Abstecher haben wir kaum noch Zeit* die Wendung *einen Abstecher machen,* die nicht mehr besagt als die Summe der Einzelbedeutungen der Wörter. Die Bedeutung von *Abstecher* in den zwei Beispielsätzen und in der Wendung ist völlig gleich. Dasselbe gilt von den Wendungen *einen Schnitzer machen, einen Seitensprung machen, sich e-e Abfuhr holen, j-m e-e Abfuhr erteilen, sich den Magen verkorksen, sein Geld (Vermögen usw.) verpulvern, ein Buch (e-n Roman) verschlingen, die Zeit (e-e Stunde) vertrödeln,* wobei in den letzten vier Ausdrücken die figürliche Bedeutung natürlich im Verb, nicht im Substantiv liegt.
Einige weitere Beispiele: *j-n ernst nehmen* (weder *ernst* noch *nehmen* haben einzeln einen anderen Sinn als in der Wendung; zu *nehmen* vergleiche man etwa *die Dinge so nehmen, wie sie sind); j-m die letzte Ehre erweisen; in Lebensgefahr schweben; das läßt sich machen* (*läßt sich* + Infinitiv bedeutet immer *kann* + Passivinfinitiv: *das kann gemacht werden); das läßt sich ändern* (*das kann geändert werden*) ist ebensowenig eine idiomatische Wendung. *Das läßt sich hören* dagegen ist eine, denn es bedeutet nicht *das kann gehört werden, das kann man hören,* sondern *das ist eine gute Idee, ein guter Vorschlag; waschecht sein* (an *sein* nicht gebunden, vgl. *Ein waschechter Bayer sagt sowas nicht.* In der Wendung *fertig sein* dagegen ist die Bedeutung *völlig kaputt* an *sein* gebunden; man kann nur etwa sagen *Nach dieser Arbeit waren wir alle fertig,* aber nicht *Nach dieser Arbeit gab es für die fertigen Arbeiter ein Glas Bier,* sondern nur *für die erschöpften Arbeiter);* dasselbe gilt für *erschossen sein, erledigt sein.* Anders steht es wieder mit *erpicht (versessen) sein auf etw.* Das sind keine idiomatischen Wendungen, denn man kann z. B. sagen *ein auf Sensationen erpichter oder auf Jazz versessener Mensch.* Ein gutes Beispiel ist auch der Vergleich von *das ist ein Klacks* und *das ist eine Lappalie.* Letzteres Wort kann allein (ohne *sein*) verwendet werden: *diese Lappalie werden wir gleich haben. Diese Lappalie regt dich auf?* Mit *Klacks* kann man diese Sätze nicht bilden, sondern nur so etwas wie *Wegen sowas regst du dich auf? Das ist*

doch ein Klacks. Deshalb ist der Ausdruck *ist ein Klacks* eine idiomatische Wendung, *ist eine Lappalie* dagegen nicht.
Die Verben *sein* und *werden* haben in der Regel rein grammatischen Charakter. Wendungen mit ihnen sind daher selten idiomatisch. Zwei gute Beispiele, in denen die idiomatische Bedeutung des Ausdrucks an diese Verben gebunden ist, sind etwa *der Dumme sein* (nur hier heißt *der Dumme* soviel wie *der Geprellte*) und *e-r Sache gerecht werden*.
Idiomatische Wendungen sind auch solche Ausdrücke, in denen *eine(n)* oder *etwas* mit selbständigem Charakter vorkommen: *j-m eine langen (schmieren, kleben, wienern usw.), einen heben (genehmigen, hinter die Binde gießen), einen sitzen haben, j-m eins auswischen, j-m etwas husten, etwas haben gegen j-n, sich etwas machen aus.* In den Wendungen mit *etwas* ist dieses Wort manchmal austauschbar mit *viel, wenig, nichts (nichts haben gegen j-n, sich viel/wenig/nichts machen aus).*
Obgleich Vergleiche eigentlich der strengen Definition idiomatischer Wendungen nicht genügen, wurden sie, soweit sie feststehende Wendungen sind, in das Buch aufgenommen: *sich wie gerädert fühlen, es ging wie geschmiert, sich freuen wie ein Schneekönig, wie ein Landsknecht fluchen, voll wie eine Strandhaubitze, du kommst wie gerufen.*

Folgende Prinzipien liegen der alphabetischen Einordnung der Wendungen zugrunde:

1. Enthält die Wendung ein Substantiv, ist sie unter diesem Substantiv aufgeführt. Bei zwei Substantiven steht sie jeweils unter dem ersten (in manchen Fällen auch unter dem zweiten, dann ist sie aber unter dem ersten ebenfalls — mit Verweis — aufgeführt):
   j-m den Kopf *waschen, etw. für bare* Münze *nehmen,* Öl *ins Feuer gießen.*

2. Enthält die Wendung kein Substantiv, wohl aber ein Verbum, so gilt:
   a) ist ein Adjektiv (od. Adverb) vorhanden, so ist die Wendung unter dem Adjektiv/Adverb aufgeführt:
      hoch *hergehen,* steif *und* fest *behaupten, es* schwer *mit j-m haben, etw.* satt *haben,* allein *dastehen, j-m* übel *mitspielen,* so *siehst du aus;*
   b) ist ein Adverb mit da- (darauf, darin, darum usw.) vorhanden, so steht die Wendung unter dem Verb:
      mir liegt *daran, das* kommt *davon, es kommt* darauf *an, es ist mir sehr darum zu tun.*
      Entsprechendes gilt für Verbindungen mit *etwas, nichts, viel* usw. in Wendungen wie:
      viel (od. wenig, etwas nichts) geben *auf, sich viel (wenig, etwas, nichts)* machen *aus, zu nichts* kommen;
   c) ist ein Verb mit einem Hilfsverb verbunden, so gilt das Verbum:
      j-n abfahren *lassen, j-n* antanzen *lassen, j-n nicht* ausstehen *können, sich* sehen *lassen können;*
   d) ist ein Verb mit dem Pronomen *es* und einer Präposition verbunden, so gilt ebenfalls das Verbum:
      es zu etw. bringen*, es* bewenden *lassen bei;*
   e) ist das Verb mit dem Reflexivpronomen *sich* und einer Präposition verbunden, so erscheint die Wendung unter der Präposition und unter dem Verbum. Die Definition wird bei der Präposition gegeben, wenn diese betont ist, sonst beim Verbum:
      in sich gehen, zu sich kommen, aus sich herausgehen;
   f) sonstige Verbindungen mit einem Verb werden ebenfalls unter dem Verbum aufgeführt:
      hast du dir gedacht (denken), *haste was kannste* (haben), *das wär's* (sein), *da hört sich doch alles auf* (aufhören).
   Statt einzelner Verbformen sind jeweils die Infinitive als Stichwörter aufgeführt. Wendungen mit *siehst, hast, wäre* sind also unter *sehen, haben, sein* zu suchen.
   Passivpartizipien sind ebenfalls unter dem jeweiligen Infinitiv aufgeführt (*gerädert*

unter *rädern, gemünzt* unter *münzen*), es sei denn, die betreffenden Infinitive sind ungebräuchlich (*angegossen, angelegen, ungeschoren* sind daher eigene Stichwörter).

Die Stilebenen der Wendungen

Ebenso wie Einzelwörter gehören auch Wendungen verschiedenen Stilebenen an. Es wäre durchaus gerechtfertigt, hier zahlreiche Nuancen zu unterscheiden und dabei auch regionale, chronologische, berufssprachliche und andere Unterschiede zu berücksichtigen. Diese Unterschiede zu fixieren ist freilich sehr schwer, oft nahezu unmöglich, da nicht nur die Grenzen fließend sind, sondern die verschiedenen Nuancierungen in mehrfacher Wechselbeziehung zueinander stehen. Mit solcher Differenzierung wäre den praktischen Zwecken, die das Buch verfolgt, nicht gedient. Es wurden daher nur drei Ebenen unterschieden: *literarischer, umgangssprachlicher* und *salopper* Sprachgebrauch. Die drei kennzeichnenden Buchstaben L, U, S wurden freilich nicht nur dann verwendet, wenn eine Wendung den genannten Bereichen einigermaßen eindeutig zugehört. Es ist wahrscheinlich, daß sich schon zwei Benutzer des Buches nicht bei allen Zuordnungen einig sein werden. Trotzdem mußte der Versuch einer Zuordnung unternommen werden.

Das Fehlen der Hinweise L, U, S bedeutet, daß die Wendung neutral ist, also in keinem Stilbereich störend wirkt.

L (literarisch) weist auf literarisch-poetische Ausdrucksweise, auf gehobenen, feierlichen Stil.

U (umgangssprachlich) will die zwanglose Ausdrucksweise kennzeichnen, die gegenüber der Schriftsprache gewisse Toleranzen aufweist, jedoch nicht derb oder anstößig ist. Die Kennzeichnung U ist durchaus positiv zu werten. Schließlich hat in der Sprache das Sprechen allemal den Vorrang — die Verwendung umgangssprachlicher Wendungen und Wörter beim Sprechen ist das Kennzeichen einer gepflegten Sprechsprache (nicht etwa, wie so oft angenommen wird, einer groben oder gar vulgären Sprache).

S (salopp) kennzeichnet eine derbere Ausdrucksweise, wie man sie etwa seinen Duzfreunden gegenüber in ungezwungener Redeweise anwendet. Die saloppe Redeweise entspricht einigermaßen dem englischen Slang oder dem französischen Argot.

Gelegentlich werden regionale Unterschiede durch *süddt.* und *norddt.* gekennzeichnet. Auch diese Hinweise werden sparsam verwendet.

In der Regel werden die Stil- und Regionalkennzeichnungen unmittelbar nach der Redewendung gegeben. Wenn freilich die verschiedenen Bedeutungen einer Wendung verschiedenen Stilwert haben, dann erscheinen die Hinweise bei den Definitionen (z. B. bei *edles Naß, schwach auf der Brust*).

Varianten der Wendungen

Es gehört nicht zum Charakteristischen einer idiomatischen Wendung, daß sie nur in einer einzigen Form erscheinen kann. Wenn dies auch für viele Wendungen zutrifft, so ist andererseits doch die Zahl der variablen Wendungen erstaunlich groß (z. B. *Frau Holle schüttelt die Betten, Frau Holle schüttelt ihr Bett [ihre Betten] [mit oder ohne aus], Frau Holle schüttelt die Federn, Frau Holle macht ihr Bett; etwas* oder *jemanden in die richtige [oder die rechte] Bahn lenken* oder *in richtige* oder *die richtigen Bahnen lenken* oder *auf die rechte Bahn bringen*).

Alles, was bei den Wendungen, den Definitionen oder Beispielen in Klammern gesetzt ist, kann hinzugefügt oder weggelassen werden. Steht *od.* (= oder) in der Klammer, so ersetzt der Ausdruck in den Klammern das Vorhergehende. Man vergleiche die oben aufgeführten Beispiele *(Frau Holle, Bahn)* auf Seite 221 bzw. 41.

Gelegentlich enthält eine Klammer mit ‚od.' in eindeutigen Fällen nicht Synonyme, sondern Antonyme, z. B. *ein paar hinter die Ohren geben* (od. *kriegen, bekommen*). *Ein paar hinter die Ohren geben* ist das Gegenteil von *ein paar hinter die Ohren kriegen* oder *bekommen*.

Die Definitionen

Die Definitionen sollen den Bedeutungsgehalt der idiomatischen Redewendungen erläutern. Hierbei wurde versucht, die Definition möglichst einfach zu halten, so daß sie nicht nur für den deutschen Benutzer leicht verständlich sind, sondern gerade auch für den ausländischen Benutzer des Wörterbuchs. Aus diesem Grunde wurden in den Definitionen, mehr als sonst üblich, ‚internationale' Fremdwörter gebraucht — Wörter also, die geläufige Bestandteile des Englischen, der romanischen Sprachen (und, als Fremdwörter, des Deutschen) sind.

Im übrigen wurden die Definitionen möglichst so gehalten, daß sie an Stelle der idiomatischen Wendung in den gegebenen Beispielsatz (oder in die Textstelle, deretwegen die Wendung nachgeschlagen wird) eingesetzt werden können.

Eine in Klammern gesetzte Ziffer nach einer als Definition gegebenen Wendung bedeutet, daß nur diese eine Definition zutrifft: *ein krummes Ding drehen* = *ein Ding drehen (2)*. Nur die zweite Definition von *ein Dring drehen* gilt auch für *ein krummes Ding drehen*.

Die Beispiele

Heutzutage hat sich die Erkenntnis allgemein durchgesetzt, daß ein Wort nur in seinem Zusammenhang richtig verstanden werden kann. Die beste Definition kann den zusammenhängenden Text nicht entbehrlich machen. Das gilt ganz besonders auch für die idiomatischen Wendungen. Allen Redewendungen wurde außer einer Definition daher mindestens ein Beispielsatz beigegeben. Selbst ein Satz gewinn oft erst einen vollständigen Sinn, wenn er in andere Sätze eingebettet ist. Textstücke zu jeder idiomatischen Redewendung zu geben verbot sich aber aus Umfanggründen. Es erschien auch nicht günstig, Beispiele aus der Literatur, aus Zeitungen oder Zeitschriften zusammenzustellen. Solches Material ausreichend zu beschaffen übersteigt die Möglichkeiten eines einzelnen. Wichtiger ist, daß die Erfahrung langjähriger Unterrichtspraxis gezeigt hat, daß die Mehrzahl solcher Beispiele als Einzelsätze wenig verständlich sind und im Unterricht der Schilderung des Zusammenhangs bedürfen. Es wurden daher Beispiele zu jeder Bedeutung einer Redewendung gebildet, die — aus den verschiedensten Lebensgebieten genommen — für sich in Anspruch nehmen dürfen, die Sprache der siebziger Jahre des zwanzigsten Jahrhunderts wiederzugeben. Auf diese Weise wurde auch eine Geschlossenheit der Beispiele erreicht, die eine Sammlung, die sich ja mindestens auf die letzten 150 Jahre erstrecken müßte (oder wollte man Goethe als ‚Zitate-Lieferanten' ausschließen?), nie erreichen könnte. Man vergesse auch nicht, daß Dichter ebenso wie Schriftsteller und Journalisten sich sprachliche Freiheiten erlauben dürfen, ja müssen, wenn sie eine besondere Wirkung erzielen wollen. Die Darstellung solch „freien" Sprachgebrauchs sollte Arbeiten über die betreffenden Schriftsteller oder ihre Epochen vorbehalten bleiben und nicht die Grundlage von Werken bilden, die Gegenwartssprache lehren wollen.

Es wurde versucht, die Beispiele so abzufassen, daß sie nicht nur die Redewendung als syntaktischen Bestandteil eines ganzen Satzes zeigen, obgleich das auch schon eine wichtige Aufgabe solcher Beispiele ist, sondern so, daß mit wenigen Strichen eine kleine Situation entsteht, in der die Wendung mehr oder weniger zwangsläufig erscheint. Das ist oft schwierig, manchmal unmöglich. Rede und Gegenrede dienen oft dazu, solche kleinen Situationen zu schaffen. Im übrigen möge der Benutzer seine Phantasie walten lassen, um sich in die angedeuteten Situationen versetzen zu können.

Verwendete Abkürzungen

a.	auch
bes.	besonders, besonderes
best.	bestimmt(es)
d. h.	das heißt
e-e, e-s, e-m, e-n, e-r	eine, eines, einem, einen, einer
etw.	etwas
j-d, j-s, j-m, j-n	jemand, jemandes, jemandem, jemanden
L	literarisch
mst.	meistens
norddt.	norddeutsch
od.	oder
s.	sich / (in der 2. Spalte auch) siehe
S	salopp
S.	Sache(n)
s-e, s-m, s-n, s-r, s-s	seine, seinem, seinen, seiner, seines
süddt.	süddeutsch
U	umgangssprachlich

Benutzte Literatur

L. E. Binowitsch, *Nemezko-russkij fraseologitscheskij slowarj,* Gosudarstwennoje isdatelstwo inostrannych i nazionalnych slowarjej, Moskau 1956

Borchardt-Wustmann-Schoppe, *Die sprichwörtlichen Redensarten im deutschen Volksmund,* 7. Aufl., VEB F. A. Brockhaus Verlag, Leipzig 1954

Maximilian Braun, *Deutsch-russisches phraseologisches Wörterbuch,* Vandenhoeck & Ruprecht, Göttingen 1958

Georg Büchmann, *Geflügelte Worte und Zitatenschatz,* Haude & Spener, Berlin 1972

Der Große Duden, Band 1 (Rechtschreibung der deutschen Sprache und der Fremdwörter), 17. Aufl., Bibliographisches Institut, Mannheim 1973

Der Große Duden, Band 2 (Stilwörterbuch der deutschen Sprache), 6. Aufl., Bibliographisches Institut, Mannheim 1971

A. E. Graf, *Idiomatische Redewendungen und Redensarten der russischen und deutschen Sprache,* Max Hueber Verlag, München 1976

Ruth Klappenbach — Wolfgang Steinitz, *Wörterbuch der deutschen Gegenwartssprache,* Akademie-Verlag, Berlin 1961—1974

K. E. Krack, *Redensarten unter die Lupe genommen,* F. W. Peters-Verlag, Berlin-Charlottenburg 1961

Krüger-Lorenzen, *Das geht auf keine Kuhhaut,* Econ Verlag, Düsseldorf 1960

Heinz Küpper, *Wörterbuch der deutschen Umgangssprache,* 6 Bde. Claassen Verlag, Hamburg 1965/1970

K. A. Paffen, Deutsch-Russisches Satzlexikon, Max Hueber Verlag, München 1966

Heinrich Raab, *Deutsche Redewendungen,* 3 Bde. 2. Aufl., Hippolyt-Verlag, St. Pölten-Wien 1964

Rüdenberg-Pearl, *4000 German Idioms and Colloquialisms,* Hirschfeld Brothers Ltd., London, 1955

Hermann Schrader, *Der Bilderschmuck der Deutschen Sprache,* H. Dolfuß Berlin 1896

Schulz-Griesbach, *1000 idiomatische Redewendungen,* 8. Aufl., Langenscheidt, München 1975

Keith Spalding — Kenneth Brooke, *A Historical Dictionary of German Figurative Usage,* Basil Blackwell, Oxford 1959—1973

Ronald Taylor — Walter Gottschalk, *A German-English Dictionary of Idioms,* Max Hueber Verlag, München 1973

Vogelpohl-Hoschke, *Leben im Wort,* Ernst Klett Verlag, Stuttgart 1957

Wahrig, *Deutsches Wörterbuch,* Bertelsmann Lexikon Verlag 1975

Wörter und Wendungen, Wörterbuch zum deutschen Sprachgebrauch, Max Hueber Verlag, München 1970

A

das **A** und O	*die Hauptsache, das Wesentliche* Die Entwicklung eines guten Sprachgefühls ist das A und O beim Erlernen einer Fremdsprache.
von **A** bis Z	*ganz und gar, von Anfang bis Ende* Ich habe das Buch von A bis Z gelesen und halte es für ausgezeichnet.
j-d ist glatt wie ein **Aal**	*j-d ist schwer zu fassen, entzieht s. geschickt* Es ist schwer, ihn festzulegen. Er ist glatt wie ein Aal und weicht immer wieder aus.
s. wie ein **Aal** winden (*od.* krümmen)	*alle möglichen (u. unmöglichen) Ausflüchte versuchen* Der Angeklagte wand sich wie ein Aal, aber zuletzt mußte er doch zugeben, daß er das Geld genommen hatte.
den **Aal** beim Schwanz fassen	*s. Schwanz*
kein **Aas** S	*niemand* Kein Aas war da. Ich war ganz allein.
ein freches (*od.* dämliches *od.* schlaues) **Aas** S	*ein frecher* (od. *dämlicher* od. *schlauer*) *Mensch* (ein grober Ausdruck) Vor Werner nimm dich in acht, der ist ein schlaues Aas.
ab und zu, **ab** und an	*manchmal, gelegentlich* Mein Onkel besucht uns jede Woche; ab und zu bringt er mir auch etwas mit.
j-n **abblitzen** lassen	*j-n (scharf) zurückweisen* Er läßt jeden, der mehr Gehalt will, abblitzen.
abbrechen: brich dir nur keinen ab! S	*stell dich nicht so an, tu nicht so übertrieben vornehm* Brich dir nur keinen ab! Man könnte ja grade meinen, du hättest blaues Blut in den Adern!
abbrennen: abgebrannt sein U	*ohne Geld sein* (bes. von Studenten) Ich kann mir im Augenblick nicht mal mehr ein Bier leisten, ich bin völlig abgebrannt.
s. von etw. nicht **abbringen** lassen	*etw. hartnäckig verfolgen, betreiben* Ein zielbewußter Mensch wird sich so leicht von dem, was er vorhat, nicht abbringen lassen.
e-r Sache keinen **Abbruch** tun	*nicht schaden, nicht beeinträchtigen* Die Störung des Festes war nicht schön, aber sie tat der Begeisterung (*od.* der Freude) keinen Abbruch.
der Liebe keinen **Abbruch** tun U	*die guten Beziehungen nicht stören* Er ist oft unfreundlich, aber das tut der Liebe keinen Abbruch.

j-n auf **Abbruch** heiraten S	j-n heiraten in der Erwartung, daß er bald stirbt und man ihn beerbt oder e-e Pension bezieht Fünfzig Jahre älter ist ihr Mann? Den hat sie wohl nur auf Abbruch geheiratet.
der **Abend** des Lebens L	das Alter Es ist schön, wenn der Abend des Lebens von wirtschaftlichen Sorgen ungetrübt ist.
Heiliger **Abend** (od. Heiligabend)	der Abend vor dem ersten Weihnachtsfeiertag, der Abend des 24. Dezember Am Heiligen Abend (od. Heiligabend) durften wir Kinder immer so lange aufbleiben, wie wir wollten.
ein bunter **Abend**	s. bunt
es ist noch nicht aller Tage **Abend**	es ist noch nicht klar, wie das Ergebnis aussehen wird, es kann noch anders kommen Du meinst, unsere Mannschaft wird Meister? Es ist noch nicht aller Tage Abend.
e-s schönen **Abends**	an e-m Abend, der nicht genau festgelegt ist Eines schönen Abends klingelte es bei uns, die Polizei stand vor der Tür.
s-n guten **Abend** haben	abends (beim Vortrag usw.) in Form, unterhaltsam sein Ich freue mich, daß du gerade heute abend zu dem Vortrag gegangen bist. Professor Nagel hatte heute seinen guten Abend; er ist nicht immer so glänzend.
es ist ein **Aber** dabei	es ist e-e Schwierigkeit dabei Ich möchte die Reise schon machen, freilich ist ein Aber dabei: ich habe nicht so lange Urlaub.
kein Mensch ist ohne **Aber**	niemand ist ohne Fehler Wer einen Menschen beurteilt, darf nicht vergessen: kein Mensch ist ohne Aber.
j-n **abfahren** lassen	= j-n abblitzen lassen
s. e-n (od. keinen) guten **Abgang** verschaffen	etw. zu (k)einem guten Ende führen, beim Abschluß e-r Sache (k)einen guten Eindruck hinterlassen (meist wider Erwarten) Mit seiner Rede als Sprecher der Abiturklasse hat er sich einen guten Abgang verschafft.
abgeben: heute gibt's noch was ab U	heute gibt es noch Schläge (od. e-e Strafe) Jetzt sei endlich still!! Sonst gibt's noch was ab!
s. nichts **abgehen** lassen	s. alles kaufen und leisten, was man möchte Kein Wunder, daß er sich nichts abgehen läßt, bei seinem hohen Einkommen.
ein **abgekartetes** Spiel (od. e-e **abgekartete** Sache)	vorher (zum Schaden e-s anderen) besprochene Sache Die verschiedenen Reden dafür und dagegen und dann die Abstimmung waren alle ein abgekartetes Spiel.
am **Abkratzen** sein S	im Sterben liegen Von ihm ist nichts mehr zu holen, er ist am Abkratzen.

ablaufen: an j-m läuft alles ab	*bei j-m sind alle Ermahnungen nutzlos* Dem kannst du sagen, was du willst, an dem läuft alles ab.
j-n **ablaufen** lassen U	*j-m s-n Wunsch nicht erfüllen, j-n abweisen* Sein Auto willst du haben? Du kannst ihn ja fragen, aber er wird dich bestimmt ablaufen lassen.
abmelden: der ist bei mir abgemeldet U	*von dem will ich nichts mehr wissen* Der hat mich so oft belogen, der ist bei mir abgemeldet.
in **Abrahams** Schoß sitzen	*wie im Paradies leben* Wer möchte nicht ein Leben in Wohlstand und Überfluß führen – kurz, in Abrahams Schoß sitzen?
so sicher wie in **Abrahams** Schoß	*ganz sicher, ohne Angst vor Gefahr* Ich weiß nicht, was du gegen das Fliegen hast. Ich fühle mich im Flugzeug so sicher wie in Abrahams Schoß.
etw. in **Abrede** stellen	*etw. bestreiten, leugnen* Er stellt jede Beteiligung an der Sache in Abrede.
Abschaum der Menschheit	*die moralisch niedrigsten Menschen* Jemand, der wehrlose Geiseln ermordet, gehört zum Abschaum der Menschheit.
(auf) französisch **Abschied** nehmen	*s. französisch*
zum **Abschießen** sein U	*ganz miserabel, höchst unsympathisch sein* Wie kann man nur so etwas Gemeines tun. Der Kerl ist doch zum Abschießen.
etw. **abschreiben** können	*mit etw. nicht mehr rechnen können, etw. als verloren ansehen* Fritz hast du deinen Füller gegeben? Dann kannst du ihn abschreiben! Er gibt nie was zurück.
s. nicht **abschütteln** lassen	*von selbst nicht weggehen, s. nicht auf einfache Weise beseitigen lassen* Eine Grippe läßt sich nicht einfach abschütteln. – Der Polizist blieb dem Dieb auf den Fersen. Er ließ sich nicht abschütteln.
absehen: es abgesehen haben auf etw.	*etw. erreichen, gewinnen wollen* Er hat es auf den Direktorposten abgesehen.
absehen: es abgesehen haben auf j-n	*1) j-n heiraten wollen* *2) j-n treffen, verletzen, angreifen wollen* 1) Meine Freundin kommt neuerdings jeden Abend zu uns; ich glaube, sie hat es auf meinen Bruder abgesehen. 2) Auf wen hat er es eigentlich mit seiner häßlichen Bemerkung abgesehen?
absein U	*sehr müde sein* Von dem bißchen Arbeit kannst du nicht so absein.
absetzen: heute setzt es noch was ab!	= *heute gibt es noch was ab* (abgeben)

ernste **Absichten** haben	*heiraten wollen* Er kommt jetzt so oft zu uns. Glaubst du, er hat ernste Absichten *(will mich heiraten)?*
Abstand nehmen von etw.	*etw. nicht tun* Von Beileidsbesuchen bitten wir Abstand zu nehmen.
es geht **abwärts** mit j-m (*od.* e-r S.)	*j-s Gesundheit (od. die Lage, der Zustand) wird schlechter* Es geht abwärts mit ihm, er wird nicht mehr lange leben.
das ist ein **Abwasch(en)** U	= *das ist ein* Aufwasch(en)
auf **Abwege** geraten	*etw. moralisch Schlechtes tun* Wessen Schuld ist es, wenn ein Kind auf Abwege gerät?
durch **Abwesenheit** glänzen U	*nicht anwesend sein, auffallen, weil man abwesend ist* Dieser Schüler glänzt mit Vorliebe durch Abwesenheit.
mit **Ach** und Krach U	*mit großer Mühe, unter großen Schwierigkeiten* Er hat das Examen mit Ach und Krach geschafft.
ach wo! U	*s. wo*
ach woher (denn)! U	*s. woher*
ach und weh schreien	*laut jammern* Mußt du wegen allem ach und weh schreien?
(ständig) auf **Achse** sein (*od.* liegen) U	*(viel) reisen* Er ist Vertreter und ist (*od.* liegt) daher ständig auf Achse.
die **Achseln** (*od.* mit den **Achseln**) zucken	*(die Schultern hochziehen, um zu sagen:) ich weiß nicht (od. ich weiß nicht, was ich sagen soll)* Als ich ihn fragte, was nun werden sollte, zuckte er nur die (*od.* mit den) Achseln.
etw. auf die leichte **Achsel** nehmen	= *etw. auf die leichte* Schulter *nehmen*
auf beiden **Achseln** (Wasser) tragen	= *auf beiden* Schultern *(Wasser) tragen*
etw. auf s-e **Achseln** nehmen	= *etw. auf s-e* Schultern *nehmen*
j-n über die **Achsel** ansehen	*j-n verächtlich ansehen (od. behandeln)* Arrogante Menschen sehen andere über die Achsel an.
in **Acht** und Bann tun	*nicht zulassen, verbieten, verdammen* Seine Bücher verstießen gegen die guten Sitten. Darum wurden sie in Acht und Bann getan.
s. in **acht** nehmen	*vorsichtig sein, s. vorsehen* Bei glatter Straße mußt du dich in acht nehmen.
j-n **achtkantig** hinauswerfen U	= *j-n* hochkantig *hinauswerfen*
alle **Achtung!**	*Donnerwetter! Das hätte ich nicht gedacht!* Er hat das Examen mit Sehr gut bestanden? Alle Achtung, das hätte ich ihm nicht zugetraut.

auf **achtzig** kommen	= *auf* hundert *kommen*
der alte **Adam**	*die alten Fehler, Gewohnheiten, Ansichten usw.* Der Mensch kann sich anstrengen, wie er will – der alte Adam läßt sich nicht verleugnen.
der alte **Adam** regt s. wieder	*die alten Fehler, Ansichten usw. brechen wieder durch* Kaum stand er am Roulett-Tisch, regte sich der alte Adam wieder.
den alten **Adam** ausziehen (*od.* von s. werfen) L	*die alten Fehler usw. ablegen, ein neuer Mensch werden* Als er damals aus Rom zurückkehrte, hatte er den alten Adam ausgezogen und ein neues Leben begonnen.
bei **Adam** und Eva anfangen	*ganz vom allerersten Anfang beginnen* So, nun erzähl mal, was los ist, aber fang bitte nicht bei Adam und Eva an.
von **Adam** und Eva (ab)stammen	*uralt sein* Der Koffer stammt ja noch von Adam und Eva!
im **Adamskostüm**	*unbekleidet* An manchen Stellen kann man im Adamskostüm baden.
es ist keine gute **Ader** an ihm	*er hat keinen guten Charakterzug* Er ist durch und durch verdorben. Es ist keine gute Ader an ihm.
e-e leichte **Ader** haben	*zum Leichtsinn neigen* Er ist begabt, ja, er hat aber auch eine leichte Ader.
e-e noble **Ader** haben	*nobel, großzügig sein* Dieser Mann gefällt mir, weil er eine noble Ader hat.
e-e poetische (*od.* künstlerische, musikalische *usw.*) **Ader** haben	*e-e poetische* (usw.) *Veranlagung haben* Er hat eine künstlerische Ader, das sieht man an seinen Entwürfen.
j-n zur **Ader** lassen	*1) j-m Blut abnehmen* *2) j-m Geld abnehmen* 1) Früher kannte die Medizin kaum andere Mittel, als den Kranken zur Ader zu lassen. 2) Unsere Jüngste versteht es großartig, ihren Vater zur Ader zu lassen. Sie kriegt, soviel sie will.
an die falsche **Adresse** kommen (*od.* geraten)	*s. nicht an den Richtigen wenden, e-e andere Reaktion erleben, als man erwartet* Er wollte sich von seiner Schwester Geld leihen, da ist er aber an die falsche Adresse gekommen.
s. aus der **Affäre** ziehen	*s. geschickt aus e-r unangenehmen Situation herausmanövrieren* Der Abgeordnete konnte sich dadurch aus der Affäre ziehen, daß er seinen Gegner in Widersprüche verwickelte.
(ich denke) mich laust der **Affe** U	*ich bin* (*od.* war) *völlig überrascht* Sagt doch der Paul zu mir, wieso eigentlich sein Wörterbuch bei mir steht. Ich dachte, mich laust der Affe. Das hat er mir doch vor drei Wochen erst geschenkt.

dich beißt wohl der **Affe** U	= *du bist wohl vom wilden Affen gebissen*
ein dämlicher **Affe** U	*ein dummer (u. eingebildeter) Mensch* So ein dämlicher Affe! Kann er nicht ein bißchen aufpassen, was er macht! Mich so vollzuspritzen!
ein eingebildeter **Affe** U	*ein (sehr) eingebildeter Mensch* Ihm gönne ich diese Blamage, diesem eingebildeten Affen.
ein eitler **Affe** U	*ein (sehr) eitler Mensch* Schau dir doch diesen eitlen Affen an! Wie er sich vor dem Spiegel seine Haare zurechtlegt!
e-n (schweren) **Affen** (sitzen) haben U	*(sehr) betrunken sein* Gestern hatte unser Nachbar mal wieder einen schweren Affen (sitzen).
an j-m e-n **Affen** gefressen haben U	= *an j-m e-n Narren gefressen haben*
j-s (*od.* s-m) **Affen** Zucker geben U	*1) j-s Schwächen schmeicheln* *2) ausgelassen, lustig sein* 1) Wenn du bei ihm was erreichen willst, dann brauchst du nur seinem Affen Zucker geben. 2) Wir haben weiß Gott Grund zum Feiern! Soll der Kellner eine gute Flasche bringen, und dann wollen wir unserem Affen Zucker geben.
nicht für e-n Wald von (*od.* voll) **Affen** U	*unter gar keinen Umständen* Ich soll mit euch in diesen Jazzkeller? Nicht für einen Wald von (*od.* voll) Affen!
mit e-m **Affen** nach Hause kommen U	*betrunken nach Hause kommen* Am Freitag kommt sein Vater regelmäßig mit einem Affen nach Hause.
(wie) vom wilden (*od.* tollen) **Affen** gebissen U	*(wie) verrückt, wild* Als ich den Kindern erlaubte, in den Zirkus zu gehen, waren sie wie vom wilden Affen gebissen.
du bist wohl vom wilden **Affen** gebissen! U	*du bist wohl völlig verrückt!* Was, du willst einen Pelzmantel für 9000 Mark? Du bist wohl vom wilden Affen gebissen!
mit **affenartiger** Geschwindigkeit (*od.* mit e-m **Affenzahn,** im **Affentempo**) U	*mit sehr großer Geschwindigkeit, äußerst schnell* Mit affenartiger Geschwindigkeit hatte er den Reifen am Auto gewechselt. / Du mußt mit einem Affenzahn gefahren sein, sonst wärst du noch nicht hier.
die Fleischtöpfe **Ägyptens**	*üppiges Wohlleben* Als meine Eltern nach Kanada auswanderten, hofften sie, dort die Fleischtöpfe Ägyptens zu finden.
e-e **ägyptische** Finsternis	*e-e absolute Finsternis* Ist bei euch die Sicherung durchgebrannt? Hier herrscht ja eine ägyptische Finsternis.

das sieht ihm **ähnlich**	*e-e solche Dummheit* (od. *Vergeßlichkeit* usw.) *mußte man von ihm erwarten* Franz hat wieder mal alles vergessen. Das sieht ihm ähnlich!
keine **Ahnung** von 'ner Dehnung (*od.* von Ackerbau und Viehzucht) haben S	*gar nichts von etw. verstehen* Den brauchste gar nicht fragen, er hat keine Ahnung von 'ner Dehnung.
keine **Ahnung** von Tuten und Blasen haben U	*s. Tuten*
du hast 'ne **Ahnung** (*od.* hast du 'ne Ahnung) U	*da irrst du dich aber sehr* Was, du traust dem Max soviel Kraft nicht zu? Hast du 'ne Ahnung!
keine blasse **Ahnung** haben U	*nicht das geringste von etw. wissen* (od. *verstehen*) Ja, wir haben eine neue Haushilfe – aber sie hat vom Kochen leider keine blasse Ahnung.
es ist, um auf die **Akazien** zu klettern (*od.* zum Auf-die-Akazien-Klettern) S	*es ist zum Verzweifeln, zum Verrücktwerden* Der Prozeß gegen die Versicherung dauert nun schon vier Jahre – es ist, um auf die Akazien zu klettern (*od.* zum Auf-die-Akazien-Klettern).
darüber sind die **Akten** noch nicht geschlossen	*die Angelegenheit ist noch nicht erledigt* „Hat die Versicherung jetzt Schadenersatz geleistet?" – „O nein, darüber sind die Akten noch nicht geschlossen."
etw. zu den **Akten** legen (*od.* ad acta legen)	*etw. als erledigt beiseite legen, als abgeschlossen betrachten* Er hat sein Geld jetzt erhalten; damit können wir diese Sache zu den Akten legen.
die (*od.* j-s) **Aktien** steigen (*od.* fallen) U	*j-s Position verbessert* (od. *verschlechtert*) *s., j-s Aussichten bessern* (od. *verschlechtern*) *s.* Seit er mit der Tochter des Chefs befreundet ist, sind seine Aktien gewaltig gestiegen.
wie stehen die **Aktien**? U	*wie ist die Lage? wie sieht es aus mit e-r bestimmten Sache?* Na, wie stehen die Aktien? Gibt es nun ab nächsten Monat eine Gehaltserhöhung?
blinder **Alarm**	*unnötige Aufregung* Ich dachte schon, ich müßte mich operieren lassen. Zum Glück war es aber nur blinder Alarm.
j-n unter **Alkohol** setzen U	*j-m (viel) Alkohol zu trinken geben* Er hat mich absichtlich unter Alkohol gesetzt, weil er hoffte, ich plaudere etwas aus.
allein dastehen	*1) keine Angehörigen haben* *2) keine Anhänger, Helfer haben* 1) „Wohnt sie bei Verwandten?" – „Nein, seit ihre Tante starb, steht sie ganz allein da." 2) Bei der Abstimmung zeigte es sich, daß Schmidt mit seinen Vorschlägen ziemlich allein dastand.

allen alles sein wollen	*allen Menschen zu Gefallen sein wollen* Man erreicht nichts, wenn man allen alles sein will.
das ist (ja) allerhand!	*das ist unerhört, unglaublich, unverschämt* Sie ist die 100 m in 10,7 sec. gelaufen? Das ist allerhand! / Erst hat er's versprochen, und jetzt will er nicht zahlen? Das ist ja allerhand!
alles in allem	*wenn man alle Tatsachen zusammennimmt* Alles in allem ist das Buch doch ein gutes Hilfsmittel.
da hört s. doch (einfach) alles auf	*s. aufhören*
der graue Alltag	*das Einerlei des Lebens (ohne Freude und Abwechslung)* Nach dem herrlichen Urlaub wird es dir nicht leichtfallen, wenn morgen der graue Alltag wieder beginnt.
wie ein Alp auf der Brust (*od*. Seele) liegen	*seelisch sehr bedrückend sein* Die Aussprache mit meinem Chef liegt mir wie ein Alp auf der Seele (*od*. Brust).
er wird hier nicht alt werden	*er wird nicht lange in diesem Betrieb sein* Unser neuer Buchhalter wird hier nicht alt werden. Ich habe den Eindruck, man ist nicht zufrieden mit ihm.
am Alten rütteln	*das Althergebrachte umstürzen wollen* Jede neue Generation hat eigene Vorstellungen und rüttelt daher am Alten.
auf s-e alten Tage	*s. Tag*
alles beim alten lassen	*alles unverändert lassen, nichts verändern* Unsere Generation wollte so viel verändern und dann hat sie doch alles beim alten gelassen.
es bleibt alles beim alten	*es ändert s. nichts* Das Ergebnis der langen Diskussionen? Es bleibt alles beim alten.
s. aufs Altenteil setzen (*od*. zurückziehen)	*s. aus dem Berufsleben zurückziehen* Sein Chef will noch 5 Jahre für die Firma arbeiten und sich dann mit 70 Jahren aufs Altenteil setzen.
j-n aufs Altenteil abschieben	*j-n von s-m Arbeitsplatz, den er noch gut ausfüllt, verdrängen* Er versucht mit allen Mitteln, mich aufs Altenteil abzuschieben, aber ich habe einen Vertrag auf Lebenszeit.
so sicher wie das Amen in der Kirche	*ganz bestimmt (wird es geschehen)* Dies Jahr sind die Preise erheblich gestiegen, das wird wieder zu hohen Lohnforderungen führen. Das ist so sicher wie das Amen in der Kirche.
sein (Ja und) Amen zu etw. geben	*= s-n Segen zu etw. geben*
zu etw. ja und amen sagen	*mit etw. einverstanden sein, s. mit etw. abfinden* Du kannst doch von deinem Vater nicht erwarten, daß er zu all deinen Plänen immer ja und amen sagt.
Amors Pfeil (*od*. der Pfeil Amors)	*die Liebe (oft humoristisch)* Vorläufig denkt er nur an seine Bücher. Aber verlaß dich drauf, wenn ihn erst mal Amors Pfeil getroffen hat, dann wird das alles ganz anders.

den **Amtsschimmel** reiten	*ganz bürokratisch, nach den Vorschriften vorgehen* Er kann nun einmal nicht so handeln, wie es die Umstände erfordern; er reitet immer den Amtsschimmel.
der **Amtsschimmel** wiehert	*alles wird bürokratisch, streng nach Vorschrift gemacht* Die Arbeitsweise dieser Behörde ist so umständlich, da hört man förmlich den Amtsschimmel wiehern.
an s. (*od.* **an** und für s.)	*wenn man die Dinge so nimmt, wie sie sind (und die besonderen Gesichtspunkte ausschaltet)* An und für sich gefällt mir das Bild sehr gut, nur paßt es nicht zu den Möbeln in meinem Zimmer.
er hat (so) etwas **an** s.	*ein besonderes Wesen haben* Sie hat etwas an sich, das jedem Vertrauen einflößt.
an s. halten	*s. so beherrschen, daß man nicht wütend wird* Als er auch noch meine Freundin küßte, mußte ich an mich halten. Dieser Schuft!
sie ist zum **Anbeißen** (*od.* sie sieht zum **Anbeißen** aus) U	*sie ist sehr hübsch* Gestern habe ich ein Mädchen gesehen, das war einfach zum Anbeißen!
anbinden: angebunden sein	*nicht weg können* Solange man kleine Kinder hat, ist man immer angebunden.
ein **Anblick** für Götter (*a.* für die Götter)	*ein sehr schöner Anblick* (bes. *etw. Lustiges, Anregendes*) Er hatte nicht gesehen, daß ich die Torte auf dem Stuhl abgestellt hatte und setzte sich drauf. Ich kann euch sagen, das war ein Anblick für Götter.
j-n hart **anfahren**	*j-n streng tadeln* Sensible Kinder darf man nicht hart anfahren.
der **Anfang** vom Ende	*j-s baldiger Ruin, Untergang* Er gab schon immer viel Geld aus, schließlich die Spielschulden, das war der Anfang vom Ende.
der **Anfang** vom Lied	*der Beginn e-r altbekannten, langweiligen Geschichte* Jetzt fängt sie wieder von ihrer Krankheit an. Das ist immer der Anfang vom Lied.
ich kann damit nichts **anfangen**	*ich verstehe das nicht* Das Buch enthält rein philosophische Betrachtungen, damit kann ich nichts anfangen.
blutiger **Anfänger**	*völliger Neuling auf e-m Gebiet* Sie können ja schon Schlittschuh laufen, aber ich bin noch ein blutiger Anfänger.
s. durch nichts **anfechten** lassen	*s. durch nichts von e-r Idee* (*od. e-m Plan*) *abbringen lassen* Er hat das alles geschafft, weil er sich nie durch irgend etwas anfechten ließ.
s. mit e-m Gedanken **anfreunden**	*e-n (unangenehmen) Gedanken akzeptieren* Ich kann mich nicht mit dem Gedanken anfreunden, daß ich jetzt jeden Tag zu Fuß ins Büro gehen soll.

seligen **Angedenkens**	*was bei den Menschen in guter Erinnerung lebt* Die Postkutsche seligen Angedenkens war doch entschieden gemütlicher als die heutigen Autobusse.
wie **angegossen** passen (*od.* sitzen) U	*ganz genau passen* (Anzug, Kleid usw.) Dieser Anzug paßt wie angegossen, den nehme ich.
die **Angel** auswerfen nach etw. (*od.* j-m)	*s. bemühen, etw.* (*od. j-n*) *zu bekommen* Sag mir gleich, wann die Wohnung frei wird, damit ich rechtzeitig die Angel danach auswerfen kann.
an die **Angel** gehen	*s. fangen lassen, s. erobern lassen* Heute war er in guter Stimmung – da würde ihm sicher ein nettes Mädchen an die Angel gehen.
j-n (*od.* etw.) aus den **Angeln** heben	*erschüttern, völlig aus dem Gleichgewicht bringen* Er scheint ja völlig fertig zu sein. Was hat ihn eigentlich so aus den Angeln gehoben?
die Welt aus den **Angeln** heben	*die Welt grundlegend ändern* Viele glaubten, daß Einsteins Theorie die Welt aus den Angeln heben würde.
aus den **Angeln** gerissen sein	*nicht mehr in den normalen Bahnen verlaufen* Nach dem 2. Weltkrieg war Deutschland vollkommen aus den Angeln gerissen. Nichts war mehr so wie früher.
die Welt wird nicht gleich aus den **Angeln** gehen	*die Dinge sind nicht so schlimm, wie sie jetzt aussehen* Nun heule doch nicht so schrecklich. Die Welt wird nicht gleich aus den Angeln gehen, wenn du noch ein paar Tage warten mußt, bis dein Freund kommt.
in den **Angeln** erbeben	*nachhaltig erschüttert sein* Der Eroberungszug Dschingis-Khans war eine gewaltige Tat. Die damalige Welt erbebte in den Angeln.
s. etw. **angelegen** sein lassen	*s. um etw. bemühen* Ich werde es mir angelegen sein lassen, diese Sache unauffällig wieder in Ordnung zu bringen.
e-e feuchte **Angelegenheit**	*e-e Veranstaltung, bei der viel getrunken wird* Unser letztes Klassentreffen war eine ziemlich feuchte Angelegenheit.
wie **angewachsen** passen (*od.* sitzen) U	= *wie* **angegossen** *passen* (od. *sitzen*)
wie **angewurzelt** dastehen	*(vor Schreck, Überraschung) unbeweglich dastehen* Die Jungen standen wie angewurzelt da, so sehr war ihnen der Schreck in die Glieder gefahren.
wie **angewurzelt** stehenbleiben	*plötzlich stehenbleiben, ohne s. zu bewegen* Als sie im Dunkeln plötzlich einen Mann vor sich stehen sah, blieb sie wie angewurzelt stehen.
etw. in **Angriff** nehmen	*die Arbeit an etw. beginnen* Bevor ich das neue Projekt in Angriff nehme, möchte ich doch erst mal eine Pause machen.
mehr **Angst** als Vaterlandsliebe haben U	*außerordentlich ängstlich, feige sein* Den können wir für unser Unternehmen nicht brauchen, der hat ja mehr Angst als Vaterlandsliebe.

es mit der **Angst** bekommen (*od.* zu tun kriegen)	*ängstlich werden* Als unsere Tochter um Mitternacht noch nicht zu Hause war, bekamen wir es mit der Angst.
in tausend **Ängsten** schweben	*sehr große Angst und Sorge haben* Wir schwebten in tausend Ängsten, als es immer später wurde und von ihr nichts zu sehen war.
mir wurde **angst** und bange	*ich bekam sehr große Angst, sehr große Sorge* Beim Lesen dieses Artikels über die Wasserstoffbombe wurde mir angst und bange.
j-m nichts **anhaben** können	*j-n nicht beeinflussen können, ihm nicht schaden können* Solche Bemerkungen können ihm nichts anhaben.
per **Anhalter** fahren U	*reisen, indem man ein Auto anhält und von ihm mitgenommen wird* In den Ferien sind wir per Anhalter von Hamburg nach Venedig gefahren.
j-m etw. **anhängen**	*hinter s-m Rücken Negatives von ihm sagen* Es ist leicht, häßliche Dinge über jemanden zu verbreiten und ihm etwas anzuhängen.
auf **Anhieb**	*sofort, ohne nachzudenken, ohne s. vorzubereiten* Der Kunde unterschrieb den Vertrag auf Anhieb.
vor **Anker** gehen	*1) ein Schiff mit dem Anker befestigen, anlegen* *2) U ein Lokal aufsuchen* *3) U e-e Familie gründen* 1) Wir gehen erst wieder in Hamburg vor Anker. 2) Nach dem Vortrag sind wir dann noch im „Löwen" vor Anker gegangen. 3) Er ist überraschend schnell vor Anker gegangen, hat aber eine nette Frau gefunden.
ankommen: es kommt auf etw. an	*es hängt von etw. ab* Es kommt auf ihn (*od.* seine Entscheidung, die Umstände, das Wetter) an, ob die Sache gemacht wird.
ankommen: es kommt darauf an	*1) es ist wichtig* *2) es ist notwendig* *3) es hängt von den Umständen ab* 1) Es kommt darauf an zu wissen, wie es gemacht wird! Auf ein paar Mark kommt es nicht an! 2) Er kann rechnen, wenn es darauf ankommt. / Es (*od.* Das) käme auf einen Versuch an *(man müßte mal einen Versuch machen)*! 3) „Fahren Sie mit?" – „Es kommt darauf an!"
ankommen: es kommt mir darauf an	*es ist für mich wichtig, ich lege Wert darauf* Es kommt mir darauf an, daß alle da sind.
es auf etw. **ankommen** lassen	*die Dinge s. so entwickeln lassen, daß etw. entsteht* Wir möchten es nicht auf einen Prozeß ankommen lassen.

es darauf (*od.* drauf) **ankommen** lassen	*die Dinge s. einfach entwickeln lassen und dabei e-n schlechten Ausgang riskieren, ein Versagen einkalkulieren* Damals war er unerfahren und ließ es einfach darauf ankommen. / Seine Chancen für die Prüfung stehen nicht gut, aber er will es darauf ankommen lassen.
bei j-m schön **ankommen**	*s.* schön
j-n hart **ankommen**	*s. hart*
s. einen **ankümmeln** S	*s. e-n Rausch antrinken* Der alte Schuster kümmelte sich gern einen an.
e-n **Anlauf** nehmen	*etw. energisch anfangen* „Wird er denn nun das Diplom machen?" – „Ja, er hat jetzt endlich einen Anlauf genommen."
j-n **anlaufen** lassen U	*j-n stets abweisen, j-m harten Widerstand entgegensetzen* Seine Taktik? Er läßt den Gegner so lange anlaufen, bis dieser völlig k.o. ist. Dann ist er der Sieger.
es darauf **anlegen,** daß ...	*alles so einrichten, daß (etw. Bestimmtes geschieht)* Er legte es von Anfang an darauf an, mit mir zu streiten.
annageln: wie angenagelt dasitzen (*od.* dastehen, stehenbleiben)	*vor Schreck, Überraschung s. nicht bewegen können* Er blieb wie angenagelt sitzen, als der Chef ihm seine fristlose Entlassung mitteilte.
Anno dazumal	= *Anno* Tobak
Anno Tobak	*s. Tobak*
anschießen: angeschossen kommen	*auf schnellstem Wege herbeigelaufen kommen* Als die Mutter rief: „Kaffeetrinken!", kamen die Jungen aus dem Garten angeschossen.
in **Anschlag** bringen	*berücksichtigen, in Rechnung stellen* Was für eine Summe müssen wir für den Bau der Garage in Anschlag bringen?
Anschluß suchen U	*e-n Freund, e-n Mann suchen* Dieses Mädchen sucht mit aller Gewalt Anschluß.
Anschluß finden U	*Freunde finden; e-n Freund od. Mann finden* Es ist nicht leicht, in einer neuen Umgebung Anschluß zu finden.
den **Anschluß** verpassen U	*keinen Ehepartner mehr finden* Er ist Junggeselle und schon über 60; er hat eben den Anschluß verpaßt.
ansehen: sieh mal einer an! U	*da bin ich aber erstaunt! das finde ich großartig!* Sieh mal einer an! Er hat eine 1 in Mathematik!
Anstalten machen, etw. zu tun	*Vorbereitungen treffen, im Begriff sein, etw. zu tun* Der Vorsitzende machte bereits Anstalten, die Konferenz zu schließen. Da meldete sich noch jemand zu Wort.
s-e **Anstalten** treffen	*bestimmte Maßnahmen ergreifen* Die Verlegung der Firma weg von Dortmund war beschlossen, und die Leitung traf bereits ihre Anstalten.

Anstoß nehmen an etw.	*etw. aus moralischen (od. ästhetischen) Gesichtspunkten ablehnen* Heute nimmt niemand mehr Anstoß an einem zweiteiligen Badeanzug.
Anstoß erregen bei j-m	*j-n beleidigen, moralisch kränken* Mit seinen Worten erregte er bei vielen Anstoß.
den **Anstoß** zu etw. geben	*den ersten Schritt tun, daß etw. geschieht* Den Anstoß zu dieser Arbeit gab vor vielen Jahren Professor Müller.
e-r Sache e-n anderen (*od.* neuen) **Anstrich** geben	*etw. äußerlich anders gestalten* Wir müssen der Werbung einen neuen Anstrich geben.
e-r Sache e-n lächerlichen (*od.* gelehrten, feierlichen) **Anstrich** geben	*e-e Sache so gestalten, daß sie lächerlich* (usw.) *wirkt* Je weniger er zu sagen hat, desto mehr gibt er seinen Ausführungen einen gelehrten Anstrich.
j-n **antanzen** lassen U	*befehlen, daß jemand erscheint* Der Chef fühlt sich nur wohl, wenn er jeden Tag jemanden antanzen lassen kann.
antanzen: angetanzt kommen U	*(herbei-, vorbei)kommen* Erst läßt er sich lange bitten, und wenn er dann endlich angetanzt kommt, ist die halbe Arbeit schon getan.
s. einen **antrinken**	*so viel trinken, daß man e-n Rausch hat* Manche Menschen sind nur glücklich, wenn sie sich einmal im Monat einen antrinken können.
s. etw. **antun**	*Selbstmord begehen* Hast du sein Gesicht gesehen? Wenn er sich nur nicht etwas antut!
antun: es j-m angetan haben	*j-n beeindrucken, j-m gefallen* Bücher haben es ihm angetan, darum ist er Buchhändler geworden.
antun: angetan sein von	*beeindruckt sein von, j-n (od. etw.) gerne mögen* Wir waren von der herrlichen Gegend sehr angetan.
antun: (ganz) dazu angetan sein	*die starke Tendenz (od. die Wirkung) haben* Der Streit im Parteivorstand ist ganz dazu angetan, die Konferenz zum Scheitern zu bringen.
j-n aus dem **Anzug** hauen (*od.* stoßen, boxen) S	*j-n heftig schlagen, verprügeln* Wenn du mir nicht gleich sagst, wo du mein Rad hin hast, hau ich dich aus dem Anzug!
im **Anzug** sein U	*s. nähern, bevorstehen* Ich glaube, ein Gewitter ist im Anzug.
s. einen **anzwitschern** S	= *s. einen ankümmeln*
der **Apfel** der Zwietracht L	*etw., was die Menschen entzweit* Wenn der Garten beiden Familien gehört, ist er dann nicht ein Apfel der Zwietracht?

es konnte kein **Apfel** zur Erde (fallen)	*es war sehr eng* Heute war der Bus wieder so voll, es konnte kein Apfel zur Erde (fallen).
für e-n **Apfel** (*oft* Appel) und ein Ei U	= *für ein* Butterbrot
in den sauren **Apfel** beißen	*widerstrebend e-e unangenehme S. tun* Ich werde wohl in den sauren Apfel beißen müssen und, statt ins Grüne zu fahren, zum Zahnarzt gehen.
ich bin gerührt wie **Apfelmus** S	*ich bin gerührt, finde es menschlich so nett* (mst. ironisch) Tante Lisa will uns mit ihrem Besuch beehren? Ich bin gerührt wie Apfelmus.
mir ist der **Appetit** vergangen	*ich habe keine Lust mehr* Als ich die Preise für die Flüge erfuhr, ist mir der Appetit zum Reisen vergangen.
j-m den **Appetit** verderben (*od.* nehmen)	*j-m die Lust nehmen* Wie dieser Mann über seine Ehe redet, das könnte einem den Appetit zum (*od.* aufs) Heiraten verderben.
das verschlägt mir den **Appetit**	*das nimmt mir die Freude, die Lust, den Appetit* Ich gehe doch nicht mit zum Schlachthof. Was Tom eben erzählt hat, verschlägt mir den Appetit.
e-n gesegneten **Appetit** haben	*sehr viel essen* In seinem Alter haben die Jungen, im Gegensatz zu den Mädchen, einen gesegneten Appetit.
launisch (*od.* unbeständig, beständig) wie der **April** (*od.* wie **April**wetter)	*sehr launisch, sehr wechselhaft, gänzlich unbeständig* Du bist heute ja wieder mal launisch wie der April. / Auf seine Versprechungen brauchst du nichts zu geben, sie sind so beständig wie der April (*od.* wie Aprilwetter).
j-n in den **April** schicken	*j-n am ersten April auf irgendeine Weise zum Narren halten* Wer von euch hat eine gute Idee, wie wir morgen unseren Professor in den April schicken können?
er hat die **Arbeit** nicht erfunden	*er bemüht s. nicht, ist faul* „Würdest du ihn empfehlen?" – „Kaum! Er hat die Arbeit wirklich nicht erfunden."
im **argen** liegen	*nicht so gut sein, wie es sein sollte* Was das Verkehrsproblem betrifft, so liegt da noch vieles im argen, nicht nur beim Straßenbau.
Argusaugen haben	*sehr scharfe, wachsame Augen haben* Unserem Lateinlehrer entgeht nichts. Er hat Argusaugen.
mit **Argusaugen** beobachten	*mit sehr scharfen Augen, äußerst wachsam beobachten* Unsere Nachbarin weiß alles, was in dieser Straße passiert. Sie beobachtet alles mit Argusaugen.
mit **Argusaugen** hüten (*od.* bewachen)	*äußerst wachsam hüten* (*od.* schützen) Seine Briefmarkensammlung hütet er mit Argusaugen.

der **Arm** des Gesetzes (*od.* der Justiz, der Gerechtigkeit)	*die Macht des Gesetzes (*od. *des Rechts)* Der Arm des Gesetzes hat auch diesen raffinierten Betrüger erreicht.
e-n langen **Arm** haben	*weitreichende Macht besitzen* Der Überfall war gut organisiert, aber unsere Polizei hat einen langen Arm. Sie wird die Täter finden.
j-n am steifen **Arm** verhungern lassen U	*j-m sehr hart zusetzen* Den lasse ich am steifen Arm verhungern, wenn er mir nicht seine Informationsquelle nennt.
j-n auf den **Arm** nehmen	*j-n necken, s. lustig machen über j-n* Die Stadtverwaltung gibt diese Bildhefte ganz umsonst ab? Du willst mich wohl auf den Arm nehmen!
j-m in den **Arm** fallen	*energisch j-s (aggressive) Handlungen durchkreuzen* Die Stadt hatte schon die Fernsehturmpläne fertig, da ist ihr die Flughafenverwaltung in den Arm gefallen.
j-m in die **Arme** laufen	*j-m zufällig begegnen* Gestern bin ich nach Jahren mal wieder meinem alten Turnlehrer in die Arme gelaufen.
j-n dem Gegner in die **Arme** treiben	*machen, daß j-d s. dem Gegner anschließt (obwohl er eigentlich nicht will)* Mit ihren ungerechten Attacken hat die Regierungspartei viele Unschlüssige der Opposition in die Arme getrieben.
j-n dem Laster in die **Arme** treiben	*machen, daß j-d sich e-m Laster ergibt* Sicher war es das Zerwürfnis mit seiner Frau, das ihn dem Suff in die Arme getrieben hat.
s. j-m in die **Arme** werfen	*s. allzu leicht bereit zeigen, j-s Frau (*od. *Geliebte) zu werden* Nach vier Jahren hat er sie einfach sitzengelassen. Da hat sie sich dem erstbesten Mann in die Arme geworfen
s. dem Vergnügen (*od.* dem Laster *usw.*) in die **Arme** werfen	*s. ganz und gar dem Vergnügen* usw. *ergeben* Als er von zu Hause weggegangen war, hatte er sich erst einmal dem Vergnügen in die Arme geworfen.
j-n mit offenen **Armen** empfangen (*od.* aufnehmen)	*j-n mit großer Bereitwilligkeit u. Freundlichkeit empfangen* Obwohl sie die neue Schwägerin überhaupt nicht kannten, haben sie sie mit offenen Armen aufgenommen.
mit verschränkten **Armen** (zusehen, dabeistehen *usw.*)	*untätig (zusehen)* usw. Er hätte selber den Rasen mähen können, aber lieber hat er mit verschränkten Armen zugesehen.
den Kopf unter dem **Arm** tragen U	*sehr krank sein* Mein Mann im Bett? Der legt sich erst hin, wenn er den Kopf unter dem Arm trägt.
j-m unter die **Arme** greifen	*j-m (bes. finanziell) helfen* Ich weiß nicht, ob ich mein Studium durchgehalten hätte, wenn er mir nicht unter die Arme gegriffen hätte.

die Beine unter die **Arme** (*od.* den **Arm**) nehmen U	*schnell (davon-)laufen, s. beeilen* Wenn wir den Zug noch kriegen wollen, müssen wir aber die Beine unter die Arme nehmen.
(s.) die **Ärmel** hochkrempeln (*od.* aufkrempeln, aufrollen)	*fest (bei e-r Arbeit) zupacken, energisch herangehen* Na, woll'n wir (uns) mal die Ärmel hochkrempeln und das Klavier in den 4. Stock tragen.
etw. aus dem **Ärmel** schütteln	1) *etw. mit Leichtigkeit, (scheinbar) mühelos tun* 2) *etw. wie durch Zauberei herbeischaffen* 1) Im Handumdrehen hatte sie ein herrliches Essen aus dem Ärmel geschüttelt. 2) Frische Erdbeeren möchtest du? Die kann ich dir leider im Winter nicht aus dem Ärmel schütteln.
s. j-n auf **Armeslänge** fernhalten	= *s. j-n vom Leibe halten*
e-e **Armesündermiene** aufsetzen	*ein betrübtes, ängstliches Gesicht machen* Unser Sohn hatte seine Armesündermiene aufgesetzt; da wußten wir sofort, daß er was angestellt hatte.
s. ein **Armutszeugnis** ausstellen	*durch e-e Tat s-e schlechte Kenntnisse (Fähigkeiten, Eigenschaften usw.) verraten* Mit dieser langweiligen Rede hat er sich ein Armutszeugnis ausgestellt.
aus der **Art** schlagen	1) *gute Eigenschaften, die im Blut liegen, verlieren, unerwartet schlechte Eigenschaften zeigen* 2) *Eigenschaften, Talente zeigen, die bisher in der betr. Familie unbekannt waren* 1) Der Sohn von Dr. Müller wurde wegen Diebstahl verhaftet. Er ist ganz und gar aus der Art geschlagen. 2) Daß er Maler wurde, ist mir neu. Damit ist er ja völlig aus der Art geschlagen. Seine Vorfahren waren doch alle Bauern.
s. **Asche** aufs Haupt streuen	*etw. bereuen* Der Vorfall tut mir wirklich sehr leid, und ich werde mir Asche aufs Haupt streuen.
(bis) ins **Aschgraue** gehen	*(viel) zu weit führen* Die Liste seiner Vorwürfe ging ins Aschgraue.
das kannnst du halten wie (der) Pfarrer **Aßmann** U	*das kannst du machen, wie du willst* „Soll ich nun zum Schwimmen gehen?" – „Das kannst du halten wie der Pfarrer Aßmann."
(selber) den **Ast** absägen, auf dem man sitzt U	*s. selbst schaden, zu Fall bringen* Wenn er weiter an seiner Firma so herumkritisiert, sägt er (sich) noch selbst den Ast ab, auf dem er sitzt.
e-n **Ast** durchsägen U	*laut schnarchen* Ich kann mit ihm nicht mehr im selben Zimmer schlafen. Er sägt ja einen Ast nach dem andern durch.
e-n **Ast** haben U	*e-n Buckel haben* Gestern hab ich unsern Lateinlehrer mal in der Sauna gesehen. Was der für einen Ast hat!

s. e-n **Ast** lachen U	*sehr stark lachen* Erst gibt er so an, und dann kriegt er das Moped nicht mehr in Gang! Hab ich mir einen Ast gelacht!
auf dem absteigenden **Ast sein** (*od. s.* befinden)	*über den Höhepunkt hinaussein* Seine Fabrik befindet sich auf dem absteigenden Ast. Erst gestern hat er wieder Arbeiter entlassen.
nicht ganz **astrein** S	*charakterlich (od. politisch, weltanschaulich) nicht zuverlässig* Die Geschichte, die er mir über seine Scheidung erzählte, schien mir nicht ganz astrein zu sein.
j-m geht der **Atem** aus	*1) j-d hat keine Kraft mehr* *2) j-d hat keine Geldreserven mehr* 1) Die Diskussion zog sich so lange hin, daß manchem Teilnehmer der Atem ausging. 2) Ich fürchte, bei dieser Börsenspekulation wird Vater der Atem ausgehen.
j-m bleibt der **Atem** weg	= *j-m bleibt die* Spucke *weg*
(die ganze Welt, ganz Deutschland *usw.*) hielt den **Atem** an	*das Geschehen (der Welt* usw.*) scheint (aus Furcht, in Spannung* usw.*) stillzustehen* Während der Kubakrise hielt die ganze Welt den Atem an. Würde es einen Weltkrieg geben?
j-m den **Atem** rauben (*od.* verschlagen)	*j-n so plötzlich überraschen, daß er nicht mehr atmen kann* Das plötzliche Auftauchen des lange vermißten Sohnes verschlug den Eltern den Atem.
den **Atem** verlieren	*die Kraft, Ausdauer verlieren* Im Laufe der langen Auseinandersetzungen hat der Gegner den Atem verloren und einen Vergleich angeboten.
e-n langen **Atem** brauchen	*viel Kraft, Ausdauer brauchen* Wer einen Streit auf gerichtlichem Wege bereinigen will, der braucht einen langen Atem.
e-n langen **Atem** haben	*viel Kraft, Ausdauer haben* Bismarck hatte den langen Atem, den man für die Durchsetzung großer Ziele benötigt.
j-n in **Atem** halten	*1) j-n in Tätigkeit, Bewegung halten* *2) in Spannung halten* 1) Durch ihre Wünsche hält sie das ganze Personal in Atem. 2) Das Fernsehspiel hat Tausende in Atem gehalten.
nicht zu **Atem** kommen	*nicht zur Ruhe kommen* Eine Mutter mit fünf so lebhaften Kindern kommt eigentlich nie zu Atem.
in e-m **Atem(zug)** (*od.* demselben **Atem[zug]**) (tun)	*gleichzeitig od. kurz hintereinander (tun)* Sie lachte und weinte in einem Atemzug.
Eulen nach **Athen** tragen	*Überflüssiges tun* Den Müllers Blumen mitbringen, hieße doch wirklich Eulen nach Athen tragen! Sie züchten doch Blumen.

etw. (*od.* nichts) **auf** s. haben	*(nicht) wichtig sein* Es ist nur die Haut verletzt, das hat nichts auf sich.
etw. **auf** s. beruhen lassen	*s. beruhen*
etwas **auf** s. halten	*s. halten*
j-m etw. **aufbinden**	*j-m e-e Lüge erzählen, so daß er sie glaubt* Er ist ein Angeber. Laß dir nur nichts aufbinden.
mächtig **aufdrehen** U	*1) schnell fahren* *2) sehr lustig sein, viel und gut erzählen (singen, tanzen) usw.)* 1) Wenn du noch pünktlich hinkommen willst, mußt du aber mächtig aufdrehen. 2) Na, der hat ja heute wieder mächtig aufgedreht, den kenn' ich gar nicht wieder.
(viel, e-e Menge *usw.*) **auffahren** lassen U	*viele gute Speisen und Getränke bereitstellen* Was, bei Müllers sind wir eingeladen? Prima! Der läßt wenigstens was auffahren.
deshalb wird man dich nicht gleich **auffressen**	*man wird dich nicht gleich streng tadeln (od. schwer bestrafen)* Nun heule nur nicht so! Wegen der eingeschlagenen Fensterscheibe wird man dich nicht gleich auffressen.
viel **Aufhebens** von etw. machen	*viel Worte um etw. machen, mit etw. prahlen* Es gibt solche Menschen: je weniger sie leisten, desto mehr Aufhebens machen sie von ihrer Arbeit.
aufhören: da hört (s.) doch (einfach) alles auf	*das ist unerhört (od. unglaublich, e-e Unverschämtheit)* Er hat deinen Wagen kaputtgefahren und will jetzt nicht sofort die Reparatur bezahlen? Da hört sich doch (einfach) alles auf!
es mit j-m **aufnehmen**	*1) e-n Streit, e-e Auseinandersetzung anfangen (und durchfechten)* *2) mit j-m in den Leistungen gleichkommen* 1) Er ist ein verschlagener Mensch, mit dem wollen wir es lieber nicht aufnehmen. 2) Im Weitsprung nehme ich es jederzeit mit ihm auf.
j-n **aufsitzen** lassen	*j-n reinlegen, hängenlassen* Zu dem geh' ich nicht wieder hin, er hat mich mit meinem letzten Auftrag aufsitzen lassen.
das ist ein **Aufwasch(en)** (*od.* das geht in e-m **Aufwasch[en]**) U	*das läßt s. in e-m, alles miteinander erledigen* Wenn Herr Braun zur Besprechung kommt, können wir gleich alle Punkte erledigen; das ist dann ein Aufwasch(en).
etw. wie s-n **Augapfel** hüten	*etw. mit großer Sorgfalt pflegen, schützen* Seine Münzensammlung hütet er wie seinen Augapfel.
ganz **Auge** sein	*mit großer Aufmerksamkeit zu-, hinsehen* Als die Experimente mit flüssiger Luft begannen, war jeder von uns ganz Auge.
(ganz) **Auge** und Ohr sein	*mit großer Aufmerksamkeit zusehen u. zuhören* Meine Kinder waren zum ersten Mal im Theater. Sie waren ganz Auge und Ohr.

so weit das **Auge** reicht	*überall so weit man sehen kann* Weizenfelder – so weit das Auge reicht.
die **Augen** gingen ihm auf	*er erkannte die Zusammenhänge (od. Tatsachen)* Da gingen ihm die Augen auf. Gekränkte Eitelkeit war also der Grund für ihr seltsames Verhalten gewesen.
j-m die **Augen** öffnen (über etw.)	*j-m die wahren Tatsachen zeigen* Er ist jetzt sehr rücksichtsvoll zu ihr. Jemand muß ihm die Augen geöffnet haben.
s. (*od.* einander) **Auge** in Auge gegenüberstehen	*s. ganz nah (mst. als Gegner) gegenüberstehen* Seit Jahren hatten sie in Artikeln gegeneinander gewettert. Jetzt standen sie sich Auge in Auge gegenüber.
ihm gingen die **Augen** über	*1) große Begehrlichkeit stieg in ihm auf* *2) er fing an zu weinen* 1) Als er all die Herrlichkeiten im Schaufenster sah, gingen ihm die Augen über. 2) Im Gedanken an seine Mutter gingen ihm die Augen über; er begann zu weinen.
da blieb kein **Auge** trocken	*1) jeder weinte vor Rührung* *2) jeder lachte so, daß er Tränen in den Augen hatte* 1) Bei der Abschiedsszene blieb kein Auge trocken. 2) Als der Clown auftrat, blieb kein Auge trocken.
die (*od.* s-e) **Augen** waren größer als der Magen U	*s-e Lust zu essen war größer als das, was er essen konnte* „Hat Peter seinen Teller leergegessen?" – „Nein, seine Augen waren mal wieder größer als sein Magen."
das **Auge** beleidigen (*od.* e-e Beleidigung fürs **Auge** sein)	*abstoßend häßlich sein* Die Qualität des Mantels ist ja sehr schön, aber die Farbzusammenstellung des Musters beleidigt das Auge.
s-n **Augen** nicht trauen (wollen)	*etw. so Überraschendes sehen, daß man es nicht glauben kann* Ich traute meinen Augen nicht, als ich von meiner Beförderung las.
die **Augen** offenhalten	*aufmerksam beobachten, auf alles achten* Man muß im Leben die Augen offenhalten!
die **Augen** (weit) aufreißen	*sehr verwundert sein* Als die Lehrerin in Reithosen in die Klasse kam, rissen alle die Augen (weit) auf.
die **Augen** aufmachen (*od.* auftun, aufsperren)	*aufpassen, achtgeben* Wenn du die Augen aufmachst, dann kann gar nichts passieren.
die **Augen** schließen	*sterben* Wenn ich einmal die Augen schließe, dann stehst du ganz allein da.
ein **Auge** voll (Schlaf) nehmen U	*ein bißchen schlafen* Zwischen den zwei Konferenzen konnte er gerade ein Auge voll Schlaf nehmen, dann ging's wieder weiter.
die ganze Nacht kein **Auge** zutun (können)	*überhaupt nicht schlafen (können)* Vor Aufregung habe ich die ganze Nacht kein Auge zugetan (*od.* zutun können).

ein **Auge** (*od.* beide **Augen**) zudrücken	*e-e schlechte Tat nicht sehen wollen und nachsichtig sein* Weil du es diesmal gleich zugegeben hast, will ich ein Auge (*od.* beide Augen) zudrücken.
die (*od.* s-e) **Augen** vor etw. verschließen	*etw. (Negatives) nicht zur Kenntnis nehmen* Wir dürfen unsere Augen vor dem Zunehmen der Straftaten Jugendlicher nicht länger verschließen.
er hat vorn und hinten **Augen**	*er sieht alles, ihm entgeht nichts* Er paßt gut auf. Er hat vorn und hinten Augen.
ein **Auge** riskieren	*möglichst unbemerkt hinschauen* Niemand durfte es sehen, wenn Papa den Weihnachtstisch vorbereitete. Aber trotzdem habe ich manchmal ein Auge riskiert.
(große) **Augen** machen	*erstaunt sein* Wird Hans Augen machen, wenn ich aus den Ferien mit dem Führerschein komme.
j-m (schöne) **Augen** machen	*j-n verführerisch, verliebt ansehen* Sie hat ihm so lange (schöne) Augen gemacht, bis er sie eines Tages eingeladen hat.
ein **Auge** geworfen haben auf j-n (*od.* etw.)	*Gefallen finden an j-m (od. etw.)* Hast du noch nicht gemerkt, daß er ein Auge auf deine Schwester geworfen hat?
ein (scharfes *od.* wachsames) **Auge** haben auf	*streng beobachten (od. bewachen)* Er hat ein (scharfes *od.* wachsames) Auge auf seine Tochter. Da kommt so leicht keiner ran.
er hat s-e **Augen** überall	= *er hat vorn und hinten Augen*
Augen wie ein Luchs haben	*s. Luchs*
s. die **Augen** ausweinen (*od.* aus dem Kopf weinen) U	*lang und heftig weinen* Wegen diesem Mann hat sie sich nun die Augen ausgeweint, und er hat sie schon längst vergessen.
s. (fast, beinah) die **Augen** aus dem Kopf sehen (*od.* schauen, gucken) nach etw. U	*intensiv suchend nach j-m (od. etw.) sehen* Da stehe ich nun an der Ecke und schaue mir nach dem Bus (fast) die Augen aus dem Kopf, und er kommt und kommt nicht.
die **Augen** in die Hand nehmen U	*sehr genau hinsehen* Da muß man ja die Augen in die Hand nehmen, wenn man diese winzige Schrift entziffern will.
(k)ein **Auge** für j-n (*od.* etw.) haben	1) *(nicht) beachten* 2) *(nicht) das richtige Verständnis, das nötige Urteilsvermögen haben* 1) „Meinst du, er hätte mal ein Auge für mich!?" – „Er hat kein Auge für andere, nur für die Susi." 2) Er hat kein Auge für moderne Kunst.

hast du (denn) keine **Augen** im Kopf? U	*siehst du etw. so Offensichtliches nicht?* Hast du denn keine Augen im Kopf? Siehst du denn nicht, daß er hier Chef werden will?
kein **Auge** von j-m (*od.* etw.) lassen (*od.* wenden)	*unablässig betrachten* Noch gestern hat er gesagt, Mädchen interessierten ihn nicht, und jetzt läßt er kein Auge von der Schwarzen.
j-m den Daumen aufs **Auge** setzen	*j-n unter Druck setzen, mit Gewalt zwingen* Wenn er nicht mitmacht, setzen wir ihm den Daumen aufs Auge. Wir haben ja genug Druckmittel.
das paßt dazu wie die Faust aufs **Auge** U	*s. Faust*
Knöpfe auf den **Augen** haben U	*s. Knopf*
(nur noch) auf zwei **Augen** ruhen (*od.* stehen)	*nur noch einen Sohn haben* Dies alte Geschlecht kann leicht aussterben, denn es ruht ja nur noch auf zwei Augen.
j-n (*od.* etw.) nicht aus den **Augen** (*od.* aus dem **Auge** lassen	*1) j-n (od. etw.) scharf beobachten (od. bewachen)* *2) ständig bewundernd anschauen* 1) Der Polizist läßt den Gefangenen nicht aus den Augen. 2) Während des ganzen Abends hat er seine neue Freundin nicht aus den Augen gelassen.
j-m (ganz) aus den **Augen** kommen	*(aus j-s Leben) verschwinden* Meine Mitschüler sind mir (ganz) aus den Augen gekommen.
j-n (*od.* etw.) aus den **Augen** (*od.* dem **Auge**) verlieren	*nicht mehr umgehen, nicht mehr zu tun haben mit j-m (od. etw.)* Ich habe ihn schon seit Jahren aus den Augen verloren.
j-m wie aus den **Augen** geschnitten sein	*= j-m wie aus dem Gesicht geschnitten sein*
geh mir aus den **Augen**!	*verschwinde!* Geh mir aus den Augen! Du hast mich maßlos enttäuscht.
(vor Arbeit, Schnupfen *usw.*) nicht (mehr) aus den **Augen** sehen können	*von Arbeit usw. so bedrängt sein, daß man kaum mehr sehen kann* Noch ein Auftrag! Dabei kann ich jetzt schon vor Arbeit nicht mehr aus den Augen sehen!
der Schalk sieht ihm aus den **Augen**	*= er hat den Schelm im Nacken*
j-n (*od.* etw.) (scharf) im **Auge** haben (*od.* behalten)	*j-n (od. etw.) (scharf) beobachten* Im Straßenverkehr müssen Sie vor allem die Mopedfahrer im Auge haben (*od.* behalten).
etw. im **Auge** behalten	*etw. weiter verfolgen, nicht vergessen* Ich werde die Angelegenheit im Auge behalten.

etw. im **Auge** haben	*an etw. Best. denken (was man haben möchte, tun will usw.)* „Ich möchte einen Herbstmantel." –„Haben Sie etwas Bestimmtes im Auge?" – „Ja, einen Trenchcoat."
(nur) s-n (eigenen) Vorteil im **Auge** haben	*nur für den eigenen Vorteil arbeiten, planen usw.* Fritz großzügig? Du kannst überzeugt sein, daß er bei allem, was er tut, nur seinen Vorteil im Auge hat.
j-m ein Dorn im **Auge** sein	*s. Dorn*
e-r Gefahr ins **Auge** sehen	*mit e-r Gefahr rechnen, ihr mutig entgegentreten* Bei dieser Preisentwicklung müssen wir natürlich der Gefahr einer Inflation ins Auge sehen.
j-n (*od.* etw.) (scharf) ins **Auge** fassen	*j-n (od. etw.) aufmerksam, genau betrachten* Während der Tagung habe ich ihn mal scharf ins Auge gefaßt: es ist nicht viel los mit ihm.
etw. (fest) ins **Auge** fassen	*etw. (als festes Ziel) planen, in Rechnung stellen* Damals habe ich zum erstenmal eine Verdoppelung unserer Produktion ins Auge gefaßt.
das geht ins **Auge** U	*das mißlingt, das geht schief (und hat böse Folgen)* Ändere nichts an deinem Paß! Das geht ins Auge.
in j-s **Augen**	*nach j-s Ansicht* In meinen Augen war diese Zeugin eine Lügnerin, nicht so in den Augen des Richters.
in j-s **Augen** steigen	*bei j-m an Achtung gewinnen (od. verlieren)* Seit ihren wissenschaftlichen Erfolgen ist die UdSSR in den Augen vieler sehr gestiegen.
j-m zu tief ins **Auge** (*od.* in die **Augen**) sehen (*od.* schauen)	*s. in j-n verlieben* Na, du schwärmst so von deiner neuen Kollegin! Du hast ihr wohl zu tief in die Augen gesehen?
ins **Auge** (*od.* in die **Augen**) fallen (*od.* stechen, springen)	*auffallen* Das ist ein gutes Plakat. Da fällt das Wichtige wenigstens ins Auge.
j-m nicht (gerade) in die **Augen** sehen können	*e-n ehrlichen Blick nicht aushalten (weil man ein schlechtes Gewissen hat)* Er kann mir nicht mehr (gerade) in die Augen sehen.
j-m Sand in die **Augen** streuen	*s. Sand*
j-n (*od.* etw.) mit den **Augen** verfolgen	*(Sichbewegendes) so lange betrachten wie möglich* Unser Junge saß stundenlang auf der Bank und verfolgte die Autos mit den Augen.
j-n (*od.* etw.) mit den **Augen** (förmlich *od.* geradezu) verschlingen U	*mit gierigen Blicken betrachten* Er hörte gar nicht mehr auf meine Worte. Er saß da und verschlang die Blondine förmlich mit den Augen.

etw. (jetzt) mit (ganz) anderen **Augen** sehen	*(jetzt) e-e (ganz) andere Ansicht über etw., ein anderes Verständnis für etw. haben* Seit ich länger in England war, sehe ich die Engländer mit ganz anderen Augen.
mit e-m lachenden und e-m weinenden **Auge**	*teils mit Freude und teils mit Traurigkeit* Mit einem lachenden und einem weinenden Auge verkaufte der Händler das Bild. So etwas war nicht wieder zu beschaffen.
mit e-m blauen **Auge** davonkommen	*1) (bei e-m Unfall usw.) nicht (sehr) verletzt werden* *2) nicht (sehr) bestraft werden* 1) Ich bin beim Skifahren gestürzt, aber ich bin noch mal mit einem blauen Auge davongekommen. Nichts gebrochen, nur Prellungen. 2) Bloß eine Geldstrafe? Na, da sind Sie ja mit einem blauen Auge davongekommen.
mit offenen **Augen** durch die Welt gehen	*die Dinge klar sehen (wollen), wie sie sind* Er geht mit offenen Augen durch die Welt.
mit offenen **Augen** (*od.* sehenden **Auges**) ins Unglück rennen	*e-m Unglück nicht ausweichen, obwohl man es sieht* Wir haben sie vor diesem Menschen gewarnt, aber ich fürchte, sie rennt mit offenen Augen ins Unglück.
mit offenen **Augen** schlafen	*nicht zuhören, nicht aufpassen* Hast du denn nicht gehört, worum ich dich gebeten habe? Du schläfst wohl mit offenen Augen!
etw. mit eigenen **Augen** gesehen haben	*etw. selbst gesehen haben (u. deshalb wissen)* „Das kann doch nicht wahr sein!" – „Doch, ich habe es mit eigenen Augen gesehen."
mit bloßem (*od.* nacktem, unbewaffnetem) **Auge**	*ohne Brille (od. Fernrohr)* An schönen Tagen kann man das Gipfelkreuz mit bloßem Auge sehen.
Auge um Auge, Zahn um Zahn	*wie j-d mir Böses angetan hat, genauso werde ich ihm Böses antun* Diesem gemeinen Menschen gegenüber gibt es für mich nur eins: Auge um Auge, Zahn um Zahn.
unter j-s **Augen**	*in Anwesenheit von j-m (der nicht hätte dasein sollen)* Unter den Augen aller Kollegen passierte mir das Mißgeschick.
unter j-s **Augen** aufwachsen	*von j-m beaufsichtigt aufwachsen* Ich kenne ihn ganz genau, er ist ja unter meinen Augen aufgewachsen.
(j-m etw.) unter vier **Augen** (sagen *usw.*)	*(j-m etw.) ohne Zeugen, ohne Zuhörenden (sagen usw.)* Könnte ich Sie bitte kurz unter vier Augen sprechen?
j-m unter die **Augen** kommen (*od.* treten)	*erscheinen, auftauchen (von j-m, der unerwünscht ist)* Der hat mich gemein belogen – der soll mir ja nicht wieder unter die Augen kommen!
j-m jeden Wunsch von den **Augen** ablesen (*od.* an den **Augen** absehen)	*jeden Wunsch, auch unausgesprochen, erkennen u. erfüllen* Er vergöttert seine Frau und liest ihr jeden Wunsch von den Augen ab.

j-m wie Schuppen von den **Augen** fallen	*s. Schuppe*
die Hand vor (den) **Augen** nicht sehen (können) (*od.* die Hand nicht vor [den] **Augen** sehen [können])	*wegen völliger Finsternis gar nichts sehen (können)* Da die Straßenbeleuchtung nicht brannte, sahen wir die Hand vor den Augen nicht (*od.* konnten wir die Hand nicht vor den Augen sehen).
j-m schwarz (*od.* Nacht) vor (den) **Augen** werden	*s. schwarz*
steht mir noch klar vor **Augen** (*od.* vor meinem geistigen *od.* inneren **Auge**)	*ich erinnere mich ganz deutlich an etw.* Ich werde seine Worte nie vergessen. Die ganze Szene steht mir noch klar vor Augen – als ob es gestern gewesen wäre.
j-m etw. vor **Augen** führen	*j-m etw. Neues ganz deutlich, anschaulich zeigen* Hiroshima hat der ganzen Welt die furchtbaren **Folgen** von Atombomben vor Augen geführt.
s. etw. vor **Augen** führen (*od.* halten)	*s. ganz klarwerden über etw.* Wir müssen uns insbesondere (die Tatsache) vor Augen führen, daß wir nur vereint etwas erreichen können.
j-m etw. vor **Augen** halten	*j-m etw. Bekanntes ganz deutlich zeigen* Du hättest ihm (die Tatsache) vor Augen halten sollen, daß Regine für ihn viel zu jung ist.
ein Brett vor den **Augen** haben	*s. Brett*
j-m vor **Augen** (*od.* vor j-s **Augen**) schweben	*(als Ziel, Möglichkeit) angestrebt werden* Den Ärmsten der Armen in ihrer Krankheit zu helfen war das Ziel, das Albert Schweitzer vor Augen schwebte.
vor aller **Augen**	*so daß jeder es sehen konnte* Der Gesandte verließ vor aller Augen den Saal.
etw. nicht wegen j-s schöner **Augen** (*od.* um j-s schöner **Augen** willen) tun	*etw. nicht aus Zuneigung, sondern für Geld* (od. *e-e Gegengabe*) *tun* Natürlich will er eine Bezahlung dafür. Oder dachtest du, er hätte es wegen deiner schönen Augen getan?
den **Augiasstall** ausmisten (*od.* reinigen)	*e-n (durch Vernachlässigung entstandenen) Wirrwarr in mühevoller und unangenehmer Arbeit in Ordnung bringen* Da sehen Sie den Schlendrian meiner Vorgänger. Und diesen Augiasstall soll ich jetzt ausmisten.
ein dummer **August**	*ein einfältiger Mensch, der nichts ernst nehmen kann* Moritz hat doch eigentlich nur Albernheiten im Kopf. Er ist und bleibt ein dummer August.
den dummen **August** spielen	*s. dumm stellen* Nun nimm doch endlich Vernunft an und spiel nicht immer den dummen August.

aus s. herausgehen	s. herausgehen
aus und **ein** gehen (od. ein und aus gehen) bei j-m	ständig mit j-m in Verbindung sein, j-n oft besuchen Fritz? Den kenne ich gut. Ich gehe ja ständig bei ihm ein und aus.
nicht **aus** noch ein wissen (auch: ein noch aus)	überhaupt nicht wissen, was man tun soll Er weiß nicht mehr ein noch aus vor lauter Schulden.
etw. **ausbaden** müssen	die unangenehmen Folgen e-r Sache tragen müssen Er ist schuld daran, daß alles schief gegangen ist, aber ich muß es ausbaden.
ausbitten: das möchte ich mir ausgebeten haben	das erwarte ich auf alle Fälle, darauf bestehe ich Daß du dich wenigstens bei ihr entschuldigst, das möchte ich mir ausgebeten haben!
(blöd, dick usw.) ist gar kein **Ausdruck** U	ist stark untertrieben „Stell dir vor, der letzte Zug ist eben weggefahren. Ist das nicht dumm?" – „Dumm ist gar kein Ausdruck!"
einen **ausgeben** U	e-e Runde Bier (oder Ähnliches) bezahlen Wer jetzt noch einmal von Politik anfängt, muß (zur Strafe) einen ausgeben.
aushaken: es hakt aus bei j-m U	j-d verliert den Faden, denkt (od. handelt) falsch Es kommt schon manchmal vor, daß es bei ihm aushakt; er weiß dann einfach nicht mehr weiter.
aushaken, da hakt's bei mir aus	so etwas begreife ich nicht, dafür habe ich kein Verständnis Wenn jemand seine Frau schlägt, da hakt's bei mir aus.
auslöffeln müssen, was man s. eingebrockt hat	= die Suppe auslöffeln müssen, die man s. eingebrockt hat
faule **Ausrede**	e-e unglaubwürdige Entschuldigung, Erklärung Sie hat Kopfschmerzen? Das ist eine faule Ausrede.
den **Ausschlag** geben	entscheidend sein Da die Zeugnisse der Bewerber gleich gut sind, sollte der Auslandsaufenthalt des einen den Ausschlag geben.
s. **ausschütten** (wollen) vor Lachen	sehr intensiv und lange lachen Als er hörte, sein dicker Onkel trete dort als jugendlicher Liebhaber auf, wollte er sich ausschütten vor Lachen.
aussehen: so siehst du aus! U	s. so
nach nichts **aussehen**	1) nicht verlockend, uninteressant aussehen 2) ganz leicht erscheinen (aber schwer zu tun sein) 1) Diese Birnen sehen zwar nach nichts aus, aber sie schmecken herrlich! 2) Diese Aufgabe sieht nach nichts aus, aber lös sie mal!
danach **aussehen**	nicht so aussehen, als ob man etw. Bestimmtes könnte (od. täte) Frag lieber jemand anderen. Der sieht (mir) nicht danach aus, als ob er das wüßte.

aussein auf etw.	*etw. anstreben, ein Ziel haben* Damals war ich darauf aus, der beste Sportler unserer Schule zu sein.
es ist **aus** (*od.* jetzt ist es aus, jetzt ist alles aus)	*jetzt weiß ich nicht mehr, was ich tun soll* Das Geld verloren, mein Zimmer gekündigt, heute schreibt mir noch meine Verlobte ab – jetzt ist alles aus.
es ist **aus** mit ihm	*1) er ist am Ende und weiß nicht mehr weiter* *2) er wird entlassen, man will nichts mehr von ihm wissen* 1) Jetzt ist es wirklich aus mit ihm. Stell dir vor, er hat sein ganzes Vermögen verspielt. 2) Jetzt ist es aus mit ihm, wir werden ihn zum nächsten Quartalsende entlassen.
damit ist es jetzt **aus**	*das wird jetzt nicht mehr gemacht (od. geduldet)* Bisher war Rauchen hier erlaubt, damit ist es jetzt aus.
es ist **aus** zwischen ihnen	*ihre Freundschaft ist zerbrochen, sie sind Feinde (geworden)* „Ist es aus zwischen Rolf und Ilse?" – „Schon lange."
außen hui, innen pfui U	*äußerlich schön, innerlich schlecht* Schau sie dir an, du kennst sie ja: außen hui, innen pfui.
außer s. sein (vor Schmerz, Wut, Begeisterung *usw.*)	*ganz anders sein als sonst* Als die Mutter ihr Kind tot liegen sah, war sie außer sich (vor Schmerz). / Er war außer sich (vor Zorn).
außer s. geraten	*s. (vor Schmerz, Wut, Begeisterung usw.) plötzlich ganz anders verhalten als sonst* Das Publikum geriet außer sich, als das erste Tor fiel.
außerstande sein	*nicht können, nicht in der Lage sein* Wir sind zu unserem Bedauern außerstande, Ihnen den Kredit zu gewähren.
j-n nicht **ausstehen** können	*j-n nicht leiden können, nicht mögen* Er hat so einen unangenehmen Blick, ich kann ihn nun mal nicht ausstehen.
auf dem **Aussterbeetat** stehen (*od.* sein)	*dazu verurteilt sein zu verschwinden* In vielen modernen Städten steht die Straßenbahn längst auf dem Aussterbeetat.
etw. zum **Austrag** bringen	*etw. zur Entscheidung bringen* Auf dieser Sitzung werden wir jetzt den jahrelangen Streit zum Austrag bringen.
(es ist) zum **Auswachsen**! S	*es macht einen wahnsinnig, man könnte die Geduld verlieren* Jetzt warte ich hier schon eine Stunde an dem Skilift; es ist zum Auswachsen!
auswechseln: wie ausgewechselt sein	*plötzlich ganz anders sein* Als er zurückkam, war er wie ausgewechselt. Seine schlechte Laune war verflogen.
auswendig	*s. inwendig*
j-m eins **auswischen** U	*j-m e-n bösen Streich spielen, e-e Gemeinheit antun* Diesem frechen Kerl hab' ich mal eins ausgewischt! Ich hab' ihm die Luft aus den Rädern rausgelassen.

s. benehmen wie die **Axt** im Walde U	= *s. benehmen wie ein* Elefant *im Porzellanladen*
die **Axt** an die Wurzel legen	*an die radikale Beseitigung e-s Übels gehen* Mit der Schaffung des Jugendgesetzes haben wir die Axt an die Wurzel eines der größten Übel unserer Zeit gelegt.

B

e-e **babylonische** Verwirrung	*ein völliges Durcheinander (bes. wegen sprachlicher Probleme)* Man hatte vergessen, zu der Konferenz genügend qualifizierte Dolmetscher hinzuzuziehen; die babylonische Verwirrung können Sie sich ja vorstellen.
au **Backe** (mein Zahn)! U	*(Ausdruck der unangenehmen Überraschung)* Au Backe, mein Zahn! Beim Wagen vor uns kontrollieren sie die Koffer! Und wir mit unserem Schnaps?
backen: du bist wohl nicht (ganz) gebacken U	*s. nicht ganz bei* Verstand *sein*
baden gehen S	*1) hereinfallen, nichts abbekommen, nicht berücksichtigt werden* *2) in Konkurs gehen* 1) Der Vorschlag, den er machte, war schlecht durchdacht. Deshalb ist er damit auch baden gegangen. 2) Nach anfänglichem Erfolg ging die Firma dies Jahr baden.
baff sein U	*sehr überrascht sein* Ich war baff, als er mit einer 1 nach Hause kam.
e-r S. **Bahn** brechen	*(e-r Ansicht, Theorie usw.) zur Anerkennung verhelfen, sie durchsetzen* Hindemith hat viel dazu beigetragen, einer neuen Musikauffassung Bahn zu brechen.
s. **Bahn** brechen	*s. Anerkennung verschaffen, s. durchsetzen* Das Neue bricht sich immer Bahn.
j-m (*od.* e-r S.) die **Bahn** ebnen	*j-m den Weg freimachen, die Schwierigkeiten beseitigen* Durch seine Beziehungen hat er ihm die Bahn geebnet.
j-m (*od.* e-r S. *od.* für j-n, etw.) freie **Bahn** schaffen	*gute Entfaltungsmöglichkeiten geben* In der Kunst gibt es nur dann keinen Stillstand, wenn man auch jungen Künstlern freie Bahn schafft.
auf der rechten (*od.* auf rechter) **Bahn** sein	*auf dem richtigen Wege sein, das Richtige tun* Er hat sein Studienfach gewechselt. Jetzt studiert er Musik, und ich glaube, er ist auf der rechten Bahn.
auf die schiefe (*od.* abschüssige) **Bahn** geraten (*od.* kommen)	*vom Wege des Anstandes, der geordneten Verhältnisse abkommen* Er geriet auf die schiefe Bahn und versuchte, mit kleinen Diebstählen seinen Lohn aufzubessern.
j-n aus der **Bahn** bringen	*j-n von s-m Weg abbringen* Sie will nun mal Arzthelferin werden, und wir sollten nicht versuchen, sie aus der Bahn zu bringen.

j-n aus der **Bahn** werfen (*od.* schleudern)	*vom bisherigen Weg beruflich (od. sittlich) ganz abbringen* Was ihn so aus der Bahn geworfen hat, war weniger der plötzliche Tod seines Vaters als sein maßloses Trinken.
s. in (*od.* auf) neuen **Bahnen** bewegen	*s. neu, anders entwickeln, neue Mittel verwenden* Endlich mal eine Politik, die sich in neuen Bahnen bewegt.
in die gewohnten **Bahnen** zurückkehren	*wieder so werden, wie es vorher war* Es dauerte einige Zeit, bis das Leben der Kriegsheimkehrer in die gewohnten Bahnen zurückkehrte.
j-n (*od.* etw.) in die richtige (*od.* rechte) **Bahn** lenken (*od.* auf die rechte **Bahn** bringen)	*machen, daß j-d (od. etw.) s. richtig, anständig entwickelt* Das große Problem ist, wie sich jugendliche Strafgefangene wieder in die richtige Bahn lenken lassen.
großer **Bahnhof** S	*bes. aufwendige Empfangsfeierlichkeiten (roter Läufer usw.)* Nach der Fußballweltmeisterschaft gab es für die Sieger überall einen großen Bahnhof.
ich verstehe nur **Bahnhof** S	*ich verstehe überhaupt nichts* Wenn sich meine Brüder über Atomphysik unterhalten, verstehe ich nur Bahnhof.
lügen, daß s. die **Balken** biegen U	*außerordentlich, unverschämt lügen* Wenn er von seinen Erlebnissen in Afrika erzählt, lügt er, daß sich die Balken biegen.
am **Ball** sein	*aktiv sein, entscheidende Schritte tun (können)* Im Augenblick ist die andere Seite am Ball, da können wir nicht viel viel machen.
am **Ball** bleiben	*e-e S. weiterverfolgen, nicht aufgeben* Wenn man sich einmal etwas vorgenommen hat, ist es wichtig, am Ball zu bleiben.
s. gegenseitig die **Bälle** zuwerfen (*od.* zuspielen)	*(zum Nachteil anderer) Hand in Hand arbeiten* Toll, wie sich die beiden gegenseitig die Bälle zuwerfen und alle anderen übergehen.
e-n **Ballon** haben (*od.* kriegen)	*e-n roten Kopf haben (od. kriegen)* Schau dir diesen Kerl an, was der für einen Ballon hat; der muß ganz schön was getrunken haben.
(großen *usw.*) **Bammel** haben (vor etw.) U	*(große) Angst haben* Ich weiß, daß ich etwas kann, aber vor einer Prüfung habe ich doch immer (mächtigen) Bammel.
am laufenden **Band**	*ständig, ununterbrochen.* Er redet am laufenden Band Unsinn.
das spricht **Bände** U	*das sagt sehr viel, ist sehr bedeutsam* Daß er auf die Frage geschwiegen hat, spricht Bände.
über etw. könnte man **Bände** erzählen (*od.* schreiben) U	*über etw. könnte man sehr viel sagen (od. schreiben)* Über meine Fahrt durch Afrika könnte ich Bände erzählen.

die **Bande** des Blutes	*enge verwandtschaftliche Bindungen* „Geld oder Familie" war für ihn die Frage gewesen. Die Bande des Blutes hatten dann doch gesiegt.
zarte **Bande** knüpfen L	*Liebesbeziehungen anfangen* Als Primaner knüpfte er die ersten zarten Bande zum anderen Geschlecht.
j-n (*od.* etw.) am **Bändel** haben	*1) j-n in der Gewalt haben, über j-n bestimmen können* *2) mit j-m (od. etw.) belastet sein* 1) Das Schlimme ist, er merkt gar nicht, wie sehr seine Frau ihn am Bändel hat. 2) Seit Jahren hat er seine Schwiegermutter (*od.* diese Schreibarbeiten) am Bändel.
bange machen gilt nicht	*man darf s. nicht Angst machen lassen* Du kannst mir über die Prüfung erzählen, was du willst – bange machen gilt nicht.
etw. auf die lange **Bank** schieben U	*etw. hinauszögern, lange unerledigt lassen* Wenn wir die Verhandlungen auf die lange Bank schieben, wird uns ein anderer Käufer zuvorkommen.
durch die **Bank** U	*alle miteinander* Die Äpfel in der Kiste waren durch die Bank faul.
vor leeren **Bänken** predigen U	*vor wenigen Zuhörern reden* Am Aschermittwoch kann es einem Professor leicht passieren, daß er vor leeren Bänken predigt.
in j-s **Bann** geraten L	*unter j-s starken Einfluß geraten* Es wird immer erstaunlich bleiben, daß so viele Menschen in den Bann dieses Politikers geraten konnten.
in j-s **Bann** stehen L	*unter j-s starkem Einfluß stehen* Er steht ganz im Banne seines Lehrers und Meisters.
j-d ist ein rechter (*od.* ein ungeleckter) **Bär** U	*j-d ist unbeholfen, grob* Er ist schon ein rechter Bär. Ich kann gut verstehen, daß zartbesaitete Mädchen ihn nicht mögen.
schlafen wie ein **Bär**	= *wie ein Murmeltier schlafen*
das Fell des **Bären** (*od.* die **Bärenhaut**) verkaufen	*s. Fell*
j-m e-n **Bären** aufbinden	*j-m etw. Unwahres erzählen, j-n belügen, prahlen* Sie sagt, sie sei beim Film? Da hat sie dir einen Bären aufgebunden. Sie hat nur eine Statistenrolle gespielt.
s. e-n **Bären** aufbinden lassen	*s. belügen lassen, s. etw. vormachen lassen* Er soll der beste Schwimmer der Schule sein? Da hast du dir einen Bären aufbinden lassen.
j-m e-n **Bärendienst** erweisen	*j-m e-n schlechten Dienst erweisen, j-m mehr schaden als nützen* Er hat im Zorn zwei Mitarbeiter entlassen. Damit hat er sich einen rechten Bärendienst erwiesen.

den **Bärenführer** spielen	*der Führer (im ironischen Sinne) sein* Und wer hat dann den Bärenführer gespielt, als ihr eure Runde durch die Pariser Nachtlokale gemacht habt?
s. auf die **Bärenhaut** legen (*od.* auf der Bärenhaut liegen)	*faulenzen, nichts tun* Wie, am hellichten Tag liegst du auf der Bärenhaut (*od.* legst du dich auf die Bärenhaut) und tust gar nichts? Wie willst du denn die Prüfung schaffen?
e-n **Bärenhunger** haben U	*großen Hunger haben* Es ist kein Wunder, daß du einen Bärenhunger hast, nach dieser Bergtour.
Bärenkräfte haben	*sehr große Körperkräfte haben* Stell dir vor, der Paul hat solche Bärenkräfte, daß er das Klavier ganz allein umgestellt hat.
e-e **Bärennatur** haben	*e-e sehr robuste Gesundheit haben* Wenn er nicht so eine Bärennatur hätte, hätte er die Blutvergiftung nicht überstanden.
das **Barometer** steht auf Sturm	*s. Sturm*
auf die **Barrikaden** steigen	*energisch und drastisch protestieren* Die Frauen werden wegen der ständigen Benachteiligung im Beruf auf die Barrikaden steigen.
der **Bart** ist ab U	*die S. ist gescheitert, alles ist aus* Der Bart ist ab, mein Lieber! Ich habe Sie oft genug gewarnt; jetzt ist meine Geduld zu Ende.
so ein **Bart** (*mst.* so'n Bart) U	*so e-e alte Geschichte, völlig uninteressant* Mensch, so'n Bart! Das hör' ich nun zum zehnten Mal.
der Witz hat e-n (*od.* so e-n langen, e-n ellenlangen *usw.*) **Bart** U	*der Witz ist alt, oft erzählt, langweilig* Hör bloß mit deinen Witzen auf, die haben ja alle einen Bart.
bei meinem **Bart** (*od.* beim **Barte** des Propheten) U	*ich schwöre es, weiß Gott* Du glaubst nicht, daß ich im Lotto gewonnen habe? Beim Barte des Propheten: eintausend Mark!
etw. in den **Bart** brummen (*od.* murmeln) U	*etw. (undeutlich) sagen* Was brummst du da in deinen Bart? Bist du etwa nicht zufrieden?
s. in den **Bart** lachen U	*s. heimlich freuen* Als er dann reinfiel, hab' ich mir doch in den Bart gelacht.
j-m um den **Bart** gehen	*j-m schmeicheln* Wie er es so weit gebracht hat? Er ist eben immer dem Richtigen um den Bart gegangen.
(s.) um des Kaisers **Bart** streiten	*wegen Nichtigkeiten streiten* Sie streiten sich mal wieder um des Kaisers Bart – ob die Briefkästen in England gelb oder rot sind.

j-m zeigen, wo (der) **Barthel** den Most holt U	*schlau sein, alle Schliche kennen* Der Hans? Der kennt alle Tricks. Der weiß, wo Barthel den Most holt.
und damit **basta!** U	*nun aber Schluß! das ist mein letztes Wort!* Du gehst jetzt und hilfst deinem Vater, und damit basta!
ein schöner **Batzen** U	*viel Geld* Als Hausmeister hat er durch die vielen Trinkgelder einen schönen Batzen beiseite legen können.
vom **Bau** sein	*etw. gut kennen, weil man beruflich damit zu tun hat* Ich kann diese Organisationsarbeit unmöglich übernehmen. Als Sprachlehrer bin ich ja nicht vom Bau.
e-r (*od.* j-d, Leute) vom **Bau**	*ein Fachmann* Ich weiß so etwas nicht. Da müssen Sie schon jemanden (*od.* einen *od.* Leute) vom Bau fragen.
s. den **Bauch** halten (vor Lachen) U	*sehr stark lachen (müssen)* Als er dann auch noch zu tanzen anfing, haben wir uns den Bauch gehalten (vor Lachen).
s. den **Bauch** vollschlagen U	*sehr viel essen* Morgen bin ich bei meinen Eltern, da kann ich mir endlich mal wieder den Bauch vollschlagen.
vor j-m auf dem **Bauch** liegen (*od.* kriechen)	*unterwürfig, ein Speichellecker sein* Es ist widerlich, wie er vor dem Chef auf dem Bauch liegt.
e-e Wut im **Bauch** haben U	s. *Wut*
j-m ein Loch in den **Bauch** fragen	s. *Loch*
Bauklötze(r) staunen S	*vor Verwunderung sprachlos sein* Bei der Vorführung des Zauberers gestern abend habe ich Bauklötze gestaunt.
ein Kerl wie ein **Baum**	*ein großer, stämmiger, starker Mann* Unser neuer Mann in der Spedition ist ein Kerl wie ein Baum. Der trägt einen Schrank allein.
dafür sorgen, daß die **Bäume** nicht in den Himmel wachsen	s. *Himmel*
den Wald vor lauter **Bäumen** nicht sehen	*das Naheliegende nicht sehen* „Wo ist denn hier ein Telefonhäuschen?" – „Du siehst wieder mal den Wald vor lauter Bäumen nicht. Hier sind drei nebeneinander!"
Bäume ausreißen können U	*(sehr) stark, ganz gesund sein* Seinen Bruder solltest du mal sehen! Der kann Bäume ausreißen.
es ist, um auf die **Bäume** zu klettern	= *es ist, um auf die* Akazien *zu klettern*
in **Bausch** und Bogen	*insgesamt, ohne Berücksichtigung von Einzelheiten* Mein Antrag wurde in Bausch und Bogen abgelehnt.

den **Becher** bis zur Neige leeren	= den *(bitteren)* Kelch *(bis zur Neige) leeren*
zu tief in den **Becher** schauen *(od.* gucken)	= *zu tief ins* Glas *schauen (od. gucken)*
bedanken: dafür bedanke ich mich bestens U	*das tue ich nicht, das lehne ich ab* Was, ich soll jetzt diese verfahrene Situation einrenken? Dafür bedanke ich mich bestens!
mein **Bedarf** ist gedeckt U	*ich habe genug davon, ich will davon nichts mehr wissen* Ich bin jetzt jeden zweiten Tag auf dem Rathaus gewesen, mein Bedarf ist gedeckt.
bedienen: den habe ich richtig bedient U	*ihm habe ich gehörig die Meinung gesagt* Und als er dann noch frech werden wollte, habe ich ihn mal richtig bedient.
bedienen: ich bin bedient *(od.* restlos bedient) S	*für mich ist es mehr als genug, ich will davon nichts mehr wissen* Bleib mir mit deinem Kino vom Hals! Ich hab' mir 10 Wildwestfilme ansehen müssen, ich bin bedient!
j-d kann s. **begraben** lassen U	*was j-d sagt (od. tut), ist schlecht, unnütz* Wenn dir nichts Plausibleres als Erklärung einfällt, kannst du dich begraben lassen.
damit kannst du dich **begraben** lassen U	*mit diesen Ideen (Vorschlägen usw.) kann niemand etw. anfangen, sie sind schlecht* Wir sollen die Ölheizung wieder auf Kohle umstellen? Mit dieser Idee kannst du dich begraben lassen.
da möchte ich nicht **begraben** sein U	*dort möchte ich nicht leben* In diesem langweiligen Nest, so von der ganzen Welt abgeschnitten, möchte ich nicht begraben sein.
begreifen: das begreife, wer will	*das verstehe ich nicht, das ist verrückt* Er will sein Geschäft verkaufen – das begreife, wer will!.
schwer von **Begriff** sein	*nur mühsam etw. mit dem Verstand erfassen* Ich habe es dir doch genau erklärt! Aber manchmal bist du wirklich schwer von Begriff.
im **Begriff** sein *(od.* stehen), etw. zu tun	*gerade auf dem Punkt sein, wo man etw. tun will* Als er anrief, war ich gerade im Begriff wegzugehen.
ich kann mich **beherrschen** U	*das tue ich bestimmt nicht* Was, ich soll ihm genau erklären, wie ich das gemacht habe? Ich kann mich beherrschen.
bei sich sein	*bei Bewußtsein sein, bei Verstand sein* Die alte Frau redet irre, sie ist wohl nicht ganz bei sich.
nicht alle **beieinander** haben U	*etwas verrückt sein* Sie packt schon das drittemal alle Sachen aus dem Korb und wieder hinein; sie hat wohl nicht alle beieinander.

gut **beieinander** sein U	*1) in gutem gesundheitlichem Zustand sein* *2) ziemlich dick sein* 1) „Wie geht es Ihnen?" – „Danke, seit der Kur bin ich eigentlich ganz gut beieinander!" 2) Die Anne ist jetzt aber recht gut beieinander. Früher war sie doch viel schlanker.
schlecht **beieinander** sein U	*in schlechtem gesundheitlichem Zustand sein* Ich muß vor Semesterende nach Hause fahren. Meine Mutter ist ziemlich schlecht beieinander.
beileibe nicht	*durchaus nicht* Ich bin beileibe nicht reich, aber für eine Theaterkarte langt es noch.
j-m ein **Bein** stellen	*1) sein Bein so stellen, daß j-d stolpert (od. fällt)* *2) etw. machen, daß j-d hereinfällt, Schaden hat* 1) Ist es beim Fußball erlaubt, dem Gegner ein Bein zu stellen? 2) Karriere macht er, indem er seinen Vorgesetzten ein Bein stellt.
s. (k)ein **Bein** ausreißen U	*s. (nicht) sehr anstrengen, s. (nicht) beeilen* Gebummelt hat er nicht gerade, er hat sich aber auch kein Bein ausgerissen.
alles, was **Beine** hat U	*jeder, alle Leute* Alles, was Beine hatte, war auf der Straße.
Beine kriegen (*od.* bekommen) U	*verschwinden, gestohlen werden* Mein schöner Kugelschreiber hat Beine gekriegt! Hast du ihn gesehen?
j-m **Beine** machen U	*j-n antreiben (schneller zu gehen od. zu arbeiten)* Peter hat sein Fahrrad noch immer nicht geputzt? Dem werde ich mal Beine machen!
die **Beine** in die Hand (*od.* unter die Arme) nehmen U	*s. Arm*
die **Beine** unter j-s Tisch st(r)ecken	*s. Tisch*
s. die **Beine** nach etw. ablaufen U	= *s. die* Schuhsohlen *nach etw. ablaufen*
s. die **Beine** in den Leib (*od.* Bauch) stehen U	*sehr lange (stehend) warten* Wir haben uns vor dem Schalter die Beine in den Leib gestanden, um die Karten zu kriegen.
s. die **Beine** vertreten	= *s. die* Füße *vertreten*
jüngere **Beine** haben	*besser laufen (od. eher e-n Weg machen) können als j-d anders, stehen können (statt sitzen)* Biete der Dame deinen Platz an, du hast jüngere Beine!

etw. am **Bein** haben	*1) etw. bezahlen* *2) etw. tun (verwalten, erledigen) usw.) müssen* 1) Solange ich noch die Abzahlung am Bein habe, kann ich keine großen Sprünge machen. 2) Er ist ja nicht nur Anwalt, sondern hat noch die Zeitschrift (die Firma seines Vaters *usw.*) am Bein.
Klotz (*od.* Knüppel) am **Bein**	s. *Klotz*
s. etw. ans **Bein** binden	*etw. als verloren ansehen* Der Mann ist jetzt im Ausland. Die 500 Mark, die du ihm gegeben hast, wirst du dir ans Bein binden müssen.
auf e-m **Bein** kann man nicht stehen (*od.* ist nicht gut stehen) U	*nach dem ersten Schnaps muß man noch e-n zweiten trinken* Trinken Sie noch einen! Auf einem Bein kann man nicht stehen!
auf den **Beinen** sein	*1) auf der Straße sein* *2) tätig sein, arbeiten* 1) Ganz Berlin war auf den Beinen, als die siegreiche Mannschaft zurückkehrte. 2) Hausfrau sein ist ein anstrengender Beruf. Wer ist schon den ganzen Tag auf den Beinen wie sie?
wieder auf den **Beinen** sein	*1) wieder gesund sein* *2) wirtschaftlich wieder erholt sein* 1) „Na, sind Sie wieder auf den Beinen?" – „Ja, endlich. Ich war ja lange genug krank." 2) Nach Jahren der Flaute ist er mit seinem Geschäft jetzt wieder auf den Beinen.
fest auf beiden **Beinen** stehen	= *mit beiden* Beinen *im Leben stehen*
auf eigenen **Beinen** stehen	= *auf eigenen* Füßen *stehen*
j-m auf die **Beine** helfen	*1) j-m e-e Schwäche (od. Krankheit) überwinden helfen* *2) j-m e-e (finanzielle) Notlage überwinden helfen* 1) Erst die vier Wochen an der See haben ihm richtig auf die Beine geholfen. 2) Die Erbschaft hat ihr auf die Beine geholfen.
j-n auf die **Beine** bringen	*1) = j-m auf die Beine helfen (1)* *2) = j-m auf die Beine helfen (2)* *3 j-n beschaffen* *4) in Erregung (u. Betriebsamkeit) versetzen* 1) Werden die Spritzen mich wieder auf die Beine bringen, Herr Doktor? 2) Könntest dich tausend Mark auf die Beine bringen? 3) Können Sie für die Konferenz zwei russische Dolmetscher auf die Beine bringen? 4) Die Nachricht brachte das ganze Haus auf die Beine.

etw. auf die **Beine** bringen	*etw. (mühselig) organisieren, aufstellen* Die erste Expedition, die er auf die Beine brachte, hätte ihn fast ruiniert.
etw. auf die **Beine** stellen	*etw. neu schaffen, s. ausdenken u. aufbauen* Zusammen mit seinem Bruder hat er diese Firma auf die Beine gestellt.
(immer) wieder auf die **Beine** fallen	= *(immer) wieder auf die* Füße *fallen*
wieder auf die **Beine** kommen	*1) wieder gesund werden* *2) wirtschaftlich wieder hochkommen* 1) Er muß Geduld haben. Er wird schon wieder auf die Beine kommen. 2) Mit meinem Geld kam er wieder auf die Beine.
s. auf die **Beine** machen	= *s. auf die* Socken *machen*
s. auf eigene **Beine** stellen	= *s. auf eigene* Füße *stellen*
j-m in die **Beine** fahren U	*1) j-n so treffen, daß er s. kaum bewegen kann* *2) j-n so packen, daß man sich leicht danach im Takt bewegt* 1) Dieser Unfall ist mir gewaltig in die Beine gefahren. 2) Das ist ein Rhythmus, der einem sofort in die Beine fährt.
in die **Beine** gehen U	*1) (durch Schwere, Unsicherheit) fühlbar werden* (Alkohol) *2) j-n veranlassen, s. im Takt zu bewegen od. danach zu tanzen* 1) Der Wein geht einem ja gleich in die Beine! 2) Der Beat ist gut. Der geht in die Beine.
mit e-m **Bein** im Grabe stehen	*todkrank sein* Dr. Schulz kann nichts mehr übernehmen. Der steht doch schon mit einem Bein im Grabe.
mit e-m **Bein** im Gefängnis (*od.* Zuchthaus) stehen	*in der Gefahr stehen, ins Gefängnis (od. Zuchthaus) zu kommen* Wer heute Auto fährt, steht immer mit einem Bein im Gefängnis, sagen die Fahrlehrer.
mit beiden **Beinen** (in etw.) hineinspringen	*s. ganz und gar intensiv e-r Tätigkeit hingeben* Der Aufbau eines Orchesters war ganz nach seinem Herzen. Da ist er mit beiden Beinen hineingesprungen.
mit beiden **Beinen** im Leben (*od.* auf der Erde) stehen	*lebenstüchtig, aktiv, kein Träumer sein* Er ist Künstler durch und durch, steht aber trotzdem mit beiden Beinen im Leben.
mit dem linken **Bein** zuerst aufgestanden sein U	*mürrisch, schlechter Laune sein* Was bist du denn so brummig? Bist du mit dem linken Bein zuerst aufgestanden?
j-m e-n Knüppel zwischen die **Beine** werfen	*s. Knüppel*
nicht alle bei-sammen haben	= *nicht alle* beieinander *haben*

beiseite legen	*aufbewahren, sparen* Bei meinem Lohn kann ich wirklich nichts beiseite legen.
nichts zu **beißen** (und zu brechen) haben	*nichts zu essen haben* Die Zeiten, wo Millionen von Menschen nichts zu beißen (und zu brechen) hatten, sind jetzt vorbei.
j-n am **Bendel** haben	= *j-n am* Bändel *haben*
sich mit j-m wegen etw. ins **Benehmen** setzen L	*mit j-m wegen etw. die Verbindung aufnehmen, j-n fragen* Wegen Ihres Gesuches werde ich mich mit dem Herrn Präsidenten ins Benehmen setzen.
der **Benjamin** der Familie	*der Jüngste, das verwöhnte Nesthäkchen* Es geht ihm heute noch nach, daß er der Benjamin der Familie war. Immer will er bedient sein.
Berge versetzen	*das Unmögliche, Wunder vollbringen* Allein der Glaube kann Berge versetzen.
goldene **Berge** versprechen	*sehr große Versprechungen machen, die voraussichtlich nicht eingehalten werden* Politiker versprechen oft goldene Berge.
mit etw. hinterm (*od.* hinter dem) **Berg** halten	*etw. nicht offen sagen, mit s-r Meinung zurückhalten* Ich habe das Gefühl, daß du mir nicht alles sagst, daß du mit irgend etwas hinterm Berg hältst.
über den **Berg** sein	*das Schlimmste überstanden haben* Meinen Sie, Herr Doktor, mein Mann ist jetzt endlich über den Berg? Darf er schon bald aufstehen?
über alle **Berge** sein	*(längst) verschwunden sein* Bis die Polizei kam, waren die Diebe über alle Berge.
mit j-m **bergauf** (*od.* bergab) gehen	*s. positiv* (*od. negativ*) *für j-n entwickeln* Seit vielen Jahren ist es mit unserer Wirtschaft ständig bergauf gegangen.
die Haare stehen j-m zu **Berge**	*s. Haar*
(toben, wütend sein) wie ein **Berserker**	*wie ein Wahnsinniger, ganz wild* Als mein Chef das erfuhr, tobte er wie ein Berserker.
etw. auf s. **beruhen** lassen	*etw. nicht weiter verfolgen, bearbeiten* Gut, lassen wir dieses Problem auf sich beruhen und gehen zum nächsten Punkt über.
j-m gründlich (*od.* ordentlich) **Bescheid** sagen (*od.* stoßen) U	*j-m energisch die Meinung sagen* Wenn die Lieferung diesmal wieder verspätet eintrifft, werde ich der Firma mal gründlich Bescheid stoßen.
(das ist ja) e-e schöne (*od.* nette, reizende) **Bescherung**	*(das ist) eine böse Überraschung* Jetzt hat er auch noch meinen Wagen kaputtgefahren – eine schöne Bescherung.
da haben wir die **Bescherung**	= *da haben wir den* Salat

da liegt die ganze **Bescherung**	*da liegt alles kaputt am Boden* Hättest du nicht aufpassen können!? Da liegt nun die ganze Bescherung! Mein schönes Kaffeeservice!
mit **Beschlag** belegen	*beanspruchen, benutzen, ganz für s. nehmen* Du kannst doch nicht stundenlang das einzige Wörterbuch mit Beschlag belegen! Andere wollen es auch haben.
(gut) **beschlagen** sein (in etw., auf e-m Gebiet)	*sehr viel wissen, s. gut auskennen in etw.* Antike Kunst ist sein liebstes Thema. Auf dem Gebiet ist er enorm beschlagen.
aller (*od.* jeder, jeglicher) **Beschreibung** spotten	*schlimmer sein, als man beschreiben kann* Der Anzug, in dem er erschien, spottete jeglicher Beschreibung.
ich fresse e-n **Besen** (mit Stiel), wenn (*od.* daß) S	*ich bin fest überzeugt, daß ... nicht ...* Wenn dieses Ergebnis nicht richtig ist, fresse ich einen Besen *(es ist richtig).*
mit eisernem **Besen** auskehren	*mit sehr strengen Maßnahmen Ordnung schaffen* In manchen Gefängnissen herrschen schlimme Zustände; da müßte mal mit eisernem Besen ausgekehrt werden.
j-d hat e-n **Besenstiel** verschluckt	= *j-d hat ein* Lineal *verschluckt*
es j-m **besorgen** U	*s. an j-m rächen, j-n verprügeln* (usw.) Es war unfair, mir die Stellung wegzuschnappen, aber ich werde es ihm schon noch besorgen.
das wäre ja noch **besser**	*das kommt gar nicht in Frage* Wir haben die Arbeit für ihn gemacht, und jetzt sollen wir noch für ihn bezahlen? Das wäre ja noch besser.
besser ist besser	*seien wir vorsichtig* Schauen wir lieber noch mal nach, ob genügend Öl vorhanden ist; besser ist besser.
j-n e-s **Besseren** belehren	*j-m sagen, daß er s. geirrt hat* Er glaubte, das gehöre nicht zu seinen Pflichten, aber ich habe ihn eines Besseren belehrt.
s. e-s **Besseren** besinnen	*e-e andere, vernünftigere Meinung annehmen, etw. Vernünftigeres tun* Wir hoffen, sie hat sich eines Besseren besonnen und ist wieder nach Hause zurückgekehrt.
der erste **beste**	*der erste, der kommt, ganz gleich wer* Die Sachen hier können Sie dem ersten besten geben.
etw. zum **besten** geben	1) (e-e Flasche Wein usw.) *spendieren* 2) *in e-m geselligen Kreis etwas vortragen, erzählen* usw. 1) Und am Schluß hat er dann noch Schnaps und Zigarren zum besten gegeben. 2) Wolf hat immer Witze auf Lager, die er bei jeder Gelegenheit gern zum besten gibt.

j-n zum **besten** haben (*od.* halten)	*j-n necken, s. lustig machen über j-n* Er hat (*od.* hält) dich zum besten, denn, was er dir erzählt hat, stimmt gar nicht.
die Sache (*od.* es) steht nicht zum **besten** (mit j-m)	*es steht nicht sehr gut, die Situation ist schlecht* Die Operation war zwar nicht gefährlich, aber trotzdem steht die Sache nicht zum besten (mit ihm).
etw. (*od.* nicht viel, nichts) zu **bestellen** haben (bei)	*wenig (od. nicht) mitreden können, e-e geringe (od. keine) Rolle spielen, wenig (od. keine) Aussichten auf Erfolg haben* Wenn Ernst beim Rennen mitmacht, hast du nichts zu bestellen.
bestellen: es ist gut, (*od.* schlecht) bestellt um	*die Lage ist gut (od. schlecht)* Um die deutsche Landwirtschaft ist es in diesem Jahr recht gut bestellt.
bestellen: es ist nicht gut (*od.* schlecht) um j-n bestellt	*j-d ist krank (od. hat kein Geld)* Zum Wochenende haben wir unseren Großvater besucht. Ich glaube, es ist gar nicht gut um ihn bestellt.
bestellen: es ist gut (*od.* schlecht) bestellt mit etw.	*etw. ist (nicht) in Ordnung* Und wie ist es bei ihm mit der Arbeit bestellt? Ist er fleißig?
bestellen: wie bestellt und nicht abgeholt U	*wartend, gelangweilt (irgendwo stehen usw.)* Da drüben steht schon seit Stunden ein Mann an der Ecke wie bestellt und nicht abgeholt. Was er wohl will?
bestellen: sie hat s. etwas (*od.* etwas Kleines) bestellt U	*sie erwartet ein Kind* „Und wie geht es Ihrer verheirateten Tochter?" – „Danke, gut. Sie hat sich jetzt etwas Kleines bestellt."
Frau Holle macht ihr **Bett**	*s. Holle*
das **Bett** an fünf Zipfeln (an)packen (wollen) U	*mehr tun (wollen) als möglich (od. vernünftig) ist* Hanna hat Kinder, ist berufstätig und besucht jetzt noch einen Sprachkurs. Sie will mal wieder das Bett an fünf Zipfeln packen.
das **Bett** hüten	*(einige Tage) wegen Krankheit im Bett liegen* Er hat Angina und muß ein paar Tage das Bett hüten.
ans **Bett** gefesselt sein	*so krank sein, daß man (für lange Zeit) im Bett bleiben muß* Seit ihrem Schlaganfall ist sie ans Bett gefesselt.
in ein gemachtes **Bett** kommen (*od.* s. legen) U	*ohne Anstrengung in angenehme Lebensumstände kommen* Erich geht es glänzend. Er ist durch seine Heirat in ein gemachtes Bett gekommen.
an den **Bettelstab** kommen L	*arm werden, sein Vermögen verlieren* Wenn er weiterhin so viel ausgibt und so wenig arbeitet, wird er noch an den Bettelstab kommen.
s. weich **betten**	*s. ein angenehmes Leben verschaffen* Paul versteht es, sich weich zu betten. Er hat einen sehr angenehmen Job, wenig Arbeit und viel Geld.
betten: weich gebettet sein	*ein angenehmes Leben haben* Ich werde mir jetzt eine leichtere Arbeit suchen. Ich möchte auch mal weich gebettet sein.

nach dem **Bettzipfel** schielen (*od.* schnappen, s. sehnen)	*durch Gähnen od. andere Zeichen zeigen, daß man müde ist (u. ins Bett gehen möchte)* Was, du schielst schon jetzt nach dem Bettzipfel?
den **Beutel** festhalten (*od.* zuhalten) U	*kein Geld ausgeben* In der nächsten Zeit muß ich den Beutel zuhalten, sonst kommen wir nie zu unserer Sommerreise.
den **Beutel** füllen U	*Geld einstecken* Hast du dir ordentlich den Beutel gefüllt? Auf dem Oktoberfest wirst du allerhand ausgeben müssen.
den **Beutel** ziehen (*od.* zücken, aufmachen) U	*das Portemonaie öffnen (u. bezahlen)* „Und wer hat dann am Schluß den Beutel gezogen?" – „Onkel Dieter natürlich."
das geht an den **Beutel** U	*das kostet (viel) Geld* Freunde einzuladen macht zwar Spaß, aber das geht doch sehr an den Beutel.
bewahren: I bewahre! U	*keineswegs, durchaus nicht* „Und daß du mir nicht das ganze Geld ausgibst!" – „I bewahre, wo denkst du hin!"
es bei etw. **bewenden** lassen	*keine strengeren Maßnahmen ergreifen als* Diesmal lassen wir es bei einer Verwarnung bewenden.
es dabei **bewenden** lassen	*e-e Sache nicht weiter verfolgen oder untersuchen* Wir haben jetzt beide Parteien gehört und wollen es dabei bewenden lassen. Das nächste Mal müßte allerdings eine Entscheidung gefällt werden.
es mag dabei (*od.* damit) sein **Bewenden** haben	*es mag damit genug sein, mehr soll diesmal nicht geschehen* Ich habe Ihnen die verschiedenen Möglichkeiten aufgezeigt, und damit mag es sein Bewenden haben. Alle weiteren Schlüsse müssen Sie selbst ziehen.
bezahlen: s. bezahlt machen	*s. lohnen, gute Ergebnisse bringen* Die Sorgfalt, mit der er diese Kartei aufgebaut hat, macht sich jetzt bezahlt.
auf **Biegen** oder Brechen	*mit allen Mitteln, auch äußerster Gewalt* Er ist äußerst rücksichtslos. Er will auf Biegen oder Brechen vorwärtskommen.
dufte **Biene** S	*ein sehr hübsches Mädchen* Die da drüben mit Tom tanzt, ist eine dufte Biene.
emsig (*od.* fleißig) wie e-e **Biene**	*sehr fleißig (od. emsig)* Na, der Pullover soll wohl noch bis Weihnachten fertig sein. Deswegen bist du so emsig wie eine Biene.
e-n **Bienenfleiß** entwickeln (*od.* an den Tag legen)	*außerordentlich fleißig sein* Fräulein Müller legt heute so einen Bienenfleiß an den Tag, sie will wohl früher Feierabend machen.
etw. wie sauer (*od.* saures) **Bier** ausbieten (*od.* anbieten)	*etw. billig, aber doch vergeblich anbieten* Diese Art Schuhe bieten sie jetzt aus wie sauer Bier.

(die) **Bilanz** ziehen (*od.* machen)	*das Für und Wider gegeneinander abwägen* Wenn wir (die) Bilanz ziehen, müssen wir sagen, daß die neuen Maßnahmen die erhoffte Besserung des Innenstadtverkehrs nicht gebracht haben.
ein **Bild** für Götter	*ein komischer Anblick* Der kleine Kerl mit Zöpfen und Mädchenkleidern – es war ein Bild für Götter.
ein **Bild** von e-m Mädchen	*ein sehr schönes Mädchen* Mit ihren blonden Haaren und dunkelbraunen Augen war sie ein Bild von einem Mädchen.
s. ein **Bild** (von etw.) machen	*s. etw. deutlich vorstellen, s. klar informieren über etw.* Wer es nicht erlebt hat, kann sich kein Bild (davon) machen, wie schön ein Sonnenaufgang im Gebirge ist.
im **Bilde** sein	*informiert sein, alles Nötige wissen* „Haben Sie davon schon gehört?" – „Ja, ich bin im Bilde."
j-n ins **Bild** setzen über etw.	*j-n informieren über etw.* Die Regierung hat die Öffentlichkeit über den Gang der Verhandlungen ausführlich ins Bild gesetzt.
auf der **Bildfläche** erscheinen U	*(unerwartet) auftauchen* Als die Autofahrer eine Zeitlang miteinander gestritten hatten, erschien die Polizei auf der Bildfläche.
von der **Bildfläche** verschwinden U	*(unerwartet) verschwinden* Als ich dann nach Hause kam, um meinen Bruder abzuholen, war er von der Bildfläche verschwunden.
heiliger **Bimbam!** U	*(Ausruf der Überraschung, des Erschreckens)* Heiliger Bimbam, ich habe meine Fahrkarte vergessen!
j-m wie e-e **Binde** von den Augen fallen	= *j-m wie* Schuppen *von den Augen fallen*
j-m die **Binde** von den Augen nehmen (*od.* reißen)	*j-m klar sagen, was eigentlich los ist, wie die Dinge liegen* Ich muß ihr mal die Binde von den Augen nehmen, damit sie sieht, was für einen Kerl sie da heiraten will.
(s.) eins (*od.* einen) hinter die **Binde** gießen U	*ein Glas Alkohol trinken* Auf den Schreck hin muß ich mir erst mal eins hinter die Binde gießen.
Bindfäden regnen U	*sehr stark regnen* Heute ist alles grau in grau; es regnet Bindfäden.
in die **Binsen** gehen U	*1) nicht zustandekommen, mißglücken* *2) verloren gehen; kaputtgehen* 1) Nachdem der Staat die Zuschüsse gestrichen hatte, ging das ganze Projekt in die Binsen. 2) Auf der Wanderung sind meine Schuhe völlig in die Binsen gegangen.
e-e dicke **Birne** (*od.* so e-e **Birne**) haben	= *j-m brummt der* Kopf

e-e weiche **Birne** haben S	beschränkt, schwachsinnig sein Wie kannst du den beim Quiz mitmachen lassen, der hat doch eine weiche Birne.
j-m eins auf die **Birne** geben S	= j-m eins auf den Kopf geben
eins auf die **Birne** kriegen (*od.* bekommen) S	= eins auf den Kopf bekommen
du liebes **bißchen** U	ach, wie schrecklich!, Donnerwetter! Du liebes bißchen, sei doch nicht so empfindlich. Er meint es ja gar nicht so böse.
der **Bissen** blieb mir im Halse stecken	s. *Hals*
ein fetter **Bissen** U	= *ein fetter* Brocken
ein harter **Bissen** U	= *ein harter* Brocken
keinen **Bissen** anrühren	gar nichts essen Irgendeine Krankheit muß in ihm stecken. Seit Tagen rührt er keinen Bissen an.
j-m keinen **Bissen** (*od.* nicht den **Bissen** Brot) gönnen	*j-m nicht das geringste gönnen, j-m alles neiden* Er ist aber auch auf alles neidisch, was ich gelegentlich mal geschenkt bekomme. Er gönnt mir keinen Bissen.
s. keinen **Bissen** gönnen	*s. alles versagen, s. nichts erlauben* Wenn ich mir, nur um mir ein Auto kaufen zu können, keinen Bissen gönnen soll, dann macht es keinen Spaß.
s. den letzten (*od.* jeden) **Bissen** vom Mund(e) absparen	*aufs äußerste beim Essen sparen* Sie spart sich den letzten Bissen vom Munde ab, um ihrer Tochter ein Auto kaufen zu können.
j-m die **Bissen** im (*od.* in den) Mund zählen	*j-n um etw. beneiden, j-m etw. nicht gönnen* Während ich im Zug eine Orange aß, schien mir mein Gegenüber die Bissen im Mund zu zählen.
da muß ich doch sehr **bitten**	*da muß ich sehr protestieren* Ich soll das Geld genommen haben? Wie können Sie das nur von mir denken. Da muß ich doch sehr bitten!
bitten: da möcht' ich doch sehr drum gebeten haben	*das verlange, erwarte ich von dir* (leichte Warnung) „Ich soll bis 12 Uhr wieder zu Hause sein?" – „Da möcht' ich doch sehr drum gebeten haben!"
(aber) ich **bitte** Sie!	*1) ich muß protestieren* *2) das ist doch unerhört* 1) „Jemand muß das neue Medikament an sich selbst ausprobieren." – „Aber ich bitte Sie, das können Sie doch niemandem zumuten!" 2) Frau und Kinder läßt er mit 400,– im Monat hungern, und er selbst lebt in Saus und Braus. Ich bitte Sie, das kann doch nicht so weitergehen!
wenn ich **bitten** darf	*ich möchte die Bitte höflich aussprechen* Die beiden Sessel sind für Sie, wenn ich bitten darf.

blank sein U	*kein Geld mehr haben* Am Monatsende ist er immer blank.
Ich werd' dir was **blasen** U	= *ich werd' dir was* husten
das **Blatt** (*od.* **Blättchen**) wendet s.	*die Dinge entwickeln s. anders (das Glück hört auf, die Strafe kommt usw.)* Früher war er mir in allem überlegen. Aber das Blatt wendet sich. Bald bin ich es, der Oberwasser hat.
ein unbeschriebenes (*od.* leeres) **Blatt** sein	*1) noch unbekannt sein* *2) keine Kenntnisse, Erfahrungen haben* 1) Niemand kennt ihn bis jetzt, er ist für uns alle ein unbeschriebenes Blatt. 2) Wir können durchaus einiges von ihm erwarten – er ist ja kein unbeschriebenes Blatt (mehr).
kein **Blatt** vor den Mund nehmen	*schonungslos offen etw. sagen* Wenn du mit ihm seine Arbeit besprichst, dann nimm kein Blatt vor den Mund.
etw. steht auf e-m (ganz) anderen **Blatt**	*etw. gehört nicht hierher, ist e-e ganz andere Frage* Es steht nunmehr fest, daß er es getan hat. Warum er es tat, das steht auf einem ganz anderen Blatt.
vom **Blatt** spielen	*sofort nach vorgelegten Noten (ohne vorheriges Üben) spielen* Was er geübt hat, spielt er technisch einwandfrei, aber er spielt schlecht vom Blatt.
blau sein (*od.* **blau** sein wie ein Veilchen) U	*(sehr) betrunken sein* Am Zahltag kam Vater manchmal blau (*od.* blau wie ein Veilchen) nach Hause.
blau machen U	*nicht zur Arbeit gehen* Morgen mache ich blau. Ich muß einmal ausschlafen.
j-n **blau** und grün schlagen	s. *grün*
blaues Blut	*adelige Abstammung* Schau dir den feinen alten Herrn dort drüben an. In seinen Adern fließt bestimmt blaues Blut *(er ist adelig)*.
blaue Bohnen U	*Gewehrkugeln* Als wir uns dem verlassenen Bauernhof näherten, pfiffen uns auf einmal blaue Bohnen um die Ohren.
blaue Jungen (*od.* Jungs) U	*Matrosen* Bei der Abfahrt des Schulschiffes standen die blauen Jungs an der Reling und winkten mit ihren Mützen.
blauer Montag	s. *Montag*
mit e-m **blauen** Auge davonkommen	s. *Auge*

den **blauen** Brief erhalten (*od.* bekommen, kriegen)	1) *die Kündigung erhalten* 2) *e-n Mahnbrief der Schule bekommen* 1) Im vergangenen Jahr gab es wegen der wirtschaftlichen Krise viele blaue Briefe. 2) Unser Jüngster ist schlecht in der Schule. Er hat einen blauen Brief bekommen.
j-m (*od.* für j-n) das **Blaue** vom Himmel (herunter)holen	*für j-n (fast) Unmögliches tun* Vor 20 Jahren wollte mir mein Mann noch das Blaue vom Himmel herunterholen.
das **Blaue** vom Himmel (herunter)lügen (*od.* versprechen) U	*alles Mögliche zusammenlügen* (*od. versprechen*) Der ertappte Dieb log das Blaue vom Himmel herunter, um sich zu entlasten. / Der Redner versprach den Zuhörern das Blaue vom Himmel herunter, wenn sie ihn wählten.
das **Blaue** vom Himmel (herunter)reden U	*Unwichtiges reden und kein Ende finden* Es gibt Menschen, die reden das Blaue vom Himmel herunter, aber eigentlich sagen sie nichts.
ins **Blaue** hinein reden (*od.* träumen, schießen)	*ohne Plan und Zweck reden (träumen), ohne Ziel schießen* Es ist herrlich, auf einer Wiese in der Sonne zu liegen und ins Blaue hinein zu träumen.
e-e Fahrt ins **Blaue**	s. *Fahrt*
Blech reden U	*Unsinn reden* „War die Versammlung interessant?" – „Nein, er hat zwei Stunden lang nur Blech geredet."
so ein **Blech!** U	*so ein Unsinn!* Hast du gehört, was der eben sagte? So'n Blech!
aufs **Blech** hauen U	*angeben, prahlen* Na, du haust mal wieder aufs Blech. Das glaubt dir doch kein Mensch!
etw. liegt j-m wie **Blei** in den Knochen (*od.* Gliedern) U	*(Müdigkeit, Schreck usw.) macht e-n ganz unbeweglich* Obwohl ich lange geschlafen hatte, lag mir die Müdigkeit immer noch wie Blei in den Gliedern.
bleiben: er bleibt dabei	*er ändert seine Ansicht, seine Behauptung nicht* Er bleibt dabei, daß er gesehen hat, wie der Mann das Auto aufzubrechen versuchte.
bleiben: es bleibt dabei (*od.* und dabei bleibt's)	*die Entscheidung wird nicht (mehr) geändert* Ich hab' gesagt, du fährst nicht mit, und dabei bleibt's!
es **bleiben** lassen	*etw. Bestimmtes nicht tun* Ich verstehe, daß du Lust hast mitzumachen, aber es ist besser, du läßt es bleiben.
bleiben: das bleibt unter uns	*das sage ich vertraulich, darüber darf nicht gesprochen werden* Ich habe diese Arbeit nicht selbst geschrieben, aber das bleibt unter uns, verstanden?
bleischwer auf j-m lasten	*ganz schwer auf j-s Gewissen, Gemüt liegen* Der Gedanke an die Aussprache, die ich übermorgen mit unserem Chef habe, lastet bleischwer auf mir.

wenn **Blicke** töten könnten	*j-d würde mich am liebsten umbringen (so wütend ist er)* Er muß eine mordsmäßige Wut auf mich haben. Wenn Blicke töten könnten...
e-n **Blick** (*od.* den richtigen **Blick**) für etw. haben	*s. gut auskennen in etw., s. verstehen auf etw.* Beim Kauf eines alten Stiches würde ich ihn mitnehmen. Er hat einen Blick für so etwas.
keinen **Blick** für j-n (*od.* etw.) haben	= kein **Auge** *für j-n* (*od.* etw.) *haben*
auf den ersten **Blick**	*wenn man etw. das erste Mal sieht (u. nicht sehr genau ansieht)* Auf den ersten Blick sah das Kostüm reizend aus, aber dann stellte ich eine schlechte Verarbeitung fest.
Liebe auf den ersten **Blick**	*Liebe, die schon bei der ersten Begegnung entsteht* Bei den beiden war es Liebe auf den ersten Blick. Nach einem Monat haben sie schon geheiratet.
j-n mit (s-n) **Blicken** durchbohren (*od.* töten)	*j-n intensiv vorwurfsvoll* (*od.* wütend) *ansehen* Du hättest mal sehen sollen, wie die Frau den jungen Mann mit (ihren) Blicken durchbohrte, nur weil er ihr nicht Platz machte.
s. **blicken** lassen	*(zu Besuch) kommen* Seit Wochen hat er sich nicht mehr blicken lassen.
von etw. reden wie ein **Blinder** (*od.* der **Blinde**) von der Farbe	*von etw. reden, ohne etw. davon zu verstehen* Sie redet mit ihren 12 Jahren von der Liebe wie der Blinde von der Farbe.
das sieht (*od.* fühlt) doch ein **Blinder** (mit dem Krückstock *od.* mit dem Stock) U	*das ist doch ganz klar, ganz eindeutig* Das sieht doch ein Blinder mit dem Krückstock, daß du mit dem Auto hier nicht durchkommst.
(wie) mit **Blindheit** geschlagen	*völlig unfähig, die wahren Tatsachen zu sehen* Sie war wie mit Blindheit geschlagen und wollte einfach nicht erkennen, daß er sie verlassen hatte.
wie der **Blitz**	*äußerst schnell* Kaum ertönte die Trillerpfeife der Polizei, da waren die Rowdys wie der Blitz von der Straße verschwunden.
wie ein geölter **Blitz** U	*sehr schnell* Der Hund schoß wie ein geölter Blitz auf seinen Herrn zu und sprang an ihm hoch.
wie ein **Blitz** aus heiterem Himmel	*völlig überraschend, gänzlich unerwartet* Die Nachricht, daß er entlassen werden würde, traf ihn wie ein Blitz aus heiterem Himmel.
wie vom **Blitz** getroffen	*so völlig überrascht, daß man s. nicht mehr bewegen kann* Als der Grenzpolizist plötzlich auftauchte, stand der Flüchtling da wie vom Blitz getroffen.
höherer **Blödsinn** (*od.* **Blödsinn** zum Quadrat) U	*großer Unsinn* Was er sagt, klingt ja ganz lustig, aber im Grunde ist es doch alles nur höherer Blödsinn.

s. e-e **Blöße** geben	*(s)ein Nichtwissen zeigen, (s)eine Schwäche (od. Schuld) verraten* Mit dieser Frage hat er sich eine Blöße gegeben, denn das hätte er unbedingt selbst wissen müssen.
dem Gegner e-e **Blöße** bieten	*dem Gegner s-e Schwäche (od. Schuld) verraten* Wer dem Gegner eine Blöße bietet, ist selbst an seiner Niederlage schuld.
s-e **Blöße** nicht verbergen (können)	*s-e Schwäche (od. Schuld) verraten, ob man will oder nicht* Er ist nun mal ein Pedant und kann seine Blöße nicht verbergen
rangehen wie **Blücher** U	*etw. energisch anpacken, intensiv tun* Er hat keine Scheu vor Mädchen, er geht ran wie Blücher.
aber sicher, sagte **Blücher** U	*ganz bestimmt (ist es so)* „Und du hast wirklich alles eingepackt?" – „Aber sicher, sagte Blücher."
durch die **Blume** (sagen)	*(Kritik usw.) verhüllt, mit freundlichen Worten (sagen)* Ich hab' es ihr durch die Blume gesagt. Ich hoffe, sie hat es verstanden.
vielen Dank für die **Blumen!** U	*1) ich bedanke mich für das Kompliment* *2) Ich habe die (versteckte) Kritik gemerkt* 1) „Ich bin ja noch gar nicht geschminkt." – „Du siehst auch so sehr hübsch aus." – „Vielen Dank für die Blumen." 2) „Vielleicht sollte sich deine Schwester mal einen anderen Friseur suchen. – „Vielen Dank für die Blumen!"
Blümchen suchen gehen U	*austreten müssen* „Wo sind denn die Kinder? Wir müssen weiter." – „Anni ist noch Blümchen suchen gegangen."
keinen **Blumentopf** gewinnen U	*nichts erreichen* Sie kann sich so schön herrichten, wie sie will. Damit kann sie bei mir keinen Blumentopf gewinnen.
j-m **blümerant** vor den Augen (*od.* zumute) werden	*j-m schwindlig werden* Beim Karussellfahren wird mir immer ganz blümerant (zumute).
an j-s Händen klebt **Blut** (*od.* j-s Hände sind mit **Blut** befleckt, besudelt)	*j-d hat gemordet* Wie schwer haben es Rechtsanwälte, Menschen zu verteidigen, an deren Händen Blut klebt.
das **Blut** erstarrt (*od.* stockt, gerinnt, gefriert) j-m in den Adern	*vor Schreck od. Entsetzen scheint das Blut nicht mehr zu fließen* Das Blut erstarrte ihr in den Adern: auf dem Boden des Zimmers lag ein Toter.
das **Blut** kocht j-m in den Adern	*j-d ist rasend vor Wut* Mit diesem Wort hatte sie ihn tödlich beleidigt. Das Blut kochte ihm in den Adern.
wie Milch und **Blut** aussehen	*sehr gesund aussehen* Sie war sehr jung und sah aus wie Milch und Blut.
blaues **Blut**	s. *blau*

junges **Blut**	*junge Menschen, Nachwuchs*	

junges **Blut** — *junge Menschen, Nachwuchs*
Das durchschnittliche Alter meiner Mitarbeiter ist 42. Ich brauche in meiner Firma dringend junges Blut.

(nur immer) ruhig **Blut!** — *bitte nicht aufregen!*
Ruhig Blut, meine Herren. Aufregung kann die Sache nur schlimmer machen!

Blut lecken — *solchen Gefallen an etw. finden, daß man darauf nicht mehr verzichten will*
Ich lasse sie nicht auf meiner elektrischen Schreibmaschine schreiben, damit sie gar nicht erst Blut leckt. Wenn sie einmal Blut geleckt hat, muß ich ihr auch eine kaufen.

Blut (und Wasser) schwitzen U —
1) *s. übermäßig anstrengen, bis zum Umfallen schuften*
2) *in großer Aufregung, Angst sein*
1) Bei dieser schwierigen Arbeit haben wir bis zum Schluß Blut (und Wasser) geschwitzt.
2) Es wäre ja keine richtige Prüfung gewesen, wenn du nicht Blut (und Wasser) geschwitzt hättest.

böses **Blut** machen — *großen Ärger erregen, erbitternd wirken*
Seine abfällige Bemerkung über die katholische Kirche hat viel böses Blut gemacht.

dickes **Blut** haben — *träge, phlegmatisch sein*
Dein Bruder hat dickes Blut, mit dem kannst du so einen kühnen Plan nicht durchführen.

kaltes **Blut** bewahren — *die Fassung bewahren, kaltblütig bleiben*
In allen Situationen bewahrt er kaltes Blut.

neues (*od.* frisches) **Blut** zuführen — *junge Mitarbeiter in etw. hineinbringen*
Wenn wir unserem Verein nicht neues Blut zuführen, wird er bald ganz aussterben.

bis aufs **Blut** — = *bis aufs* Messer

j-n bis aufs **Blut** aussaugen — *das Letzte an Geld (u. Waren) aus j-m herausholen*
Diese Burgen konnten nur gebaut werden, indem die Bauern bis aufs Blut ausgesaugt wurden.

j-n bis aufs **Blut** ärgern (peinigen, quälen, reizen, hassen *usw.*) — *j-n ganz außerordentlich ärgern* (usw.)
Ich kann ihre Tat verstehen. Er hatte sie ja bis aufs Blut gepeinigt.

j-m im **Blut** liegen (*od.* sitzen, stecken) — *wesentlich zu j-s Charakter od. Begabung gehören*
Es war klar, daß er die Juristerei aufgeben würde; die Musik liegt ihm im Blut.

etw. in **Blut** (*od.* im **Blut[e]** j-s) ersticken. — *etw. unterdrücken, indem man die Gegner umbringt*
Es gelang Robespierre, die Revolution in Blut (*od.* im Blute der Verschwörer) zu ersticken.

im **Blut** (j-s) waten (*od.* ein **Blutbad** unter j-m anrichten) — *e-e grausame Massentötung (aus Rache, zur Unterdrückung* usw.) *durchführen*
Bei der Niederschlagung des Aufstandes watete der Diktator im Blut (seiner Gegner) (*od.* richtete der Diktator unter seinen Gegnern ein Blutbad an).

Musik im **Blut** haben	*sehr musikalisch sein, von der Musik nicht lassen können* Hör nur, wie die Zigeuner Gitarre spielen. Die haben Musik im Blut.
üppige **Blüten** treiben	*viel Phantastisches hervorbringen* Was ist nicht alles um die Spionin Mata Hari geschrieben worden. Die Phantasie hat üppige Blüten getrieben.
wunderliche (*od.* sonderbare, seltsame) **Blüten** treiben	*seltsame Ereignisse* (od. *Folgen*) *verursachen* Der Aberglaube treibt auch heute noch wunderliche Blüten.
aus jeder **Blüte** Honig saugen wollen	*s. Honig*
in der **Blüte** des Lebens (*od.* seiner Jahre) (stehen, sterben *usw*.)	*in den besten Lebensjahren* (*sein, sterben* usw). Dieser Regisseur steht jetzt in der Blüte des Lebens (*od.* seiner Jahre). Wir können noch manchen Film von ihm erhoffen.
in der **Blüte** vernichten	*etw. in s-r ersten Entwicklung zerstören* Durch Überforderung wurde seine Begabung schon in der Blüte vernichtet.
in voller (*od.* höchster) **Blüte**	*auf dem Höhepunkt, in voller Entfaltung* Die Wirtschaft des Landes stand vor der Katastrophe in voller Blüte.
stur wie ein **Bock** U	= *stur wie ein* Panzer
wenn die **Böcke** lammen	= *wenn* Ostern *und* Pfingsten *zusammenfallen* (od. *auf e-n Tag fallen*)
j-d hat e-n **Bock** (*od.* j-n stößt der Bock)	*j-d ist trotzig* Wenn unser Sohn seinen Bock hat, ist nichts mit ihm anzufangen. Da hilft auch gar kein Zureden.
e-n (groben) **Bock** schießen U	*e-n (schweren) Fehler machen* Stell dir vor, was ich im Diktat für einen Bock geschossen habe. Ich habe „er war" mit „h" geschrieben.
den **Bock** melken	*etw. Vergebliches, Unmögliches zu tun versuchen* Aus diesen wilden Rosen kannst du doch niemals eine edle Rose züchten. Da kannst du ebensogut versuchen, den Bock zu melken.
den **Bock** zum Gärtner machen	*j-n, der ganz ungeeignet ist, mit e-r Aufgabe betrauen* „Else ist jetzt in einem Süßwarengeschäft als Verkäuferin." – „Na, da haben sie aber den Bock zum Gärtner gemacht. Die nascht ja an einem Tag den Laden leer."
die **Böcke** von den Schafen sondern	= *die* Schafe *von den Böcken sondern*
j-n ins **Bockshorn** jagen	*j-n sehr einschüchtern, konsternieren* Bleiben Sie ruhig bei Ihrer vernünftigen Einstellung und lassen Sie sich durch nichts ins Bockshorn jagen.

der **Boden** schwankt ihm unter den Füßen	*das Fundament s-s Lebens bricht zusammen* Der Boden schwankte ihm unter den Füßen, als er hörte, daß er im Examen durchgefallen sei.
ihm brennt der **Boden** unter den Füßen (*od.* ihm wird der **Boden** zu heiß)	*j-m droht e-e Gefahr, j-d* (bes. *wer Unrechtes getan hat*) *wird unsicher, will fliehen* Als dem Komponisten Richard Wagner wegen politischer Meinungsäußerungen der Boden unter den Füßen brannte, ging er in die Schweiz.
Grund und **Boden**	s. *Grund*
Boden (*od.* an **Boden**) gewinnen	s. *aus-*, s. *verbreiten* Der Gedanke der Gleichberechtigung hat in Europa immer mehr (an) Boden gewonnen.
Boden (*od.* an **Boden**) verlieren	*an Aus-, Verbreitung, an Einfluß verlieren* Die Zeitschrift hat durch ihre unwissenschaftlichen Beiträge erheblich an Boden verloren.
das schlägt dem Faß den **Boden** aus	s. *Faß*
j-m den **Boden** ebnen	*für j-n die Voraussetzungen schaffen* Sein Professor hatte ihm den Boden geebnet, so daß ihm eines Tages der begehrte Lehrstuhl angeboten wurde.
(e-m Gerücht *usw.*) den **Boden** entziehen	*etw. gegenstandslos, unhaltbar machen* Die sachliche Darstellung in der Tagespresse hat dem Gerücht den Boden entzogen.
den **Boden** unter den Füßen verlieren	*1) unsicher werden* *2) den Maßstab verlieren* 1) Man muß sich an bestimmte Prinzipien halten, wenn man nicht den Boden unter den Füßen verlieren will. 2) Er hat dadurch, daß er in seinen Kritiken nur von sich ausging, den Boden unter den Füßen verloren.
für j-n (*od.* etw.) den **Boden** gut vorbereiten	*e-e gute Grundlage für j-n* (*od. etw.*) *schaffen* Die Propaganda hat schon seit Monaten den Boden für die Wahltournee des Parteichefs gut vorbereitet.
j-m (*od.* e-r S.) den **Boden** unter den Füßen wegziehen (*od.* entziehen)	*1) wirtschaftlich vernichten* *2) das Fundament (von j-s Arbeit usw., von e-r S. usw.) wegnehmen* 1) Dadurch, daß die Bank ihm keinen Kredit mehr gibt, hat sie ihm den Boden unter den Füßen weggezogen. 2) Meinen Sie nicht, daß man vielen Verbrechen den Boden unter den Füßen wegziehen (*od.* entziehen) würde, wenn bestimmte Filme verboten würden?
festen **Boden** unter den Füßen haben	*1) sicher sein, Tatsachen behaupten* *2) wirtschaftlich gesichert sein* 1) Nach den wilden Spekulationen über die Entstehung der Welt im 1. Kapitel hat der Autor wieder festen Boden unter den Füßen, wenn er vom 2. Kapitel ab über die alten Kulturen schreibt. 2) Seit er regelmäßig am Monatsende sein Gehalt bekommt, hat er festen Boden unter den Füßen.

günstigen (*od.* guten) **Boden** (für etw.) (vor)finden	*gute Voraussetzungen antreffen für etw.* Die Missionare fanden in fremden Ländern oft günstigen Boden für die Verbreitung des Christentums.
e-n gemeinsamen **Boden** finden (für Verhandlungen *usw.*)	*e-e für beide Seiten mögliche Basis schaffen* Schon vor der Konferenz versuchte man, einen gemeinsamen Boden für die Verhandlungen zu finden.
keinen **Boden** gewinnen	*nicht vorankommen, s. nicht entfalten (od. ausbreiten)* Die Splitterparteien konnten bei der letzten Wahl keinen Boden gewinnen.
(völlig, restlos *usw.*) am **Boden** zerstört sein U	*(völlig) vernichtet, sehr enttäuscht, ganz verzweifelt sein* Seine Freundin hat ihn verlassen. Er ist völlig am Boden zerstört.
s. auf schwankendem (*od.* unsicherem) **Boden** bewegen (*od.* schwankenden Boden begeben)	*keine feste Basis, keine sicheren Voraussetzungen haben* Meines Erachtens bewegt sich die Theorie, der Mensch müsse am Tag zwei Liter Flüssigkeit zu sich nehmen, auf unsicherem Boden.
auf dem **Boden** der Tatsachen (*od.* der Wirklichkeit) stehen	*alles realistisch, objektiv beurteilen (u. danach handeln)* In diesem Buch über Wahrträume steht der Autor durchaus auf dem Boden der Tatsachen (*od.* der Wirklichkeit), denn er berichtet nur Bewiesenes.
s. auf den **Boden** der Tatsachen (*od.* der Wirklichkeit) stellen	*als Basis nur Tatsachen, Bewiesenes nehmen* Stellen wir uns einmal auf den Boden der Tatsachen. Was ist eigentlich geschehen?
auf festem **Boden** stehen	*begründete Ansichten haben* Du kannst dich auf seine Meinung verlassen, denn er steht auf festem Boden.
auf fruchtbaren **Boden** fallen	*gut aufgenommen werden u. positive Wirkungen zeigen* Die Ermahnungen der Verkehrspolizei zum Pfingstverkehr sind diesmal auf fruchtbaren Boden gefallen.
(nicht) aus dem **Boden** stampfen können	*(nicht) durch Zauberei plötzlich schaffen können* Auch die neue Regierung kann die versprochenen Reformen nicht aus dem Boden stampfen.
wie aus dem **Boden** gestampft	*sehr schnell gebaut (Häuser usw).* Tausende von Häusern sind in den letzten Jahren entstanden – wie aus dem Boden gestampft.
wie aus dem **Boden** gewachsen	1) = *wie aus dem* Boden *gestampft* 2) *plötzlich (auftauchend)* 2) Wie aus dem Boden gewachsen stand er vor mir.
unter dem **Boden** liegen	= *unter der* Erde *liegen*
j-n unter den **Boden** bringen	= *j-n unter die* Erde *bringen*

j-n zu **Boden** drücken	*j-n schwer belasten, bedrücken* Er hat zwar jetzt ein eigenes Haus, aber die vielen Schulden drücken ihn zu Boden.
j-n zu **Boden** strecken (*od.* schlagen)	*j-m e-n solchen Schlag versetzen, daß er zu Boden fällt* Nach einem kurzen Wortwechsel streckte er ihn plötzlich zu Boden.
den **Bogen** überspannen	*zuviel fordern, das vernünftige Maß überschreiten* Mit diesen Gehaltsforderungen hat Herr Müller den Bogen nun wirklich überspannt.
den **Bogen** raushaben U	*e-e S. gut (zu machen) verstehen* Ich weiß jetzt, wie dieser Apparat arbeitet; ich habe den Bogen raus.
e-n großen **Bogen** machen	*e-n großen Umweg machen, j-n (od. etwas) meiden* Er muß ein schlechtes Gewissen haben, denn neuerdings macht er immer einen großen Bogen um mich.
große (*od.* hohe) **Bogen** (*od.* **Bögen**) spucken U	*sehr angeben, prahlen* Hör dir das nur an, was der in seinem Leben schon alles getan haben will. Der spuckt vielleicht hohe Bögen.
j-n in hohem **Bogen** hinauswerfen (*od.* rauswerfen)	*j-n energisch, ganz entschieden hinauswerfen, fortschicken* Als der Vertreter zum drittenmal kam, habe ich ihn in hohem Bogen hinausgeworfen.
in hohem **Bogen** hinausfliegen (*od.* rausfliegen)	*energisch, entschieden hinausgeworfen werden* Wenn der jetzt noch ein drittes Mal wiederkommt, fliegt er in hohem Bogen hinaus.
j-m **böhmisch** vorkommen	= *j-m spanisch vorkommen*
das sind für mich **böhmische** Dörfer	*das sind für mich unverständliche Dinge* Die höhere Mathematik habe ich nie verstanden, das waren für mich böhmische Dörfer.
nicht die **Bohne** (*od.* nicht die Spur von e-r **Bohne**)! U	*durchaus nicht, keineswegs* „Bist du müde?" – „Nicht die Bohne!"
nicht die (*od.* keine) **Bohne** (verstehen, wert sein *usw.*) U	*gar nichts (verstehen usw.)* Von Kochen versteht sie nicht die Bohne.
blaue **Bohnen**	*s. blau*
lang wie e-e **Bohnenstange** U	*sehr groß u. dünn* Peter ist lang wie eine Bohnenstange geworden.
dumm wie **Bohnenstroh** U	*sehr dumm* Er ist in der Schule zwar dumm wie Bohnenstroh, aber Traktorfahren, das kann er.
die **Bombe** ist geplatzt	*das (erwartete) Schlimme ist eingetreten* Gestern ist die Bombe geplatzt: die Delegierten haben dem Vorsitzenden das Vertrauen entzogen.

wie e-e **Bombe** einschlagen	*höchst sensationell wirken, größte Erschütterung (od. Verwirrung) hervorrufen* Die Nachricht von der Ermordung John F. Kennedys hat auf der ganzen Welt wie eine Bombe eingeschlagen.
wir sitzen alle in e-m (*od.* im selben *od.* gleichen) **Boot**	*wir haben alle das gleiche Interesse, dasselbe Schicksal* Autor und Verleger sitzen im selben Boot. Sie sind auf den Erfolg ihrer Bücher angewiesen.
etw. über **Bord** werfen	*(Bedenken, Vorurteile, Ansichten, Erinnerungen usw.) ablegen, s. davon lösen, (Vorsicht, Vernunft usw.) beiseite lassen* Ich kann Ihre Bedenken verstehen, aber um des großen Zieles willen sollten Sie sie über Bord werfen. / Er warf alle Vorsicht über Bord und ging das Risiko ein.
im **bösen** auseinandergehen	*s. trennen, ohne Frieden geschlossen zu haben* Sind die zwei im bösen auseinandergegangen?
mit konstanter **Bosheit** U	*hartnäckig, immer wieder* (etwas Negatives tun) Mit konstanter Bosheit kommt er immer wieder auf jenen peinlichen Vorfall zurück.
j-m e-n **Brandbrief** schicken	*j-m e-n sehr dringenden Brief schicken (meist wegen Geld)* Wenn ich kein Geld mehr habe, schicke ich meinem Alten Herrn einfach einen Brandbrief.
ein fetter **Braten** U	= *ein fetter* Brocken
da haben wir den **Braten** U	= *da haben wir den* Salat
dem **Braten** nicht trauen U	*e-e S. für verdächtig halten* Paul hat immer Geld. Er behauptet, er bekomme es von einem Freund. Aber ich traue dem Braten nicht.
den **Braten** riechen (*od.* merken) U	*etw. (Negatives) schon vorher merken, Verdacht haben* Dein Mann will dies Jahr allein in Urlaub fahren? Den Braten riech ich schon – da steckt was dahinter!
auf **Brautschau** gehen U	*s. eine Frau suchen* Mir scheint, Peter geht auf Brautschau. Bei jedem Ball und jeder geselligen Veranstaltung ist er zu finden.
brechend voll sein (*od.* zum **Brechen** voll sein)	*ganz voll sein* Als wir Viertel vor acht in den Saal kamen, war er schon brechend voll.
in der **Bredouille** sein (*od.* sitzen)	*in e-r unangenehmen Lage sein* Diesmal waren wir ziemlich in der Bredouille – mitten auf der Autobahn ging uns plötzlich das Benzin aus.
j-m **Brei** um den Mund (*od.* ums Maul) schmieren (*od.* streichen) U	*j-m geschickt schmeicheln* Bei unserem Seniorchef kann man alles erreichen, wenn man dem Brei um den Mund schmiert.
wie die Katze um den heißen **Brei** herumgehen (*od.* herumschleichen)	*nicht wagen, e-e schwierige S. anzupacken (od. über e-e unangenehme S. zu reden)* Mal mußt du es ihm sagen. Es hat doch keinen Zweck, wie die Katze um den heißen Brei herumzugehen.

um den **Brei** herumreden	*nicht über das Wesentliche reden* Er soll doch nicht um den Brei herumreden, sondern klipp und klar sagen, was ihm nicht paßt.
j-n zu **Brei** schlagen S	*j-n heftig verprügeln* Wenn er mit meiner Freundin flirtet, schlag ich ihn zu Brei!
in die **Breite** gehen U	*sehr dick werden* Die meisten gehen, wenn sie älter werden, in die Breite.
s. **breitmachen**	*1) mehr Raum haben wollen, als man darf* *2) s. wichtig tun* *3) s. verbreiten* 1) Mach dich auf dem Sofa nicht so breit, da sollen noch mehr Leute hin. 2) Den laden wir nicht ein, der will sich immer so breitmachen. Da kommen andere gar nicht zu Wort. 3) Im ganzen Land machte sich eine optimistische Stimmung breit.
j-n **breitschlagen** U	*j-n überreden, etwas zu tun, was er eigentlich nicht möchte* Erst wollte ich nicht mitmachen, aber dann haben mich die anderen breitgeschlagen.
etw. **breittreten** U	*(e-e unangenehme S.) immer wieder ausführlich erzählen* Er kann es nun mal nicht lassen, diese alten Geschichten breitzutreten.
etw. **breitwalzen** U	*über e-e S. viel zu ausführlich und lange reden* Das hätte in *einer* Vorlesung behandelt werden können, wurde aber ein Semester lang breitgewalzt.
ich kann mich **bremsen** U	= *ich kann mich beherrschen*
wo **brennt's** (denn)? U	*was ist los?* So, hier bin ich! Na, wo brennt's?
e-e **Bresche** schlagen	*e-n ersten Erfolg für etw. Gutes (od. gegen etw. Feindliches) erzielen* Es waren mutige Frauen, die als erste für die Gleichberechtigung Breschen schlugen.
für j-n in die **Bresche** springen (*od.* treten *od.* s. werfen)	*für j-n als Vertretung einspringen* (od. *j-m helfen, indem man an s-e Stelle tritt*) Solange du dich gegen die Angriffe nicht selbst wehren kannst, werde ich für dich in die Bresche springen.
die **Bretter** (, die die Welt bedeuten)	*das Theater, die Bühne* Eleonore Duse stand noch in hohem Alter auf den Brettern, die die Welt bedeuten.
das **Brett** bohren (wollen), wo es am dünnsten ist	*s. e-e Arbeit leicht machen (wollen)* Sie hat sich noch nie überarbeitet. Sie bohrt das Brett immer, wo es am dünnsten ist.
ein **Brett** vor den Augen haben	*blind sein, etwas nicht sehen, obwohl es deutlich ist* Ich muß ein Brett vor den Augen gehabt haben, daß ich nicht gesehen habe, daß es ihm um mein Geld ging.

ein **Brett** vor dem Kopf haben	*begriffsstutzig, dumm sein* Er ist in praktischen Dingen ganz geschickt, aber bei den schriftlichen Arbeiten hat er ein Brett vor dem Kopf.
etw. steht auf e-m (ganz) anderen **Brett**	= *etw. steht auf e-m anderen* Blatt
er ist (wie) mit **Brettern** vernagelt	*er ist dumm, stur, uneinsichtig* An manchen Tagen ist mit ihm überhaupt nichts anzufangen, da ist er (wie) mit Brettern vernagelt.
hier (*od.* da) ist die Welt (wie) mit **Brettern** vernagelt	*hier ist der Weg zu Ende* Sie müssen wieder umkehren, hinter dem nächsten Dorf ist die Welt mit Brettern vernagelt.
über die **Bretter** gehen	*(auf dem Theater) gespielt werden* Die Stücke von Bertolt Brecht sind schon in der ganzen Welt über die Bretter gegangen.
das geht ja wie's **Brezelbacken** U	*das geht glatt, schnell voran* Schon so viel Pilze gepflückt? Das geht ja wie's Brezelbacken!
j-m **Brief** und Siegel auf etw. geben	*j-m die größte Gewißheit für etw. geben* „Ihre Firma nimmt regelmäßig monatlich 500 Stück ab?" – „Ganz bestimmt! Ich gebe Ihnen Brief und Siegel darauf."
den blauen **Brief** bekommen	s. *blau*
etw. durch e-e (*od.* die rosa[rote]) **Brille** (*od.* e-e gefärbte Brille) sehen	*etw. zu günstig, sehr optimistisch beurteilen* Menschen, die alles durch eine rosarote Brille sehen, sind oft glücklicher als andere.
etw. durch e-e (*od.* die) schwarze **Brille** sehen	*etw. zu ungünstig, sehr pessimistisch beurteilen* Mußt du denn immer alles durch die schwarze Brille sehen? Die Sache ist doch ganz harmlos.
alles nur durch s-e eigene **Brille** sehen	*alles ganz subjektiv beurteilen* Es ist schwer, sich mit jemandem auseinanderzusetzen, der alles nur durch seine eigene Brille sieht.
viel (*od.* ein großes) **Brimborium** (um etw.) machen U	*viel Theater machen wegen etw., große Aufregung verursachen* Was er für ein großes Brimborium (darum) machte, daß er die Lösung allein entdeckt hatte.
es zu etw. **bringen**	*etw. Gutes, Besonderes im Leben leisten, e-e gute Stellung im Berufsleben erreichen* Er ist begabt und wird es bestimmt noch zu etwas bringen.
es zu nichts **bringen**	*nichts (Besonderes) im Leben (od. beruflich) leisten* Er hat viel gearbeitet, aber er hat es zu nichts gebracht.
es weit **bringen**	*im Leben (od. beruflich) Besonderes leisten, hohe Ziele erreichen* Wir sind überzeugt, daß er es noch weit bringen wird.
es nicht über s. **bringen**	s. *über*

dicke (*od.* schwere) **Brocken** U	*Artilleriegeschosse* Pünktlich wie jeden Tag donnerten die Geschütze los, und die dicken Brocken flogen über unsere Köpfe.
gelehrte **Brocken** U	*oberflächliche Kenntnisse, wissenschaftlich klingende Wörter* Mit seinen gelehrten Brocken, die er von Zeit zu Zeit in die Unterhaltung warf, glaubte er Eindruck zu machen.
ein fetter **Brocken** U	*ein einträgliches Geschäft* Der Entwurf des Freibades war ein fetter Brocken für ihn.
ein harter **Brocken** U	*e-e schwierige, unangenehme S.* Die fristlose Entlassung war ein harter Brocken.
die **Brocken** aus der Suppe fischen U	*s. das Beste von etw. nehmen* Er macht wieder mal den angenehmsten Teil der Arbeit. Er versteht es eben, die Brocken aus der Suppe zu fischen.
j-m ein paar **Brocken** hinwerfen U	*j-n mit wenigen Worten abspeisen* Auf meine anteilnehmenden Worte hat er mir nur ein paar Brocken hingeworfen.
ein paar **Brocken** (Russisch usw.) können U	*ein wenig (von e-r Sprache) können* „Wie sind Sie in Rußland zurechtgekommen?" – „Meine Frau kann ein paar Brocken Russisch."
an e-m harten **Brocken** zu kauen haben	*mit e-r unangenehmen S. Schwierigkeiten haben* Wenn ich nur mein Auto abbezahlt hätte, aber an dem harten Brocken werde ich noch lange zu kauen haben.
mit gelehrten **Brocken** um s. werfen	*mit s-m (oberflächlichen) Wissen prahlen* Er wirft gerne mit gelehrten Brocken um sich, aber es steckt wirklich gar nichts dahinter.
wissen, auf welcher Seite das **Brot** gebuttert (*od* gestrichen) ist U	*wissen, was einträglich ist* (od. *von wem das Geld kommt*) Diese Kritik soll ich dem Chef vortragen? Nie! Ich weiß doch, auf welcher Seite das Brot gebuttert ist.
dem ist sein **Brot** gebacken U	*er kann s-m Schicksal* (od. *s-r Strafe*) *nicht entgehen* Noch scheint alles zum besten zu stehen, aber dem ist sein Brot gebacken. Die Polizei ist schon eingeschaltet.
dazu gehört mehr als **Brot** essen U	*das ist nicht so einfach* Einen Betrieb zu leiten, dazu gehört mehr als Brot essen.
er kann mehr als **Brot** essen U	*er ist erfahren, klug, tüchtig* Täuschen Sie sich nicht! Er macht einen sehr bescheidenen Eindruck, er kann aber mehr als Brot essen.
etw. nötig haben wie das tägliche (*od.* liebe) **Brot** U	*etw. sehr dringend brauchen* Kinder haben Liebe nötig wie das tägliche Brot.
aussehen, als hätten einem die Hühner das **Brot** weggefressen (*od.* weggenommen) U	= *aussehen, als hätte man einem die* Butter *vom Brot genommen*

sein eigen **Brot** essen	*im Beruf selbständig sein* Jahrelang war ich angestellter Übersetzer, aber jetzt esse ich endlich mein eigen Brot.
anderer (*od.* fremder) Leute **Brot** essen	*im Beruf unselbständig sein* Er leidet darunter, daß er anderer Leute Brot essen muß. Er kann sich so schlecht unterordnen.
(s.) sein **Brot** verdienen	*das Geld für den Lebensunterhalt verdienen* Er verdient sich sein Brot als Lastwagenfahrer.
(s.) sein **Brot** sauer (*od.* sein saures *od.* schweres **Brot**) verdienen	*das Geld für den Lebensunterhalt durch mühsame Arbeit (u. bei geringem Lohn) verdienen* Auch heute noch verdienen sich manche Arbeiter ihr Brot sauer.
sein **Brot** mit Tränen essen	*in (ständiger) Not leben* Heute geht's ihm ganz gut, aber früher hat er sein Brot mit Tränen gegessen.
j-m etw. aufs **Brot** schmieren U	= *j-m etw. aufs Butterbrot schmieren*
nach **Brot** gehen	1) *s. Arbeit suchen, arbeiten gehen* 2) *betteln gehen* 1) Auch ein Dichter muß nach Brot gehen. Oder soll er von Luft und Liebe leben? 2) Jeden Freitag kommt eine alte Frau an unsere Tür, der man es nicht ansieht, daß sie nach Brot gehen muß.
kleine **Brötchen** backen U	*zugeben, daß man zuviel gesagt (od. geprahlt) hat* Was er alles versprach! Als ich aber der Sache auf den Grund ging, fing er an, kleine Brötchen zu backen.
j-m den **Brotkorb** höher hängen	*j-n in der Verpflegung, im Verdienst knapphalten* Vater verdiente damals nur noch halb so viel, also wurde uns der Brotkorb höher gehängt.
ein **Bruch** mit etw. sein (*od.* e-n **Bruch** mit etw. bedeuten)	*e-e völlige Abkehr, Abwendung von etw.* Die Entdeckungen Galileis und Keplers waren ein Bruch mit den Vorstellungen des Mittelalters von der Welt.
Bruch machen	*bei der Landung ein Flugzeug (teilweise) zerstören* Der Pilot hatte Bruch gemacht, weil sich das Fahrgestell des Flugzeugs nicht ausfahren ließ.
s. e-n **Bruch** lachen S	= *s. kranklachen*
in die **Brüche** gehen	1) = *zu Bruch gehen* 2) *nicht mit Erfolg führen* 3) *zerbrechen, auseinandergehen* 2) Die Verhandlung über die Zusammenarbeit der beiden Musiker ist in die Brüche gegangen. 3) Ihre Freundschaft ist in die Brüche gegangen.
zu **Bruch** gehen	*kaputtgehen, zerbrechen* Bei dem Zusammenstoß ist mein neues Auto völlig zu Bruch gegangen.

zum **Bruch** (zu e-m **Bruch**) kommen zwischen (*od.* mit j-m)	*zum Zerbrechen der freundschaftlichen Beziehungen kommen* Wir hoffen, daß es nie wieder zum Bruch (*od.* zu einem Bruch) zwischen unseren beiden Ländern kommt.
Brücken schlagen (zu j-m *od.* etw.)	*Verbindungen (über Trennendes hinweg) herstellen* Es ist eine der schönsten Aufgaben, Brücken zu anderen Völkern zu schlagen.
j-m e-e (goldene) **Brücke** (*od.* goldene **Brücken**) bauen	*j-m fairerweise die Möglichkeit e-s Auswegs, Rückzugs geben* Ich hatte leichtes Spiel, denn er arbeitete mit falschen Zahlen. Ich baute ihm goldene Brücken mit der Andeutung, die Zahlen könnten verdruckt sein, aber er bestand auf ihrer Richtigkeit.
alle **Brücken** hinter s. abbrechen (*od.* abbrennen, verbrennen)	*jede Verbindung mit s-m bisherigen Leben, den bisherigen Mitmenschen lösen* In der Hoffnung auf ein besseres Leben in Kanada beschloß er, alle Brücken hinter sich abzubrechen und auszuwandern.
wie die feindlichen **Brüder**	*voll Abneigung, voll Haß* Obwohl nah verwandt, stehen sich Heinz und Bruno wie die feindlichen Brüder gegenüber.
unter **Brüdern** wert sein	*e-n bestimmten Wert haben, wenn man anständig rechnet (und nicht mit hohem Profit für s. selbst)* Dieser Smaragd ist unter Brüdern seine 4000 Mark wert.
s. etw. **brüderlich** teilen	*s. etw. halb und halb teilen* Die zwei teilten sich die geringen Vorräte brüderlich.
(j-m) etw. **brühwarm** (weiter)erzählen (*od.* berichten, mitteilen *usw.*)	(Nachricht) *sofort weitergeben* Wenn man will, daß die anderen etwas erfahren, braucht man es nur der Hausmeisterin zu erzählen. Die berichtet es sofort brühwarm weiter.
es ist zum **Brüllen** U	*es ist furchtbar komisch, lustig* Und als er dann plötzlich in der Unterhose dastand, das war zum Brüllen.
den **Brunnen** zudecken, wenn das Kind hineingefallen ist	*zu spät Maßnahmen zur Abwendung e-s Unglücks treffen* Jetzt ist das Unglück schon passiert, und ein Auto ist in die Baugrube gestürzt. Es ist doch schlimm, daß die Leute den Brunnen immer erst zudecken, wenn das Kind hineingefallen ist.
s. an die **Brust** schlagen	*etw. bereuen* „Du solltest dich schämen!" – „Ich schlage mich ja an die Brust und gelobe, mich zu bessern."
schwach auf der **Brust**	*1) U lungenkrank* *2) S ohne Geld* 1) Ich glaube nicht, daß er im Sport mal was leisten wird. Er ist doch ziemlich schwach auf der Brust. 2) Er sucht deine Freundschaft nur, damit er dich anpumpen kann. Er ist immer schwach auf der Brust.
es auf der **Brust** haben U	*Atemschwierigkeiten haben, lungenkrank sein* Seit März hat er es auf der Brust. Aber er geht nicht zum Arzt.

j-m die Pistole auf die **Brust** setzen	s. *Pistole*
s. in die **Brust** werfen	*s. stolz aufführen, prahlen* Der Redner warf sich in die Brust: „Unser Verein hat jetzt sogar einen Olympiasieger zum Mitglied."
in s-r **Brust** begraben (*od.* verschließen)	*(ein Geheimnis) fest verwahren* Die chemische Formel hat er in seiner Brust begraben. Niemand wird sie je erfahren.
im **Brustton** der Überzeugung	*mit e-r Stimme, die Überzeugung ausdrückt* Er trug alles im Brustton der Überzeugung vor.
ein **Buch** mit sieben Siegeln	s. *Siegel*
reden wie ein **Buch**	*viel u. ohne Stocken reden* Wenn wir gelegentlich mal zusammen Kaffee trinken, dann redet sie wie ein Buch. Ich komme kaum zu Wort.
ein aufgeschlagnes (*od.* offenes) **Buch**	*ein in s-m Wesen völlig durchschaubarer Mensch* Ich kenne alle Regungen ihres Herzens. Sie ist für mich wie ein aufgeschlagenes Buch.
über etw. **Buch** führen	*über etw. laufend (finanzielle) Aufzeichnungen machen* Führen Sie über Ihre Ausgaben Buch?
Bücher wälzen	*intensiv mit Büchern arbeiten, viel in Büchern nachschlagen* Für meine Doktorarbeit habe ich monatelang Bücher wälzen müssen.
wie er (*od.* sie, es) im **Buch** steht U	*ausgesprochen, hundertprozentig* Er ist ein Gentleman, wie er im Buch steht.
über s-n **Büchern** sitzen (*od.* hocken)	*lange mit Büchern arbeiten* (*od.* lernen) Seit Wochen sitzt er über seinen Büchern.
zu **Buch** schlagen	*Gewinn bringen* Wir haben diesmal viel zu hohe Unkosten, so daß dieses Geschäft nicht sehr zu Buch schlagen wird.
mit (e-m Betrag) zu **Buche** stehen	*mit e-m bestimmten Wert eingetragen sein* Unsere Nürnberger Fabrik steht allein mit 3,5 Millionen zu Buche.
da kennen Sie **Buchholzen** schlecht U (*norddt.*)	*da denken Sie falsch über den Genannten* (*od.* über mich) Sie glauben, daß Dr. Müller jemals vergißt, was Sie getan haben? Da kennen Sie Buchholzen schlecht!
am **Buchstaben** kleben U	*allzusehr den Wörtern, statt dem Sinn folgen* Man kann eine Geschichte nicht vernünftig nacherzählen, wenn man am Buchstaben klebt.
s. an den **Buchstaben** halten	*dem exakten Wortlaut folgen (und dabei den eigentlichen Sinn vernachlässigen)* Man darf sich beim Übersetzen nicht an den Buchstaben halten. Auf den Sinn kommt es an.

s. an den **Buchstaben** des Gesetzes halten (*od*. das Gesetz dem **Buchstaben** nach erfüllen, den **Buchstaben** des Gesetzes erfüllen)	*etw. so tun, wie das Gesetz es wörtlich verlangt (und nicht so, wie der gemeinte Sinn des Gesetzes ist)* Soll man sich an den Buchstaben des Gesetzes halten (*od*. das Gesetz dem Buchstaben nach erfüllen) oder dem folgen, was man für den Sinn des Gesetzes hält?
auf den **Buchstaben** genau	*ganz genau* Ich habe den Vertrag auf den Buchstaben genau eingehalten und verlange von Ihnen das gleiche.
bis auf den letzten **Buchstaben** erfüllen	*hundertprozentig erfüllen* Wir werden den Vertrag bis auf den letzten Buchstaben erfüllen.
s. auf s-e vier **Buchstaben** setzen U	*s. hinsetzen* Setz dich auf deine vier Buchstaben und fang mit den Schularbeiten an!
zu sehr nach dem **Buchstaben** gehen (*od*. s. nach dem **Buchstaben** richten)	*zu genau das tun, was verlangt wurde (ohne dabei selbständig zu denken)* Ein Soldat soll das tun, was verlangt wird. Ein Offizier darf nicht zu sehr nach dem Buchstaben gehen.
j-n nach dem toten **Buchstaben** richten (*od*. verurteilen)	*j-n danach richten, wie es das Gesetz wörtlich sagt (und nicht, wie es den Lebensumständen, den Motiven* usw. *entspricht)* Er hätte den jugendlichen Täter nicht nach dem toten Buchstaben richten dürfen.
rutsch mir den **Buckel** runter (*od*. du kannst mir den **Buckel** runterrutschen *od*. raufsteigen) U	*geh fort, ich will dich nicht mehr sehen, du bist mir völlig gleichgültig* Mensch, rutsch mir den Buckel runter mit deinem billigen Wein, ich kauf dir doch keinen ab!
er kann (*od*. soll) mir den **Buckel** raufsteigen (*od*. runterrutschen) U	*ich will ihn nicht sehen, er ist mir völlig gleichgültig* Mit seinen Vorschlägen soll (*od*. kann) er mir den Buckel runterrutschen! Ich will das allein machen.
den (*od*. s-n) **Buckel** hinhalten U	*die Strafe, die bösen Folgen auf s. nehmen* Ich sein Stellvertreter? Damit ich dann immer den (*od*. meinen) Buckel hinhalten kann? Nein, mein Lieber!
j-m den **Buckel** voll hauen U	= *j-m den* Frack *voll hauen*
den **Buckel** voll kriegen U	= *die* Jacke *voll kriegen*
j-m den **Buckel** voll lügen U	= *j-m die* Jacke *voll lügen*
e-n breiten **Buckel** haben U	= *e-n breiten* Rücken *haben*

e-n krummen **Buckel** machen U	*unterwürfig sein, Auferlegtes hinnehmen* Er hat noch nie widersprochen, sondern macht lieber einen krummen Buckel.
auf dem **Buckel** haben U	*(Arbeit, Pflichten, Schulden usw.) zu tragen haben* Alt, wie er ist, hat er immer noch viel auf dem Buckel.
(Jahre) auf dem **Buckel** haben U	= *(Jahre) auf dem* Rücken *haben*
genug auf s-m **Buckel** haben U	*viele Sorgen u. Lasten zu tragen haben* Ich kann den Vorsitz unseres Vereins unmöglich übernehmen. Ich hab so schon genug auf dem Buckel.
es läuft j-m (eis)kalt (*od.* heiß und kalt) über den **Buckel** (*od.* den **Buckel** hinunter) U	= *es läuft j-m (eis)kalt über den* Rücken
e-e sturmfreie **Bude** U	*ein Zimmer, das e-n eigenen Eingang hat (u. deswegen vom Wohnungsinhaber nicht überwacht werden kann)* Endlich bin ich in eine sturmfreie Bude umgezogen. Da wird jetzt ein Fest gefeiert, daß die Wände wackeln.
die **Bude** zumachen (*od.* dichtmachen) U	*das Geschäft, den Betrieb schließen* Im August wird die Bude für drei Wochen zugemacht. Ich will mich jetzt endlich auch mal erholen.
die **Bude** auf den Kopf stellen U	s. *Kopf*
j-m die **Bude** einrennen U	= *j-m das* Haus *einlaufen*
j-m auf die **Bude** rücken (*od.* steigen) U	1) *j-n aufsuchen, bes. um ihn zur Rede zu stellen, sein Geld zurückzuverlangen usw.* 2) *zu j-m hingehen (bes. wenn es unangenehm ist)* 1) Er hat mir mein Geld noch nicht zurückgegeben. Gestern abend bin ich ihm mal auf die Bude gerückt. 2) Er soll einige alte Stiche aus dem 18. Jahrhundert haben. Ob ich ihm mal auf die Bude rücke und ihn frage, ob er etwas davon verkauft?
Leben in die **Bude** bringen	s. *Leben*
j-m eine vor den **Bug** knallen S	*j-n durch Schlag (od. scharfe Worte) sehr nachdrücklich warnen (od. strafen)* Als er dann noch mal zu meckern anfing, da hab ich ihm aber eine vor den Bug geknallt.
an der **Bühne** sein	= *zum* Theater *gehen (od. wollen)*
etw. auf die **Bühne** bringen	*(ein Theaterstück) aufführen* Im Winter wollen wir drei moderne Stücke auf die Bühne bringen.
s. hinter der **Bühne** abspielen	= *s. hinter den* Kulissen *abspielen*

etw. über die **Bühne** bringen	*etw. ganz zu Ende durchführen* Es wird Zeit, daß er endlich mal sein Studium über die Bühne bringt.
über die **Bühne** gehen	= *über die* Bretter *gehen*
(glatt) über die **Bühne** gehen	*(ohne Schwierigkeiten) durchgeführt werden* Die Vorstandswahlen unseres Vereins? Die sind glatt über die Bühne gegangen.
von der **Bühne** abtreten	*1) aufhören, Schauspieler zu sein* *2) s-e Tätigkeit beenden* *3) sterben* 1) Nach seinem 75. Geburtstag trat er von der Bühne ab. 2) Leider ist der Schulleiter im Herbst von der Bühne abgetreten. Er war ein ausgezeichneter Pädagoge. 3) Einmal müssen wir alle von der Bühne abtreten.
zur **Bühne** gehen (*od.* wollen)	= *am* Theater *sein*
immer (*od.* nur) ran an die **Buletten** U	*jetzt aber handeln* (od. *arbeiten*)! Nun räumt mal die Bücher raus und tragt das Regal hinauf! Immer ran an die Buletten!
sein **Bündel** schnüren (*od.* packen)	*1) s. fertig zur Abreise machen, abreisen* *2) s-n Arbeitsplatz verlassen, entlassen werden* 1) Ich habe eure Gastfreundschaft jetzt lange genug in Anspruch genommen. Es wird Zeit, daß ich mein Bündel schnüre (*od.* packe). 2) Es hat sich gezeigt, daß er nicht zu uns paßt. Ich werde ihm sagen, er soll sein Bündel schnüren.
jeder hat sein **Bündel** zu tragen	*jeder hat s-e Sorgen u. Probleme* Wenn man die Menschen genauer kennt, sieht man, daß jeder sein Bündel zu tragen hat.
das ist mir zu **bunt**	*das finde ich schlimm, unverschämt* Was Sie da drüben machen, das ist mir zu bunt. Das ist kein Tanzen mehr, sondern Toberei.
es wird mir zu **bunt** (mit etw.) U	*es wird mir zu schlimm, ich kann es nicht länger ertragen* Jetzt wird es mir aber bald zu bunt mit euren ständigen Anspielungen auf meinen Bekannten.
es zu **bunt** treiben (mit etw.)	*etw. zügellos tun, über das anständige Maß hinausgehen* Manche Illustrierten treiben es wirklich zu bunt mit ihren Berichten über die intimsten Dinge der Stars.
bunt zugehen U	*durcheinandergehen, lebhaft* (od. *wüst*) *sein* Zuerst war die Party ganz lustig, aber später ging es bunt zu. Da bin ich dann gegangen.
ein **bunter** Abend	*e-e Abendveranstaltung mit ganz verschiedenartigem Unterhaltungsprogramm* Unser Ferienlager endete mit einem bunten Abend, an dem sich alle beteiligten.
e-e **bunte** Platte	s. *Platte*
ein **bunter** Teller	s. *Teller*

bunte Reihe machen	s. *Reihe*
den **bunten** Rock anziehen	*Soldat werden* Mein Urgroßvater hat noch gern den bunten Rock angezogen.
trinken (*od.* saufen) wie ein (*od.* wie die) **Bürstenbinder** U	*sehr viel Alkohol trinken* Solange er säuft wie ein Bürstenbinder, wird aus ihm nie etwas Rechtes werden.
auf den **Busch** klopfen (bei j-m) U	*vorsichtig herauszufinden versuchen* Klopf mal bei Vater auf den Busch, ob er bereit ist, uns die Ferienreise zu erlauben.
mit etw. hinter dem **Busch** halten	= *mit etw. hinter dem* Berg *halten*
s. (seitwärts) in die **Büsche** schlagen U	s. *verdrücken, heimlich verschwinden* Wir Mädchen halfen den Eltern, aber die Jungen hatten sich seitwärts in die Büsche geschlagen.
wie **Butter** an der Sonne zerrinnen U	*schnell weniger werden* (Geld) Das Geld, das ich im Lotto gewonnen habe, ist (mir) wie Butter an der Sonne zerronnen.
wie **Butter** an der Sonne (zer)-schmelzen (*od.* dahinschmelzen) U	*schwinden, vergehen* (Gefühl) Beim Anblick des reuigen kleinen Sünders schmolz sein Zorn wie Butter an der Sonne (dahin).
wie **Butter** an der Sonne dastehen U	*mit s-r Klugheit am Ende, verwirrt sein* Da steht er nun wie Butter an der Sonne und weiß nicht, wie er den Koffer aufkriegen soll.
ihm ist die **Butter** vom Brot gefallen U	*er ist enttäuscht und entmutigt* „Was ist denn mit ihm los?" – „Ihm ist die Butter vom Brot gefallen." – „Wieso?" – „Er ist bei der Prüfung wieder durchgefallen."
da ist mir die **Butter** vom Brot gefallen U	*da war ich entsetzt* Als ich hörte, daß unser Siebenjähriger mit dem Rad durch die Stadt zu seinem Freund gefahren war, da ist mir die Butter vom Brot gefallen.
ein Herz wie **Butter** haben	*leicht nachgeben, leicht gerührt sein* Sie tut es bestimmt. Sie hat ein Herz wie Butter.
s. nicht die **Butter** vom Brot nehmen lassen	s. *nichts gefallen lassen* Seine Freundin ist ein energisches Persönchen. Sie läßt sich nicht die Butter vom Brot nehmen.
aussehen, als hätte man einem die **Butter** vom Brot genommen (*od.* gestohlen)	*verwirrt, betreten, verzagt sein* „Sie sieht ja aus, als hätte man ihr die Butter vom Brot genommen." – „Der Chef hat ihr aber auch eine fürchterliche Standpauke gehalten."
es ist alles in **Butter** (Herr Lutter) U	*es ist alles in Ordnung* (a. ironisch) „Was ist denn los mit dir?" – „Der Wagen ist kaputt. Ansonsten, Herr Lutter, ist alles in Butter *(alles geht schief)*."

j-m etw. aufs **Butterbrot** schmieren (*od.* streichen) U	*1) j-m etw. ständig vorwerfen* *2) j-m etw. ständig (angeberisch) sagen* 1) Wie lange willst du mir's noch aufs Butterbrot schmieren, daß ich am Fasching erst um 6 nach Hause kam? 2) Immer wieder schmiert sie es uns aufs Butterbrot, daß ihr Mann beim Rudern den 1. Preis bekommen hat.
für ein **Butterbrot** (hergeben, bekommen *usw.*) U	*für e-n (allzu) geringen Betrag* Das Grundstück haben wir damals für ein Butterbrot hergegeben. Heute bekämen wir das Zehnfache.
(stets) auf die **Butterseite** fallen U	*immer Glück haben bei e-r S.* Er ist ein Glückskind, er fällt stets auf die Butterseite.
in **Buxtehude**	*in e-m kleinen Dorf irgendwo* Sein Bruder wohnt irgendwo in Buxtehude oder so.

C

das ist **chinesisch** für mich	*das ist für mich ein unverständlicher Text* Lies du mal. Was er schreibt, ist chinesisch für mich.
er hat sie nicht alle auf dem **Christbaum**s	= *er hat nicht alle* Tassen *im Schrank*
etw. **christlich** teilen	*dem anderen mehr als s. selbst geben* Ich habe den Kuchen christlich geteilt.
e-n (großen) **Coup** landen	*e-n großen Betrug ausführen* Ihren größten Coup landeten sie, als es ihnen gelang, ein ganzes Auto voll Haschisch über die Grenze zu schmuggeln.
die **Creme** der Gesellschaft	*die angesehensten, vornehmsten Persönlichkeiten* Bei der Eröffnung der neuen Oper war die Creme der Gesellschaft vollzählig erschienen.

D

ich bin **dabei** (zu tun)	*gerade damit beschäftigt sein, etw. zu tun, etw. anfangen* Als er kam, war ich gerade dabei, an ihn zu schreiben.
ich bin **dabei**	*ich werde mitmachen* Wenn es soweit ist, gebt mir Bescheid! Ich bin dabei.
es **dabei** bewenden lassen	s. *bewenden*
ich finde nichts **dabei**	s. *finden*
und **dabei** bleibt's	s. *bleiben*
er bleibt **dabei**	s. *bleiben*
was ist denn (schon) **dabei**	*1) das ist doch nicht schwer* *2) was ist dabei bedenklich, gefährlich?* 1) „Du hast diese Mathematikaufgabe allein gelöst?" – „Was ist denn schon dabei? Das kannst du doch auch!" 2) „Du willst an einem Tag von München nach Neapel fahren?" – „Was ist denn schon dabei? Auf der neuen Autobahn schaffe ich das in 14 Stunden."
es ist nichts **dabei**	*1) es ist ganz leicht* *2) es ist nicht bedenklich, nicht gefährlich* 1) Wenn du einen Anlauf nimmst, kannst du über den Graben springen – es ist nichts dabei. 2) Es hat zwar gefroren, aber Sie können die Strecke ohne weiteres fahren, es ist nichts dabei.
ein **Dach** über dem Kopf haben	*e-e Unterkunft haben (wenn auch oft ganz unzulänglich)* Nach dem Krieg war jeder froh, wenn er wenigstens ein Dach über dem Kopf hatte.
j-m aufs **Dach** steigen (*od.* eins aufs **Dach** geben) U	*j-n zurechtweisen, tadeln* Wenn er sich nochmal Geld aus der Haushaltskasse nimmt, werde ich ihm ganz gehörig aufs Dach steigen.
eins aufs **Dach** kriegen (*od.* bekommen) U	*zurechtgewiesen, getadelt werden* Mein Bruder hat eins aufs Dach gekriegt, weil er immer viel zu spät nach Hause kommt.
etw. unter **Dach** und Fach bringen	*endgültig abschließen (od. erledigen, durchführen)* Ich hoffe, daß ich meine Doktorarbeit bis zum Oktober unter Dach und Fach bringe.
bei ihm ist es unterm **Dach** (*od.* im **Dachstübchen**) nicht ganz richtig U	*er ist nicht ganz normal, ein bißchen verrückt* Er erzählt oft die unglaublichsten Dinge. Manchmal denke ich, bei ihm ist's unterm Dach nicht ganz richtig.

mit j-m unter e-m **Dach** wohnen (*od.* hausen)	*zusammen mit j-m in e-r Wohnung, in e-m Haus wohnen* Der Generationsunterschied ist zu groß. Alt und jung sollten nicht zusammen unter einem Dach wohnen.
e-n **Dachschaden** haben U	*nicht mehr normal sein* Seit er bei den Kanalisationsarbeiten etwa 6 Stunden verschüttet war, hat er einen Dachschaden.
ein frecher **Dachs** U (*od.* Frechdachs)	*ein frecher Junge (od. junger Mann)* Was muß mich dieser freche Dachs ausgerechnet an der Stelle überholen, wo die Straße so eng ist.
ein junger **Dachs** U	*ein junger Kerl* Laß ihn doch seine geplante Motorradfahrt machen. Ein junger Dachs wie er will doch mal was erleben.
wie ein **Dachs** schlafen	= *wie ein* Murmeltier *schlafen*
nichts **dafürkönnen**	*strenggenommen nicht schuldig sein* Ich bin heute zu spät in die Schule gekommen, konnte aber nichts dafür, weil die S-Bahn Stromausfall hatte.
daher kommt es, daß ...	*das ist die Ursache dafür, daß ...* Er ist dauernd krank; daher kommt es, daß seine Leistungen immer so schwach sind.
das kommt **daher**, daß ...	*das erklärt s. dadurch, daß ...* Seine Gesundheit ist nicht die beste. Das kommt daher, daß er lange Jahre im Krieg hat hungern müssen.
ich hab's (*od.* habe etw.) bis **dahin** satt (*od.* mir steht's *od.* steht etw.) bis dahin U	*ich habe übergenug davon (gehört, gesehen* usw.*)* Dieses ewige Maschinenschreiben habe ich bis dahin satt. / Ich kann kein Wort mehr über Politik hören, mir steht's bis dahin.
dahinsein U	*1) kaputt sein* *2) vorbei sein* *3) tot sein* 1) Die Vase ist dahin. Das sind ja hundert Stücke. 2) Die besten Jahre sind schon dahin. 3) Wenn der weiter so Auto fährt, ist er bald dahin.
dahinstellen: dahingestellt bleiben	*offen, unentschieden bleiben* Ob es noch mehr chemische Elemente gibt als die bisher bekannten, bleibe fürs erste dahingestellt.
dahinstellen: dahingestellt (sein) lassen	*(e-e Frage) offen, unentschieden lassen* Ob er recht gehandelt hat oder nicht, möchte ich vorläufig dahingestellt sein lassen.
es ist nichts (*od.* nicht viel) **dahinter**	= *es steckt nichts dahinter* (dahinterstecken)
dahinterkommen	*etw. Schwieriges verstehen (lernen), ein Geheimnis herausfinden* Ich bin dahintergekommen, wie man so etwas rechnet.

s. dahintersetzen	*etw. fleißig, intensiv lernen* (*od. tun*) Wenn er sich dahintersetzt, hat er in wenigen Tagen das Pensum gelernt.
dahinterstecken	*im Verborgenen als Triebkraft, Anlaß wirken* Ich weiß nicht, warum er das alles tut, aber ich könnte mir denken, daß eine Frau dahintersteckt.
dahinterstecken: es steckt etwas dahinter	*in der S. ist ein Motiv* (*e-e Gefahr* usw.) *verborgen* Du kannst sagen, was du willst, niemand verschenkt sein Geld! Da steckt etwas dahinter.
dahinterstecken: es steckt nichts dahinter	*es sieht geheimnisvoll* (*gefährlich, vielversprechend* usw.) *aus, aber es ist nichts* Die Sache ist völlig harmlos, es steckt nichts dahinter.
dahinterstehen	(mst. *finanziell, politisch*) *helfen, unterstützen* Da steht natürlich sein Vater dahinter; allein könnte er die Firma nicht starten.
meine (*od.* die) Alte **Dame** U	*meine Mutter* Mach das Radio nicht so laut, meine Alte Dame kann Jazzmusik nicht vertragen.
Dame von Welt	*e-e Dame der obersten Gesellschaftsschichten* Du kannst doch eine Dame von Welt nicht in ein solches Bierlokal einladen.
j-m (*od.* e-r S.) e-n **Damm** entgegensetzen (*od.* gegen j-n *od.* etw. e-n **Damm** aufrichten)	*energischen Widerstand leisten* Es ist die Aufgabe eines Finanzministers, der Ausgabefreudigkeit seiner Kollegen einen Damm entgegenzusetzen.
auf dem **Damm** sein U	*gesund, im Vollbesitz der Kräfte sein* Seit er vom Arzt mehrere Spritzen bekommen hat, ist er wieder einigermaßen auf dem Damm.
j-n wieder auf den **Damm** bringen	*j-n wieder gesund* (*od. tatkräftig*) *machen* „Was hat Ihren Mann eigentlich wieder auf den Damm gebracht?" – „Eigentlich nur die Ruhe hier."
dämmern: bei mir dämmert's (langsam) U	*allmählich begreife ich* Du hast mir einen Pullover zum Geburtstag gestrickt! Jetzt dämmert's bei mir, warum ich den Pullover von Hans anprobieren mußte.
Dampf in der Waschküche U	*Spannung* (*in der Familie, im Betrieb* usw.) *wegen Streit, schlechter Laune des Vaters, Chefs* usw. Bei uns ist heute Dampf in der Waschküche. Der Steuerprüfer hat Fehler in der Lohnabrechnung entdeckt.
(mächtigen) **Dampf** vor etw. (*od.* j-m) haben U	(*große*) *Angst haben* Seit ihn der Lateinlehrer mal so angefahren hat, hat Werner mächtigen Dampf vor ihm.
Dampf hinter etw. machen (*od.* setzen) U	*Druck ausüben, damit etw. schneller vorangeht* Wenn die Straßen bis zur Reisezeit fertig sein sollen, muß die Stadtverwaltung Dampf dahinter machen.

j-m **Dampf** machen U	*j-n antreiben* Mach ihr mal etwas Dampf, ich muß um zwölf essen.
mit **Dampf** arbeiten U	*intensiv, angespannt arbeiten* Nur wenn wir alle mit Dampf arbeiten, kann das Projekt noch bis zur Messe fertig werden.
unter **Dampf**	*abfahrbereit* Es geht bald los. Unser Schiff liegt schon unter Dampf.
ein flotter **Dampfer** U	*ein hübsches Mädchen* Kennst du die Kleine da drüben? Ein flotter Dampfer!
auf dem falschen **Dampfer** sitzen U	*e-e irrige Meinung, falsche Auffassung haben* Die Italiener sollen faul und unzuverlässig sein? Mein Lieber, da sitzt du aber auf dem falschen Dampfer!
j-m (*od.* j-s Gefühlen, Plänen *usw.*) e-n **Dämpfer** aufsetzen	*j-s Gefühle unterdrücken, s-e Wünsche (Pläne) usw.) bremsen* Es wird langsam Zeit, daß man seinen phantastischen Plänen einen Dämpfer aufsetzt.
aufgehen wie e-e **Dampfnudel** U	= *aufgehen wie ein* Pfannkuchen
(ganz) **dazu** angetan sein	*s. antun*
danach aussehen	*s. aussehen*
s. **danebenbenehmen** U	*s. schlecht, ungehörig benehmen* Auch der Bierabend verlief ordentlich. Niemand hat sich danebenbenommen.
danebengehen U	*nicht gelingen* Er dachte, er könne die Konkurrenz nur durch billige Sonderangebote vom Markt vertreiben. Aber das ging daneben. Jetzt ist er pleite.
danebenhauen U	*s. irren; nicht den richtigen Ton finden* Er antwortet zwar sehr schnell, haut aber oft daneben.
danebenliegen U	*im Irrtum sein, s. täuschen* Wenn sie meint, sie schafft die Prüfung mit ihrem Charme, dann liegt sie aber sehr daneben.
s. gründlich (*od.* schwer) **danebensetzen** U	*e-n schweren Fehler begehen (durch den man Nachteile hat)* Er hat als einziger den Termin nicht eingehalten und sich dadurch schwer danebengesetzt.
etwas ist faul im Staate **Dänemark**	*es stimmt etw. nicht in dieser S.* Dieser echte Barockengel soll nur tausend Mark kosten? Da ist etwas faul im Staate Dänemark.
daniederliegen	*nicht hochkommen, wirtschaftlich schwach sein* Nach einem Kriege liegt meist nicht nur die Wirtschaft danieder, sondern auch die Forschung.
danken: (na) ich danke schön! U	*ich bin nicht dafür, es gefällt mir nicht* Den ganzen Weg sollen wir im Regen zu Fuß machen? Na, ich danke schön!

danken: für ... danke ich bestens U	das will ich nicht, das kommt nicht in Frage Für einen solchen Marsch zu Fuß danke ich bestens. Können wir kein Taxi nehmen?
sonst geht's (dir) (*od.* geht dir's) **danke** S	*im übrigen geht es dir „gut", d. h. du bist verrückt* „Du könntest mir eigentlich dein altes Auto überlassen." – „Aha. Sonst geht's dir danke!"
dann und wann	*manchmal, gelegentlich* Wir bleiben abends gern zu Hause, nur dann und wann gehen wir mal in ein Konzert.
mir liegt (viel, nichts) **daran**	s. *liegen*
daran ist etwas	= *es ist etwas* dran
nahe **daran** sein (zu tun)	*fast bereit, beinahe entschlossen sein (zu tun)* Er war nahe daran, nach Kanada auszuwandern.
ich denke gar nicht **daran**	s. *denken*
es kommt (mir) **darauf** an	s. *ankommen*
es **darauf** ankommen lassen	s. *ankommen*
mach dir nichts **daraus**	s. *machen*
es ist mir sehr **darum** zu tun, daß ...	s. *tun*
auch **das** noch! U	*auch diese unangenehme Sache mußte noch passieren* „Die Maschine ist defekt!" – „Auch das noch!"
dastehen: wie steh' ich da? U	*habe ich das nicht großartig gemacht?* Ich habe alles gekriegt und bringe noch die Hälfte des Geldes wieder mit. Wie steh' ich da?
dastehen: wie stehe ich nun da! U	*ich bin blamiert, was sollen die Leute von mir denken* Auf diese Weise wissen alle Leute, daß ich maßlos übertrieben habe. Wie stehe ich nun da!
den **Daumen** auf etw. halten	*dafür sorgen, daß Geld, Vorräte nur sinnvoll (od. gar nicht) ausgegeben werden* Mein Vater hält den Daumen auf mein Sparbuch; darüber kann ich erst in zwei Jahren verfügen.
den **Daumen** auf dem Beutel halten	= *die Hand auf der* Tasche *halten*
j-m (*od.* für j-n) den **Daumen** (*od.* die, beide **Daumen**) halten (*od.* drücken)	*(den Daumen mit den Fingern drücken u. dadurch) j-m gutes Gelingen wünschen* Morgen fängt meine Prüfung an. Drück mir bitte den (*od.* die *od.* beide) Daumen!

am **Daumen** lutschen	*wenig zu essen haben, hungern* Meinem Bruder ging es damals ja schon sehr gut, aber er gab mir nichts ab. Ich konnte am Daumen lutschen.
über den **Daumen** (schätzen, peilen) U	*grob, ungenau* Über den Daumen (geschätzt) sind es etwa 12 Meter.
Däumchen (*od.* **Daumen** *od.* die **Daumen**) drehen U	*nichts tun* Anstatt mitzuhelfen, sitzt er da und dreht Däumchen.
j-m die **Daumenschrauben** anlegen (*od.* an-, aufsetzen)	*j-n grob zwingen, etwas zu tun* (*od. zu sagen*) Er wollte mit der Sprache nicht heraus, also mußte ich ihm Daumenschrauben anlegen.
das kommt **davon**	*s. kommen*
was hab' ich **davon**?	*s. haben*
es ist zum **Davonlaufen**	*es ist entsetzlich, sehr unangenehm* Der Redner blieb ständig stecken, wiederholte sich, versprach sich – es war zum Davonlaufen!
wie komme ich **dazu** (das zu tun)?	*s. kommen*
wie kommt er **dazu** (das zu tun)?	*s. kommen*
(ganz) **dazu** angetan sein	*s. antun*
s. nie (*od.* nicht) **dazu** verstehen, etw. zu tun	*s. verstehen*
dazwischenfahren	*s. energisch einmischen (um etw. zu verhindern, zu beenden)* Wenn die Kinder sich streiten, muß man als Vater manchmal einfach dazwischenfahren.
dazwischenfunken	= *dazwischenfahren*
dazwischenkommen	*s. einmischen* Er wollte sie heiraten, ja, aber dann ist ihre Schwester dazwischengekommen.
dazwischenkommen: es kommt etw. dazwischen	*es passiert etw. Störendes, Unangenehmes* Wir wollten auch zu der Ausstellung fahren, aber dann ist etwas dazwischengekommen.
dazwischentreten	*s. einmischen, um zu schlichten, auszugleichen* Ob man, wenn zwei sich streiten, dazwischentreten soll oder nicht, ist eine heikle Frage.
an die **Decke** gehen U	*zornig werden* Wenn mein Freund in einem Lokal eine Musikbox spielen hört, geht er immer gleich an die Decke.
(bis) an die **Decke** springen (vor Freude *usw.*)	*s. sehr freuen, vor Freude ganz übermütig werden* Ich hätte (vor Freude) an die Decke springen mögen, als ich erfuhr, daß ich den 1. Preis gewonnen hatte.

s. nach der **Decke** strecken	*s. den gegebenen knappen Verhältnissen anpassen, s. der Notlage entsprechend einschränken* Seit mein Mann nicht mehr arbeitet, heißt es für mich, sich nach der Decke strecken.
unter e-r **Decke** stecken mit j-m	*mit j-m gemeinsame Sache machen (in etw. Schlechtem)* Mir scheint, in diesem Fall steckt ein Antiquitätenhändler mit den Gangstern unter einer Decke.
eins auf den **Deckel** kriegen U	= *eins aufs* Dach *kriegen*
etw. mit etw. zur **Deckung** bringen	*machen, daß e-e S. einer anderen voll entspricht* Der Sinn des Taschengeldes für Kinder liegt darin, daß sie lernen, ihre Wünsche mit ihren Möglichkeiten zur Deckung zu bringen.
Deibel *(alle Wendungen)*	*s. Teufel*
Denken und Trachten L	= Dichten *und* Trachten
ich **denke** gar nicht daran (*od.* dran)	*das kommt (für mich) gar nicht in Frage* Ich soll meine Meinung ändern und deine Partei wählen? Ich denke gar nicht daran!
denken: denkste! U	*denkst du, d. h. du denkst falsch, du hast dich sehr geirrt* „Und du, Irene, wäschst nach dem Essen das Geschirr ab!" – „Denkste!"
denken: das hast du dir gedacht	*du meinst, es ist so, aber es ist in Wirklichkeit ganz anders* „Kriegen wir nicht jetzt schon Urlaubsgeld?" – „Das hast du dir gedacht!"
j-m e-n **Denkzettel** geben (*od.* verpassen) U	*j-n so tadeln, strafen, daß er e-e bestimmte S. so leicht nicht wieder vergißt* Der Kerl parkt doch schon wieder vor unserer Hauseinfahrt. Dem werde ich aber einen Denkzettel geben!
der und (etw. tun) U	*er tut das bestimmt nicht* Der und tanzen? Lieber hackt er zwei Stunden Holz.
s. e-n **Deuh** geben U	*s. e-n Stoß geben (etw. zu tun, was man ungern tut)* Mir liegen solche politischen Diskussionen nicht. Ich mußte mir richtig einen Deuh geben, da mitzumachen.
keinen (*od.* nicht e-n) **Deut** besser sein als U	*in gar keiner Weise besser sein als* Ihre Perlenkette ist echt, meine nicht. Aber ich finde, ihre Kette sieht keinen Deut besser aus als meine.
s. keinen **Deut** aus etw. machen U	*keinerlei Interesse haben an (od. für) etw.* Ich mache mir keinen Deut aus solcher Musik.
s. keinen **Deut** um etw. kümmern U	*s. nicht im geringsten um etw. kümmern* Leider hat sich unsere Nachbarin keinen Deut um unsere Blumen gekümmert. Jetzt sind sie alle vertrocknet.
keinen **Deut** von etw. verstehen U	*nicht das geringste von etw. verstehen* Ich verstehe keinen Deut von dem, was ihr da redet.

keinen (*od.* nicht e-n) **Deut** wert sein	*nicht das geringste wert sein* Du willst dein Radio verkaufen? Dieser primitive Kasten ist ja keinen Deut wert.
deutsch mit j-m reden (*od.* sprechen)	*geradeheraus, offen reden, kein Blatt vor den Mund nehmen* So, und jetzt will ich mal deutsch mit dir reden: dein Verhalten gestern war einfach rücksichtslos.
du verstehst wohl nicht mehr **Deutsch** (*od.* kein **Deutsch** mehr)?	*du willst wohl nicht hören?* Habe ich nicht eben gesagt, du sollst still sein? Du verstehst wohl nicht mehr Deutsch?
auf gut **deutsch**	1) *ohne weitere Erklärungen im Detail* 2) *direkt und einfach gesagt* 1) Daß er diesen Unfall ohne Verletzung überstanden hat, ist auf gut deutsch ein Wunder. 2) Ich hatte dich doch gebeten, niemand etwas zu sagen, und jetzt weiß es die ganze Firma. Auf gut deutsch nennt man das Vertrauensbruch.
j-m eins auf den **Dez** geben S	*j-n scharf tadeln, zurechtweisen* Als er dann noch frech wurde, hab ich ihm mal gehörig eins auf den Dez gegeben.
schwarze **Diamanten**	*(Stein-)Kohle* Heutzutage haben Öl und Elektrizität die schwarzen Diamanten aus ihrer führenden Rolle für die Industrie weitgehend verdrängt.
nicht ganz **dicht** sein U	*die Windeln naß machen* Den Kleinen kann man noch nicht mit auf die Reise nehmen, er ist noch nicht ganz dicht.
nicht **dicht** sein U	*nicht recht bei Verstand sein* Ich soll das ganze Geschirr allein abwaschen? Du bist wohl nicht (ganz) dicht!
Dichten und **Trachten** L	*alles Denken, Sinnen und Streben* Das Dichten und Trachten großer Menschen weist stets in die Zukunft.
dichthalten	*ein Geheimnis bewahren* Ihr kann ich alles anvertrauen. Sie hält dicht.
etw. **dick** haben S	*von etw. übergenug haben* Jeden Tag Kohlsuppe, das habe ich langsam dick.
j-n **dick** haben S	*j-n nicht mehr leiden können, nicht mehr sehen wollen* Diese alte Klatschbase habe ich wirklich dick.
durch **dick** und dünn gehen mit j-m	*in allen Schwierigkeiten bei j-m bleiben* Ich habe einen guten Freund, der mich noch nie im Stich gelassen hat. Er geht mit mir durch dick und dünn.
dick auftragen U	*übertreiben* Es gibt Menschen, die nichts erzählen können, ohne dick aufzutragen.
dicketun (*od.* s. **dicktun**) U	*prahlen, angeben* Ich kann es nicht leiden, wenn jemand so dicketut (*od.* sich so dicktut) mit seinen Erfolgen bei Mädchen.

e-n (od. s-n) **Dickkopf** haben (od. aufsetzen) s-n **Dickschädel** durchsetzen	*trotzig sein, nicht mitmachen (weil man beleidigt, gekränkt ist)* „Was ist denn mit ihm? Warum sagt er denn nichts?" – „Er hat mal wieder seinen Dickkopf (aufgesetzt)!" *mit aller Gewalt erreichen wollen, was man möchte* Schrecklich, wenn man mit einem Mann verheiratet ist, der immer seinen Dickschädel durchsetzen möchte.
wie ein **Dieb** in der Nacht L	*ganz heimlich* Wie ein Dieb in der Nacht bin ich damals in meine Wohnung geklettert.
(e-e) **diebische** Freude haben (an etw.) (od. s. diebisch [an etw.] freuen)	*s. außerordentlich freuen, daß Unrecht wiedergutgemacht wird, daß ein gemeiner Mensch betraft wird usw.* Wir hatten eine diebische Freude als wir sahen, daß dem Schwindler seine falschen Beteuerungen nichts nützten und er verhaftet wurde.
ist das ein **Ding**! U	*das ist etw. Unverschämtes (od. Tolles)* „Er muß gestern meine Uhr geklaut haben!" – „Ist das ein Ding!"
ein **Ding** mit 'nem (od. mit'm) Pfiff U	*e-e S., an der etw. ganz Besonderes ist* Dieser Spazierstock ist ein Ding mit 'nem Pfiff. Da ist nämlich ein Schirm drin!
ein junges (hübsches, fesches *usw.*) **Ding**	*ein junges (hübsches) usw.) Mädchen* Seine Schwester ist ein junges, fesches Ding.
guter **Dinge** sein	*1) froh und lustig sein 2) hoffnungsvoll sein* 1) Dein Freund hat allen Grund, guter Dinge zu sein; er hat im Toto gewonnen. 2) Was unseren Prozeß betrifft, so bin ich guter Dinge; wir werden ihn gewinnen.
aller guten **Dinge** sind drei	*von guten Dingen gibt es, wenn alles wirklich gutgehen soll, immer drei (a. ironisch)* „Stell dir vor, zu meinem Geburtstag habe ich ein Fahrrad, einen Photoapparat und noch Schallplatten bekommen." – „Na ja, aller guten Dinge sind drei."
unverrichteter **Dinge**	*ohne etw. erreicht zu haben* Die Verhandlungspartner trennten sich unverrichteter Dinge; sie waren zu keiner Einigung gekommen.
ein **Ding** drehen S	*1) e-e tolle Sache unternehmen, ein Mordsfest veranstalten 2) ein Verbrechen begehen* 1) Morgen heiratet unser Lehrer, da müssen wir ein Ding drehen! 2) Und wenn diesen sauberen Burschen dann das Geld ausging, wurde das nächste Ding gedreht.
nicht mit rechten **Dingen** zugehen	*1) auf geheime, geheimnisvolle, übernatürliche Weise geschehen 2) auf unrechte, unredliche Weise gemacht werden* 1) Das kann ich dir sagen, der Tod dieses Mädchens ist nicht mit rechten Dingen zugegangen. 2) Bei dieser Transaktion ist bestimmt nicht alles mit rechten Dingen zugegangen.

über den **Dingen** stehen	*von den kleinen Sachen des Alltags nicht beeinflußt werden* Er hat so viel gesehen und erlebt, daß er eigentlich über den Dingen stehen sollte.
j-n **dingfest** machen	*j-n verhaften* Endlich ist es gelungen, diesen Mann dingfest zu machen.
j-m den **Dolch** auf die Brust setzen	= *j-m das* Messer *an die Gurgel setzen*
j-m e-n **Dolchstoß** versetzen	*j-n tief verletzen* Mit seiner Bemerkung, an ihr sei nichts echt, hat er ihr einen Dolchstoß versetzt.
wie vom **Donner** gerührt	= *wie vom* Blitz *getroffen*
ein **Donnerwetter** geht auf j-n nieder	*j-d wird laut und scharf getadelt* Jedesmal, wenn ich später als elf nach Hause kam, ging ein Donnerwetter auf mich nieder.
ein **Donnerwetter** loslassen	*laut und scharf tadeln* (od. *schimpfen*) In einem Leserbrief hat heute einer ein Donnerwetter losgelassen über die Autofahrer, die, wenn sie kurz halten, ihren Motor nicht abstellen.
wie ein heiliges (od. mit e-m heiligen) **Donnerwetter** dreinfahren (od. dazwischenfahren) U	*laut und scharf protestieren* (od. *kritisieren*) Wenn ich sehe, wie die Illustrierten ausführliche Berichte und Bilder über Verbrechen bringen, dann möchte ich immer mit einem heiligen Donnerwetter dazwischenfahren (od. dreinfahren usw.).
da soll doch gleich ein (od. das) **Donnerwetter** dreinschlagen (od. dreinfahren) U	*das ist doch wirklich unerhört, das muß streng bestraft werden* Da soll doch gleich ein Donnerwetter dreinschlagen! Schon wieder hat jemand das Tor nicht abgeschlossen.
zum **Donnerwetter!** U	= *zum* Teufel!
doppelt und dreifach	*vielfach, wiederholt* Herr Meier ist ein vorsichtiger Mann. Er prüft alles doppelt und dreifach, bevor er etwas unterschreibt.
doppelt gemoppelt U	*(in unnötiger Weise) doppelt, zweimal* Dein Fahrrad ist bei der Hausratversicherung dabei, und dann hast du noch eine besondere Fahrradversicherung abgeschlossen. Das ist doch doppelt gemoppelt.
(alles) **doppelt** sehen U	*betrunken sein* Du siehst wohl schon (alles) doppelt? Wieviel Schnäpse hast du denn intus?
ein **doppeltes** Spiel spielen	*s. Spiel*

e-e Moral mit **doppeltem** Boden (*od.* e-e **doppelte** Moral)	*die Anwendung ganz verschiedener moralischer Grundsätze für andere und für s. selbst* Wenn man einerseits für die unbedingte Wahrheit eintritt, andererseits die Notlüge für sich zuläßt, dann ist das eine Moral mit doppeltem Boden.
böhmische **Dörfer**	*s. böhmisch*
Potemkinsche **Dörfer**	*s. Potemkin*
j-m ein **Dorn** im Auge sein	*j-m unerträglich sein, ihn sehr ärgern, erbosen* Sie ist viel gescheiter als ihr Chef, und darum ist sie ihm natürlich ein Dorn im Auge.
Drachensaat aussäen L	*etw. sagen od. tun, das Streit, Zwietracht verursacht* Man sollte diese militaristischen Schriften verbieten. Die Drachensaat, die sie aussäen, ist äußerst gefährlich.
die **Drachensaat** geht auf L	*die schlimmen Folgen best. Worte (od. Taten) stellen s. ein* Ihr Anführer hatte ihnen immer wieder Rücksichtslosigkeit und Härte gepredigt; in ihren Überfällen ging diese Drachensaat dann auf.
an den **Drähten** ziehen	*der eigentliche Leiter, Urheber sein* Die Leute, die tatsächlich an den Drähten ziehen, sitzen in der Industrie- und Finanzwelt.
auf **Draht** sein U	*im richtigen Augenblick das Richtige tun, sofort die Chance e-s eigenen Vorteils sehen und wahrnehmen* In meiner Branche mußt du auf Draht sein, sonst kommst du zu nichts.
j-n auf **Draht** bringen U	*j-n in Gang, in Schwung bringen, machen, daß er auf Draht ist* Er ist mir immer noch viel zu langsam in der Arbeit. Ich muß ihn erst mal auf Draht bringen.
wie auf **Draht** gezogen U	*alle nebeneinander gleichmäßig und steif* Das wird aber ein langweiliges Foto – ihr sitzt ja alle da wie auf Draht gezogen.
es ist (schon) etwas **dran** U	*es hat e-e gewisse Bedeutung, es steckt etw. dahinter* Glaubst du, daß an diesem Gerücht etwas dran ist?
da ist alles **dran** U	*1) das hat alle erdenklichen Vorzüge* *2) alle nur möglichen negativen Seiten kommen zusammen* 1) Mein Bruder hat sich jetzt ein neues Tonbandgerät gekauft; da ist wirklich alles dran. 2) Ich hatte im vorigen Monat eine Grippe, da war wirklich alles dran – Kopfschmerzen, Halsschmerzen, ständig Fieber, Erbrechen, usw.
drauf und **dran** sein	*1) im Begriff sein (zu tun), planen* *2) kurz vor e-m Ereignis stehen* 1) Ich bin drauf und dran, mir eine vollautmatische Waschmaschine zu kaufen. 2) Er war drauf und dran, seine Stellung zu verlieren.

nicht wissen, wie man mit j-m **dran** ist	*nicht wissen, was man von j-m halten soll* Er macht immer ein so undurchdringliches Gesicht, daß man wirklich nie weiß, wie man mit ihm dran ist.
dran glauben müssen U	*sterben müssen* Es ist sehr traurig, daß dieser hochbegabte Mensch so früh hat dran glauben müssen.
mir liegt **dran**	*s. liegen*
ich denke gar nicht **dran**	*s. denken*
drankommen	*an die Reihe kommen; aufgerufen werden* Wann kommen wir mit unserem Essen dran? / Gestern bin ich in der Schule nicht drangekommen.
j-n **drankriegen** U	*1) j-n zwingen, s-e Pflicht(en) zu tun* *2) j-n dabei erwischen, wie er s. verrät* 1) Immer wollte er sich vor der Arbeit drücken, aber ich habe ihn ganz schön drangekriegt. 2) „Wenn ich mit dem Auto hinfahren darf, helfe ich schon." – „Haha, jetzt haben wir dich drangekriegt. Dir geht es ja nur um die Autofahrt!"
dransein	*1) an der Reihe sein* *2) geschnappt worden sein, zur Verantwortung gezogen werden* 1) Weißt du, wann wir mit unserer nächsten ärztlichen Untersuchung dran sind? 2) Oft genug ist es ihm gelungen, dem Zoll zu entwischen. Aber diesmal ist er dran.
gut (*od.* übel, schlecht) **dransein**	*in e-r guten (schlechten) Lage sein (bes. medizinisch)* Er ist ganz übel dran. Er hat nämlich auch noch Lungenentzündung bekommen.
schön (*od.* dumm) **dransein**	*in e-r unangenehmen Lage sein* Kannst dir denken, daß ich schön dran war, als mein Vater plötzlich aufhörte, mir Geld zu schicken.
gut (*od.* schlecht) mit j-m **dransein**	*gut (schlecht) mit j-m auskommen* Mit meiner neuen Zimmergenossin bin ich nicht so gut dran; sie hat andere Lebensgewohnheiten als ich.
alles **dransetzen**	*alles nur Mögliche versuchen, s. aufs äußerste bemühen* Wenn die Handwerker alles dransetzen, wird das Haus vielleicht doch termingerecht fertig.
dranwollen: er will nicht so recht dran	*er will die Arbeit nicht gern tun, er versucht, s. zu drücken* Ich habe ihm schon ein paarmal gesagt, er soll einen Leserbrief schreiben, aber er will nicht so recht dran.
da muß doch jemand **dran** gedreht haben S	*s. drehen*
am **dransten** sein S	*der nächste sein, der etw. (oft Unangenehmes) tun muß* Ich hab heut mittag das Geschirr abgewaschen, jetzt bist du am dransten.

es **drauf** ankommen lassen	s. *ankommen*
draufgehen U	*1) verbraucht werden* *2) kaputtgehen* *3) sterben* 1) Mach einen ordentlich starken Kaffee, die Bohnen in der Tüte können ruhig draufgehen. 2) Dein Schirm ist bei diesem Ausflug leider draufgegangen. 3) Wenn der so weiterarbeitet, ohne jeden Urlaub, wird er bald draufgehen.
viel (*od.* allerhand, was) **drauf** haben S	*1) hohes Tempo haben, schnell fahren* *2) viel wissen, in s-m Fach sehr tüchtig sein* 1) Als die Polizei uns stoppte, hatten wir allerhand drauf. 2) Er sieht ganz unscheinbar aus, aber er hat viel drauf.
eins (*od.* etwas) **draufkriegen** U	*1) scharf getadelt, streng bestraft werden* *2) besiegt werden* *3) e-n Schicksalsschlag erleiden* 1) Es wird höchste Zeit, daß er eins draufkriegt; er lügt ja unverschämt. 2) Bei den letzten Wettkämpfen hat die Mannschaft aus Neukirchen ja ganz schön was draufgekriegt. 3) Dem armen Kerl ist erst die Frau gestorben und jetzt hat er schon wieder eins draufgekriegt – seine Werkstatt ist abgebrannt.
mach dir nichts **draus**	s. *machen*
j-n **drausbringen** U	*j-n verwirren (so daß er den Zusammenhang in e-r S. verliert)* Ich möchte jetzt lesen, aber mit deinen ständigen Fragen bringst du mich immer wieder draus.
drauskommen (aus etw.) U	*verwirrt werden, den Zusammenhang verlieren* Durch den Zwischenruf ist er leider drausgekommen.
Dreck am Stecken haben U	*etw. Schlechtes getan haben, keine reine Weste haben* Er soll das Maul nicht so aufreißen über das, was sein Bruder getan hat; er hat selber Dreck am Stecken.
Geld wie **Dreck** haben S	s. *Geld*
j-n wie **Dreck** (*od.* wie den letzten **Dreck** [am Schuh]) behandeln S	*j-n außerordentlich schlecht behandeln* Unser Chef ist bestimmt ein hervorragender Fachmann, aber er behandelt seine Mitarbeiter wie Dreck.
das geht dich e-n (feuchten) **Dreck** an S	= *das geht dich e-n feuchten Kehricht an*
du verstehst e-n **Dreck** davon S	*du verstehst gar nichts von der Sache* Der gehört nicht zu dem Verein und versteht einen Dreck davon.
e-n **Dreck** wert sein S	*nicht das geringste wert sein* Dieser Ring soll echt sein? Er ist einen Dreck wert.

s. e-n **Dreck** um etw. kümmern S	*s. nicht im geringsten um etw. kümmern* Und mein Mann, dieser Säufer, hat sich natürlich einen Dreck um seine Kinder gekümmert.
(immer wieder) den alten **Dreck** aufrühren S	*immer wieder von alten (unangenehmen) Geschichten reden* Er ist ja ein ganz netter Kerl, wenn er nur nicht immer wieder den alten Dreck aufrühren wollte.
s-n **Dreck** alleine (*od.* alleene) machen U	*keine Hilfe (od. Mitarbeit) von j-m kriegen* Ich finde, er hat sich genug für die anderen abgerackert; jetzt sollen sie ihren Dreck alleine machen.
aus dem gröbsten (*od.* größten) **Dreck** heraussein U	*aus den größten (mst. finanziellen) Schwierigkeiten heraussein* Wir hatten eine Woche lang den Maler, aber jetzt sind wir aus dem gröbsten Dreck heraus.
die Karre (*od.* den Karren) (für j-n) (wieder) aus dem **Dreck** ziehen U	*e-e verfahrene Situation wieder in Ordnung bringen* Auf meine Mitarbeiter ist kein Verlaß; geht etwas schief, kann ich allein die Karre (wieder) aus dem Dreck ziehen.
die Karre (*od.* den Karren) im **Dreck** steckenlassen	*nichts zur Besserung e-r schlechten Situation tun* Wir müssen alle helfen, ob es uns paßt oder nicht. Wir können die Karre doch nicht im Dreck steckenlassen.
im **Dreck** sitzen (*od.* stecken) U	*in e-r höchst unangenehmen Lage sein* Was er hatte, hat er versoffen; jetzt sitzt er im Dreck.
die Karre (*od.* den Karren) in den **Dreck** fahren U	*e-e sehr unangenehme ausweglose Situation verursachen* Wir müssen uns einen neuen Präsidenten wählen. Der jetzige hat die Karre zu oft in den Dreck gefahren.
etw. in den **Dreck** ziehen U	*Häßliches, Verleumderisches über etw. sagen* Er hat es wirklich gut gemeint, aber seine Worte und Gedanken wurden leider oft in den Dreck gezogen.
j-n in den **Dreck** (*od.* durch den **Dreck**) ziehen (*od.* j-n mit **Dreck** bewerfen) U	*häßliche Dinge, Verleumdungen, Lügen über j-n sagen* Er ist wirklich ein hochanständiger Mensch, aber seine Gegner versuchen immer wieder, ihn in den (*od.* durch den) Dreck zu ziehen (*od.* ihn mit Dreck zu bewerfen).
mit **Dreck** und Speck U	*schmutzig, ungesäubert, so wie es ist* Geh hinaus und wasch dich! Du kannst dich doch nicht mit Dreck und Speck an den Tisch setzen!
s. um jeden **Dreck** kümmern S	*s. um jede Kleinigkeit (in pedantischer Weise) kümmern* Der neue Abteilungsleiter ist einfach unausstehlich. Er kümmert sich um jeden Dreck.
kümmere dich um deinen eigenen **Dreck** U	*kümmere dich um deine eigenen Angelegenheiten* Wenn du es nicht endgültig mit mir verderben willst, dann kümmere dich bitte um deinen eigenen Dreck.
den (richtigen) **Dreh** rauskriegen (*od.* herausbekommen, finden) (*od.* auf *od.* hinter den [richtigen] **Dreh** kommen) U	*den richtigen Weg, die richtige Methode, den Trick, die Technik begreifen und lernen, wie man etwas macht* Ich glaube, ich bin jetzt auf den Dreh gekommen, wie man es machen muß, um im Toto zu gewinnen.

den (richtigen) **Dreh** raushaben (*od.* weghaben) U	*die richtige Methode, den Trick, die Technik kennen, beherrschen* Mein Bruder hat den Dreh raus, wie man aus einer Mark fünf Mark macht.
nicht den (richtigen) **Dreh** kriegen U	*etw. einfach nicht fertigbringen* „Hat er sich nun entschuldigt?" – „Er wollte schon, aber er hat einfach nicht den richtigen Dreh gekriegt."
im (richtigen) **Dreh** sein U	*so in der Arbeit sein, daß man nicht aufhören möchte* „Kommst du mit ins Kino?" – „Nein, ich möchte eigentlich weiterarbeiten, ich bin gerade im richtigen Dreh."
um den **Dreh** 'rum	*etwa, ungefähr* „Wie alt ist er eigentlich?" – „Ich weiß nicht genau, aber ich glaube, 50 oder so um den Dreh rum."
in der **Drehe**	Ist hier in der Drehe ein Postamt?
s. **drehen** und wenden	*allerlei Manöver, Ausflüchte machen* Der Angeklagte mochte sich drehen und wenden, er konnte keine plausible Erklärung vorbringen.
daran ist nichts zu **drehen** und zu deuteln	*das ist ganz eindeutig, klar* Der Angeklagte hat die Uhr an sich genommen. Daran ist nichts zu drehen und zu deuteln.
drehen: da muß doch jemand dran gedreht haben S	*die S. ist nicht mehr in Ordnung* Ich sollte der nächste sein, der befördert wird, und nun ist er es. Da muß doch jemand dran gedreht haben.
drehen: (bei) mir dreht s. alles	*ich bin schwindlig, etw. betrunken, mir ist schlecht* Ich sollte lieber nicht Auto fahren; bei mir dreht sich alles.
den **Drehwurm** kriegen U	*schwindlig werden* Beim Karussellfahren kriege ich immer gleich den Drehwurm.
aller guten Dinge sind **drei**	s. *Ding*
bleib mir **drei** Schritt vom Leibe	s. *Schritt*
ehe man (*od.* ich) auf (*od.* bis) **drei** zählen kann (*od.* konnte)	*ganz schnell* Ehe ich auf drei zählen konnte, war er mit seinem Auto schon um die nächste Ecke verschwunden.
nicht auf (*od.* bis) **drei** zählen können U	*sehr dumm sein* Von den fünf Lehrlingen sind zwei nicht zu gebrauchen. Sie können nicht bis drei zählen.
so tun, als ob man nicht auf (*od.* bis) **drei** zählen könnte	*s. ganz dumm stellen* Sein Techniker ist ein gescheites Haus, aber manchmal tut er so, als ob er nicht bis drei zählen könnte.
für **drei** essen U	*sehr viel essen* Er ist jetzt in dem Alter, wo man für drei essen kann.
Hunger für **drei** haben U	*sehr großen Hunger haben* Hoffentlich gibt es heute abend was Ordentliches zu essen. Ich habe Hunger für drei.

ein **dreieckiges** Verhältnis	*ein Mann mit Ehefrau und Freundin* Das Hauptthema dieses Films ist natürlich wieder ein dreieckiges Verhältnis.
s-n **Dreier** dazu geben U	= *s-n* Senf *dazu geben*
nicht für e-n **Dreier**	*nicht im mindesten* Anton wird das nie begreifen, der hat nicht für einen Dreier Verstand (*od.* Fingerspitzengefühl).
dreist und gottesfürchtig	*mit großer Frechheit, Unverfrorenheit* Sie trat dreist und gottesfürchtig vor den König und sagte, warum sie die Tat begangen hatte.
jetzt schlägt's (aber) **dreizehn!** U	*so e-e Frechheit, das ist ja unerhört!, das ist unglaublich!* Jetzt schlägt's dreizehn! Mein eben reparierter Staubsauger ist schon wieder kaputt.
das ist nicht **drin** S	*1) das ist nicht ein Teil unserer Abmachungen, das können Sie nicht von mir verlangen, dafür müssen Sie mehr zahlen* *2) das läßt s. schwer machen* 1) „Ich möchte, daß Sie das Auto auch noch neu lackieren." – „Tut mir leid, das ist bei dem Preis nicht drin." 2) Ich soll anschließend noch zu Ihnen herüberkommen? Ich glaube, das ist nicht mehr drin.
da ist noch alles **drin** S	*es bestehen noch viele Möglichkeiten, gute Aussichten* Entschieden wurde auf der Sitzung noch gar nichts, es ist noch alles drin.
ganz **drin** sein in etw. U	*gut vertraut sein mit etw., mit etw. intensiv beschäftigt sein* Am liebsten würde ich diese Arbeit ja erst einmal zu Ende führen, denn jetzt bin ich ganz drin.
der lachende **Dritte**	*j-d, der aus dem Streit zweier Personen e-n (unerwarteten) Vorteil hat* Meine beiden Kollegen, die eigentlich für den Posten in Frage kamen, haben sich dauernd gestritten. Dadurch war ich schließlich der lachende Dritte, der die Stelle bekam.
e-n **Druck** auf j-n ausüben	*j-n antreiben (bes. bei der Arbeit); a. = j-n unter Druck setzen* Es gibt auch Vorgesetzte, die auf ihre Angestellten keinen Druck ausüben.
im **Druck** sitzen (*od.* im *od.* in **Druck** sein)	*1) kein Geld haben* *2) keine Zeit haben* 1) Kennst du einen Studenten, der am Monatsende nicht im Druck wäre? 2) Da die Zeitschrift in 8 Tagen erscheinen sollte, waren wir alle sehr im Druck.
j-n unter **Druck** setzen	*j-n bedrängen, etw. zu tun, das er nicht tun will* Der Angeklagte versuchte, die Zeugen unter Druck zu setzen, daß sie seine Aussagen bestätigten.
etw. unter **Druck** tun	*bei e-r Arbeit bedrängt werden, sie schneller zu tun, als man möchte* Viele Menschen arbeiten durchaus gern, aber sie möchten ihre Arbeit nicht unter Druck tun.

drucken: wie gedruckt lügen	*frech, stark lügen* Dem glaube ich kein Wort! Er lügt wie gedruckt!
am **Drücker** sitzen	*die Entscheidung in der Hand haben* Ich glaube schon, daß mein Vater Ihnen helfen kann. Er sitzt ja schließlich am Drücker.
etw. auf den letzten **Drücker** tun U	*etw. im letzten Moment, in großer Hast tun* Es ist schrecklich, wenn Leute ihre Zeit nicht einteilen können und immer alles auf den letzten Drücker tun.
das ganze **Drum** und Dran U	*all die zusätzlichen, äußeren Dinge, die Nebenkosten usw.* Die Übersetzung war relativ schnell gemacht, aber das ganze Drum und Dran kostete mich dann doch noch ziemlich viel Zeit.
mit allem **Drum** und Dran	*mit allen Einzelheiten, zusätzlichen Dingen, Nebenkosten usw.* Der Ölofen kostet mit allem Drum und Dran 400,– Mark.
alles, was **drum** und dran hängt U	*all die vielen zusätzlichen, unangenehmen Dinge* Der Fahrpreis beträgt DM 720.–, aber mit allem, was drum und dran hängt, kommt die Reise doch auf DM 1500.–.
es geht (alles) **drunter** und drüber	*es geht alles völlig durcheinander, es ist ein großer Wirrwarr* Während der Umstellung auf den Computer ging es in unserer Buchhaltung drunter und drüber.
drunter durch sein bei j-m U	*s. durch*
auf **du** und du stehen mit	*1) du sagen zu j-m* *2) gut vertraut sein mit etw.* 1) Er steht mit dem Chef auf du und du. 2) Ich kann nicht behaupten, daß ich mit der Mathematik auf du und du stehe.
mir ist ganz **dumm** im Kopf	*mir ist schwindlig* Nachdem wir jetzt seit drei Stunden nichts als Bilder angeschaut haben, ist mir ganz dumm im Kopf.
dumm, dreist und gottesfürchtig	= dreist *und gottesfürchtig*
dumm geboren, nichts hinzugelernt (und auch das noch [*od.* wieder] vergessen) S	*sehr, sehr dumm, töricht* Wenn jemand einen solchen Blödsinn macht und seinen Fehler nicht mal einsieht, kann man bloß noch sagen: dumm geboren, nichts hinzugelernt und auch das noch vergessen.
j-n **dumm** von der Seite anreden (*od.* anquatschen S)	*s. Seite*
j-m **dumm** kommen U	*j-m frech begegnen* (od. *antworten*) Wenn Schmidt mir dumm kommt, dann werde ich ihm mal gründlich über den Mund fahren.
s. **dumm** kommen lassen (müssen)	*es erleben, daß man unverschämt behandelt wird* Erst repariere ich der Frau, so schnell es geht, ihr Bügeleisen, und dann muß ich mir von ihr auch noch dumm kommen lassen, weil es 15 Mark kostet.

j-n **dumm** und dämlich reden U	*so lange an j-n hinreden, bis er ganz verwirrt ist* „Wie konntest du das nur kaufen?" – „Der Vertreter hat mich ganz dumm und dämlich geredet."
j-n für **dumm** verkaufen U	*j-n betrügen, hereinlegen* Was, nur fünf Stunden wollen Sie dazu gebraucht haben? Ich lasse mich doch nicht für dumm verkaufen!
j-m zu **dumm** werden	*j-m nicht mehr gefallen, zum Halse heraushängen* Daß jeden Sommer alle Straßen aufgerissen werden, das wird der Bevölkerung langsam zu dumm.
die Sache wird mir zu **dumm**	*mir reißt die Geduld* Dann wurde mir die Sache zu dumm, und ich stand einfach auf und ging.
dümmer, als (es) die Polizei erlaubt S	s. *Polizei*
der **Dumme** sein	*der Geprellte, der Betrogene sein* Seine Versicherung hat die Sache so gedreht, daß sie nichts bezahlen mußte, und ich war der Dumme.
einen **Dummen** (an j-m) finden	*1) j-n finden, der sich leicht betrügen läßt, j-n hereinlegen* *2) j-n finden, der e-e Arbeit tut, die man selbst umgehen möchte* 1) Da hat der Vertreter mal wieder einen Dummen an dir gefunden. Wie konntest du das nur kaufen! 2) Da hast du ja einen Dummen gefunden, der dir die Treppe putzt. Mich hättest du nicht dazu gekriegt.
wenn **Dummheit** weh täte, müßte (*od.* würde) er den ganzen Tag schreien S	*er ist außerordentlich dumm* Wie kann jemand so einen Unsinn machen! Wenn Dummheit weh täte, müßte er den ganzen Tag schreien.
nicht aus **Dummsdorf** sein S	*gescheit sein, aufpassen, s. nicht hereinlegen lassen* Ich soll niemandem an der Tür etwas abkaufen? Klar! Ich bin doch nicht aus Dummsdorf.
im **dunkeln** tappen	*im ungewissen sein, nichts Genaues wissen* Bei der Aufklärung dieses Falles tappte die Polizei monatelang im dunkeln.
j-n im **dunkeln** lassen	*j-n im ungewissen lassen, nichts Genaues sagen* Der Redner ließ seine Zuhörer darüber im dunkeln.
dünn gesät sein	*selten, wenig vorhanden sein* Atomphysiker sind auch heute noch dünn gesät.
s. **dünn(e)** machen U	*(unauffällig) verschwinden* Nachdem der Junge sich ein paar Äpfel geklaut hatte, machte er sich so schnell wie möglich dünne.
keinen (blassen) **Dunst** (von etw.) haben U	*nicht das geringste von etw. wissen (od. verstehen)* Mein Bruder kann den Fahrradschlauch nicht flicken; er hat keinen blassen Dunst, wie man so etwas macht.

j-m blauen **Dunst** vormachen U	*j-m etw. vorspiegeln, vortäuschen* Ich wähle diesen Abgeordneten, weil er uns keinen blauen Dunst vormacht, sondern Ideen vertritt, die sich auch verwirklichen lassen.
in **Dunst** und Rauch aufgehen	*s. nicht verwirklichen* All seine weitreichenden Pläne, die er damals hatte, sind längst in Dunst und Rauch aufgegangen.
durch und durch	*gänzlich, gründlich* Die Äpfel waren durch und durch verfault. / Sie kannte ihn durch und durch.
j-m **durch** und durch gehen	*j-s Gefühle stark treffen* (od. *anregen*) Sein Blick ging ihr durch und durch. / Immer wenn ich die Matthäus-Passion höre, geht es mir durch und durch.
wir müssen **durch**	*wir müssen die Schwierigkeiten auf uns nehmen und überwinden* Ein Zurück gibt es nicht mehr. Wir müssen durch.
drunter (*od.* unten) **durch** sein bei j-m U	*bei j-m nicht mehr beliebt sein, es mit j-m verdorben haben* Seit ich Kritik an ihm geübt habe, bin ich bei ihm drunter (*od.* unten) durch.
zum **Durchbruch** kommen	*s. deutlich nach außen zeigen* In seinen Kompositionen kommen immer wieder Anklänge an seine slawische Abstammung zum Durchbruch.
e-r S. zum **Durchbruch** verhelfen (*od.* etw. zum **Durchbruch** bringen)	*erreichen, daß s. etw. durchsetzt* Erst ein finanzkräftiger Partner könnte meiner Erfindung zum Durchbruch verhelfen.
durcheinanderbringen	*1) etw. verwechseln* *2) j-n verwirren* 1) Er bringt immer ‚Seite‘ und ‚Saite‘ durcheinander. 2) Mit deinen vielen Fragen hast du mich ganz durcheinandergebracht.
durcheinanderkommen	*1) vertauscht werden* *2) verwirrt werden* 1) Alle Schuhe sind durcheinandergekommen. Welche sind deine? 2) Ich kann bei dem Krach nicht arbeiten, ich komm ganz durcheinander.
j-m etw. **durchgehen** lassen	*j-n nicht bestrafen wegen etw.* Eltern dürfen nicht zu streng sein, sie dürfen ihren Kindern aber auch nicht alles durchgehen lassen.
einen (*od.* eins) über den **Durst** trinken	*zuviel Alkohol trinken, s. betrinken* Sein Onkel trinkt gern mal eins über den Durst.
wie e-e kalte **Dusche** wirken (*od.* für j-n e-e kalte **Dusche** sein)	*e-e Enttäuschung, Ernüchterung sein für j-n* Die schlechte Kritik nach seinem ersten Konzert war für ihn eine kalte Dusche.
(e-n) **Dusel** haben (*od.* e-n [großen] Dusel haben) U	*(sehr großes) Glück haben* Bei dem Tempo vom Rad gestürzt und nichts gebrochen? Mensch, hast du (einen) Dusel gehabt!

ein kleines **Dutzend**	*einige, ein paar* „Ist das nicht eine hübsche Krawatte?" – „Ja, davon möchte man wohl ein kleines Dutzend haben."
davon gehen zwölf auf ein (*od.* aufs) **Dutzend**	*da ist nichts Besonderes* Diese Torte soll was Besonderes sein? Davon gehen doch zwölf aufs Dutzend.
(ein) alter Mann (*od.* e-e alte Oma) ist doch kein **D-Zug** S	*ich kann nicht so schnell, wie du möchtest* (od. *wie andere*) „Beeil dich doch!" – „Ein alter Mann ist doch kein D-Zug."
im **D-Zug** durch die Kinderstube gefahren sein S	*s. Kinderstube*

E

Ebbe im Geldbeutel (*od.* in der Kasse) U
Geldmangel, wenig Geld
Bei Hans ist mal wieder Ebbe im Geldbeutel (*od.* Hans hat mal wieder Ebbe im Geldbeutel).

auf gleicher **Ebene**
auf demselben (mst. *niedrigen*) *Niveau*
Sein neuer Roman bewegt sich auf gleicher Ebene wie der erste: eine sentimentale Liebesgeschichte.

auf die schiefe **Ebene** geraten (*od.* kommen)
= *auf die schiefe* Bahn *geraten*

ein (lebhaftes, starkes) **Echo** finden
e-e (starke) Reaktion auslösen
Der Aufruf Albert Schweitzers, die Atomversuche einzustellen, hat überall ein starkes Echo gefunden.

das ist mal wieder (*od.* wieder mal) **echt** (Heinrich)
das ist wieder einmal typisch für (Heinrich)
Du hast verschlafen und bist zu spät gekommen? Das ist wieder mal echt!

ein getreuer **Eckart**
ein treuer, stets helfender (od. *schützender*) *Mann*
Immer ist er da – ein getreuer Eckart, wie man ihn sich nur wünschen kann.

e-e ganze (*od.* ganz schöne) **Ecke** U
e-e größere Entfernung
Von Passau nach Kiel ist eine ganz schöne Ecke. Und das sind Sie an einem Tag gefahren?

an allen **Ecken** und Enden (*od.* und Kanten)
überall
Denen fehlt das Geld an allen Ecken und Enden. Über ein Lebensmittelpaket würden sie sich also sehr freuen.

es brennt an allen **Ecken** (und Enden)
alles ist in Aufregung, es herrscht ein großes Durcheinander
Zu Hause ist es heute fürchterlich. Vater hat seine Lohntüte verlegt, es brennt an allen Ecken (und Enden).

j-n um die **Ecke** bringen U
j-n umbringen, ermorden
Wenn nicht ein paar um die Ecke gebracht werden, macht ihm der ganze Film keinen Spaß

j-m nicht um die **Ecke** trauen
j-m überhaupt nicht vertrauen
Laß dir das Geld lieber gleich geben. Diesem Händler würde ich nicht um die Ecke trauen.

gleich um die **Ecke** wohnen U
ganz nah wohnen
Das könntest du ihr schnell bringen, sie wohnt ja gleich um die Ecke.

um ein paar **Ecken** (*od.* um sechs **Ecken,** um sieben **Ecken**) mit j-m verwandt sein	*mit j-m entfernt verwandt sein* Ob ich den Münchner Oberbürgermeister kenne? Ich bin mit ihm sogar um ein paar Ecken verwandt.
ein wahres **Eden**	*ein paradiesisches Land* Krügers haben ihre Ferien auf einer kleinen Insel verbracht – es sei ein wahres Eden gewesen.
wie (seit) **eh** und je	*wie in alter Zeit, wie früher* Zwanzig Jahre hatte ich ihn nicht gesehen, aber er machte seine Witze wie eh und je.
(keine) **Ehre** im Leib haben	*(keineswegs) anständig sein, (keinen) Anstand besitzen* Wie konnte er denn seine Frau einfach sitzenlassen? Hat er denn keine Ehre im Leib?
j-n bei s-r **Ehre** packen	*auf j-s Stolz, Selbstliebe einwirken* Er ist ein bißchen phlegmatisch, ja, aber wenn du ihn bei seiner Ehre packst, strengt er sich enorm an.
s-e **Ehre** in etw. setzen	*s. voll und ganz für etw. einsetzen, s. sehr um etw. bemühen* Er setzt seine ganze Ehre darein, die sozialen Zustände dort zu verbessern.
Ehre einlegen mit etw.	*etw. Gutes leisten, Lob verdienen für etw.* Meinst du, unser Junge wird bei dem Festakt mit seiner Sonate Ehre einlegen?
j-m die **Ehre** abschneiden	*j-n verleumden, j-n in schlechten Ruf bringen* Das kannst du doch nicht behaupten – du würdest ihm ja damit die Ehre abschneiden!
auf **Ehre** und Gewissen	*ich versichere hoch und heilig* Und nun erklären Sie auf Ehre und Gewissen: haben Sie das Geld gesehen? Etwas davon genommen?
der Wahrheit die **Ehre** geben	*die reine Wahrheit sagen* Um der Wahrheit die Ehre zu geben: ich bin an der Arbeit unseres Vereins nicht mehr interessiert.
in **Ehren** ergraut sein L	*alt geworden sein und e-n guten Ruf behalten haben* Was gibt es Schöneres, als von einer großen Familie umgeben in Ehren ergraut zu sein.
j-m die letzte **Ehre** erweisen	*j-n zu Grabe tragen* Gestern haben wir unserem alten Lehrer die letzte Ehre erwiesen. Er wurde auf dem Nordfriedhof beigesetzt.
(dein Wort, deine Meinung, dein Charakter *usw.*) in **Ehren,** aber ...	*(dein Wort usw.) mag ehrlich sein, aber du mußt dich irren* Du kennst ihn als einen ehrlichen Menschen? Dein Wort in Ehren, aber die Tatsachen sprechen eine andere Sprache.
ein dunkler (*od.* sauberer) **Ehrenmann**	*ein Betrüger* Euer Kassierer war ja ein sauberer Ehrenmann. Kassierte bei jedem einfach 50 Pfennig mehr!

sein (großes) **Ehrenwort** geben	*hoch und heilig versichern* Fritz hat mir sein großes Ehrenwort gegeben, daß er niemandem etwas von der Sache erzählt.
großes **Ehrenwort**!	*ganz bestimmt, du kannst dich auf alle Fälle darauf verlassen* „Kriege ich die 100.– auch ganz bestimmt am 1. Juli wieder?" – „Großes Ehrenwort!"
das **Ei** des Kolumbus	*die überraschend einfache Lösung e-r Schwierigkeit* Das Ei des Kolumbus war es, die Tischbeine zu vertauschen. Jetzt wackelt der Tisch nicht mehr.
das **Ei** will (mal wieder) klüger sein als die Henne	*ein junger Mensch will e-m älteren sagen, was richtig ist* Unsere Jüngste findet, das Wetter wäre nichts zum Spazierengehen. Das Ei will klüger sein als die Henne.
(s.) gleichen (*od.* s. ähnlich sehen) wie ein **Ei** dem andern	*sehr ähnlich* (*od. gleich*) *sein* Einfach erstaunlich – auf diesen Bildern gleichen sich Großmutter und Enkelin wie ein Ei dem andern.
j-n wie ein rohes **Ei** behandeln (*od.* anfassen)	*j-n sehr vorsichtig, behutsam behandeln* Wenn man sie nicht wie ein rohes Ei behandelt, ist sie immer gleich eingeschnappt.
wie auf **Eiern** gehen U	*mit ganz vorsichtigen Schritten gehen* „Warum gehst du denn so wie auf Eiern?" – „Na, da steht doch ‚Frisch gewachst'!"
wie aus dem **Ei** gepellt (*od.* geschält)	*sehr fein angezogen, in ganz frischer Kleidung* Sie erscheint jeden Tag wie aus dem Ei gepellt.
kaum aus dem **Ei** gekrochen U	*noch sehr unerfahren* Er will immer alles besser wissen als die andern, dabei ist er doch kaum aus dem Ei gekrochen.
s. um ungelegte **Eier** kümmern	*s. um S. kümmern, die noch nicht aktuell sind* Sie kümmert sich mit Vorliebe um ungelegte Eier.
eichen: auf etw. geeicht sein	*1) etw. sehr gut verstehen, beherrschen* *2) (Alkohol) vertragen* 1) Ihr Radio tut nicht mehr? Da müssen Sie meinen Bruder fragen, der ist auf Rundfunktechnik geeicht. 2) Den kannst du nicht unter den Tisch trinken, der ist auf Bier geeicht.
mühsam baut sich das **Eichhörnchen** sein Nest (*od.* nährt s. das **Eichhörnchen**) U	*eine Sache geht mühsam u. langsam voran* Wie weit bist du schon mit deiner Doktorarbeit? – Erst auf Seite 50. – Tja, mühsam nährt sich das Eichhörnchen.
noch die **Eierschalen** hinter den Ohren haben U	*s. Ohr*
im **Eifer** des Gefechts	*als Folge der Intensität, Konzentration, Aufregung* Bei der Diskussion passierte es ihm im Eifer des Gefechts des öfteren, daß er in seinen Heimatdialekt verfiel.

im **Eimer** sein S	*1) kaputt, zerstört sein* *2) verdorben sein* *3) ins Wasser gefallen sein* 1) Meine Frisur war durch den Regen völlig im Eimer. 2) Dadurch war die ganze Stimmung im Eimer. 3) Mein Skiurlaub ist damit natürlich im Eimer.
j-s **ein** und alles sein	*das Liebste, Kostbarste, Schönste für j-n sein* Die kleine Dorothee ist ihr ein und alles. / Ich muß sagen, mein Blumengarten ist mein ein und alles.
ein für allemal	*endgültig* Laß dir das ein für allemal gesagt sein: Geld leih ich dir nie wieder.
nicht **ein** noch aus wissen	*s. aus*
s. **einbalsamieren** lassen U	= *s. begraben lassen*
Einbildung ist auch e-e Bildung U	*er ist (od. du bist) ja ziemlich eingebildet* Er will der beste Turner unserer Schule sein? Na, Einbildung ist auch eine Bildung.
j-m etw. **einbrocken** U	*j-m etw. Unangenehmes antun* Dem werde ich mal was einbrocken, dem gemeinen Kerl!
s. etw. (Schönes) **einbrocken** U	*(durch Dummheit usw.) e-e unangenehme Situation schaffen* Der hat sich ganz schön was eingebrockt: er hat die Autoschlüssel des Chefs verloren.
Eindruck schinden U	*mit allen Mitteln guten Eindruck machen* Mit diesem neuen Kleid wirst du bestimmt Eindruck schinden.
in **einem** fort	*ständig, (fast) ununterbrochen* Ich kann einfach nicht arbeiten, wenn mich der Junge in einem fort etwas fragt.
du bist mir **einer!** U	*du bist ein unzuverlässiger Kerl, du hast mich hereingelegt* Na hör mal, du bist mir einer! Ich hab so viele Leute zu deinem Vortrag eingeladen; und jetzt sagst du im letzten Augenblick ab.
Einfälle wie ein altes Haus S	*merkwürdige Einfälle, sonderbare Ideen* Ein Rennen, bei dem der Langsamste gewinnt? Er hat wirklich Einfälle wie ein altes Haus.
einfallen: das fällt mir nicht (im Traum, im Schlaf) ein U	*ich denke gar nicht daran, das kommt gar nicht in Frage* Meine billige, wenn auch alte Wohnung gegen eine teure neue tauschen – das fällt mir nicht im Traum ein!
einfallen: was fällt dir ein!	*was erlaubst du dir! so e-e Frechheit!* Was fällt dir ein, einfach mein Kleid anzuziehen, ohne mich zu fragen!
die **Einfalt** vom Lande	*s. Land*
e-r S. **Einhalt** gebieten	*erreichen, daß e-e (schlimme) S. nachläßt (od. aufhört)* Wann wird es unserer Polizei endlich gelingen, dem Rowdytum auf unseren Straßen Einhalt zu gebieten?

j-m tüchtig (*od.* gehörig, ordentlich) **einheizen** U	*j-m nachdrücklich die Wahrheit* (od. *Meinung*) *sagen* Wenn ich an dieser Baustelle vorbeikomme, stehen die Arbeiter herum und trinken Bier. Denen müßte man mal tüchtig einheizen.
tüchtig (ordentlich, gehörig) **einheizen** U	*viel Alkohol trinken* Als ich um 10 Uhr in das Lokal kam, hatten meine Freunde schon tüchtig eingeheizt.
Einkehr bei s. halten L	*über s-e schlechten Taten nachdenken und sie bereuen.* Vielleicht wird er doch mal eines Tages Einkehr bei sich halten und ein neues Leben beginnen.
laß dich (mit deinen Witzen, Geschichten *usw.*) **einpacken** (*od.* du kannst dich [mit etw.] **einpacken** lassen) U	(*deine Witze* usw.) *sind alt, uninteressant, höre auf damit* „Soll ich euch nicht noch ein paar Geschichten vorlesen?" – „Mit deinen alten Geschichten kannst du dich einpacken lassen!"
einpacken können mit etw. U	*1) im Vergleich zu anderen schlechter sein mit etw.* *2) etw. als unbrauchbar beiseite legen, aufhören mit etw.* 1) Wenn er auch mitmacht, haben wir nichts zu bestellen und können mit unseren Kenntnissen einpacken. 2) Dein Vorschlag ist doch Unsinn. Damit kannst du einpacken.
damit kannst du dich **einpökeln** lassen U	= *damit kannst du dich* begraben *lassen*
e-e **Eins** mit Stern	*allerhöchstes Lob* Für dieses Mittagessen hat Mutti wirklich eine Eins mit Stern verdient, findet ihr nicht?
mit j-m **eins** werden	*s. einigen mit j-m* Na, bekommst du die Markensammlung von ihm? Bist du mit ihm (*od.* seid ihr) eins geworden?
s. **eins** mit j-m fühlen (*od.* wissen) L	*fühlen* (od. *wissen*), *daß man e-s Sinnes mit j-m ist* Ich weiß mich eins mit meinen Parteifreunden, wenn ich sage, daß die Dinge so nicht weitergehen dürfen.
mir ist alles **eins** U	*mir ist alles gleichgültig* Du kannst hierbleiben oder nicht – mir ist alles eins!
(A und B) war(en) **eins**	(A und B) *folgten unmittelbar aufeinander* Mich sehen und davonrennen war eins. Er hatte wohl ein schlechtes Gewissen.
auf **eins** herauskommen (*od.* hinauslaufen)	*ein und dasselbe sein, dieselbe Wirkung haben* Ob wir den Betrag jetzt zahlen oder im nächsten Monat, kommt letzten Endes doch auf eins heraus.
damit kannst du dich **einsalzen** (*od.* **einsargen**) lassen U	= *damit kannst du dich* begraben *lassen*

ein **Einsehen** haben	1) *Verständnis haben (zeigen)* 2) *gnädig, freundlich sein* 1) Wir müssen uns wegen der schlechten Straße jetzt mal an die Stadt wenden. Die Behörden müssen doch ein Einsehen haben. 2) Das Wetter hatte ein Einsehen, denn wenige Minuten vor Beginn unserer Wanderung hörte der Regen auf.
etw. **einstecken** müssen	*Unangenehmes gesagt bekommen, kritisiert werden* Der Sänger mußte von der Kritik allerhand einstecken.
es j-m gehörig **eintränken** U	*j-m nachdrücklich die Meinung sagen, ihn scharf kritisieren* Mit seiner Bummelei ging das nicht so weiter. Ich habe es ihm mal gehörig eingetränkt.
das **Eis** brechen	*die trennenden Schranken beseitigen, die alle Verbindungen lähmen* Den Staatsmännern aus Ost und West ist es gelungen, das Eis zu brechen.
das **Eis** ist gebrochen	*Verbindungen sind hergestellt, es gibt ein Geben und Nehmen* Die wirtschaftliche Zusammenarbeit der Völker macht Fortschritte – das Eis ist gebrochen.
etw. auf **Eis** legen U	*etw. vorübergehend nicht weiter verfolgen* Wegen einer Krankheit hat er damals seine Reisepläne auf Eis legen müssen.
j-n aufs **Eis** führen	= *j-n aufs* Glatteis *führen*
aufs **Eis** tanzen gehen	*übermütig werden* Ich rate dir sehr, nicht aufs Eis tanzen zu gehen, nur weil du diese Prüfung so gut bestanden hast. Die entscheidendere – und schwerere – Prüfung steht dir ja noch bevor.
ein heißes **Eisen**	*e-e S., die anzufassen sehr gefährlich ist* Die Bürokratie ernsthaft zu kritisieren ist in Deutschland oft ein heißes Eisen.
das **Eisen** schmieden, solange es heiß ist	*e-e S. tun, solange die Umstände bes. günstig sind* Sie haben die Herren von Ihrem Plan begeistert. Nun müssen Sie das Eisen schmieden, solange es heiß ist.
viele (*od.* mehrere *od.* zwei) **Eisen** im Feuer haben	*viele* (usw.) *Pläne* (*od. Möglichkeiten*) *verfolgen* Ein geschickter Finanzmann verfolgt nicht nur ein Projekt, sondern hat stets mehrere Eisen im Feuer.
zum alten **Eisen** werfen (*od.* legen)	*als unbrauchbar beiseite legen* (*od. schieben*) Heute interessiert man sich wieder für die Medizin des fernen Ostens. Früher hat man das alles zum alten Eisen geworfen.
zum alten **Eisen** gehören	*nicht mehr brauchbar sein* (*od. als brauchbar anerkannt werden*) Früher gehörte man mit 65 zum alten Eisen. Aber heute fängt damit ein ganz neuer Lebensabschnitt an.
es ist (die) höchste **Eisenbahn** U	*es ist höchste Zeit, die Zeit ist ganz knapp* Jetzt ist es aber höchste Eisenbahn, daß du dich zur Schule fertigmachst.
eisern sein (*od.* bleiben)	*unerbittlich sein* (od. *bleiben*) Wenn wir eisern sind und nicht nachgeben, werden wir mit unseren Forderungen schon durchdringen.

eisern schweigen	*ganz und gar schweigen, nicht das geringste sagen* Es ist selbstverständlich, daß wir zusammenhalten und eisern schweigen. Verstanden?
aber **eisern**! S	*ganz bestimmt!* „Noch müssen wir ja feste büffeln, aber wenn das Examen rum ist, dann wird gefeiert!" – „Aber eisern!"
e-e **Eiterbeule** aufstechen	*Mißstände aufdecken* Das sind ja unglaubliche Zustände. Wer wird es einmal wagen, diese Eiterbeule aufzustechen?
s. benehmen wie ein **Elefant** im Porzellanladen	*durch s-e Ungeschicklichkeiten etw. kaputtmachen* Wenn wir bei Müllers eingeladen sind, benimm dich bitte nicht wie ein Elefant im Porzellanladen. Sei taktvoll und antworte höflich, wenn du gefragt wirst.
sich in s-m **Element** fühlen (*od.* ganz in s-m **Element** sein)	*in der Umgebung, in der Tätigkeit sein, die dem eigenen Charakter (Begabung, Interessen usw.) am meisten entspricht* Mein Ältester ist richtig theaterbesessen. Sobald das Thema darauf kommt, ist er ganz in seinem Element und kann stundenlang darüber reden.
nur noch ein Häufchen **Elend** (*od.* wie ein Häufchen **Elend**)	*in sehr schlechtem Zustand* Unser Dackel ist sehr empfindlich. Wenn er geschimpft wird, hockt er in der Ecke wie ein Häufchen Elend.
aussehen wie das leibhaftige **Elend**	*schlecht, krank aussehen* Frau Schmidt muß es sehr schlecht gehen, fürchte ich. Sie sieht aus wie das leibhaftige Elend.
das heulende (*od.* graue, große) **Elend** kriegen (*od.* haben)	*ganz deprimiert, schwermütig werden* (*od. sein*) Wenn man sieht, wie die Preise unaufhörlich steigen, könnte man das heulende Elend kriegen.
j-n ins **Elend** stoßen (*od.* stürzen)	*großes Unglück über j-n bringen* Er ist mit allem Geld einfach auf und davon und hat Frau und Kinder ins Elend gestoßen (*od.* gestürzt).
es ist ein **Elend** mit ihm	*es ist äußerst schwierig, mühsam mit ihm* Ständig muß man ihn an alles erinnern, und doch vergißt er es wieder. Es ist ein Elend mit ihm.
ein langes **Elend** sein U	*sehr hochgewachsen (u. mager) sein* Er ist ein netter Kerl, ich mag ihn gern. Wenn er nur nicht so ein langes Elend wäre.
von **elf**, bis es läutet	= *von* zwölf *bis Mittag*
im **Elfenbeinturm** sitzen	s. *Turm*
das **elfte** Gebot S	s. *nicht erwischen lassen* Dein Bruder soll bei unserem Nachbarn in den Garten klettern. Der versteht sich am besten aufs elfte Gebot.
in **elfter** Stunde	= *in* zwölfter *Stunde*
j-d hat e-e **Elle** verschluckt	= *j-d hat ein* Lineal *verschluckt*

mit gleicher **Elle** messen	*gleich (be)werten, gleich behandeln* Du kannst die beiden nicht mit gleicher Elle messen. Der eine ist theoretisch, der andere praktisch begabt.
die **Ell(en)bogen** gebrauchen	*s. rücksichtslos durchsetzen* Wer in diesem Betrieb nicht die Ellbogen gebraucht, kommt nicht voran.
diebische **Elster**	*ein Mädchen (od. eine Frau), das (od. die) gern stiehlt* Ich bin überzeugt, daß sie mir vorige Woche den Schal gestohlen hat, diese diebische Elster.
nicht von schlechten **Eltern** sein U	*von guter Qualität sein* Der Kognak, den du mir geschenkt hast, war nicht von schlechten Eltern. Großartig!
wenn –, dann heiß ich **Emil** (*od.* ich will **Emil** heißen, wenn –)	*das ist ganz bestimmt so* Wenn das da drüben nicht mein gestohlenes Fahrrad ist, dann heiß ich Emil (*od.* Ich will Emil heißen, wenn –).
das **Ende** vom Lied	*der unerfreuliche Ausgang e-r S.* Erst wollen mir immer alle helfen, aber das Ende vom Lied ist dann, daß ich doch alles selber machen muß.
da ist das **Ende** von weg! U	*das ist die Höhe!, das ist e-e Unverschämtheit!* Jetzt wird unsere Straße diesen Sommer wieder nicht fertig gebaut. Da ist doch das Ende von weg!
das dicke **Ende** kommt nach (*od.* kommt noch)	*e-e unangenehme Überraschung wird noch kommen* Ich kann mich darüber nicht so recht freuen. Ich fürchte, das dicke Ende kommt nach (*od.* kommt noch).
ein **Ende** mit Schrecken	*e-e Katastrophe, die etwas beendet* Sein Leben auf Betrug aufzubauen, ist immer schlecht, denn dabei gibt es bestimmt ein Ende mit Schrecken.
letzten **Endes**	*schließlich, im Grunde, wenn man s. alles überlegt* Was der Mensch ist, ist letzten Endes nicht so wichtig; wie er ist, darauf kommt es an.
kein **Ende** finden können mit etw.	*(bes. bei e-r Rede) nicht aufhören können* Wenn er erst einmal von seinen Jagderlebnissen anfängt, kann er kein Ende finden.
am **Ende**	*vielleicht, etwa* Hast du den Ring am Ende verloren?
am **Ende** der Welt U	*sehr weit weg* Sind wir denn noch nicht bald da? Das Haus liegt ja am Ende der Welt.
bis ans **Ende** der Welt	*überall(hin)* Sie versprach ihm, sie werde ihm bis ans Ende der Welt folgen.
etw. beim (*od.* am) verkehrten (*od.* falschen) **Ende** anfassen (*od.* anpacken)	*etw. falsch, nicht in der richtigen Reihenfolge, ungeschickt machen* Ich finde, du faßt die Sache am verkehrten Ende an, wenn du deinen Vorgesetzten ganz übergehst.

es geht mit ihm zu **Ende**	*er liegt im Sterben* Die Ärzte haben wenig Hoffnung. Ich fürchte, es geht mit ihm zu Ende.
j-n in die **Enge** treiben	*j-n in e-e solche Lage bringen, daß er s. kaum wehren kann* Durch seine gezielten Fragen und fundierten Kenntnisse trieb er den neuen Dozenten ziemlich in die Enge.
der rettende **Engel**	*e-e unerwartete Hilfe* Du warst wirklich der rettende Engel. Sonst säße ich jetzt noch an dieser Übersetzung.
ein **Engel** mit e-m B davor U	*ein Bengel (B + Engel), ein ungezogener, frecher Kerl* Klaus sieht zwar goldig aus mit seinen blonden Locken, aber er ist ein Engel mit einem B davor.
das hat dir (d)ein guter **Engel** eingegeben	*es ist e-e sehr gute Idee von dir, das (nicht) zu tun* Du kommst? Das hat dir dein (*od.* ein) guter Engel eingegeben! Ich wollte gerade zu dir fahren!
ein wahrer **Engel**	*ein guter, hilfsbereiter Mensch* Selten habe ich einen so hilfsbereiten Menschen gesehen. Sie ist ein wahrer Engel.
die **Engel** (im Himmel) singen (*od.* pfeifen) hören U	*(vor Schmerz, Freude) außer s., ganz benommen sein* Dieses Glück sollte ihr widerfahren? Sie meinte, die Engel im Himmel singen zu hören.
mit **Engelszungen** (reden *usw.*)	*betörend, süß (reden usw.)* Sie redete heute wieder mit Engelszungen auf mich ein, ich sollte doch dem Frauenverein beitreten.
e-e lahme **Ente**	= *ein lahmer Sack*
schwimmen wie e-e bleierne **Ente** U	*schlecht schwimmen, nicht schwimmen können* Deine Schwester können wir leider zum Segeln nicht mitnehmen. Die schwimmt ja wie eine bleierne Ente.
weit davon **entfernt** sein (zu tun)	*durchaus nicht bereit, geneigt sein (zu tun)* Ich bin weit davon entfernt, ihm zu glauben.
nicht im **entferntesten**	*durchaus nicht* Als ich dir von der Sache erzählte, habe ich nicht im entferntesten daran gedacht, daß du das machen solltest.
ein häßliches **Entlein**	*ein junges Mädchen, das nicht hübsch ist* Die Filmschauspielerin Zarah Leander hat einmal erzählt, daß sie als Kind ein häßliches Entlein gewesen sei.
erbauen: nicht (gerade) erbaut sein von	*nicht sehr entzückt sein von, niedergeschlagen sein wegen* Von dem Wetter in diesem Sommer konnte man nicht gerade erbaut sein. Es hat doch so oft geregnet.
bei j-m ist nichts zu **erben** (*od.* kann man nichts erben) U	1) *es ist kein Geld zu holen* 2) *es ist kein Profit zu machen* 1) Du willst Klaus anpumpen? Seit der nichts mehr von Zuhause bekommt, ist bei ihm nichts mehr zu erben. 2) Von diesem Geschäft laß lieber die Finger weg, dabei kann man doch nichts erben.

erblich belastet sein	*Vorfahren mit den gleichen Eigenschaften haben* Sein Vater war auch Musiker (Mathematiker, so ein Pedant *usw.*); er ist eben erblich belastet.
als hätte ihn der **Erdboden** verschluckt (*od.* verschlungen)	*er war ganz plötzlich fort* Als ich mich umdrehte, sah ich ihn nicht mehr – als hätte ihn der Erdboden verschluckt.
dem **Erdboden** gleichmachen	(*Mauern, Festungen* usw). *so vollständig vernichten, daß kein Stein mehr auf dem anderen steht* Du suchst das Haus umsonst. Es ist durch eine Explosion dem Erdboden gleichgemacht worden.
vom **Erdboden** verschwinden	*1) vernichtet werden* *2) s. wegbegeben* *3) aufhören zu existieren* 1) Es ist traurig, daß von Jahrhundert zu Jahrhundert mehr und mehr Tierarten vom Erdboden verschwinden. 2) Als ich dann in das Haus zurückkam, war er (wie) vom Erdboden verschwunden. 3) Die Cafés der guten alten Zeit sind bei uns heute einfach vom Erdboden verschwunden.
ich hätte (am liebsten) in den **Erdboden** versinken mögen (*od.* ich wäre am liebsten in den **Erdboden** versunken)	*ich wäre am liebsten schnell verschwunden, weil es mir so unangenehm, peinlich war* Plötzlich fing meine Nase an zu laufen, und ich hatte doch kein Taschentuch bei mir. Ich hätte (am liebsten) in den Erdboden versinken mögen.
auf der **Erde** bleiben	*1) die Ruhe bewahren, s. beherrschen* *2- in der Wirklichkeit bleiben* 1) Wenn man so temperamentvoll veranlagt ist wie du, fällt es einem natürlich immer schwer, auf der Erde zu bleiben. 2) Ein Techniker muß immer auf der Erde bleiben und darf sich nicht in Phantastereien verlieren.
mit beiden (*od.* s-n) Beinen (*od.* Füßen) auf der **Erde** stehen	*s. Bein*
(nicht) aus der **Erde** stampfen können	= *(nicht) aus dem* Boden *stampfen können*
ich hätte (am liebsten) in die **Erde** versinken mögen	= *ich hätte in den* Erdboden *versinken mögen*
unter der **Erde** liegen	*im Grabe liegen* Mein Vater liegt schon lange unter der Erde.
j-n unter die **Erde** bringen	*j-m so viel Kummer bereiten, daß er daran stirbt* Mein Junge, wenn du so weitermachst, bringst du mich noch unter die Erde.

ein freudiges **Ereignis**	*die Geburt e-s Kindes* Bei Hubers steht nächstens ein freudiges Ereignis bevor.
etw. über s. **ergehen** lassen	*Unangenehmes, Kritik, Vorwürfe ertragen müssen* Ein Politiker muß mancherlei über sich ergehen lassen, ohne daß er sich immer dagegen wehren kann.
(noch recht) gut **erhalten** sein U	*für sein Alter (noch) gut aussehen* Sie ist 58? Dafür ist sie noch recht gut erhalten.
(na,) **erlauben** Sie mal!	*da muß ich protestieren! das ist nicht recht von Ihnen!* „Ich denke gar nicht daran aufzustehen." – „Na, erlauben Sie mal, da hab' ich doch bisher gesessen."
dann kannst du was (etwas) **erleben**	*dann wirst du streng getadelt, bestraft* Wenn du nicht pünktlich bist, kannst du was erleben!
hat man so was (*od.* so etwas) schon mal **erlebt!?** U	*das ist doch kaum zu glauben, das ist e-e große Frechheit* Der Junge ist schon 7 Jahre und kann sich noch nicht selbst waschen. Hat man so was schon mal erlebt!
erledigt sein U	*todmüde sein* Als Verkäuferin muß man so viel stehen. Abends bin ich immer ganz erledigt.
Ernst machen mit etw.	*etw. wirklich tun, durchführen* Wird er mit seinen Drohungen Ernst machen?
der **Ernst** des Lebens	*die Schwierigkeiten, die ernstzunehmenden Probleme des Lebens* Wenn die Kinder die Schule verlassen, beginnt der Ernst des Lebens.
tierischer **Ernst**	*übertriebener Ernst, das Fehlen jeder freundlichen Bemerkung* Was Professor Müller sagt, ist an sich hochinteressant, aber er trägt alles mit einem tierischen Ernst vor.
reiche (*od.* furchtbare) **Ernte** halten	*viele Todesfälle verursachen (Krankheit, Seuche, Epidemie usw.)* Diesen Winter hat der Weiße Tod reiche Ernte gehalten.
ernten, wo man nicht gesät hat	*die Früchte der Arbeit anderer ausnützen* Ich ernte, wo ich nicht gesät habe, denn die von allen bewunderten Wohnanlagen sind die Idee meines Vorgängers.
Eroberungen machen U	*ein (od. mehrere) Mädchen für s. finden* Er tanzt nicht viel, aber er versteht es trotzdem, Eroberungen zu machen.
auf **Eroberungen** ausgehen U	*ein (od. mehrere) Mädchen finden wollen* Na, eines Tages wirst du auch auf Eroberungen ausgehen.
erschießen: erschossen sein U	*völlig außer Atem, sehr müde od. schlapp sein* Du machst dir keine Vorstellung, wie erschossen ich nach jeder Fahrstunde bin.
(wie) **erschlagen** sein U	*1) todmüde sein* *2) sehr erstaunt sein* 1) Als ich von dem langen Marsch nach Hause kam, war ich (wie) erschlagen. 2) Ich war wie erschlagen, als er mir sagte, daß er für zwei Jahre ins Ausland geht.
der **erste** beste	*s. beste*

fürs **erste**	*vorläufig*
	Fürs erste dürften fünfzig Mark reichen.
in **erster** Linie	*hauptsächlich, vor allem anderen*
	Als Nachfolger für den verstorbenen Chefarzt kommt in erster Linie Dr. Zeller in Frage.
dafür würde ich meine **Erstgeburt** (her)geben (*od.* verkaufen) U	*dafür würde ich sehr viel geben*
	Einmal mit Sophia Loren auf einen Ball gehen – dafür würde ich meine Erstgeburt verkaufen.
erstunken und erlogen U	*völlig unwahr, in gemeiner Weise gelogen*
	Was er sagt, ist alles erstunken und erlogen.
s-e **Erwartungen** (zu) hoch spannen	*(zu) große Erwartungen, Hoffnungen haben*
	Ein Pessimist wird immer sagen, man soll seine Erwartungen nicht zu hoch spannen.
erwischen: ihn hat's erwischt U	1) *er ist krank geworden*
	2) *er ist verunglückt, gestorben*
	3) *er ist reingefallen, geschnappt worden*
	4) *er hat s. verliebt*
	1) Mich hat die Grippe diesmal verschont, dafür hat's meinen Mann ganz schlimm erwischt.
	2) Alle Fallschirmspringer sind gut gelandet, nur einen hat's erwischt.
	3) Die Schmuggler sind wieder gut über die Grenze gekommen, bis auf einen, den hat's erwischt.
	4) „Was ist los, Achim kommt seit Wochen nicht mehr!" – „Den hat's erwischt. Er hat eine neue Freundin."
mir kannst du viel **erzählen** U	*das glaube ich nicht*
	Ausgerechnet du willst der Erfinder dieses Patents sein? Mir kannst du ja viel erzählen.
dem werd' ich was **erzählen** U	*dem werde ich mal meine Meinung sagen*
	Wenn Herr Schmidt weiterhin zu spät ins Büro kommt, dann werd' ich ihm mal was erzählen.
ein (dummer) **Esel** U	*ein sehr dummer Mensch*
	Er kann ja nicht einmal das kleine Einmaleins, obwohl ich es ihm gründlich erklärt habe.
ein **Esel** in der Löwenhaut	*ein feiger Mensch, der den Mutigen spielt*
	Vor unserem Direktor haben Sie Angst? Aber das ist doch ein Esel in der Löwenhaut!
störrisch wie ein **Esel**	*sehr störrisch, uneinsichtig*
	Ich habe ihr dringend empfohlen, den Kurs mitzumachen, aber sie will nicht. Sie ist störrisch wie ein Esel.
den hat der **Esel** im Galopp verloren S	*j-d ist sehr dumm*
	Mit dem kann man kein vernünftiges Wort reden, den hat doch der Esel im Galopp verloren!
zittern wie **Espenlaub**	*heftig zittern (vor Angst, Kälte)*
	Die Kleine wacht manchmal nachts auf, und dann zittert sie wie Espenlaub.

in die **Esse** schreiben	= *in den* Schornstein *schreiben*
etw. ist (*od.* damit ist es) **Essig** U	*mit etw. ist es aus, etw. ist schiefgegangen, etw. findet nicht statt* Bei dem Wetter ist es mit dem Waldfest leider Essig.
zu **Essig** werden U	*zu nichts werden* Alle unsere Urlaubspläne sind zu Essig geworden. Mein Mann ist krank.
etwas (*od.* was) sein	*1) e-n (guten) Beruf, e-e gute Stellung haben* *2) anständig, tüchtig sein* 1) Wenn du mal was bist, kannst du solche Ansprüche stellen. 2) Wenn du was wärst, würdest du mir jetzt helfen.
etwas (*od.* was) werden	*e-n Beruf erlernen, e-e Stellung bekommen* Meine Tochter kriegt er erst, wenn er was geworden ist.
das ist doch wenigstens **etwas** (*od.* was)	*das ist durchaus besser als gar nichts* Er ist zwar noch nicht gut, aber er gibt sich Mühe. Das ist doch wenigstens etwas (*od.* was).
ein Gesicht machen wie e-e **Eule** am Mittag (*od.* Nachmittag)	*verschlafen aussehen* Meine Schwester legt sich jeden Tag nach dem Essen hin. Wenn sie dann aus ihrem Zimmer kommt, macht sie immer ein Gesicht wie eine Eule am Nachmittag.
Eulen nach Athen tragen	s. *Athen*
im **Evakostüm**	*unbekleidet* Wenn du im Evakostüm baden willst, mußt du zum Nacktbadestrand fahren.
ewig und drei Tage (dauern, warten *usw.*)	= *ewig und drei Tage (dauern usw.)* Mein Paß ist immer noch nicht fertig. Das dauert ja ewig und drei Tage.
e-e halbe (*od.* kleine) **Ewigkeit**	= *ewig und drei Tage (dauern usw.)*
bis in alle **Ewigkeit**	*für immer, unendlich lange* Mit diesem herrlichen Blick auf die Schneeberge könnte ich hier sitzen bleiben bis in alle Ewigkeit.
ich habe ihn seit e-r **Ewigkeit** (seit ewigen Zeiten, seit **Ewigkeiten**) nicht gesehen U	*ich habe ihn außerordentlich lange nicht gesehen* Ich freue mich sehr auf den Besuch meines Bruders; ich habe ihn seit einer Ewigkeit nicht gesehen.
ein **Exempel** statuieren (an j-m)	*e-e Strafe verhängen, die ein Beispiel dafür ist, wie in Zukunft solche Dinge bestraft werden* Wegen rücksichtslosem Überholen wurde ihm der Führerschein entzogen und damit ein Exempel statuiert.
e-e verkrachte **Existenz** U	*j-d, der es beruflich zu nichts gebracht hat* Er hat ein abgeschlossenes Studium, arbeitet aber nur gelegentlich als Hilfsarbeiter. Für die meisten ist er eine verkrachte Existenz.

keine **Experimente** machen	*s. nicht auf ein Risiko, auf Unsicheres einlassen* Wenn man so wenig Geld hat wie wir, kann man sich nur auf solide Geschäfte einlassen. Experimente dürfen wir keine machen.
es geht ihm nicht **extra** U	*es geht ihm nicht sehr gut* Seitdem er die Nierensache hatte, geht es ihm nicht extra.
mit **Extrapost** U	*ganz schnell* Ich werde dir die Arbeit, sobald sie fertig ist, mit Extrapost zuschikken.
j-m e-e **Extrawust** braten U	*für j-n etw. Besonders machen, für j-n e-e Ausnahme machen.* Es gibt nun mal Menschen, die glauben, für sie müßte immer eine Extrawurst gebraten werden.
von e-m **Extrem** ins andere fallen	*nach e-m Extrem das entgegengesetzte Extrem tun* Es ist das Vorrecht der Jugend, keine Kompromisse zu kennen und von einem Extrem ins andere zu fallen.

F

da staunt der **Fachmann,** der Laie wundert sich S	*da bin ich aber sehr erstaunt* In 14 Tagen hast du den Führerschein gemacht? Da staunt der Fachmann, der Laie wundert sich.
nicht lange **fackeln** U	*rasch entschlossen handeln, nicht zögern* Wir dürfen nicht lange fackeln, sondern müssen sofort aufbrechen.
s. wie ein roter **Faden** durch etw. hindurchziehen	*der ständig wiederkehrende beherrschende Gedanke in etw. sein* Die Liebe zu seiner bayerischen Heimat zieht sich wie ein roter Faden durch sein Werk.
den **Faden** verlieren	*das Thema, den logischen Zusammenhang verlieren* Gegen Ende seiner Rede hatte er den Faden verloren.
zarte **Fäden** spinnen s. (an)	*erste Liebesbeziehungen entwickeln s.* Zwischen den beiden scheinen sich zarte Fäden anzuspinnen.
keinen guten **Faden** an j-m (*od.* etw.) lassen	= *kein gutes* Haar *an j-m lassen*
keinen trockenen **Faden** (mehr) am Leib haben U	*völlig durchnäßt sein* Wir wurden von einem Gewitter überrascht und hatten keinen trockenen Faden mehr am Leibe.
alle (*od.* die) **Fäden** (fest) in der Hand haben (*od.* halten)	*die eigentliche Entscheidungsgewalt in der Hand haben* Er hat zwar keine offizielle Funktion, aber er hat alle (*od.* die) Fäden in der Firma fest in der Hand.
an e-m seidenen (*od.* dünnen) **Faden** (*od.* **Fädchen**) hängen	*sehr bedroht, höchst gefährdet sein* Drei Tage hing sein Leben an einem seidenen (*od.* dünnen) Faden. Dann besserte sich sein Zustand.
ein billiges **Fähnchen** U	*ein schäbiges, dünnes Kleid* Schau dir dieses Kleid an! Wenn ich denke, was sie bei ihrem ersten Auftritt für ein billiges Fähnchen anhatte.
die **Fahne** hochhalten	1) *e-r S. treu bleiben* 2) *übriggeblieben, noch anwesend sein* 1) Um unseren Verein kümmert sich eigentlich niemand mehr. Vater und ich sind die einzigen, die noch die Fahne hochhalten. 2) „Allein? Wo sind die andern?" – „Weiß nicht. Ich halte als einziger die Fahne hoch."
die **Fahne** (*od.* sein **Fähnchen**) nach dem Wind drehen	s. *Wind*
die weiße **Fahne** zeigen	s. *ergeben* Viele Bürger hatten sofort die weiße Fahne gezeigt. Deshalb wurde unsere Stadt nicht beschossen.

e-e **Fahne** haben U	*(stark) nach Alkohol riechen* Neben dem Mann kann ich nicht stehenbleiben, der hat ja eine ekelhafteFahne.
auf s-e **Fahne(n)** schreiben	*s. zum Ziel setzen, als Ziel proklamieren* Die Gewerkschaften haben die Mitbestimmung der Arbeitnehmer auf ihre Fahnen geschrieben.
mit fliegenden **Fahnen** zum Gegner (*od.* ins gegnerische Lager) übergehen (*od.* überlaufen, wechseln)	*kompromißlos u. offen zum Gegner übergehen* Als er mit seinen Ideen bei uns nicht landen konnte, ist er mit fliegenden Fahnen zur Gegenpartei übergegangen.
unter der **Fahne** stehen	*Soldat sein, Wehrdienst machen* Alle seine Söhne standen damals unter der Fahne.
zu den **Fahnen** eilen	*(schnell) in den Wehrdienst eintreten* Zu Beginn des ersten Weltkriegs eilten Hunderttausende Deutscher zu den Fahnen.
zu den **Fahnen** (*od.* zur **Fahne**) rufen	*zum Wehrdienst einberufen* Zwei Jahrgänge sind jetzt wieder zu den Fahnen gerufen worden.
fahren: was ist in dich gefahren? U	*was ist mit dir los, warum bist du so komisch?* Du redest so erregt! Was ist in dich gefahren?
j-m den **Fahrplan** verderben	*j-s (stufenweise) Planung stören* Der Erlaß der neuen Bauvorschriften hat unserer Direktion völlig den Fahrplan verdorben.
e-e **Fahrt** ins Blaue	*e-e (Vergnügungs-)Fahrt mit unbekanntem Ziel* Unser nächster Betriebsausflug wird eine Fahrt ins Blaue.
auf **Fahrt** gehen	*e-e Zeltwanderung machen* (mst. von Jungen) Schon viele Jahre, bevor das Camping für ganze Familien in Mode kam, gingen unsere Jungen in den großen Ferien auf Fahrt.
in **Fahrt** sein U	*1) in guter Stimmung sein, viel erzählen* *2) aufgeregt, wütend sein* 1) Gestern abend war Herr Müller mal wieder in Fahrt und erzählte eine Episode nach der andern. 2) Wenn unser Vater in Fahrt ist, dann gibt's Ohrfeigen und andere Strafen.
j-n in **Fahrt** bringen U	*1) j-n in gute Stimmung bringen* *2) j-n aufregen, wütend machen* 1) Wein trinkt er keinen – wie können wir ihn in Fahrt bringen? 2) Unsere Waschfrau ist sehr gutmütig. Wenn aber Kinder ihr Hinken nachmachen, das bringt sie in Fahrt.
in **Fahrt** kommen (*od.* geraten) U	*1) in gute Stimmung, in Schwung kommen* *2) aufgeregt, wütend werden* 1) Durch den begeisterten Beifall kam die Sängerin erst richtig in Fahrt und sang eine Zugabe nach der anderen. 2) Hört jetzt auf mit dem Lärm! Wenn Papa in Fahrt kommt, geht's euch schlecht!

e-e **Fährte** verfolgen (*od.* e-r **Fährte** folgen)	*e-r Möglichkeit nachgehen, e-n Plan zu verwirklichen suchen* Ich glaube, die Fährte, die wir verfolgen, bringt uns nicht weiter. Wir müssen alles noch einmal neu durchdenken.
auf der richtigen (*od.* falschen) **Fährte** sein	*etw. Richtiges* (*od. Falsches*) *vermuten* Wenn du glaubst, die Nachbarskinder holen deine Birnen, so bist du auf der falschen Fährte.
j-n auf die richtige (*od.* falsche) **Fährte** bringen (*od.* setzen, locken)	*die Dinge so machen, daß j-d das Richtige* (*od. Falsche*) *vermutet* Ich glaube, wir sollten ihn endlich auf die richtige Fährte setzen. Wir wissen doch, wer es getan hat.
auf e-e **Fährte** stoßen (*od.* kommen) (*od.* e-e **Fährte** finden)	*e-n Anhaltspunkt finden* Was den Verkauf des kostbaren Schmuckes meiner Großeltern betrifft, so bin ich beim Lesen alter Briefe auf eine interessante Fährte gestoßen.
in j-s **Fahrwasser** segeln (*od.* plätschern)	*die Gedanken von j-d anderem vorbringen* (*od. vertreten*) Auf seine Meinung kannst du nichts geben. Er segelt ganz im Fahrwasser seines Vaters.
in j-s **Fahrwasser** geraten	*j-s Ansichten übernehmen* In den Pariser Jahren ist er dann ganz in das Fahrwasser der Sozialisten geraten.
in (ein) politisches (*usw.*) **Fahrwasser** geraten	*auf politisches* (*usw.*) *Gebiet übergreifen* Am Schluß ist unsere Diskussion dann leider ganz in (ein) politisches Fahrwasser geraten.
zu **Fall** bringen	*1) j-n stürzen, aus dem Amt drängen* *2) etw. vereiteln, verhindern, daß ein Plan durchgeführt wird* *3) (Mädchen) verführen* 1) Mit diesen Verleumdungen will die Presse doch nur versuchen, unseren Bürgermeister zu Fall zu bringen. 2) Die Anwesenden brachten durch Abstimmung den neuen Vorschlag zu Fall. 3) Er ist ein Don Juan, wie er im Buche steht. Er hat schon so manches Mädchen zu Fall gebracht.
zu **Fall** kommen	*1) gestürzt werden, ein Amt verlieren* *2) nicht durchgeführt werden (können)* *3) (Mädchen) verführt werden* 1) Der Regierungsrat hat ein größeres Geschenk angenommen und ist dadurch zu Fall gekommen. 2) Auf welche Weise ist eigentlich dieser aussichtsreiche Plan zu Fall gekommen? 3) Sie war alt genug und hätte den Kerl durchschauen müssen. Aber nun ist sie eben doch zu Fall gekommen.
ein klarer **Fall** sein	*ganz sicher, eindeutig sein* Max Braun wird gewinnen, das ist doch ein klarer Fall
typischer (*od.* krasser) **Fall** von denkste S	*da hast du dich ganz gewaltig geirrt* Wenn der meint, er kriegt von mir noch einen einzigen Pfennig, so kann ich nur sagen: krasser Fall von denkste.

ist (ganz) mein **Fall** (*od.* ist nicht [gerade] mein Fall) U	*ist (nicht) das, was ich möchte, was mir gefällt* Klavier mit Schlagzeug, das ist ganz mein Fall. / Schokoladepudding mit Sahne ist nicht gerade mein Fall.
j-m e-e **Falle** stellen	*versuchen, j-n hereinzulegen* Der Vater des entführten Kindes wollte dem Erpresser eine Falle stellen.
s-e **Falle** bauen	*1) alles so einrichten, daß j-d gefangen wird* *2) U sein Bett machen* 1) Die Polizei hat bereits ihre Falle gebaut. Diesmal wird ihr der Fassadenkletterer nicht mehr entgehen. 2) Im Ferienlager mußte jeder seine Falle selbst bauen.
(j-m) in die **Falle** gehen	*1) hereingelegt werden* *2) U zuBett gehen* 1) Er ist viel zu vorsichtig, um seinen Gegnern in die Falle zu gehen. 2) Ich bin so hundemüde, ich gehe gleich in die Falle.
j-n in e-e **Falle** locken	*j-n hereinlegen* Wenn wir eine mutige Frau fänden, die nach Mitternacht durch die Allee geht, in der er seine Opfer sucht, dann könnten wir den Gewaltverbrecher damit in eine Falle locken.
in e-e **Falle** geraten	*in etw. hineingeraten, das s. schädlich auswirkt* Felix hat manche Neider. Deshalb muß er besonders achtgeben, daß er nicht in eine Falle gerät.
s. in die **Falle** legen (*od.* hauen) U	= *in die* Falle *gehen (2)*
j-n **fallenlassen**	*die Beziehungen zu j-m abbrechen* Und als ich ihm dann beruflich nicht mehr helfen konnte, hat er mich einfach fallenlassen.
etw. **fallenlassen**	*nicht weiter durchführen, verfolgen* Ich glaube, wir müssen dieses Projekt fallenlassen.
j-m **Fallstricke** legen	= *j-m eine* Falle *stellen*
an den **Falschen** geraten	*e-e Reaktion von j-m erleben, mit der man nicht rechnet* Vorhin wollte sich ein Herr beim Abteilungsleiter über eine Verkäuferin beklagen, die sich durchaus richtig verhalten hatte; da ist er aber an den Falschen geraten.
das bleibt in der **Familie**	*das bleibt ein Geheimnis, das bleibt unter uns* Also hört zu: daß Vater wieder heiraten will, das bleibt einstweilen in der Familie, einverstanden?
das liegt in der **Familie**	*das ist ein charakteristischer Zug der Familie* Schon mit 20 Jahren zog es ihn zur Politik. Das liegt bei denen in der Familie.
das kommt in den besten **Familien** vor U	*das passiert (gelegentlich) auch bei anständigen Leuten* Mein Junge ist sitzengeblieben. Das kommt in den besten Familien vor.

e-n guten (*od.* fetten) **Fang** tun (*od.* machen)	*1) (überraschend) e-n langgesuchten Verbrecher fangen* *2) überraschend etw. bes. Günstiges bekommen* 1) Gestern hat die Polizei einen guten Fang gemacht: der Handtaschenräuber vom Stadtpark ist geschnappt. 2) Ich habe einen fetten Fang getan: mein Nachbar hat mir sein Grundstück spottbillig überlassen.
Farbe bekennen	*sagen, welche Ansicht man hat, welcher Richtung man angehört* Er muß doch mal Farbe bekennen, ob er zu uns gehört oder nicht.
Farbe bekommen	*1) wieder so werden, daß man gesunde Gesichtsfarbe hat* *2) klarer, deutlicher, anschaulicher werden* 1) Dein erster Spaziergang heute hat dir gutgetan. Du hast wieder richtig Farbe bekommen. 2) Die Umarbeitung der Szene ist gut. Jetzt haben die Personen (*od.* hat die Szene) Farbe bekommen.
die **Farbe** wechseln	*1) bleich werden* *2) die Überzeugung ändern* 1) Als ich ihm den Diebstahl auf den Kopf zusagte, wechselte er die Farbe. 2) Ein Politiker darf schon mal die Farbe wechseln, nur sollte er glaubhafte Gründe dafür vorbringen.
mit allen **Fasern** s-s Herzens an etw. hängen	*von ganzem Herzen lieben* Er konnte in Amerika nicht glücklich werden, hing er doch mit allen Fasern seines Herzens an seiner Heimat.
ein **Faß** ohne Boden	*wofür man vergeblich immer wieder Geld gibt* Deine Ausbildung ist wirklich ein Faß ohne Boden. Wann wirst du mal dein erstes Geld verdienen?
wie ein **Faß** trinken (*od.* saufen) U	*= wie ein* Loch *trinken (od. saufen)*
das schlägt dem **Faß** den Boden aus (*od.* bringt das Faß zum Überlaufen)	*das macht das Maß voll, ist der Gipfel (der Frechheit) usw.)* Erst haben diese Lausbuben die Parkbänke an anderen Stellen aufgestellt. Jetzt haben sie sie in den Teich geworfen. Das schlägt dem Faß den Boden aus!
fassen: s. auf etw. gefaßt machen	*mit e-r strengen Strafe (einem strengen Tadel) rechnen* Theo hat die Vase kaputtgemacht. Der Arme kann sich ja auf was gefaßt machen, wenn Mutter es merkt.
nach s-r (eigenen) **Fasson** (*od.* auf s-e [eigene] **Fasson**) selig werden	*das tun, was man möchte (u. was der Sprechende nicht ganz billigt)* Warum will er bloß die Ferien zu Hause verbringen? Na ja, jeder muß nach seiner Fasson selig werden.
aus der **Fasson** geraten U	*dick werden* Wenn du weiter so viel Butter ißt, wirst du bald ganz aus der Fasson geraten.
j-n aus der **Fassung** bringen	*so großes Erstaunen, Entsetzen verursachen, daß j-d (fast) nicht mehr weiß, was er sagen (od. tun) soll* Eine freche Bemerkung konnte ihn ganz aus der Fassung bringen.

aus der **Fassung** geraten (*od.* kommen), die (*od.* s-e) **Fassung** verlieren	*so sehr erstaunt, entsetzt sein, daß man (fast) nicht mehr weiß, was man sagen (od. tun) soll* Als mein Sohn sagte, daß er in 14 Tagen heiraten will, weil seine Freundin schon ein Kind von ihm erwartet, da geriet ich völlig aus der Fassung.
es steht **faul** um etw.	*es steht schlecht um etw. (oft aus kriminellen Gründen)* Um seine Finanzen steht es ziemlich faul. Er hat hohe Spielschulden.
vor **Faulheit** stinken U	*äußerst faul sein* Dieser Mensch wird sich in unserem Betrieb nicht lange halten. Er stinkt ja vor Faulheit.
die **Faust** (in der Tasche) ballen	*e-e drohende Haltung annehmen* Bei der Ansprache des Fabrikdirektors ballten manche Arbeiter die Faust in der Tasche.
das paßt zu etw. (*od.* dazu) wie die **Faust** aufs Auge U	*das eine paßt nicht zum anderen, widerspricht sich* Seine Aufforderung, man müsse dieser Partei helfen, paßt zu seinen sonstigen Reden wie die Faust aufs Auge. / Der lila Hut paßt zu dem roten Kleid wie die Faust aufs Auge.
auf eigene **Faust**	*auf eigene Entscheidung u. Verantwortung* Ein Offizier muß auf eigene Faust handeln können.
mit der **Faust** auf den Tisch hauen U	= *auf den* Tisch *hauen*
s. ins **Fäustchen** lachen	*heimlich u. schadenfroh lachen* Weil er sich anfangs geweigert hat, muß er jetzt alles allein machen, und wir können uns ins Fäustchen lachen.
etw. **faustdick** auftragen U	*etw. überdeutlich sagen* Hast du nicht gemerkt, worauf er hinauswollte? Er hat es doch faustdick aufgetragen.
es **faustdick** hinter den Ohren haben U	*gerissen, raffiniert sein* Mir wollte er weismachen, er habe mit der Affäre nichts zu tun. Er hat es faustdick hinter den Ohren.
Faxen machen U	*Dummheiten treiben, albern sein* Mach keine Faxen, zieh dich an!
das **Fazit** ziehen	*das Gesamtergebnis, das Resultat feststellen* Zieht man das Fazit, so kann man sagen, daß die Industriemesse wieder ein großer Erfolg war.
Federn lassen	= Haare *lassen*
Frau **Holle** schüttelt die **Federn**	*s. Holle*
aus den **Federn** kriechen U	*(aus dem Bett) aufstehen* Morgen machen wir einen Ausflug, und da muß ich schon um halb fünf aus den Federn kriechen.
j-n aus den **Federn** holen (müssen) U	*j-n wecken (müssen), machen, daß j-d aufsteht* Mein Junge steht nie von allein auf. Ich muß ihn jeden Morgen aus den Federn holen.

morgens nicht aus den **Federn** finden U	*morgens nur mit Mühe aufstehen (können)* Menschen, die abends lange arbeiten, finden morgens meistens nicht aus den Federn.
früh aus den **Federn** sein U	*(für gewöhnlich) früh aufstehen* Ich schlafe gern lange, aber mein Mann gehört zu denen, die früh aus den Federn sind.
j-n aus den **Federn** scheuchen (*od.* schütteln) U	*machen, daß j-d aufsteht* Wenn du ihn jetzt nicht aus den Federn scheuchst, kommt er bestimmt wieder zu spät.
in die **Federn** kriechen U	*zu Bett gehen* Können wir das Schachspiel nicht morgen beenden? Ich möchte heute etwas früher in die Federn kriechen.
s. mit fremden **Federn** schmücken	*1) j-s Kleid (Schmuck usw.) anziehen, um besser zu wirken* *2) die Leistungen, Erfolge anderer als s-e eigenen ausgeben* 1) Natürlich wieder mein Kleid und meine Ohrclips! Mußt du dich immer mit fremden Federn schmücken? 2) Ich glaube nicht, daß all das auf sein Konto geht. Er schmückt sich gern mit fremden Federn.
von den **Federn** aufs Stroh kommen	= *vom Pferd auf den Esel kommen*
etw. führt j-m die **Feder** (*od.* drückt j-m die **Feder** in die Hand)	*(Begeisterung, Haß usw.) veranlassen j-n zu schreiben* Es war ein ganz unglaublicher Brief. Offensichtlich hatte ihr die Begeisterung die Feder geführt.
der Tod nimmt j-m die **Feder** aus der Hand	*der Tod beendet j-s schriftstellerische Tätigkeit* Er hat noch so viele Pläne. Er wird erst aufhören, wenn ihm der Tod die Feder aus der Hand nimmt.
e-e flüssige **Feder** haben (*od.* schreiben) (*od.* e-e gewandte *od.* flotte **Feder** führen)	*s. schriftlich gewandt ausdrücken* Seine Geschichten haben nicht gerade seelischen Tiefgang, aber er schreibt eine flüssige Feder (*od.* führt eine gewandte Feder usw.)
e-e spitze (*od.* scharfe) **Feder** führen	*(in Büchern, Artikeln) logisch Scharfes, (oft) Verletzendes sagen* Er ist ein brillanter Stilist und führt eine scharfe Feder.
s-e **Feder** in Galle tauchen	*s. Galle*
ein Mann der **Feder**	*s. Mann*
aus j-s **Feder** stammen	*von j-m geschrieben sein* Der Artikel stammt eindeutig aus Dr. Müllers Feder.
j-m etw. in die **Feder** diktieren	*j-m den Wortlaut von etw. eingeben* Diesen originellen Brief hat sie nicht selbst verfaßt. Den hat ihr ihr Mann in die Feder diktiert.
etw. unter der **Feder** haben	*(ein Buch usw.) in Arbeit haben* Kaum ist ein Manuskript abgeschlossen, hat er schon wieder das nächste unter der Feder.

nicht viel (*od.* lange) **Federlesens** machen mit j-m (*od.* etw.)	*kurz und radikal j-m die Meinung sagen* (*od. etw. erledigen*) Wir haben nicht viel Federlesens mit ihm gemacht, sondern ihn fristlos entlassen.
durch e-n (*od.* mit e-m) **Federstrich**	*durch ein geschriebenes Wort, durch e-e Unterschrift* Durch einen Federstrich wurde ihm damals die ganze Schuld erlassen.
j-m den **Fehdehandschuh** hinwerfen	= *j-m den* Handschuh *hinwerfen* (usw.)
den **Fehdehandschuh** aufnehmen	= *den* Handschuh *aufnehmen* (usw.)
es an nichts **fehlen** lassen	*alles Nötige* (bes. *an Essen und Trinken*) *reichlich bieten* „Na, wie war's denn bei Onkel und Tante?" – „O wunderbar. Beide haben es an nichts fehlen lassen."
fehlen: wo fehlt's denn?	*was für Beschwerden, Kummer gibt es?* Du siehst neuerdings immer so bedrückt aus. Nun sag mal, wo fehlt's denn?
fehlen: bei dir fehlt's wohl (im Kopf)? U	*du bist ein bißchen verrückt* Du willst im Februar mit kurzen Hosen draußen herumlaufen? Bei dir fehlt's wohl?
fehlen: das fehlte (gerade) noch U	*diese unangenehme Sache mußte auch noch passieren* Jetzt, wo wir auf morgen die Maler bestellt haben, meldet er sich zu Besuch an. Das fehlte gerade noch! / Das fehlte gerade noch, daß er seinem Vater Vorschriften macht.
fehlen: weit gefehlt!	*das ist ein großer Irrtum* Budapest die Hauptstadt von Rumänien? Weit gefehlt!
an den **Fehlern** seiner Tugenden leiden L	*in seinen guten Eigenschaften zu extrem sein* Genauigkeit ist für einen Wissenschaftler sehr wichtig, aber wenn es zur Pedanterie wird, dann leidet er eben an den Fehlern seiner Tugenden.
dann ist **Feierabend** (*od.* dann mach ich **Feierabend**) U	*dann ist Schluß* (*od. dann mach ich Schluß*) (*drohend gesagt*) Wenn er jetzt noch einmal zu spät kommt, dann ist Feierabend! Dann schmeiß ich ihn raus!
mit etw. ist **Feierabend** U	*mit etw. ist Schluß, das erlaube ich nicht mehr* Mit den ständigen Urlaubsgesuchen ist jetzt Feierabend!
bei mir ist mit etw. (*od.* damit) **Feierabend** U	*ich höre damit auf, ich mache nicht mehr mit* Lange genug habe ich immer nachgegeben, aber damit ist jetzt bei mir Feierabend.
schon nicht mehr **feierlich** U	*sehr schlecht, schrecklich* Wie lange man hier auf die Straßenbahn warten muß, das ist schon nicht mehr feierlich.
krank **feiern**	*nicht arbeiten und doch nicht wirklich krank sein* Bei den heutigen Sozialgesetzen ist es für Arbeiter und Angestellte nicht schwer, krank zu feiern.
die (letzte) **Feile** an etw. anlegen	= *e-r S. den letzten* Schliff *geben*

s. **fein** machen	s. *besonders gut anziehen* Unsere Nachbarn machen sich am Sonntag fein, wir laufen in alten Sachen herum.
fein heraussein	*(nach Schwierigkeiten) in e-r guten Lage sein* Seit er laufend Aufträge bekommt, ist er fein heraus.
darum keine **Feindschaft** (nicht) U	*damit will ich Sie nicht kränken* Ich glaube das nicht, was Sie sagen. Aber darum keine Feindschaft (nicht).
noch ein weites **Feld**	*noch viele unentdeckte Möglichkeiten, unbearbeitete Teilgebiete* Neu in der Wissenschaft sind z. B. die Laser-Strahlen. Hier liegt für die Forschung noch ein weites Feld.
das **Feld** behaupten (*od.* behalten)	*das bisher Erreichte behalten, nicht geschlagen werden* Unsere Partei konnte, wie die Wahlen zeigen, überall das Feld behaupten.
das **Feld** beherrschen	*anerkannt, tonangebend, einflußreich sein* Ich halte Professor Müllers Theorie für falsch, aber sie beherrscht weithin das Feld.
das **Feld** gewinnen	*Sieger werden, siegreich sein* 60 Prozent aller Waschmittel kommen jetzt aus unserem Werk. Wir haben das Feld gewonnen.
das **Feld** räumen (*od.* j-m überlassen)	*s-n Platz freigeben* (*od. j-m übergeben*) Warum hast du ihm das Feld überlassen und dich gar nicht gewehrt?
j-m das **Feld** streitig machen	*gegen j-n als Rivale od. Konkurrent auftreten* Wir hatten das Monopol, aber jetzt macht uns eine kleine Firma mit guten Apparaten das Feld streitig.
auf dem **Felde** der Ehre fallen (*od.* bleiben) L	*den Soldatentod sterben* Viele Absolventen unserer Schule sind auf dem Felde der Ehre gefallen (*od.* geblieben).
j-n aus dem **Feld(e)** schlagen	*j-n besiegen, vertreiben* Wir haben die Konkurrenz aus dem Feld geschlagen.
das steht noch im weiten **Feld(e)**	*das ist noch ganz ungewiß* Ob ein neuer Forschungsreaktor gebaut wird, das steht noch im weiten Feld.
ins **Feld** führen	*(als Argument) anführen, behaupten* Ich könnte ja auch noch mein Alter ins Feld führen (*od.* ins Feld führen, daß ich viel älter bin als er).
ins **Feld** ziehen (*od.* rücken)	*in den Krieg ziehen, an die Front gehen* Mit Begeisterung sind viele 1914 ins Feld gezogen.
zu **Felde** ziehen für (*od.* gegen) j-n (*od.* etw.)	*energisch auftreten, eintreten, kämpfen für* (*od. gegen*) Auf der Sitzung bin ich heute gegen die Ansicht zu Felde gezogen, sonnabends sollte unterrichtsfrei sein.
dir (*od.* dich) juckt (wohl) das **Fell**? U	*du willst wohl Prügel haben* Was soll diese freche Bemerkung?! Dir (*od.* Dich) juckt wohl das Fell?

j-m sind alle **Felle** davongeschwommen (*od.* weggeschwommen)	*alle Chancen, Möglichkeiten für j-n haben s. zerschlagen* Jetzt hat ihm auch die letzte Firma abgeschrieben. Ihm sind wirklich alle Felle weggeschwommen.
j-m das **Fell** schneiden	*j-n ernsthaft zurechtweisen* Wenn er so weitermacht, gerät er völlig auf die schiefe Bahn. Man muß ihm mal gehörig das Fell schneiden.
das **Fell** des Bären verkaufen (*od.* verteilen), bevor (*od.* ehe) man ihn erlegt (*od.* gefangen) hat	*über die Verwendung von Geld sprechen, das man noch nicht bekommen hat.* Ihr redet immer schon, was ihr mit dem Geld machen wollt, aber Vater hat den Auftrag doch noch gar nicht bekommen. Man soll das Fell des Bären nicht verteilen, bevor man ihn erlegt hat.
j-m das **Fell** über die Ohren ziehen	*s. Ohr*
j-m das **Fell** voll hauen U	= *j-m den* Frack *voll hauen*
das **Fell** vollhaben U	*e-e Tracht Prügel bekommen haben* Der Kerl gibt jetzt sicher wieder mal eine Zeitlang Ruhe. Der hat das Fell voll.
ein dickes **Fell** haben U	*s. nicht aufregen, s. nicht beeilen (auch wenn es nötig ist)* Den Paul kannst du ausschimpfen, soviel du willst. Der hat ein dickes Fell.
s-e **Felle** davonschwimmen (*od.* wegschwimmen) sehen	*s-e Hoffnungen in nichts zerrinnen sehen* Es ist schlimm zu erleben, wie einer nach dem anderen befördert wird und man alle seine Felle davonschwimmen sieht.
s. aus dem **Fenster** lassen U	*s. verabschieden, fortgehen* Es ist schon ziemlich spät, wir müssen uns langsam aus dem Fenster lassen.
zum **Fenster** hinaussprechen (*od.* reden, Reden halten)	*1) in den Wind reden, erfolglos reden* *2) für die Öffentlichkeit (statt für das Parlament usw.) reden* 1) Was soll ich dazu sagen? Meine mahnenden Worte waren wieder mal zum Fenster hinausgesprochen. 2) Bei manchen Parlamentsabgeordneten hatte man das Gefühl, daß sie zum Fenster hinaus Reden hielten.
(mit vollen *od.* beiden Händen) zum **Fenster** hinauswerfen U	*(alles Geld) leichtfertig ausgeben* Bei ihm ist Geld nie gut aufgehoben. Er wirft es (mit vollen Händen) zum Fenster hinaus.
etw. sei **fern(e)** von mir	*daran denke ich nicht* Ich will ihn gar nicht von vornherein verurteilen, das sei ferne von mir.
nicht von **ferne**	*nicht im geringsten, keineswegs* Ich bin nicht von ferne gewillt, diesen Vorschlag anzunehmen. Er ist nicht fair.

warum in die **Ferne** schweifen	*man soll das Naheliegende nehmen* (od. *tun*) Warum in die Ferne schweifen, sagten wir uns, und blieben in den Ferien zu Hause.
‚**ferner** liefen'	*zweite Garnitur, nicht so gute, bedeutende Personen* (od. *Dinge*) Seine Bilder gefallen mir auch ganz gut, aber im Grunde rangieren sie doch unter ‚ferner liefen'.
s. an j-s **Fersen** heften	= *s. an j-s* Sohlen *heften*
j-m auf den **Fersen** folgen	*gleich hinter j-m herkommen, j-n dicht verfolgen* Unser Dackel, folgt mir stets auf den Fersen.
j-n auf den **Fersen** haben	*(die Verfolger) unmittelbar hinter s. haben* Obwohl sie die Polizei schon auf den Fersen hatten, gelang es ihnen zu entkommen.
j-m (dicht) auf den **Fersen** sein (*od.* bleiben)	*j-n verfolgen* Wir waren den Schmugglern bald auf den Fersen.
j-m auf die **Fersen** treten	= *j-m auf den* Schlips *treten*
Fersengeld geben L	*davonlaufen, ausreißen* Die anderen mochten Fersengeld geben – er trat dem Riesen tapfer entgegen.
fertig sein U	*kaputt, todmüde sein* Wenn die Eiskunstläufer ihre 5-Minuten-Kür gelaufen haben, sind sie meist völlig fertig.
mit j-m **fertig** sein U	*nichts mehr zu tun haben wollen mit j-m* Meine Nachbarin hat schon oft so schlecht über mich geredet, mit der bin ich fertig.
fertig werden mit (Kindern, Gegnern, Aufgaben *usw.*)	*meistern, die Schwierigkeiten bei etw. überwinden* Unsere Tochter ist sehr beliebt bei Kindern, sie wird gut mit ihnen fertig. / Ich kann dir bei der Übersetzung nicht helfen; sieh zu, wie du damit fertig wirst.
fertig werden ohne etw. (*od.* j-n)	*auskommen ohne etw.* (od. *j-n*) Du brauchst mir den Staubsauger nicht zu bringen, ich werde auch ohne ihn fertig.
nicht **fertig** werden mit etw.	*über etw. nicht hinwegkommen, immer denken an etw.* Ihr einziger Sohn ist im Weltkrieg gefallen, und sie kann damit nicht fertig werden.
es **fertigbringen** (*od.* fertigbekommen), daß ...	*etw. Schwieriges erreichen, durchsetzen* Wie hast du es nur fertiggebracht, daß er die Kündigung zurückgenommen hat?
das bringst nur du **fertig** U	*so etwas Dummes kannst nur du machen* Erst die Eier in die Pfanne schlagen und dann das Fett oben drauf, das bringst nur du fertig!

j-n fertigmachen U	1) *j-n kaputtmachen, gesundheitlich schädigen; zugrunde richten* 2) *j-n umbringen* 3) *j-n betrunken machen* 4) *j-n scharf tadeln* 1) Der wiederholte Genuß von Rauschgift hat den Jazztrompeter fertiggemacht. 2) Der Einbrecher machte erst den Nachtwächter fertig, dann raubte er den Tresor aus. 3) Gestern abend wollte Hans mich fertigmachen, indem er mir einen Kognak nach dem anderen einschenkte. 4) Ich verstehe nicht, warum er den Lehrling so fertigmachte; so schlecht war die Arbeit doch gar nicht.
die Fesseln sprengen	= *die Ketten abwerfen*
j-m Fesseln anlegen (*od.* j-n in Fesseln schlagen)	*j-n fesseln, ihm die Freiheit nehmen* Des Menschen Geist ist frei, er läßt sich nicht in Fesseln schlagen (*od.* er läßt sich keine Fesseln anlegen).
(s.) festfahren	*in solche Schwierigkeiten geraten, daß es nicht weitergeht* „Was macht deine Doktorarbeit?" – „Ich habe mich völlig festgefahren und weiß im Augenblick nicht weiter."
festhalten an etw.	*etw. nicht aufgeben, e-r Sache treu bleiben* Die Jugend sollte am bewährten Alten festhalten.
in e-m Bild (e-r Zeichnung *usw.*) festhalten (*od.* im Bild festhalten)	*ein Bild (Zeichnung usw.) anfertigen von etw. (und es damit für die Zukunft bewahren)* Dürer hat manche Zeitgenossen im Bild festgehalten.
festlegen	1) *definitiv, endgültig bestimmen* 2) *(Geld) zur Bank bringen und lange Kündigungsfrist vereinbaren* 1) Wir haben gestern die Tagesordnung für unsere Sitzung festgelegt. 2) Über Geld, das man (auf einer Bank) festgelegt hat, kann man nicht ohne weiteres verfügen.
j-n auf *etw.* (Worte) festlegen	*erreichen, daß j-d etw. (s-e Worte) für bindend erklärt* Im Wahlkampf ist es wichtig, daß man den Gegner auf sein Programm festlegt.
s. festlegen	*s. binden, s. verpflichten* Ich möchte mich nicht (darauf) festlegen, ob ich schon am Mittwoch oder erst am Donnerstag komme.
festmachen	(*ein Geschäft, e-e Vereinbarung* usw.) *endgültig abschließen* Das Geschäft werden wir dann auf der Messe in Hannover festmachen.
etw. festnageln	*etw. so hervorheben, unterstreichen, daß jeder es erkennen muß* In einer Debatte wird der siegen, dem es gelingt, die Widersprüche seines Gegners festzunageln.

j-n festnageln	1) *j-n zwingen, e-e klare Aussage zu machen* 2) *j-n wider Willen im Gespräch festhalten* 1) Der Schüler gebrauchte erst Ausflüchte, aber der Lehrer hat ihn dann mit geschickten Fragen so festgenagelt, daß er gestand, die Scheibe eingeworfen zu haben. 2) Ich kann den Flur unseres Instituts nicht entlanggehen, ohne daß jemand kommt und mich festnagelt.
j-n auf etw. festnageln	*j-n zwingen anzuerkennen, daß s-e Worte Gültigkeit haben* Wenn es dir gelingt, ihn auf diese Theorie festzunageln, hast du leichtes Spiel.
festnageln: wie festgenagelt	*sitzen (od. stehen), ohne s. zu bewegen (wegen großer Überraschung)* Als ich ihm eröffnete, daß er im Toto gewonnen hatte, stand er da wie festgenagelt.
festsetzen	*endgültig bestimmen* Haben Sie schon die Zeit (den Termin, die Bedingungen *usw.*) für diese Zusammenkunft festgesetzt?
j-n festsetzen	*j-n verhaften und ins Gefängnis bringen* Der Polizei ist es in der letzten Zeit gelungen, eine ganze Reihe jugendlicher Einbrecher festzusetzen.
festsitzen (mit etw.)	*nicht weiterkommen (od. weiter wissen) mit etw.* Dürfen wir uns an Sie wenden, wenn wir wieder festsitzen?
es steht fest	*es ist (unzweifelhaft) sicher* Es steht fest (*od.* Fest steht), daß Müller damals anwesend war.
feststellen	*1) herausfinden, ermitteln* *2) sagen, die Bemerkung machen* 1) Die Wissenschaft hat festgestellt, daß unsere Gegend früher mit Eis bedeckt war. 2) Der Redner stellte fest, daß an den Vorschlägen einiges geändert werden müßte.
Fett ansetzen U	*dick werden* Bei so viel Pralinen soll sie wohl Fett ansetzen.
das Fett abschöpfen	= den Rahm *abschöpfen*
sein Fett kriegen (*od.* weg-, abbekommen) U	*die unvermeidbaren bösen Folgen (zu spüren) bekommen* Jeden Tag macht er Überstunden, das kann ja nicht gutgehen. Eines Tages wird er sein Fett kriegen.
sein Fett weghaben U	*die bösen Folgen s. zugezogen haben* Dem hab ich mal meine Meinung gesagt. Der hat sein Fett weg.
im Fett sitzen (*od.* schwimmen) U	*in sehr guten Verhältnissen leben* Du kannst dir das Essen ruhig von ihm bezahlen lassen. Er sitzt ja im Fett.
im eigenen Fett schmoren U	= *im eigenen* Saft *schmoren*
im eigenen Fett ersticken U	*an Überfluß zugrunde gehen* Er würde lieber im eigenen Fett ersticken als etwas davon hergeben.

von s-m eigenen Fett zehren U	*von dem leben, was man (gespart) hat* Er hat genug, um von seinem eigenen Fett zu zehren.
s. in ein Fettnäpfchen setzen U	*e-e einträgliche Stelle, ein warmes Nest finden* Wenn er meint, er hat sich in ein Fettnäpfchen gesetzt, so ist das ein Irrtum. Es gibt nämlich keine Mitgift!
bei j-m ins Fettnäpfchen treten (*od.* s. ins Fettnäpfchen setzen) U	*zu j-m etw. Kränkendes sagen* Bei ihm bist du mit deiner Meinung, Bern sei keine schöne Stadt, ziemlich ins Fettnäpfchen getreten. Er ist nämlich aus Bern.
(nur) ein Fetzen Papier	*ein wertloses Dokument, etw. nicht Rechtsgültiges* Ohne Unterschrift und Datum ist das Testament nur ein Fetzen Papier.
daß die Fetzen fliegen U	*äußerst intensiv, sehr heftig* Er hämmerte den ganzen Tag auf der Schreibmaschine herum, daß die Fetzen (nur so) flogen.
wie Feuer und Wasser	*als zwei krasse Gegensätze nicht zueinander passend* Ich verstehe nicht, wie die beiden sich heiraten konnten. Sie passen doch zueinander wie Feuer und Wasser.
bei ihm ist (immer) gleich Feuer unterm Dach U	*er ist (schnell) sehr jähzornig* Bei unserm neuen Nachbarn muß man sich etwas vorsehen. Bei dem ist immer gleich Feuer unterm Dach.
(gleich, schnell) Feuer und Flamme für etw. sein	*(schnell) sehr begeistert für etw. sein* Mein Bruder ist schnell Feuer und Flamme für eine Neuheit; nur hält diese Begeisterung meistens nicht lange an.
(leicht) Feuer fangen	1) *s. schnell begeistern* 2) *s. schnell verlieben* 1) Bei dem neuen Fotokurs in unserer Schule hatten anfangs viele Schüler Feuer gefangen. 2) Seit neuestem hat er scheint's bei der Rothaarigen Feuer gefangen.
Feuer und Flamme speien L	*äußerst wütend reden, haßerfüllte Reden führen* In einem fairen Wahlkampf sollte man den Gegner weder mit Glacéhandschuhen anfassen noch Feuer und Flamme gegen ihn speien.
das Feuer eröffnen	*den Kampf beginnen* Es gab scharfe Auseinandersetzungen. Das Feuer eröffnete unser Präsident selbst.
das Feuer schüren	*etw. tun, damit e-e Leidenschaft (Haß usw.) größer wird* Neuerdings scheint sich unsere Jüngste für Musik zu interessieren. Was könnten wir tun, um das Feuer ein bißchen zu schüren?
sein Süppchen am Feuer anderer kochen	*s. auf Kosten anderer Vorteile (zu) verschaffen (suchen)* Manche Menschen verstehen es großartig, ihr Süppchen am Feuer anderer zu kochen. Die andern haben die Ideen, und sie selbst scheffeln das Geld.
für j-n die Kastanien aus dem Feuer holen	*s. Kastanien*

für j-n durchs **Feuer** gehen	*j-m zuliebe alles, auch das Schwerste tun* Unser Chef hat immer Verständnis für unsere Sorgen und Nöte. Für ihn gehen wir alle durchs Feuer.
im **Feuer** stehen	*(heftig) angegriffen werden, Angriffen ausgesetzt sein* Bei der Landtagsdebatte steht diesmal besonders der Finanzminister und seine Politik im Feuer.
ins **Feuer** kommen (*od.* geraten)	*Angriffen ausgesetzt werden, s. Angriffen gegenübersehen* Mit diesem neuen Buch wirst du aber ins Feuer der Kritik kommen.
die Hand ins **Feuer** legen	s. *Hand*
mit dem **Feuer** spielen	*in gewissenloser Weise mit e-r ernsten Gefahr umgehen* Früher war der Krieg die Fortsetzung der Politik. Wer heute mit dem Feuer spielt, riskiert den Untergang.
unter **Feuer** nehmen	*(heftig) angreifen* Es gibt nur einen ernsthaften Konkurrenten, den wir unter Feuer nehmen müssen: Dr. Schulz.
zwischen zwei **Feuer** kommen (*od.* geraten *od.* zwischen zwei **Feuern** sitzen)	*von zwei Seiten gefährlich bedrängt werden* Wenn ich es mit meinen Frauensleuten verderbe, dann gerate ich zwischen zwei Feuer – meine Frau und meine Schwiegermutter.
j-m eine **feuern** U	*j-m e-e kräftige Ohrfeige geben* Er sagte „Kamel" zu mir, da hab' ich ihm eine gefeuert.
feuern: eine gefeuert kriegen U	*e-e kräftige Ohrfeige bekommen* Als er dann noch frech wurde, hat er natürlich eine gefeuert gekriegt.
die **Feuerprobe** bestehen	*s. unter schwierigen Verhältnissen, Bedingungen, in der Praxis bewähren* Heute bin ich das erste Mal allein eine halbe Stunde lang im Zentrum Münchens gefahren. Diese Feuerprobe habe ich Gott sei Dank bestanden.
wie die **Feuerwehr** fahren	*mit großem Tempo, rücksichtslos fahren* Eine Fahrt mit Fred ist ein tolles Erlebnis; er fährt wie die Feuerwehr.
etw. aus dem **ff.** können (*od.* verstehen)	*etw. ausgezeichnet können* (*od. verstehen*) Laß ihn nur die Lampe reparieren, er kann das aus dem ff. / Amerikanischen Slang versteht er aus dem ff.
e-e gute (*od.* schneidige) **Figur** machen (*od.* abgeben)	*durch sein Äußeres, Auftreten e-n guten Eindruck machen* Durch sein überlegenes Auftreten macht er eigentlich immer eine gute Figur.
e-e klägliche (*od.* traurige, komische **Figur** machen (*od.* abgeben)	*durch sein Äußeres* (*od. sein Benehmen*) *e-n kläglichen* (*traurigen, komischen usw.*) *Eindruck machen* Er braucht nur den Hut schief aufzusetzen, und er macht unweigerlich eine komische Figur.
beim **Film** sein	*Filmschauspieler* (*od. Regisseur, Kameramann usw.*) *sein* Er ist seit vielen Jahren beim Film – ich glaube, als Beleuchter.

zum **Film** gehen	*Filmschauspieler werden* Nach der Schauspielschule möchte sie zum Film gehen.
es (*od.* das) wird s. **finden**	*es wird s. herausstellen* Er sagt, er hat das Geld nicht genommen? Na, das wird sich finden.
das wird s. (schon) alles **finden**	*das wird alles wieder in Ordnung kommen* Hauptsache, er ist bei dem Unfall nicht verletzt worden, das andere wird sich (schon) alles finden.
ich **finde** nichts dabei (*od.* kann nichts dabei **finden**)	*ich finde nichts Schlechtes dabei, habe keine Bedenken* Ich kann nichts dabei finden, wenn ein junger Mann und ein Mädchen zusammen verreisen.
die (beiden) haben s. gesucht und **gefunden**	*sie passen (mit ihren schlechten Eigenschaften) gut zusammen* Der Müller hat doch schon gesessen, oder? Und jetzt hat er mit dem Braun zusammen wieder ein Ding gedreht? Na, die haben sich gesucht und gefunden.
mein kleiner **Finger** sagt mir das	*das brauche ich nicht zu lernen (od. gesagt zu bekommen)* „Woher willst du denn das wissen, daß mein Antrag abgelehnt wird?" – „Mein kleiner Finger sagt mir das."
klebrige **Finger** haben	*stehlen, ein Dieb sein* Bei dem Mann sieh dich vor – der hat, glaub ich, klebrige Finger.
lange **Finger** machen (*od.* haben) U	*stehlen* „Er sitzt schon wieder?" – „Ja, er hat beim Winterschlußverkauf mal wieder lange Finger gemacht."
s-e **Finger** in etw. stecken U	*s. in etw. einmischen* Ich bin wütend auf ihn! Er steckt neuerdings seine Finger in alle meine Angelegenheiten.
überall s-e **Finger** dazwischen (*od.* im Spiel) haben	*s. überall einmischen, beteiligt sein* „Diese Firma gehört auch Brown und Smith?" – „Die Konzerne haben überall ihre Finger dazwischen."
s. die (*od.* alle *od.* alle zehn) **Finger** lecken nach etw.	*etw. sehr gern haben wollen* Ihr ist das Zimmer nicht gut genug, und ich würde mir alle (zehn) Finger danach lecken.
die (*od.* s-e) **Finger** lassen von etw.	*s. nicht befassen mit etw., etw. aufgeben* Laß die Finger von diesem Mädchen!
s. die **Finger** verbrennen	*1) Schaden erleiden* *2) scharf kritisiert, abgelehnt werden* 1) So schnell spekuliert er nicht mehr. Er hat sich das letzte Mal ganz schön die Finger verbrannt. 2) Wenn er mit der Kleinen anbändelt, wird er sich gehörig die Finger verbrennen.
s. die **Finger** wund (*od.* krumm, lahm) schreiben U	*sehr viel schreiben* Wegen einer Wohnung habe ich mir die Finger wund geschrieben mit Gesuchen und Anträgen – nichts!
s. die **Finger** schmutzig machen U	*e-e unangenehme (dreckige) Arbeit verrichten, mit den Händen arbeiten* Petra soll dir beim Herrichten des Zimmers helfen? Die macht sich aber nicht gern die Finger schmutzig.

den (*od.* die) **Finger** auf etw. legen	*auf etw. (Schlechtes, e-e Wunde, ein Übel) deutlich hinweisen* In seiner Rede hatte der Minister den Finger auf die überhöhten Mieten gelegt.
wenn man ihm den kleinen **Finger** gibt, will er die ganze Hand	*wenn man j-m ein bißchen hilft, erwartet er noch mehr* Sei nicht zu großzügig ihr gegenüber. Wenn man ihr den kleinen Finger gibt, will sie gleich die ganze Hand.
keinen **Finger** rühren für	*nicht das geringste tun für* Keinen Finger rühr' ich für den. Der hat mir das letztemal auch nicht geholfen.
keinen **Finger** krumm machen	*s. nicht anstrengen, nichts tun* Uns treibt sie immer zur Arbeit an, aber sie selbst macht keinen Finger krumm.
s. etw. an den fünf **Fingern** abzählen können	*etw. ohne große Überlegung begreifen, einsehen* Das hättest du dir doch an den fünf Fingern abzählen können, daß er deine Einladung nicht annehmen würde.
— sind an den **Fingern** abzuzählen (*od.* kann man an den **Fingern** abzählen)	*es sind sehr wenige* Die Besucher der Vorstellung waren an den Fingern abzuzählen (*od.* konnte man an den Fingern abzählen).
etw. an den **Fingern** herzählen	*etw. genau wissen, gut auswendig können* Die Hauptstädte zählt er dir an den Fingern her.
auf die **Finger** bekommen U	*bestraft (od. zurechtgewiesen) werden* Wenn er nicht aufhört, seine Schwester zu ärgern, dann muß er mal ordentlich was auf die Finger bekommen.
j-m eins auf die **Finger** geben U	*j-m auf die Finger schlagen* Thomas hat schon wieder einen Fleck gemacht, darum hab ich ihm eins auf die Finger gegeben.
j-m auf die **Finger** klopfen U	*j-n strafen (od. zurechtweisen) (oft als Warnung)* Er ist ein netter Kerl, aber von Zeit zu Zeit wird er frech, und dann muß man ihm auf die Finger klopfen.
j-m auf die **Finger** sehen	*auf j-n scharf aufpassen* Wenn sie bei dir putzen soll, dann mußt du ihr aber scharf auf die Finger sehen, sonst tut sie nichts.
etw. nicht aus den **Fingern** lassen	*etw. s. nicht wegnehmen lassen, nicht hergeben* Oft sollte ich schon dieses Bild verkaufen! Aber ich habe es nicht aus den Fingern gelassen.
s. etw. aus den **Fingern** saugen	*etw. frei erfinden, s. ausdenken* Aber irgend etwas muß doch an seinen Worten sein. Er kann sich das doch nicht aus den Fingern gesogen haben!
(j-m) durch die **Finger** sehen	*milde (be)urteilen, nachsichtig sein* Wann soll ein Erzieher streng sein, wann durch die Finger sehen?

s. etw. durch die **Finger** gehen (*od.* schlüpfen) lassen	*s. etw. (Günstiges) entgehen lassen* Warum hast du dir denn diese gute Stelle durch die Finger gehen lassen?
im kleinen **Finger** haben U	*sicher beherrschen, gut kennen* (od. können) Da überlegt man doch nicht lange, das muß man im kleinen Finger haben!
etw. in den **Fingern** haben	= *etw. in der* Hand *haben*
j-m in die **Finger** fallen	= *j-m in die* Hände *fallen*
etw. in die **Finger** kriegen (*od.* bekommen) U	1) *finden, zu fassen kriegen* 2) *etw. zum Lesen* od. *Hantieren bekommen, was man nicht haben sollte* 1) Wenn ich mal ein schönes Stück Borke in die Finger kriege, zeige ich dir, wie man ein Boot macht. 2) Wenn Vater diesen Brief von der Schule in die Finger kriegt, dann gibt's ein Donnerwetter.
j-n in die **Finger** kriegen (*od.* bekommen) U	*j-n zu fassen kriegen, j-n schnappen* Wenn ich den Kerl in die Finger kriege, der mein Rad kaputtgemacht hat, dann gibt's was!
s. in die (*od.* den) **Finger** schneiden U	*s. täuschen, s. (menschlich) irren* Wenn er meint, ich würde ihm helfen, dann hat er sich in die Finger geschnitten.
es juckt j-m (*od.* j-n) in den **Fingern**, etw. zu tun	*j-d empfindet den starken Wunsch, etw. zu tun* Als er das sagte, juckte es mir in den Fingern, ihm eine runterzuhauen.
mit den **Fingern** greifen können	= *mit (den)* Händen *zu greifen sein*
etw. mit dem kleinen **Finger** (der linken Hand) machen	*mit größter Leichtigkeit, ohne jede Mühe* Diese Rechnung soll schwierig sein? Die mach ich dir mit dem kleinen Finger (der linken Hand)!
etw. mit spitzen **Fingern** anfassen	*vorsichtig anfassen, weil man s. ekelt* (od. *es für schmutzig hält*) Wie will sie denn etwas gründlich sauber machen, wenn sie immer alles mit spitzen Fingern anfaßt.
j-n um den (kleinen) **Finger** wickeln	*j-n stark beeinflussen, völlig beherrschen können* Sie wickelt ihren Mann um den (kleinen) Finger.
j-m unter den **Fingern** zerrinnen	= *j-m unter den* Händen *zerrinnen*
j-m unter (*od.* zwischen) die **Finger** kommen (*od.* geraten)	1) *von j-m geschnappt werden* 2) *von j-m bearbeitet, behandelt werden* 1) Als er mir dann endlich unter die Finger kam, habe ich ihm ein paar geknallt. 2) Wer diesem Unteroffizier (*od.* Masseur, Lehrer *usw.*) unter die Finger gerät, der hat nichts zu lachen.

(um) keinen **Fingerbreit** (*od.* nicht um e-n Fingerbreit)	*nicht im geringsten* (nachgeben, weichen, zurückgehen usw.) Wie soll denn eine Einigung zustande kommen, wenn die eine Seite nicht um einen Fingerbreit nachgeben will?
das geht auf (*od.* in) e-n **Fingerhut**	= *das geht auf e-n hohlen* Zahn
im **finstern** tappen	= *im dunkeln tappen*
e-e ägyptische **Finsternis**	s. *ägyptisch*
weder (*od.* nicht) **Fisch** noch Fleisch sein	= *nichts* Ganzes *und nichts Halbes sein*
(der) **Fisch** will schwimmen U	*zu Fisch muß man Wein* (*od. etw.*) *trinken* Vater, schenk mal den Wein ein! Fisch will schwimmen.
kalt wie ein **Fisch** sein	*ganz gefühllos sein, s. nicht erregen lassen* Ich verstehe nicht, wie er dieses Mädchen hat heiraten können. Sie ist doch kalt wie ein Fisch.
stumm wie ein **Fisch** sein	*gar nichts sagen* Nun sag doch was und sei nicht stumm wie ein Fisch!
s. fühlen wie ein (*od.* der) **Fisch** im Wasser	*s. sehr wohl fühlen* Wenn mein Mann mit seinem alten Studienkameraden zusammen ist, dann fühlt er sich wie ein Fisch im Wasser.
munter (*od.* gesund, fröhlich) wie ein **Fisch** im Wasser sein	*völlig gesund sein* Jetzt ist er wieder munter wie ein Fisch im Wasser.
wie ein (*od.* der) **Fisch** auf dem Trockenen	*völlig hilflos* Wenn er Konversation machen soll, dann ist er wie ein Fisch auf dem Trockenen.
faule **Fische**	*verdächtige Sachen, unwahrscheinliche Ausreden* Was die Jungen erzählen, warum sie eine Arbeit nicht mitschreiben können, das sind doch alles faule Fische.
das sind kleine **Fische** (für mich)	*1) das sind geringfügige Dinge, unbedeutende Hindernisse 2) das sind nur kleine (Neben-)Gewinne 3) das sind ganz leichte, einfach zu erledigende Dinge* 1) „Dieser Artikel ist allerdings nur in Amerika erschienen." – „Macht nichts, den werde ich schon bekommen. Das sind kleine Fische für mich." 2) Mein Hauptverdienst ist der Holzverkauf. Das Obst, das meine Frau verkauft, das sind kleine Fische. 3) Die Steuerberatung für Sie und Ihre Kollegin ist gar nicht schwierig, das sind kleine Fische für mich.
die **Fische** füttern U	*s. bei Seekrankheit übergeben* Er steht hinten an der Reling und füttert die Fische.
nach faulen **Fischen** riechen	*übel riechen, stinken* Was ist hier los, hier riecht es ja nach faulen Fischen.

Fischblut haben	= *kalt wie ein* Fisch *sein*	
j-n unter s-e **Fittiche** nehmen	*j-n in Schutz, in Obhut nehmen, j-n betreuen* Mein Vater starb sehr früh, und ich war froh, daß mich mein Onkel unter seine Fittiche nehmen konnte.	
fix und fertig U	1) *völlig erschöpft* 2) *ganz fertig, bereit* 1) Nach den Tagen des Schlußverkaufs sind die Verkäufer immer fix und fertig. 2) Komm endlich, ich bin schon lange fix und fertig.	
flachfallen U	1) *nicht stattfinden* 2) *nicht in Frage kommen* 1) Wie ich höre, fällt die Filmvorführung morgen flach. 2) Eine nochmalige Besprechung mit ihm fällt flach. Entweder er nimmt an, oder er läßt es bleiben.	
die **Flagge** streichen	= *die* Waffen *strecken*	
unter e-r (bestimmten) **Flagge** segeln	*e-e bestimmte Richtung vertreten* Zu einer Partei gehört er nicht, aber auf alle Fälle segelt er unter einer sehr nationalen Flagge.	
unter falscher **Flagge** segeln	1) = *unter fremder* Flagge *segeln* 2) *etw. vortäuschen* 2) Als Kinderbuch segelt „Gullivers Reisen" eigentlich unter falscher Flagge, denn es ist eine für Erwachsene geschriebene Satire.	
unter fremder **Flagge** segeln	*unter falschem Namen leben* Um den Reportern zu entgehen, segelt sie meistens unter fremder Flagge.	
in **Flammen** stehen U	*heftig verliebt sein* Am ersten Abend – wir hatten kaum miteinander gesprochen – stand ich schon gleich in Flammen.	
auf kleiner **Flamme** kochen	*bescheiden vorgehen* Ich hatte gehofft, wir könnten gleich so richtig loslegen, aber unsere Mittel sind zu knapp – wir müssen auf kleiner Flamme kochen.	
zu tief in die **Flasche** sehen (*od.* schauen) U	*zuviel Alkohol trinken* Und dann fand Chris das Schlüsselloch nicht mehr. Er hatte zu tief in die Flasche gesehen.	
e-r **Flasche** den Hals brechen U	s. *Hals*	
das Herz auf dem rechten **Fleck** haben	s. *Herz*	
am falschen **Fleck**	*am falschen Ort, an unangebrachter Stelle* Unser Lehrer ist so gar kein Pädagoge. Er wird immer am falschen Fleck energisch.	
nicht vom **Fleck** kommen	*nicht vorwärtskommen, nicht weitergehen* Heute ging dauernd das Telefon. Ich bin mit meiner Arbeit nicht vom Fleck gekommen.	

noch immer auf demselben (*od.* dem alten) **Fleck** sein	*noch immer auf der alten Stelle sein, nicht weitergekommen sein* „Bist du mit deiner Übersetzung jetzt fertig?" – „Ach wo, ich bin noch immer auf demselben Fleck."
vom **Fleck** weg U	*sofort, ohne zu zögern* Als Anita sich bei dem Schauspieldirektor vorstellte, wurde sie vom Fleck weg engagiert.
ein **Fleck** auf der (weißen) Weste	*etw. Unehrenhaftes, e-e Schuld* Er hat damals ein Mädchen betrogen. Es wird ihm schwerfallen, diesen Fleck auf seiner Weste wieder zu beseitigen.
sein eigen **Fleisch** und Blut	*sein(e) Kind(er)* Dieser Säufer! Wie konnte er nur sein eigen Fleisch und Blut so vernachlässigen!
den Weg allen (*od.* alles) **Fleisches** gehen	*zugrunde gehen, sterben* Noch ist er unumschränkter Herrscher. Aber auch er wird den Weg allen Fleisches gehen.
(Menschen) aus **Fleisch** und Blut	*lebensechte, nicht trocken erfundene (Menschen)* In seinen Romanen hat er Menschen aus Fleisch und Blut gestaltet.
j-m in **Fleisch** und Blut übergehen	*j-m ganz zur Gewohnheit werden* Wenn man gut Auto fahren will, müssen einem alle Handgriffe in Fleisch und Blut übergehen.
s. ins eigene **Fleisch** schneiden	*s. selbst Schaden zufügen* Wenn Sie beim Hausbau nur billiges Material verwenden, schneiden Sie sich ins eigene Fleisch.
vom **Fleisch** fallen U	*mager werden* Den kennt man kaum wieder. Wie der vom Fleisch gefallen ist!
matt wie e-e **Fliege** U	*völlig erschöpft* Die Hitze war fürchterlich. Wir saßen herum, matt wie die Fliegen; keiner sagte ein Wort.
ihn stört die **Fliege** an der Wand (*od.* er ärgert sich über die **Fliege** an der Wand)	*er ärgert s. über jede Kleinigkeit* Das Semester geht zu Ende, und Vater ist mal wieder so fertig, ihn stört die Fliege an der Wand.
(dahin)sterben wie die **Fliegen**	*in großer Zahl sterben* Nach dem ersten Weltkrieg herrschte eine böse Grippeepidemie, die Menschen starben wie die Fliegen.
keiner **Fliege** etw. zuleide tun (können)	*gutmütig, weichherzig sein* Die Else ist wirklich ein gutmütiges Schaf. Die tut doch keiner Fliege etwas zuleide.
zwei **Fliegen** mit e-r Klappe schlagen	*e-n doppelten Zweck durch ein Mittel erreichen* Bring ihr jeden Morgen die Zeitung. Dann schlägst du zwei Fliegen mit einer Klappe: du bist 10 Minuten an der Luft und machst ihr eine Freude.
die **Flinte** ins Korn werfen	*e-e S. entmutigt aufgeben* Sie ist beim ersten Examen durchgefallen und hat die Flinte ins Korn geworfen.

gespannt wie ein **Flitz(e)bogen** U	s. *spannen*
die **Flöhe** husten (*od.* niesen) hören U	= *das* Gras *wachsen hören*
j-m e-n **Floh** ins Ohr setzen	*in j-m e-n schwer erfüllbaren Wunsch wecken* Hättest du doch von dem billigen Pelzmantel nichts gesagt. Damit hast du ihr einen Floh ins Ohr gesetzt.
lieber (e-n Sack) **Flöhe** hüten (*od.* es ist leichter, e-n Sack **Flöhe** zu hüten)	*das ist e-e unangenehme, fast unmögliche Tätigkeit* Du willst zwölf Kinder zu Hansis Geburtstag einladen, und ich soll auf sie alle aufpassen? Da will ich lieber einen Sack Flöhe hüten.
angenehmes **Flohbeißen** U	*(ich wünsche dir* od. *euch) gute Nacht* (scherzhaft) Ich gehe jetzt ins Bett! Angenehmes Flohbeißen!
flötengehen U	*verlorengehen, aufhören* Mein Belichtungsmesser ist flötengegangen, ich kann ihn einfach nicht mehr finden.
flöten sein	*verloren, weg sein* Meine Uhr ist flöten! Eben habe ich sie noch gehabt.
j-m die **Flötentöne** beibringen	*j-m Höflichkeit beibringen, j-n zurechtweisen* So ein ungezogener Kerl! Dem werde ich mal die Flötentöne beibringen.
wieder **flott** sein	*wieder Geld haben (nach e-r Zeit der Geldknappheit)* Wenn du Geld brauchst, pumpe doch Fritz an und nicht mich. Er ist jetzt wieder flott.
(Geld) **flottmachen**	= *(Geld)* **lockermachen**
(wie) im **Fluge**	*sehr schnell* In diesem Jahr waren wir in England. Bei den vielen neuen Eindrücken verging die Zeit (wie) im Fluge.
j-m die **Flügel** beschneiden (*od.* stutzen)	*j-n in s-r Entwicklung* (od. *Tätigkeit*) *hemmen* Wollte man Kindern alles verbieten, dann würde man ihnen nur die Flügel beschneiden (*od.* stutzen).
die **Flügel** hängenlassen	*enttäuscht, mutlos sein* Franz hatte sich gut vorbereitet und rechnete mit einer guten Note. Klar, daß er bei einer 5 die Flügel hängenläßt.
s. die **Flügel** verbrennen	*Anstoß erregen, Schaden erleiden* Jugend will Neues schaffen. Dazu gehört auch, daß sie sich von Zeit zu Zeit die Flügel verbrennt.
flügge werden	*anfangen, selbständig* (od. *reif) zu werden* Wenn Kinder erst mal flügge werden, dann gilt der Rat der Erwachsenen nicht mehr viel.
flügge sein	*selbständig, unabhängig geworden sein* Alle unsere Kinder sind flügge, mein Mann und ich leben ganz zurückgezogen.

etw. (wieder) in **Fluß** bringen	*etw. nach e-r Pause wieder in Gang bringen* Wer hat es fertiggebracht, die Verhandlungen zwischen den Arbeitern und der Betriebsleitung wieder in Fluß zu bringen?
(wieder) in **Fluß** kommen	*nach e-r Pause wieder in Gang kommen* Die Abrüstungsgespräche sind wieder in Fluß gekommen.
flüssig sein	*(Bar)Geld zur Verfügung haben* Ich kann dir das Geld jetzt nicht geben, da ich im Augenblick nicht flüssig bin.
dem werd(e) ich was **flüstern** U	*ihm werde ich gehörig die Meinung sagen* Wenn heute abend meine Schwester nach Hause kommt, werde ich ihr was flüstern.
das kann ich dir **flüstern** U	*1) das sage ich dir im Ernst* *2) das ist bestimmt so, dessen bin ich sicher* 1) Wenn du noch einmal Geld nimmst, ohne mich zu fragen, dann gibt's was, das kann ich dir flüstern! 2) Er hat den Ring gestohlen, das kann ich dir flüstern.
(nicht) **folgen** können	*Gesprochenes geistig od. akustisch (nicht) verstehen* Er spricht so schnell, daß ich ihm nicht folgen kann.
j-m in etw. nicht **folgen** können	*j-m in etw. nicht zustimmen können, anderer Meinung sein* Naturwissenschaftlich stehen wir auf dem gleichen Standpunkt, aber sonst kann ich ihm nicht folgen.
j-n auf die **Folter** spannen	*j-n in qualvolle Spannung versetzen* Spanne mich doch nicht so auf die Folter und sag, wie du meinen Ring wiederbekommen hast.
feste **Form(en)** annehmen	*Gestalt annehmen, mehr und mehr konkret werden* Nimmt die Idee zu deinem Roman feste Formen an?
in **Form** sein	*1) leistungsfähig sein* *2) in guter Stimmung, witzig, spritzig sein* 1) Hoffentlich bin ich nächsten Sonntag in Form. Es geht um die Meisterschaft im Hochsprung. 2) Wenn mein Bruder in Form ist, wird es morgen ein sehr lustiger Abend.
in **Form** kommen	*nach und nach leistungsfähiger werden* Er müßte wesentlich mehr in Form kommen, um Aussicht auf Erfolg zu haben.
nicht in **Form** (*od.* außer Form) sein	*1) nicht leistungsfähig sein* *2) nicht in guter Stimmung, witzig sein* 1) An dem Wettbewerb nehme ich nicht teil; ich bin zur Zeit ganz außer Form. 2) Wenn der Hauptdarsteller dieser Komödie nicht in Form ist, dann wird das Stück eine Tragödie.
in aller **Form**	*feierlich, offiziell* Er hat in aller Form um die Hand meiner Tochter angehalten.
von **Format** sein (*od.* **Format** haben)	*Charakter und Talent haben, e-e Persönlichkeit sein* Wie man auch über diesen Politiker denken mag, er ist ein Mann von Format (*od.* er hat Format).

Fortuna lächelt (*od.* lacht) j-m	*j-d hat Glück* „Christoph ist aber heute großzügig." – „Kein Wunder! Fortuna hat ihm gelächelt. Er hat 1000 Mark gewonnen."
etw. auf e-e (einfache) **Formel** bringen	*Verschiedenartiges durch e-e Ursache erklären* All seine Handlungen lassen sich auf eine einfache Formel bringen: er wollte zeigen, daß er vom Vater unabhängig ist.
j-m den **Frack** voll hauen (*od.* voll schlagen) U	*j-n verprügeln* Wenn er das noch mal sagt, hau ich ihm den Frack voll.
das ist die **Frage** (*od.* die große **Frage,** noch sehr die **Frage**)	*das ist durchaus zweifelhaft* Innenpolitisch sind diese Maßnahmen wohl gut, aber wie das Ausland reagieren wird, das ist die große Frage.
in **Frage** stellen	*1) anzweifeln, als zweifelhaft hinstellen* *2) gefährden* 1) In diesem Buch wird die Existenz Gottes in Frage gestellt. 2) Nach den schwachen Leistungen unseres Jungen ist jetzt seine Versetzung in Frage gestellt.
außer **Frage** stehen (*od.* sein)	*gewiß, ganz sicher sein* Für einen Künstler ist Begabung das Wichtigste. Das steht außer Frage.
was für e-e **Frage!**	*das ist doch selbstverständlich* Ob ich bei der Fahrt mitkomme? Was für eine Frage!
das ist gar keine **Frage**	*das ist sicher* Unser neuer Artikel wird viele Käufer finden. Das ist gar keine Frage.
das (*od.* es) ist nur e-e **Frage** (der Zeit, der Geschicklichkeit, des Geldes *usw.*)	*dazu braucht man nur genügend (Zeit, Geld usw.)* Unser neuer Kleiderstoff wird sich durchsetzen. Es ist nur eine Frage der Zeit und der geschickten Werbung.
in **Frage** kommen	*e-e Möglichkeit darstellen, berücksichtigt werden* Für ein Auslandsstipendium kommen nur Schüler mit guten Zeugnissen in Frage.
fragen kostet (ja) nichts (*od.* **fragen** kostet ja nicht den Kopf)	*zu fragen ist ja erlaubt* Bitte doch den Herrn um Auskunft! Fragen kostet ja nichts.
fragen: das frage ich dich!	*das müßtest du wissen, nicht ich* „Wo ist denn der Photoapparat?" – „Das frage ich dich! Du hast ihn zuletzt gehabt."
fragen: da fragst du mich zuviel U	*das weiß ich nicht* „Wie heißt die Hauptstadt von Tansania?" – „Da fragst du mich zuviel!"
fragen: da fragst du noch? U	*das ist doch ganz klar, sicher* „Für das, was ich freiwillig sonntags arbeite, muß ich auch Steuern zahlen?" – „Da fragst du noch?"

fragen: es fragt s.	*es ist zweifelhaft* Es fragt sich, ob dieser Schritt richtig war.
fragen Sie lieber nicht U	*es war so schrecklich, daß ich besser nicht davon spreche* „Na, wie war die Überfahrt von England?" – „Fragen Sie lieber nicht. Wir waren alle halbtot."
wie ein **Fragezeichen** dastehen (*od.* dasitzen) U	*mit e-m krummen Rücken dastehen* (od. *dasitzen*) Soll das Haltung sein? Sie stehen ja da wie ein Fragezeichen!
aussehen wie ein lebendiges **Fragezeichen** U	*durch s-n Gesichtsausdruck zeigen, daß man etw. nicht verstanden hat* Als er aus der philosophischen Vorlesung kam, sah er aus wie ein lebendiges Fragezeichen.
Fraktur reden (mit j-m) U	*(j-m) grob und deutlich die Meinung sagen* Endlich hat unser Chef mit dem faulen Lageristen mal Fraktur geredet.
frank und frei	*offen und ehrlich, ohne Hintergedanken* Und hiermit erkläre ich frank und frei: die Jugend ist besser als ihr Ruf!
s. (auf) **französisch** verabschieden (*od.* verdrücken *od.* empfehlen *od.* Abschied nehmen)	*weggehen, ohne s. zu verabschieden* Die Gesellschaft ist noch so nett im Gespräch, da wollen wir uns lieber (auf) französisch verabschieden.
j-m **frech** kommen U	*s. frech, ungehörig gegenüber j-m benehmen* Wenn du mir frech kommen willst, kann ich nur sagen: nimm dich in acht!
ich bin so **frei**	*1) ich nehme mir die Freiheit (od. die Erlaubnis), etw. zu tun* *2) ich nehme das Geld an* 1) „Nehmen Sie doch an unserem Tisch Platz." – „Danke, ich bin so frei." 2) „Hier sind dreißig Mark." – „Ich bin so frei."
auf **Freiersfüßen** gehen	*s. e-e Frau suchen* Ich glaube, mein Vetter geht auf Freiersfüßen
j-n **freihalten**	*für j-n Essen und Trinken bezahlen* Mein Onkel hat mich den ganzen Abend freigehalten.
(Brief, Päckchen *usw.*) **freimachen**	*das Porto (für e-n Brief) bezahlen* Hast du (*od.* Sind) alle Briefe schon freigemacht?
s. **freischwimmen**	*1) die Schwimmprüfung ablegen (u. deshalb überall schwimmen dürfen)* *2) s. von Bindungen, Hemmungen lösen* 1) Vorige Woche habe ich mich freigeschwommen. 2) Er will nicht mehr von seinen Eltern abhängig sein, er will sich jetzt freischwimmen.

j-n **freisprechen**	*1) erklären, daß j-d von der Schuld (od. der Anklage) frei ist* *2) j-m nach bestandener Gesellenprüfung den Gesellenbrief geben* 1) Mangels Beweisen wurde der Angeklagte freigesprochen. 2) Morgen wird er vom Innungsmeister freigesprochen. Dann ist seine Lehrlingszeit zu Ende.
fremdgehen U	*untreu werden, Ehebruch begehen* Er kann nicht treu sein, er geht immer wieder fremd.
die **Fresse** halten S	= *den Mund halten (aber viel grober)*
j-m die **Fresse** polieren S	*j-m heftig ins Gesicht schlagen* Diesem unverschämten Lügner möchte ich mal die Fresse polieren!
ein gefundenes **Fressen** für j-n sein U	*e-e s. zufällig ergebende angenehme S. sein* Der lange kalte Winter war für ihn ein gefundenes Fressen. Er hat all seine Wollsachen verkaufen können.
s. ein **Fressen** aus etw. machen U	*etw. (bes. für e-n anderen Unangenehmes) sehr gerne tun* Er macht sich natürlich ein Fressen daraus, ihn auf diese Weise zu ärgern.
sie ist zum **Fressen** U	= *sie ist zum* Anbeißen
j-n zum **Fressen** gern haben U	*j-n sehr gern haben* Die kleine Inge hat ein so liebes, zutrauliches Wesen. Peter hat sie zum Fressen gern.
er wird dich (schon) nicht (*od.* nicht gleich) **fressen** U	*der Tadel (od. die Strafe) wird nicht sehr schlimm sein* Wenn der Rektor dich sprechen will, dann mußt du auch hingehen! Er wird dich schon nicht gleich fressen!
j-n ansehen (*od.* anschauen), als wollte man ihn **fressen** U	*j-n sehr böse ansehen* Schau mich nicht (so) an, als wolltest du mich fressen! Ich kann nichts dafür, daß es nicht geklappt hat.
fressen: etw. (*od.* j-n) gefressen haben S	*etw. (od. j-n) nicht leiden, nicht ausstehen können* Die unregelmäßigen Verben habe ich gefressen!
fressen: er hat es (endlich) gefressen S	*er hat es (endlich) verstanden* Jetzt hat er es endlich gefressen, daß der Leim zehn Minuten trocknen muß, bevor geklebt werden kann.
herrlich und in **Freuden** leben	*ein schönes Leben führen,* bes. *Essen und Trinken genießen* Morgen findet das Richtfest statt. Dann werden wir herrlich und in Freuden leben.
s-e helle **Freude** an etw. haben	*sehr erfreut sein über etw.* An unserem Jüngsten haben wir unsere helle Freude; er schafft die Schule spielend.
das sind die **Freuden** des Berufs	*das sind nun einmal die beruflichen Nachteile, die man in Kauf nehmen muß* Als Sprachlehrer bin ich oft abends besetzt und kann deswegen nicht ins Theater gehen. Das sind nun mal die Freuden des Berufs.
j-m die **Freude** versalzen	*j-m die Freude verderben, es so machen, daß j-d s. ärgert* Es gibt neidische Menschen, die anderen immer die Freude versalzen müssen.

freuen: das freut einen denn ja auch U	1) *darüber kann man s. nur ärgern* 2) *das ist ja ganz schön* 1) Ich habe die Arbeit gemacht, und Tom kriegt das Anerkennungsschreiben. Das freut einen denn ja auch! 2) Als mich mein Bruder beglückwünschte und sagte: „Na, das freut einen denn ja auch!", habe ich mich über seine herablassende Äußerung sehr geärgert.
mein lieber (*od.* teurer) **Freund** (und Kupferstecher) U	*e-e drohende, warnende Anrede* Mein lieber Freund und Kupferstecher! Dein ewiges Gerede, ich müßte dir helfen, geht mir allmählich auf die Nerven.
dicke **Freunde** sein U	*sehr befreundet sein* Die beiden sind seit vielen Jahren dicke Freunde.
kein (großer) **Freund** von etw. (*od.* e-r S.) sein	*etw. nicht sehr schätzen, nicht gern haben* Er ist kein Freund von großen Worten (*od.* großer Worte).
dem **Frieden** nicht (recht) trauen	*kein Vertrauen in etw. haben* Die beiden haben sich zwar wieder versöhnt, aber ich traue dem Frieden nicht.
j-n in **Frieden** lassen	*j-n nicht stören* (od. *reizen*) Laß mich mit deinen Geschichten in Frieden.
s-n **Friedrich** Wilhelm daruntersetzen U	s. *Wilhelm*
Front gegen j-n (*od.* etw.) machen	*s. nachdrücklich gegen j-n od. etwas wenden* Er machte in seinem Vortrag vor allem Front gegen die Unterdrückung der Redefreiheit.
sei kein **Frosch!** U	*sei kein Spielverderber, ziere dich nicht, mach mit!* Ohne dich geht es nicht. Nun sei kein Frosch, und schließ dich uns an!
ein aufgeblasener **Frosch** U	*ein auf plumpe Weise eingebildeter Mensch* Manche Menschen kann ich nicht leiden, und den Müller, diesen aufgeblasenen Frosch, schon zweimal nicht.
s. aufblasen wie ein **Frosch** U	*in aufdringlich-eitler Weise wichtig tun* Er hat ja manchmal ganz gute Ideen, wenn er nur sich nicht so aufblasen wollte wie ein Frosch!
e-n **Frosch** im Hals haben U	*heiser sein, keine klare Stimme haben* Ausgerechnet heute morgen muß ich meinen Vortrag halten, wo ich einen Frosch im Hals habe.
aus der **Frosch**perspektive	1) *von unten gesehen* 2) *von einem engherzigen Standpunkt aus betrachtet* 1) Eine besonders frappierende Wirkung haben oft Porträts, die aus der Froschperspektive aufgenommen sind. 2) Junge Menschen meinen allzu leicht, die ältere Generation sehe alles nur aus der Froschperspektive.

die **Früchte** s-s Tuns (*od.* Leichtsinns, Ungehorsams) ernten	*die bösen Folgen s-s Tuns (Leichtsinns usw.) erleben* Sieh nur, wie rücksichtslos der fährt! Der wird auch noch eines Tages die Früchte seines Tuns (*od.* Leichtsinns) ernten.
e-e **Frucht** der Liebe	= *ein Kind der Liebe*
die **Früchte** seines Schweißes	s. *Schweiß*
verbotene **Früchte**	*verlockende Dinge (bes. in der Liebe), die verboten sind* Verbiete deinen Kindern nicht zuviel! Verbotene Früchte locken!
ein nettes (*od.* sauberes) **Früchtchen**	*ein mißratener (junger) Mann* Aus deinem Schulfreund ist ja ein nettes Früchtchen geworden. Zur Zeit sitzt er wegen Diebstahl.
da mußt du (schon) **früher** aufstehen S	1) *da mußt du schon schneller reagieren, besser auf Draht sein* 2) *da mußt du dir etw. Besseres einfallen lassen* 1) Er will auch diesen Job haben? Da muß er schon früher aufstehen. 2) Mit solchen Methoden kann er mich doch nicht reinlegen. Da muß er schon früher aufstehen.
ein schlauer **Fuchs**	*ein raffinierter, verschlagener Mensch* Dem Fritz Müller, diesem schlauen Fuchs, bist du mit deinem geraden Wesen einfach nicht gewachsen.
da kommt der **Fuchs** zum Loch heraus	*da zeigt s. der wahre Grund* Jetzt verstehe ich, dich reut das Geld, das du dafür bezahlen sollst. Da kommt der Fuchs zum Loch heraus.
etw. hat der **Fuchs** gemessen (*od.* das hat der **Fuchs** mit dem Schwanz gemessen)	*die Entfernungsangabe ist viel zu knapp gemessen* „Bis zur Hütte sind es vier Stunden, steht auf dem Schild." – „Na das hat der Fuchs aber mit dem Schwanz gemessen! Ich war mal oben und sogar ohne Rucksack, und ich habe schon fünf Stunden gebraucht!"
wo s. die **Füchse** gute Nacht sagen (*od.* wo **Fuchs** und Hase s. gute Nacht sagen)	*in e-r einsamen, abgelegenen Gegend* Sein Haus gehört schon noch zu unserem Dorf, aber es liegt weit draußen, wo sich die Füchse gute Nacht sagen.
Füchse prellen	*schlauer sein als die Schlauen, Schlauköpfe überlisten* Bei dem mußt du aufpassen. Das ist einer von denen, die Füchse prellen.
unter j-s **Fuchtel** stehen	*in j-s Gewalt, in strenger Zucht bei j-m sein* Er steht ziemlich unter der Fuchtel seiner Frau.
j-n unter der **Fuchtel** haben (*od.* halten)	*j-n in der Gewalt, in strenger Zucht haben* Sie hat die Kinder ganz schön unter der Fuchtel.
j-n unter die **Fuchtel** nehmen	*j-n in Aufsicht, in strenge Erziehung nehmen* Du kommst ab Ostern ins Internat! Dort wird man dich unter die Fuchtel nehmen!

mit **Fug** und Recht L	*mit vollem Recht* Der Abgeordnete behauptet mit Fug und Recht, die Regierung habe ihr Versprechen nicht gehalten.
aus den (*od.* aus allen) **Fugen** gehen (*od.* geraten)	*aus der Bahn geworfen werden, in Unordnung geraten, durcheinandergeraten* Der Junge hatte keine Eltern und keine Freunde. So kam es, daß sein Lebensweg aus allen Fugen geriet.
in allen **Fugen** krachen	*sehr erschüttert, nahe dem Zusammenbruch sein* Der Konzern geriet damals in sehr große Finanzschwierigkeiten; er krachte wirklich in allen Fugen.
s-e **Fühler** ausstrecken (bei j-m)	*etw. vorsichtig (tastend) (zu) ergründen (versuchen)* Bevor du deinem Freund das neue Urlaubsziel vorschlägst, solltest du mal deine Fühler ausstrecken (bei ihm), was er überhaupt von Skandinavien hält.
fünf Minuten vor zwölf	*im allerletzten Augenblick (sonst wäre ein Unglück passiert)* Sie wurde im Krankenhaus sofort operiert. Der Arzt sagte, es sei fünf Minuten vor zwölf gewesen.
alle **fünf(e)** gerade (*od.* grade) sein lassen	*die Dinge nicht so genau nehmen, großzügig sein* Heut wollen wir mal alle fünfe grade sein lassen. Wir erledigen die Arbeit morgen.
nicht auf (*od.* bis) **fünf** zählen können	= *nicht auf* drei *zählen können*
das **fünfte** Rad am Wagen sein	s. *Rad*
kurze **Fünfzehn** machen	= *kurzen* Prozeß *machen*
ein falscher **Fünfziger** (*mst.* Fuffziger) U	*ein unaufrichtiger, unehrlicher Mensch* Anfänglich zog ich ihn ins Vertrauen, aber bald merkte ich, daß er ein falscher Fünfziger (*od.* Fuffziger) war.
ein **Funken** Verstand (*od.* Ehrgeiz, guter Wille *usw.*)	*ein kleines bißchen Verstand usw.* Wenn er nur einen Funken Verstand hat, dann legt er sich mit diesem Fieber ins Bett und kuriert sich aus.
(arbeiten *usw.*), daß die **Funken** fliegen (*od.* sprühen, stieben)	*eifrig, intensiv (arbeiten* usw.*)* Wenn er das Examen bestehen will, dann muß er freilich arbeiten, daß die Funken sprühen.
funken: es hat gefunkt U	*1) es hat e-e Auseinandersetzung gegeben* *2) es hat geklappt, die S. geht in Ordnung* *3) er (od. sie) hat s. sofort verliebt* 1) Diesmal verlief die Lehrersitzung nicht so friedlich. Es hat ziemlich gefunkt. 2) Endlich hat es gefunkt. Er ist jetzt Studienreferendar geworden und kann mit dem Unterrichten anfangen. 3) Als sie sich gestern abend kennenlernten, hat es gleich gefunkt – sie sind schon ganz unzertrennlich.

funken: es hat bei ihm gefunkt U	*er hat es jetzt begriffen* Endlich hat es bei Thomas gefunkt; jetzt hat er die Spielregel begriffen.
etw. (*od.* viel) **für** s. haben	*(viele) positive Seiten haben, positiv zu beurteilen sein* Dieser Vorschlag hat viel für sich.
nicht zu haben sein **für** etw.	*s. haben*
für s. sprechen	*s. sprechen*
sein **Für** und Wider haben	*gute u. schlechte Seiten, Vor- u. Nachteile haben* Die Bemühungen, die Innenstadt vom Autoverkehr freizuhalten, haben ihr Für und Wider.
Furore machen	*großen Eindruck machen, Aufsehen erregen* Das englische Amateurtanzpaar machte mit seinem langsamen Walzer viel Furore.
wie ein **Fürst** (*od.* fürstlich) leben	*sehr gut leben, essen und trinken* Einmal im Monat lasse ich mir's gut gehen und lebe wie ein Fürst.
schräger **Fürst** S	*j-d, der es mit mehr od. weniger illegalen Mitteln zu Geld und e-m gewissen Ansehen bringt* Ach, der ist auch so ein schräger Fürst. Niemand weiß, wo er das viele Geld her hat.
leichten **Fußes**	*ohne s. anstrengen zu müssen* Ich stieg leichten Fußes die Treppe hinauf.
stehenden **Fußes**	*sofort* Zu Hause angekommen, ging ich stehenden Fußes ins Arbeitszimmer meines Vaters.
trockenen **Fußes**	*nicht durchnäßt* Es sah ständig nach Gewitter aus, aber wir sind doch trockenen Fußes nach Hause gekommen.
Füße wie Blei haben	*(durch Übermüdung) schwere Füße haben* Ich komme nicht mehr mit, ich habe Füße wie Blei.
j-m den **Fuß** auf den Nacken setzen	*s. Nacken*
s. die **Füße** ablaufen (*od.* wund laufen)	= *s. die Schuhsohlen ablaufen nach etw.*
die **Füße** unter j-s Tisch st(r)ecken	*s. Tisch*
keinen **Fuß** über j-s Schwelle (*od.* in j-s Haus) setzen	*j-s Haus nicht mehr betreten* Er hat mich damals schwer beleidigt. Ich setze keinen Fuß mehr über seine Schwelle!
keinen **Fuß** vor die Tür (*od.* vors Haus) setzen	*das Haus nicht verlassen, zu Hause hocken* Kein Wunder, wenn er immer blasser wird. Er setzt ja keinen Fuß mehr vor die Tür.

zwei linke **Füße** haben	*mit den Füßen ungeschickt sein* Robert geht, als ob er zwei linke Füße hätte.
s. die **Füße** vertreten	*s. etw. Bewegung machen (durch Spazierengehen)* Ich habe den ganzen Tag am Schreibtisch gesessen, ich muß mir jetzt mal die Füße vertreten.
(festen) **Fuß** fassen	*1) (das Anfangsstadium überwinden u.) s. behaupten* *2) s. e-e Existenz schaffen u. s. einleben* 1) Die Konkurrenz hat auf diesem Gebiet festen Fuß gefaßt. 2) Ist es heute für europäische Einwanderer leichter, in USA (festen) Fuß zu fassen als vor 100 Jahren?
kalte **Füße** kriegen (*od.* bekommen) U	*Angst kriegen* Wenn ich an die Höhe meiner Schulden denke, dann krieg' ich doch kalte Füße.
auf dem **Fuße** folgen	*1) j-m unmittelbar folgen* *2) sofort nach etw. geschehen* 1) Als meine Tochter ins Haus kam, folgte ihr ein Verehrer auf dem Fuße. 2) Der üblen Tat folgte die Strafe auf dem Fuße.
(immer) wieder auf die **Füße** fallen (*od.* kommen)	*(immer) Glück haben, aus Schwierigkeiten gut herauskommen* Peter kann anstellen, was er will, er fällt immer wieder auf die Füße.
wieder auf die **Füße** kommen	= *wieder auf die* Beine *kommen*
j-m (*od.* j-n) auf den **Fuß** (*od.* die **Füße**) treten	*1) = j-m auf den* Schlips *treten* *2) j-n zurechtweisen* 2) Er kommt jeden Tag zu spät? Da muß ich ihm mal gehörig auf den Fuß treten.
auf eigenen **Füßen** stehen	*wirtschaftlich selbständig sein* Thomas studiert noch, aber Martin steht schon seit Jahren auf eigenen Füßen.
s. auf eigene **Füße** stellen	*s. wirtschaftlich selbständig machen* Ich habe mein Studium unterbrochen, da ich mich möglichst schnell auf eigene Füße stellen wollte.
j-n auf freien **Fuß** setzen	*j-n aus der Haft entlassen* Der Angeklagte wurde vorläufig auf freien Fuß gesetzt.
j-n auf freiem **Fuß** (be)lassen	*j-n (noch) nicht in Haft nehmen* Es besteht keine Fluchtgefahr, also können wir ihn auf freiem Fuß belassen.
auf freiem **Fuß** sein	*nicht in Haft sein* Von den drei ausgebrochenen Gefangenen sind zwei noch immer auf freiem Fuß.
auf schwachen (*od.* wackligen) **Füßen** stehen	*nicht sicher, nicht fest begründet sein* Die neue geologische Theorie (seine Behauptung über uns *usw.*) steht auf sehr schwachen (*od.* wackligen) Füßen.
auf tönernen **Füßen** stehen	*kein (politisch) festes Fundament haben* Das Reich Alexanders des Großen stand auf tönernen Füßen.

auf großem **Fuß**(e) leben	*luxuriös leben, großen Aufwand treiben* Seit der Erbschaft lebt er auf großem Fuß. Fragt sich bloß, wie lange noch.
auf gutem (*od.* vertrautem, schlechtem, gespanntem) **Fuß** mit j-m leben (*od.* stehen)	*in guten* (usw.) *Beziehungen mit j-m sein* Die beiden stehen auf vertrautem Fuß miteinander.
auf den (*od.* s-n) letzten **Füßen** gehen	*altersschwach, todkrank sein* Er geht auf seinen letzten Füßen. Lange wird er's nicht mehr machen.
Gewehr bei **Fuß** stehen	*abwarten, zur Tat bereit sein* Ich warte nur auf grünes Licht. Meine Werbekolonnen stehen schon Gewehr bei Fuß.
j-n mit **Füßen** treten	*j-n sehr schlecht behandeln, j-n unterdrücken* Ob du's glaubst oder nicht: früher hat er mich auf Händen getragen, aber jetzt tritt er mich mit Füßen.
sein Glück mit **Füßen** treten	*sein Glück gröblich mißachten* Wenn ich denke, was für eine Chance ihm mein Vater gegeben hat, aber er hat sein Glück mit Füßen getreten.
das Recht mit **Füßen** treten	*das Recht gröblich mißachten, Unrecht begehen* Wer so wie er das Recht mit Füßen getreten hat, verdient die gerechte Strafe.
mit e-m **Fuß** im Grabe stehen	= *mit e-m* Bein *im Grabe stehen*
mit e-m **Fuß** im Gefängnis stehen	= *mit e-m* Bein *im Gefängnis stehen*
mit beiden **Füßen** hineinspringen	= *mit beiden* Beinen *hineinspringen*
mit beiden **Füßen** im Leben (*od.* auf der Erde) stehen	= *mit beiden* Beinen *im Leben stehen*
mit dem linken **Fuß** zuerst aufgestanden sein U	= *mit dem linken* Bein *zuerst aufgestanden sein*
j-m über die **Füße** laufen U	*j-m zufällig begegnen, vorkommen* Dies Wort ist mir noch nie über die Füße gelaufen.
j-m vor die **Füße** laufen	= *j-m in die* Arme *laufen*
j-m etw. vor die **Füße** werfen	*j-m etw.* (bes. *den ganzen Kram, den Bettel* usw.) *hinwerfen u. s. weigern, weiterzuarbeiten* (s. *Kram*) Wirf ihm doch den ganzen Kram vor die Füße!
gut (*od.* schlecht) zu **Fuß** sein	*gut* (*schlecht*) *gehen können* Trotz seiner 90 Jahre ist er noch gut zu Fuß.

j-m etw. zu **Füßen** legen	*j-m etw. unterwürfig (od. aus großer Liebe) schenken* Seiner Herzallerliebsten hätte er sein Vermögen zu Füßen legen mögen.
j-m zu **Füßen** liegen	*1) j-d anflehen* *2) j-d verehren, anbeten* 1) Er hatte seiner Freundin zu Füßen gelegen, aber sie hatte ihn nicht erhört. 2) Der königlichen Greta Garbo haben Millionen zu Füßen gelegen.
j-m **Fußangeln** legen	= *j-m* Fallen *stellen*
(um) keinen **Fußbreit** (*od.* nicht um e-n **Fußbreit**)	= *um keinen* Fingerbreit
in j-s **Fuß(s)tapfen** treten	*j-m nachfolgen, j-s Vorbild nacheifern* Na, Junge, wirst du auch mal in deines Vaters Fußstapfen (*od.* in die Fußstapfen deines Vaters) treten?
j-m auf die **Fußzehen** treten	= *j-m auf den* Schlips *treten*
futsch ist futsch (und hin ist hin) U	*s. hinsein*
an der **Futterkrippe** sitzen U	*ein gutes Leben führen* Seit seiner Heirat mit der Fabrikantentochter sitzt er an der Futterkrippe.
an die **Futterkrippe** kommen U	*e-n einträglichen Posten bekommen* Er hoffte, durch seinen Schwiegervater an die Futterkrippe zu kommen.

G

e-e milde **Gabe**	*ein kleines Geschenk, ein Almosen* Da steht ein Bettler und bittet um eine milde Gabe.
s. in **Gala** werfen	*festliche Kleidung anziehen* Der Empfang heute abend scheint eine große Sache zu werden. Da müssen wir uns in Gala werfen.
für die **Galerie** spielen	*derb Theater spielen (für den Geschmack der einfachen Leute)* Es fehlten alle feineren Töne und Nuancen. Kurz, es wurde für die Galerie gespielt.
reif für den **Galgen** sein (*od.* an den **Galgen** gehören)	*so verbrecherisch sein, daß man hingerichtet werden sollte* Wer sich an Kindern vergreift, der ist meines Erachtens reif für den Galgen (*od.* der gehört an den Galgen).
die **Galle** läuft j-m über (*od.* kommt j-m hoch)	*j-d gerät in Wut* Die Galle läuft mir jedesmal über, wenn ich sehe, wie diesem Nichtskönner das Geld nachgeschmissen wird.
seine Feder in **Galle** tauchen	*sehr bittere, aggressive Dinge schreiben* Der Artikel gegen den Politiker ist ungemein scharf. Der Verfasser hat seine Feder in Galle getaucht.
im **Galopp** U	*schnell, flüchtig (etw. tun* usw.*)* Du sollst deine Hausaufgaben nicht im Galopp runterschreiben, sondern sorgfältig machen.
im **Galopp** durch die Kinderstube geritten sein S	*s. Kinderstube*
in **Galopp** bringen U	*= in* Trab *bringen*
Gamaschen vor etw. haben S	*Angst vor etw. haben* Vor der Fahrprüfung hab ich vielleicht Gamaschen.
etw. in **Gang** bringen (*od.* setzen)	*etw. einführen, machen, daß etw. beginnt (od. getan wird)* In einer Demokratie ist es nicht immer einfach, die Maschinerie des Parlaments in Gang zu setzen.
etw. in **Gang** halten	*machen, daß etw. läuft und nicht aufhört* Wir versuchen, die Diskussion über das neue Arbeitsrecht in Gang zu halten.
in **Gang** kommen	*in Gang gebracht werden, beginnen* Die Untersuchung über diesen Fall ist in Gang gekommen.
im **Gang(e)** sein	*1) s. abspielen, durchgeführt werden* *2) heimlich unternommen, geplant werden (gegen j-n)* 1) Die Verhandlungen sind noch im Gang. 2) Ich habe das Gefühl, daß in der Firma etwas gegen mich im Gange ist.

gang und gäbe	*allgemein üblich, gebräuchlich* In manchen Ländern ist es gang und gäbe, bei jeder Gelegenheit ein Trinkgeld zu zahlen.
Gang nach Kanossa	*s. Kanossa*
j-n am **Gängelband** führen	*j-n so führen, daß er keine eigenen Entscheidungen treffen kann, j-n in allem bevormunden* Je länger Eltern ihre Kinder am Gängelband führen, desto unselbständiger werden sie.
am **Gängelband** gehen	*in allem bevormundet werden* Es gibt unselbständige Menschen, denen es nichts ausmacht, wenn sie am Gängelband gehen.
dastehen (*od.* ein Gesicht machen, aussehen) wie eine **Gans,** wenn's donnert (*od.* blitzt, gewittert) U	*überrascht und nicht verstehend dastehen* (*od. aussehen*) Sie hatte offenbar mit nichts Schlimmem gerechnet, denn als ich ihr mitteilte, daß sie die Prüfung nicht bestanden habe, stand sie da wie eine Gans, wenn's donnert.
e-e **Gänsehaut** kriegen	*e-e rauhe Haut (mit sich sträubenden Härchen) kriegen (vor Angst, vor Kälte)* Wenn ich an den Winter nur denke, kriege ich schon eine Gänsehaut.
im **Gänsemarsch** gehen	*hintereinander gehen* Das Brückchen war so schmal, daß wir alle nur im Gänsemarsch hinübergehen konnten.
aufs **Ganze** gehen	*nicht auf halbem Wege stehenbleiben* Diesmal ging ich aufs Ganze und verlangte die sofortige Zahlung aller Schulden einschließlich der Zinsen.
nichts **Ganzes** und nichts Halbes sein	*weder so noch so zu gebrauchen sein* Wenn Sie mir jetzt nur ein Drittel geben und die Zahlung der Restsumme nicht fest zusagen wollen, dann ist das nichts Ganzes und nichts Halbes.
unter **Garantie**	*ganz bestimmt* Morgen wird es unter Garantie schön, denn wir haben zur Zeit Hochdruck.
j-m den **Garaus** machen U	*j-n umbringen* Dem Kerl, der in meinen parkenden Wagen gefahren ist, möchte ich am liebsten den Garaus machen.
schwedische **Gardinen** U	*s. schwedisch*
e-e **Gardinenpredigt** halten U	*(dem Ehemann) e-e Strafpredigt halten* Ich mag meine Frau ja gern! Wenn sie mir nur nicht immer eine Gardinenpredigt hielte, wenn ich mit meinen Freunden mal ins Wirtshaus gehe.
ein (*od.* sein) **Garn** spinnen	*(phantastische) Geschichten erzählen (bes. von Seeleuten)* Wir hörten alle mit Spannung zu, als der Seemann anfing, (s)ein Garn zu spinnen.

(j-m) ins **Garn** gehen	= *(j-m) in die* Falle *gehen*
j-n ins **Garn** locken	= *j-n in die* Falle *locken*
erste **Garnitur**	*hervorragend, von bester Qualität (od. Person[en] dieser Art)* An Dolmetschern können wir für diese Konferenz wirklich nur erste Garnitur gebrauchen.
zweite **Garnitur**	*nicht bes. gut, zweitrangig (od. Person[en] dieser Art)* Die Kräfte, die den heutigen bunten Abend bestritten, waren alle höchstens zweite Garnitur.
quer durch den **Garten** U	*die verschiedensten Gemüsearten, alles mögliche* „Na, was gab's Schönes zum Mittagessen?" – „Ach, kann ich nicht so genau sagen. Einmal quer durch den Garten."
das ist nicht in s-m **Garten** gewachsen U	= *das ist nicht auf s-m* Mist *gewachsen*
Gas geben	*aufs Gaspedal treten, schneller fahren* 1) Wenn du ein wenig Gas gibst, können wir den Lastwagen noch vor der Kuppe überholen. 2) Jetzt muß ich aber Gas geben und nach Hause rasen, sonst gibt's Krach.
das **Gas** wegnehmen	*weniger (od. kein) Gas geben, langsamer fahren* Nimm's Gas weg, sonst siehst du ja gar nichts von der herrlichen Landschaft.
den **Gashahn** aufdrehen U	*Selbstmord mit Gas begehen* Sie muß geglaubt haben, daß es für sie keine Heilung mehr gibt. Da hat sie dann den Gashahn aufgedreht.
gassi gehen U *(süddt.)*	*(Hund) auf die Straße gehen, um die Notdurft zu verrichten* Unser Struppi muß nochmal gassi gehen.
(Hund) **gassi** führen U *(süddt.)*	*(Hund) auf die Straße führen* Hast du Tantchens Dackel schon gassi geführt?
e-e **Gastrolle** geben U	*vorübergehend anwesend sein (od. mitarbeiten)* Der neue Mitarbeiter hat nur eine Gastrolle gegeben. Er hat bereits nach zwei Monaten wieder gekündigt.
j-m gehen die **Gäule** *(od.* geht der **Gaul***)* durch U	= *j-m gehen die* Pferde *durch*
den **Gaul** beim Schwanz aufzäumen	= *das Pferd beim* Schwanz *aufzäumen*
mach (mir) den **Gaul** *(od.* die Gäule) nicht scheu	*mach dich und uns doch nicht verrückt, wir haben ja noch Zeit* „Ist endlich alles gepackt? Können wir losfahren?" – „Nun mach mir doch den Gaul nicht scheu, wir haben noch über eine halbe Stunde Zeit!"
das bringt e-n **Gaul** *(od.* den stärksten **Gaul***)* um U	*das ist zuviel, das ist nicht zum Aushalten* Acht Stunden Unterricht und dann noch eine Konferenz, das bringt ja einen Gaul *(od.* den stärksten Gaul) um.

j-m wie e-m lahmen Gaul zureden	*(vergeblich) versuchen, j-n zu etw. zu überreden* Ich habe ihm zugeredet wie einem lahmen Gaul, daß er zum Arzt geht, aber er will nun mal nicht.
auf den verkehrten Gaul setzen	= *auf die falsche* Karte *setzen*
(j-m) den Gaumen kitzeln	*j-m Appetit machen* Mittags komme ich jeden Tag an einem Lokal vorbei, dessen herrliche Düfte (mir) den Gaumen kitzeln.
e-n feinen Gaumen haben	*ein Feinschmecker sein* Er liebte gutes Essen und hatte einen feinen Gaumen.
etw. für e-n verwöhnten Gaumen sein	*e-n Feinschmecker befriedigen, ein leckeres Essen sein* In diesem Balkan-Restaurant gibt es allerhand feine Sachen für einen verwöhnten Gaumen.
es knistert im Gebälk bei j-m	*es steht wirtschaftlich schlecht um j-n* Seit dem Rückgang der Exportaufträge knistert's bei ihm im Gebälk.
s. gebauchklatscht (*od.* gebauchpinselt, gebauchkitzelt) fühlen S	*sehr befriedigt, sehr stolz sein* Joachim fühlte sich sehr gebauchpinselt, als er im Zeichenwettbewerb den ersten Preis bekam.
viel (wenig, etwas, nichts) geben auf	*e-e große (geringe) Meinung haben von, (nicht) viel halten von* Ich gebe nicht viel auf sein Urteil; er redet mal so, mal so.
alles (wieder) von s. geben	*s. von*
heute wird's noch was geben U	*heute wird es noch Regen* (od. *ein Gewitter*) *geben* Ich glaube, wir sollten die Gartenmöbel in den Keller tun, heute wird's noch was geben.
geben: ich gäbe etwas (*od.* viel) darum, wenn...	*ich wäre sehr froh, wenn..., es wäre mir sehr lieb, wenn...* Ich gäbe etwas darum, wenn ich während des Winters im Süden sein könnte.
geben: dem habe ich es aber gegeben U	*1) dem habe ich gesagt, wie schlecht ich von ihm denke* *2) den habe ich tüchtig geschlagen* 1) Als wir heute nach Karten anstanden, drängelte sich einer von hinten vor. Dem habe ich's aber gegeben. 2) Als er mich angriff, habe ich's ihm gegeben!
geben: es ist ihm nicht gegeben (etw. zu tun)	*es entspricht nicht s-m Charakter, s-n Anlagen* Was er sagte, war durchaus vernünftig, aber es ist ihm nun mal nicht gegeben, eine gute Rede zu halten.
geben: gleich gibt's was (*od.* sonst gibt's was) U	*Es wird Strafe (Tadel, Schläge usw.) geben* Ruhe, sonst gibt's was!
geben: wo gibt's denn so was! U	*das kommt nicht in Frage, das ist ausgeschlossen* Er will bei der Prüfung ein Wörterbuch benutzen. Wo gibt's denn so was!

geben: da gibt's nichts U	*das steht einwandfrei fest* Er ist mir persönlich nicht sympathisch, aber singen kann er, da gibt's nichts.
geben: gib ihm! U	*greif ihn an, schlag zu!* Laß dir das nicht gefallen, wehr dich doch! Gib ihm!
j-n (scharf) ins **Gebet** nehmen	*von j-m Rechenschaft verlangen, ihm Vorwürfe machen* Werner müßte schon längst zu Hause sein. Wenn er kommt, müssen wir ihn mal ins Gebet nehmen.
über **Gebühr**	*zu sehr* Ein Lehrer sollte seine Schüler nie über Gebühr loben; sie werden sonst übermütig.
e-e schwere **Geburt** U	*e-e schwierige Aufgabe (od. Angelegenheit)* Die Zusammenstellung des Programms war eine schwere Geburt. Hinten und vorne wollte es nicht klappen.
ein **Gedächtnis** haben wie ein Sieb	*s. Sieb*
kein **Gedanke**	*keineswegs, durchaus nicht* Du meinst, wir könnten hier noch einen Platz bekommen? Kein Gedanke! Das Lokal ist überfüllt.
s. **Gedanken** machen wegen (*od.* über etw.)	*ernste Gedanken wegen etw. haben, s. Sorgen machen wegen* Ich mache mir schon lange Gedanken wegen Ingrid.
mit dem **Gedanken** umgehen	*ernsthaft überlegen, erwägen* Er geht mit dem Gedanken um auszuwandern.
mit dem **Gedanken** spielen	*etw. nicht sehr ernsthaft erwägen* Er spielt mit dem Gedanken, seinen Arztberuf aufzugeben und Musiker zu werden.
s-e **Gedanken** (nicht) beisammen haben	*(nicht) konzentriert, aufmerksam sein* Es ging ihm schlecht in der Prüfung. Er hatte mal wieder seine Gedanken nicht beisammen.
schwarzen **Gedanken** nachhängen	*s. schwarz*
mir schwebt der **Gedanke** vor	*ich habe den (noch nicht sehr klaren) Gedanken (od. Plan)* Mir schwebt der Gedanke vor, unseren Jungen in ein Internat zu tun. Vielleicht wird er dann vernünftiger.
etw. in **Gedanken** tun	*etw. aus Versehen tun, ohne daß man es merkt* Den Brief habe ich ganz in Gedanken zugeklebt; du wolltest ja noch etwas hineintun.
auf **Gedeih** und Verderb	*in Glück od. Unglück, mit gutem od. schlechtem Ausgang* Die Teilnehmer müssen sorgfältig ausgewählt werden, denn auf einer Expedition ist man auf Gedeih und Verderb miteinander verbunden.
etw. ist ein **Gedicht** U	*etw. ist herrlich, wunderschön* Dieser Hut ist ein Gedicht.

s. in **Geduld** fassen	*geduldig sein, etw. ertragen* Das Ergebnis der Untersuchung bekomme ich frühestens in einer Woche. Sie müssen sich in Geduld fassen.
j-m reißt die **Geduld** (*od.* der **Geduldsfaden**)	*j-s Geduld geht zu Ende* Jetzt reißt mir die Geduld! Entweder du schreibst deinen Aufsatz oder du kriegst ein paar hinter die Ohren.
mit **Geduld** und Spucke (fängt man eine Mucke)	*mit viel Geduld kann man die S. machen* Die Sache ist wirklich schwierig, aber mit Geduld und Spucke fängt man eine Mucke.
das lasse ich mir **gefallen**	*das finde ich prima* Kaum sitzt man im Flugzeug, da wird einem schon die erste Erfrischung gereicht. Das lasse ich mir gefallen!
das lasse ich mir nicht **gefallen**	*das nehme ich nicht so ohne weiteres hin* Auch als Direktor hat er nicht das Recht, mich „Idiot" zu nennen; das lasse ich mir nicht gefallen.
außer **Gefecht** setzen	*kampfunfähig machen* Der Rennfahrer hatte nach der 3. Runde einen Motorschaden und war damit außer Gefecht gesetzt.
etw. ins **Gefecht** führen	= *ins* Feld *führen*
etw. im **Gefolge** haben L	*nach s. ziehen, verursachen* Lange Trockenperioden haben meistens Mißernten, und diese wieder Hungersnöte im Gefolge.
mit gemischten **Gefühlen**	*teils mit Freude od. Hoffnung, teils mit Besorgnis od. Furcht* Wir erwarteten den Besuch mit gemischten Gefühlen.
das höchste der **Gefühle** U	*die äußerste Grenze, das Höchstmögliche* Für dieses alte Buch will er zehn Mark? Drei Mark ist das höchste der Gefühle.
etwas **gegen** j-n haben	*s. haben*
die **Gegend** unsicher machen U	*1) ein Gebiet als Verbrecher bearbeiten* *2) von Lokal zu Lokal ziehen* 1) Wir müssen jeden Abend die Fensterläden sorgfältig schließen. In der letzten Zeit macht ein Fassadenkletterer unsere Gegend unsicher. 2) Seit Wochen sitze ich nur noch hinter meinen Büchern. Aber nach dem Examen machen wir die Gegend unsicher.
in der **Gegend** U	*etwa, ungefähr* Der Preis für das Grundstück bewegte sich, glaube ich, in der Gegend von 30 000 Mark.
j-m ins **Gehege** kommen	*j-n stören, störend eingreifen* Er bemüht sich um die Gunst der Tochter des Direktors. Wehe, wenn ihm einer dabei ins Gehege kommt.
ein offenes (*od.* öffentliches) **Geheimnis**	*e-e Tatsache, die jeder weiß, aber niemand wissen soll* Man kann ruhig darüber sprechen, die Verlobung der beiden ist ein offenes Geheimnis.

das ist das ganze **Geheimnis**	*mehr (u. Wichtigeres) ist dazu nicht zu sagen* Er sagt nicht viel, weil er einen kleinen Sprachfehler hat. Das ist das ganze Geheimnis.
in s. **gehen**	*s. in*
miteinander **gehen**	*ein Liebespaar sein* Soviel ich weiß, gehen sie mindestens schon ein halbes Jahr miteinander.
gehen: wie er ging und stand	*mit dem, was er gerade angezogen hatte (od. anhatte)* Ich war gerade erst beim Anziehen, aber als ich sah, daß er verletzt war, lief ich hin, wie ich ging und stand.
gehen: geh mir mit ... U	*höre auf mit ..., erwähne nicht ...* Geh mir mit deinen politischen Schlagworten, da steckt doch nichts dahinter.
gehen: es geht U	*einigermaßen befriedigend* „Wie hast du geschlafen?" – „Es geht."
gehen: es geht ihm nichts über (Bach, die Kunst *usw.*)	*(Bach usw.) ist ihm das Wichtigste* Ich habe einen Bekannten, dem geht nichts über eine Maß Bier und einen Rettich.
gehen: wie geht's (wie steht's)?	*wie ist deine Gesundheit, wie ist dein Leben?* Die alte Tante Anna empfängt jeden, der zu ihr kommt, mit einem freundlichen: „Wie geht's, wie steht's?"
s. **gehenlassen**	*1) s. nicht beherrschen, s. unbeherrscht benehmen* *2) sein Äußeres nicht (mehr) pflegen* 1) Wer eine leitende Stellung innehat, darf sich (vor anderen) niemals gehenlassen. 2) Wer eine leitende Stellung innehat, darf sich nicht gehenlassen. Er muß immer tipptopp angezogen sein.
etw. zu **Gehör** bringen	*(Musik usw.) aufführen, vortragen* Nach Haydns Violinkonzert in G-Dur wurde eine Beethoven-Sonate zu Gehör gebracht.
hol's der **Geier** U	= *hol's der* Teufel
die erste **Geige** spielen	*die führende Rolle spielen, tonangebend sein* Wenn sie in einer Gesellschaft nicht die erste Geige spielt, ist sie nicht glücklich.
der Himmel hängt j-m voller **Geigen**	*j-d ist glücklich, sieht froh in die Zukunft* Seit seiner Beförderung hängt ihm der Himmel voller Geigen.
nach j-s **Geige** tanzen U	= *nach j-s* Pfeife *tanzen*
ein dienstbarer **Geist**	*ein Diener, Helfer* Selbst reiche Leute haben es heute schwer, einen dienstbaren Geist zu finden.
alle guten **Geister**! U	*(Ausruf des Schreckens)* Alle guten Geister! Ich habe den Kuchen im Ofen vergessen!

von allen guten **Geistern** verlassen sein U	*nicht ganz normal, verrückt sein* Du bist wohl von allen guten Geistern verlassen. Du darfst doch neben dem Benzintank nicht rauchen.
wes **Geistes** Kind	s. Kind
den (*od.* s-n) **Geist** aufgeben	*sterben* Es war nur ein kurzes Krankenlager. Heute früh hat er seinen Geist aufgegeben.
große **Geister** stört das nicht (u. kleine geht es nichts an) (*od.* das geniert den großen **Geist** nicht) U	*das stört j-n nicht, das ist ihm nicht unangenehm* „Petra hat ein großes Loch im Strumpf." – „Laß nur, große Geister stört das nicht." (*Sie hat jetzt Wichtigeres im Kopf.*)
im **Geist(e)** mitmarschieren (*od.* mit dabeisein)	*nur in Gedanken (nicht aktiv) mitmachen* Ich kann leider zur Hochzeit nicht kommen, aber ich werde im Geist mit dabeisein.
j-n zum **Gelächter** machen	*es so machen, daß die anderen j-n auslachen* Manche Politiker verstehen es großartig, ihre Gegner zum Gelächter zu machen.
s. zum **Gelächter** machen	*zulassen (od. es so machen), daß andere e-n auslachen* Es macht meinem Vetter nichts aus, sich zum (allgemeinen) Gelächter zu machen. Er ist ein Spaßvogel.
homerisches **Gelächter**	s. homerisch
sardonisches **Gelächter**	s. sardonisch
(grün und) **gelb** vor Neid (*od.* Zorn, Wut, Ärger) werden	*außerordentlich neidisch (od. wütend, ärgerlich) werden* Max wurde grün und gelb vor Zorn, als er sah, daß einer der Mitspieler mit falschen Karten spielte.
der **gelbe** Neid	*krasser, unverhüllter Neid* Als sie mich in meinem neuen Kleid betrachtete, stand ihr der gelbe Neid im Gesicht.
das **Geld** liegt (nicht) auf der Straße	s. Straße
Geld und Gut	*alles, was man besitzt* Geld und Gut des anderen sollte jeder achten.
Geld machen U	*(viel) Geld verdienen* „Mit was macht er Geld?" – „Er kauft alte Radios auf und verkauft die Teile an interessierte Bastler."
Geld scheffeln U	*sehr viel Geld verdienen* Erich hat die Fabrik seines Vaters übernommen. Der scheffelt schon Geld, während ich noch studiere.
Geld wie Heu (*od.* wie Dreck) haben U	*sehr viel (od. viel zuviel) Geld haben* So ein kostbares Geschenk kannst du von ihm ruhig annehmen, er hat Geld wie Heu.

das (*od.* sein) **Geld** auf die Straße werfen	*s. Straße*
das (*od.* sein) **Geld** mit vollen Händen ausgeben	*s. Hand*
sein **Geld** spielen lassen	*mit Geld die Leute beeinflussen* (od. *bestechen*) Wenn er etwas erreichen will, dann läßt er nur sein Geld spielen. So erreicht er immer, was er will.
das (*od.* sein) **Geld** unter die Leute bringen	*Geld schnell ausgeben* Er hat sein Gehalt meistens schon bis zur Monatsmitte unter die Leute gebracht.
sein **Geld** zum Fenster hinauswerfen U	*s. Fenster*
sein **Geld** durch die Gurgel jagen	*s. Gurgel*
auf sein **Geld** pochen	*mit Nachdruck darauf hinweisen, daß man bestimmte Summen bezahlt* (od. *best. Summen noch zu kriegen*) *hat* „Wer zahlt, schafft an *(gibt die Befehle)!*" ist ein Spruch, mit dem manche Leute auf ihr Geld pochen.
bei **Geld** sein	= *bei* Kasse *sein*
er kann s. für **Geld** sehen lassen	*er ist ein Original* Dein Bruder ist ja ein Komiker, wie er im Buch steht. Er kann sich für Geld sehen lassen.
etw. nicht für **Geld** und gute Worte tun	*etw. unter gar keinen Umständen tun* Ob ich ihn wähle? Ich tu das nicht für Geld und gute Worte.
im **Geld** schwimmen (*od.* fast ersticken) U	= Geld *wie Heu haben*
etw. läuft (*od.* geht) ins **Geld**	*etw. wird kostspielig* (od. *immer kostspieliger*) Als er anfing, selbst zu verdienen, hat er gemerkt, wie das Rauchen ins Geld läuft.
mit **Geld** um s. werfen U	= *sein* Geld *zum Fenster hinauswerfen*
etw. ist mit **Geld** nicht zu bezahlen	*etw. ist außerordentlich wertvoll* (a. ironisch) Du hast wirklich ein sonniges Gemüt! Das ist mit Geld nicht zu bezahlen.
nach **Geld** stinken U	*offensichtlich sehr viel Geld besitzen* Sieh dir doch mal den Mann an! Die schweren Ringe an seinen Fingern – der stinkt doch nach Geld.
zu **Geld** kommen	*auf irgendeine Weise Geld erhalten* Ich möchte mir ein Tonbandgerät kaufen. Kannst du mir nicht einen Tip geben, wie ich zu Geld komme?

etw. zu **Geld** machen	*etw. verkaufen (od. gewinnbringend einsetzen, verwenden)* Er hat eine hervorragende zeichnerische Begabung, nur versteht er nicht, sie zu Geld zu machen.
in **Geldsachen** hört die Gemütlichkeit auf	*in Geldangelegenheiten muß alles ganz korrekt (und nicht etwa freundschaftlich großzügig) gehandhabt werden* Wenn wir ausgehen, machen wir immer getrennte Kassen, denn in Geldsachen hört die Gemütlichkeit auf.
auf s-m **Geldsack** sitzen	*sehr geizig sein, kein Geld für etw. geben wollen* „Wieso muß er sich sein Studium selbst finanzieren? Er hat doch einen sehr reichen Vater." – „Ja der, der sitzt auf seinem Geldsack und rückt keinen Pfennig heraus."
darüber sind s. die **Gelehrten** noch nicht einig U	*dafür gibt es (noch) keine (anerkannte) Erklärung, das ist noch nicht entschieden* Wann der Ausflug stattfinden soll, darüber sind sich die Gelehrten noch nicht einig.
junges **Gemüse** U	*junge Leute, Kinder* Der Nachtisch ohne Alkohol ist für das junge Gemüse.
da hört (s. doch) der **Gemüsehandel** auf U	*das ist unerhört* Da hört sich doch der Gemüsehandel auf! Hat doch einer seinen Wagen in meine offene Garage gestellt.
ein sonniges **Gemüt** haben U	*merkwürdige, irrige Ansichten haben* Du meinst, ich machte die Aushilfsarbeit umsonst? Du hast ja ein sonniges Gemüt!
s. etw. zu **Gemüte** führen	*etw. mit Genuß essen, trinken* Nach dieser aufregenden Nachricht führte er sich erst mal einen starken Whisky zu Gemüte.
s. einen zu **Gemüte** führen U	*ein Glas Alkohol trinken* Auf den Schreck hin wollen wir uns erst mal einen zu Gemüte führen.
da hört (s. doch) die **Gemütlichkeit** auf U	*das ist unerhört, das ist die Höhe* Er wollte mit einem ungedeckten Scheck zahlen. Da hört sich doch die Gemütlichkeit auf!
es **genau** nehmen mit etw.	*in e-r S. genau sein, keine Ausnahmen zulassen* Er nimmt es mit der Erziehung seiner Kinder genau.
(s.) einen **genehmigen** U	*ein Glas Alkohol trinken* Wenn wir das Klavier im 5. Stock haben, dann machen wir aber erst mal Pause und genehmigen uns einen.
j-m das **Genick** brechen	*1) j-n wirtschaftlich vernichten* *2) j-n um Erfolg, Ansehen bringen* 1) Wenn er seine Konkurrenz weiter so ärgert, wird sie ihm bald das Genick brechen. 2) Was der Partei das Genick gebrochen hat, war der mangelnde Kontakt mit dem Volk.

s. das **Genick** brechen	*1) wirtschaftlich zugrunde gehen* *2) zu Mißerfolg kommen, scheitern* *3) verunglücken* 1) Er hat sich im wesentlichen durch seine Börsenspekulationen das Genick gebrochen. 2) Wodurch hat sich eigentlich der deutsche Film das Genick gebrochen? 3) Er war schon immer ein waghalsiger Motorradfahrer. Er mußte sich ja mal das Genick brechen.
j-m im **Genick** sitzen	*j-n auf das stärkste bedrängen.* Im Jahr 1975 saß manchen großen Baufirmen das Gespenst der Krise im Genick.
j-d ist sich selbst **genug**	*j-d kann allein leben, braucht keine Freunde* Ich weiß nicht, wie er dort so einsam in den Bergen wohnen kann. Wahrscheinlich ist er sich selbst genug.
jetzt habe ich aber **genug!** U	*jetzt habe ich mehr Unverschämtheiten hinnehmen müssen, als ich will; das ist e-e Unverschämtheit!* Jetzt habe ich aber genug von diesem dummen Gerede!
etw. **geradebiegen** (*od.* **geradeziehen**)	s. *gradebiegen (gradeziehen)*
für etw. **geradestehen**	s. *für etw. gradestehen*
außer s. **geraten**	s. *außer*
aufs **Geratewohl**	*auf gut Glück, ohne zu wissen, ob es gut endet* Gestern habe ich mich im Wald verirrt und bin dann aufs Geratewohl einen Weg entlanggegangen, der mich auch tatsächlich ins Dorf zurückbrachte.
e-r S. **gerecht** werden	*etw. so tun, wie es sein muß, etw. meistern* Wenn Sie der schwierigen Aufgabe gerecht werden wollen, dann müssen Sie Ihren Vortrag sorgfältig ausarbeiten.
j-m (*od.* e-r S.) **gerecht** werden	*j-n (od. etw.) gerecht beurteilen, Plus u. Minus gut abwägen* Ist der Rezensent dem Buch gerecht geworden? Hat er nicht viele positive Dinge einfach übersehen?
j-n ins **Gerede** (der Leute) bringen	*etw. tun, so daß die Leute über j-n klatschen* Er hätte das Mädchen nicht zu sich ins Haus nehmen sollen. So hat er sie ins Gerede gebracht.
ins **Gerede** kommen	*Gegenstand des Klatsches der Leute werden* In einer Kleinstadt kommt ein Mädchen, das öfter mit dem gleichen Mann gesehen wird, schnell ins Gerede.
das Jüngste **Gericht**	*das (zeitliche) Ende der Welt* Soll ich vielleicht auf mein Geld bis zum Jüngsten Gericht warten?
mit j-m (hart *od.* scharf, streng) ins **Gericht** gehen	*1) j-n streng bestrafen* *2) j-n heftig kritisieren* 1) Mit Verkehrssündern sollte man hart ins Gericht gehen. Nur so kann die Zahl der Unfälle zurückgehen. 2) Warum ich mit dem Vertreter Müller so scharf ins Gericht gegangen bin? Er hat ja fast nichts verkauft!

das hab ich **gern** U	*das ärgert mich sehr, das kann ich nicht leiden* Das hab ich gern, wenn ich mich beeile, und dann ewig warten muß.
j-d kann mich **gern** haben U	*mit j-m will ich nichts mehr zu tun haben* Der Maler kann mich gern haben. Zweimal habe ich das Zimmer ausgeräumt, und er ist nicht gekommen!
in keinem guten (*od.* in schlechtem, üblem) **Geruch** stehen	*keinen guten Ruf haben* Der Beruf des Schauspielers stand früher in keinem guten Geruch.
das **Gesangbuch** stimmt (nicht) U	*zwei, die s. heiraten wollen, gehören (nicht) derselben Religion an* „Was, die beiden heiraten nicht? Aber sie verstehen sich doch so gut!" – „Das Gesangbuch stimmt nicht."
da war es um ihn **geschehen**	1) *da hatte er s. sofort verliebt* 2) *da war er (gesundheitlich, finanziell usw.) ruiniert* 1) Schon als er das Mädchen zum erstenmal sah, war's um ihn geschehen. 2) Dann kam noch eine Blutvergiftung hinzu, und da war's um ihn geschehen.
du bist nicht (recht, ganz) **gescheit**	*du bist ganz unvernünftig, nicht bei Verstand* Kurz vor der Prüfung willst du Skilaufen gehen? Du bist wohl nicht ganz gescheit!
ein **Geschenk** des Himmels	*ein ganz unerwartetes Geschenk, ein unerwartetes, erfreuliches Ereignis (das man sich im stillen erhofft)* Der freie Tag heute ist für mich ein Geschenk des Himmels; ich muß dringend wegfahren.
e-e schöne (*od.* nette) **Geschichte!** U	*e-e unangenehme Sache* Das ist ja eine schöne Geschichte! Erst fahrt ihr, ohne zu fragen, mit dem Auto ins Grüne, und dann fahrt ihr am Schluß noch gegen einen Zaun.
da haben wir die **Geschichte!** U	*jetzt ist die unangenehme S. passiert* Da haben wir die Geschichte! Jetzt ist er doch nicht versetzt worden. Er hat viel zu wenig getan.
e-e große **Geschichte** aus etw. machen U	*e-e S. wichtiger (od. unangenehmer) erscheinen lassen als sie ist* Vor Jahren hatte mein Bruder mal Geld an sich genommen, das ihm nicht gehörte. Wir waren damals froh, daß der Direktor keine große Geschichte daraus machte.
alte **Geschichten** aufwärmen U	*immer wieder auf alte, unangenehme Dinge zurückkommen* Das ist doch alles längst vergeben und vergessen. Mußt du denn immer wieder die alten Geschichten aufwärmen!
mach (doch) keine **Geschichten** U	*mach keine Dummheiten, mach keine unnötigen Schwierigkeiten* Mach doch keine Geschichten und komm jetzt mit nach Hause. Die Eltern sind dir bestimmt nicht böse.
erzähl(mir) keine (langen) **Geschichten**	= *erzähl keine Romane*

die ganze **Geschichte** U	*all diese Dinge (od. einzelnen Teile), alles zusammen* Dies ist ein neues Küchengerät mit zwölf Zubehörteilen. Die ganze Geschichte kostet DM 87.–.
ins **Geschirr** gehen (*od.* s. ins Geschirr legen)	*s. anstrengen, intensiv etw. tun* Nachdem ich mich jahrelang ins Geschirr gelegt habe, möchte ich es mir jetzt leichter machen.
im **Geschirr** sein	*(angestrengt) tätig sein* Er müßte sich mal eine Pause gönnen. Er ist doch seit Jahren im Geschirr.
das schöne **Geschlecht**	*die Frauen, die Damen* Erst als das schöne Geschlecht vollzählig versammelt war, spielte die Kapelle den ersten Walzer.
das schwache (*od.* zarte) **Geschlecht**	*die Frauen* Ja, wir Männer beherrschen die Welt. Aber wer regiert uns? Das schwache Geschlecht?
das starke **Geschlecht**	*die Männer* Beim Ball war das starke Geschlecht zwar gut vertreten, aber mehr fürs Trinken als fürs Tanzen zu haben.
der **Geschmack** der Seligen U	*der Geschmack von etw. Angebranntem* Na ja, schlimm ist es nicht mit dem Braten, aber der Geschmack der Seligen ist doch unverkennbar.
e-r S. (keinen) **Geschmack** abgewinnen	*(keinen) Gefallen an etw. finden* Außer den Verkäufern wird kaum jemand dem frühen Ladenschluß am Samstag Geschmack abgewinnen.
Geschmack an etw. finden (*od.* bekommen, gewinnen)	*gefallen an etw. finden* Früher hat er sehr gegen das Fernsehen gewettert, aber allmählich findet auch er Geschmack daran.
auf den **Geschmack** (von etw.) kommen	*allmählich Gefallen finden an etw.* In seiner Jugend hat er Fisch ganz abgelehnt, aber jetzt ist er auf den Geschmack gekommen.
das ist **Geschmack(s)sache**	*das kann man nicht objektiv entscheiden, es hängt vom persönlichen Geschmack ab* Ich würde sehr empfehlen zu tapezieren, aber welche Tapete Sie nehmen, das ist Geschmacksache.
viel **Geschrei** und wenig Wolle	*lauter Reklame, aber schlechte Ware; viel Gerede, aber wenig Grund dafür* Wenn man die Reklame mancher Firmen sieht, kann man nur sagen: viel Geschrei und wenig Wolle.
grobes (*od.* schweres) **Geschütz** auffahren	*schwerwiegende Argumente (bei geringem Anlaß) vorbringen* Es war doch nur ein Versehen von ihm, aber man fuhr gleich schweres Geschütz auf: Vertrauensbruch usw.
mit affenartiger **Geschwindigkeit** U	*sehr schnell (u. sehr geschickt)* Der Matrose kletterte mit affenartiger Geschwindigkeit hinauf und machte die Fahne wieder fest.

(nach außen hin) das (od. sein) Gesicht wahren	äußerlich nicht zeigen, was man denkt (fühlt usw.) Für einen Politiker ist es charakteristisch, daß er unter allen Umständen (nach außen hin) das Gesicht wahrt.
e-r S. das richtige Gesicht geben (od. zu geben wissen)	e-e S. so zeigen, wie sie richtig aussieht (od. wie man sie für richtig hält) Die rote Farbe gibt dem Buchumschlag erst das richtige Gesicht.
das Zweite Gesicht haben	s. zweite
ein Gesicht wie drei (od. sieben) Tage Regenwetter	s. Regenwetter
(so, jetzt usw.) hat die Sache ein Gesicht	jetzt ist es etw. Vernünftiges, Richtiges So, jetzt noch Stempel und Unterschrift auf den Antrag – jetzt hat die Sache ein Gesicht.
ein Gesicht machen (od. schneiden, ziehen)	e-n grinsenden (häßlichen, ablehnenden usw.) Gesichtsausdruck zeigen Immer wenn ich ihn um etwas bitte, macht er ein Gesicht.
ein anderes (od. neues) Gesicht bekommen	s. von anderer Seite zeigen, in anderem Licht erscheinen Durch die letzten Zeugenaussagen hat der Vorfall ein ganz anderes (od. neues) Gesicht bekommen.
ein bekanntes Gesicht sehen	e-n Bekannten sehen Ich war einen ganzen Tag lang auf der Ausstellung und habe kein einziges bekanntes Gesicht gesehen.
ein langes Gesicht machen (od. ziehen)	e-n enttäuschten Gesichtsausdruck zeigen Als ich den Kindern sagte, daß der Zirkus ausverkauft ist, machten sie alle ein langes Gesicht.
ein schiefes Gesicht machen (od. ziehen)	e-n mißvergnügten Gesichtsausdruck zeigen Fisch gibt es bei uns nie. Schon bei dem Wort „Fisch" zieht mein Mann ein schiefes Gesicht.
das (od. sein) Gesicht verlieren	die Ehre, das Ansehen verlieren Ein Lehrer irrt, wenn er meint, er verliert das Gesicht, wenn er einen Fehler zugibt.
sein wahres Gesicht zeigen	s. nicht (mehr) verstellen Hast du diesen Wutausbruch von Horst miterlebt? Jetzt hat er ja wirklich mal sein wahres Gesicht gezeigt.
j-m wie aus dem Gesicht geschnitten sein	j-m sehr ähnlich sein Er ist seinem Vater wie aus dem Gesicht geschnitten.
j-m im Gesicht geschrieben stehen	in j-s Gesicht deutlich erkennbar sein Die Lüge steht ihm im Gesicht geschrieben.
ein Schlag ins Gesicht	s. Schlag
j-m ins Gesicht lachen	höhnisch, herausfordernd lachen Als ich ihn bat, die Zufahrt zu meinem Grundstück freizugeben, lachte er mir nur ins Gesicht.

j-m etw. (glatt) ins **Gesicht** sagen	*j-m (e-e Wahrheit, Grobheit usw.) direkt, ohne Schonung sagen* Ich hatte mich so über ihn geärgert, daß ich ihm glatt ins Gesicht sagte, wie wenig ich von ihm halte.
(den Tatsachen) ins **Gesicht** sehen	*die Tatsachen erkennen, wie sie sind* Wozu sich etwas vormachen? Wir müssen den Tatsachen ins Gesicht sehen! Unsere Lage ist nicht rosig.
(den Tatsachen) ins **Gesicht** schlagen	*in krassem Widerspruch zu (den Tatsachen) stehen* Es kümmert ihn wenig, daß seine Behauptungen vor Gericht den Tatsachen ins Gesicht schlagen.
j-m die Wahrheit ins **Gesicht** schleudern	*j-m die wahren Tatsachen in scharfer Weise sagen* Jahrelang habe ich geschwiegen, aber einmal mußte ich ihm die Wahrheit ins Gesicht schleudern.
e-r Gefahr ins **Gesicht** sehen	= *e-r Gefahr ins* Auge *sehen*
j-m nicht ins **Gesicht** sehen können	= *j-m nicht ins* Auge (od. *nicht in die* Augen) *sehen können*
er ist mir (beinahe, fast) ins **Gesicht** gesprungen	*er hat mich heftig angegriffen* (od. *beschimpft*) Als ich ihm sagte, daß ich sein Vorgehen nicht für anständig halte, ist er mir fast ins Gesicht gesprungen.
j-n (od. etw.) zu **Gesicht** bekommen	*j-n* (od. *etw.*) *sehen, erblicken* Er geht seit Jahren auf die Jagd, aber er hat noch nie einen Hirsch zu Gesicht bekommen.
j-m zu **Gesicht** kommen	*von j-m gesehen, entdeckt werden* Dieses hervorragende Wörterbuch ist mir leider erst vor kurzem zu Gesicht gekommen.
j-m gut zu **Gesicht** stehen	*gut zu j-s Gesicht passen* Dieser neue Hut steht Ihnen großartig zu Gesicht.
(am hellichten Tage) **Gespenster** sehen	*Dinge sehen, die gar nicht da sind* Was soll denn heute anders sein als sonst? Oder gar gefährlich? Ich glaube, du siehst wohl Gespenster.
nicht von **gestern** sein U	*erfahren, klug sein* Du solltest unsere Nachbarin nicht unterschätzen. Sie ist nicht von gestern und kennt sich gut aus.
die ewig **Gestrigen**	*die Reaktionäre* Finden Sie nicht, daß bei uns die ewig Gestrigen immer noch nicht ausgestorben sind?
aber sonst bist du **gesund** U	*du bist wohl ein bißchen verrückt* Mit diesem klapprigen Auto willst du bis nach Persien fahren! Aber sonst bist du gesund?
s. **gesundmachen** (od. sich **gesundstoßen**) S	*nach e-r (angeblichen) Zeit des Mangels viel Geld verdienen* Die Kaufleute jammern zwar ständig, aber bei den heutigen hohen Preisen ist es ein leichtes, sich gesundzustoßen (od. gesundzumachen).
mit **Gewalt**	*sehr schnell und heftig* Ich fürchte, jetzt wird es mit Gewalt Winter.

mit (aller) **Gewalt**	*unbedingt, auf jeden Fall, ohne jede Rücksicht* Er ging damals nach Amerika, weil er mit aller Gewalt reich werden wollte.
in j-s **Gewalt** stehen	*von j-m ganz abhängig sein* Werner wird kaum eine andere Meinung äußern als Franz, er steht ja ganz in seiner Gewalt.
s. in der **Gewalt** haben	*s. beherrschen können* Der Nachteil, wenn man zuviel Alkohol getrunken hat, ist, daß man sich nicht mehr in der Gewalt hat.
Gewehr bei Fuß stehen	*s. Fuß*
haben ein **Gewehr**! U	*das geht leider nicht* „Jetzt würde ein kaltes Bier guttun!" – „Haben ein Gewehr! Der Kühlschrank ist völlig leer."
(großes) **Gewicht** haben	*von (großer) Bedeutung sein, (große) Wirkung haben* Das Wort des Bundeskanzlers hat bei allen Entscheidungen großes Gewicht.
Gewicht auf etw. legen (*od.* e-r S. Gewicht beilegen *od.* beimessen)	*etw. für wichtig halten, ernst nehmen, Wert legen auf etw.* In der Elternversammlung wurde großes Gewicht darauf gelegt, daß der Sportunterricht erweitert wird.
sein ganzes **Gewicht** in die Waagschale werfen	*s-n ganzen Einfluß einsetzen, um etw. zu erreichen* Er hat für die Durchsetzung der neuen Prüfungsordnung sein ganzes Gewicht in die Waagschale geworfen.
ins **Gewicht** fallen	*wichtig, erheblich, entscheidend sein* Die paar Privatstunden, die ich gebe, fallen steuerlich nicht ins Gewicht.
das beste **Gewissen** der Welt	*ein von jeglicher Schuld freies Gewissen* Was nützt einem das beste Gewissen der Welt, wenn man seine Unschuld nicht beweisen kann!
wie das böse **Gewissen** (selbst) aussehen	*schuldbeladen aussehen* Willi, sieh mich mal an! – Was ist los? Du siehst ja aus wie das böse Gewissen selbst.
sein **Gewissen** befragen	*s. überlegen, ob etw. sittlich richtig ist* Ich muß erst noch mal mein Gewissen befragen, ob ich diesen scharfen Brief abschicken soll.
s. ein **Gewissen** aus etw. machen	*Gewissensbisse bei etw. empfinden, etw. als böse ansehen* Jetzt macht er sich ein Gewissen daraus, daß er seinen Freund bei diesem Geschäft betrogen hat.
j-n auf dem **Gewissen** haben	*an j-s Unglück (od. Tod) schuld sein* Ein Nachbar hat unseren Dackel auf dem Gewissen. Er konnte nicht mehr rechtzeitig bremsen.
etw. auf dem **Gewissen** haben	*e-e böse Tat begangen haben* Gestern haben sie den Mann geschnappt, der die vielen Villeneinbrüche auf dem Gewissen hat.

j-m aufs **Gewissen** fallen	*j-m Gewissensbisse verursachen* Als er später hörte, wie lange es seinem Schulfreund schlechtging, ist es ihm (schwer) aufs Gewissen gefallen, daß er ihm damals die 5000,– Mark nicht geliehen hat.
j-m auf dem **Gewissen** liegen	*j-s Gewissen bedrücken, j-n seelisch beunruhigen* Es lag ihm auf dem Gewissen, daß er sie belogen hatte.
j-m ins **Gewissen** reden	*j-m ernst sagen, daß er etw. Bestimmtes (nicht) tun soll* Wenn ich ihm nicht ständig ins Gewissen geredet hätte, hätte er dir die Bücher nie zurückgegeben.
mit gutem **Gewissen**	*ohne Gewissensbisse haben zu müssen, ohne Angst, Sorge* Sie können das Geld mit gutem Gewissen annehmen, ich brauche es zur Zeit nicht.
ein häusliches **Gewitter**	*ein Streit zu Hause* Gelegentlich mal ein häusliches Gewitter ist ja ganz schön, aber jeden Tag Streit und Zank, das ist zuviel.
ein **Gewitter** bricht los (*od.* geht auf j-n nieder)	= *ein* Donnerwetter *geht auf j-n nieder*
die **Gichter** kriegen U	= *die* Krätze *kriegen*
ein blondes **Gift** U	*ein auffallend blondes Mädchen* Dein Bruder hatte heute ein blondes Gift in seinem Wagen – ist das seine neueste Freundin?
das ist **Gift** (*od.* das reinste **Gift**) für j-n	*das ist für j-n bes. schädlich* Spät abends so viel Kaffee – das ist Gift für dich.
sein **Gift** verspritzen	*boshafte Bemerkungen machen* Sie ist nur glücklich, wenn sie ihr Gift verspritzen kann.
Gift und Galle speien (*od.* spucken)	*äußerst gehässige Dinge wütend sagen* Der letzte Zwischenruf hatte den Redner so erbost, daß er anfing, Gift und Galle zu speien.
darauf kannst du **Gift** nehmen (*od.* da kannst du **Gift** darauf nehmen) U	*darauf kannst du dich absolut verlassen* Der kriegt von mir noch mal den Standpunkt klargemacht. Da kannst du Gift drauf nehmen.
das ist (doch) der **Gipfel** (der Frechheit, der Unverschämtheit) U	*das ist e-e ganz große Frechheit* Zuerst war er Doppelagent, dann bezichtigte er einen Abgeordneten, ihn bestochen zu haben, obwohl er es nicht beweisen konnte. Das ist doch der Gipfel! (*od.* der Gipfel der Unverschämtheit!)
Gips im Kopf haben U	= Stroh *im Kopf haben*
j-n mit **Glacéhandschuhen** anfassen	*j-n sehr vorsichtig, behutsam behandeln* Man muß ihn immer mit Glacéhandschuhen anfassen.
mit **Glanz** und Gloria U	*1) hervorragend* *2) völlig, ganz und gar* 1) Er hat die Prüfung mit Glanz und Gloria bestanden. 2) Er ist mit Glanz und Gloria durchgefallen.

ein **Glas** über den Durst trinken	*s. Durst*
du bist nicht aus **Glas** U	*du stehst mir im Licht* Könntest du zur Seite gehen? Du bist nicht aus Glas.
zu tief ins **Glas** schauen (*od.* gucken) U	*angeheitert sein* Wenn mein Onkel zu tief ins Glas geschaut hat (*od.* schaut), findet er meist das Schlüsselloch nicht mehr.
etw. mit e-m **Gläschen** begießen	(e-n Erfolg) *mit Alkohol feiern* Komm doch mit mir nach Hause! Dieses unerwartete Wiedersehen müssen wir mit einem Gläschen begießen!
ist (*od.* war) dein Vater **Glaser** (*od.* dein Vater war wohl Glaser)? S	*geh mir aus dem Licht* War dein Vater vielleicht Glaser? Ich sehe ja überhaupt nichts mehr!
j-n aufs **Glatteis** führen	*j-n hereinlegen, täuschen* Onkel Sepp führt seine junge Nichte gern aufs Glatteis. Gestern behauptete er, er hätte sie mit einem jungen Mann in der Eisdiele gesehen.
aufs **Glatteis** geraten	*(mit Behauptungen) nicht mehr auf festem Boden, auf sicherer wissenschaftlicher Grundlage stehen* Anfangs war er durchaus überzeugend, aber dann geriet er mit seinen Hypothesen immer mehr aufs Glatteis.
in gutem (*od.* im guten) **Glauben**	*in der Annahme (od. Überzeugung), daß etw. richtig ist* Ich habe ihm das Geld in gutem Glauben gegeben. Wie konnte ich wissen, daß die Rechnung schon bezahlt war.
dran **glauben** müssen U	*zugrunde gehen, vernichtet werden, sterben* Unser Haus wird auch dran glauben müssen. Hier soll ein neuer Wohnblock entstehen.
wer's **glaubt**, wird selig (*od.* zahlt 'nen Taler) U	= *das kannst du deiner* Großmutter *erzählen*
Gleiches mit Gleichem vergelten	*e-e böse Tat mit e-r ähnlich schlechten Tat beantworten* Man sollte sich an anderen Menschen nicht rächen und so Gleiches mit Gleichem vergelten.
nichts **gleichsehen** U	*nicht gut aussehen, unansehnlich sein* Zu diesem grauen Mantel rätst du mir? Der sieht doch nichts gleich.
etwas **gleichsehen** U	*gut aussehen* Ich möchte mal einen Mann haben, der was gleichsieht, nach dem sich die Mädchen umdrehen, verstehst du?
aufs falsche **Gleis** (*od.* auf ein falsches **Gleis**) geraten	*nicht den richtigen Weg einschlagen, vom Ziel abkommen* Beruflich gesehen ist er aufs falsche Gleis geraten. Er hätte nicht Kaufmann, sondern Techniker werden sollen.
aufs falsche (*od.* auf ein falsches) **Gleis** schieben	*in e-e falsche Richtung drängen* Wenn Sie die Atombombe erwähnen, schieben Sie die Diskussion auf ein falsches Gleis. Militärisches sollte außer Betracht bleiben.

auf e-m (*od.* dem) toten **Gleis** sein	*kaltgestellt, ohne Wirkungsmöglichkeit sein* In unserer Firma sind Sie in keiner Abteilung auf dem toten Gleis. Sie haben überall Aufstiegsmöglichkeiten.
aufs tote (*od.* auf ein totes) **Gleis** geraten (*od.* kommen)	*an e-n Punkt kommen, wo es nicht mehr weitergeht* Ich bin mit meiner Doktorarbeit aufs tote Gleis gekommen und habe die Lust daran verloren.
aufs tote (*od.* auf ein totes) **Gleis** schieben	*dorthin schieben, wo es nicht mehr weitergeht* Wenn man die Reform der Schule wieder aufs tote Gleis schiebt, sehe ich schwarz für die Bildung der Jugend.
aus dem **Gleis** kommen	*aus dem bisherigen Leben herausgerissen werden* Durch den plötzlichen Tod ihres Mannes ist die junge Frau ganz aus dem Gleis gekommen.
aus dem **Gleis** bringen	*aus dem Gewohnten, Üblichen herausreißen* Die Zwischenrufe hatten den Redner aus dem Gleis gebracht.
aus dem **Gleis** werfen	= *aus der* **Bahn** *werfen*
im **Gleis** sein	*in Ordnung, gesund sein* „Wie geht es Ihrem Mann? Ist er wieder im Gleis?" – „Danke, er hat sich einigermaßen gut erholt."
im alten **Gleis** sein (*od.* laufen)	*wie früher in Ordnung sein* Ein Glück, daß meine Frau wieder ganz gesund ist. Nun ist (*od.* läuft) der Haushalt wieder im alten Gleis.
im richtigen **Gleis** sein (*od.* laufen)	*richtig arbeiten, richtig in Ordnung sein* Ich konnte einen tüchtigen Schneidermeister einstellen. Jetzt läuft mein Betrieb wieder im richtigen Gleis.
s. in ausgefahrenen **Gleisen** bewegen	*nur das Bisherige enthalten, nichts Neues bieten* Unsere Bildungspolitik bewegt sich in ausgefahrenen Gleisen. Eine neue Konzeption wäre erforderlich.
etw. ins (rechte) **Gleis** bringen	*etw. in Ordnung bringen* Ich habe meine Beschwerde dem Chef vorgetragen, der die Sache sofort ins (rechte) Gleis gebracht hat.
ins (rechte) **Gleis** kommen	*in Ordnung kommen* Sei doch einfach wieder nett zu deiner Frau, dann wird euer Verhältnis schon wieder ins (rechte) Gleis kommen.
j-m (noch) in den **Gliedern** stecken (*od.* sitzen)	*den ganzen Körper erfaßt haben* (Schreck, Kälte usw.) Die Explosion war fürchterlich. Der Schreck sitzt mir immer noch in den Gliedern.
j-m in die **Glieder** (*od.* durch alle **Glieder**) fahren	*den ganzen Körper erfassen* (Schreck usw.) Als ich die Handtasche aufmachte und der Geldbeutel nicht drin war, fuhr mir der Schreck in die Glieder.
das Wetter liegt j-m in den **Gliedern**	*j-d fühlt e-e Wetteränderung infolge von Gliederschmerzen* Seit ich mir damals den Oberschenkel gebrochen habe, liegt mir das Wetter immer sehr in den Gliedern.
j-m sagen, was die **Glocke** geschlagen hat	*j-m sagen, was los ist, wie (ernst) die Dinge stehen* Ich habe ihm gesagt, was die Glocke geschlagen hat. Bleibt er wieder sitzen, kommt er von der Schule.

wissen, was die **Glocke** geschlagen hat	*wissen, was los ist, wie (ernst) die Dinge stehen* Du weißt, was die Glocke geschlagen hat. Wenn du wieder sitzenbleibst, nehme ich dich aus der Schule.
die **Glocke** läuten hören, aber nicht wissen, wo sie hängt	*von etw. nur recht unvollständig erfahren haben* Er hat was erzählt, aber er hat auch nur die Glocke läuten hören, weiß aber nicht, wo sie hängt.
etw. an die große **Glocke** hängen	(bes. Privates, Unangenehmes) *allen sagen, hinausposaunen* Die beiden haben ihre Liebe nicht an die große Glocke gehängt, sondern in aller Stille geheiratet.
an die große **Glocke** kommen (*od.* gehängt werden)	*allen gesagt, hinausposaunt werden* Der Verlag hat meinen Roman abgelehnt. Das braucht aber nicht an die große Glocke zu kommen.
mit dem **Glockenschlag** U	*exakt pünktlich (kommen, gehen usw.)* Jeden Tag betritt unser Lehrer (pünktlich) mit dem Glockenschlag das Zimmer.
s-e **Glossen** machen	*abfällige Bemerkungen machen* Du bist gräßlich! Selbst über das schönste Gedicht mußt du deine Glossen machen.
(kein) **Glück** haben (bei *od.* mit etw. *od.* j-m)	*erleben, daß etw. unerwartet gut (nicht gut, schlecht) ausgeht* Meine Frau hat beim Ausverkauf immer Glück, sie findet gute Stücke zu ganz niedrigem Preis. / Mit der Vase hatte ich Glück. Sie fiel herunter und ging nicht kaputt.
mehr **Glück** als Verstand haben	*erleben, daß etw. viel besser ausgeht, als man erwarten kann* Er hatte bei dem Unfall mehr Glück als Verstand; unverletzt kam er aus dem schwerbeschädigten Auto heraus.
damit hast du bei mir kein **Glück**	*damit, in dieser S. erreichst du bei mir nichts* Er bettelt sich das Geld von seinen Freunden zusammen, aber damit hat er bei mir kein Glück.
Glück im Unglück	*etw. Gutes bei e-r schlechten S.* Dem Bauer ist die Scheune abgebrannt, aber er hatte Glück im Unglück, denn die Scheune war gut versichert.
j-m lächelt das **Glück**	*j-d hat besonders großes Glück, besonders viel (od. lange) Glück* Tausende sind schon nach Amerika ausgewandert, weil sie dachten, daß ihnen dort das Glück lächeln wird.
von **Glück** sagen (*od.* reden) können	*e-n besonders glücklichen Umstand erleben, Glück haben* Er kann von Glück sagen, daß er bei diesem Unfall nicht auch noch sein rechtes Auge verloren hat.
sein **Glück** machen	*Erfolg haben, es zu etw. bringen* Viele wandern aus, weil sie glauben, in einem fremden Land könnten sie leichter ihr Glück machen.
auf gut **Glück** (etw. tun, wagen)	*mit dem Risiko, daß es nicht gut ausgeht* Wir fahren dies Jahr auf gut Glück los und hoffen an Ort und Stelle ein Zimmer zu kriegen.
zum **Glück**	*ein erfreulicher Umstand ist der, daß* Zum Glück hatten wir wenigstens einen Schirm dabei, sonst wären wir alle fürchterlich naß geworden.

du hast mir gerade noch zu meinem **Glück** gefehlt U	*dich kann ich jetzt nicht brauchen* Du hast mir gerade noch zu meinem Glück gefehlt! Ich will jetzt endlich mal allein und ungestört sein.
das hat mir gerade noch zu meinem **Glück** gefehlt U	*das ist sehr unangenehm; das kann ich nicht brauchen* Die Grippe jetzt hat mir gerade noch zu meinem Glück gefehlt. Nächste Woche soll ich einen Vortrag halten.
Gnade vor Recht ergehen lassen (*a.* **Gnade** walten lassen)	*nachsichtig, milde sein (statt zu strafen)* Ihr Arbeitgeber hat Gnade vor Recht ergehen lassen. Obwohl sie oft unpünktlich war, hat er ihr nicht gekündigt.
keine **Gnade** finden vor j-m (*od.* vor j-s Augen)	*1) nicht begnadigt, sondern bestraft (od. hingerichtet) werden* *2) schlecht kritisiert, vernichtet werden* 1) Die Terroristenbande fand keine Gnade vor Gericht. 2) Seine letzte Sinfonie fand vor den Kritikern keine Gnade.
ohne **Gnade** und Barmherzigkeit	*ohne jede Rücksicht, Milde, Nachsicht* Die Flugzeugentführer wurden ohne Gnade und Barmherzigkeit verurteilt.
den **Gnadenstoß** (*od.* **Gnadenschuß**) geben	*1) (ein sterbendes Tier) von s-n Qualen erlösen* *2) e-e unangenehme S. auf gnädige Weise zum negativen Ende bringen* 1) Mein Mann konnte es nicht mehr mit ansehen, wie der Hund litt. Da hat er ihm den Gnadenstoß gegeben. 2) Der Regisseur hat ihrem Wunsch, Schauspielerin zu werden, den Gnadenstoß gegeben, indem er sie beim letzten Vorsprechen unterbrach und sagte: „Fräulein, Sie wären eine großartige Sekretärin für mich."
treu wie **Gold** sein	*in seltener Weise treu und hilfsbereit sein* Unsere Anna ist treu wie Gold. Sie ist seit zwanzig Jahren in unserem Haushalt.
Gold in der Kehle haben U	*ein guter Sänger sein (und viel Geld mit s-r Stimme verdienen)* Nicht von jedem, der Geld durch Schallplatten verdient, kann man sagen, daß er Gold in der Kehle hat.
s. mit **Gold** aufwiegen lassen	*s. sehr gut bezahlen lassen für das, was man leistet* Er weiß, was er wert ist, und läßt sich jedes Drehbuch, das er schreibt, mit Gold aufwiegen.
mit **Gold** nicht zu bezahlen sein (*od.* sich mit **Gold** nicht aufwiegen lassen)	*außerordentlich kostbar sein* Die Originalgemälde, die er in seiner Wohnung hat, sind mit Gold gar nicht zu bezahlen.
goldene Worte	*ernste, zu beherzigende Worte* Manchmal erinnere ich mich noch der goldenen Worte, die er in seinen Unterrichtsstunden von sich gab.
s. e-n **Goldfisch** angeln U	*ein reiches Mädchen vor allem wegen s-s Geldes heiraten* Warum er sich für die wenig hübsche Bankierstochter interessiert? Er will sich einen Goldfisch angeln.

jedes Wort (*od.* die Worte) auf die **Goldwaage** legen	*s. jedes Wort (allzu) sorgfältig überlegen* Diplomaten müssen bei ihren Gesprächen jedes Wort auf die Goldwaage legen.
j-n aus der **Gosse** auflesen U	*j-n aus schlechten Verhältnissen holen u. in e-e Stellung bringen* Der Zirkusdirektor hat mir verraten, daß er diesen Zauberkünstler vor Jahren aus der Gosse aufgelesen hat.
j-n durch die **Gosse** ziehen U	*über j-n sehr häßliche Sachen sagen, j-n verleumden* Eine wirkungsvolle Methode, den politischen Gegner zu vernichten ist es, ihn durch die Gosse zu ziehen.
in der **Gosse** enden (*od.* landen) U	*ruiniert werden, elend zugrunde gehen* Es ist ein Jammer mit diesem Künstler. Wenn er so weitertrinkt, wird er sicher in der Gosse enden.
Gott behüte (*od.* bewahre)	*(Ausruf der Bestürzung od. Ablehnung)* „Du wirst doch diesen schmutzigen Mantel nicht mehr anziehen wollen?" – „Gott bewahre! Der kommt morgen in die Reinigung."
Gott sei Dank	*es ist ein Glück, es ist schön (, daß es so ist)* Jetzt habe ich Gott sei Dank alle Examina hinter mir. / „Geht es dir wieder besser?" – „Gott sei Dank, ja."
Gott sei's getrommelt und gepfiffen S	= Gott *sei Dank*
da sei **Gott** vor	*das möge Gott verhüten* Ich ihm noch mal Geld leihen? Da sei Gott vor!
Gott weiß (wer, wo, wohin, wie *usw.*) U	*niemand weiß (wer, wo usw.)* Das dauert noch Gott weiß wie lange *(sehr lange).* / In seiner Angst ist er Gott weiß wohin gelaufen.
weiß **Gott** U	*ganz gewiß* Die Rechnung war weiß Gott nicht einfach.
Gott ja U	*ja (es ist so, das ist richtig), aber (es gibt Einschränkungen)* „Gefällt dir das Buch?" – „Gott ja, es ist ganz nett, aber nichts Besonderes."
großer **Gott** (*od.* mein **Gott**) U	*(Ausruf des Ärgers, der unangenehmen Überraschung)* Großer Gott, jetzt wollen die den Paß sehen, und den hab ich zu Hause.
Mann **Gottes**! U	*(verärgerte od. nachdrücklich ermunternde Anrede, Warnung)* Mann Gottes, das ist doch ganz einfach!
ach, du lieber **Gott** U	= *großer* Gott *(aber schwächer, weniger aufgeregt)* Ach, du lieber Gott! Jetzt habe ich das Portemonnaie zu Hause gelassen. Kannst du mir was leihen?
Gott noch (ein)mal! U	= Himmel *noch (ein)mal*
leider **Gottes**	*leider, es ist sehr bedauerlich* „Sie reisen heute ab?" – „Leider Gottes, der Urlaub ist um."
in **Gottes** Namen U	*meinetwegen* Du willst Musiker werden? Nun in Gottes Namen!

um **Gottes** willen (nicht)	*unter allen Umständen (nicht), auf jeden (od. keinen) Fall* Fang um Gottes willen endlich an!
um **Gottes** willen!	(Ausruf des Schreckens, der Angst) Um Gottes willen, was ist los (mit dir)?
du bist das größte Roß (*od.* Kamel, Rindvieh) auf **Gottes** Erdboden! S	*du bist sehr, sehr dumm* Wie konntest du nur diese Einladung absagen! Du bist doch das größte Roß auf Gottes Erdboden!
in **Gottes** Hand liegen (*od.* stehen)	*von Gott, nicht nur von Menschen abhängen* Ob er den Unfall überlebt, liegt in Gottes Hand.
Gott und die Welt	*1) alles mögliche* *2) alle möglichen Leute* 1) „Na, wovon habt ihr denn gesprochen?" – „Ach, wir haben uns über Gott und die Welt unterhalten." 2) Ich habe meinen Protestbrief an Gott und die Welt verschickt, es hat aber nichts genützt.
wie ihn (*od.* sie) **Gott** geschaffen hat	= *im* Adamskostüm (*od.* Evakostüm)
wie (der liebe) **Gott** in Frankreich leben	*herrlich und in Freuden, luxuriös leben* Mit viertausend Mark im Monat kann man doch leben wie Gott in Frankreich.
wie ein junger **Gott**	*herrlich, großartig (spielen, musizieren, tanzen usw.)* Schon den ersten Akt tanzte er wie ein junger Gott.
das wissen die **Götter** U	*das weiß ich nicht, das weiß niemand, das ist ungewiß* „Wer hat das Buch zur Zeit?" – „Das wissen die Götter."
dem lieben **Gott** die Zeit (*od.* den Tag, die Tage) stehlen	*faulenzen, nichts tun* Es wäre besser, er arbeitete, als dem lieben Gott die Zeit zu stehlen.
den lieben **Gott** e-n guten (*od.* frommen) Mann sein lassen U	*s. nicht um die Zukunft kümmern, sorglos dahinleben* Er hat nie einen Pfennig gespart, sondern immer den lieben Gott einen guten Mann sein lassen.
bei **Gott**	= *weiß* Gott
bei **Gott** liegen	= *in* Gottes *Hand liegen*
du bist wohl ganz (und gar) von **Gott** (*od.* von allen **Göttern**) verlassen U	*s. von allen guten* Geistern *verlassen sein*
um (e-n) **Gotteslohn** arbeiten (*od.* etw. tun)	*arbeiten (usw.), ohne etw. dafür zu erhalten* Die Arbeit für den Verein macht mir Spaß, ich mache sie auch um Gotteslohn.
der Rest ist für die **Gottlosen** U	*das sind die letzten Tropfen aus dieser Flasche* Ihr beide kriegt noch ein Glas voll. Und du, Herbert? – Der Rest ist für die Gottlosen.

verschwiegen wie ein **Grab**	*ganz verschwiegen* Ihr kannst du vertrauen, sie ist verschwiegen wie ein Grab.
ein frühes **Grab** finden	*früh sterben* Was hätte Schubert noch komponieren können, wenn er nicht ein so frühes Grab gefunden hätte.
sein **Grab** in den Wellen finden	*ertrinken (im Meer)* Alle seine Brüder haben ihr Grab in den Wellen gefunden.
s. selbst sein (*od.* sein eigenes) **Grab** schaufeln (*od.* graben)	*s-n Ruin, Untergang selbst verursachen* Er schaufelt sich mit seiner ewigen Rechthaberei den Vorgesetzten gegenüber nur selbst sein Grab.
am Rand(e) des **Grabes** stehen	*s. Rand*
j-n an den Rand des **Grabes** (*od.* ins **Grab**) bringen	*j-n gesundheitlich völlig ruinieren* Der Prozeß mit seinem Bruder hat ihn an den Rand des Grabes gebracht.
er würde s. im **Grabe** umdrehen, wenn er das wüßte (*usw.*)	*er wäre zutiefst entsetzt, wenn er das wüßte (hörte, sähe usw.)* Unsere Klassiker würden sich im Grabe umdrehen, wenn sie hörten, was heute an Musik produziert wird.
etw. mit ins **Grab** nehmen	(bes. ein Geheimnis) *bis zum Tode bewahren* Die Formel für die Zusammensetzung dieser Heiltropfen hat er mit ins Grab genommen.
zu **Grabe** tragen	(e-e Hoffnung usw.) *gänzlich aufgeben* Die Hoffnung, einmal ein großer Pianist zu werden, hat er jetzt zu Grabe getragen.
etw. **gradebiegen** (*od.* **gradeziehen**)	(e-e Geschichte, mißlungene Sache) *wieder in Ordnung bringen* Die Zeitung hat sich sehr bemüht, das Mißverständnis wieder gradezuziehen.
für etw. **gradestehen**	*die Verantwortung für etw. tragen* Es ist klar, daß ich für den Schaden gradestehe.
auf **Granit** beißen	*auf unüberwindlichen Widerstand stoßen* Ich kann von meinem Vater eigentlich alles haben, was ich möchte. Nur wenn ich länger als bis zwölf Uhr von zu Hause wegbleiben möchte, dann beiße ich auf Granit.
über etw. ist **Gras** gewachsen	*e-e unangenehme S. ist vergessen, hat keine Wirkung mehr* „Verkehrt ihr wieder mit Schulzens?" – „O ja! Über die alte Geschichte ist schon lange Gras gewachsen."
wo er hinhaut, da wächst kein **Gras** mehr U	1) *er ist stark, er schlägt (vernichtend) heftig zu* 2) *er übt vernichtende Kritik* 1) Sieh dich vor dem Dicken dort vor. Er ist aggressiv, und wo er hinhaut, da wächst kein Gras mehr. 2) Vor diesem Kritiker habe ich Angst. Wo der hinhaut, da wächst kein Gras mehr.

über etw. **Gras** wachsen lassen	*etw. durch die Zeit, das Vergessen wieder heilen* Im Augenblick kannst du von ihm nichts erreichen. Wir müssen über diese Sache Gras wachsen lassen.
das **Gras** wachsen hören	*die Dinge in den ersten Anfängen erkennen (od. erfahren)* Sein Kommentar eröffnet ganz neue Perspektiven; er hört wirklich das Gras wachsen.
er meint, er hört das **Gras** wachsen (*od.* er tut so, als hört er das **Gras** wachsen)	*er kommt s. sehr klug vor* Mir ist der Mann unsympathisch. Er tut immer so überlegen und meint, er hört das Gras wachsen.
ins **Gras** beißen U	*sterben* Bei den Kämpfen zwischen den zwei Gangsterbanden mußten einige ins Gras beißen.
darf man **gratulieren**?	*hast du (beim Examen usw.) Erfolg gehabt?* Na, alles geschafft? Darf man gratulieren?
du kannst dir **gratulieren**	*1) du kannst froh sein, du hast Glück gehabt* *2) dir geht es schlecht, (wenn ...)* 1) Du kannst dir gratulieren, daß du von dem Polizisten nicht angezeigt worden bist. 2) Wenn sie dich erwischen, dann kannst du dir gratulieren.
die **Grazien** haben nicht an ihrer Wiege gestanden	*sie ist nicht sehr hübsch, anmutig* Aus Erna ist eine zuverlässige Köchin geworden. Die Grazien allerdings haben nicht an ihrer Wiege gestanden.
alles **grau** in grau malen (*od.* sehen)	*alle Dinge trostlos, hoffnungslos darstellen (od. sehen)* Schlimm ist es noch, daß er alles grau in grau malt. Damit zieht er das Unglück ja förmlich an sich.
um s. **greifen**	*s. um*
den werde ich mir mal **greifen** U	*mit dem werde ich mal ein ernstes, tadelndes Wort sprechen* Wenn die Sache sich so abgespielt hat, wie Sie sie mir jetzt schildern, dann werde ich mir den Rolf mal greifen.
zum **Greifen** nahe	*ganz nahe* Sieh dir den Montblanc an, ist er nicht zum Greifen nahe? / Endlich ist der Erfolg zum Greifen nahe.
die grüne **Grenze**	*s. grün*
e-e **Grenze** ziehen	*die Grenze des Erlaubten, Möglichen usw. festsetzen* Ein Mensch, der Takt hat, weiß, wo und wann er im Umgang mit anderen eine Grenze ziehen muß.
s. in **Grenzen** halten	*s. zurückhalten, mäßigen* Man muß es lernen, sich in Grenzen zu halten, dann hat man es im Leben leichter.
s. in (engen) **Grenzen** halten	*nicht sehr groß, hoch sein* Damals hielten sich die Preiserhöhungen noch in (engen) Grenzen.

s-e **Grenzen** kennen	1) *wissen, was man s. erlauben darf* 2) *wissen, was man leisten kann* 1) Er sagt zwar manchmal ein erstaunlich freimütiges Wort, aber im Grunde kennt er doch seine Grenzen. 2) Er kennt seine Grenzen ganz genau und nimmt nicht mehr Arbeit an, als er auch wirklich zu leisten vermag.
keine **Grenze(n)** kennen	*außerordentlich groß, heftig sein* Es gibt Menschen, deren Arbeitseifer und Ehrgeiz keine Grenze(n) kennen. / Als er den Brief dann bekam, kannte seine Freude keine Grenze(n).
etw. in den **Griff** bekommen	*lernen, etw. zu beherrschen, gefühlsmäßig richtig zu machen* Die Kunst, mit den Mitarbeitern richtig umzugehen, werden Sie schon in den Griff bekommen.
etw. im **Griff** haben	*etw. gefühlsmäßig, gewohnheitsmäßig richtig machen* Es machte Spaß, ihm zuzuschauen, wie er das Gerät bediente. Er hatte alles großartig im Griff.
e-n guten **Griff** haben	*wissen, wie man etw. geschickt macht* Man soll nicht Handwerker werden, wenn man nicht einen guten Griff hat.
e-e guten **Griff** tun	*richtig (aus)wählen* Die Firma hat mit dem neuen Mann einen guten Griff getan.
e-n **Griff** in die Kasse tun	*s. Kasse*
Grillen fangen	*mürrisch, launisch, eigensinnig sein* Manchmal ist mit ihm nichts anzufangen. Da fängt er Grillen und hängt seinen Gedanken nach.
Grillen im Kopf haben	*wunderliche Gedanken haben* Mein Bruder ist ein etwas eigenartiger Mensch. Manchmal hat er nur Grillen im Kopf.
j-m die **Grillen** austreiben (*od.* vertreiben)	*machen, daß j-d s-e wunderlichen Gedanken aufgibt* Das Leben wird dir schon die Grillen vertreiben.
Grimassen schneiden (*od.* ziehen, machen)	*ein höhnisches (albernes, lächerliches usw.) Gesicht machen* Harald ist jetzt in dem Alter, wo er zu allem, was er hört, Grimassen schneiden muß.
aus dem **Gröbsten** heraus sein	*die größten Schwierigkeiten (bes. finanzieller Art) hinter s. haben* Unser Neubau hat viel Geld gekostet, aber wir sind jetzt aus dem Gröbsten heraus.
der **Groschen** ist gefallen U	*j-d hat etw. endlich begriffen* Richtig! $a^2 + b^2 = c^2$. Ist der Groschen jetzt gefallen?
der **Groschen** fällt pfennigweise U	*j-d begreift ganz langsam* Du must ihr noch mal genau erklären, wie sie zu dir kommt. Bei ihr fällt der Groschen pfennigweise.
ein paar **Groschen**	*e-e bestimmte (kleinere) Geldsumme* In den Ferien will ich versuchen, bei der Post ein paar Groschen zu verdienen.

s-e paar **Groschen** zusammenhalten	*das wenige Geld, das man hat, möglichst nicht ausgeben* Ich würde dir raten, deine paar Groschen zusammenzuhalten und dieses Parfüm nicht zu kaufen.
etw. kostet mich keinen **Groschen**	*etw. kostet mich nichts* Wenn ich als Reisebegleiter engagiert werde, kostet mich die Reise nach Norwegen keinen Groschen.
keinen **Groschen** wert sein	= keinen Deut *wert sein*
bei **Groschen** sein	= *bei* Kasse *sein*
das ist allerhand für'n **Groschen** U	= *das ist* allerhand
nicht für drei **Groschen** Verstand haben U	*unvernünftig, töricht sein* Wie kannst du nur bei der Kälte ohne Strümpfe weggehen? Du hast doch nicht für drei Groschen Verstand.
ganz **groß** U	*hervorragend, prima* Der Film (sein Gedicht *usw.*) war ganz groß.
groß und klein	*viele Menschen verschiedensten Alters* Groß und klein hatte sich eingefunden, um die Enthüllung des Denkmals mitzuerleben.
im **großen** und ganzen	*im wesentlichen, von kleinen Einzelheiten abgesehen* Im großen und ganzen war die Ernte in diesem Jahr gut.
groß ausgehen U	*in guter Kleidung ausgehen, um etw. Feines zu essen, besonders nett zu tanzen usw.* Hast du Zeit? Heute abend möchte ich mit dir groß ausgehen.
(ganz) **groß** dastehen U	*als Autorität anerkannt sein, als Sieger dastehen* Nach dem Olympiasieg steht das russische Eiskunstlaufpaar ganz groß da.
groß herauskommen U	*mit viel Aufwand auftreten u. dadurch bekannt werden* In der letzten Zeit sind die Söhne und Töchter mehrerer bekannter Filmschauspieler selbst groß herausgekommen.
bei ihm wird ... **groß** geschrieben U	*ist sehr wichtig* Bei ihm wird Verdienen (Basteln *usw.*) groß geschrieben.
e-e unbekannte **Größe**	1) *e-e unbekannte S.* 2) *ein unbekannter Mensch* 1) Für den Landwirt ist das Wetter eine unbekannte Größe bei seiner Arbeit. 2) Unser neuer Chef kommt aus Frankreich und ist noch eine unbekannte Größe.
das kannst du deiner **Großmutter** erzählen U	*das glaube ich dir nicht, das ist Schwindel* „Wo hast du das Geld her, Paul?" – „Das hat mir ein Mann auf der Straße geschenkt." – „Hör mal, das kannst du deiner Großmutter erzählen, aber nicht mir!"
(s.) **großtun** U	*prahlen, angeben* Er tut (sich) gern groß mit seinen Fahrkünsten.

j-n (od. etw.) **großziehen**	*(ein Tier) groß werden lassen und pflegen; (e-n Menschen) heranwachsen lassen und erziehen* Manchmal fragt man sich, was schwieriger ist, einen Dackel großzuziehen oder einen Sohn.
j-m e-e **Grube** graben	*darauf hinarbeiten, daß j-d s-e Stellung verliert usw.* Seit Jahren versucht er, unserem Direktor eine Grube zu graben, um selbst dessen Stellung einzunehmen.
bei Mutter **Grün**	*s. Mutter*
dasselbe in **Grün**	*praktisch genau dasselbe, fast ohne jeden Unterschied, auch nicht besser* Statt des Wandregals kannst du hier natürlich auch einen Einbauschrank hinstellen – das ist dasselbe in Grün.
die **grüne** Grenze	*e-e Grenze, die durch Wald und Wiese (nicht Schlagbaum und Beamte) gekennzeichnet ist* Früher war der Übergang über die grüne Grenze ein Abendspaziergang. Heute ist sie streng bewacht.
ein **grüner** Junge	*ein junger, unerfahrener Mensch* Diese böse Erfahrung mußte er einmal machen. Er ist ja noch ein grüner Junge.
j-m **grünes** Licht geben	*j-m die Erlaubnis zu etw. geben* Endlich hat uns die Direktion für unser neues Forschungsprogramm grünes Licht gegeben.
ach, du **grüne** Neune U	*s. Neune*
j-m nicht **grün** sein U	*j-n nicht leiden können* Der Direktor ist mir nicht grün. Geh lieber du hin.
s. **grün** und blau ärgern U	*s. sehr ärgern* Er hat einen gebrauchten Wagen ganz billig gekauft, und jetzt ärgert er sich ständig grün und blau, weil immer wieder etwas daran kaputt ist.
j-n **grün** und blau schlagen U	*j-n sehr verprügeln* Wenn du noch mal so spät nach Hause kommst, schlag ich dich grün und blau! Merk dir das!
grün und gelb werden	*s. gelb*
mir wurde **grün** und gelb vor den Augen	*mir wurde übel, schwindlig* Mein letzter Flug war alles andere als ruhig. Wir mußten eine Gewitterfront durchfliegen, mir wurde grün und gelb vor den Augen.
e-r S. auf den **Grund** gehen (od. kommen)	*die wahren Ursachen, Motive e-r S. herausfinden* Im Ausverkauf werden erstaunlich billige Waren angeboten. Wenn man aber der Sache auf den Grund geht, stellt sich oft heraus, daß die Qualität schlecht ist.
j-n in **Grund** und Boden reden	*so mit j-m sprechen, daß er nicht weiß, was er antworten soll* Ich würde mich mit ihm auf keine Diskussion einlassen; er redet dich in Grund und Boden.

j-n (*od.* etw.) in **Grund** und Boden verdammen	*j-n (od. etw.) völlig verdammen, als völlig schlecht hinstellen* Die Opposition hat den neuen Gesetzentwurf in Grund und Boden verdammt.
s. in **Grund** und Boden schämen	*s. sehr schämen* Als ich erfuhr, wie sehr ich die alte Dame enttäuscht hatte, habe ich mich in Grund und Boden geschämt.
etw. in **Grund** und Boden wirtschaften	*etw. so bewirtschaften, daß es völlig ruiniert wird* Der Sohn hat das Gut in weniger als drei Jahren in Grund und Boden gewirtschaftet.
von **Grund** aus (gut, schlecht, verdorben sein)	*ganz und gar, durch und durch* Die Menschen sind weder von Grund aus gut noch von Grund aus verdorben.
etw. (*od.* s.) von **Grund** aus bessern	*etw. (od. s.) ganz und gar (nicht nur teilweise) bessern* Seit letztem Jahr hat sich die Zusammenarbeit der Institute von Grund aus gebessert.
etw. (*od.* s.) von **Grund** auf (*od.* von Grund aus) ändern (*od.* erneuern)	*etw. (od. s.) ganz und gar, völlig ändern usw.* Seit dem schlimmen Unfall hat sich die Lebenseinstellung meines Bruders von Grund auf (*od.* von Grund aus) geändert.
etw. von **Grund** auf verstehen	*etw. ganz, in allen s-n Teilen verstehen* Wer es in der Kernphysik zu etwas bringen will, der muß das Gebiet der Physik von Grund auf verstehen.
das ist nicht auf s-m **Grund** und Boden gewachsen	*(dieser Gedanke, diese Theorie usw.) stammt nicht von ihm* Was er in dem Artikel schreibt, ist interessant, aber es ist nicht auf seinem Grund und Boden gewachsen.
im **Grunde** (genommen)	*eigentlich, wenn man die S. wirklich richtig betrachtet* Im Grunde hast du recht: die billigen Waren sind oft die teuersten.
das hat so s-e **Gründe**	*dafür gibt es Gründe, über die man nicht gern spricht* Daß er sein Haus verkaufen will, das hat so seine Gründe. Im Vertrauen: er hat einen Ruf an die Universität Freiburg angenommen.
aus diesem kühlen **Grunde** S	*aus diesem Grunde, deswegen* Er hat mir zweimal Geld nicht zurückgegeben, und aus diesem kühlen Grunde kriegt er eben keins mehr.
in den **Grundfesten** erschüttern	*bis in das Fundament hinein (teilweise) zerstören* Die russische Oktoberrevolution hat die damalige Gesellschaftsordnung in den Grundfesten erschüttert.
den **Grundstein** legen zu etw.	*den Anfang bilden von etw.* Unsere gemeinsame Schulzeit hat den Grundstein zu unserer Freundschaft gelegt.
Grütze im Kopf haben U	*gescheit sein* Es macht Spaß, sich mit ihm zu unterhalten. Er hat Grütze im Kopf.
j-m die **Gurgel** umdrehen U	= *j-m den* Hals *umdrehen*

j-m die **Gurgel** zuschnüren (*od.* zudrücken)	*j-n wirtschaftlich vernichten* Durch Kündigung eines Kredits kann eine Bank einer Firma die Gurgel zuschnüren.
j-m an die **Gurgel** fahren U	*j-n angreifen, um ihn zu erwürgen* Als er mir an die Gurgel fuhr, wußte ich, daß es ernst war und wehrte mich.
j-m an die **Gurgel** wollen	= *j-m an den* Kragen *wollen*
(sein Geld) durch die **Gurgel** jagen U	*(sein Geld) vertrinken* Dem darfst du keinen Pfennig geben. Der jagt alles durch die Gurgel.
den **Gürtel** enger schnallen	*s. in den Ausgaben* (bes. *fürs Essen) zurückhalten* Wenn die Preise weiterhin so stark steigen, bleibt uns nichts übrig, als den Gürtel enger zu schnallen.
aus e-m **Guß**	*in e-m Zug gearbeitet, ein einheitliches, vollendetes Ganzes* Seine Rede war aus einem Guß – hervorragend.
wer weiß, wozu es **gut** ist	*wer weiß, was für e-n Nutzen es bringt* Meine Afrikareise hat sich zerschlagen. Aber wer weiß, wozu es gut ist.
das tut nicht **gut**	*das hat keine gute Wirkung, hat üble Folgen* Ich würde dir nicht raten, mit den Schwiegereltern zusammenzuziehen. Das tut nicht gut.
des **Guten** zuviel tun	*etw. Gutes so tun, daß es schlechte Wirkung hat* Er hat mehr Tabletten geschluckt, als er hätte nehmen sollen. Er hat des Guten zuviel getan.
zuviel des **Guten** (*od.* des **Guten** zuviel) sein	*mehr Unangenehmes sein, als man erwarten kann* Als im fünften Brief wieder eine Rechnung war, meinte er: „Das ist wirklich des Guten zuviel!"
es **gut** haben	*Glück haben bei etw., günstige Umstände angetroffen haben* Bei (*od.* In) ihrer neuen Familie hat sie es wirklich gut. Alle sind nett zu ihr.
gut daran tun	*richtig handeln* Der Minister tat gut daran, sich nicht genau festzulegen.
es hat sein **Gutes**, wenn . . . (*od.* daß . . .)	*es ist günstig, hat positive Folgen* Es hat sein Gutes, wenn man sein Auto regelmäßig nachsehen läßt. Man bleibt nicht plötzlich stecken.
gut bei j-m angeschrieben sein	*von j-m positiv beurteilt werden, e-n guten Ruf bei j-m haben* Mein Vetter hat gute Aussichten auf Beförderung, er ist bei seinem Chef gut angeschrieben.
das kann ja **gut** werden! U	*das wird schlimm werden* Wir wollen heute ins Gebirge, aber der Wetterbericht hat Regen vorausgesagt. Das kann ja gut werden!
da(mit) kommt er aber bei mir **gut** an U	*damit hat er bei mir keinen Erfolg* Bei Klaus und Tom hat er mit seinen Schmeicheleien Geld lockergemacht? Da kommt er aber bei mir gut an!

sonst geht's **gut** (*od.* geht dir's gut)? U	*du bist ein bißchen verrückt* „Du könntest mir diesen Monat noch mal fünfzig Mark geben, Papa!" – „Sonst geht dir's gut, was?"
er tut nicht **gut**	*er führt s. schlecht auf, ist schlecht erzogen* Seine Eltern haben ihn ins Internat gesteckt. Er tut zu Hause nicht gut.
j-m **gut** sein	*1) freundlich, positiv eingestellt sein zu j-m* *2) j-n lieben* 1) Eure Lehrerin ist euch wirklich gut, Kinder, sie kann es nur nicht so zeigen. 2) Ich bin ihm gut, ich mag ihn sehr, sehr gern, aber er merkt es nicht.
(nicht) **gut** zu sprechen sein auf j-n	*(k)eine gute Meinung von j-m haben, (nicht) leiden können* Der Abgeordnete Schulze ist auf den Fraktions-Geschäftsführer seiner Partei nicht gut zu sprechen, da der ihn nicht mehr förderte.
im **guten** (etw. sagen, etw. regeln, auseinandergehen *usw.*)	*mit freundlichen Worten, ohne Krach, ohne Feindschaft* Laß es dir im guten sagen: du must dich viel mehr anstrengen. / Die beiden sind im guten auseinandergegangen.
sei so **gut** und (tue)	*ich bitte dich (zu tun)* Sei so gut und bring diesen Brief zur Post.
gut gestellt sein	*s.* stellen
es **gut** mit j-m meinen	*gute Absichten für j-n haben, das Gute für j-n wollen* Dein Lehrer ist zwar sehr streng, im Grunde meint er es aber gut mit dir.
es **gut** treffen	*s.* treffen
alles, was **gut** und teuer ist U	*alle Personen, die viel Geld u. großes Ansehen haben* Auf dem Ball war alles vertreten, was gut und teuer ist.
(noch recht) **gut** erhalten sein U	*s.* erhalten
gut gepolstert sein U	*s.* polstern
kurz und **gut**	*wenn ich es kurz (endgültig) sagen soll* Kurz und gut, du weißt, wie die Dinge liegen. Ich kann dir die Summe, die du möchtest, nicht geben.
laß es **gut** sein	*gib dich zufrieden, laß die S. ruhen* Reg dich über das Geld nicht auf, laß es gut sein.
das ist alles ganz **gut** und schön, aber...	*es sieht positiv aus, aber es ist ein großer Nachteil dabei* Eine Reise nach Sibirien wäre außerordentlich interessant, und die Bedingungen sind günstig. Das ist alles ganz gut und schön, aber ich bin einfach zu alt dafür.
so **gut** wie	*fast* Ich meine, der Prozeß ist so gut wie gewonnen. / Er hat mir die Wohnung so gut wie versprochen.

gut und gern	*mindestens, mehr als* Dieser Sack wiegt gut und gern anderthalb Zentner.
du hast **gut** lachen (*od.* reden, raten) U	*du bist an dieser unangenehmen S. nicht beteiligt* Du hast gut lachen. Du gehst in Urlaub, und ich muß die Abrechnung machen.
hinterher ist **gut** reden (*od.* kannst du **gut** reden)	*hinterher weiß man, wie man es hätte machen sollen* Jetzt kommst du mit all diesen guten Ratschlägen. Hinterher ist gut reden.
nicht **gut** (sagen, bitten *usw.* können)	*es ist unangenehm, peinlich (zu sagen, zu bitten* usw.) Ich kann ihr doch nicht gut sagen, daß ihr Kleid hinten offen ist.
du bist **gut**! U	*du bist merkwürdig, tust so, als wenn alles ganz einfach wäre* Du bist gut! Ich soll dir Geld leihen, wo du weißt, daß ich selbst nur von meinem Stipendium lebe.
guthaben	(Geld) *noch zu bekommen haben, als Kredit haben* Das Buch kostet DM 17,–. Ich gebe Ihnen DM 20,–, dann habe ich noch DM 3,– gut.
gutheißen	*für richtig halten, billigen* Ich kann es nicht gutheißen, daß du die Ausbildung abbrechen willst, ohne eine Prüfung gemacht zu haben.
s. **gütlich** tun an etw.	*etw. mit Genuß essen* Bei unserem letzten Kinderfest taten sich die Kleinen gütlich an den vielen Süßigkeiten.
gutmachen	*1) in Ordnung bringen, etw. Schlechtes durch e-e gute Tat wieder ausgleichen* *2) Gewinn, Überschuß erzielen* 1) Er hat das, was er mir damals angetan hat, durch seine ständige Hilfe längst gutgemacht. 2) Bei diesem Geschäft hat er DM 100,– gutgemacht.
gutsagen für j-n	*bürgen, garantieren für j-n* Da ich ihn seit vielen Jahren kenne, kann ich ohne weiteres für ihn gutsagen. Er ist absolut zuverlässig.
gutschreiben (j-m *od.* e-m Konto)	(Geld) *als Guthaben registrieren* Wir haben Ihnen die Zinsen (*od.* die Zinsen Ihrem Konto) gutgeschrieben.

H

j-m stehen die **Haare** zu Berge (*od.* j-m sträuben s. die **Haare**)	*j-d ist entsetzt* Mir standen die Haare zu Berge, als ich die vielen Fehler sah. / Als ich das hörte, sträubten sich mir die Haare.
j-m die **Haare** vom Kopf fressen U	1) *sehr viel essen* 2) *j-m große Sorgen machen, weil man so viel benötigt* 1) Mit dem Jungen kann ich in kein teures Lokal gehen, der frißt mir ja die Haare vom Kopf. 2) Ich weiß nicht mehr, wie ich unsere acht Kinder durchbringen soll; sie fressen uns die Haare vom Kopf.
s. die **Haare** (aus-) raufen U	*sehr wütend, aufgeregt sein* Wenn ich denke, daß ich diese Gelegenheit versäumt habe, könnte ich mir die Haare (aus)raufen.
ein **Haar** (*od.* Haare) in der Suppe (*od.* in etw.) finden	1) *etw. finden, was e-n abstößt, ärgert* 2) *etw. finden, was man kritisieren kann, nörgeln bei etw.* 1) Wir dachten, wir könnten den Vertrag abschließen, aber Dr. Müller fand ein Haar darin (*od.* in der Suppe): es fehlte die Garantiezusage. 2) Was mein Studium betrifft, so findet mein Vater immer ein Haar in der Suppe (*od.* in allem, was ich tue).
j-m kein **Haar** (*od.* **Härchen**) krümmen	*j-m keinen Schaden (od. Schmerz) zufügen* Den Geiseln wurde glücklicherweise von den Terroristen kein Haar (*od.* Härchen) gekrümmt.
kein gutes **Haar** an j-m (*od.* etw.) lassen	*j-n (od. etw.) schärfstens kritisieren* In seiner Wahlrede hat der Sprecher der Opposition kein gutes Haar an der Regierung gelassen.
Haare bei etw. lassen	*Schaden erleiden, Nachteile hinnehmen* Bei der Zusammenlegung der beiden Firmen muß die unsrige leider besonders viel Haare lassen.
Haare spalten	*übergenau, allzu pedantisch sein* Natürlich muß man bei wissenschaftlicher Arbeit genau sein, aber man braucht doch keine Haare zu spalten.
Haare auf den Zähnen haben U	*grob, stur sein, scharfe Antworten geben* Mit meinem Schwiegervater komme ich recht gut aus, aber meine Schwiegermutter hat Haare auf den Zähnen.
mehr Schulden als **Haare** auf dem Kopf haben U	*riesige Schulden haben* Wie macht er das nur, daß er so gut leben kann? Er hat doch mehr Schulden als Haare auf dem Kopf.
graue **Haare** wegen e-r S. (*od.* über etw.) bekommen	*vor Kummer und Sorgen alt (u. unansehnlich) werden* Wegen all der (*od.* Über all den) Schwierigkeiten mit dir werde ich noch graue Haare bekommen.

s. wegen e-r S. (*od.* über etw.) keine grauen **Haare** wachsen lassen	*s. keine unnötigen Sorgen machen* Wegen Ihrer Altersversorgung werden Sie sich doch nicht heute schon graue Haare wachsen lassen. Sie haben doch Kinder, die einmal für Sie sorgen können.
etw. hängt an e-m **Haar**	*die Entscheidung hängt von e-m ganz kleinen Umstand ab* Wenn zwei Abgeordnete krank werden, kommt die Gesetzesvorlage nicht durch. Es hängt alles an einem Haar.
an den **Haaren** herbeiziehen	*gewaltsam herbeiziehen, was nicht zur S. gehört* Ihr Vergleich ist wirklich an den Haaren herbeigezogen. Er paßt überhaupt nicht hierher.
aufs (*od.* auf ein) **Haar** gleichen	*ganz gleich, sehr ähnlich sein* Die Zwillinge gleichen sich aufs Haar.
stimmt aufs **Haar**! U	*ist genau richtig* „Mein Ergebnis ist DM 123.75." – „Stimmt aufs Haar!"
aufs **Haar** genau U	*ganz genau (wissen, stimmen usw.)* Er weiß die Lebensdaten der einzelnen Fußballspieler aufs Haar genau.
s. in den **Haaren** liegen	*s. heftig streiten* Es ist schlimm mit unseren Kindern, sie liegen sich ständig in den Haaren.
s. in die **Haare** geraten (*od.* kommen)	*in Streit geraten, zu streiten anfangen* Am Schluß gerieten sich zwei Redner in die Haare.
um ein **Haar**	*1) beinah* *2) ein ganz kleines bißchen* 1) Um ein Haar wäre der Junge aus dem Fenster gefallen. / Um ein Haar hätten wir uns verfehlt. 2) Mein Bruder ist um ein Haar größer als ich.
nicht (um) ein **Haar**, (um) kein **Haar**	*1) nicht das geringste* *2) nicht das kleinste bißchen* 1) Er ist von seinen Forderungen nicht (um) ein Haar abgegangen. 2) Besser? Diese Seife ist nicht (um) ein Haar anders.
kein **Haarbreit**	= *kein Fingerbreit*
um **Haaresbreite** entgehen (*usw.*)	*ganz knapp entgehen* (usw.) Bei der Explosion im Werk ist mein Mann um Haaresbreite der schlimmsten Gefahr entgangen.
nicht um **Haaresbreite** von etw. abweichen	*nicht im geringsten von etw. abweichen* Es ist schön, wenn jemand von der Wahrheit nicht um Haaresbreite abweicht.
Hab und Gut	*alles, was man besitzt* Durch den Brand verlor er all sein Hab und Gut.
haben: er hat etwas (*od.* was)	*mit ihm ist etw. los, er hat Kummer, etw. ist nicht in Ordnung* Dein Bruder ist seit Tagen so verändert. Er hat etwas.
haben: was hast du?	*was ist mit dir los? was regt dich auf?* Warum fängt sie plötzlich an zu weinen? Was hat sie?

haben: da haben wir's (*od.* da hast du's) U	*das Unangenehme, das wir erwarteten, ist eingetroffen* Kaum saß ich im Stuhl, da sagte der Zahnarzt zu mir: „Da haben wir's. Der Zahn muß raus."
haben: na, wie haben wir's denn (*od.* hamwer's denn)? U	1) *wie liegen die Dinge, wie steht es?* 2) *was soll das (heißen)? Ist das etwa richtig (anständig usw.)?* 1) Na, wie haben wir's denn, kommt ihr mit? / Na, wie haben wir's denn, hast du das Examen bestanden? 2) Na, wie haben wir's denn, wollt ihr nicht mal wieder mit der Arbeit anfangen?
haben: er hat's (ja) U	*er hat das Geld, er kann es s. leisten* Ich mache schon mit, wenn er uns einlädt. Er hat's ja.
haben: dich hat's (wohl) U	*du bist verrückt* Mein Chef sagt, ich soll die Übersetzung bis morgen früh fertigmachen. Den hat's.
es **haben** (an etw., in etw. *usw.*)	*krank sein (an etw.* usw.*)* Herr Doktor, ich glaube, ich hab es an der Lunge.
etwas (*od.* viel) für s. **haben**	*s. für*
etwas gegen j-n **haben**	*e-n Groll, böse Gefühle gegen j-n haben, böse sein auf j-n* Er sieht mich immer so unfreundlich an. Ich glaube, er hat was gegen mich.
etwas (*od.* nichts) auf s. **haben**	*s. auf*
haben: er hat (so) etwas an s.	*s. an*
haben: was hab' ich davon?	*was bringt es mir Gutes (od. an Vorteilen)?* Ich soll ihm bei der Umarbeitung des Buches helfen? Was hab ich davon?
es in s. **haben**	*s. in*
es weit (*od.* am weitesten) **haben**	*s. weit*
es (*od.* etwas) mit j-m **haben** (*od.* es miteinander **haben**)	*ein Liebesverhältnis haben (mit j-m)* Glaubst du nicht, der Toni hat es mit deiner Cousine (*od.* die beiden haben es miteinander)?
noch zu **haben** sein	*ledig sein, noch nicht verlobt sein* Von den jungen Damen, die mich interessieren, ist keine mehr zu haben.
nicht zu **haben** sein für etw.	*etw. nicht mögen, etw. ablehnen* Viele Menschen spielen jede Woche im Toto; ich bin für solche Sachen nicht zu haben.
für alles zu **haben** sein	*allem zustimmen, alles mitmachen* Du brauchst ihn gar nicht zu fragen, ob ihm unsere Vorschläge zusagen. Er ist für alles zu haben.

haben: und damit hat sich's U	*mehr gibt es nicht (mehr wird nicht getan usw.)* Was du da vorschlägst, kommt nicht in Frage. Er kann bei uns übernachten und essen, und damit hat sich's.
haben: hat sich was S	*kommt nicht in Frage* Und ich soll das schwere Paket allein zur Post schleppen? Hat sich was!
haben: haste was kannste S	*sehr schnell, so schnell wie möglich* Als ich ihn dann ansprach, drehte er sich blitzschnell um und rannte haste was kannste davon.
s. die **Hacken** ablaufen nach etw. U	= s. die Schuhsohlen *ablaufen nach etw.*
j-m (dicht) auf den **Hacken** sein U	= *j-m auf den* Fersen *sein*
Hackfleisch aus j-m (*od.* j-n zu **Hackfleisch**) machen U	= *j-n zu Brei schlagen*
im (sicheren) **Hafen** sein	*geborgen sein, in gesicherten Verhältnissen leben* Nach all den Jahren der Wanderschaft hat er jetzt eine gute Stelle. Er ist im (sicheren) Hafen.
in den **Hafen** der Ehe einlaufen (*od.* im **Hafen** der Ehe landen)	*heiraten* Wider Erwarten ist Gerhard doch noch in den Hafen der Ehe eingelaufen.
j-n sticht der **Hafer** U	*das gute Leben macht j-n übermütig* „Kaum ist er Abteilungsleiter geworden, da kauft er sich einen Mercedes-Sportwagen." – „Ja, den sticht der Hafer."
aufpassen wie ein **Haftelmacher** U	= *aufpassen* wie ein Heftelmacher
Hahn im Korb(e) sein	*der Angesehenste in e-r Gruppe (bes. der einzige Mann in e-r Gruppe von Mädchen) sein* Zu Tante Else mit ihren vier Töchtern geht er von Zeit zu Zeit natürlich gern, denn da ist er Hahn im Korb.
stolz wie ein **Hahn**	*übertrieben eingebildet (od. stolz)* Ist der mit seinem neuen Anzug und den hohen Schuhen nicht lächerlich? Stolz wie ein Hahn kommt er daher.
einherstolzieren wie der **Hahn** auf dem Mist U	*übertrieben eingebildet, stolz gehen* Seit er seine Leutnantsuniform bekommen hat, kennt man ihn überhaupt nicht wieder. Er stolziert einher wie der Hahn auf dem Mist.
von etw. soviel verstehen wie der **Hahn** vom Eierlegen U	*von etw. gar nichts verstehen* Hör mal zu, mein Lieber! Von Mädchenfrisuren verstehst du soviel wie der Hahn vom Eierlegen.

wie zwei **Hähne** aufeinander losgehen	*s. sofort u. heftig (aber sinnlos) attackieren* Vor einem halben Jahr waren die beiden Brüder noch ein Herz und eine Seele, aber jetzt gehen sie wie zwei Hähne aufeinander los, sobald sie sich sehen.
danach kräht kein **Hahn** (*od.* kein Huhn und kein **Hahn**) (mehr) (*od.* da kräht kein **Hahn** mehr danach)	*danach fragt kein Mensch, das kümmert niemanden (mehr)* Ich soll euch den ganzen Tag herumfahren, aber wie ich meinen Vortrag vorbereiten soll, danach kräht (kein Huhn und) kein Hahn.
j-m den roten **Hahn** aufs Dach setzen L	*j-s Haus in Brand stecken* Endlich haben sie den Verbrecher gefaßt, der in letzter Zeit bei uns einigen Villenbesitzern den roten Hahn aufs Dach gesetzt hat.
den **Hahn** zudrehen	*kein Geld mehr geben* Diesmal muß ich die Staatsprüfung schaffen, sonst dreht mein Alter Herr den Hahn endgültig zu.
beim ersten **Hahnenschrei** (aufstehen *usw.*)	*ganz früh am Morgen (aufstehen) usw.* Da mir das Arbeiten bis spät in die Nacht nicht gut bekommt, stehe ich beim ersten Hahnenschrei auf.
die S. hat e-n **Haken**	*die S. hat e-e versteckte Schwierigkeit* Das Angebot ist wirklich gut, ich würde mehr als das Doppelte verdienen. Die Sache hat aber einen Haken: man muß sich auf fünf Jahre verpflichten.
das ist (*od.* da steckt) der **Haken** (bei der Sache)	*darin liegt die besondere Schwierigkeit* Sie können das Grundstück kaufen, aber es muß in zwei Jahren bebaut sein. Das ist der Haken bei der Sache.
(e-n) **Haken** schlagen	*im Laufen* (od *im Denken*) *plötzlich die Richtung ändern* Ein geübter Jagdhund verliert die Spur nicht, wenn ein Hase Haken schlägt. / Es ist nicht leicht, seinen Ausführungen zu folgen, da er gern in Gedanken einen Haken schlägt und plötzlich von etwas ganz anderem spricht.
(nur noch) ein **halber** Mensch sein	*(infolge von Krankheit, Kummer usw.) sehr abgemagert sein* Seitdem Herr Meier tödlich verunglückt ist, ist seine Frau nur noch ein halber Mensch.
(nur) e-e **halbe** Portion (sein)	*nicht sehr tüchtig sein, nicht viel Kraft haben, mager sein* Den besiege ich leicht, der ist ja nur eine halbe Portion.
nichts **Halbes** und nichts Ganzes	= *nichts* Ganzes *und nichts* Halbes
(nur) **halb** dabeisein (*od.* bei der S. sein)	1) = *nur mit halbem* Ohr *dabeisein* 2) = *nur mit halbem* Herzen *dabeisein*
s. **halb** und halb zu etw. entschließen	*s. nicht endgültig entschließen, noch unentschlossen sein* Ich kann mich nur halb und halb dazu entschließen, im Winter diese große Reise zu machen.
mit j-m **halbe-halbe** (*od.* **halb** und halb) machen U	*Verlust, Gewinn, Gefahr usw. mit j-m gleich teilen* Ich möchte das Drehbuch mit einem Freund zusammen schreiben. Wir könnten dann halbe-halbe machen.

sagen (*od.* machen) wir **halbe-halbe** U	*teilen wir den Gewinn (*od.* den Verlust) zu fünfzig Prozent* „Wieviel willst du, wenn du mitmachst?" – „Sagen wir halbe-halbe."
mach **halblang** (*od.* jetzt mach aber mal **halblang**) U	*übertreibe nicht so* Nun mach aber mal halblang! Du bist doch nicht die ganze Strecke an einem Tag gefahren!
die bessere **Hälfte** U	*die Ehefrau* „Und wie geht's deiner besseren Hälfte?" – „Danke, prima!"
sagen wir ‚die **Hälfte**'	*was du sagst, ist sicher übertrieben* Du willst heute zum Mittagessen fünfzehn Dampfnudeln gegessen haben? Sagen wir ‚die Hälfte'!
Hals über Kopf	*in allergrößter Eile, überstürzt* Als die Polizisten auftauchten, rannten die Diebe Hals über Kopf davon und ließen alles zurück.
j-m den **Hals** brechen	= *j-m das* Genick *brechen*
s. den **Hals** (*od.* Hals und Beine) brechen	= *s. das* Genick *brechen*
e-r Flasche den **Hals** brechen U	*e-e Flasche (Wein usw.) öffnen* Am Abend nach der Fahrprüfung haben wir dann mancher Flasche den Hals gebrochen.
j-m den **Hals** umdrehen (*od.* abschneiden)	*j-n töten, umbringen* Dem unverschämten Kerl möchte ich am liebsten den Hals umdrehen!
den (*od.* s-n) **Hals** riskieren (*od.* wagen, aufs Spiel setzen)	= Kopf *und* Kragen *riskieren*
den **Hals** in die Schlinge stecken	*s. Schlinge*
den **Hals** aus der Schlinge ziehen	*s. Schlinge*
j-n (*od.* j-m) den **Hals** kosten	1) *j-m das Leben kosten* 2) *sehr bedrohlich werden für j-n* 1) Schlecht ausgerüstet wie er war, mußte ihn diese Bergtour ja den Hals kosten. 2) Mit all den Sachen wollen Sie durch den Zoll? Das kann Sie den Hals kosten.
es wird nicht gleich den **Hals** kosten U	*es wird nicht so schlimm werden, wie du denkst* Du mußt zum Direktor? Na, reg dich nur nicht auf! Es wird nicht gleich den Hals kosten.
den **Hals** nicht voll (genug) kriegen (können) U	*habgierig sein* Der arme Mann muß sich krummlegen, weil seine Frau den Hals nicht voll genug kriegen kann.

s. j-m an den **Hals** werfen	1) *j-n stürmisch umarmen* 2) = *s. j-m in die* Arme *werfen* 1) Kaum trat ich ins Haus, da warf sie sich mir schluchzend an den Hals.
j-m an den **Hals** gehen	= *j-m an den* Kragen *gehen*
e-n langen **Hals** machen (*od. s.* den **Hals** ausrenken *od.* verrenken, den **Hals** recken)	*suchend blicken, neugierig sein* Wenn irgendwo hinter einem Bauzaun gearbeitet wird, dann bleiben die Leute stehen und machen einen langen Hals (*od.* renken sich den Hals aus *usw.*).
j-m etw. an den **Hals** hängen	*j-m* (e-n Prozeß usw.) *aufladen* Ich habe mich geweigert, für die schlechte Ware den vollen Preis zu bezahlen, und da hat mir die Firma einen Prozeß an den Hals gehängt.
bis an den (*od.* über den) **Hals** in Schulden stecken	*tief verschuldet sein* Ich weiß nicht, wie er hochkommen will. Er steckt mit seinem Geschäft bis an den Hals in Schulden.
j-n (*od.* etw.) auf dem **Hals(e)** haben	*viel Arbeit, Sorgen* (usw.) *zu tragen haben* Wenn Sie wüßten, was ich alles auf dem Hals habe!
j-m auf dem **Hals** liegen	*für j-n e-e schwere Arbeitslast* (od. *Verpflichtung) sein* Meinem Mann liegen ja auch noch die Kinder seines verunglückten Bruders auf dem Hals.
etw. auf den **Hals** bekommen (*od.* kriegen)	*viel Arbeit aufgeladen bekommen* Im nächsten Monat geht mein Chef nach Amerika, da kriege ich dessen ganze Arbeit auch noch auf den Hals.
j-n auf den **Hals** bekommen (*od.* kriegen)	*auf s. aufmerksam machen, gegen s. in Gang setzen* Wenn wir die Bauvorschriften nicht genau einhalten, bekommen wir sofort die Bauaufsicht auf den Hals.
j-m etw. auf den **Hals** laden	*j-m e-e Arbeitslast, Verpflichtungen zuschieben* Meinem Mann haben sie die Projektierung des Verwaltungsgebäudes auf den Hals geladen.
s. etw. auf den **Hals** laden	*e-e Arbeitslast, Verpflichtungen (noch zusätzlich) übernehmen* Ich verstehe meinen Mann nicht mehr. Jetzt hat er sich auch noch den Verbandsvorsitz auf den Hals geladen.
j-m j-n auf den **Hals** schicken (*od.* hetzen)	*machen, daß die Polizei* (usw.) *kommt u. untersucht* Er hat mir gedroht, wenn ich nicht mitmache, schickt er mir die Steuerfahndung auf den Hals.
aus vollem **Hals(e)**	*laut (rufen, schreien, lachen, singen)* Wenn man heutzutage einen aus vollem Halse singen hört, dann ist er bestimmt betrunken.
(Geld) durch den **Hals** jagen	= *(Geld) durch die* Gurgel *jagen*
es im **Hals** haben	*erkältet, heiser sein* Ich kann heute nicht mitmachen, ich hab es im Hals.

e-n Frosch im **Hals** haben	*s. Frosch*
der Bissen bleibt j-m im **Hals(e)** stecken (vor Schreck) *usw.*)	*(vor Schreck usw.) hört j-d auf zu essen* Ich war schon beim Essen, da trat Anni ins Zimmer – totenbleich. Mir blieb der Bissen im Hals stecken.
das Wort bleibt j-m im **Hals** stecken	*j-d hört mitten im Sprechen auf* Beim Umblättern merkte ich, daß mir die zweite Hälfte des Vortrags fehlte. Mir blieb das Wort im Hals stecken.
etw. in den falschen (*od.* verkehrten, unrechten) **Hals** bekommen (*od.* kriegen)	*etw. mißverstehen und deswegen verärgert sein* Du hattest ihn ja gar nicht gemeint, aber ich fürchte sehr, daß er es in den falschen Hals gekriegt hat.
etw. ist j-m in den falschen (*od.* verkehrten, unrechten) **Hals** geraten	*j-d hat etw. mißverstanden u. ist deswegen verärgert* Ihre Bemerkung über die Italiener ist ihm bestimmt in den falschen Hals geraten. Seine Mutter ist doch Italienerin.
s. um den **Hals** (*od.* s. um **Hals** und Kragen) bringen	*s. der Gefahr aussetzen, das Leben zu verlieren.* Mit seinem Leichtsinn wird er sich noch um den Hals (*od.* sich noch um Hals und Kragen) bringen
s. um den **Hals** (*od.* s. um **Hals** und Kragen) reden	*e-e so kühne Sprache führen, daß j-d das Leben riskiert* Cicero war manchmal in Gefahr, daß er sich um den Hals (*od.* sich um Hals und Kragen) reden würde.
j-m (vor Freude) um den **Hals** fallen	*s. außerordentlich freuen (u. j-n deswegen herzlich umarmen)* Als ich sie endlich wiedersah, fiel ich ihr vor Freude um den Hals.
nun stehen wir da mit (rein)gewaschenem **Hals** S	*jetzt ist das, worauf wir uns vorbereitet haben, nicht eingetroffen* „Stellt Euch vor, die Premiere ist auf morgen verschoben." – „Nun stehen wir da mit (rein)gewaschenem Hals. Was machen wir jetzt?"
j-m etw. (*od.* j-n) vom **Halse** halten	*j-m etw. (od. j-n) fernhalten, j-n verschonen* Mein Mann hat sehr viel zu tun, weswegen ich ihm möglichst alle Besucher vom Halse halte.
s. j-n (*od.* etw.) vom **Halse** schaffen (*od.* vom **Halse** bekommen)	*loswerden, frei werden von* Ich habe zur Zeit die Kasse, aber ich will sie mir möglichst bald vom Halse schaffen (*od.* ich will sie möglichst bald vom Halse bekommen).
bleib mir mit etw. (*od.* damit) vom **Hals(e)**	*laß mich mit etw. (od. damit) in Ruhe* Bleib mir bloß mit diesem Buchklub vom Hals(e)! Dessen Reklame kenn' ich zur Genüge.
die Zunge hängt j-m zum **Halse** heraus	1) *j-d ist am Verdursten* 2) *j-d hat s. sehr beeilt, ist erschöpft vom Laufen* 1) Mensch, mir hängt die Zunge zum Halse heraus. Hast du einen Schluck Wasser oder was Besseres? 2) Ihnen hängt ja die Zunge zum Halse heraus. Sind Sie die ganze Strecke gelaufen?

etw. hängt (*od.* wächst, kommt) j-m zum **Hals(e)** heraus	*j-d ist e-r S. überdrüssig, kann sie nicht mehr sehen* (od. *hören*) Mir hängen diese Schlagerlieder zum Hals heraus.
etw. steht j-m bis zum (*od.* bis an den) **Hals**	= *etw. hängt j-m zum* Hals *heraus*
das Wasser geht (*od.* steht) j-m (schon) bis zum (*od.* bis an den) **Hals**	*1) j-d hat große Schulden* *2) j-d hat große Schwierigkeiten* 1) Er hat die ganzen Jahre auf großem Fuß gelebt, so daß ihm das Wasser jetzt bis zum Hals geht. 2) Als Folge der vielen unerfüllbaren Wahlversprechen steht der Regierungspartei das Wasser bis zum Hals.
das Herz schlägt j-m bis zum **Hals**	*j-d hat große Angst, ist sehr aufgeregt* Zum ersten Mal sollte ich dem großen Pianisten vorspielen. Das Herz schlug mir bis zum Hals.
Hals- und Beinbruch! U	*ich wünsche sehr, daß alles gutgeht! Viel Glück!* Morgen haben Sie Ihre Fahrprüfung? Na, also dann Hals- und Beinbruch!
e-r S. **Halt** gebieten L	= *e-r S. Einhalt gebieten*
es mit j-m **halten**	*1) auf j-s Seite stehen, zu e-r Richtung gehören* *2) die gleiche Ansicht haben wie j-d* 1) Trotz allem, was vorgefallen ist, halte ich es immer noch mit der Regierungspartei. 2) Ich halte es mit Goethe: „Edel sei der Mensch, hilfreich und gut."
es so **halten**	*etw. auf e-e bestimmte Weise tun* Ich habe es immer so gehalten: in der Woche fleißig gearbeitet, am Wochenende dafür aber nichts getan.
s. (nicht) **halten** können	*beruflich (nicht) existieren können* Er konnte sich mit seinem Geschäft gut halten, da das Interesse an Antiquitäten groß war.
s. nicht **halten** können vor Lachen	*laut und lange lachen (müssen)* Ich fand das alles gar nicht so komisch, aber die anderen konnten sich nicht halten vor Lachen.
an s. **halten**	*s. an*
etwas auf s. **halten**	*darauf achten, daß die äußere Erscheinung einwandfrei ist* Er zieht sich tipptopp an; er hält eben etwas auf sich.
es gibt kein **Halten** (mehr)	*es gibt keine Möglichkeit anzuhalten (zu bremsen, zu stoppen)* Als der Angeklagte sein Schweigen brach, da gab's kein Halten mehr, bis er alles erzählt hatte.
um wieder auf besagten **Hammel** zurückzukommen	*um (nach einer Abschweifung) wieder auf das alte Thema zurückzukommen* Soviel also zum Thema Astrologie. Um wieder auf besagten Hammel zurückzukommen, die Astronomie hat sich schon in alter Zeit von der Astrologie getrennt.

j-m die **Hammelbeine** langziehen (*od.* j-n bei *od.* an den **Hammelbeinen** nehmen od. kriegen)	*j-n scharf tadeln, j-n durch strenge Zucht bearbeiten* In den letzten Wochen hat die Klasse IV so sehr das Faulenzen angefangen, daß ich den Kerlen mal gehörig die Hammelbeine langziehen muß (*od.* die Kerle mal gehörig an den Hammelbeinen nehmen muß).
Hammer oder Amboß sein L	*entweder der Schläger oder der Geschlagene, der Herr oder der Diener sein* Der Mensch muß sich in seinem Leben entscheiden, ob er Hammer oder Amboß sein will.
zwischen **Hammer** und Amboß sein	*in sehr bedrängter Lage sein* Zwischen meiner Mutter und meiner Frau bin ich oft wie zwischen Hammer und Amboß – sie harmonieren leider nicht miteinander.
unter den **Hammer** bringen (*od.* kommen)	*versteigern lassen* (od. *versteigert werden*) Ich möchte in neuen Möbeln wohnen, und deswegen werde ich diese alten alle unter den Hammer bringen. / Die restlichen Maschinen der Firma Müller kamen dann beim Konkurs unter den Hammer.
den **Hammer** fallen lassen	*(ganz pünktlich) plötzlich mit der Arbeit aufhören* Heutzutage kannst du sicher sein, daß alle Arbeiter pünktlich um 5 Uhr den Hammer fallen lassen.
das ist ein **Hammer** S	*das ist eine sehr unerfreuliche Sache* Wir müssen die Klausurarbeit mit 100 Fragen in anderthalb Stunden schreiben. Das ist vielleicht ein Hammer!
j-d hat einen **Hammer** S	*j-d ist nicht bei Verstand, ist verrückt* Mit dem kannst du über sowas doch nicht reden, der hat doch 'nen Hammer.
Hand aufs Herz!	*sage es ehrlich* Hand aufs Herz! Hast du alle Schularbeiten erledigt?
die schöne **Hand** U	s. *schön*
ihr könnt euch die **Hand** reichen	*ihr seid gleich (in euren Dummheiten, Schlechtigkeiten usw.)* Du hast das falsche Porto auf den Brief geklebt, und er hat ihn dann tagelang nicht eingeworfen – ihr könnt euch wirklich die Hand reichen!
Hand anlegen	*tätig sein, helfen* Wenn alle Hand anlegen, ist die Arbeit schnell getan.
Hand an s. legen	*Selbstmord begehen* Wie viele Filmstars legen Hand an sich!
Hand und Fuß haben	*gut durchdacht, vernünftig (begründet) sein* Ich habe bei ihm so gut Mathematik gelernt, weil seine Erklärungen immer Hand und Fuß hatten.
j-m sind die **Hände** (*od.* sind **Hände** und Füße) gebunden	*j-d ist durch Vorschriften (Versprechen usw.) daran gehindert, frei zu handeln* Solange sein Vater noch lebt und das Vermögen besitzt, sind ihm praktisch die Hände gebunden.

die (od. s-e) Hand auf etw. halten	= den Daumen *auf etw. halten*
die (od. s-e) Hand auf etw. legen	Besitz von etw. ergreifen Auf dieses schöne Grundstück hat eine Versicherung ihre Hand gelegt.
die **Hand** auf der Tasche (od. dem Beutel) halten	s. Tasche
die (od. s-e) **Hand** von j-m abziehen	*j-n nicht mehr schützen, ihm nicht mehr helfen* Nachdem der Mäzen seine Hand von dem jungen Musiker abgezogen hatte, war dieser gezwungen, das Studium abzubrechen.
j-m die **Hand** reichen (od. bieten, geben, entgegenstrecken)	*s. mit j-m versöhnen, ihm die Versöhnung anbieten* Willst du deinem Freund nicht die Hand reichen? Schließlich hast du doch den Streit angefangen.
j-m die **Hand** fürs Leben geben (od. reichen)	*in die Ehe mit j-m einwilligen* Nach jahrelangem Zögern hat sie ihm dann schließlich doch die Hand fürs Leben gereicht.
die **Hand** (od. s-e **Hand**, die **Hände**) bei etw. im Spiel(e) haben	*an etw. aktiv, aber nicht offensichtlich beteiligt sein* Ich möchte wissen, wer bei der Fusion dieser Firmen die Hand im Spiele hatte.
die **Hände** regen	*fleißig arbeiten* Wann gibt es bei einer Mutter schon Feierabend? Sie regt ihre Hände doch von früh bis spät.
die **Hände** sinken lassen	*mutlos werden* Als sein Junge wieder mit einer Fünf in Latein nach Hause kam, ließ der Vater die Hände sinken.
die **Hände** in den Schoß legen	*nichts tun, faulenzen* Nach all diesen schweren Wochen freue ich mich darauf, endlich mal die Hände in den Schoß legen zu können.
die **Hände** nach etw. ausstrecken	*s. etw. unberechtigt aneignen wollen* Als die Konkurrenz die Hände nach diesem Grundstück ausstreckte, sind wir sofort aktiv geworden.
die **Hände** über dem Kopf zusammenschlagen	*entsetzt sein, sein Entsetzen deutlich zeigen* Als ihr Sohn mit völlig zerrissenen Kleidern nach Hause kam, schlug sie die Hände über dem Kopf zusammen.
j-m die **Hände** unter die Füße breiten	*j-m sehr helfen, ihm alles ganz leicht machen* Da sie die Tochter des Präsidenten war, hat man ihr die Hände unter die Füße gebreitet.
die **Hand** vor (den) Augen nicht sehen	s. Auge
s. für j-n (od. etw.) die **Hand** abhacken (od. abschlagen) lassen	= *für j-n (od. etw.) die* Hand *ins Feuer legen*

für j-n (*od.* etw.) die (*od.* s-e) **Hand** ins Feuer legen	*garantieren, daß j-d ein guter Charakter ist* Auf alle Fälle ist er grundanständig. Für den lege ich meine Hand ins Feuer.
alle **Hände** voll zu tun haben	*sehr viel Arbeit haben* Heute ist bei uns Waschtag, da hat meine Mutter alle Hände voll zu tun.
s-e **Hände** in Unschuld waschen	*erklären, daß man unschuldig, an e-r S. nicht beteiligt ist (od. nichts damit zu tun haben will)* Wenn Sie den Jungen bestrafen wollen – ich wasche meine Hände in Unschuld! Ich bin überzeugt, daß er es nicht getan hat.
freie **Hand** haben	*in s-n Entscheidungen unabhängig sein* Als stellvertretender Direktor haben Sie auf dem Gebiet der Werbung völlig freie Hand.
j-m freie **Hand** geben (*od.* lassen)	*j-m freie Entscheidung(smöglichkeit) geben* Sie sollen unsere Filiale in London aufbauen, wozu wir Ihnen völlig freie Hand geben (*od.* lassen.)
e-e geschickte (ungeschickte, keine geschickte *usw.*) **Hand** haben	*(un)geschickt handeln, vorgehen bei etw.* Im Umgang mit ihrer Schwiegermutter hat sie leider eine ungeschickte (*od.* keine geschickte) Hand.
e-e glückliche (*od.* unglückliche, keine glückliche) **Hand** haben	*von Natur aus etw. (nicht) gut, geschickt machen* Er ist ein guter Wissenschaftler, aber als Lehrer hat er keine glückliche (*od.* eine unglückliche) Hand.
e-e hohle **Hand** haben U	*bestechlich sein* Wenn wir mit unserem Anliegen nicht durchkommen, müssen wir versuchen, jemanden zu finden, der eine hohle Hand hat.
e-e lange **Hand** haben	= *e-n langen* Arm haben
zwei linke **Hände** haben	*ungeschickte Hände haben* Sie macht alles kaputt. Sie hat einfach zwei linke Hände.
(die) letzte **Hand** an etw. legen	*e-r S. den letzten Schliff geben, etw. fertig bearbeiten* Am Wochenende möchte ich (die) letzte Hand an mein Manuskript legen und es dann dem Verlag einsenden.
e-e lockere (*od.* lose) **Hand** haben U	*leicht zuschlagen* Mein Onkel ist streng und hat eine lockere Hand.
e-e offene **Hand** haben	*leicht etw. geben, freigebig sein* Bei Haussammlungen gehe ich immer erst mal zu unserem Nachbarn. Der hat eine offene Hand.
j-s rechte **Hand** sein	*j-s erster, wichtigster Mitarbeiter sein* Meine Schwester ist die rechte Hand unseres Chefs.
reine (*od.* saubere) **Hände** haben	1) *unschuldig sein* 2) *nicht bestochen, unbeeinflußt sein* 1) Ich bin sicher, daß mein Bruder reine (*od.* saubere) Hände hat und in diese Affäre nicht verwickelt ist. 2) Ich glaube schon, daß er ehrlich ist und reine Hände hat.

schmutzige (*od.* unsaubere) **Hände** haben	1) *(mit)schuldig sein* 2) *bestochen, beeinflußt sein* 1) Sein Bruder wurde verurteilt, aber er selbst hat auch schmutzige (*od.* unsaubere) Hände. 2) Würden Sie sagen, daß kein Politiker schmutzige (*od.* unsaubere) Hände hat?
s-e schützende **Hand** (*od.* Hand schützend) über j-n halten	*j-n (gegen Angriffe usw.) schützen, j-n protegieren* Solange mein Onkel seine schützende Hand (*od.* seine Hand schützend) über mich hielt, bin ich natürlich trotz aller Anfeindungen gut vorangekommen.
keine **Hand** rühren	= *keinen* Finger *rühren*
an **Hand** (des Buches *usw.*)	*mit Hilfe (des Buches usw.)* An Hand dieses Buches können Sie das Fotografieren gut lernen.
an j-s **Hand**	*unter j-s Leitung, mit j-s Hilfe* An der Hand dieses neuen, sehr tüchtigen Lehrers haben alle Schüler wesentliche Fortschritte machen können.
j-n an der **Hand** haben	*mit j-m, der helfen kann, in Verbindung stehen* Der Fernseher ist kaputt? Nicht schlimm, ich habe jemanden an der Hand, der das sofort in Ordnung bringt.
j-m etw. an die **Hand** geben	1) *j-m etw. unverbindlich überlassen* 2) *j-m etw. zur Verfügung stellen* 1) Darf ich Ihnen hiermit ein paar Proben an die Hand geben? Bilden Sie sich Ihr Urteil bitte selbst. 2) Das neue Gesetz gibt uns endlich die Mittel an die Hand, das Schulwesen gründlich zu reformieren.
j-m an die **Hand** gehen	*j-m helfen, ihn unterstützen* Ihre Tochter ist doch schon 18, könnte sie Ihnen nicht an die Hand gehen?
j-d ist an **Händen** und Füßen gebunden	= *j-m sind die* Hände (od. *Hände und Füße*) *gebunden*
etw. liegt (klar) auf der **Hand**	*etw. ist offensichtlich, braucht nicht bewiesen zu werden* Das Motiv liegt doch klar auf der Hand: Eifersucht.
j-n auf **Händen** tragen	*j-n sehr liebevoll umsorgen, j-n verwöhnen* Gleichberechtigt mit ihrem Mann möchte die Frau natürlich sein, aber er soll sie trotzdem auf Händen tragen.
etw. aus der **Hand** geben	1) *etw. von anderen machen lassen* 2) *auf ein Recht auf etw. verzichten* 1) Ich schaffe diese vielen Übersetzungen nicht mehr selbst, ich muß einen Teil aus der Hand geben. 2) Sie können mit diesem Grundstück zur Zeit zwar nichts anfangen, Sie sollten es aber auf keinen Fall aus der Hand geben.
aus der **Hand** lesen	(j-s Schicksal usw.) *aus den Handlinien erkennen* Glauben Sie, daß man Schicksal und Charakter eines Menschen aus der Hand lesen kann?

j-m etw. aus der **Hand** nehmen	*j-m etw. entziehen, wegnehmen* Er war zum Trinker geworden; die Erziehung seiner Kinder mußte ihm aus der Hand genommen werden.
j-m aus der **Hand** fressen U	*gegenüber j-m unterwürfig, ganz willig sein* Dem Peter habe ich mal ganz energisch die Meinung gesagt; seitdem frißt er mir aus der Hand.
aus freier **Hand**	*ohne Vorlage (zeichnen)* Dafür, daß er diese Kirche aus freier Hand gezeichnet hat, ist sie sehr gut geraten.
aus erster (*od.* zweiter) **Hand** wissen (*od.* erfahren, haben *usw.*)	*aus der Originalquelle* (od. *durch Mittelspersonen) wissen* Wenn die Menschen nur das weiter erzählten, was sie aus erster Hand wissen (*od.* haben, erfahren haben), dann gäbe es sehr viel weniger Mißverständnisse.
aus erster (*od.* zweiter, dritter) **Hand** kaufen (*od.* erwerben)	*vom ersten* (od. *zweiten, dritten) Besitzer kaufen* Ich kaufe meine Autos grundsätzlich nie aus zweiter Hand *(immer von der Firma selbst).*
bei der **Hand** haben	*sofort verwendbar bei s. haben* Haben Sie einen Belichtungsmesser bei der Hand? Meiner ist kaputtgegangen.
mit etw. schnell (*od.* rasch) bei der **Hand** sein	*(Meinung, Urteil usw.) schnell äußern* Bei Jazzmusik ist er mit einem negativen Urteil schnell bei der Hand.
durch viele **Hände** gehen	*den Besitzer oft wechseln* Dieses Grundstück ist schon durch viele Hände gegangen.
Hand in Hand	*gemeinsam, zusammen* Alle Schichten des Volkes haben nach dem Kriege die Wirtschaft Hand in Hand wieder aufgebaut.
Hand in Hand arbeiten	*gemeinsam arbeiten, so daß man s. ergänzt* In einem modernen Industriebetrieb ist es besonders wichtig, daß alle genau Hand in Hand arbeiten.
Hand in Hand gehen mit etw.	*eng verbunden sein mit etw.* Mit der steigenden Ausgabenflut des Staates geht ein rasch fortschreitender Währungsverfall Hand in Hand.
etw. (*od.* j-n) (fest) in der **Hand** haben	*etw.* (od. *j-n) in der Gewalt haben* Er besitzt jetzt 51% der Aktien und hat die Fabrik damit (fest) in der Hand.
s. in der **Hand** haben	*s. beherrschen* Man kann nur dann Großes vollbringen, wenn man sich in jedem Augenblick in der Hand hat.
das Heft (fest) in der **Hand** haben	*s. Heft*
etw. liegt (ganz) in j-s **Hand**	*etw. hängt (ganz) von j-s Entscheidung ab* Ob ich ins Ausland versetzt werde oder nicht, liegt ganz in der Hand von Direktor Müller.

alles liegt in j-s **Hand**	*j-d ist der tatsächliche Leiter von etw.* Er hat zwar keinen Posten in der Firma, aber praktisch liegt alles in seiner Hand.
in fester **Hand** sein	*nicht verkäuflich sein, nicht zum Verkauf angeboten werden* Alle Grundstücke in diesem Dorf sind in fester Hand.
es zuckt j-m in den **Händen** (etw. zu tun)	*j-d will unbedingt etw. tun* Wenn etwas herunterfällt, zuckt es mir immer in den Händen, es aufzuheben, aber wie sollen dann meine Kinder lernen, daß sie sich bücken müssen?
j-m in die **Hände** arbeiten	*so handeln, daß der Gegner den Nutzen hat* Durch seine unbedachten Handlungen arbeitete er in Wirklichkeit dem Gegner in die Hände.
j-m in die **Hand** (*a.* die **Hände**) fallen (*od.* in j-s **Hand** [*a.* **Hände**] fallen)	*in j-s Besitz gelangen, von j-m gefunden werden* In einem Antiquariat ist mir dieser alte Druck in die Hand (*od.* ist dieser alte Druck in meine Hand) gefallen.
j-m in die **Hände** (*od.* in j-s **Hände**) fallen	*in j-s Besitz, Gewalt kommen, der nicht der Richtige ist* Bei meinem Teppichkauf an der Tür bin ich einem Betrüger in die Hände gefallen.
j-m etw. in die **Hand** geben	*j-n mit etw. beauftragen* Die Projektierung des Gebäudes haben wir einem berühmten Schweizer Architekten in die Hand gegeben.
etw. in die **Hand** nehmen	*die Durchführung von etw. übernehmen* Wenn Sie den Aufbau der Werbeorganisation nicht selbst in die Hand nehmen, wird nie etwas daraus werden.
die Beine in die **Hand** nehmen U	= *die Beine unter die Arme nehmen*
j-m in die **Hände** spielen	*zu j-s Gunsten wirken* Wer nicht zur Wahl geht, spielt schon damit dem politischen Gegner in die Hände.
j-m etw. in die **Hände** spielen	*j-m etw. wie zufällig zukommen lassen* Wir müssen ihm den gefälschten Brief in die Hände spielen, das Weitere entwickelt sich dann von selbst.
in anderen **Händen** sein	*den Besitzer gewechselt haben* Dieses berühmte Lokal ist jetzt in anderen Händen.
in andere **Hände** übergehen	*den Besitzer wechseln* Es wäre schade, wenn das Theater in andere Hände überginge.
in j-s **Hände** übergehen	*in j-s Besitz kommen* Wenn die Verhandlungen Erfolg haben, wird der Konzern in amerikanische Hände übergehen.
in j-s **Händen** (*od.* **Hand**) sein	*in j-s Besitz sein* Diese Firma ist seit 1974 in englischen Händen (*od.* in englischer Hand).

in guten (*od.* schlechten) **Händen** sein	*in guter (*od.* schlechter) Behandlung sein* Bei Onkel Karl wäre unser Hund aber in guten (*od.* in schlechten) Händen, meinst du nicht?
j-n (*od.* etw.) in guten **Händen** wissen	*wissen, daß j-d (*od.* etw.) gut behandelt wird* Bei dir weiß ich meinen Fotoapparat ja in guten Händen.
in guten (zuverlässigen, strengen *usw.*) **Händen** sein	*von j-m gut (zuverlässig usw.) bearbeitet, erledigt werden, streng behandelt werden usw.* Bei der Firma Schulz ist Ihre Waschmaschine in guten (*od.* zuverlässigen) Händen.
in festen **Händen** sein	*1) = in fester* Hand *sein* *2) (so gut wie) verlobt (*od.* verheiratet) sein* 2) Von der hübschen Blonden würde ich meine Finger lassen. Soviel ich weiß, ist sie in festen Händen.
mit (den) **Händen** zu greifen sein (*od.* mit [den] **Händen** greifen können)	*offensichtlich sein* Warum er dem Lehrer den Streich gespielt hat? Das ist doch mit (den) Händen zu greifen (*od.* Das kann man doch mit [den] Händen greifen): sein schlechtes Zeugnis.
mit den **Händen** (*od.* mit Händen und Füßen) reden	*beim Reden mit den Händen (und Füßen) gestikulieren* Ein Redner soll seine Worte mit bestimmten Bewegungen unterstreichen, aber nicht mit den Händen reden.
s. mit **Händen** und Füßen gegen etw. wehren (*od.* sträuben)	*s. mit allen verfügbaren Mitteln gegen etw. wehren* Ich habe ihm mein Bett angeboten, aber er hat sich mit Händen und Füßen dagegen gewehrt und auf der Couch geschlafen.
mit beiden **Händen** zugreifen	*e-e Gelegenheit sofort wahrnehmen* Eine solche Gelegenheit bietet sich so leicht nicht. Wenn sie kommt, muß man mit beiden Händen zugreifen.
mit leeren **Händen** kommen	*1) ohne Geschenk kommen* *2) ohne Erfolg, Gewinn kommen* 1) Was, du hast keine Blumen besorgt? Aber wir können doch zu Müllers nicht mit leeren Händen kommen! 2) Wie sollen wir erklären, warum unsere Delegation von der Konferenz mit leeren Händen kommt?
mit leeren **Händen** dastehen	*1) ohne Geschenk gekommen sein* *2) ohne Geld, Besitz sein* 1) Ich hatte mich darauf verlassen, daß er Blumen besorgt, und jetzt standen wir mit leeren Händen da. 2) Seine Klassenkameraden konnten sich alle Wünsche erfüllen, während er stets mit leeren Händen dastand.
mit leeren **Händen** gehen (*od.* abziehen)	*fortgehen, ohne etw. erreicht zu haben* Unsere Mission war gescheitert, wir mußten mit leeren Händen abziehen.
das Geld mit vollen (*od.* beiden) **Händen** ausgeben	*Geld verschwenderisch ausgeben* Er gab das Geld mit vollen Händen aus, und so blieb von seinem Totogewinn bald nichts mehr übrig.

mit vollen **Händen** geben	*reichlich geben* Sie können sich darauf verlassen, daß bei einer Sammlung mit vollen Händen gegeben wird.
um j-s **Hand** anhalten (*od.* bitten)	*bitten, daß j-d die Ehefrau (des Bittenden) wird* Mit zwanzig Jahren bat er um Elsas Hand, aber sie gab ihm einen Korb.
etw. unter den **Händen** (od. der **Hand**) haben	*an etw. arbeiten* Zur Zeit hat sie eine Madonna unter den Händen *(schnitzt sie eine Madonna.)*
j-m unter den **Händen** zerrinnen (*od.* dahinschmelzen)	*sehr schnell ausgegeben werden* Das viele Geld (die Erbschaft, das elterliche Vermögen *usw.*) zerrann ihm unter den Händen.
unter der **Hand**	*heimlich* Diese Information ist nicht offiziell, ich habe sie unter der Hand erhalten.
von **Hand** zu Hand gehen	*von e-r Person zur nächsten weitergegeben werden* Diese Zeichnungen von Dürer gingen von Hand zu Hand, bis sie endlich von einem Museum gekauft wurden.
gut (*od.* flott, leicht) von der **Hand** gehen	*leicht getan werden* Nähen hatte sie gelernt, und so ging ihr das Ändern des Mantels gut von der Hand.
etw. von der **Hand** weisen	*etw. (als Zumutung) abweisen* Das Ansinnen, seine Forschungsergebnisse zu verkaufen, hat er stets von der Hand gewiesen.
es ist nicht von der **Hand** zu weisen (*od.* es läßt s. nicht von der **Hand** weisen)	*es ist e-e Möglichkeit* (od. *Tatsache*) Es ist nicht von der Hand zu weisen, daß Karl in diese Angelegenheit verwickelt sein kann.
von der **Hand** in den Mund leben	*s. Mund*
etw. von langer **Hand** vorbereiten	*etw. (bes. Böses) sehr lange und sorgfältig vorbereiten* Der Überfall war von langer Hand vorbereitet worden.
von zarter **Hand**	*von (der Hand) e-r Frau* Er hat heute von zarter Hand einen Brief bekommen, aber ich weiß natürlich nicht, von wem.
j-m zur **Hand** gehen	= *j-m an die* Hand *gehen*
zur **Hand** haben	*verfügbar haben* Hätten Sie Ihren Wagen zur Hand, oder ist Ihr Sohn fortgefahren? Meine Frau muß ins Krankenhaus.
zur **Hand** sein	*verfügbar sein* Ich habe mehrere Diktiergeräte, so daß immer eins zur Hand ist.
j-m zur **Hand** sein	= *j-m an die* Hand *gehen*

zu **Händen** von	*zu übergeben an* Auf dem Brief steht „zu Händen von Dr. Ernst Müller", also hatten Sie den Brief nur ihm zu übergeben.
zu treuen **Händen**	*in gute Verwahrung* Hier hast du die Markensammlung zu treuen Händen.
zur linken **Hand**	*als nicht ebenbürtige (nicht adelige) Frau* Eine Bürgerliche konnte früher einem Mitglied des Hochadels nur zur linken Hand angetraut werden.
Handel und Wandel	*das alltägliche Leben (mit seinem hastigen Treiben)* Im Handel und Wandel des Lebens waren ihm die hohen Ideale seiner Jugendzeit verlorengegangen.
den **Handel** verstehen	*Erfahrungen haben, s. in e-r S. auskennen* Für diese wissenschaftliche Arbeit könnten wir vom Ministerium einen Zuschuß bekommen. Das muß Dr. Breuer beantragen, der versteht den Handel.
s. auf e-n **Handel** mit j-m einlassen	*mit j-m irgendeine wirtschaftliche (od. juristische) Angelegenheit anfangen* Bevor ich mich auf irgendeinen Handel mit ihm einlasse, muß ich erst einmal festzustellen versuchen, wie seine wirtschaftliche Lage ist.
händeringend suchen U	*ganz verzweifelt suchen* Papa sucht mal wieder händeringend seine Brille. Wer hat sie gesehen?
ein lockeres (*od.* loses) **Handgelenk** haben U	= *e-e lockere* Hand *haben*
etw. aus dem **Handgelenk** schütteln (*od.* machen) U	*etw. mühelos, schnell tun* Bei mir dauert so ein Aufsatz Stunden, aber er schüttelt ihn einfach aus dem Handgelenk.
das geht nicht so (einfach) aus dem **Handgelenk** (zu machen) U	*das geht nicht ohne Vorbereitung, so einfach* Diese Jubiläumsfeier will gut überlegt sein; das geht nicht so aus dem Handgelenk (zu machen).
handgemein (miteinander) werden	*anfangen, miteinander zu kämpfen (od. zu ringen)* Eben schienen sie noch ganz friedlich dazusitzen, da wurden sie plötzlich miteinander handgemein.
handgreiflich werden	*anfangen zu schlagen* Mit ihm kann man einfach nicht diskutieren, er wird immer gleich handgreiflich.
e-e gute (*od.* kräftige) **Handschrift** haben (*od.* schreiben) U	*kräftige Ohrfeigen austeilen (können)* Mein Vater ist ein ruhiger Mensch, aber er hat eine gute Handschrift, wenn es drauf ankommt.

j-m den **Handschuh** hinwerfen (*od.* ins Gesicht schleudern *od.* vor die Füße werfen)	*j-n zum Kampf herausfordern, j-m den Kampf ansagen* Warum willst du wieder nachgeben? Ich hätte ihm ja schon längst den Handschuh hingeworfen.
den **Handschuh** aufnehmen (*od.* aufheben)	*die Herausforderung annehmen* Die Zeitschrift hat den Handschuh aufgenommen und die Quellen ihrer Informationen nachgewiesen.
im **Handumdrehen** U	*überraschend schnell, mühelos* Im Handumdrehen war er mit den Schularbeiten fertig.
j-m das **Handwerk** legen	*j-n daran hindern, etw. Schlechtes zu tun* Es wird Zeit, daß wir den Wilderern das Handwerk legen.
(s. auf) sein **Handwerk** verstehen	*das, was man gelernt hat, gut können* Diesem Arzt merkt man doch sofort an, daß er sein Handwerk versteht.
j-m ins **Handwerk** pfuschen	*j-n dadurch stören, daß man als Laie od. Außenseiter etw. tut, was dieser als Fachmann od. Zuständiger besser tun kann* Es geht nicht, daß Tante Kläre mir bei der Kindererziehung ins Handwerk pfuscht und hinter meinem Rücken erlaubt, was ich gerade verboten habe.
mit **Hangen** und Bangen L	*mit großer Sorge, voller Angst* Mit Hangen und Bangen erwarten die Eltern die Rückkehr ihres Sohnes von der gefährlichen Bergtour.
wo **hängt's** denn? S	*was ist los? wo liegt die Schwierigkeit?* Ihr schaut so betroffen drein – wo hängt's denn?
alles, was drum und dran **hängt**	*s.* drum
hängenbleiben	1) *nicht in e-e höhere Klasse versetzt werden* 2) *nicht vergessen werden, behalten werden* 3) *nicht weggehen, als Gast (zu) lange bleiben* 4) *zufällig an einem Ort wohnen bleiben* 5) *s. als Gewinn ergeben* 1) Mein Bruder hat die höhere Schule gut geschafft, aber ich bin zweimal hängengeblieben. 2) Wie wenig ist von all den Dingen, die ich auf der Schule lernte, hängengeblieben. / Etwas bleibt immer hängen (*eine Verleumdung wird nie ganz vergessen*). 3) Wir könnten das Lokal schon um 12 schließen, wenn ein, zwei Männer nicht stundenlang hängenblieben. 4) Viele Einwanderer wollen in den Westen Amerikas, bleiben dann aber doch in New York hängen. 5) Meinst du, bei dem Verkauf bleibt was für uns hängen?
j-n **hängenlassen**	*etw. für j-n nicht fertigmachen, j-m etw. nicht bringen* Meine Schneiderin hat mich hängenlassen. Jetzt muß ich ohne das neue Kostüm verreisen.

lieber lasse ich mich hängen, als daß	*ich will unter gar keinen Umständen, daß* Lieber lasse ich mich hängen, als daß ich mich mit dem Kerl noch mal an einen Tisch setze.
ich will mich **hängen** lassen, wenn	= *ich will* Emil *heißen, wenn*
mit **Hängen** und Würgen U	*mit größter Mühe* „Hat er die Prüfung geschafft?" – „Ja, mit Hängen und Würgen."
Hans Dampf in allen Gassen	*j-d, der von vielem etw. weiß, aber nichts richtig kann* Paul ist (ein) Hans Dampf in allen Gassen, hat eine Menge Freunde und weiß immer das Neueste.
ein **Hans** im Glück	*j-d, der (immer) großes Glück hat* Er ist ein Hans im Glück. Jetzt hat er schon wieder im Lotto gewonnen.
den **Hanswurst** spielen	*1) die Neckereien anderer hinnehmen, der Dumme sein* *2) nicht ernst sein können, (immer) albern sein* 1) Denkst du, ich will immer den Hanswurst spielen? Ich kündige zum nächsten Ersten. 2) Wenn Klaus dabei ist, kommt es zu keinem ernsten Gespräch! Er spielt ja immer den Hanswurst.
j-m zeigen, was e-e **Harke** ist U	*1) j-m zeigen, wie man etw. richtig macht* *2) j-m grob s-e Meinung sagen* 1) Dem zeig' ich, was eine Harke ist. Die Arbeit, die er in fünf Wochen macht, mache ich in fünf Tagen. 2) Er sagt, er schafft das bis heute abend nicht? Dem werde ich mal zeigen, was eine Harke ist, dem Faulpelz!
j-n in **Harnisch** bringen	*j-n zornig machen* Widerspruch bringt ihn immer gleich in Harnisch.
in **Harnisch** geraten (*od.* kommen)	*zornig werden* Als ich sagte, er täte überhaupt nichts für seine alte Mutter, da ist er aber in Harnisch geraten.
j-n **hart** ankommen	*j-m schwerfallen, schwierig sein für j-n* Bei meinem Alter kam mich diese Prüfung hart an, aber ich habe sie geschafft.
hart im Nehmen sein	*viel Schicksalsschläge, Unangenehmes ertragen können* Wenn man sich heute als Kaufmann durchsetzen will, muß man hart im Nehmen sein.
hart auf hart gehen	*1) zu scharfen Auseinandersetzungen kommen* *2) e-e riskante S. werden* 1) In unserer Sitzung müssen wir heute endlich zu einem Ergebnis kommen, auch wenn es hart auf hart geht. 2) Bei der Operation ging es damals hart auf hart; fast wäre sie mißlungen.
mein Name ist **Hase,** ich weiß von nichts U	*ich weiß von der S. (von dem, was du sagst usw.) nichts* „Wer hat die Fahrkarte, die hier lag, weggenommen?" – „Mein Name ist Hase, ich weiß von nichts."

da liegt der **Hase** im Pfeffer	*das ist der wahre Grund, der springende Punkt* Ich hatte immer gedacht, er wollte die Rede nicht halten, weil er sich nicht in den Vordergrund spielen will. Er kann nicht genug Englisch, um sie zu halten – da liegt der Hase im Pfeffer.
wie der **Hase** läuft	*wie s. e-e S. abwickelt* Laß dich von deinem Onkel beraten. Der hat das schon oft gemacht und weiß, wie der Hase läuft. / Noch ist es zu früh, um ein Urteil zu fällen. Wir werden ja sehen, wie der Hase läuft.
ein alter **Hase**	*ein durch viele Erfahrungen (lebens)klug gewordener Mann* Sein Vater ist in diplomatischen Dingen ein alter Hase. Er war über dreißig Jahre im Auswärtigen Dienst.
j-d ist kein heuriger **Hase** mehr U	*j-d ist bereits ein erwachsener, erfahrener Mensch* Du kannst ihm den Auftrag ruhig anvertrauen. Er ist doch kein heuriger Hase mehr.
ein **Hasenherz** haben U	*sehr ängstlich sein* Wenn es dunkel ist, geht meine Schwester um keinen Preis mehr in den Keller. Sie hat ein Hasenherz.
die reine (*od.* reinste) **Hasenjagd**	*ein Jagen (und Niederschießen) wehrloser Opfer* Die Polizei setzte gegen die Demonstranten sofort Tränengas ein, so daß es die reinste Hasenjagd wurde.
das **Hasenpanier** ergreifen L	= Fersengeld *geben*
nicht **hasenrein** U	*nicht legal, nicht einwandfrei* Diese Devisentransaktion sieht einwandfrei aus, aber ich habe das Gefühl, sie ist nicht ganz hasenrein.
j-m eins auf die **Haube** geben U	= j-m eins aufs Dach *geben*
j-n unter die **Haube** bringen	*(ein Mädchen) verheiraten* Sie ist häßlich, aber reich; da wird's nicht schwer sein, sie unter die Haube zu bringen.
unter die **Haube** kommen	*verheiratet werden, e-n Mann bekommen* Agnes ist viel zu früh unter die Haube gekommen. Sie war ja noch ein halbes Kind.
hauen: das ist nicht gehauen und nicht gestochen	*das ist nicht ordentlich gemacht, nichts Richtiges* Eine solch ungenaue Übersetzung kann ich nicht brauchen, das ist nicht gehauen und nicht gestochen.
auf **Hauen** und Stechen mit j-m stehen	*mit j-m ganz verfeindet sein* Seinen Nachbarn kennt er einfach nicht mehr; er steht schon seit Jahren auf Hauen und Stechen mit ihm.
ein **Häufchen** Unglück (*od.* ein **Häufchen** Elend)	*ein Mensch, der völlig verzweifelt, verängstigt dasitzt* Nun sitz nicht da wie ein Häufchen Unglück, die Vase ist nun mal kaputt.
über den **Haufen** rennen (*od.* fahren)	*so gegen j-n (od. etw.) rennen (fahren), daß er (es) umfällt* Als ich gestern zur Straßenbahn lief, hätte ich doch beinahe eine Frau mitsamt ihrem Kinderwagen über den Haufen gerannt.

j-n über den **Haufen** schießen	*j-n willkürlich durch e-n Schuß töten (od. verletzen)* Er hat sich einen Weg aus dem Gefängnis gebahnt, indem er einfach zwei Wärter über den Haufen schoß.
etw. über den **Haufen** werfen	*(e-n Plan usw.) ganz aufgeben (od. ändern)* Unsere ganzen Reisepläne wurden über den Haufen geworfen, denn mein Mann mußte ins Krankenhaus.
in hellen **Haufen** (kommen *usw.*)	*in großen Scharen, in großer Zahl* Kaum ist der erste Schnee gefallen, da kommen die Leute schon in hellen Haufen in die Berge und fahren Ski.
sein greises **Haupt** schütteln U	*ablehnend (den Kopf schütteln)* „Onkel kommt nicht mit?" – „Nein, als ich ihn vorhin fragte, hat er nur sein greises Haupt geschüttelt."
an **Haupt** und Gliedern (reformieren)	*in allen s-n Teilen (reformieren)* Damit unser Betrieb konkurrenzfähig werden kann, müßte er an Haupt und Gliedern reformiert werden.
j-m eins aufs **Haupt** geben	= *j-m eins aufs* Dach *geben*
aufs **Haupt** schlagen	*völlig besiegen* Nach den vielen Blitzsiegen wurde Napoleon zum erstenmal in Rußland aufs Haupt geschlagen.
e-e **Haupt**- und Staatsaktion aus etw. machen	= *e-e* Staatsaktion *aus etw. machen*
altes **Haus**! U	*mein Lieber!* (Anrede unter guten Freunden) Na, altes Haus, sieht man dich auch mal wieder!
ein gelehrtes **Haus** U	*j-d, der ein riesiges Wissen hat* Der Bäckerssohn von nebenan ist ein gelehrtes Haus geworden. Er hat sich in Philosophie habilitiert.
Einfälle haben wie ein altes **Haus** U	*merkwürdige, ausgefallene Ideen haben* Um wieder gelenkig zu werden, soll ich auf meine alten Tage Ballettstunden nehmen. Du hast wirklich Einfälle wie ein altes Haus.
j-m das **Haus** einlaufen (*od.* einrennen) U	*ständig zu j-m hingehen und ihn bedrängen* Seit der Arzt diesen großen Erfolg mit dem gelähmten Mädchen hatte, rennen ihm die Patienten das Haus ein.
das **Haus** auf den Kopf stellen U	*s. Kopf*
ein großes **Haus** führen	*aufwendig leben, oft Gäste haben* Seit sie diesen Sektfabrikanten geheiratet hat, führt sie ein großes Haus. Jeden Abend hat sie Gäste.
ein offenes **Haus** haben	*gern Gäste (auch für die Nacht) bei s. haben* Maiers haben ein offenes Haus. Auch wenn man unangemeldet kommt, nehmen sie sich Zeit.
auf den kann man **Häuser** bauen	*auf den kann man sich ganz verlassen* Vertraue dich in dieser Sache unserem Pfarrer an. Auf den kann man Häuser bauen.

j-m ins **Haus** platzen U	*unerwartet (auch unerwünscht) zu j-m zu Besuch kommen* Solche Bekannte liebe ich, die zu den unmöglichsten Zeiten ins Haus platzen.
ins **Haus** stehen	*zu erwarten sein* In der nächsten Zeit stehen allerhand Änderungen ins Haus.
von **Haus** aus	*1) s-m eigentlichen Charakter nach* *2) ursprünglich, eigentlich* 1) Warum er diesmal so viel ausgegeben hat, verstehe ich nicht. Von Haus aus ist er sehr sparsam. 2) Sein neues Buch handelt von Ausgrabungen in Griechenland. Von Haus aus ist er aber Volkswirt.
zu **Hause** sein (in etw.)	*1) im Haus, in s-r Wohnung sein* *2) beheimatet sein, s-e Heimat haben* *3) s. auskennen, Kenntnisse haben (in etw.)* 1) Für Herrn Gruber (*od.* Wenn Herr Gruber kommt,) bin ich nicht zu Hause. 2) Sie ist in Köln (an der Nordsee *usw.*) zu Hause. 3) Er ist in der Philologie ebenso zu Hause wie in der Mathematik.
s. (wie) zu **Hause** fühlen	*s. so wohl und ungezwungen fühlen wie zu Hause* Ich verbringe meine Ferien gern bei meiner Freundin Ria. Dort fühle ich mich (wie) zu Hause.
(ganz) aus dem **Häuschen** sein (*od.* geraten) U	*ganz aufgeregt, außer s. sein, durcheinandergeraten (od. sein)* Beim Anblick des vielen Geldes war sie (*od.* geriet sie) ganz aus dem Häuschen. Das alles sollte ihr gehören?
j-n (ganz) aus dem **Häuschen** bringen U	*j-n ganz aufgeregt machen, durcheinanderbringen* Dieses ständige Treppauf-Treppab der Kinder bringt mich ganz aus dem Häuschen. Ich verrechne mich ständig.
s. **häuslich** niederlassen U	*1) s. für längere Zeit (gemütlich) aufhalten* *2) s. hinsetzen* 1) Solange unsere Wohnung umgebaut wird, könnten wir uns doch bei Onkel Michael häuslich niederlassen. 2) Dort drüben ist noch ein Stuhl frei. Da können Sie sich häuslich niederlassen.
nichts als (*od.* nur noch) **Haut** und Knochen sein U	*sehr mager sein* Mein Schwiegervater ist seit einiger Zeit nichts als Haut und Knochen. Da stimmt doch irgend etwas nicht.
e-e ehrliche (*od.* brave, lustige) **Haut** sein U	*ein ehrlicher (od. braver, lustiger) Mensch sein* Wir haben unsere Resi jetzt schon sieben Jahre. Sie ist eine ehrliche, brave Haut.
j-m die **Haut** abziehen U	*j-n sehr übervorteilen* Ich fürchte, man hat ihm bei seinem Grundstückskauf die Haut abgezogen.
j-m die **Haut** gerben U	= *j-m den* Frack *voll hauen*
s-e **Haut** zu Markte tragen	*sein Leben riskieren, s. opfern* Es ist sinnlos, für diese Idee seine Haut zu Markte zu tragen.

s. s-r **Haut** wehren	*s. energisch wehren, s. nicht alles gefallen lassen* Soll er sich doch seiner Haut wehren. Er ist doch nicht auf den Mund gefallen.
auf der faulen **Haut** liegen U	*faulenzen, nichts tun* In den Ferien sollen andere auf die Berge klettern. Ich liege lieber auf der faulen Haut.
s. auf die faule **Haut** legen U	*anfangen zu faulenzen, aufhören zu arbeiten* Du hast zwar schöne Erfolge erzielt, aber das ist kein Grund, sich auf die faule Haut zu legen.
man möchte (*od.* könnte) aus der **Haut** fahren (*od.* es ist, um aus der **Haut** zu fahren, es ist zum Aus-der-Haut-Fahren) U	*man könnte verrückt werden, es ist höchst ärgerlich* Man könnte aus der Haut fahren (*od.* Es ist, um aus der Haut zu fahren *usw.*), wenn man sieht, wie ungerecht es in der Welt zugeht.
ich kann mir das doch nicht aus der **Haut** schneiden U	*ich habe das Geld wirklich nicht* Wovon soll ich dir denn ein Rennrad kaufen? Ich kann mir das doch nicht aus der Haut schneiden!
nicht aus s-r **Haut** (heraus)können	*s-e schlechten Angewohnheiten nicht ablegen, s-e schlechten Eigenschaften nicht überwinden können* Meine Frau sagt immer, ich soll mich nicht so aufregen über all die vielen Kleinigkeiten, aber ich kann nun mal nicht aus meiner Haut (heraus).
ich möchte nicht in s-r **Haut** stecken	*ich möchte nicht in s-r unangenehmen Lage sein* Seit der Brief ans Tageslicht gekommen ist, steht es nicht gut um sie. Ich möchte nicht in ihrer Haut stecken.
s. in s-r **Haut** nicht wohl fühlen	*s. wegen s-r Eigenschaften (od. Veranlagungen) in gegebenen Verhältnissen nicht wohl fühlen* Man hat ihn einfach auf diesen Leitungsposten gesetzt, dem er nun mal nicht gewachsen ist. Er fühlt sich auch selbst gar nicht wohl in seiner Haut.
mit heiler **Haut** davonkommen	*ohne Folgen aus e-r unangenehmen Lage herauskommen* Wenn ich denke, wie gefährlich die Straßenglätte und der Nebel waren, dann wundere ich mich immer noch, daß wir mit heiler Haut davongekommen sind.
mit **Haut** und Haaren verschlingen U	*aufessen (od. auffressen) mit allem, was daran ist* Er sieht mich an, als ob er mich mit Haut und Haaren verschlingen wollte (*er ist sehr böse auf mich*).
s. e-r S. mit **Haut** und Haar verschreiben	*s. mit all s-n Kräften e-r S. hingeben* Schliemann war Apotheker, hat sich dann aber der Erforschung Trojas mit Haut und Haar verschrieben.
j-m mit **Haut** und Haar verfallen sein	*j-m ganz und gar verfallen sein* Die beiden lieben sich sehr? Richtiger wäre wohl zu sagen, daß er ihr mit Haut und Haar verfallen ist.

j-m unter die **Haut** gehen U	*j-n erregen, j-s Gefühl berühren* Kommunalpolitik hinter verschlossenen Türen kann der Bevölkerung nicht unter die Haut gehen. / Diese Musik geht einem unter die Haut.
alle **Hebel** in Bewegung setzen	*alle Mittel anwenden, um ein Ziel zu erreichen* Ich habe damals alle Hebel in Bewegung gesetzt, um das nötige Geld zusammenzukriegen.
den **Hebel** (an der richtigen Stelle) ansetzen	*den richtigen Weg, das richtige Mittel finden* Wenn wir den Hebel an der richtigen Stelle ansetzen, könnten wir nächstes Mal die Wahlen gewinnen.
einen **heben** (gehen) U	*ein Glas Alkohol trinken (gehen)* Er ist ein ganz netter Mensch, aber er hebt gern einen.
ein junger **Hecht** U	*ein junger, forscher Mann* Manchen jungen Mädchen gefällt ein solcher Typ eines Draufgängers – ein richtiger junger Hecht.
ein toller **Hecht** U	*ein lebenslustiger, übermütiger Mensch* In jungen Jahren war er außerordentlich lebenslustig, ja übermütig – das, was man einen tollen Hecht nennt.
ein **Hecht** im Karpfenteich	*ein lebhafter, betriebsamer Mensch, der die Ruhigen* (od. *Trägen*) *antreibt (nicht zur Ruhe kommen läßt usw.)* Bisher war es in unserer Dienststelle sehr gemütlich. Aber jetzt haben wir einen neuen Leiter bekommen – einen Hecht im Karpfenteich.
es zieht wie **Hecht**suppe	*hier ist ein starker Luftzug* Mach bitte die Fenster zu, es zieht wie Hechtsuppe.
aufgehen wie ein **Hefekloß**	= *aufgehen wie ein* Pfannkuchen
das **Heft** (fest) in der Hand haben (od. halten, behalten, nicht aus der Hand geben)	*die Macht haben, die Leitung von etw. tatkräftig verwirklichen* Noch hat der Chef das Heft (fest) in der Hand, auch wenn er sich selten sehen läßt. / Trotz seines Alters ist er noch voller Pläne und wird das Heft weiterhin in der Hand haben (od. nicht so bald aus der Hand geben).
j-m das **Heft** aus der Hand nehmen	*j-m die Leitung, die entscheidende Position wegnehmen* Wenn Sie sich energisch wehren, kann Ihnen niemand das Heft aus der Hand nehmen.
aufpassen wie ein **Heftelmacher** U	*sehr genau aufpassen* Bei der letzten Lateinschularbeit konnte keiner abschreiben. Der Lehrer paßte auf wie ein Heftelmacher.
sein **Heil** in der Flucht suchen	*wegrennen, fliehen* Als der Dieb sich entdeckt sah, suchte er sein Heil in der Flucht.
sein **Heil** versuchen	*etw. probieren, versuchen, ob man etw. kann* Laß mich mal mein Heil versuchen. Vielleicht gelingt es mir, der Spreißel aus dem Finger zu ziehen.
bei allem, was mir **heilig** ist	*ich schwöre es* Bei allem, was mir heilig ist, ich habe das Geld nicht!

kein **Heiliger** sein U	*ein Mensch mit s-n Schwächen sein* Ich bin auch kein Heiliger und gehe gern mal mit einem hübschen Mädchen aus.
ein wunderlicher (*od.* sonderbarer, komischer) **Heiliger**	*ein sonderbarer Mensch* Im Winter läuft er in Hemd und Hose rum, im Sommer zieht er sich warm an – ein komischer Heiliger.
j-n **heimgeigen** U	*1) j-n unfreundlich abweisen* *2) j-n schelten; verprügeln* 1) Der braucht bloß noch mal zu kommen und wegen Geld zu fragen. Den werden wir heimgeigen. 2) So, frech ist er auch noch geworden? Na, den werd' ich mal heimgeigen.
laß dich **heimgeigen**! U	*mach, daß du fortkommst, ich will nichts mehr von dir wissen* Jetzt hast du schon wieder Ärger mit deinem Chef gehabt? Mensch, laß dich heimgeigen!
j-m (tüchtig *od.* ordentlich) **heimleuchten**	*j-m e-e derbe Abfuhr geben* Tom hat gestern einen erwischt, wie er ihm die Luft aus dem Rad ließ. Dem hat er aber heimgeleuchtet!
heimlich, still und leise U	*völlig unbemerkt* Bert wollte seinen Vater um Kinogeld bitten und traf ihn im Garten beim Jäten. Da verschwand er heimlich, still und leise, denn er fürchtete, helfen zu müssen.
es j-m **heimzahlen**	*Böses mit Bösem vergelten, s. an j-m rächen* Der Anton hat mich gestern vor meinen Freunden blamiert. Dem werd ich's heimzahlen, wenn er kommt.
es überläuft mich **heiß** und kalt	*es schaudert mich, ein Schauer überläuft mich* Als ich dem großen Künstler gegenüberstand, überlief es mich heiß und kalt. Würde ich ihm gefallen?
weder **heiß** noch kalt	= *nichts Ganzes und nichts Halbes*
s. **heiß** reden	*beim Reden sehr leidenschaftlich werden* Sie hätten sehen sollen, wie sich die Damen heiß geredet haben, ob die Kleider kürzer werden sollen oder nicht.
es geht **heiß** her	*es gibt leidenschaftliche Diskussionen, heftigen Streit* Auf der heutigen Stadtratssitzung ging es mal wieder heiß her; es ging um die Tarife der öffentlichen Verkehrsmittel.
dich haben sie wohl (als Kind) zu **heiß** gebadet! S	*du bist verrückt* Was, du gehst bei dieser Kälte ohne Mantel? Dich haben sie wohl als Kind zu heiß gebadet!
mit **Heißhunger** verzehren	*mit sehr großem Hunger essen* Unser neuer Lehrling verzehrt jeden Mittag sein Essen mit einem Heißhunger, als ob er seit Wochen nichts zu essen bekommen hätte.
das ist ja **heiter** (*od.* jetzt wird's **heiter**) U	*das ist e-e sehr unangenehme Sache* Das ist ja heiter. Das Auto tut nicht, und die letzte Straßenbahn ist auch längst weg.

das kann ja **heiter** werden U	= *das kann ja* lustig *werden*
kein **Held** in etw. sein	*etw. nicht gut können* Er ist nie ein Held in Physik gewesen.
der **Held** des Tages sein	*im Mittelpunkt des Interesses stehen, der Berühmteste sein* Tagelang war der Weltraumflieger Gagarin der Held des Tages. Alle Welt sprach nur von ihm.
helfen: was hilft es U	*was hat es für einen Zweck?, es hat keinen Zweck* Was hilft es, daß die beiden Eiskunstläufer eine herrliche Kür gelaufen sind. Durch ihren Sturz haben sie sich jede Chance auf einen Sieg verdorben.
helfen: es hilft (alles) nichts U	*es hat alles keinen Zweck, es gibt keine anderen Möglichkeiten* Es hilft alles nichts, ich muß zum Zahnarzt.
ich kann mir nicht **helfen**	*ich muß bei meiner Ansicht bleiben, für mich ist es so* Ich kann mir nicht helfen, ich finde keinen Zugang zur abstrakten Malerei.
ich werd' dir **helfen** (*od.* ich will dir helfen) U	*1) ich werde dich bestrafen, ermahnen* *2) ich werde dich zur Vernunft bringen, dich daran hindern, etw. zu tun* 1) Du hast einfach mein Moped benützt? Ich werd' dir helfen! 2) Ich werd' dir helfen, einfach abzuschreiben.
helle sein U	*klug sein, rechtzeitig wissen, was das richtige ist* Wer in der heutigen Wirtschaft vorankommen will, der muß helle sein. / Mensch, sei helle, bleib Junggeselle!
keinen (roten) **Heller** wert sein	= *keinen* Deut *wert sein*
keinen (roten *od.* lumpigen) **Heller** besitzen (*od.* haben)	*gar kein Geld haben* Als wir dieses Jahr aus dem Urlaub zurückkamen, besaßen wir tatsächlich keinen roten Heller mehr.
ich gebe keinen **Heller** für j-n (*od.* etw.)	*ich halte etw. für aussichtslos, hoffnungslos, wertlos* Glaubst du, daß der Junge das Abitur schafft? Ich gebe keinen Heller für ihn.
auf **Heller** und Pfennig bezahlen	*genau, bis auf den letzten Rest bezahlen* Jetzt ist unser Auto auf Heller und Pfennig bezahlt.
s-e Freunde wie sein (*od.* das) **Hemd** wechseln	*laufend andere Freunde haben* Sie ist wenig sympathisch. Sie wechselt ja auch ihre Freunde wie ihr Hemd.
s-e Gesinnung wie sein (*od.* das) **Hemd** wechseln	*keine feste Gesinnung haben, opportunistisch sein* Auf ihn ist politisch kein Verlaß. Er wechselt seine Gesinnung wie sein Hemd.
das letzte **Hemd** hergeben (*od.* s. das letzte **Hemd** vom Leib reißen)	*das Letzte opfern, alles hergeben* Sie ist der beste Kamerad. Sie würde das letzte Hemd hergeben, um ihren Freunden zu helfen.

kein (ganzes) **Hemd** (mehr) am (*od.* auf dem) Leib haben	*völlig heruntergekommen sein* Als er damals als Flüchtling zu uns kam, hatte er kein ganzes Hemd (mehr) am (*od.* auf dem) Leib.
j-n bis aufs **Hemd** ausziehen (*od.* ausplündern)	*j-m (so gut wie) alles wegnehmen* Heute nacht wurde ein Kaufmann von einem Unbekannten überfallen und bis aufs Hemd ausgezogen.
alles bis aufs **Hemd** verlieren	*alles (außer der Kleidung am Leibe) verlieren* Bei der großen Überschwemmung haben unzählige Menschen alles bis aufs Hemd verloren.
(s.) die **Hemds-ärmel** hochkrempeln	= *(s.) die Ärmel hochkrempeln*
Henker (alle Wendungen)	= (dieselben Wendungen mit) Teufel
es ist nicht weit **her** mit etw. (*od.* j-m)	*etw. (od. j-d) ist nicht besonders gut, tüchtig* Mit seinen Kenntnissen in Physik ist es nicht weit her.
hinter j-m **her** sein	*1) j-n verfolgen* *2) (ein Mädchen) für s. zu gewinnen versuchen* 1) Wegen dieses Diebstahls ist die Polizei schon seit Monaten hinter ihm her. 2) Er ist schon lange hinter meiner Schwester her, aber sie interessiert sich nicht für ihn.
herausfahren: es ist mir nur so herausgefahren (-gerutscht)	*ich habe es nur so aus Versehen gesagt* Entschuldige bitte, was ich eben sagte. Es ist mir nur so herausgefahren.
aus s. **herausgehen**	*s. frei benehmen, seine Hemmungen verlieren* Sie geht eigentlich nur (etwas) aus sich heraus, wenn sie ein bißchen Alkohol getrunken hat.
etw. **heraushaben** (*od.* raushaben U)	*1) etw. gut verstehen* *2) etw. herausgefunden haben* *3) (Geld) zurückbekommen* 1) Meine Mutter hat es raus (heraus), mit den Hausierern an der Tür zu verhandeln. 2) Hast du jetzt raus (heraus), wie man diese Büchse am besten öffnet? 3) „Er will sein Geld wieder raushaben." – „Kommt gar nicht in Frage, gekauft ist gekauft."
herauskommen: das kommt auf eins heraus (*od.* raus U)	*das ist dasselbe, da ist kein Unterschied* Ob ich erst die Wörter lerne und dann die Mathematik mache oder umgekehrt, das kommt auf eins heraus.
s. gut (*od.* fein) **herausmachen** (*od.* rausmachen U)	*1) s. gut erholen, entwickeln* *2) zu Geld, Ansehen kommen* 1) Nach der Operation stand es wirklich sehr schlecht um sie, aber sie hat sich wieder gut herausgemacht. 2) Er war ein kleiner Angestellter. Aber jetzt hat er sich fein herausgemacht, er fährt einen Mercedes.

s. etw. **herausnehmen** (*od.* rausnehmen U)	*s. e-e Freiheit nehmen, die e-m nicht zusteht* Er kann sich nun mal nicht unterordnen und meint, er könne sich immer was herausnehmen (*od.* rausnehmen).
herausschauen: was (*od.*wieviel) schaut dabei heraus (*od.* raus) U	= *was (wieviel) springt dabei heraus* (herausspringen)
etw. (viel *usw.*) **herausschlagen** (*od.* rausschlagen) bei U	(Geld, Zeit) *für s. gewinnen* Wollen sehen, daß wir bei dem Geschäft auch noch ein paar hundert Mark für uns herausschlagen.
fein (*od.* schön) **heraussein** (*od.* raus- sein) U	*allen Schwierigkeiten, Unanehmlichkeiten entgangen sein* Herr Maier ist fein raus, denn seine Versicherung hat wider Erwarten alle Kosten übernommen.
etw. ist noch nicht **heraus** (*od.* raus) U	*etw. ist noch unentschieden, unbekannt* Wann die Prüfung stattfindet, ist noch nicht raus.
herausspringen: was (*od.* wieviel) springt dabei heraus (*od.* raus) U	*wie hoch ist der Profit bei der S.?* Ich mach die Sache schon. Ich muß nur wissen, was (*od.* wieviel) dabei für mich herausspringt. / Privatstunden gebe ich nicht. Dabei springt für mich zuwenig raus.
der häusliche (*od.* heimische) **Herd**	*das eigene Zuhause* Nach mancherlei Irrfahrten meines Lebens weiß ich den häuslichen Herd jetzt sehr zu schätzen.
(s.) e-n eigenen **Herd** gründen	*(heiraten u.) s. ein Zuhause schaffen* Hans hat eine nette Braut und wird (sich) bald einen eigenen Herd gründen.
hereingeschneit kommen U	*unerwartet kommen* Gestern abend saßen wir beim Essen, als Erich hereingeschneit kam und uns ins Kino mitnehmen wollte.
herhalten müssen	*bezahlen müssen, Strafe (Tadel, Spott usw.) hinnehmen müssen* Wenn irgend etwas kaputtgeht, wer muß immer herhalten? Natürlich ich.
(dichtgedrängt) wie die **Heringe** (in der Tonne) U	*dicht zusammengedrängt (stehend)* Wenn man morgens ins Büro fährt, steht man in der Straßenbahn wie die Heringe in der Tonne.
etw. **hermachen** U	*wirkungsvoll aussehen, Eindruck machen* Diese Vase ist nicht sehr teuer, aber sie macht etwas her. Die schenken wir.
viel von s. **hermachen** U	*viel Reklame von s. machen, viel Aufsehen erregen* In der heutigen Wirtschaft ist es wohl notwendig, daß die Firmen so viel von sich hermachen.
Herr der Lage sein	*e-e Situation beherrschen, in s-n Entscheidungen frei sein* Die Meuterei wurde niedergeschlagen, und der Kapitän war in kurzer Zeit wieder Herr der Lage.
e-r S. **Herr** werden	*die Schwierigkeiten e-r S. überwinden, meistern* Es dauerte Stunden, bis die Feuerwehr der lodernden Flammen Herr wurde.

nicht mehr **Herr** über s. selbst (*od.* s-r selbst, s-r Sinne) sein	*s. nicht mehr in der Gewalt haben, nicht mehr wissen, was man tut* Alkohol schadet nicht nur der Gesundheit. Schlimm ist, man ist oft nicht mehr Herr über sich selbst.
Herr im Haus(e) sein	*derjenige sein, der sagt, was gemacht wird* Die Fabrik gehört Herrn Gebhard, aber Herr im Haus ist sein Schwiegersohn.
man ist ja nicht mehr **Herr** im eigenen Haus	*man wird verdrängt von j-m, der s. breitmacht* Seit die neue Wirtschafterin da ist, ist man ja nicht mehr Herr im eigenen Haus!
sein eigener **Herr** sein	*unabhängig sein, alle Entscheidungen selbst treffen können* Es hat schon viele Vorteile, sein eigener Herr zu sein.
den (großen) **Herrn** spielen	*s. benehmen, als wenn man vornehm und reich wäre* Mein Onkel spielt gern den großen Herrn, obwohl er nicht das nötige Kleingeld hat.
den **Herrn** herauskehren	*zeigen, daß man der Vorgesetzte ist (auch wenn es unnötig ist)* Selbst wenn die Betriebsangehörigen beim Mittagstisch sitzen, muß er noch den Herrn herauskehren.
mein **Herr** und Gebieter (*od.* Meister)	*mein Ehemann* Wenn mein Herr und Meister einverstanden ist, werden wir gern morgen abend zu Ihnen kommen.
die **Herren** der Schöpfung U	*die Männer* Für die Herren der Schöpfung gab's Zigarren, für die Damen Zigaretten oder Pralinen.
Alter **Herr**	*1) U Vater* *2) Mitglied e-s akademischen Vereins, e-r studentischen Verbindung* 1) Heute abend muß ich mal meinen Alten Herrn um Erhöhung meines Taschengeldes bitten. 2) Einmal in der Woche treffen sich die Alten Herren des akademischen Gesangvereins zum Kegeln.
den Seinen gibt's der **Herr** im Schlaf	*wen die Götter lieben, der kommt zu etw., ohne s. anstrengen zu müssen* Tante Berta hat zum erstenmal ein Los gekauft und gleich 3000 Mark gewonnen. Den Seinen gibt's der Herr im Schlaf.
aus aller **Herren** Länder	*aus allen Gegenden, aus allen Ländern und Erdteilen* In unseren Kaufhäusern findet man heute Waren aus aller Herren Länder.
meine **Herren!** (meine *ist betont*) U	*Donnerwetter!* Meine Herren! War das ein blöder Film.
Herrgott noch (ein)mal	= Himmel *noch (ein)mal*
wie der **Herrgott** in Frankreich leben	= wie *(der liebe)* Gott *in Frankreich leben*
in aller **Herrgottsfrühe**	*sehr früh am Morgen* Wir können die Bergtour nur schaffen, wenn wir in aller Herrgottsfrühe aufbrechen.

die ganze **Herrlichkeit** U	*die ganze schöne S.* Am Morgen lag auf den Bäumen ein zauberhafter Rauhreif. Nachdem die Sonne herausgekommen war, war es mit der ganzen Herrlichkeit leider vorbei.
der **Herrlichste** von allen U	*der, auf den alle gewartet haben, der Ersehnte* Na, da kommt er ja endlich, der Herrlichste von allen.
die alten **Herrschaften** U	*die Eltern* Platz haben wir zu Hause schon zum Tanzen, aber was machen wir mit den alten Herrschaften?
Herrschaft noch mal! (*od. süddt.* Herrschaftzeiten!)	*Donnerwetter! So etwas Dummes!* Herrschaft nochmal! Jetzt habe ich meine Schlüssel im Büro liegenlassen!
darum (*od.* drum) **herumkommen**	*etw. nicht tun müssen, e-r unangenehmen Sache entgehen* Du wirst nicht darum herumkommen, bei der Feier eine kleine Ansprache zu halten.
darum (*od.* drum) **herumreden**	*das Eigentliche nicht sagen, nichts Genaues sagen* Er versteht es großartig, drum herumzureden. Und was man gerne wissen möchte, erfährt man durchaus nicht.
j-m eine **herunterhauen** (*od.* herunterknallen, herunterlangen; *mst.* runter-) U	*j-m eine kräftige Ohrfeige geben* Wenn du noch mal so eine freche Antwort gibst, hau ich dir eine runter!
das **Herz** fällt (*od.* rutscht) j-m in die Hose(n) U	*j-d bekommt große Angst* Beim Anblick der drei strengen Prüfer fiel dem Kandidaten das Herz in die Hose(n).
das **Herz** hüpft j-m vor Freude (Begeisterung *usw.*)	*j-d ist sehr erfreut (begeistert* usw.*)* Als ich die Flugkarte nach Paris auf meinem Geburtstagstisch sah, hüpfte mir das Herz vor Freude.
das **Herz** dreht s. j-m (bei diesem Anblick) im Leibe (her-)um (*od.* es dreht e-m das **Herz** im Leibe herum) U	*ich bin höchst entsetzt, tieftraurig (über das, was ich sehe)* Als ich all die Kinder mit verstümmelten Armen und Beinen sah, drehte sich mir das Herz im Leibe herum..
da lacht e-m das **Herz** im Leibe U	*man ist sehr erfreut* Wenn man an eine festlich gedeckte Tafel tritt, lacht einem das Herz im Leibe.
das **Herz** schnürt (*od.* krampft) s. j-m (bei diesem Anblick) zusammen U	= *das* Herz *dreht sich j-m (bei diesem Anblick) im Leibe herum*
das **Herz** steht j-m still (vor Schreck, Entsetzen, Aufregung *usw.*) U	*j-d ist (so) außerordentlich entsetzt (daß ihm beinahe das Herz stillsteht* od. *stillzustehen scheint)* Als er ins Zimmer trat und seinen Vater krank im Bett liegen sah, stand ihm das Herz still (vor Schreck).

mir blutet (*od.* bricht) das **Herz,** wenn ich daran denke U	*ich bin tieftraurig, sehr erschüttert, wenn ich daran denke* Mir blutet das Herz, wenn ich daran denke, wieviel Menschen dabei ums Leben gekommen sind.
da geht einem das **Herz** auf U	*da fühlt man, wie alles Schwere, Bedrückende abfällt* Es gibt nichts Schöneres, als auf einem Berggipfel zu stehen. Da geht einem wirklich das Herz auf.
ein **Herz** und e-e Seele sein (mit j-m) U	*im Denken und Fühlen mit j-m gleich sein, sehr herzlich befreundet sein mit j-m* Seit Jahren sind Wolf und Ernst ein Herz und eine Seele, und ich bin sehr glücklich über diese Freundschaft.
alle **Herzen** fliegen j-m zu	*alle sind sofort begeistert für j-n* Er ist ein strenger Lehrer und verlangt sehr viel, und trotzdem fliegen ihm alle Herzen zu.
alle **Herzen** (*od.* die **Herzen** aller) schlagen j-m entgegen L	= alle **Herzen** *fliegen j-m zu*
alle(r) **Herzen** (*od.* die **Herzen** aller) schlagen höher	*alle sind voll Erwartung, sind begeistert* Alle Herzen (*od.* Die Herzen aller) schlugen höher, als bei der Eröffnung der Olympiade die Mannschaften ins Stadion zogen.
sein ganzes **Herz** gehört j-m (*od.* e-r S.)	*j-s Liebe und Interesse ist gerichtet auf j-n* (*od. etw.*) Zeit seines Lebens hat sein Herz nur der Musik gehört.
leichten **Herzens** (etw. tun)	*ohne Traurigkeit od. Betrübnis, leicht* Auf diese Reise konnte er leichten Herzens verzichten, denn im Herbst macht er ja eine noch viel größere.
schweren (*od.* blutenden) **Herzens** (etw. tun)	*mit großer Traurigkeit od. Betrübnis* Schweren Herzens ließ die Mutter ihr Kind in der Klinik.
im Grunde s-s **Herzens**	*im Kern s-s Charakters, im Innersten s-r Gefühle* Seit dreißig Jahren lebt er in England und besitzt auch die englische Staatsbürgerschaft, aber im Grunde seines Herzens ist er Deutscher.
j-s **Herzen** nahestehen	*j-s Vertrauter, enger Freund sein* Die beiden haben nicht geheiratet, dennoch steht sie noch heute seinem Herzen nahe.
s-m **Herzen** Luft machen U	*sagen* (*od. schreiben*), *worüber man böse ist* (*usw.*) „Nun schimpfe doch nicht so fürchterlich!" – „Ach was, ich muß jetzt endlich mal meinem Herzen Luft machen!"
s-m **Herzen** e-n Stoß geben	*s. endlich zu etw. entschließen* Wochenlang hat er gezögert, ob er seiner Tochter die Erlaubnis geben soll, zum Film zu gehen. Jetzt hat er seinem Herzen endlich einen Stoß gegeben.
sein **Herz** in die Hand (*od.* in beide Hände) nehmen	*Mut fassen* Nach langem Zögern nahm er sein Herz in die Hand und sprach den berühmten Dirigenten an.

s. ein **Herz** fassen	*allen Mut zusammennehmen* Es blieb mir keine andere Wahl, und so faßte ich mir ein Herz und meldete mich beim Direktor an.
Herz haben	*warmherzig, mitfühlend sein* Ich mag sie gern, weil sie Herz hat.
das **Herz** auf dem rechten Fleck haben	*1) zuverlässig sein, vernünftig handeln* *2) natürlich, vernünftig eingestellt sein* 1) Du kannst ihn in dieser Sache ruhig um Hilfe bitten. Er hat das Herz auf dem rechten Fleck. 2) Unser Lehrer ist prima, er hat das Herz auf dem rechten Fleck. Er weiß, daß wir Jungens sind und auch mal dumme Streiche machen müssen.
(einfach) nicht das **Herz** haben zu etw. (*od.* etw. zu tun)	*nicht den Mut zu etw. haben* „Jetzt habt ihr glücklich vier Katzen?" – „Ja, ich hatte einfach nicht das Herz, die kleinen Dinger umzubringen."
ein **Herz** haben für j-n	*Mitleid haben mit j-m, mitfühlend sein* Er ist eine Seele von Mensch. Er hat vor allem ein Herz für die Alten und Kranken.
es zerreißt e-m das **Herz**	= *das* Herz *dreht s. j-m im Leibe herum*
j-m (fast, schier) das **Herz** abdrücken	*j-n mit großem Kummer erfüllen, j-n todtraurig machen* Es hat mir schier das Herz abgedrückt, zu sehen, wie die Mutter sich abrackerte und der Sohn das Geld mit beiden Händen zum Fenster hinauswarf.
j-m das **Herz** brechen	*j-n durch Kummer (fast) töten* Der Tod ihres Mannes hat ihr das Herz gebrochen.
j-m das **Herz** schwer machen	*j-n mit tiefer Trauer erfüllen, j-n bekümmern* Junge, mach mir doch das Herz nicht so schwer. Kannst du nicht mir zuliebe das Kartenspielen aufgeben?
das (*od.* sein) **Herz** auf der Zunge haben (*od.* tragen)	*immer sagen, was man denkt u. fühlt* Wer sein Herz auf der Zunge trägt, braucht sich nicht zu wundern, wenn andere das ausnutzen.
j-m sein **Herz** öffnen	*j-m offen sagen, was man denkt und fühlt* Damals merkte ich, daß sie nicht auf mein Geld aus war, sondern mich wirklich liebte. Und da habe ich ihr mein Herz geöffnet.
j-m das (*od.* sein) **Herz** ausschütten	*j-m das (leidenschaftlich) sagen, was e-n bedrückt (erregt usw.)* Man muß doch wenigstens einen Menschen auf der Welt haben, dem man sein Herz ausschütten kann.
sein **Herz** an j-n (*od.* etw.) hängen	*j-n (od. etw.) unbedingt besitzen wollen* Else hat ihr Herz an dieses Kaffeeservice gehängt, aber es ist viel zu teuer, ich kann es ihr einfach nicht kaufen.
sein **Herz** für j-n (*od.* etw.) entdecken	*auf einmal für j-n (od. etw.) Interesse, Mitleid zeigen* „Sie arbeitet in der Armenfürsorge?" – „Ja, denn sie hat ihr Herz für die Armen entdeckt."

sein **Herz** hingeben für j-n	*sein Denken und Fühlen auf j-n richten* (od. *für j-n opfern*) Hut ab vor den Ordensbrüdern, die ihr Herz hingeben für die Ärmsten der Armen.
j-m sein **Herz** schenken	*j-m s-e Liebe, s. selbst als Liebenden schenken* Ich habe dir, Liebster, mein Herz geschenkt und will dir mein ganzes Leben angehören.
sein **Herz** an j-n verlieren	*s. in j-n verlieben* Ich dachte, mein Sohn würde nie heiraten, aber jetzt hat er sein Herz an ein entzückendes Mädchen verloren.
ein **Herz** (od. die **Herzen**) gewinnen (od. im Sturm erobern)	*die Zuneigung (schnell) gewinnen* Schwerblütig wie sie ist, hat er ihr Herz doch schnell gewonnen (od. im Sturm erobert).
sein **Herz** (od. s. das **Herz**) erleichtern	*sagen* (od. *schreiben*), *was man fühlt und denkt* So, in diesem Brief an meinen Vater habe ich mal mein Herz (od. mir das Herz) erleichtert.
ein **Herz** von Stein haben	*hartherzig sein, kein Mitleid kennen* Wie kann man nur einen solch armen Menschen abweisen! Er muß ein Herz von Stein haben.
ein enges **Herz** haben	*enge moralische Grundsätze haben, nicht großzügig sein* Es gibt auch heute noch Eltern, die ein enges Herz haben und ihren Kindern vieles verbieten.
ein goldenes **Herz** haben	*gut, großzügig, hilfsbereit sein* Tante Else wird dir immer selbstlos beistehen. Sie hat ein goldenes Herz.
ein gutes **Herz** haben	*gut, hilfsbereit sein* Frag doch mal Oma, vielleicht gibt sie dir etwas für den Jahrmarkt. Sie hat ein gutes Herz.
ein hartes **Herz** haben	= *ein* Herz *von Stein haben*
ein kaltes **Herz** haben	*kalt, gefühllos sein* Schön ist sie schon, aber sie hat ein kaltes Herz.
ein steinernes **Herz** haben	= *ein* Herz *von Stein haben*
ein stolzes **Herz** haben	*sehr stolz, hochfahrend sein* Von einer Spanierin erwartet man, daß sie feurig ist, aber auch, daß sie ein stolzes Herz hat.
ein warmes **Herz** haben	*tiefe Gefühle haben, Liebe empfinden* Der Mensch soll ein warmes Herz und einen kühlen Kopf haben.
ein weiches **Herz** haben	*(allzu) mitleidsvoll, (allzu) nachgiebig sein* Da meine Frau ein weiches Herz hat, muß ich um so strenger mit den Kindern sein.

ein weites **Herz** haben	*1) großzügig sein* *2) mehrere zu gleicher Zeit lieben* 1) Unser Pfarrer läßt die Protestanten ebenso gelten wie die Katholiken. Er hat ein weites Herz. 2) „Was, er hat neben seiner Braut noch Freundinnen?" – „Warum nicht? Er hat ein weites Herz."
kein **Herz** (im Leib) (für j-n) haben	*kein Interesse, kein Gefühl, keine Liebe für j-n haben* Unser Hausbesitzer duldet keine Familien mit Kindern. Er hat einfach kein Herz für sie.
(viele) **Herzen** brechen	*die Liebe bei (vielen) Mädchen erwecken (u. dann enttäuschen)* Der junge Mann da drüben sieht wie ein Don Juan aus. Er hat sicher schon viele Herzen gebrochen.
j-m am **Herzen** liegen	*für j-n ganz persönlich wichtig sein* Das neue Projekt liegt meinem Chef sehr am Herzen.
j-m j-n (*od.* etw.) ans **Herz** legen	*j-n um besonderes Interesse, besondere Sorgfalt für j-n (od. etw.) bitten* Die Blumen im Wohnzimmer habe ich ihm während unserer Abwesenheit besonders ans Herz gelegt.
der Kummer nagt (*od.* frißt) j-m am **Herzen**	*der Kummer setzt j-m sehr zu, bedrückt ihn* Der Kummer, daß sich sein Sohn von ihm losgesagt hat, nagt ihm am Herzen.
etw. greift ans **Herz**	*etw. setzt j-m zu, bereitet ihm großen Kummer* Es greift einer Mutter ans Herz, Nachbarskinder immer gesund, die eigenen ständig krank zu sehen.
j-m ans **Herz** (*od.* an j-s **Herz**) rühren	*j-s Anteilnahme, Mitleid erwecken* Die Predigt hatte den Leuten ans Herz (*od.* ans Herz der Leute) gerührt, und so spendeten sie viel.
j-m ans **Herz** gewachsen sein	*j-m sehr lieb, vertraut geworden sein* Als die Eltern verunglückten, nahmen wir ihr Töchterchen zu uns. Es ist uns jetzt sehr ans Herz gewachsen.
kühl bis ans **Herz** (hinan)	*gefühllos, kühl überlegend* Uns schlug das Herz höher, als es hieß, Erika habe den ersten Preis gewonnen, aber sie blieb kühl bis ans Herz.
an gebrochenem **Herzen** sterben	*aus großem Kummer sterben* Wenige Wochen nach dem tragischen Tod ihres Sohnes ist sie an gebrochenem Herzen gestorben.
Hand aufs **Herz**!	*s. Hand*
auf **Herz** und Nieren prüfen	*sehr gründlich prüfen* Wenn man ein gebrauchtes Auto kaufen will, tut man gut daran, es vorher auf Herz und Nieren zu prüfen.
etw. auf dem **Herzen** haben	*e-e Bitte (od. Beschwerde) haben, die man nicht leicht ausspricht* Na, Matthias, ich seh dir an, daß du etwas auf dem Herzen hast. Was ist denn los?

j-m schwer aufs **Herz** fallen (etw. tun zu müssen *od.* daß ...)	*j-n sehr bedrücken* Es fiel mir schwer aufs Herz, daß ich Herrn Weber sagen mußte, wie es um seine Tochter stand.
das ist mir (so recht) aus dem **Herzen** gesprochen	*das ist genau das, was ich immer denke und fühle* Der heutige Leitartikel über die Politik nach den Wahlen ist mir (so recht) aus dem Herzen gesprochen.
s. etw. aus dem **Herzen** reißen	*die Erinnerung an etw. (Schlimmes) vollständig auslöschen* Ich muß mir die Erinnerung an ihn aus dem Herzen reißen. Er hat mich tödlich beleidigt.
aus s-m **Herzen** keine Mördergrube machen U	*ehrlich sagen, was man denkt und fühlt* In einer Ehe kann es nur gut gehen, wenn keiner der beiden aus seinem Herzen eine Mördergrube macht.
aus tiefstem **Herzen** bedauern (verabscheuen *usw.*)	*voll und ganz, nachdrücklich (bedauern usw.)* Menschen, die Tiere quälen, verabscheue ich aus tiefstem Herzen.
j-n ins **Herz** treffen	*j-n ganz tief kränken* Deine Bemerkung über die Familie seiner Frau hat ihn ins Herz getroffen.
j-m ins **Herz** sehen (*od.* blicken, schauen) (können)	*j-s innerste Regungen, Gedanken u. Gefühle erkennen (können)* Es heißt zwar, man könne niemandem ins Herz sehen, aber ich kenne Menschen, von denen ich glaube, daß sie jemandem ins Herz schauen können.
j-n ins (*od.* in sein) **Herz** schließen	*j-n (bes. mütterlich usw.) lieben* Mich hat meine Schwiegermutter vom ersten Tag an ins Herz geschlossen.
j-n im **Herzen** tragen	*j-n lieben, in Liebe an ihn denken* Ihr Freund befand sich seit Jahren in Gefangenschaft. Sie aber trug ihn alle diese Jahre in ihrem Herzen.
es schneidet j-m ins **Herz**	= *das Herz dreht s. j-m im Leibe herum*
j-m e-n Stich ins **Herz** geben	*j-n verletzen, kränken* Gestern abend noch hatte er sie leidenschaftlich geküßt, und jetzt sah sie ihn mit einer anderen Arm in Arm. Das gab ihr einen Stich ins Herz.
mit (viel) **Herz**	*mit (viel) Gefühl, persönlicher Anteilnahme* Sie trug das Gedicht mit viel Herz vor.
(nur) mit halbem **Herzen** dabeisein (*od.* bei der S. sein)	*mit wenig Interesse bei e-r S. sein* Mein Interesse war erloschen, ich war nur mit halbem Herzen bei der Sache.
mit halbem **Herzen** etw. tun	*ohne viel Interesse etw. tun* Wenn du eine Sache nur mit halbem Herzen tust, kann sie nicht gelingen.
nach j-s **Herzen** sein	*j-m sehr gefallen, s-n Wünschen entsprechen* Kaffee, Kuchen, Tanzmusik – das ist so recht nach meinem Herzen.

nach s-m **Herzen** handeln	*so handeln, wie es das Gefühl vorschreibt (und nicht der Verstand)* Frauen tun sehr oft das Richtige, weil sie nach ihrem Herzen handeln.
etw. nicht übers **Herz** bringen	= *nicht das* Herz *haben zu etw.*
reden, wie (es) e-m ums **Herz** ist	*aufrichtig reden, sagen, was man denkt und fühlt* Es macht mich traurig, daß man so selten im Leben reden kann, wie (es) einem ums Herz ist.
j-m wird warm (*od.* weit, leicht *od.* eng, schwer) ums **Herz**	*j-d empfindet Freude, Liebe* (od. *ein Wegfallen der Sorgen, der Bedrückung, des Kummers*) Als er ins Zimmer trat und zum ersten Mal seine junge Frau mit dem Stammhalter auf dem Schoß im Sofa sitzen sah, da wurde ihm so richtig warm ums Herz.
(ein Kind) unter dem **Herzen** tragen	*werdende Mutter sein* Niemand bedarf mehr der Rücksichtnahme als eine Frau, die ein Kind unter dem Herzen trägt.
von **Herzen** kommen	*aus Liebe geschehen, echt sein* Dies Geschenk ist vielleicht wenig wert, aber du kannst sicher sein, daß es von Herzen kommt.
(sie) kommt von **Herzen**	*entschuldigen Sie, daß ich Sie mit der linken Hand begrüße* Ich kann Ihnen nur die linke Hand geben, aber sie kommt von Herzen.
j-m von **Herzen** danken (*od.* Glück wünschen)	*j-m herzlich danken* (od. *Glück wünschen*) Zu ihrem großartigen Erfolg möchte ich Ihnen von Herzen Glück wünschen.
von **Herzen** gern	*sehr gern* Ihre Bitte erfülle ich Ihnen von Herzen gern.
j-n von (ganzem) **Herzen** lieben	*j-n tief, ehrlich lieben* Sie hat ihn von ganzem Herzen geliebt, aber er hat ihre Liebe nie erwidert.
s. etw. vom **Herzen** reden	*mit j-m über etw. (bes. e-n Kummer, e-e Sorge) sprechen, so daß es einem leichter wird* Endlich hatte mein Vater Zeit für mich, und ich konnte mir die ganze Geschichte vom Herzen reden.
j-m zu **Herzen** gehen	*j-s Gefühl ansprechen, j-s Innerstes rühren* Was nicht von Herzen kommt, geht nicht zu Herzen. (*Worte ohne echtes Gefühl haben keine Wirkung*).
s. etw. zu **Herzen** nehmen	*s. etwas merken u. danach handeln* Ich habe mir damals die mahnenden Worte meines Vaters sehr zu Herzen genommen.
nicht an **Herzdrücken** sterben	*offen heraussagen, was man denkt* (od. *was e-n ärgert*) Er hat bestimmt nichts gegen dich. Und wenn, wird er nicht an Herzdrücken sterben, sondern sagen, was los ist.
Heulen und **Zähneklappern**	*allgemeine Angst und Verzweiflung* Nachdem das Prüfungsergebnis bekannt geworden war, gab es Heulen und Zähneklappern.

heute und (*od.* oder) morgen	*in nächster Zukunft* Das sind eingefahrene Bräuche bei uns, an denen sich heute und morgen nichts ändern wird.
lieber **heut** als morgen	*möglichst bald* „Und wann sollen wir mit dem Unterricht anfangen?" – „Lieber heut als morgen!"
von **heute** auf morgen	*ganz schnell, in ganz kurzer Zeit* Ganz plötzlich ließen seine Schmerzen nach, und er wurde von heute auf morgen völlig gesund.
das geht nicht von **heute** auf morgen	*das geht nicht so schnell* Ihre Schreibmaschine müssen Sie zur Reparatur schon da lassen. Das geht nicht von heute auf morgen.
ich kann doch nicht **hexen** U	*ich kann doch nicht Unmögliches tun, so schnell geht es nicht* Mein Chef will, daß ich die zehn Briefe in einer Stunde tippe. Aber ich kann doch nicht hexen.
das ist (doch) keine **Hexerei** U	*das ist bald, leicht getan* Du wunderst dich, daß meine Blumen so gut gedeihen? Das ist keine Hexerei. Ich gieße sie einfach jede Woche mit Blumendünger.
hiebfest: hieb- und stichfest	*unangreifbar, einwandfrei* Seine Aussagen sind hieb- und stichfest.
du bist wohl nicht (ganz) **hier!** S	*du bist ein bißchen verrückt* Ich soll ohne Schirm im Regen mitkommen? Du bist wohl nicht ganz hier!
die S. steht mir bis **hier** (*od.* hierhin, *od.* hierher) U	*ich will nichts mehr davon wissen, ich habe genug davon* Ich muß mich nach einer neuen Arbeit umsehen. Die alte ist furchtbar langweilig, sie steht mir bis hier.
bis **hierher** und nicht weiter!	*das ist die äußerste Grenze, mehr ist nicht möglich, (zulässig usw.)* Als unser Chef plötzlich die Diskussion unterbrach mit den Worten: „Bis hierher und nicht weiter!", wußten wir, daß seine Geduld erschöpft war.
eher hätte ich gedacht, der **Himmel** stürzt ein	*ich hätte nie gedacht, daß das geschehen könnte* Nach so langen Jahren glücklicher Ehe geschieden? Eher hätte ich gedacht, der Himmel stürzt ein.
Himmel noch (ein-)mal U	(Ausruf der Ungeduld, des Unwillens) Himmel noch mal, wo ist denn meine Aktentasche?
ach, du lieber **Himmel** U	= *ach, du lieber* Gott
das weiß der **Himmel**	= *das wissen die* Götter
um **Himmels** willen (nicht)	= *um* Gottes *willen (nicht)*
weiß der **Himmel** U	= Gott *weiß, wer, wo* usw.
j-m hängt der **Himmel** voller Geigen	*s.* Geige

der **Himmel** auf Erden	= *das Paradies auf Erden*
den **Himmel** offen sehen	*hochbeglückt, selig sein* Als ich damals an die Kunstakademie berufen wurde, da sah ich den Himmel offen.
Himmel und Hölle in Bewegung setzen	*alles Erdenkliche tun, alle Möglichkeiten versuchen* Er setzte Himmel und Hölle in Bewegung, um die Aktentasche mit den Verträgen wiederzubekommen.
im sieb(en)ten **Himmel** sein (*od.* s. im siebten **Himmel** fühlen)	*von den Gefühlen höchsten (Liebes-)Glücks erfüllt sein* Sie liebt ihren Rolf innig und ist im siebten Himmel.
etw. schreit zum **Himmel**	(e-e Ungerechtigkeit, Gemeinheit usw.) *ist unerhört* Die Rente steht ihm zu, aber sie wird ihm noch nicht ausbezahlt. Diese Ungerechtigkeit schreit zum Himmel.
die Schleusen des **Himmels** öffnen sich	*s. Schleuse*
aus heiterem **Himmel**	*völlig überraschend, ohne daß j-d etw. Böses ahnte* Jahrelang haben wir gut zusammen gearbeitet, und gestern erklärte er aus heiterem Himmel, er wolle so bald als möglich aus der Firma ausscheiden
wie ein Blitz aus heiterem **Himmel**	*s. Blitz*
aus allen **Himmeln** fallen (*od.* stürzen)	= *aus allen* Wolken *fallen*
j-n (*od.* etw.) in den **Himmel** heben	*j-n (od. etw.) sehr loben* Er muß sehr tüchtig sein; der Chef hat ihn in den Himmel gehoben.
dafür sorgen, daß die Bäume nicht in den **Himmel** wachsen	*dafür sorgen, daß alles s-e Grenzen hat* Seine Konkurrenten haben schon dafür gesorgt, daß bei ihm die Bäume nicht in den Himmel wachsen.
unter freiem **Himmel**	*im Freien, ohne ein Dach über dem Kopf* Campen ist vielleicht nicht billiger als das Wohnen im Hotel, aber man lebt wenigstens unter freiem Himmel.
das Blaue vom **Himmel** herunterlügen (*usw.*)	*s. blau*
das stinkt zum **Himmel** S	*das ist ein ungeheurer Mißstand, ein übler Skandal* Er hat doch weiß Gott mehr, als er braucht; trotzdem hilft er seinem Vater nicht. Das stinkt zum Himmel.
j-m wird **himmelangst**	*j-d bekommt große Angst* Wenn man sieht, wie die Preise steigen, kann einem himmelangst werden.

himmelhoch jauchzend, zu Tode betrübt	*mal sehr glücklich, mal sehr niedergeschlagen, in s-n Stimmungen außerordentlich schwankend* Seine Eltern sind sehr ausgeglichen. Um so merkwürdiger ist es, daß er solchen Stimmungen unterworfen ist – himmelhoch jauchzend, zu Tode betrübt.
himmelweit entfernt sein (von etw.)	*sehr verschieden sein von, etwas völlig anderes sein als* Die Vergleichsvorschläge der Prozeßgegner sind himmelweit voneinander entfernt. Der Prozeß geht weiter.
nicht **hin** und nicht her reichen	*beim besten Willen nicht genügend sein* Das Geld für den Schulhausneubau reichte nicht hin und nicht her. Deshalb wurde die Turnhalle nicht gebaut.
wo denkst du **hin** U	*was hast du für komische Gedanken, das ist doch ganz anders* Du meinst, unser Skilehrer ist noch nicht verheiratet? Wo denkst du hin, der hat schon zwei Kinder.
hin und her gerissen sein S	*zwischen verschiedenen starken Gefühlen schwanken* Richtig einkaufen ist heut nicht leicht, weil man durch die Fülle des Angebots hin und her gerissen wird.
kein langes **Hin** und Her	*nicht einmal so, und dann wieder anders, kein Schwanken* Es gab kein langes Hin und Her, die Entscheidung fiel sofort.
nach vielem **Hin** und Her	*nach vielen s. abwechselnden Überlegungen (Briefen, Maßnahmen usw.)* Nach vielem Hin und Her haben sich die beiden Parteien auf einen neuen Vertrag geeinigt.
j-m eine **hineinwürgen** (*mst.* reinwürgen) S	*j-n scharf tadeln* Nimm dich vor unserem Meister in acht. Bei der geringsten Kleinigkeit würgt er dir eine rein.
hinhauen: das haut hin S	*das geht wie es soll, das ist richtig* Bei unserem Ball spielt eine südamerikanische Band, das haut hin. / Der Klempner hat den Wasserhahn repariert, aber es haut immer noch nicht hin, er tropft genauso wie vorher
hinhauen: das haut einen hin S	*das ist erstaunlich, unglaublich* Jetzt ist das Briefporto noch um zehn Pfennig gestiegen. Das haut einen hin!
hinlegen: es hätte mich beinah hingelegt U	= *es hätte mich beinah hingesetzt* (hinsetzen)
hinschlagen: da schlag einer lang hin (und steh kurz wieder auf) S	*das ist einfach toll, ganz unglaublich* Da schlag einer lang hin und steh kurz wieder auf: Anton und Rita haben heute geheiratet, und sie haben sich doch erst vor drei Wochen kennengelernt.

hinsein U
1) *kaputt, zerbrochen sein*
2) *völlig übermüdet, erledigt sein*
3) *hoffnungslos, verloren sein*
4) *begeistert sein*
5) *sehr verliebt sein*
6) *betrunken sein*
7) *gestorben sein*
8) *hingegangen sein*
1) Gib acht! Wenn die Teekanne runterfällt, ist sie hin.
2) Nach diesem Marsch bin ich völlig hin, meine Füße brennen wie Feuer.
3) Das Feuer hat sein ganzes Lebenswerk vernichtet. Alles ist hin.
4) Ich bin von moderner Musik nicht begeistert, aber als ich die Rhapsody in Blue hörte, war ich hin.
5) Wenn Tom die Vera kennenlernt, ist er sofort hin.
6) Meiner Frau dürfen Sie nicht viel Alkohol geben. Sie ist schon nach dem dritten oder vierten Glase hin.
7) Unsere Katze ist hin; ein Auto hat sie überfahren.
8) Du brauchst nicht mehr anrufen, Petra ist schon hin.

hinsein: hin ist hin (und weg ist weg) U
es ist nicht zu ändern, wenn etw. kaputt (od. verloren) ist
Gestern ist im Büro der alte Tauchsieder kaputtgegangen. Da kann man nichts machen, hin ist hin.

hinsetzen: es hätte mich beinah hingesetzt U
ich war völlig überrascht
Es hätte mich beinah hingesetzt, als ich den Preis des Kostüms sah: 980 Mark.

(von) hinten und vorn
in allen Einzelheiten, durch und durch, überall
Diese Rechnung stimmt hinten und vorn nicht. / Er läßt sich (von) hinten und vorn bedienen.

von hinten bis vorn (od. von vorn bis hinten)
ganz und gar, von Anfang bis Ende
Alles was er sagt, ist von hinten bis vorn gelogen.

einen (od. ein paar) hinten draufkriegen U
e-n Schlag (od. Schläge) auf das Gesäß bekommen
Wenn du nicht endlich aufhörst, deine Schwester an den Haaren zu ziehen, kriegst du jetzt mal ein paar hinten drauf.

es j-m vorn und hinten reinstecken U
j-n mit Geschenken verwöhnen, überhäufen
Unsere Nachbarn verwöhnen ihre Kinder fürchterlich. Sie stecken es ihnen vorn und hinten rein.

hintenherum
heimlich, illegal, im Schwarzhandel
Hintenherum redet sie über jeden etwas Schlechtes. / Während des Krieges hatten manche Menschen gute Beziehungen und bekamen Bohnenkaffee hintenherum.

s. auf die Hinterbeine stellen
s. widersetzen, Widerstand leisten, nicht nachgeben
Wenn du dich deiner Schwiegermutter gegenüber nicht von vornherein auf die Hinterbeine stellst, dann hast du für den Rest deines Lebens nichts mehr zu bestellen.

hintereinanderbringen
verfeinden, zu gegenseitigen Feinden machen
Es ist nicht schwer, die beiden hintereinanderzubringen. Du brauchst nur das Thema Politik anschneiden.

hintereinanderkommen	*s. verfeinden, zu streiten anfangen* Sobald von ihrem Schwiegersohn die Rede ist, kommen die beiden hintereinander.
in den **Hintergrund** treten	*weniger wichtig werden, nicht auffallen* Wieland Wagner läßt bei den Bayreuther Aufführungen Bühnenbild und Dekoration ganz in den Hintergrund treten, damit Musik und Spiel um so stärker wirken.
s. im **Hintergrund** halten	*nicht deutlich sichtbar werden, unauffällig bleiben* Der Dichter selbst hielt sich bei seiner Jubiläumsfeier, so gut es ging, im Hintergrund; er scheute die Publicity.
j-n (*od.* etw.) in den **Hintergrund** drängen	*machen, daß j-d (od. e-e S.) kaum bemerkt wird, so daß man (od. die S.) selbst auffällt* Der Filmstar drängte bei dem Empfang die andern unwillkürlich in den Hintergrund.
hinterherhinken (mit etw.)	*zu spät kommen (mit etw.)* Wir müssen das Paket heute noch abschicken. Wir können doch nicht immer mit unseren Geschenken hinterherhinken.
j-m in den **Hintern** kriechen S	*j-m sehr schmeicheln, um dadurch Vorteile zu haben* Der neue Abteilungsleiter ist ein widerlicher Kerl. Hast du gesehen, wie der dem Chef in den Hintern kriecht?
s. auf den **Hintern** setzen S	*völlig überrascht sein* Als ich hörte, daß er befördert worden ist, habe ich mich erst mal auf den Hintern gesetzt.
ins **Hintertreffen** kommen (*od.* geraten)	*mehr u. mehr benachteiligt werden* Durch die Supermärkte kommen die kleinen Geschäfte ins Hintertreffen.
im **Hintertreffen** sein	*im Nachteil, benachteiligt sein* Durch seine Lage ist unser Laden im Hintertreffen.
(s.) e-e **Hintertür** (*od.* ein **Hintertürchen**) offenlassen	*e-e Möglichkeit des Rückzugs, der Trennung offenhalten* Allzu fest will ich mich an sein Geschäft noch nicht binden; ich will mir noch eine Hintertür offenlassen.
durch die **Hintertür** wieder hereinkommen	*s. nicht abweisen lassen und auf unüblichem Wege wieder vorsprechen* Obwohl der Verleger ihn hinausgeworfen hatte, versuchte er, durch die Hintertür wieder hereinzukommen.
etw. durch e-e (*od.* die) **Hintertür** (*od.* durch ein **Hintertürchen**) versuchen	*versuchen, etw. unbemerkt, illegal zu bekommen* (usw.) Der Arzt hatte ihm keine Medikamente mit Opium mehr verschrieben, weswegen er versuchte, sie durch eine Hintertür (*od.* ein Hintertürchen) zu bekommen.
ich weiß nicht, wo ich ihn **hintun** soll U	*ich kenne ihn etwas, weiß aber nicht mehr, wer er ist (und wo und wann ich mit ihm zu tun hatte)* Da drüben, dieser grauhaarige Herr – ich kenne ihn, aber ich weiß nicht, wo ich ihn hintun soll.

hinüber sein U	1) *verdorben sein* 2) *kaputt, unbrauchbar sein* 3) *betrunken sein* 4) *tot sein* 1) Diese Wurst ist hinüber, die können wir nicht mehr essen. 2) Ich fürchte, nach diesem Regen ist der Anzug hinüber. Das Reinigen lohnt nicht mehr. 3) Nach dem fünften Schnaps war er völlig hinüber. 4) Dem helfen keine Pillen mehr, der ist hinüber.
Hinz und Kunz U	*alle möglichen, x-beliebigen Leute* Das Fest hatte keine Stimmung. Hinz und Kunz war eingeladen – die Leute paßten gar nicht zueinander.
nicht j-s **Hirn** entsprungen sein	*nicht j-s Idee sein* Das neue Projekt wird zwar überall als Pauls Idee verbreitet, ist aber sicher nicht seinem Hirn entsprungen.
s. das **Hirn** zermartern U	*äußerst angestrengt nachdenken* Ich habe mir das Hirn zermartert, aber der Name ist mir nicht eingefallen.
in der **Hitze** des Gefechts	= *im* Eifer *des Gefechts*
(leicht) in **Hitze** geraten (*od.* kommen)	*(leicht) zornig (od. wütend) werden* Unser Chef ist ein sehr leidenschaftlicher Mensch und gerät leicht in Hitze, wenn man ihm widerspricht.
s. in **Hitze** reden	= *s.* heiß *reden*
das ist mir zu **hoch** U	*das kann ich nicht begreifen, das ist zu schwierig* Der Vortrag war mir leider zu hoch, es fehlten mir die geschichtlichen Kenntnisse dazu.
hoch hergehen	*bei gutem Essen und Trinken s. mit viel Lärm (Reden, Singen usw.) abspielen* Bei der Einweihung der Bank ist es hoch hergegangen. Es gab Sekt und Kaviar, und getanzt wurde bis sechs.
hoch hinauswollen	*ehrgeizig sein, kühne Pläne haben* Er will hoch hinaus. Er studiert zur Zeit politische Wissenschaften und Jura.
j-m **hoch** und heilig (*od.* **hoch** und teuer) versprechen	*mit allem Nachdruck, sehr ernst versprechen* Der jugendliche Angeklagte hat hoch und heilig versprochen, von jetzt an ein besseres Leben zu führen.
mit **Hochdruck**	= *mit* Vollgas
hochgehen U	1) *explodieren* 2) *wütend werden* 3) *verhaftet werden* 1) Als sich die Rettungsmannschaft dem Munitionslager näherte, ging eine weitere Bombe hoch. 2) Als mein Vater von der heimlichen Verlobung meiner Schwester hörte, ging er hoch. 3) Die Polizei fand ein Adressenverzeichnis, und so ging die ganze Bande hoch.

j-n **hochgehen** lassen U	*j-n verhaften* Der Polizei ist es gelungen, eine internationale Schmugglerbande hochgehen zu lassen.
hochgestochen	*1) eingebildet, hochmütig* *2) nicht natürlich, geziert (im Ausdruck)* 1) Ich kann diesen hochgestochenen Menschen nicht leiden. Hält er sich denn für was Besseres? 2) Wie kann einer nur so hochgestochen daherreden!
etw. **hochhalten**	*Achtung haben vor etw., etw. nicht in den Dreck ziehen* Ich kann diesen Nihilisten nicht verstehen. Gibt es denn gar nichts, das er hochhält?
j-n **hochkantig** hinauswerfen U	*j-n mit Entschiedenheit abweisen, hinausbefördern* Bei einer Wahlversammlung warfen einige junge Burschen mit faulen Tomaten nach dem Redner. Sie wurden aber von den Saalordnern hochkantig hinausgeworfen.
hochkommen: wenn es hochkommt	*höchstens* Unsere Ferienreise nach Spanien kostet, wenn es hochkommt, DM 900,–.
j-n **hochleben** lassen	*j-n feiern, ein Hoch auf ihn ausrufen* Stoßen wir an auf das Wohl unseres Geburtstagskindes und lassen wir es hochleben! Dreimal Hoch!
j-n **hochnehmen**	*1) durch zu hohe Preise betrügen* *2) verspotten* *3) verhaften* *4) (Soldaten, Sportler) streng drillen, exerzieren lassen* 1) Der Vertreter hat bei seiner Abrechnung der Spesen die Firma jedesmal ganz schön hochgenommen. 2) Bei einem Amateurwettbewerb wurde ein Sänger besonders hochgenommen, weil er so auftrat wie Charlie Chaplin, ohne dessen Stimme oder gar Talent zu haben. 3) Diese Burschen wurden bei einer Razzia hochgenommen, weil sie sich nicht ausweisen konnten. 4) Der Trainer verabschiedete seine Mannschaft mit den Worten: „So, und morgen werde ich euch mal richtig hochnehmen!"
etw. **hochspielen**	*etw. als besonders wichtig hinstellen, dramatisieren, aufbauschen* Die ganze Geschichte wurde hochgespielt, um seinen Vater als Präsidenten unmöglich zu machen
das **höchste** der Gefühle	*s. Gefühl*
j-n auf **Hochtouren** bringen	*1) j-n antreiben, zu intensiver Arbeit veranlassen* *2) j-n wütend machen* 1) Die Aussicht auf eine Sonderprämie hat ihn auf Hochtouren gebracht. 2) Wer hat denn den Kollegen Meier schon wieder auf Hochtouren gebracht? Der sagt ja kaum „Guten Tag"!

auf **Hochtouren** kommen	1) *anfangen, intensiv zu arbeiten* 2) *wütend werden* 1) Er ist leider etwas phlegmatisch und kommt nur langsam auf Hochtouren. 2) Wie soll man in dieser Klasse nicht auf Hochtouren kommen? Die Schüler sind ja so faul!
auf **Hochtouren** sein	1) *intensiv in Betrieb sein, intensiv arbeiten* 2) *leidenschaftlich erregt sein* 1) Unser Vorarbeiter sah es nicht gerne, wenn wir während der Arbeit sprachen. Wir sollten immer auf Hochtouren sein. 2) Der Turnlehrer ist heute auf Hochtouren, weil über die Hälfte der Klasse die Übungen nicht geschafft hat.
auf **Hochtouren** laufen	1) *intensiv in Tätigkeit sein* (Maschinen usw.) 2) *intensiv betrieben werden* (Vorbereitungen usw.) 1) Wenn bei uns alles auf Hochtouren läuft, produzieren wir über 2000 Apparate am Tag. 2) Die Vorbereitungen zur Hochzeit laufen auf Hochtouren. In drei Tagen ist es soweit.
auf zwei **Hochzeiten** tanzen	*zwei verschiedene Dinge gleichzeitig tun* Zwei interessante Veranstaltungen fallen oft auf einen Tag, aber man kann nun mal nicht auf zwei Hochzeiten tanzen.
auf der falschen **Hochzeit** tanzen	= *auf die falsche* Karte *setzen*
e-r Frau den **Hof** machen	(*durch Geschenke, Nettigkeiten* usw.) *die Zuneigung e-r Frau zu erringen suchen* Seit wann macht denn Dr. Eberhardt der Tochter des Chefs den Hof?
guter **Hoffnung** sein L	*ein Kind erwarten* Als Renate guter Hoffnung war, heiratete sie ihr Freund.
das ist (doch *od.* ja) die **Höhe**	*das ist das Äußerste an Unverschämtheit (Gemeinheit usw.)* Das ist doch die Höhe! Überholt dieser Kerl an so einer unübersichtlichen Kurve!
auf der **Höhe** sein	1) *gesund sein* 2) *über die neuesten Dinge informiert sein* 1) Sie haben lange gefehlt; sind Sie jetzt wieder auf der Höhe? 2) Wer heutzutage auf der Höhe sein will, muß ständig die wichtigste Fachliteratur lesen.
s. in die **Höhle** des Löwen wagen (*usw.*)	*s. Löwe*
hohnsprechen	*aufs gröbste widersprechen, kraß entgegengesetzt sein* Die neuen Anordnungen der Direktion sprechen allen Gesetzen der Vernunft hohn.
bei j-m ist nicht viel zu **holen**	*j-d hat nicht viel Geld* Wegen einer Unterstützung brauchst du ihn gar nicht erst zu fragen. Bei ihm ist doch nicht viel zu holen.

Frau **Holle** schüttelt die Betten (*od.* ihr Bett, ihre Betten) (aus) (*od.* schüttelt die Federn *od.* macht ihr Bett)	*es schneit, die weißen Flocken fallen* Kinder, Frau Holle schüttelt die Betten! In einer Stunde könnt ihr rodeln gehen!
die **Hölle** ist los	*1) es herrscht ein schreckliches Unwetter* *2) es herrscht furchtbarer Lärm, Kampf, Aufregung* usw. 1) Draußen ist die Hölle los. Es tobt ein furchtbarer Orkan. 2) Am letzten Ausverkaufstag war hier die Hölle los.
das ist (ja) die **Hölle** (auf Erden)	*das ist absolut unerträglich* Er schlägt sie oft! Das ist ja die Hölle auf Erden.
die **Hölle** auf Erden haben	*ein absolut unerträgliches Leben führen müssen* Manche Gefangene haben die Hölle auf Erden.
j-m das Leben zur **Hölle** machen	*j-m das Leben ganz unerträglich machen* Es hat keinen Zweck, daß ich mich mit ihm verfeinde. Er würde mir das Leben zur Hölle machen.
j-m die **Hölle** heiß machen	*j-m (durch Drohungen) Angst machen, ihm zusetzen* Mit seinem riesigen Wissen und seiner scharfen Zunge konnte er einem schon die Hölle heiß machen.
geh zur **Hölle**!	= *geh zum* Teufel!
wie ein Stück **Holz** dasitzen U	*stumm u. steif dasitzen* Du sitzt da wie ein Stück Holz – sag doch mal was!
Holz sägen U	= *e-n Ast durchsägen*
Holz auf s. hacken lassen U	*s. alles gefallen lassen, gutmütig sein* Mit Onkel Eduard kannst du doch machen, was du willst. Er läßt Holz auf sich hacken.
Holz in den Wald tragen	= *Eulen nach* Athen *tragen*
Holz vor der Hütte (*od.* vorm Haus, vor der Tür, bei der Wand, vor der Herberge) haben U	*e-n vollen Busen haben* „Die Schwarze da drüben – rassig, was?" – „Ja, und erst ihre blonde Nachbarin! Die hat Holz vor der Hütte!"
ich bin nicht aus **Holz** (*od.* von **Holz**)	*ich bin ein Mensch mit all s-n Wünschen u. Trieben* „In London habe ich eine verdammt hübsche Dolmetscherin gehabt." – „Da hast du wohl gleich in Flammen gestanden?" – „Ich bin ja nicht aus Holz."
aus anderem **Holz** (geschnitzt) sein	*ein Mensch von anderem Charakter (besseren Nerven* usw.*) sein* Um bei deinen aufregenden Geldgeschäften mitzumachen, müßte er aus anderem Holz sein.
aus demselben (*od.* dem gleichen, gleichem) **Holz** (geschnitzt) sein	*von derselben Art sein, denselben Charakter* usw. *haben* Die beiden passen wunderbar zusammen. Sie sind aus demselben Holz (geschnitzt).

aus gutem **Holz** (geschnitzt) sein	*von guter Art, gutem Charakter sein* Seine derzeitige Schwäche für diese Teenagerdummheiten hat nichts zu sagen. Im Grunde ist er aus gutem Holz.
aus hartem **Holz** (geschnitzt) sein	*ein hartes, unnachgiebiges, unfreundliches Wesen haben* Du wirst selten ein freundliches Lächeln bei ihm sehen. Er ist aus hartem Holz.
vom **Hölzchen** aufs Stöckchen kommen	= *vom* Hundertsten *ins Tausendste kommen*
auf dem **Holzweg** sein	*s. irren* Wenn du meinst, ich heirate die Agnes, dann bist du auf dem Holzweg.
eins mit dem **Holzhammer** (ab)gekriegt (*od.* abbekommen) haben S	*beschränkt, dumm sein* Zum Viehhüten ist er zu gebrauchen, auch wenn er aussieht, als hätte er eins mit dem Holzhammer abgekriegt.
j-m etw. mit dem **Holzhammer** beibringen S	*j-n etw. mit groben Methoden lehren* In der Volksschule hatten wir einen Lehrer, der uns das Einmaleins mit dem Holzhammer beibrachte.
homerisches Gelächter	*schallendes Gelächter* Die letzten Worte seines witzigen Vortrags gingen in homerischem Gelächter unter.
aus jeder Blüte **Honig** saugen wollen	*überall s-n Vorteil herausschlagen wollen* Wie er aus jeder Blüte Honig saugen will, das ist mir wirklich unsympathisch.
j-m **Honig** um den Bart (*od.* um den Mund, ums Maul) schmieren (*od.* streichen)	= *j-m* Brei *um den Mund schmieren*
grinsen wie ein **Honigkuchenpferd** U	*stark, breit grinsen* Er grinste wie ein Honigkuchenpferd. Da wußte ich, daß ich auf seinen Trick hereingefallen war.
bei (*od.* an) ihm ist **Hopfen** und Malz verloren	*bei ihm ist alle Mühe vergeblich* Diesen Junggesellen kannst du nicht mehr zum Ehemann bekehren. Bei ihm ist Hopfen und Malz verloren.
lang wie e-e **Hopfenstange** U	= *lang wie e-e* Bohnenstange
hops gehen S	*1) verlorengehen, sterben* *2) bankrott werden* 1) Sie können Ihren Jungen unbesorgt die Bergtour mitmachen lassen. Er wird nicht gleich hops gehen. 2) Mit dem Geld hat er ein Geschäft gegründet, das schon nach wenigen Monaten hops gegangen ist.
(na,) **hör** mal!	*so geht das doch nicht, ich protestiere* Na, hör mal! Ich kann doch nicht deinen Hausaufsatz für dich schreiben.

das läßt s. **hören**	*das klingt durchaus annehmbar, das ist gut* Sie hat das Abitur mit Gut bestanden? Das läßt sich hören!
j-m vergeht **Hören** und Sehen	*man weiß nicht mehr, was los ist* Bei der rasenden Fahrt wurden wir im Auto hin und her geschleudert, daß uns Hören und Sehen verging.
vom **Hörensagen**	*durch das, was ich von anderen gehört habe* Diese neue Operationsmethode kenne ich nur vom Hörensagen.
s. nicht aufs **Hörensagen** verlassen	*s. nicht auf die Meinungen dritter Personen verlassen* Bei wichtigen Entscheidungen sollte man sich nie aufs Hörensagen verlassen.
der geistige **Horizont**	*die gesamten Grenzen, innerhalb derer s. der Geist und das Denken e-s Menschen bewegen* Neues entdecken nur Menschen, deren geistiger Horizont über ihr Fachgebiet hinausgeht.
ein **Horizont** wie ein Wagenrad	*s. Wagenrad*
s-n **Horizont** erweitern	*das Gebiet vergrößern, in dem s. Geist und Denken e-s Menschen bewegen* Nur der ist ein wahrhaft Gebildeter, der sich bis an sein Lebensende bemüht, seinen Horizont zu erweitern.
s. am **Horizont** abzeichnen	*allmählich mehr und mehr sichtbar werden* Nach Meinung vieler Fachleute zeichnet sich am Horizont eine leichte Verbesserung der Wirtschaftsentwicklung ab.
das geht über j-s **Horizont**	*das geht über das hinaus, was j-d begreift* (od. *was j-n interessiert*) Die Probleme der Philosophie gehen über den Horizont eines Abiturienten hinaus.
e-n engen (od. kleinen, beschränkten) **Horizont** haben	*für viele Dinge des Lebens wenig Verständnis und Interesse haben* Die beiden heiraten? Er, der anerkannte Forscher, und sie, das Mädchen aus dem kleinbürgerlichen Milieu mit einem so engen Horizont (od. das einen so engen Horizont hat)?
e-n weiten **Horizont** haben	*für viele Gebiete des Lebens Verständnis und Interesse haben* Das Buch handelt nur von der Physik, aber auf jeder Seite spürt man, welch weiten Horizont sein Verfasser hat.
in j-s **Horn** blasen, in das gleiche (od. dasselbe) **Horn** blasen (od. stoßen, tuten) (wie j-d) U	*dieselbe Ansicht äußern, dieselbe Forderung aufstellen wie j-d* Die Regierung fordert eine höhere Benzinsteuer, und die Opposition bläst in das gleiche Horn.
ausgehen wie's **Hornberger** Schießen	*(nach viel Streit usw.) ergebnislos* (od. *ohne Änderung*) *enden* Die Bürgerversammlung ging aus wie's Hornberger Schießen: der alte Bürgermeister blieb.
j-m **Hörner** aufsetzen	*j-n ehelich betrügen* Er hat sie mehrfach betrogen, und sie hat ihm auch ein- oder zweimal Hörner aufgesetzt.

s. die **Hörner** ablaufen (*od.* abrennen, abstoßen)	*(s. austoben u. dadurch) vernünftig, solide werden* Junge Menschen müssen auch einmal wild und ausgelassen sein. Er wird sich schon noch die Hörner ablaufen.
s. die **Hörner** noch nicht abgelaufen (*od.* abgestoßen) haben	*noch voll jugendlichen Übermuts sein, noch keine Erfahrungen (bes. in der Liebe) gesammelt haben* Er will mit seinen 21 Jahren schon heiraten? Er hat sich ja noch nicht mal die Hörner abgelaufen.
j-m die **Hörner** zeigen	= *j-m die Zähne zeigen*
j-n auf die **Hörner** nehmen	*j-n heftig angreifen* Nach dem, was er mir angetan hat, braucht er sich nicht zu wundern, daß ich ihn bei jeder Gelegenheit auf die Hörner nehme.
s. mit **Hörnern** und Klauen wehren (*od.* zur Wehr setzen)	*s. hartnäckig, bis zum äußersten verteidigen* Die Baubehörde sagt, ich hätte nur die Genehmigung für ein zweistöckiges Haus erhalten, und nun soll ich den obersten Stock wieder abreißen. Ich werde mich aber mit Hörnern und Klauen zur Wehr setzen.
die **Hosen** anhaben U	*Herr im Haus sein* „Wer hat denn nun eigentlich bei Roths die Hosen an?" – „Na, sie natürlich!"
j-m die **Hosen** strammziehen U	*j-n zur Strafe verprügeln* Jetzt hat der Junge wieder die Hühner auf die Straße gelassen! Diesmal muß ich ihm die Hosen strammziehen.
die **Hose(n)** voll haben S	*(sehr) große Angst haben* Als er dann vom Kino nach Hause kam, hatte er natürlich die Hosen voll, denn sein Vater hatte ihm den Film verboten.
s. auf die **Hosen** (*od.* den **Hosen**boden) setzen	*s. hinsetzen und lernen* Nach den schlechten Noten wird es endlich Zeit, daß du dich auf die Hosen setzt!
(ein)mal **hü** und (ein)mal hott sagen U	*s-e Meinung ständig ändern* Bei Martin weiß man nie, was er eigentlich will. Mal sagt er hü und mal hott.
j-m die **Hucke** voll hauen (*norddt.*)	= *j-m den Frack voll hauen*
s. die **Hucke** voll lachen (*norddt.*)	*aus Schadenfreude sehr lachen* Als er hörte, daß der Gebrauchtwagen, den sich sein Nachbar gekauft hatte, nach 500 Metern zusammenbrach, lachte er sich die Hucke voll.
j-m die **Hucke** voll lügen (*norddt.*)	= *j-m die Jacke voll lügen*
ein leichtsinniges **Huhn** U	*e-e leichtsinnige (weibliche) Person* Sie hat dem Vertreter zwanzig Mark Anzahlung gegeben ohne Quittung? So ein leichtsinniges Huhn!
ein verrücktes **Huhn** U	*e-e verrückte, unvernünftige Dinge tuende (weibliche) Person* Die Inge ist doch ein verrücktes Huhn! Erst kauft sie sich so viele Hüte, und jetzt trägt sie nur Kopftücher.

da lachen ja die **Hühner!** U	*das ist lächerlich (od. blödsinnig)* Ich soll ihn um Verzeihung bitten? Da lachen ja die Hühner! Wenn einer hier jemanden um Verzeihung zu bitten hat, dann ist er es!
aussehen, als hätten e-m die **Hühner** das Brot weggefressen	*s. Brot*
danach kräht kein **Huhn** und kein Hahn (mehr)	*s. Hahn*
mit den **Hühnern** schlafen (*od.* zu Bett) gehen	*sich früh schlafen legen* In einem Punkt passen mein Mann und ich schlecht zusammen: er geht mit den Hühnern zu Bett und ich bleibe abends gern lange auf.
mit den **Hühnern** (aufstehen *usw.*)	= *beim ersten* Hahnenschrei *(aufstehen* usw.*)*
er muß das Ei unterm **Huhn** verkaufen	*er braucht dringend Geld* Er muß das Ei unterm Huhn verkaufen – Reserven hat er keine.
ein **Hühnchen** mit j-m zu rupfen haben	*e-n (alten) Streit mit j-m auszutragen haben* Eduard kommt heute? Mit dem habe ich auch noch ein Hühnchen zu rupfen. Der hat seit Jahr und Tag mein Teleobjektiv und gibt es nicht wieder zurück.
j-m auf die **Hühneraugen** treten U	= *j-m auf den* Schlips *treten*
im **Hui** U	*sofort, (allzu) schnell* Na, hör mal, das hast du aber im Hui gemacht. Ich fürchte, du mußt das noch mal abschreiben.
außen **hui** und innen pfui (*od.* oben **hui**, unten pfui)	*s. außen*
in **Hülle** und Fülle	*in sehr großer Menge, im Überfluß* In Spanien gibt es Oliven in Hülle und Fülle.
sterbliche **Hülle** L	*Leichnam* Die sterbliche Hülle Beethovens wurde in Wien beigesetzt.
e-e wilde **Hummel** U	*ein ausgelassenes Mädchen* Wenn ihr heute eure Mutter anschaut, dann werdet ihr nicht glauben, daß sie mal mit 10 Jahren eine richtige wilde Hummel war – ausgelassen und übermütig.
Hummeln im Hintern (*od.* Gesäß) haben U	*1) unruhig sein, nicht ruhig sitzen bleiben können* *2) unternehmend sein, immer wieder Neues anfangen* 1) Jetzt sitz doch mal still, Junge, und hör zu! Du hast wohl Hummeln im Hintern! 2) Eben in Spanien, jetzt fliegt er schon wieder zu geschäftlichen Gesprächen nach Polen? Hat der aber Hummeln im Hintern!

da liegt der **Hund** begraben	= *da liegt der* Hase *im Pfeffer*
der **Hund,** der sich in den Schwanz beißt	= *die* Katze, *die sich in den Schwanz beißt*
das ist ein dicker **Hund** U	*das ist e-e unangenehme S., e-e Gemeinheit, e. schwerer Fehler* Was hat er gesagt, du sollst dich um deinen eigenen Dreck kümmern? Das ist ein dicker Hund!
wenn die **Hunde** mit dem Schwanz bellen	= *wenn* Ostern *und* Pfingsten *zusammenfallen*
kein **Hund** nimmt e-n Bissen (*od.* ein Stück Brot) von ihm	*er ist ganz und gar verachtet von allen* Er war einer der angesehensten Bürger der Stadt – heute nimmt kein Hund mehr einen Bissen von ihm.
wie **Hund** und Katze leben	*s. ständig streiten, ganz feindselig miteinander leben* Die beiden könnten es so schön haben. Warum leben sie nur wie Hund und Katze miteinander.
wie ein **Hund** leben (*od.* ein **Hundeleben** führen)	*ein ganz elendes, ärmliches Leben führen* Leider gibt es noch Menschen, die ein Hundeleben führen.
bekannt sein wie ein bunter (*od.* scheckiger) **Hund**	*überall sehr bekannt sein* Kennst Du den Fußballbomber Müller? Der ist doch bekannt wie ein bunter Hund!
das macht den **Hund** in der Pfanne verrückt S	*diese Dinge machen einen Menschen völlig verrückt* Jetzt muß ich für dieselbe Sache zum drittenmal einen Fragebogen ausfüllen. Das macht ja den Hund in der Pfanne verrückt!
etw. kann e-n **Hund** jammern	*etw. ist außerordentlich erbärmlich, mitleiderregend* Früher stand er im Rampenlicht und heute führt er ein Leben, daß es einen Hund jammern kann.
j-n wie e-n **Hund** behandeln	*j-n sehr schlecht, gemein behandeln* Es gehörte früher zum Prinzip mancher Unteroffiziere, die Rekruten wie einen Hund zu behandeln.
schlafende **Hunde** wecken	= *den schlafenden* Löwen *(auf)wecken*
damit lockt man keinen **Hund** hinter dem Ofen (her)vor (*od.* vom Ofen) U	*damit kann man niemandes Interesse erregen* Als Preise in seinem Wettbewerb hat er einige Fahrräder ausgeschrieben, aber damit lockt man heute ja keinen Hund mehr hinterm Ofen hervor.
bei diesem Wetter jagt man keinen (*od.* ja nicht mal einen) **Hund** vor die Tür	*das Wetter ist außerordentlich schlecht, bes. sehr regnerisch und kalt* Ich kann gut verstehen, daß der Junge heute nicht hinaus möchte. Bei diesem Wetter jagt man ja nicht einmal einen Hund vor die Tür.
auf dem **Hund** sein	*in äußerster Not sein* Sie ist ein sehr gutherziger Mensch. Sie hat ihm alles gegeben, als er damals auf dem Hund war.

j-n auf den **Hund** bringen	*j-n ruinieren, vernichten* Der Suff wird ihn noch völlig auf den Hund bringen.
auf den **Hund** kommen	*1) gesundheitlich sehr herunterkommen* *2) wirtschaftlich ruiniert werden* 1) Mein Mann war früher ganz gesund. Er ist erst durch die Nachtarbeit auf den Hund gekommen. 2) Zu Lebzeiten des Vaters war das ein blühendes Geschäft. Unter dem Sohn ist es dann auf den Hund gekommen.
mit allen **Hunden** gehetzt sein	*durch viele Erfahrungen außerordentlich raffiniert sein* Die Polizei wußte, daß sie diesen Einbrecher nicht so leicht fangen würde. Seine Methoden zeigten, daß er mit allen Hunden gehetzt war.
das ist unter allem **Hund** U	= *das ist unter aller* Kritik
vor die **Hunde** gehen	*(moralisch, geistig, wirtschaftlich) zugrunde gehen* Seine ersten Bilder waren hervorragend, unbedingt vielversprechend. Aber dann hat er sich dem Trunk ergeben und ist langsam, aber sicher vor die Hunde gegangen.
etw. vor die **Hunde** werfen	= Perlen *vor die Säue werfen*
s. **hundeelend** fühlen	*s. sehr schwach* od. *krank fühlen* Nach dieser stürmischen Seereise in der Ägeis fühlte ich mich hundeelend.
auf **hundert** kommen (*od.* sein) U	*wütend werden (od. sein)* Der Portier sagte, daß möglicherweise die Zimmerreservierung nicht geklappt habe. Da war er schon auf Hundert.
unter **Hunderten** nicht e-r (*od.* nicht der **Hundertste**)	*nur sehr wenige* Unter Hunderten weiß nicht einer, daß Washington nicht im Staate Washington liegt.
vom **Hundertsten** ins Tausendste kommen	*vom Thema (immer mehr) abschweifen* Kehren wir lieber zu unserem Thema zurück. Wir kommen ja vom Hundertsten ins Tausendste.
kalt (*od.* kühl, gleichgültig) wie e-e **Hundeschnauze** U	*völlig gefühllos, gleichgültig* Als Lehrerin muß man natürlich streng sein, aber sie ist einfach kalt wie eine Hundeschnauze. Unausstehlich.
ich sterbe (noch) vor **Hunger** U	*ich bin sehr hungrig.* Gibt's was zu essen? Ich sterbe (noch) vor Hunger.
am **Hungertuch** nagen	*nicht genug zu essen bekommen* Heute noch nagen Millionen Menschen am Hungertuch.
wie die **Hunnen** hausen	*wild toben, alles zerstören* Die Jugendlichen haben nach dem Popkonzert wie die Hunnen gehaust. Kein Stuhl ist mehr heil.
hupfen: etw. ist gehupft wie gesprungen	*bei etw. ist kein großer Unterschied, ist eins wie das andere* Ob wir am Ost- oder am Westufer des Sees entlangfahren, ist gehupft wie gesprungen.

j-m eins (*od.* was) **husten** U	*j-s Wunsch abschlagen* Er wollte, daß ich ihm mein Auto zur Verfügung stelle. Dem habe ich aber was gehustet.
ich werd dir was **husten** U	*das kommt gar nicht in Frage* Ich soll dir deine Schuhe putzen? Ich werd dir was husten. Das kannst du ruhig selbst machen.
Hut ab vor j-m (*od.* etw.)	*j-d (od. etw.) ist beachtlich, lobenswert* Hut ab vor den Busfahrern, die trotz Regen, Schnee und Eis jeden Tag ihre Bergstrecke fahren.
da geht e-m der **Hut** hoch U	*das ist entsetzlich, das macht e-n wild* Wenn ich sehe, wie falsch sie ihre Kinder behandelt, da geht mir der Hut hoch.
etw. ist ein alter **Hut**	*etw. ist etw. Altbekanntes, nichts Neues* Die Geschichte ist ein alter Hut; die hat mir mein Vater schon erzählt.
vor j-m (*od.* etw.) den **Hut** ziehen (*od.* abnehmen)	*große Achtung haben vor j-m (od. etw.)* Vor deinem Vater muß man wirklich den Hut ziehen. Daß er das alles allein geschaffen hat!
s-n **Hut** nehmen müssen U	*die Kündigung erhalten, gehen müssen* Er eignet sich nicht für den Verkauf. Er wird bald seinen Hut nehmen müssen.
das kannst du dir an den **Hut** stecken S	*etwas nicht bekommen, ausführen können* Wenn Sie die Sachen nicht pünktlich liefern, können Sie sich das Geld an den Hut stecken.
j-m eins auf den **Hut** geben U	= *j-m eins aufs* Dach *geben*
eins auf den **Hut** kriegen (*od.* bekommen) U	= *eins aufs* Dach *kriegen*
unter e-n **Hut** bringen U	*zu e-r gemeinsamen Ansicht bekehren, vereinheitlichen* Wie können wir die verschiedenen (Wünsche der) Reiseteilnehmer unter einen Hut bringen?
unter e-n **Hut** kommen U	*s. auf etw. Gemeinsames einigen, vereinheitlicht werden* Wir werden ja wohl hoffentlich wegen der Gestaltung des Programms noch unter einen Hut kommen, oder?
das geht (einem) über die **Hutschnur** U	*das geht zu weit, das ist unerhört* Daß ich jetzt auch noch die Küche allein machen soll, das geht (mir *od.* einem) über die Hutschnur!
auf der **Hut** sein L	*sehr vorsichtig sein* Bei der Firma Brauner müssen Sie sehr auf der Hut sein. Sie hat schon zweimal Bankrott gemacht.

I

i wo U
s. wo

i woher U
s. woher

das Tüpfelchen (*od.* das Pünktchen) auf dem **i** (*od.* aufs **i**) U
das Letzte, was fehlt, um die S. vollkommen zu machen
Steck dir doch noch die Rose an! Sie wäre das Tüpfelchen aufs i.

das liebe **Ich**
die egoistischen Züge des Menschen
Karlchen hat sich natürlich den größten Apfel genommen; das liebe Ich hat ihm mal wieder einen Streich gespielt.

sein (*od.* ihr) besseres **Ich**
die anständigen Charakterzüge des Menschen
Heute wollte Rita mal ohne das Brüderchen zum Baden gehen, aber dann hat ihr besseres Ich doch gesiegt, und sie hat ihn, wie immer, mitgenommen.

e-e fixe **Idee**
e-e Vorstellung, von der man nicht loskommt, e-e Zwangsvorstellung
Herr Merck hatte lange Zeit die fixe Idee, daß 1975 die Welt untergeht.

keine **Idee**! U
durchaus nicht
„Wollen Sie schon nach Hause gehen?" – „Keine Idee, ich hole nur meine Pfeife aus der Manteltasche."

(auf) **immer** und ewig
für alle Zeit, bis ans Ende meines Lebens
Ich werde immer und ewig an dich denken.

imstande sein
1) in der Lage sein, können
2) es fertigbringen, etw. Dummes, Falsches zu tun
1) Heute ist der Mensch imstande, in wenigen Stunden von Frankfurt nach New York zu fliegen.
2) Ihm würde ich es nicht anvertrauen. Er ist imstande und berichtet alles brühwarm dem Chef.

in s. gehen
über s. selbst und s-e (schlechten) Taten nachdenken
Warum ich dir böse bin? Geh mal in dich und denke über das nach, was du gestern zu mir gesagt hast.

er hat's **in** s. U
1) er kann etw., weiß etw.
2) er ist gerissen, schlauer, als man denkt
1) Er sieht nicht sehr gescheit aus, aber laß dich nicht täuschen: er hat's in sich.
2) Wenn der dich nur nicht längst übers Ohr gehauen hat! Der hat's in sich, das kann ich dir sagen.

etw. hat's **in** s. U	1) *etw. ist schwer an Gewicht* 2) *etw. ist schwierig zu tun* 3) *(Alkohol) ist stark* 1) Mensch, dieser Schrank hat's aber in sich. Den kriegen wir allein nicht die Treppe hinauf. 2) Diese Übersetzung sah so einfach aus; aber sie hat's in sich. Sie wird von Seite zu Seite schwieriger. 3) Ein verdammt starker Schnaps, der hat's in sich!
die ganze **Innung** blamieren U	*alle Kollegen (od. die ganze Gruppe, die Familie) bloßstellen (od. in schlechtem Licht erscheinen lassen)* Du kannst doch nicht die ganze Innung blamieren und als einziger im Straßenanzug erscheinen.
instand halten	*in gutem Zustand halten, alle Schäden laufend reparieren* Unser Chauffeur hält beide Wagen immer sehr schön instand.
instand setzen	*Schäden an etw. in Ordnung bringen, reparieren* Unser Wochenendhaus muß dringend instand gesetzt werden; es regnet schon zum Dach herein.
einen **intus** haben U	*etw. betrunken sein* Laß den in Frieden, der hat einen intus.
etw. **intus** haben U	1) *(viel) gegessen haben* 2) *viel Alkohol getrunken haben* 3) *etw. gelernt, verstanden haben* 1) Kommst du mit? Ich hab' heute noch nichts intus. 2) Er hat so viel intus, er kann unmöglich selbst fahren. 3) Endlich hab' ich die Bruchrechnung intus.
inwendig: etw. in- und auswendig kennen	*etw. ganz gründlich kennen (oft so sehr, daß man nichts mehr darüber hören möchte)* Mensch, hör auf mit der Geschichte, die kenne ich in- und auswendig.
inwendig weiß er es, aber (*od.* nur) auswendig nicht S	*er weiß es nicht richtig (od. kaum)* Im Ernst ist der doch nicht zu gebrauchen. Inwendig weiß er immer alles, aber auswendig nicht.
bis auf den **i-Punkt**	= *bis aufs i-Tüpfelchen*
ich muß mal **irgendwohin** U	*ich muß mal auf die Toilette* Jedesmal, wenn er in der Küche helfen soll, dann muß er erst noch mal irgendwohin.
(ganz) **irre** werden an U	*das Vertrauen verlieren zu* Unser Chef sagt mal hü und mal hott, man wird noch ganz irre an ihm.
bis aufs **i-Tüpfelchen** (*od.* bis aufs Tüpfelchen auf dem i) (stimmen, prüfen usw.) U	*ganz genau, in allen Einzelheiten* (stimmen usw.) Ich habe alles nachgeprüft: die Namen und Beträge stimmen bis aufs i-Tüpfelchen.

J

das ist (mir) **Jacke** wie Hose U	*das ist mir ganz gleichgültig* „Willst du im Abteil lieber oben oder unten schlafen?" – „Das ist (mir) Jacke wie Hose."
etw. ist e-e alte **Jacke** U	= *etw. ist ein alter* Hut
j-m die **Jacke** voll hauen	= *j-m den* Frack *voll hauen*
j-m die **Jacke** voll lügen	*j-n unverschämt belügen* Er dachte, er kommt am besten durch, wenn er seinem Lehrer die Jacke voll lügt.
die **Jacke** voll kriegen (*od.* **Jackenfett** kriegen)	*verprügelt werden* Wenn er nicht jede Woche einmal die Jacke voll (*od.* Jackenfett) kriegt, ist er nicht zu brauchen.
in die ewigen **Jagdgründe** eingehen	*sterben* Mein Junge ist traurig, daß sein geliebter Held Winnetou in die ewigen Jagdgründe eingegangen ist.
mit etw. (*od.* damit, mit so was) kannst du mich **jagen** U	*so etw. finde ich abscheulich, kann ich nicht ausstehen* Mit Spinat kannst du mich jagen.
Jahr für Jahr	*jedes Jahr, ein Jahr nach dem anderen* Wir fahren Jahr für Jahr auf Urlaub ans Meer.
etw. auf **Jahr** und Tag wissen	*s. an das genaue Datum von etw. erinnern* Und Sie wissen noch auf Jahr und Tag genau, wann die Nachricht kam?
aus den besten **Jahren** heraussein	*nicht mehr in der Blüte des Lebens stehen, die Zeit des Lebens, in der man das meiste leisten kann, hinter s. haben* Seine Leistungen haben jetzt doch erheblich nachgelassen. Er ist aus den besten Jahren heraus.
in den besten **Jahren** sein	= *in der* Blüte *des Lebens stehen*
in die **Jahre** kommen	*alt werden* „Hast du deinen Jugendfreund gleich erkannt?" – „Das schon, aber er ist doch sehr in die Jahre gekommen."
nach **Jahr** und Tag	*viele Jahre später, ziemlich lange danach* Noch nach Jahr und Tag habe ich meine Freundin an ihrem Lachen erkannt.
seit **Jahr** und Tag	*seit langer Zeit* Seit Jahr und Tag lese ich diese Zeitung und kenne die Mitarbeiter und den Stil, den sie schreiben, sehr genau.

von **Jahr** zu Jahr	*jedes Jahr immer mehr (od. weniger)* Die Ausgaben steigen von Jahr zu Jahr, die Einnahmen halten aber nicht Schritt. Was soll daraus werden?
jahraus, jahrein	*jedes Jahr, dauernd* Diese Pflanze blüht jahraus, jahrein.
der wahre **Jakob**	*das (einzig) Richtige, das wirklich Gute (od. Schöne)* Im Mai muß man Urlaub machen, und zwar auf Rhodos. Das ist der wahre Jakob!
ein Bild des **Jammers**	*ein höchst trauriger Anblick* Abgerissen, mit gesenktem Kopf dastehend, war der Angeklagte ein Bild des Jammers.
j-n ins **Jenseits** befördern	*j-n umbringen* Kaltblütig haben die Erpresser ihre Geisel ins Jenseits befördert.
s. dem (*od.* unter das) **Joch** beugen	*s. unterwerfen* Heute gibt es nur noch wenig Länder, in denen sich Menschen dem Joch eines diktatorischen Regimes beugen müssen.
ein schweres **Joch** tragen	*ein schweres Schicksal erleiden* Clara Schumann hatte ein schweres Joch zu tragen, seit ihr geliebter Robert in geistiger Umnachtung lebte.
j-m ein schweres **Joch** auferlegen	*j-m e-e schwere Last, viel Leid zu tragen geben* Durch die Ausweisung aus seiner geliebten Heimat war ihm ein schweres Joch auferlegt worden.
j-n (tüchtig) ins **Joch** spannen	*j-m viel Arbeit zu tun geben* Wenn Sie ihn tüchtig ins Joch spannen, wird er seine Dummheiten bald aufgeben.
ins **Joch** (der täglichen Arbeit, der Ehe *usw.*) eingespannt sein	*die Last (der Arbeit, Ehe usw.) tragen müssen* Er hält es auf keinem Arbeitsplatz lange aus, weil er es nicht ertragen kann, ins Joch eingespannt zu sein.
kein **Jota** (von etw. abweichen, zurücknehmen *usw.*)	*nicht ein bißchen, überhaupt nicht(s)* Ich bin entschlossen, von dem, was ich gesagt habe, kein Jota zurückzunehmen.
alle **Jubeljahre** U	*sehr selten* Klaus hat sich heute die Haare schneiden lassen. Das kommt bei ihm nur alle Jubeljahre vor.
so **jung** kommen wir nicht wieder zusammen U	*bleiben wir noch etw. beisammen u. feiern ein bißchen weiter* Sie wollen schon gehen? So jung kommen wir nicht wieder zusammen. Bleiben Sie doch noch ein bißchen!
blaue **Jungen** (*od.* Jungs)	*s. blau*
ein grüner **Junge**	*s. grün*
ein schwerer **Junge**	*ein Verbrecher, Gangster* Gestern hat die Polizei einen schweren Jungen verhaftet, der wegen Raubüberfall gesucht wurde.

wie die **Jungfrau** zum Kind kommen S	*ohne eigenes Zutun, durch Zufall etw. erhalten* Mein Freund ist zu dieser glänzenden Stellung gekommen wie die Jungfrau zum Kind.
ein eingefleischter **Junggeselle**	*ein Unverheirateter, der ganz gegen die Ehe eingestellt ist* Herr Müller ist ein eingefleischter Junggeselle. Er wird sich nie an ein Leben zu zweit gewöhnen können.
j. w. d. (*sprich:* jot we de) S	*janz (d. h. ganz) weit draußen, ganz am Stadtrand* Was! Dort habt ihr euch ein Haus gekauft. Das ist doch j. w. d.!

K

zum **Kadi** laufen U	*vor Gericht gehen, e-n Prozeß anstrengen* Man kann doch nicht wegen jeder Streitigkeit gleich zum Kadi laufen.
j-n zum **Kadi** schleppen U	*j-n vor Gericht bringen, j-m den Prozeß machen* Als der Garagenbesitzer merkte, daß sein Lehrling Ersatzteile geklaut hatte, schleppte er ihn zum Kadi.
ein netter (*od.* reizender) **Käfer** U	*ein nettes Mädchen* Was uns jetzt noch zu unserer Bootsfahrt fehlt, ist ein netter Käfer. Kennst du denn niemanden?
das ist (ja) (alles) kalter **Kaffee** S	*das ist dummes Zeug, das interessiert niemanden* Was du da erzählst, ist doch alles kalter Kaffee. Wir kennen die Leute ja gar nicht.
da kommt einem der (kalte) **Kaffee** (*od.* der **Kaffee** von der Konfirmation) (wieder) hoch	= *da kommt einem der Kakao hoch*
in e-m goldenen **Käfig** sitzen	*viel Geld, großen Luxus, aber wenig Freiheit haben* Annette hat zwar reich geheiratet, sitzt aber in einem goldenen Käfig. Ihr Mann läßt sie keinen Augenblick aus den Augen.
Streit um des **Kaisers** Bart	*s. Bart*
wo auch (*od.* selbst) der **Kaiser** zu Fuß hingeht U	*die Toilette* „Willst du schon fort?" – „Nein, nur dorthin, wo auch der Kaiser zu Fuß hingeht."
da kommt einem (ja) der **Kakao** (wieder) hoch S	*das ist widerlich, abscheulich* Eine Szene war in dem Film, da kam mir fast der Kakao wieder hoch, so grausam war sie.
j-n durch den **Kakao** ziehen S	*j-n verspotten, etw. über j-n sagen, was ihn lächerlich macht* Was gibt es Schöneres für sie, als zusammenzusitzen und die andern Mitarbeiter durch den Kakao zu ziehen.
das Goldene **Kalb** anbeten L	*nur auf Reichtum aus sein, geldgierig sein* Geld hat eine faszinierende Wirkung, und so ist es nicht verwunderlich, daß Menschen zu allen Zeiten das Goldene Kalb angebetet haben.
der Tanz um das Goldene **Kalb** L	*alles, was der Mensch wegen des Reichtums tut* Den Tanz um das Goldene Kalb verdammt schon die Bibel; es hat ihn aber zu allen Zeiten gegeben.

mit fremdem **Kalb(e)** pflügen L	*andere für s. etw. tun lassen* Es gibt Menschen, die verstehen es meisterhaft, mit fremdem Kalb(e) zu pflügen.
etw. (*od.* den Tag) im **Kalender** rot anstreichen	*etw. als bemerkenswert hervorheben* (oft ironisch) Heute war Herr Müller mal ganz ausgelassen. Das müssen wir im Kalender rot anstreichen.
ein besonderes **Kaliber**	*ein Mensch von besonderer* (oft *sonderbarer*) *Art* Er ist schon ein besonderes Kaliber und äußert seine Meinung unverblümt, oft geradezu grob.
größten **Kalibers**	*zur Spitzenklasse gehörig* Auf diesem Sportfest werden Leichtathleten größten Kalibers vertreten sein.
(bei) ihm rieselt (schon) der **Kalk**	*er ist alt, verkalkt, er hat keinen jugendlichen Schwung mehr* Den Müller könnt ihr doch nicht als Jugendleiter nehmen, bei dem rieselt ja schon der Kalk.
es überläuft mich **kalt**	*es läuft mir ein kalter Schauer den Rücken herunter, es packt mich das Entsetzen* Es überlief mich kalt, als ich in dem Artikel las, welch furchtbare Wirkung die Wasserstoffbombe hat.
j-n **kalt** ablaufen lassen	*j-n schroff abweisen* Die Hausfrau ließ den Vertreter kalt ablaufen, als dieser an die Tür kam.
kaltbleiben	*s. nicht erregen, aufregen, keinerlei Gefühl zeigen* Obwohl die Frau bitterlich weinte, blieb der Schaffner kalt und ließ sie an der nächsten Station aussteigen.
j-n **kaltlassen**	*nicht erregen, aufregen, interessieren* Sein Jammern läßt mich kalt. Warum hat er nicht aufgepaßt!
j-n **kaltmachen** S	*töten, ermorden* Es gibt allzuviel schreckliche Filme, in denen der Held einen nach dem anderen kaltmacht.
j-n **kaltstellen**	*j-n um s-n Einfluß bringen, j-m s-e Stellung nehmen* Nach dem Regierungswechsel wurden viele Oppositionelle kaltgestellt und bei Beförderungen übergangen.
eher geht ein **Kamel** durchs Nadelöhr als (daß etw. anderes geschieht)	*das wird bestimmt nie geschehen* Eher geht ein Kamel durchs Nadelöhr, als daß er das, was er gesagt hat, wieder zurücknimmt.
olle **Kamellen** U (*norddt.*)	*altbekannte, abgedroschene Dinge* Der Vortragende brachte lauter olle Kamellen zu dem Thema, neue Gedanken hatte er nicht.
in den **Kamin** schreiben	= *in den* Schornstein *schreiben*
bei j-m (*od.* dort) liegt der **Kamm** neben (*od.* auf, bei) der Butter	*bei j-m (od. dort) herrscht ein unsauberes Durcheinander* Bei denen liegt wirklich manchmal der Kamm auf der Butter.

j-m schwillt der **Kamm**	1) *j-d gerät in Zorn* 2) *j-d wird eingebildet, übermütig, herausfordernd* 1) Herr Schulz ist Sachse, und wenn jemand etwas Schlechtes über die Sachsen sagt, dann schwillt ihm sofort der Kamm. 2) Man hat ihm die Redaktion der Zeitschrift angetragen? Kein Wunder, daß ihm der Kamm schwillt.
im stillen **Kämmerlein**	*in der Stille, wo man zur Besinnung kommt* Ich muß mal im stillen Kämmerlein darüber nachdenken. So kann ich noch gar nichts sagen.
den **Kanal** voll haben S	1) *etw. gänzlich satt haben* 2) *betrunken sein* 1) Von dieser eintönigen Arbeit habe ich den Kanal voll. 2) Dem darfste kein Bier mehr geben, der hat den Kanal voll.
j-n an der **Kandare** haben (*od.* halten)	*j-n in strenger Disziplin haben* Unser Chef hat seine Leute an der Kandare. Wehe, wenn da einer mal blau macht.
j-n an die **Kandare** nehmen (*od.* j-m die **Kandare** anlegen)	*strenge Maßnahmen ergreifen bei j-m* Mit dieser Klasse können Sie nur dann erfolgreich arbeiten, wenn Sie sie von Anfang an an die Kandare nehmen.
zu tief in die **Kanne** schauen U	= *zu tief ins* Glas *schauen* (*od. gucken*)
s. **kannibalisch** wohl fühlen	*s. außerordentlich wohl fühlen* Im Sommer am Strand fühle ich mich kannibalisch wohl.
mit **Kanonen** auf (*od.* nach) Spatzen schießen	*s. Spatz*
unter aller **Kanone** U	= *unter aller* Kritik
heiliges **Kanonenrohr** U	= *heiliger* Strohsack
nach **Kanossa** gehen	*s. demütigen, um Vergebung bitten* Niemand kann von mir verlangen, daß ich nach Kanossa gehe. Lieber verzichte ich auf alles.
auf die hohe **Kante** legen U	(Geld) *sparen, beiseitelegen* Man wundert sich, daß sich eine Kellnerin ein Haus kaufen kann. Aber sie hat ein Leben lang alles Trinkgeld auf die hohe Kante gelegt.
auf der hohen **Kante** haben U	(Geld) *gespart haben* Er hat mehr Geld auf der hohen Kante, als du denkst.
j-n beim (*od.* am) **Kanthaken** nehmen (*od.* kriegen, packen) U	*j-n am Genick, beim Kragen fassen (u. dabei streng zurechtweisen)* Den Lehrling muß ich mal beim (*od.* am) Kanthaken nehmen, weil er nie seinen Platz aufräumt.
ein unsicherer **Kantonist** U	*ein Mensch, auf den man s. nicht verlassen kann* Mit seiner Unterstützung in dieser Angelegenheit würde ich nicht rechnen. Das ist ein ganz unsicherer Kantonist.

schwer von **Kapee** sein U	*schwer begreifen* Ihm mußt du alles dreimal erklären und langsam dazu. Er ist ein bißchen schwer von Kapee.
aus etw. **Kapital** schlagen	*aus e-r S. für s. Vorteile herausholen* Mir gefällt es nicht, daß und wie er aus der Niederlage seines Gegners Kapital zu schlagen versucht.
j-s geistiges **Kapital**	*j-s gesamtes Wissen, das was e-r geistig zu leisten vermag* Vermögen habe ich keins. Also muß ich mein geistiges Kapital einsetzen und für meine Arbeiten viel herausholen.
totes **Kapital**	*Wissen und Können, das nicht ausgenutzt wird* Wenn du einen künstlerischen Beruf ergreifen willst, dann ist doch ein Mathematikstudium für dich totes Kapital.
die **Kapitäne** der Landstraße	*die Lastwagenfahrer* Viele rühmen den Kapitänen der Landstraße besondere Rücksichtnahme auf die PKW-Fahrer nach.
das ist ein **Kapitel** für s.	*darüber kann man viel Merkwürdiges, Unerfreuliches (usw.) sagen* Er wird schuldig geschieden. Warum er die Schuld auf sich genommen hat, das ist allerdings ein Kapitel für sich.
das ist ein (ganz) anderes **Kapitel**	= *das steht auf e-m (ganz) anderen* Blatt
das ist ein dunkles **Kapitel**	*das ist e-e ungeklärte* (od. *ehrenrührige) S.* „Und was hat er vorher gemacht?" – „Das ist ein dunkles Kapitel. Er soll den Konkurs einer Firma verschuldet haben."
das ist ein trauriges **Kapitel**	*e-e unerfreuliche, das Gesamtbild trübende S.* Mit seiner Frau versteht er sich überhaupt nicht mehr. Das (od. Seine Ehe) ist ein trauriges Kapitel.
um auf ein anderes **Kapitel** zu kommen	*ich will jetzt von etw. anderem sprechen* Soviel über die Finanzen. Um auf ein anderes Kapitel zu kommen: es bestehen weitreichende Renovierungspläne.
etw. auf s-e **Kappe** nehmen	*die Verantwortung für etw. übernehmen* Gut, gehen Sie und erledigen Sie Ihre dringende Sache. Ich nehm's auf meine Kappe, wenn der Chef kommt.
kaputt sein U	*1) todmüde, völlig erledigt sein* *2) bankrott sein* 1) Wenn er seine zehn Stunden gearbeitet hat, ist er so kaputt, daß er nicht mehr ins Kino gehen mag. 2) Die neue Firma ist schon wieder kaputt.
kaputtgehen U	*zugrunde gehen* Wenn diese Firma so weiter wirtschaftet, wird sie bald kaputtgehen.
kaputtmachen U	*zugrunde richten* Die Befürchtung liegt nahe, daß die großen Supermärkte die kleineren Geschäfte kaputtmachen werden.
kariert gucken (od. schauen) S	*merkwürdig, doof schauen* Unser Lehrbub guckt (od. schaut) heute so kariert, der ist wohl erst heute früh ins Bett gekommen.

kariert reden (*od.* quatschen) S	*ganz Unverständliches sagen, Unsinn reden* Immer wenn es feierlich wird, redet er so kariert (daher)
Karo trocken S	*Brot ohne Aufstrich* Heute ist der 29., da bin ich völlig abgebrannt. Ich esse (*od.* habe) nur noch Karo trocken.
die **Karre** (*od.* der **Karren**) ist verfahren U	*die Angelegenheit läßt s. nur sehr schwierig (od. kaum mehr) in Ordnung bringen* Ohne Werbung gibt's keine neuen Kunden, Geld für Werbung ist keins da: die Karre ist restlos verfahren.
die **Karre** (*od.* der **Karren**) läuft schief U	*die Angelegenheit entwickelt s. nicht so, wie sie soll* Der Karren läuft absolut schief. Wenn wir so weitermachen, hat nur die Konkurrenz einen Vorteil!
die **Karre** (*od.* den **Karren**) (für j-n) aus dem Dreck ziehen U	*s. Dreck*
die **Karre** (*od.* den **Karren**) im Dreck steckenlassen U	*s. Dreck*
die **Karre** (*od.* den **Karren**) in den Dreck fahren U	*s. Dreck*
die **Karre** (*od.* den **Karren**) einfach laufenlassen U	*e-e S. s. entwickeln lassen, ohne einzugreifen* Jahrelang habe ich mich bemüht, die Dinge in Ordnung zu bringen; jetzt lasse ich den Karren einfach laufen.
s. nicht vor j-s **Karren** spannen lassen U	*nicht zulassen, daß man für die Interessen e-s anderen eingesetzt wird* Denkst du, ich lasse mich von denen vor den Karren spannen? Ich will unabhängig bleiben.
diese **Karte** sticht (*od.* alle diese **Karten** stechen (heute) nicht mehr	*dies(e) Argument(e) überzeugt (überzeugen) nicht mehr* Die Autorität des Vaters soll alles entscheiden? Diese Karte sticht heute nicht mehr.
wissen, wie die **Karten** fallen	*Ereignisse voraussehen* In der Politik braucht man einen sechsten Sinn. Da muß man wissen, wie die Karten fallen.
die letzte **Karte** ausspielen	*zur letzten Möglichkeit greifen* Mit seinem Angebot eines zinslosen Darlehens hat er wohl die letzte Karte ausgespielt.
die **Karten** gut mischen	*Ereignisse geschickt mitgestalten* Er versteht es, ganz im Hintergrund zu bleiben und doch die Karten gut zu mischen.
s-e (*od.* die) **Karten** aufdecken (*od.* offen auf den Tisch legen, offen ausspielen)	*s-e Absichten zu erkennen geben* Es zeugt von höchster Diplomatie, wenn man genau den richtigen Augenblick findet, in dem man seine Karten aufdecken (*od.* offen ausspielen *usw.*) sollte.

alle **Karten** in der Hand haben	*die Machtmittel, die Leitung besitzen* Offiziell hat er die Leitung seinen Söhnen übergeben, aber in Wirklichkeit hat er alle Karten in der Hand.
alles auf e-e **Karte** setzen (e-e *ist betont*)	*alles riskieren, um etw. Bestimmtes zu erreichen* Ich würde mir ja noch eine Rückzugsmöglichkeit offenlassen, statt alles auf eine Karte zu setzen.
auf die falsche **Karte** setzen	*ein Mittel wählen, das s. als nicht erfolgreich herausstellt* Er hat ein reiches Mädchen geheiratet, aber er hat dabei auf die falsche Karte gesetzt: das Gut, das er zu erben hoffte, war ganz und gar verschuldet.
j-m in die **Karten** sehen (*od.* schauen, gucken)	*in j-s Pläne Einblick bekommen* Wenn man der Konkurrenz nur einmal in die Karten sehen könnte!
s. nicht in die **Karten** sehen (*od.* schauen, gucken) lassen	*s-e Absichten, s-e Lage geheimhalten* Vor der Automobilausstellung ist über neue Modelle kaum etwas zu erfahren, denn keine Firma läßt sich in die Karten sehen.
mit verdeckten (*od.* offenen) **Karten** spielen	*heimlich* (*od. offen*) *handeln* (*od. operieren*) Mit offenen Karten zu spielen ist vielleicht ehrlicher, aber wenn man mit verdeckten Karten spielt, erreicht man oft mehr.
wie ein **Kartenhaus** zusammenfallen (*od.* zusammenstürzen)	*s. als Phantasie erweisen, zu einem Nichts werden* Die ganze Geschichte, warum er den Hausaufsatz nicht schreiben konnte, fiel wie ein Kartenhaus zusammen, als der Lehrer mit der Mutter telefonierte.
e-e **Kartoffel** im Strumpf S	*ein Loch im Strumpf* So willst du in die Stadt? Du hast ja links eine Kartoffel im Strumpf.
rin in die **Kartoffeln**, raus aus den (*oft* die) Kartoffeln U	*mal soll es so gemacht werden, mal anders* (Ausruf der Verärgerung über Unentschlossenheit) Heute heißt es mal wieder ‚rin in die Kartoffeln, raus aus die Kartoffeln'! Erst soll ich die Vertretung übernehmen, dann heißt es wieder, Fräulein Müller übernimmt sie.
(kaum) drei **Käse** hoch U	(*noch*) *ganz klein* Sieh mal der Hansi. Kaum drei Käse hoch und will schon mitreden.
so ein **Käse**! U	= *so ein* Quark!
das ist alles (*od.* ist ja, ist doch) **Käse** U	1) *das ist Unsinn* 2) *das ist unbrauchbar* 1) Der eine verspricht dies, der andere das – das ist doch alles Käse! 2) Was er da zusammenbastelt, das ist doch alles Käse. Wir müssen uns einen anständigen Apparat kaufen.
Käse machen U	1) *dummes Zeug, Unsinn machen* 2) *Unbrauchbares machen* 1) Nun mach keinen Käse, sondern komm mit! Wir brauchen dich doch. 2) Diese Firma macht doch nur Käse. Die Geräte gehen nach kurzer Zeit kaputt.
das geht dich e-n **Käse** an U	*das geht dich überhaupt nichts an* Was in dem Brief drinsteht, das geht dich einen Käse an!

rede (*od* erzähle) doch nicht (*od.* keinen) solchen **Käse** U	*rede keinen solchen Unsinn* Einen solchen Mantel kann man jetzt nicht tragen? Rede doch keinen solchen Käse!
s. über jeden **Käse** aufregen U	= *s. über jeden* Quark *aufregen*
Kasse machen	*Einnahmen und Ausgaben vergleichen und so abrechnen* Als ich gestern Kasse machte, merkte ich mit Entsetzen, daß mir dreißig Mark fehlten.
getrennte **Kasse(n)** haben (*od.* machen)	*bei gemeinsamen Unternehmungen jeder für s. bezahlen* Den Ärger mit dem Geld ersparen wir uns. Bei unseren gemeinsamen Ausflügen machen wir immer getrennte Kasse.
(gut *od.* knapp, schlecht) bei **Kasse** sein	*(genug od. wenig, kein) Geld haben* Gegen Monatsende bin ich immer knapp bei Kasse.
gegen **Kasse**	*bei barer Bezahlung (nicht auf Kredit)* Im Ausverkauf werden die Waren stets nur gegen Kasse abgegeben.
e-n Griff in die **Kasse** tun	*1) Geld aus der Kasse (od. Reserve) nehmen* *2) Geld stehlen* 1) Was meinst du, soll ich einen Griff in die Kasse tun und mir den Hut kaufen, oder soll ich das Geld für die Reise sparen? 2) Fräulein Gerda ist gestern fristlos entlassen worden. Sie hat einen Griff in die Kasse getan.
Kassensturz machen	*zählen, wieviel Geld (noch) in der Kasse ist* Ich komme gern in die Oper mit, aber ich muß erst Kassensturz machen, ob ich es mir noch leisten kann.
ab nach **Kassel!** U	*fort mit dir, verschwinde!* Jetzt noch die Mütze auf und Handschuh an und dann ab nach Kassel!
für j-n die **Kastanien** aus dem Feuer holen	*für j-n anders etw. Unangenehmes erledigen (u. dabei Tadel, Strafe riskieren)* Ich soll Vater sagen, was passiert ist? Warum soll ich denn die Kastanien aus dem Feuer holen? Volker hat doch die Scheibe eingeworfen.
s. von j-m die **Kastanien** aus dem Feuer holen lassen	*Unangenehmes durch andere erledigen lassen* Er versteht es großartig, sich die Kastanien von anderen aus dem Feuer holen zu lassen.
etwas auf dem **Kasten** haben U	*gescheit sein, viel können* Der Mann hat was auf dem Kasten. Er wird bald Filialleiter werden.
nicht alle auf dem **Kasten** haben U	*nicht bei Verstand sein* Warum ist sie nur so ausfällig geworden? Sie hat wohl nicht alle auf dem Kasten!

die schnelle **Kathrin** haben U	*Durchfall haben* Sie hat Pflaumen gegessen und dann viel Wasser getrunken. Jetzt hat sie die schnelle Kathrin.
die **Katze** springt immer auf die alten Füße	*es kommt immer alles wieder so, wie es war* In unserem Wahlkreis ist der Kandidat der Liberalen Partei wieder Sieger geworden. Die Katze springt immer auf die alten Füße.
die **Katze**, die s. in den Schwanz beißt	*der Fall, wo Ursache und Wirkung sich gegenseitig bedingen, ein circulus vitiosus* Aufenthaltsgenehmigung bekommt er keine, weil er keine Arbeit hat. Arbeit bekommt er keine, weil er keine Aufenthaltsgenehmigung hat. Das ist doch eine Katze, die sich in den Schwanz beißt.
wie die **Katze** um den heißen Brei herumgehen	s. *Brei*
das trägt die **Katze** auf dem Schwanz weg (*od.* fort)	= *das trägt die* Maus *auf dem Schwanz weg*
e-e falsche **Katze**	*e-e weibliche Person, die verlogen ist* (*od. der man nicht vertrauen kann*) So, so. Das Fräulein Chefsekretärin gefällt dir. Ich warne dich, sie ist eine falsche Katze (*od.* sie ist falsch wie eine Katze).
e-e fesche **Katze** U (*süddt.*)	= *ein netter* Käfer
es war keine **Katze** da U	= *es war kein* Schwanz *da* (aber weniger grob)
bei Nacht sind alle **Katzen** grau	*bei Nacht sieht man das nicht, fällt das nicht auf* Ich kann Ihnen nur diesen alten, häßlichen Schirm leihen, aber bei Nacht sind alle Katzen grau.
e-e **Katze** fällt immer auf die Pfoten (*od.* Füße)	*so, wie e-e Katze s. nicht das Genick bricht, hat j-d immer wieder Glück* Er macht Konkurs und kommt doch immer wieder hoch. Eine Katze fällt eben immer auf die Pfoten.
der **Katze** die Schelle umhängen	*Unangenehmes für andere tun* Wir sind uns hier zwar alle einig, aber wer trägt die Sache jetzt dem Minister vor? Nun, einer wird sich doch finden, der der Katze die Schelle umhängt.
die **Katze** im Sack kaufen	*etwas kaufen, ohne es gesehen zu haben* Wer Kleider nach Katalog kauft, der kauft die Katze im Sack. Und das kommt für mich überhaupt nicht in Frage.
die **Katze** aus dem Sack lassen	*das Geheimnis, den wahren Grund verraten* Erst nach dem Wahlsieg hat die neue Regierung die Katze aus dem Sack gelassen und ein neues Programm vorgelegt.
Katz(e) und Maus mit j-m spielen	*j-n hinhalten, im unklaren lassen* Seit Jahren verspricht sie ihm, ihn zu heiraten, und dann verschiebt sie es wieder. Ich glaube, der merkt nicht, wie sie Katz und Maus mit ihm spielt.

es hagelt **Katzen** U	*es ist scheußliches Wetter (heftiger Regen, Hagel, Sturm usw.)* Er geht jeden Tag spazieren, und wenn es Katzen hagelt.
das ist (*od.* es ist alles) für die **Katz**	*das ist (od. es ist alles) zwecklos, umsonst geschehen* Jetzt habe ich den ganzen Tag an meinem Vortrag gearbeitet, und es war alles für die Katz. Der Vortrag fällt ins Wasser.
bis (*od.* zu)... ist nur ein **Katzensprung**	= *bis (od. zu)... ist nur ein* Sprung
Katzenwäsche machen U	*s. nur schnell u. oberflächlich waschen* Steh auf, Junge! Du hast verschlafen! Schnell Katzenwäsche machen, anziehen und zum Bus.
etw. (mit) in **Kauf** nehmen	*Unangenehmes (wegen Vorteilen od. aus Rücksicht) hinnehmen* Fliegen ist schon vorteilhaft, nur muß man eben die Beschränkungen beim Gepäck (mit) in Kauf nehmen.
leichten **Kaufs** davonkommen	*ohne großen Schaden, ohne hohe Strafe davonkommen* „Ich habe heute für falsches Parken zehn Mark zahlen müssen" – „Da bist du ja noch leichten Kaufs davongekommen. Meist kostet das heute zwanzig Mark."
dafür kann ich mir nichts **kaufen** U	*davon habe ich keinen Nutzen, das bringt mich nicht weiter* „Herr Direktor Keller läßt Ihnen durch mich sein Bedauern über den Zwischenfall aussprechen." – „Dafür kann ich mir nichts kaufen! Wer bezahlt mir den Schaden von über tausend Mark, den ich erlitten habe?"
den werd ich mir mal (*od.* schon noch) **kaufen** U	*ich werde ihn zur Rechenschaft ziehen* Ich glaube, der Nachbarjunge hat mir wieder die Luft aus dem Rad gelassen. Den werde ich mir mal kaufen.
kaufen: das hast du wohl gekauft, als keiner im Laden war? U	*das hast du wohl gestohlen* So eine kostbare Vase willst du mir schenken? Die hast du wohl gekauft, als keiner im Laden war, oder?
ein komischer (*od.* närrischer) **Kauz**	*ein wunderlicher Mensch* Unser Nachbar ist ein komischer Kauz. Bei Regen rennt er morgens mit bloßem Oberkörper im Park herum, bei Sonnenschein sieht man ihn nie draußen.
Kaviar fürs Volk	*etw. zu Feines für den einfachen Geschmack* Seine historisch wie literarisch bestens fundierten Wahlreden sind Kaviar fürs Volk.
die **Kehle** ist j-m wie zugeschnürt	*vor Angst scheint die Kehle zu zu sein, j-d kann nicht schlucken* Ich hatte wochenlang gründlich gelernt, aber in der Prüfung war mir dann die Kehle wie zugeschnürt.
s. die **Kehle** anfeuchten (*od.* schmieren, ölen) U	*etw. Alkohol trinken* Bevor wir unsere Verhandlungen aufnehmen, wollen wir uns erst mal ein bißchen die Kehle anfeuchten.
s. die **Kehle** aus dem Hals schreien U	*lange und laut schreien* Ich schrie mir die Kehle aus dem Hals, aber meine Kinder hörten mich nicht.

immer e-e trockene Kehle haben U	*immer durstig (nach Alkohol) sein* Den Richard brauchst du gar nicht zu fragen, der hat immer eine trockene Kehle.
j-m an die **Kehle** fahren (*od.* springen) U	= *j-m an die* Gurgel *fahren*
aus voller **Kehle** singen	*laut (u. wenig schön) singen* Wenn man heute jemanden aus voller Kehle singen hört, dann hat er bestimmt einen sitzen.
durch die **Kehle** jagen	= *durch die* Gurgel *jagen*
das Wort bleibt j-m in der **Kehle** stecken	= *das Wort bleibt j-m im* Hals *stecken*
etw. ist j-m in die falsche **Kehle** geraten	= *etw. ist j-m in den falschen* Hals *geraten*
etw. in die falsche **Kehle** bekommen (*od.* kriegen)	= *etw. in den falschen* Hals *bekommen*
das geht dich e-n feuchten **Kehricht** an S	*das geht dich nicht das geringste an* „Du bist ja mies aufgelegt. Hat dich deine Frau geärgert?" – „Das geht dich einen feuchten Kehricht an!"
die **Kehrseite** der Medaille	*die untrennbar dazugehörige negative Seite der S.* Daß meine Kinder jetzt alle berufstätig sind, ist sehr schön. Aber die Kehrseite der Medaille ist, daß ich die Hausarbeit jetzt fast ganz allein machen muß.
etw. im **Keim** ersticken	*etw. in den allerersten Anfängen vernichten* Es ist das Bestreben der Medizin, jede Epidemie sofort im Keim zu ersticken.
den **Keim** zu etw. legen	*den Beginn von etw. herbeiführen* In Gesprächen mit Kollegen wurde der Keim zu diesem Buch gelegt.
den (bitteren) **Kelch** (bis zur Neige, bis auf den Grund) leeren L	*viele Schicksalsschläge hinnehmen müssen* Vor zwei Jahren verunglückte ihr Mann, gestern hat sie ihr Kind begraben. Sie hat weiß Gott den Kelch bis zur Neige leeren müssen.
kennen: da kenn ich nichts U	*da nehme ich keine Rücksichten, da gehe ich rücksichtslos vor* Wenn ihn jemand überholen will, dann kennt er nichts. Er gibt Gas und weg ist er.
das **kennen** wir U	*diese Ausrede erkenne ich nicht an* Ausgerechnet am Montag bist du krank geworden, und hast bei der Lateinarbeit gefehlt. Das kennen wir.
kennen: da kennst du ihn aber schlecht	*du beurteilst ihn ganz falsch* Da kennst du ihn aber schlecht. Er würde jederzeit für andere einspringen, wenn es wirklich notwendig ist.

du wirst mich (schon) noch (gründlich) **kennenlernen** (*od.* dann sollst du mich mal **kennenlernen**)	*du wirst* (*od. sollst*) *erfahren, daß ich hart* (*od. unerbittlich, streng usw.*) *sein kann, daß ich hart strafen kann usw.* Wenn du jetzt nicht endlich anfängst zu arbeiten, dann sollst du mich mal kennenlernen!
in dieselbe (*od.* gleiche) **Kerbe** hauen (*od.* schlagen) (wie jemand)	*dieselbe Ansicht vertreten, dasselbe Ziel erreichen wollen* Er hat in seinem Vortrag in dieselbe Kerbe gehauen wie ich am Tag zuvor. / Wenn wir alle in dieselbe Kerbe hauen, dann werden wir es auch schaffen.
etwas (*od.* allerhand, viel) auf dem **Kerbholz** haben	*e-e schlechte Tat begangen haben, nicht schuldlos sein* Er ist verhaftet worden, aber ich hab keine Ahnung, was er auf dem Kerbholz hat.
hergelaufener **Kerl**	*nicht hierhergehöriger, nichtsnutziger Mensch, j-d, mit dem man nichts zu tun haben will* Diesem hergelaufenen Kerl soll ich meine Tochter zur Frau geben?
guter **Kerl**	*gutmütiger Mensch* (*bes. Mädchen*), *der niemandem etw. zuleide tut, der lieber selbst leidet* Ich mag sie gern, sie ist ein guter Kerl. Wenn sie sich nur nicht von ihrem Freund so ausnutzen ließe.
der **Kern** der Sache	*das eigentlich Wesentliche* Der Kern der Sache ist ja nicht, daß er viel liest, sondern daß durch das Lesen sein Denken angeregt wird.
des Pudels **Kern**	*das Wesentliche, das Eigentliche* (*das man jetzt erkennt*) Er war immer so auffallend nett zu Tante Elsa. Jetzt wissen wir es: er hat auf die Erbschaft spekuliert. Das war des Pudels Kern.
rauhe Schale, guter **Kern** (*od.* ein guter **Kern** in e-r rauhen Schale)	*äußerlich grobes Wesen, aber im Grunde menschlich warm* „Wie kann sie nur mit so einem Rauhbein auskommen!" – „Rauhe Schale, guter Kern!"
in j-m steckt ein guter **Kern**	*der Charakter, die Anlagen e-s Menschen sind im Grunde gut* Er hätte diese Dummheit keinesfalls machen dürfen, aber im Grunde steckt doch ein guter Kern in ihm.
die (*od.* s-e) **Ketten** abwerfen (*od.* zerreißen, sprengen)	*s. von Zwang, Gewalt befreien, die Freiheit erringen* In den letzen Jahrzehnten haben viele Völker die Ketten abgeworfen (*od.* gesprengt *usw.*) und freie Staaten begründet.
e-e **Kette** bilden	*1) s. an den Händen fassen* *2) Geräte* (*Löscheimer usw.*) *von Hand zu Hand reichen* 1) Für dies Spiel müssen die Kinder eine Kette bilden. 2) Da der einzige Brunnen weit weg lag, mußten wir zum Löschen eine lange Kette bilden.
an der **Kette** hängen (*od.* liegen)	*abhängig sein, s. nicht so frei bewegen können, wie man möchte* Viele Ehemänner glauben, sie lägen an der Kette, nur weil sie nicht jeden Abend ausgehen können.
j-n an die **Kette** legen	*j-n streng beaufsichtigen* Wie soll ein junger Mensch die Welt kennenlernen, wenn er von seinen Eltern an die Kette gelegt wird?

an s-n **Ketten** rütteln L	*die Bindungen abzuwerfen versuchen, frei sein wollen* Schon seit Jahrzehnten haben die unterdrückten Völker an ihren Ketten gerüttelt.
kichern: daß ich nicht kichere S	*das ist ja lächerlich (und zugleich so dumm, daß man nur kichern, nicht lachen kann)* Was, du willst in drei Monaten Englisch lernen? Daß ich nicht kichere!
j-n (*od. etw.*) auf den **Kieker** haben U *(norddt.)*	*1) wegen schlechter Erfahrungen streng beobachten 2) großes Interesse haben an 3) böse sein auf, nicht leiden können* 1) Wenn ein Lehrer einen Schüler erst einmal auf dem Kieker hat, hat er es sehr schwer, wieder volle Anerkennung zu erlangen. 2) Merkst du nicht, daß Anne schon lange den Bernd auf dem Kieker hat? 3) Die kleinen Geschäfte haben die Kaufhäuser auf dem Kieker, weil sie ihnen die Kunden wegschnappen.
auf **Kiel** legen	*mit dem Bau (e-s Schiffes) beginnen, ein neues Projekt beginnen.* Wenn dieses Modell keinen Anklang findet, werden wir etwas ganz Neues auf Kiel legen.
Kind Gottes (in der Hutschachtel!) U	*sei nicht so einfältig* Kind Gottes (in der Hutschachtel), wie kann man nur fragen! Natürlich fährt der Bus heute wieder zurück.
wes Geistes **Kind**	*Anhänger welcher Auffassung (Weltanschauung usw.)* Aus seiner oberflächlichen Bemerkung sieht man ja sofort, wes Geistes Kind er ist.
das **Kind** im Manne	*das Jugendliche, Spielerische im Charakter e-s Mannes* Es ist lustig zu sehen, wie sich bei Vater das Kind im Manne regt, wenn Bert mit der Eisenbahn spielt.
ein **Kind** des Todes sein	*dem Tode ausgeliefert sein* Obwohl er durch den schweren Sturz vom Pferd nach Meinung der Ärzte ein Kind des Todes ist, glaubt seine Mutter noch immer an seine Genesung.
ein totgeborenes **Kind** U	*e-e aussichtslose Sache* Der Verein gegen Mieterhöhungen ist ein totgeborenes Kind, denn die Männer, die über die Mieten zu entscheiden haben, sitzen im Parlament und nicht in diesem Verein.
ein **Kind** s-r Zeit	*ein Mensch, der in s-e Epoche hineinpaßt und die Grenzen dieser Epoche nicht überschreiten kann* Wir alle sind Kinder unserer Zeit und wollen, auch wenn wir die gute alte Zeit loben, nicht auf die technischen Möglichkeiten unseres Jahrhunderts verzichten.
ein **Kind** der Liebe	*ein uneheliches Kind* Wußten Sie schon, daß dieser berühmte Mann ein Kind der Liebe ist?

j-s geistiges **Kind**	*j-s geistiges Produkt* Er hat ein dickes Buch über das Leben nach dem Tode geschrieben, aber eigentlich ist es nicht sein geistiges Kind; es sind die Ideen seines verstorbenen Freundes.
noch ein halbes **Kind** sein	*noch viel zu jung, noch nicht erwachsen sein* Agnes hat damals viel zu früh geheiratet. Sie war ja noch ein halbes Kind.
kein **Kind** mehr sein	*erwachsen genug sein, etw. Bestimmtes zu tun* Warum soll ich den Film nicht sehen? Ich bin doch kein Kind mehr.
als **Kind** zu heiß gebadet S	*verrückt, nicht bei Verstand* Was, du willst bei diesem Gewitter segeln? Du bist wohl als Kind zu heiß gebadet worden!
das **Kind** mit dem Bade ausschütten	*Schlechtes ablehnen (kritisieren, strafen) und dabei so weit gehen, daß man auch Gutes ablehnt (kritisiert, straft)* Wie kann man nur den Roman wegen einiger Übersetzungsfehler so verurteilen! Das nenne ich das Kind mit dem Bade ausschütten.
das **Kind** beim (rechten) Namen nennen	*klar, ohne Beschönigung sagen, wie e-e S. ist* Der Professor hatte den Mut, das Kind beim Namen zu nennen und die Theorie seines Kollegen einfach als falsch zu bezeichnen.
das **Kind** muß doch e-n Namen haben	*s. Namen*
wir werden das **Kind** schon schaukeln U	*wir werden die S. schon schaffen, in Ordnung bringen* Unser Schiff geht jetzt zehn Tage früher als geplant, aber wir werden das Kind schon schaukeln.
lieb **Kind** bei j-m sein	*bei j-m gut angeschrieben sein, von j-m geschätzt werden* Mein Bruder war immer lieb Kind bei unserer Großmama, wohl weil er ihrem Mann so ähnlich sah.
s. bei j-m lieb **Kind** machen	*s. j-s Gunst verschaffen* Er versteht es wirklich gut, sich bei jedermann lieb Kind zu machen.
wie sag ich's meinem **Kinde** U	*wie bringe ich j-m die unangenehme S. bei* Ich möchte so gern mal vier Wochen unbezahlten Urlaub nehmen. Bloß wie sag ich's meinem Kinde? Mein Chef wird wenig Verständnis für diesen Wunsch haben.
das ist nichts für kleine **Kinder** U	*das geht dich (od. euch) nichts an* Wenn ich meinen Bruder frage, was er da Schönes liest, sagt er fast immer „Das ist nichts für kleine Kinder!"
mit **Kind** und Kegel	*mit der gesamten Familie* Unsere Freunde fahren für sechs Wochen mit Kind und Kegel nach Finnland. Das wird eine Packerei geben!
mit **Kindern** gesegnet sein	*viele Kinder haben* Die Ehe meiner Großeltern war mit Kindern gesegnet.
das ist zum **Kinderkriegen** S	*man könnte verrückt werden* Mein Wagen ist immer noch in Reparatur und wird erst in drei Tagen fertig. Das ist zum Kinderkriegen.

die **Kinderschuhe** austreten (*od.* ausziehen, abstreifen) (*od.* den **Kinderschuhen** entwachsen *od.* aus den **Kinderschuhen** herauskommen)	*aufhören, ein Kind zu sein (od. sich kindisch zu benehmen), reif werden* Wann will er eigentlich die Kinderschuhe ausziehen (*od.* abstreifen, aus den Kinderschuhen herauskommen *usw.*) und vernünftig werden? / Seine Bücher zeigen, daß er die Kinderschuhe noch nicht ausgetreten hat.
noch in den **Kinderschuhen** stecken	*am Anfang s-r Entwicklung stehen* Das Bildtelefon steckt noch immer in den Kinderschuhen.
das ist ein **Kinderspiel** U	*das ist ganz leicht, gar nicht schwierig* Für einen Möbelpacker ist es ein Kinderspiel, diesen Schrank zusammenzusetzen.
keine **Kinderstube** haben	*sehr wenig gutes Benehmen gelernt haben* Zu schade, er verdirbt sich manche Chance, weil er keine Kinderstube hat. Dabei ist er begabt.
im Galopp durch die **Kinderstube** geritten sein S	*sehr wenig gutes Benehmen gelernt haben* Das war aber ein unhöflicher Gast! Der ist wohl im Galopp durch die Kinderstube geritten!
im D-Zug durch die **Kinderstube** gefahren sein S	= *im Galopp durch die* **Kinderstube** *geritten sein*
von **Kindesbeinen** an	*von frühester Jugend an* Von Kindesbeinen an hat er sich für Autos interessiert.
auf der **Kippe** stehen	*gefährdet sein, leicht schlecht enden können* Die Leistungen des Schülers sind sehr mangelhaft, seine Versetzung steht auf der Kippe.
einen **kippen** (gehen) U	*ein Glas Alkohol trinken (gehen)* So, den Flügel haben wir jetzt raufgeschleppt. Jetzt gehen wir erst einmal einen kippen.
die **Kirche** im Dorf lassen U	*nicht übertreiben, in vernünftigen Grenzen bleiben* Wenn sie erst um 2 nach Hause kommt, deswegen ist sie doch noch kein verdorbenes Mädchen! Nun laß aber mal die Kirche im Dorf!
mit der **Kirche** ums Dorf laufen (*od.* fahren *od.* die **Kirche** ums Dorf tragen)	*unnötige Umwege machen* Die Herrenstraße sind Sie gekommen? Da sind Sie mit der Kirche ums Dorf gefahren. Es gibt einen viel kürzeren Weg.
kein (großes) **Kirchenlicht** sein U	*nicht sehr klug sein* Sein Bruder dagegen ist kein (großes) Kirchenlicht. Er wird Verkäufer.
arm wie e-e **Kirchenmaus**	*ganz arm* Er hatte durch den Brand alles verloren und war arm wie eine Kirchenmaus.

mit j-m ist nicht gut **Kirschen** essen	*mit j-m ist nicht gut auszukommen* Er zeigt einem leicht die kalte Schulter. Mit ihm ist nicht gut Kirschen essen.
Kirschen in Nachbars Garten	*das Fremde ist (natürlich) besser, verlockender als das Eigene* „Inges Mann interessiert sich neuerdings für unsere neue Nachbarin." – „Aha, Kirschen in Nachbars Garten!"
fertig ist die **Kiste** S	*die Angelegenheit ist erledigt* Jetzt müssen die eingesetzten Pflanzen noch begossen werden, und fertig ist die Kiste.
e-e schwierige **Kiste** S	*e-e schwierige Angelegenheit* Ich weiß nicht, ob wir den großen Schrank durch das enge Treppenhaus bringen. Das ist eine schwierige Kiste!
e-e faule **Kiste** S	*e-e unsaubere, unredliche Angelegenheit* Vorhin war einer an der Tür und bot Uhren zu sehr niedrigen Preisen an, aber das ist eine faule Kiste.
die (ganze) **Kiste** schmeißen S	*= den* Laden *schmeißen* (2)
Kisten und Kasten voll haben L	*sehr reich sein* Der Mensch ist nie zufrieden – erst recht nicht, wenn er Kisten und Kasten voll hat.
der ganze **Kitt** U	*die ganze Menge, alles (zusammen)* Und was kostet der ganze Kitt?
ein **Klacks** sein U (*norddt.*)	*kinderleicht sein, gar keine Anstrengung sein* Meine Schwester fährt sehr gern Auto und auch gut. Von München nach Köln ist für sie nur ein Klacks.
etw. hat e-n guten **Klang**	*etw. gilt als solide, wohlangesehen* Der Name „Lufthansa" hat international einen guten Klang.
die **Klappe** halten U	*still sein, nicht reden* Kannst du nicht endlich die Klappe halten? Du merkst doch, daß ich dieses Hörspiel hören möchte.
e-e große **Klappe** haben (*od.* die **Klappe** aufreißen) U	*gut reden können; prahlen, das große Wort führen* Wenn er die Klappe aufreißt, könnte ich ihn ohrfeigen.
e-e (*od.* die) große **Klappe** riskieren (*od.* schwingen) U	*prahlerisch drauflosreden* Mußt du denn immer die große Klappe riskieren!? Laß doch mal die anderen von ihren Erlebnissen erzählen.
j-m eins auf die **Klappe** geben U	*j-m e-n Klaps auf den Mund geben, damit er still ist* Junge, wenn du mich noch mal unterbrichst, dann gebe ich dir eins auf die Klappe.
in die **Klappe** kriechen (*od.* fallen *od.* s. in die **Klappe** hauen) U	*s. ins Bett legen* Jetzt ist es schon gleich Mitternacht, da wird es aber Zeit, daß wir in die Klappe kriechen (*od.* uns in die Klappe hauen).

marsch, in die **Klappe!** U	*jetzt aber sofort ins Bett* (zu Kindern gesagt) Eben hat es elf geschlagen. Marsch, in die Klappe!
etw. zum **Klappen** bringen U	*etw. zum Abschluß, zur Entscheidung bringen* Ich hoffe, daß wir das Geschäft mit der englischen Firma noch heute zum Klappen bringen.
e-n **Klaps** haben U	*e-n Stich haben, verrückt sein* Georg muß einen Klaps haben. Er fährt bei dieser Kälte ohne Schal und Mantel in die Schule.
e-n **Klaps** bekommen (*od.* kriegen) U	*verrückt werden (vor Ärger usw.)* Wenn unser Gärtner sieht, daß die Spatzen seinen frischgesetzten Salat gefressen haben, kriegt er einen Klaps.
ich bin mir nicht **klar**	*ich bin im Zweifel* Ich bin mir nicht klar, was ich tun soll.
mit etw. **klar** sein	1) *etw. fertiggestellt haben* 2) *etw. begriffen haben* 1) Sobald ich mit diesem Gutachten klar bin, rufe ich dich an, und dann gehen wir ins Kino. 2) Ich muß erst einmal mit den unterstrichenen Wörtern klar sein, dann verstehe ich auch den ganzen Text.
(s.) ins **klare** kommen über etw.	*Klarheit gewinnen in e-r Angelegenheit* Bist du dir jetzt über deinen Beruf ins klare gekommen?
s. über etw. im **klaren** sein	*deutlich sehen, ganz klar verstehen* Jeder Historiker ist sich darüber im klaren, daß es schwierig ist, objektiv zu schreiben.
klargehen U	*in Ordnung gehen, gemacht werden, gut verlaufen* Ich glaube, die Verhandlungen gehen jetzt klar, und wir können morgen unterzeichnen.
mit j-m **klarkommen**	*s. mit j-m einigen, die bestehenden Schwierigkeiten beseitigen* Mit meinem zukünftigen Schwiegervater käme ich schon klar, aber die Schwiegermutter ist unmöglich.
mit etw. **klarkommen**	*etw. bewerkstelligen, bis zu Ende durchführen* „Bist du mit der Übersetzung klargekommen?" – „Ja, mir fehlt nur noch ein Wort."
klarkriegen U	1) *alles (auch Schwieriges) so machen, daß es gut wird* 2) *herausfinden, klären* 1) Wir müssen erst mal die Sache mit dem Mietvertrag klarkriegen, dann können wir das andere regeln. 2) Wenn wir die Rechnungen des Vorjahres durchsehen, werden wir schon klarkriegen, wo der Fehler steckt.
Klartext(e) sprechen (*od.* von s. geben) U	*unverhüllt, ohne Rücksicht auf andere sagen, was man denkt* Im Kommentar hat der Verfasser endlich Klartext gesprochen und die Fehler der Regierung aufgezeigt.
s. **klarwerden** über etw.	*allmählich sehen, wie etw. ist (was man tun soll* usw.) Ich bin mir darüber klargeworden, wie ich es mache.

erster **Klasse**	*1) hervorragend* *2) besonders schlimm, übel* 1) Sein Bruder ist ein Geiger erster Klasse. 2) Er ist ein Gauner erster Klasse. Er hat mich ganz schön übers Ohr gehauen mit den Briefmarken.
etw. ist **Klasse** U	*etw. ist e-e hervorragende Leistung* Dieser fehlerlose Ritt war Klasse.
e-e **Klasse** für s. (*od.* ganz große **Klasse** *od.* einfach **Klasse** U)	*etw. ganz besonders Gutes, Großartiges* Yehudi Menuhin ist eine Klasse für sich (*od.* er ist ganz große Klasse, er ist einfach Klasse).
das ist (ja) **klassisch**	*das ist naiv, einmalig in s-r Unverfrorenheit* Ich hab das Material mühevoll zusammengetragen, und jetzt will er es verwenden? Das ist ja klassisch.
Klatsch und Tratsch	*was die Leute über andere (Schlechtes) reden* Wenn man den Klatsch und Tratsch, den man zu hören bekommt, glauben wollte, könnte man verzweifeln.
in j-s **Klauen** (*od.* j-m in die **Klauen**) geraten	*vollkommen in j-s Abhängigkeit kommen* Wenn jemand erst einmal in die Klauen des Geheimdienstes (*od.* dem Geheimdienst in die Klauen) geraten ist, dann kommt er nur schwer los.
j-m e-e **kleben** U	*j-m e-e Ohrfeige geben* Als er frech wurde, hab ich ihm eine geklebt.
klebenbleiben U	*1) nicht in die höhere Klasse versetzt werden* *2) (als Gast) länger bleiben, als es richtig, erwünscht ist* 1) Wenn du dich nicht anstrengst, mein Junge, wirst du wieder klebenbleiben. 2) Ich würde die Müllers ja gerne dazu einladen, wenn die nicht immer bis Mitternacht klebenblieben.
j-n über den grünen **Klee** loben U	*j-n übermäßig loben* Anfangs hat er seine Sekretärin über den grünen Klee gelobt – und nach drei Monaten war sie entlassen.
nicht aus den **Kleidern** kommen	*nicht zum Schlafen kommen* Während des Katastropheneinsatzes kamen die Feuerwehrleute tagelang nicht aus den Kleidern.
ganz **klein** (und häßlich) werden U	*immer weniger frech (angeberisch, hochmütig) werden* Weißt du noch, wie er immer angegeben hat? Nachdem er jetzt das Examen zweimal nicht bestanden hat, ist er ganz klein und häßlich geworden.
klein, aber oho U	*von kleiner Gestalt, aber sehr tüchtig (klug, gut)* Der neue Mathematiklehrer ist klein, aber oho. / Diese neue Teppichkehrmaschine ist klein, aber oho.
klein, aber fein U	*nicht sehr groß, aber von guter Qualität* Diese Tortenstücke sind klein, aber fein.

um ein **kleines**	*1) beinahe, fast* *2) ein wenig, ein bißchen* 1) Als ich heute in die Stadt ging, stieg gerade meine Mutter aus der Straßenbahn aus, um mich zu besuchen. Um ein kleines hätten wir uns verpaßt. 2) Du meinst, sein Verhalten war anständig? Ich finde, er war um ein kleines zu aufdringlich.
es ist für mich (*od.* mir) ein **kleines**	*es ist für mich keine große Mühe* Wir sollten früher anfangen? Es ist für mich (*od.* ist mir) ein kleines, das jetzt noch zu ändern.
e-n **kleinen** sitzen haben U	*etw. betrunken sein* Ich finde sie immer am nettesten, wenn sie einen kleinen sitzen hat. Dann geht sie so richtig aus sich heraus.
klein beigeben	*nachgeben, den Widerstand aufgeben* Bei diesem Streit um die Wiese mußte unsere Gemeinde klein beigeben. Sie gehört jetzt dem Nachbarort.
das **Kleingeld** ist j-m ausgegangen U	*j-d hat kein Geld mehr* Kannst du die Rechnung bezahlen? Mir ist das Kleingeld ausgegangen.
das nötige **Kleingeld** haben U	*das erforderliche Geld zur Verfügung haben* Sie braucht sich keine Sorgen zu machen, wie sie ihr Studium finanziert. Ihr Vater hat das nötige Kleingeld.
etw. **kleinhaben**	*1) zerkleinert haben* *2) in Form von Kleingeld haben* 1) Hast du die Rüben endlich klein, ich brauche sie jetzt für den Salat. 2) Hättest du 50 Mark klein? Jeder von den fünf bekommt 10 Mark von mir.
es **kleinhaben**	*(das nötige) Kleingeld haben* Löst du mal die S-Bahnkarte? Ich habe es nicht klein.
Kleinholz machen U	*Möbel, die Einrichtung zertrümmern* Gestern bei dem Rockkonzert haben eine Reihe Jugendlicher mal wieder Kleinholz gemacht.
(viel) **Kleinholz** machen U	*(viele) Fehler machen* Der Kandidat hat sein Thema zwar vorbereitet, aber leider hat er viel Kleinholz gemacht.
j-n zu **Kleinholz** machen (*od.* **Kleinholz** aus j-m machen) U	*1) verprügeln, zusammenschlagen* *2) moralisch vernichten* 1) In unserer Schule gibt es zwei Banden, die sich gegenseitig zu Kleinholz machen. 2) Der Staatsanwalt machte den aufsässigen Angeklagten in seinem Plädoyer zu Kleinholz.

kleinkriegen U	*1) j-n gefügig machen, j-s Widerstand brechen* *2) (Geld) ausgeben, aufbrauchen* *3) (Geld) wechseln* 1) Zu uns kommt jetzt ein Neuer in die Klasse. Den müssen wir gleich mal kleinkriegen. 2) Das viele Geld, das er im Toto gewonnen hat, wird er in ein paar Monaten kleinkriegen. 3) Versuch mal, ob du den Hunderter kleinkriegst.
s. nicht **kleinkriegen** lassen U	*s-n Stand, s-e Stellung behaupten, s. nicht entmutigen lassen* In der Diskussion ließ sich der Redner durch noch so provozierende Fragen nicht kleinkriegen.
kleinkriegen: nicht kleinzukriegen sein	*durch viele Arbeit (Gemeinheiten, Qualen usw.) nicht entmutigt (od. geschwächt, vernichtet) werden* Der Angestellte Burger macht fast täglich Überstunden. Er ist einfach nicht kleinzukriegen.
kleinmachen	*1) (Geld) wechseln* *2) (Geld) ausgeben, aufbrauchen* *3) j-n erniedrigen, demütigen* 1) Geh doch in die Apotheke und kauf etwas. Die können dir den Fünfzigmarkschein bestimmt kleinmachen. 2) Bei seinem Lebenswandel besteht gar kein Zweifel, daß er die Erbschaft in wenigen Jahren kleinmacht. 3) Laß dich von deinem Chef nicht kleinmachen.
geistiger **Kleinrentner** S	*beschränkter, geistig anspruchsloser Mensch* Dieser alberne, nichtssagende Film kann höchstens noch einen geistigen Kleinrentner zufriedenstellen.
Kleinvieh macht auch Mist S	*kleine Gewinne (Einnahmen usw.) ergeben zusammen recht viel* Ein großer Auftrag wäre natürlich sehr schön, aber Kleinvieh macht auch Mist.
zusammenhängen (*od.* zusammenhalten) wie (die) **Kletten**	*unzertrennlich sein* Eva und Rita sind ein Herz und eine Seele. Sie hängen zusammen wie die Kletten.
wie e-e **Klette** an j-m hängen (*od.* kleben, haften)	*nicht von j-s Seite weichen* Manchmal möchte man doch auch allein sein, aber sie hängt wie eine Klette an mir.
Klimmzüge machen U	*s. anstrengen* Er kann Klimmzüge machen, soviel er will, die Prüfung schafft er nie.
geistige **Klimmzüge** machen U	*s. geistig anstrengen* Wenn man dieses Buch verstehen will, muß man schon allerhand geistige Klimmzüge machen.
die **Klingen** kreuzen	*1) fechten* *2) in Diskussionen kämpfen, die Kräfte messen* 1) Mit ihrem Vater habe ich auch mal als Student die Klingen gekreuzt. 2) Wenn du mit ihm die Klingen kreuzen willst, mußt du dich gut vorbereiten. Er ist sehr beschlagen.

e-e gute **Klinge** schlagen	*1) gut fechten* *2) s. mutig einsetzen für etw.* *3) U tüchtig essen* 1) Er ist sehr sportlich und schlägt eine gute Klinge. 2) Unsere Zeitung hat für das neue Wahlrecht eine gute Klinge geschlagen. 3) Dem Karl mußt du schon was Handfestes vorsetzen. Der schlägt eine gute Klinge.
e-e scharfe **Klinge** führen	*in Reden u. Artikeln scharf auftreten* Es wird nicht leicht sein, sich gegen ihn durchzusetzen, denn er führt eine scharfe Klinge.
j-n über die **Klinge** springen lassen	*1) j-n töten* *2) j-n wirschaftlich vernichten* 1) Das Schloß wurde niedergebrannt, die Bewohner ließ man über die Klinge springen. 2) Er hat seinen Konzern nur dadurch aufbauen können, daß er alle Rivalen über die Klinge hat springen lassen.
j-m vor die **Klinge** kommen	*j-m (als Feind) begegnen* Sie machten nieder, was ihnen vor die Klinge kam.
Klinken putzen gehen U	*von Tür zu Tür gehen (um zu betteln od. zu verkaufen)* Unser Chef erwartet, daß wir pro Tag für 1000 Mark Waren verkaufen. Wahnsinn! Soll er doch selbst mal Klinken putzen gehen!
klipp und klar	*ganz eindeutig, unmißverständlich* Ich habe dir doch klipp und klar gesagt, daß du bei diesem Wetter nicht zum Baden gehen darfst.
e-n **Kloß** im Hals haben	*1) schlecht, unklar, gequält singen* *2) ein würgendes Gefühl haben* 1) Ich kann diese Stimme nicht hören! Die Sängerin hat doch einen Kloß im Hals. 2) In der mündlichen Prüfung konnte ich anfangs nichts sagen. Ich hatte einen Kloß im Hals.
e-n **Kloß** im Mund haben	*ganz undeutlich sprechen* Englisch verstehe ich eigentlich gut, aber dieser Mann hat ja einen Kloß im Mund.
ein grober **Klotz**	*ein unhöflicher, grober Mensch* Er ist ein grober Klotz, ja, aber er hat ein gutes Herz.
ein **Klotz** am Bein sein	*e-e Last für j-n anders sein* Für Oma ist der Gedanke, sie könnte für ihre Familie ein Klotz am Bein sein, fast schon ein Komplex.
e-n **Klotz** am Bein haben U	*e-e Last zu tragen haben und dadurch in der Freiheit behindert sein* Erst wollen manche Männer um jeden Preis heiraten, und dann sagen sie, sie hätten einen Klotz am Bein.
s. e-n **Klotz** ans Bein binden mit etw.	*s. e-e Last aufbürden, s. selbst vermeidbare Schwierigkeiten bereiten* Frau Lenz nimmt ihrer kranken Nachbarin jeden Morgen die Kinder ab, aber sie hat nicht geahnt, was sie sich damit für einen Klotz ans Bein binden würde.

(nicht) **klug** werden aus j-m (*od.* etw.)	*nicht verstehen, nicht begreifen, nicht durchschauen* Sie ist so undurchsichtig. Wirst du aus ihr klug?
so **klug** wie vorher (*od.* zuvor) sein	*nicht begriffen haben, genauso viel wissen wie vorher* Ich habe seinen Brief sorgfältig gelesen, aber ich bin so klug wie vorher. Worauf will er hinaus?
du bist (wohl) nicht recht **klug**	= *du bist nicht (recht, ganz) gescheit*
klugreden	*alles besser wissen als andere Leute* Ich kann die Menschen nicht leiden, die immer klugreden, und in Wirklichkeit wissen sie gar nichts.
in **Klumpen** hauen U	*kaputtschlagen (aus Wut)* Als ich am Morgen sah, wie meine Blumenbeete zertreten waren, hätte ich alles in Klumpen hauen können.
nichts mehr zu **knabbern** haben	*nichts mehr zu essen haben, finanziell ganz schlecht dransein* Ich bin pleite, ich hab nichts mehr zu knabbern.
s. e-n **Knacks** holen (*od.* einen **Knacks** kriegen) U	*s. e-e Krankheit, e-n dauernden gesundheitlichen Schaden zuziehen* Nicht jeder Sportler verträgt das harte Training. Schon manch einer hat sich dabei einen Knacks geholt.
e-n **Knacks** (weg)haben U	*e-n dauernden gesundheitlichen Schaden haben* Seit seinem Autounfall hat er einen Knacks weg.
e-n **Knall** haben S	*verrückt sein* Ich soll dir 50 Mark leihen, wo du mir noch Geld schuldest? Du hast wohl 'nen Knall!
Knall und Fall	*sofort, plötzlich* Als wir beide am Montag blau machten, wurden wir Knall und Fall entlassen.
j-m e-e (*od.* ein paar) **knallen** U	*j-m e-e (od. mehrere) Ohrfeige(n) geben* Als er dann noch anzügliche Bemerkungen über meine Freundin machte, da hab ich ihm einfach ein paar geknallt.
Knast schieben S	*im Gefängnis sitzen* Der Frank schiebt mal wieder einen Monat Knast, weil er ohne Führerschein gefahren ist.
s-n **Knast** abreißen S	*s-e Gefängnisstrafe absitzen* Wenn der seinen Knast abgerissen hat, dann bricht er genauso wieder Automaten auf wie vorher.
knicken: (ganz) geknickt sein U	*durch ein Ereignis betrübt, sehr traurig sein* Tante Julchen ist ganz geknickt, weil ihrem Mann die Krawatte nicht gefällt, die sie ihm geschenkt hat.
weich in den **Knien** werden U	*Widerstand aufgeben, schwach werden* Warum er nachgegeben hat? Durch die ständigen Drohbriefe ist er weich in den Knien geworden.
in die **Knie** gehen U	*besiegt werden, nachgeben s-e Grundsätze aufgeben* Bei einer solch tollen Frau gehen auch die stärksten Männer in die Knie, das kannst du mir glauben.

j-n in (*od.* auf) die **Knie** zwingen	*j-n besiegen, j-n s. unterwerfen* Die Japaner verstehen es, im Judokampf den Gegner in die Knie zu zwingen.
etw. übers **Knie** brechen	*etw. schnell, gewaltsam entscheiden* Die Entscheidung über den Beruf soll man nicht übers Knie brechen, sondern sich gründlich überlegen.
j-n übers **Knie** legen U	*j-m zur Strafe Schläge auf das Gesäß geben* Wenn du jetzt nicht endlich anfängst, fleißiger für die Schule zu arbeiten, dann muß ich dich übers Knie legen!
das ist ein harter **Knochen** S	*das ist ein schweres Stück Arbeit, e-e schwierige Aufgabe* Heute müssen wir über die Fusion der beiden Firmen verhandeln. Das ist vielleicht ein harter Knochen.
j-m tun alle **Knochen** (im Leibe) weh	*j-d fühl s. sehr elend, schmerzgeplagt* Ich habe eine schreckliche Grippe, mir tun alle Knochen im Leib weh.
du kannst dir die **Knochen** numerieren lassen S	*du kriegst gleich Prügel* (als Warnung gesagt) Wenn du mir nicht gleich meinen Tennisschläger gibst, dann kannst du dir deine Knochen numerieren lassen!
(s.) s-e müden **Knochen** ausruhen	*s. ausruhen* Ich komme nicht mit. Ich war den ganzen Tag auf den Beinen und muß (mir) meine müden Knochen ausruhen.
bis auf die **Knochen** abgemagert sein	= *nichts als* Haut *und Knochen sein*
j-n bis auf die **Knochen** durchschauen	*j-n in s-m Denken und Fühlen bis ins Innerste durchschauen* Der Kerl kann mir doch nichts vormachen. Den durchschaue ich bis auf die Knochen.
naß bis auf die **Knochen** U	*völlig durchnäßt* Nach dem stundenlangen Marsch durch strömenden Regen kamen wir naß bis auf die Knochen nach Hause.
s. bis auf die **Knochen** blamieren U	*s. außerordentlich blamieren* Als er dann nicht mal sagen konnte, wer Bismarck war, hat er sich wirklich bis auf die Knochen blamiert.
etw. (*bes.* e-e Gewohnheit) steckt j-m (noch) (tief) in den **Knochen**	*die Gewohnheit ist (noch) Bestandteil s-s Wesens* Er war bis vor kurzem Junggeselle, und da steckt ihm diese Gewohnheit eben (noch) tief in den Knochen.
bis in die **Knochen** U	*durch und durch, ganz und gar* (reaktionär, konservativ usw.) Es ist eigentlich erstaunlich, daß Thomas so fortschrittlich und sein Bruder konservativ bis in die Knochen ist.
j-m in die **Knochen** fahren U	= *j-m in die* Glieder *fahren*
Knöpfe auf den Augen haben U	*etw. Offensichtliches nicht sehen, etw. nicht sehen wollen* Hast du denn Knöpfe auf den Augen! Siehst du nicht, daß die Schere vor deiner Nase liegt!?

Knöpfe in den Ohren haben U	*etw. Deutliches nicht hören, etw. nicht hören wollen* Wenn von Politik die Rede ist, hat mein Bruder Knöpfe in den Ohren. Er will davon einfach nichts wissen.
an den **Knöpfen** abzählen	*e-e Entscheidung vom Zufall bestimmen lassen* „Soll ich nun fahren oder nicht?" – „Zähl es doch an den Knöpfen ab!"
auf den **Knopf** drücken	*das Entscheidende veranlassen* Auf den Titel eines Menschen kommt es nicht immer an, sondern darauf, wer auf den Knopf drücken kann.
den gordischen **Knoten** durchhauen (*od.* lösen, zerhacken, zerhauen, zerschneiden) L	*ein schwieriges Problem überraschend (u. oft gewaltsam) lösen* Was die Abrüstungsverhandlungen anbetrifft, so wünscht sich mancher, es käme einer und haute den gordischen Knoten durch. Aber eine einfache Patentlösung gibt es nicht.
s. e-n **Knoten** ins Taschentuch machen U	*an etw. denken, daß man es nicht vergißt* Morgen mußt du zum Zahnarzt! Mach dir einen Knoten ins Taschentuch (damit du es nicht vergißt).
sich e-n **Knoten** in die Beine machen	*die Beine einziehen* Wo soll ich denn hin mit meinen Füßen? Ich kann mir doch keinen Knoten in die Beine machen.
e-n **Knüppel** am Bein haben	= *e-n Klotz am Bein haben*
j-m e-n **Knüppel** zwischen die Beine werfen	*j-m absichtlich Schwierigkeiten bereiten, um ihn zu behindern* Es gibt Menschen, die andern gern aus Neid einen Knüppel zwischen die Beine werfen.
es **knüppeldick** hinter den Ohren haben	= *es* faustdick *hinter den Ohren haben*
k.o. sein U *(sprich: ká-ó)*	= *erschossen sein* (erschießen)
die **Koffer** (für immer) packen U	*weggehen, wegfahren (für immer)* Unser Musikdirektor ist wohl die längste Zeit hiergewesen. Ich fürchte, er wird bald die Koffer packen.
die **Koffer** packen müssen (*od.* können) U	*entlassen werden* Da sich seine Arbeitsleistung keineswegs besserte, hat er die Koffer packen müssen.
Sie können die **Koffer** packen!	*Sie sind entlassen!* Er brüllte nur: „Sie können die Koffer packen!" und verschwand.
schwere **Koffer** S	= *schwere* Brocken
aufgewärmter **Kohl** U	*e-e alte, uninteressante Geschichte* So ein aufgewärmter Kohl! Das hab ich doch schon hundertmal von dir gehört!

den (alten) **Kohl** wieder aufwärmen U	*e-e alte (erledigte) Geschichte wieder vorbringen* Laß doch diese Diebstahlssache mal auf sich beruhen und wärm den alten Kohl nicht wieder auf!
das ist (alles, ja) **Kohl** U	= *das ist alles Käse*
rede (*od.* erzähle, schwatze, verzapfe) keinen (*od.* nicht solchen) **Kohl** U	= *rede doch nicht solchen* Käse
s-n **Kohl** bauen	*zurückgezogen leben* Er spielt jetzt gar keine Rolle mehr, sondern lebt auf dem Lande und baut seinen Kohl.
das macht den **Kohl** nicht fett U	*das nützt nichts, bessert die Lage nicht* Samstags arbeitet er gelegentlich schwarz, aber das macht den Kohl nicht fett.
Kohldampf schieben U	*Hunger haben* Klar hab' ich bei der Abmagerungskur Kohldampf geschoben.
weiße **Kohle**	*Elektrizität* In der Schweiz ist die Elektrifizierung so weit fortgeschritten, weil dieses Land über unerschöpfliche Vorräte an weißer Kohle verfügt.
die **Kohlen** stimmen S	*die Menge des verdienten Geldes ist ausreichend für das, was man zum Leben braucht (od. möchte)* Was für eine Arbeit ich tue, ist mir nicht so wichtig. Hauptsache – die Kohlen stimmen.
Kohlen schaufeln S	*(viel) Geld verdienen* Sein Studium verdient er dadurch, daß er während der Semesterferien als Jazzpianist Kohlen schaufeln geht.
die **Kohlen** unter der Asche anblasen	*alte Leidenschaften, die man schon beruhigt glaubte, wieder entfachen* Ich muß den Menschen zur Rede stellen. Mit seinem neuesten Artikel in der Zeitung hat er die Kohlen unter der Asche wieder angeblasen. Ich kann nicht schweigen.
feurige **Kohlen** auf j-s Haupt sammeln	*j-n durch e-e gute Tat (Großmut usw.) beschämen* Ich hatte sie so gekränkt, und sie hat mir trotzdem in meiner Not stillschweigend geholfen. Sie hat wirklich feurige Kohlen auf mein Haupt gesammelt.
(wie) auf (glühenden) **Kohlen** sitzen	*höchst ungeduldig sein, in e-r sehr unangenehmen Lage sein* Ich wollte doch die alte Dame im Erzählen nicht unterbrechen. Dabei ging in zwanzig Minuten mein Zug. Ich saß wie auf Kohlen.
j-n (*od.* etw.) nicht mit der **Kohlenzange** anfassen (mögen)	= *j-n (od. etw.) nicht mit der* Zange *anfassen (mögen)*
s. in die **Koje** legen (*od.* hauen) U	= *s. in die* Falle *legen (od. hauen)*

ein **Koloß** auf tönernen Füßen L	*etw. Großes, das aber auf keinem festen Fundament steht* So manches Weltreich schien für die Ewigkeit geschaffen und war doch nur ein Koloß auf tönernen Füßen.
das durfte nicht **kommen** (*od.* hätte nicht **kommen** dürfen)	*das wäre besser nicht gesagt (od. getan) worden* „Sie machen ja nur so viele Überstunden, weil Sie befördert werden wollen!" – „Das durfte nicht kommen!"
kommen Sie mir nicht mit (solchen Ausreden *usw., od.* damit)	*sagen Sie das nicht (benutzen Sie nicht solche Ausreden usw.)* Kommen Sie mir nicht mit theoretischen Erklärungen. Mich interessieren die konkreten Tatsachen.
damit dürfen Sie mir (*od.* ihm) nicht **kommen**	*das wird Ihnen nicht geglaubt* Mit so etwas darfst du ihm nicht kommen. Er ist viel zu sehr Fachmann, als daß er das nicht durchschaute.
mir soll noch e-r **kommen** und sagen, ...	*keiner sollte es wagen (mir so etw. Falsches zu sagen)* Mir soll noch einer kommen und sagen, das Essen in England sei schlecht. Es ist so gut wie bei uns.
auf j-n nichts **kommen** lassen	*nicht zulassen, daß von j-m Schlechtes gesagt wird* Ich lasse auf meinen Vater nichts kommen. Er hat immer nur das Beste gewollt.
kommen: j-d kommt dahinter	*s. dahinterkommen*
kommen: es kommt etw. dazwischen	*s. dazwischenkommen*
kommen: das kommt daher (*od.* daher kommt es)	*s. daher*
zu s. **kommen**	*s. zu*
zu nichts **kommen**	*1) keinen Erfolg haben* *2) keine vernünftige Arbeit tun können, für nichts Zeit haben* 1) Wenn du so weitermachst wie bisher, wirst du bestimmt zu nichts kommen. 2) Heute waren so viele Telefonanrufe und Besucher da, daß ich einfach zu nichts gekommen bin.
kommen: das kommt davon	*das sind die unvermeidlichen, unangenehmen Folgen* „Nach dem Essen habe ich eine Stunde geturnt." – „Und jetzt hast du Kopfschmerzen. Das kommt davon!"
kommen: wie komme ich dazu (das zu tun)?	*warum soll gerade ich das tun?* Er sagt, ich soll die Straße vor dem Haus fegen. Wie komme ich dazu?
kommen: wie kommt er dazu (das zu tun)?	*wie kommt er auf die Idee (das zu tun)?* In dem Artikel schreibt er, Schweden sei das reichste Land der Welt? Wie kommt er dazu (das zu behaupten)?
Komödie spielen	*zur Täuschung s. so benehmen, j-m etwas vormachen* Elli hat nur Komödie gespielt. Sie hat keine Kopfschmerzen, sondern will sich nur vorm Abwaschen drücken.

der **König** der Tiere	*der Löwe* In unserem Nationalpark können Sie den König der Tiere in voller Freiheit bewundern.
ein ungekrönter **König**	*der Allererste auf e-m bestimmten Gebiet* Wer ist eigentlich der ungekrönte König des deutschen Fußballs?
können vor Lachen U	*ich kann das leider nicht* „Warum machst du den Umweg über die Brücke? Spring doch über den Graben!" – „Können vor Lachen! Ich bin doch kein Meisterspringer."
können: wo kann man hier mal? U	*wo ist hier die Toilette?* Manche Leute erkundigen sich nach der Toilette einfach mit der Frage: „Wo kann man hier mal?"
können: du kannst mir was U	*ich habe jetzt genug davon, meine Geduld ist zu Ende* Als der Verkäufer mir zum drittenmal erklärte, daß mein Rasierapparat nicht repariert werden könne, da dachte ich mir, du kannst mir was, und ging.
können: du kannst (er kann) mir mal (im Mondschein *od.* im Dunkeln begegnen) U	*ich will von dir (von deiner Idee* od. *von ihm usw.) nichts wissen* Er will wieder nicht zu unserem Kegelabend kommen? Der kann mir mal!
können: mir kann keiner U	*mir kann keiner etwas vormachen, ich kann das besser als andere* Er ging ins Examen mit den Worten: „Mir kann keiner", und dann ist er doch durchgefallen.
können: da kann ich nicht mehr mit U	*das verstehe ich nicht, das geht über meinen Verstand hinaus* Jahrelang hat er gegen das Fernsehen geschimpft und jetzt kauft er sich selbst einen Apparat. Da kann ich nicht mehr mit.
etwas (*od.* viel) auf dem **Konto** haben S	= *etwas auf dem* Kerbholz *haben*
das kommt (*od.* geht) (alles) auf sein **Konto** (*od.* muß auf sein **Konto** gesetzt *od.* geschrieben werden)	*das ist alles sein Verdienst (od. s-e Schuld)* Die Blüte, die Karlsruhe nach dem Kriege gehabt hat, kommt auf das Konto seines aktiven Bürgermeisters (*od.* muß auf das Konto seines aktiven Bürgermeisters geschrieben werden).
ein Schlag ins **Kontor**	*s. Schlag*
ein wandelndes **Konversationslexikon**	= *ein wandelndes* Lexikon
j-m das (ganze) **Konzept** verderben	= *j-m den* Fahrplan *verderben*
j-n aus dem **Konzept** bringen	*j-n verwirren, aus dem Gleichgewicht bringen* Wenn er konzentriert an etwas arbeitet, dann kann ihn die leichteste Unterbrechung aus dem Konzept bringen.

s. aus dem **Konzept** bringen lassen	*s. verwirren lassen, verwirrt werden* Warum haben Sie sich durch den Zwischenruf aus dem Konzept bringen lassen? So was überhört man doch!
aus dem **Konzept** kommen (*od.* geraten)	*verwirrt werden, aus dem Gleichgewicht kommen* Durch die neuesten Vorfälle ist unsere Politik ganz aus dem Konzept gekommen.
etw. paßt (j-m) (gar) nicht in sein (*od.* ins) **Konzept**	*etw. stört, paßt nicht zu j-s Plänen* Die enge Zusammenarbeit zwischen diesen Firmen paßt manchen Leuten gar nicht ins Konzept.
das **Konzert** der Großmächte	*das politische (Zusammen-)Spiel der Großmächte* Solange es gegensätzliche Ideologien gibt, wird in das Konzert der Großmächte immer wieder ein Mißklang kommen.
Konzert machen U	*laut schreien* Unser Jüngster macht abends gern Konzert.
der **Kopf** von etw. sein	*der Leiter e-r S. sein* Die Fabrik gehört Max Arendt, aber sein Schwager ist der (eigentliche) Kopf des Unternehmens.
j-m raucht der **Kopf**	*j-d hat Sorgen, viel Arbeit* Mir raucht der Kopf, das kann ich dir sagen. Ich weiß gar nicht, was ich zuerst anfangen soll.
der **Kopf** ist j-m schwer (*od.* j-ds **Kopf** ist schwer)	*j-d hat Sorgen, Kummer* Wenn er an die Zukunft seiner über alles geliebten Kinder dachte, dann war ihm der Kopf schwer (*od.* dann war sein Kopf schwer).
nicht wissen, wo e-m der **Kopf** steht U	*nicht wissen, was zu tun, was los ist (wegen allzu vieler Arbeit, Sorgen usw.)* Ich weiß nicht, wo mir der Kopf steht. Auf meinem Schreibtisch häuft sich die Arbeit, und jetzt will mich der Direktor für drei Tage nach Paris schicken.
mir steht der **Kopf** nicht nach etw.	*ich habe keine Lust zu, kein Interesse an etw.* Nach allem, was ich durchgemacht habe, steht mir der Kopf wirklich nicht nach einer Tanzerei.
j-m brummt der **Kopf**	*j-d hat ein dumpfes Gefühl im Kopf (wegen Lärm, Arbeit od. durch vieles Lernen)* So ein Examen ist doch fürchterlich. Mir brummt schon richtig der Kopf von all dem vielen Lernen.
j-m schwirrt der **Kopf**	*j-d ist verwirrt wegen (allzu) vieler Dinge, die er hört (od. die er lernt)* „Na, wie ist Ihnen die erste Woche an der Technischen Hochschule bekommen?" – „Mir schwirrt der Kopf. Bis jetzt habe ich noch nicht viel mitgekriegt."
(bei) j-m wächst der **Kopf** durch die Haare S	*j-d bekommt eine Glatze* Guck mal, bei dem wächst jetzt auch schon der Kopf durch die Haare.
bis die **Köpfe** rauchen	*bis man s. erhitzt* Als Studenten haben wir oft nächtelang diskutiert, bis die Köpfe rauchten.

ein guter **Kopf** sein	*klug, ein Denker sein* Man sieht es ihm sofort an, er ist ein guter Kopf.
Kopf stehen U	*entsetzt sein* Ich hatte mir beim Friseur meine Haare abschneiden lassen. Als ich nach Hause kam, stand meine Mutter kopf.
Kopf hoch!	*laß den Mut nicht sinken!* Kopf hoch, es wird schon alles klappen. Nur nicht verzweifeln!
Kopf und Kragen (*od.* den *od.* s-n **Kopf**) riskieren (*od.* wagen, aufs Spiel setzen)	*1) das Leben riskieren* *2) die Existenz riskieren* 1) Wenn ich schwarz über die Grenze gehe, riskiere ich Kopf und Kragen, wenn ich erwischt werde. 2) Mit dieser Börsenspekulation hat er Kopf und Kragen riskiert.
Kopf und Kragen verlieren	*1) das Leben verlieren* *2) die Existenz verlieren* 1) Wenn der Sprengstoff vorzeitig explodiert, verliere ich Kopf und Kragen. 2) Wenn uns die Kredite entzogen werden, verlieren wir Kopf und Kragen.
j-n **Kopf** und Kragen kosten	= *j-n den* Hals *kosten*
s. den **Kopf** einrennen	= *s. den* Schädel *einrennen*
den **Kopf** hängenlassen	*enttäuscht, verzweifelt sein* Es ist nicht schön, durchs Examen zu fallen, aber Sie sollten den Kopf doch nicht hängenlassen.
den **Kopf** oben behalten	*den Mut nicht sinken lassen* Wenn auch zur Zeit sehr viel auf Sie einstürmt, so müssen Sie doch versuchen, den Kopf oben zu behalten.
darüber kann man nur den **Kopf** schütteln	*darüber kann man s. nur wundern* Wie sorglos heute immer noch die Leute über die Straße gehen, darüber kann man nur den Kopf schütteln.
den **Kopf** verlieren	*unüberlegt, sinnlos handeln* „Wie konnte er nur Fahrerflucht begehen?" – „Er hatte zum erstenmal einen Unfall verursacht und dabei einfach den Kopf verloren."
das kann (*od.* wird doch) den **Kopf** nicht kosten (*od.* man wird dir nicht gleich den **Kopf** abreißen)	*die S. ist nicht so schlimm (wie sie dir erscheint)* Jetzt gehen Sie zum Chef und sagen ihm, was passiert ist. Das wird nicht gleich den Kopf kosten (*od.* Man wird Ihnen nicht gleich den Kopf abreißen).
(für j-n) den **Kopf** hinhalten	*anstelle e-s anderen die Folgen auf s. nehmen* Ich sehe gar nicht ein, warum ich als der Älteste immer den Kopf hinhalten soll für meine Geschwister.
j-m den **Kopf** verdrehen	*j-n verliebt machen* Seitdem ihm irgend so ein Frauenzimmer den Kopf verdreht hat, hat er in seinem Fleiß sehr nachgelassen.

j-m den **Kopf** waschen U	*j-m gehörig die Meinung sagen, ihn zurechtweisen* Sie hat wieder ihr Zimmer nicht aufgeräumt. Da habe ich ihr mal gehörig den Kopf gewaschen.
s. den **Kopf** zerbrechen (*od.* zermartern) U	= *s. das* Hirn *zermartern*
s. um andere Leute den **Kopf** zerbrechen U	*über Dinge nachdenken, die einen nichts angehen* „Warum sich wohl Schmidts schon wieder einen neuen Wagen gekauft haben?" – „Ich würde mir an deiner Stelle um andere Leute nicht den Kopf zerbrechen."
j-m den **Kopf** zurechtsetzen (*od.* zurechtrücken) U	= *j-m den* Kopf *waschen*
den **Kopf** über Wasser halten	*nicht (ganz) untergehen* Wie soll man nur den Kopf über Wasser halten, wenn die Bankkredite so teuer sind?
den **Kopf** in den Sand stecken	*s. Sand*
den **Kopf** in die Schlinge stecken	*s. Schlinge*
den **Kopf** aus der Schlinge ziehen	*s. Schlinge*
den **Kopf** unter dem Arm tragen	*s. Arm*
j-m den **Kopf** vor die Füße legen	= *j-n e-n* Kopf *kürzer machen*
j-m den **Kopf** schwer machen	*j-m Kummer machen* Ich habe schon genug eigene Sorgen, und jetzt kommst du noch daher und machst mir den Kopf schwer.
den **Kopf** voll haben U	*an sehr viel denken müssen, viel Sorgen haben* Laß mich bitte mit deinem Gerede in Frieden. Ich habe so schon den Kopf voll.
j-m den **Kopf** vollmachen U	*auf j-n (mit negativen Dingen) einreden, j-m Sorgen bereiten* Die Sonntage sind schlimm. Da kommt meine Schwiegermutter zum Kaffee und macht mir den Kopf voll.
j-n e-n **Kopf** kürzer machen	*j-n enthaupten, töten* Wer es wagte, sich gegen das Regime zu erheben, wurde sofort einen Kopf kürzer gemacht.
j-d hat s-n **Kopf** für s.	*j-d ist eigenwillig, bockig* Es ist schwer, unsere große Familie unter einen Hut zu bekommen. Bei uns hat jeder seinen Kopf für sich.
s-n **Kopf** (*od.* sein **Köpfchen**) aufsetzen	*nicht nachgeben wollen, trotzig sein* Mein liebes Kind, wenn du wieder deinen Kopf aufsetzen willst, sperr ich dich in dein Zimmer ein.

s-n **Kopf** durchsetzen	*erreichen, daß das getan wird, was man will* Wir gehen also in die Oper statt ins Theater? Hat Rudolf mal wieder seinen Kopf durchgesetzt?
mein armer **Kopf**! U	*das muß ich alles lernen (od. behalten)!* Sieh dir mal diese 20 Seiten mit unregelmäßigen französischen Verben an! Mein armer Kopf!
e-n dicken **Kopf** haben U	*Sorgen haben* Mir haben sie mein Stipendium gestrichen! Da kannst du dir vorstellen, daß ich einen dicken Kopf habe.
e-n harten **Kopf** haben	*hartnäckig, störrisch sein* Er ist ein richtiger Westfale und hat einen harten Kopf.
e-n kühlen (*od.* klaren) **Kopf** haben	*nüchtern denken* Als Vorsitzenden brauchen wir einen Mann, der einen kühlen Kopf hat.
e-n kühlen (*od.* klaren **Kopf** bewahren (*od.* behalten)	*s. nicht aufregen lassen, immer nüchtern denken (u. handeln)* Es gab eine fürchterliche Aufregung in unserer Familie. Vater war der einzige, der einen kühlen Kopf bewahrte.
e-n schweren **Kopf** haben	*1) Katzenjammer haben* *2) Sorgen haben* 1) Wir haben die halbe Nacht gefeiert. Am nächsten Morgen hatte ich natürlich einen schweren Kopf. 2) Wie soll ich keinen schweren Kopf haben, wenn ich meinen kranken Kollegen vertreten muß und meine Sekretärin auch noch erkrankt ist?
s. blutige **Köpfe** holen	*unter Verlusten abgewiesen werden* Die Stadt ist von den Feinden immer wieder angegriffen worden. Sie haben sich aber nur blutige Köpfe geholt.
die **Köpfe** zusammenstecken	*s. heimlich unterhalten, Geheimnisse weitergeben* Junge Mädchen stecken gern die Köpfe zusammen, aber meist sind es harmlose Dinge, von denen sie flüstern.
Kopf an Kopf (stehen)	*dicht gedrängt (stehen)* Eine riesige Menge stand Kopf an Kopf vor dem Rathaus und wartete auf das Erscheinen der siegreichen Fußballmannschaft.
j-m etw. an den **Kopf** werfen U	*j-m (scharf) etw. (Tadelndes, Herausforderndes usw.) sagen* Das Neueste, was sie mir an den Kopf geworfen hat, ist, ich sei von jeglicher Kultur unbeleckt.
man könnte s. an den **Kopf** greifen U	= *darüber kann man nur den Kopf schütteln*
s. an die **Köpfe** kriegen	= *s. in die Haare geraten*
alles steht auf dem **Kopf** U	*alles ist durcheinander* Heute paßt es schlecht, denn bei uns steht alles auf dem Kopf. Wir stellen unsere Möbel um.
die Tatsachen auf den **Kopf** stellen	*die Tatsachen völlig verdrehen, entstellen* Der Angeklagte hat die Tatsachen auf den Kopf gestellt.

das Haus (die Wohnung, die Bude usw.) auf den **Kopf** stellen U	1) alles umräumen und dabei säubern 2) alles durcheinanderbringen, Unfug machen (u. dadurch Aufregung verursachen 3) (in mehreren Räumen) ausgelassen sein, wild feiern 1) Bei uns zu Hause ist Frühlingsputz. Das ganze Haus wird auf den Kopf gestellt. Da bleibe ich lieber hier. 2) Während unserer Abwesenheit haben die Kinder die Wohnung auf den Kopf gestellt. Es war toll! 3) Meine Eltern fuhren fort, und noch am selben Abend haben wir das Haus auf den Kopf gestellt.
du kannst dich auf den **Kopf** stellen (und mit den Beinen wackeln) (*od*. und wenn du dich auf den **Kopf** stellst) U	*du kannst machen, was du willst, es bleibt bei dem, was ich gesagt habe* Du bleibst diesmal zu Hause, und wenn du dich auf den Kopf stellst (*od*. Du kannst dich auf den Kopf stellen, du bleibst diesmal zu Hause).
immer auf s-m **Kopf** bestehen	= *mit dem Kopf durch die* Wand *wollen*
nicht auf den **Kopf** gefallen sein	*nicht dumm, recht gescheit sein* Du meinst, der Anton sei ein bißchen borniert? Täusche dich nicht, er ist gar nicht auf den Kopf gefallen.
j-m eins auf den **Kopf** geben U	1) *j-m e-n Schlag auf den Kopf geben* 2) *j-n zurechtweisen* 1) Der Einbrecher gab dem Nachtwächter eins auf den Kopf und drang dann ins Gebäude ein. 2) Wenn er nicht fleißig ist, mußt du ihm von Zeit zu Zeit eins auf den Kopf geben.
eins auf den **Kopf** bekommen (*od*. kriegen) U	1) *e-n Schlag auf den Kopf kriegen* 2) *zurechtgewiesen werden* 1) Er hat erst eins auf den Kopf gekriegt, und dann wurde er ausgeraubt. 2) Der Junge wird immer frecher. Ich glaube, er muß mal wieder eins auf den Kopf bekommen.
j-m etw. auf den **Kopf** zusagen	*j-n unmittelbar, unverhüllt beschuldigen* Ich bin sicher, daß er, wenn Sie ihm den Diebstahl auf den Kopf zusagen, ihn schließlich zugibt.
ich lasse mir nicht auf dem **Kopf** herumtrampeln (*od*. rumtrampeln) U	*ich lasse mir nichts (Häßliches, Feindliches* usw.) *gefallen* Meine Schwester denkt, sie ist die große Dame und ich das Küchenmädchen, aber ich lasse mir nicht mehr länger auf dem Kopf herumtrampeln.
j-m auf dem **Kopf** herumtanzen U	= *j-m auf der* Nase *herumtanzen*
j-m auf den **Kopf** kommen U	*j-n scharf zurechtweisen* Die Klasse ist prima bis auf den Anton Schneider. Dem bin ich erst gestern wieder auf den Kopf gekommen.
ich lasse mir nicht auf den **Kopf** spucken U	= *ich lasse mir nicht auf dem* Kopf *herumtrampeln*

den Nagel auf den **Kopf** treffen	*genau das Richtige tun* Er hat mit seiner Kritik den Nagel auf den Kopf getroffen.
aus dem **Kopf**	*(etw.) auswendig (sagen, singen, spielen, schreiben usw.)* Sie hat das Gedicht sehr schön aus dem Kopf gesagt.
nicht aus j-s **Kopf** kommen	= *nicht j-s Hirn entsprungen sein*
j-m nicht aus dem **Kopf** gehen (*od.* wollen)	*immer an etw. (od. j-n) denken (müssen)* Mir will der Gedanke nicht aus dem Kopf, daß unsere Putzfrau doch das Geld genommen haben könnte.
s. etw. aus dem **Kopf** schlagen	*e-n Gedanken, e-n Plan streichen, nicht mehr an ihn denken* Angesichts meines Gesundheitszustandes müssen wir uns wohl die Afrikareise aus dem Kopf schlagen.
der Gedanke fuhr (*od.* schoß) mir durch den **Kopf**	*plötzlich hatte ich den Gedanken* Als ich die Tasche sah, fuhr mir der Gedanke durch den Kopf, ob das nicht ein Geschenk für meine Mutter wäre.
s. etw. durch den **Kopf** gehen lassen	*immer wieder e-n bestimmten Gedanken haben, erwägen* Ich habe mir immer wieder durch den Kopf gehen lassen, ob wir unseren Jungen auf das Gymnasium schicken sollten.
s. e-e Kugel durch (*od.* in) den **Kopf** jagen U	*s. selbst durch e-n Kopfschuß töten* Am Schluß hatte er so riesige Schulden, daß er keinen anderen Ausweg mehr sah, als sich eine Kugel durch den Kopf zu jagen.
etw. im **Kopf** (aus)rechnen	*etw. ohne Papier ausrechnen* Kannst du diese Prozente nicht im Kopf ausrechnen?
etw. im **Kopf** behalten	*etw. nicht vergessen* Ich hoffe, daß Sie diese Telefonnummer im Kopf behalten können. Sie ist ja ganz einfach.
nichts anderes im **Kopf** haben als	*nur an etwas Bestimmtes denken, (ständig) s. damit beschäftigen* Er hat nichts anderes im Kopf als seine Briefmarken.
nichts als Unsinn (*od.* Dummheiten *usw.*) im **Kopf** haben	*nur Unsinn (Dummheiten usw.) planen (od. machen)* Ein richtiger Junge hat in einem gewissen Alter nichts als Unsinn im Kopf.
viel im **Kopf** haben	*an vieles denken (müssen)* Ich habe wirklich viel im Kopf, denn das Semester nähert sich seinem Ende, wir haben Prüfungen usw.
etw. noch frisch im **Kopf** haben	*s. leicht an etw. erinnern können* Schreiben Sie den Bericht von Ihrer Reise sofort auf, denn jetzt haben Sie noch alles frisch im Kopf.
was man nicht im **Kopfe** hat, muß man in den Beinen haben	*wenn man etw. vergessen hat, muß man e-n Weg noch mal machen* Ich komm noch mal, ich hab' mein Geld vergessen. Was man nicht im Kopfe hat, muß man in den Beinen haben.
etw. geht j-m im **Kopf** herum U	*ein Gedanke (e-e Melodie usw.) ist ständig gegenwärtig* Geht dir auch der neue Schlager ständig im Kopf herum?

nicht ganz richtig im **Kopf** sein U	*ein bißchen verrückt sein* Reg dich nicht auf, wenn er was Komisches sagt. Er ist (*od.* Bei ihm ist es) manchmal nicht ganz richtig im Kopf.
j-m in den **Kopf** steigen U	*1) j-n überheblich machen* *2) j-n leicht betrunken machen* 1) Er ist jetzt der Primus der Klasse. Ich fürchte, das wird ihm etwas in den Kopf steigen. 2) Der Wein schmeckt großartig, aber er steigt etwas in den Kopf.
was ist ihm in den **Kopf** gefahren? U	*was hat er für verrückte Ideen, was ist los mit ihm?* Der Egon ist heute so ganz anders. Was ist ihm in den Kopf gefahren?
das geht (*od.* will) mir nicht in den **Kopf** U	*1) das kann ich nicht behalten* *2) das bleibt mir unverständlich, erscheint mir unvernünftig* 1) Diese mathematischen Formeln gehen mir einfach nicht in den Kopf. 2) Warum er auch noch sein Grundstück verkauft hat, das geht mir nicht in den Kopf.
s. etw. in den **Kopf** setzen (*od.* es s. in den **Kopf** setzen, etw. zu tun)	*e-n bestimmten Plan unbedingt durchführen wollen* Wenn sie sich mal etwas in den Kopf gesetzt hat, dann führt sie es auch durch.
mit dem **Kopf** durch die Wand wollen U	*s. Wand*
etw. mit dem **Kopf** (*od.* mit s-m **Kopf**) bezahlen müssen	*mit dem Leben für etw. büßen müssen* Wie konnte er nur so unglaublich leichtsinnig sein! Jetzt hat er mit seinem Kopf dafür bezahlen müssen.
mit dem (*od.* s-m) **Kopf** für etw. haften	*für etw. derart verantwortlich sein, daß im negativen Fall e-e sehr strenge Strafe oder die Todesstrafe verhängt wird* Sie haften mir mit Ihrem Kopf dafür, daß diese Dokumente in die Hände des Generals gelangen.
j-n mit dem **Kopf** auf etw. stoßen	*= j-n mit der Nase auf etw. stoßen*
Nägel mit **Köpfen** machen U	*etw. Ganzes, nichts Halbes machen* Wenn wir schon das Institut neu herrichten, dann sollten wir auch Nägel mit Köpfen machen und neue moderne Büromöbel anschaffen.
nach s-m (eigenen) **Kopf** handeln	*nach s-m eigenen (u. nicht nach j-s anderen) Willen handeln* Da kennst du aber Eugen schlecht! Der handelt grundsätzlich nur nach seinem eigenen Kopf.
nach j-s **Kopf** gehen	*so gemacht werden, wie j-d es will* Wir alle wollen das 1. Programm sehen, nur du das 2. Es kann doch nicht immer (*od.* alles) nach deinem Kopf gehen.
j-m über dem **Kopf** zusammenstürzen U	*zusammenstürzen, während man noch in dem Gebäude ist* Während des Erdbebens ist uns damals das Haus über dem Kopf zusammengestürzt. Gerettet wurden wir nur, weil wir zufällig gerade im Keller waren.

j-m das Haus über dem **Kopf** anzünden (*od.* anstecken) U	*j-s Haus anzünden, während der Betreffende darin ist* Aus Rache hat der Nachbar dem Bauern das Haus über dem Kopf angezündet.
j-m über den **Kopf** wachsen U	*1) j-m nicht mehr gehorchen, auf j-n nicht mehr hören* *2) zu groß werden, um noch gemeistert zu werden* 1) Kleine Kinder zu hüten ist nicht ganz einfach. Aber die eigentlichen Schwierigkeiten beginnen erst, wenn die Kinder den Eltern über den Kopf wachsen. 2) Die neue Finanzkrise ist der Regierung über den Kopf gewachsen.
bis über den **Kopf** in Schulden stecken (*od.* verschuldet sein) U	= *bis an den* Hals *in Schulden stecken*
es geht um **Kopf** und Kragen	*1) das Leben steht auf dem Spiel* *2) die Existenz steht auf dem Spiel* 1) Der Mörder wußte, daß es diesmal um Kopf und Kragen ging. 2) Bei den Zuschüssen für mein Forschungslabor geht es für mich um Kopf und Kragen.
von **Kopf** bis Fuß	*1) von oben bis unten* *2) ganz und gar, durch und durch* 1) Als ich mich bei der Direktorin vorstellte, musterte sie mich erst einmal von Kopf bis Fuß. 2) Einer der berühmtesten Schlager aller Zeiten ist der von Marlene Dietrich: „Ich bin von Kopf bis Fuß auf Liebe eingestellt."
j-n vor den **Kopf** stoßen	*j-n kränken, verletzen* Wie konntest du nur so unbedacht reden; damit hast du ihn doch vor den Kopf gestoßen!
ich war (*od.* stand da) wie vor den **Kopf** geschlagen U	*ich war sehr überrascht, stark betroffen* Als der Architekt erfuhr, daß man seinen Entwurf abgelehnt hatte, war er wie vor den Kopf geschlagen.
j-m zu **Kopf** steigen	= *j-m in den* Kopf *steigen*
Köpfchen haben U	*gescheit, intelligent sein* Diese Rätsel solltest du mal meinem Bruder zeigen. Der hat Köpfchen.
Köpfchen, Köpfchen! U	*da habe ich gut nachgedacht (od. richtig gedacht), nicht wahr?* „Wie hast du denn das Ergebnis so schnell ausgerechnet?" – „Da staunst du! Köpfchen, Köpfchen!"
j-n **kopfscheu** machen	*j-n verwirren, ängstlich machen* Ich würde ihnen jetzt vor dem Examen nicht sagen, wie schlecht das vorige Examen war. Das macht sie nur kopfscheu.
j-m **Kopfschmerzen** machen	*j-m Sorgen machen* Ich fahre schon ganz gut, aber trotzdem macht mir die bevorstehende Fahrprüfung Kopfschmerzen.

s. **Kopfschmerzen** machen U	*s. Sorgen machen* Über seinen Beruf würde ich mir nicht soviel Kopfschmerzen machen. Hauptsache – er liebt dich.
s. **kopfüber** in etw. stürzen	*s. sofort und intensiv mit etw. beschäftigen* Nach den anstrengenden Prüfungswochen hätte er sich erst einmal ein bißchen Urlaub gönnen sollen, statt sich gleich kopfüber in die Berufsarbeit zu stürzen.
j-m **Kopfzerbrechen** machen (*od*. verursachen)	*machen, daß j-d nachdenken muß* (*od. Sorgen bekommt*) Das schlechte berufliche Fortkommen meines Sohnes macht mir viel Kopfzerbrechen.
j-m e-n **Korb** geben	*1) j-n ablehnen, der e-n Heiratsantrag macht* *2) j-m etw. ablehnen* 1) Sie ist sehr wählerisch. Sie hat schon einer Reihe von netten, jungen Männern einen Korb gegeben. 2) Nehmen Sie doch noch ein Stück Kuchen, oder wollen sie mir einen Korb geben?
e-n **Korb** bekommen (*od.* s. e-n **Korb** holen)	*von e-m Mädchen abgewiesen werden* Kein junger Mann holt sich gerne einen Korb, wenn er ein Mädchen zum Tanz auffordert.
husch, husch, ins **Körbchen** U	*(du mußt) schnell ins Bett gehen* Kinder, es ist schon halb elf. Aber jetzt husch, husch, ins Körbchen.
j-n (*od. etw.*) aufs **Korn** nehmen	*j-n scharf beobachten, auf j-n zielen* Verstehst du eigentlich, wen er in seiner neuen Satire aufs Korn genommen hat?
s-n Gefühlen kein **Korsett** anlegen S	= *s-n Gefühlen freien* Lauf *lassen*
geistige **Kost**	*Dinge, die geistige Bedürfnisse befriedigen* Wir bieten Vorträge, Theater, Filme – für geistige Kost ist gesorgt.
schmale **Kost**	*wenig (u. einfaches) Essen* Seit seiner letzten Krankheit hat ihn der Arzt auf schmale Kost gesetzt.
auf **Kosten** von j-m (*od. etw.*)	*zum Nachteil, zum Schaden von j-m* (*od. etw.*) Schnelligkeit geht oft auf Kosten von Gründlichkeit.
auf s-e **Kosten** kommen	*1) s-e Erwartungen erfüllt sehen, befriedigt werden* *2) s. gut amüsieren* 1) Der Veranstalter der Ausstellung ist doch auf seine Kosten gekommen. Die Zahl der Besucher war höher als erwartet. 2) Na, du bist doch noch auf deine Kosten gekommen. Nach zehn Uhr hast du ja fast jeden Tanz getanzt.
kein **Kostverächter** sein	*1)* = *e-e feine* Zunge *haben* *2) etw. Schönes, Feines zu schätzen wissen* 2) So alt wie er ist, einen kleinen Flirt läßt er sich nicht entgehen. Er ist durchaus kein Kostverächter.
etw. ist zum **Kotzen** S	*etw. ist sehr schlecht, unangenehm, abscheulich* Das liebenswürdige Getue meiner Nachbarin ist zum Kotzen. Jeder weiß, daß sie es nicht ehrlich meint.

das große **Kotzen** kriegen S	*angewidert werden, etwas scheußlich finden* Wenn ich sehe, wie er nur tut, was ihm Vorteil bringt, dann könnte ich das große Kotzen kriegen.
Krach schlagen	*laut, energisch protestieren, s. beschweren* Als die Reisenden hörten, daß sie zu fünft in einem Zimmer schlafen sollten, schlugen sie Krach.
nach besten **Kräften**	*so gut wie irgend möglich* Der neue Bundeskanzler versprach, nach besten Kräften dem Volk zu dienen.
j-m platzt der **Kragen** U	*j-d wird sehr wütend* Jetzt platzt mir aber der Kragen! Wo ist schon wieder meine Schere?
j-n (*od.* j-m) den **Kragen** kosten U	= *j-n den* Hals *kosten*
j-m den **Kragen** umdrehen U	= *j-m den* Hals *umdrehen*
j-m an den **Kragen** gehen	*energische Schritte ergreifen gegen j-n* Endlich geht die Staatsanwaltschaft jetzt diesem betrügerischen Grundstücksmakler an den Kragen.
es geht j-m an den **Kragen**	*es geht um die Existenz, um Leben und Tod von j-m* Nachdem dieser Skandal aufgekommen ist, geht es jetzt dem Geschäftsführer an den Kragen.
es wird dir nicht gleich an den **Kragen** gehen	= *es wird nicht gleich den* Hals *kosten*
j-m an den **Kragen** wollen	*j-s Vernichtung, j-s Tod anstreben* Kein Mensch will dir an den Kragen! Das bildest du dir nur ein.
j-n beim **Kragen** packen(*od.* nehmen)	*j-n zur Rede stellen* Was, die Kasse stimmt wieder nicht? Jetzt muß ich den Kassierer mal beim Kragen packen!
j-d (*od.* etw.) ist nicht meine **Kragenweite** U	*j-d (od. etw.) liegt mir nicht, sagt mir nicht zu* Der neue Abteilungsleiter (*od.* Diese Arbeit) ist nicht meine Kragenweite.
die **Krallen** einziehen	*nicht aggressiv sein, s. freundlich geben* Wenn du ihr schmeichelst, wird sie die Krallen schon einziehen.
j-m die **Krallen** zeigen	= *j-m die* Zähne *zeigen*
etw. in die **Krallen** bekommen	*etw. in die Gewalt bekommen* Meine Schwiegertochter träumt davon, daß sie einmal meinen Schmuck in die Krallen bekommt. Aber ich werde das schon zu verhindern wissen.
etw. nicht aus den **Krallen** lassen (*od.* nicht wieder hergeben, was man einmal in den **Krallen** hat) U	*etw. (Begehrtes) nicht wieder hergeben, das man s. (endlich) verschafft hat* Es gibt Menschen, die nicht wieder hergeben, was sie einmal in den Krallen haben (*od.* die nichts aus den Krallen lassen).

das ist doch nur halber **Kram** U	*das ist unordentliche Arbeit, keine brauchbare S.* Der Artikel soll fertig sein? Mit all den Tippfehlern ist das doch nur halber Kram!
den ganzen **Kram** hinwerfen (*od.* hinschmeißen *od.* j-m den ganzen **Kram** vor die Füße werfen)	*e-e S. aufgeben, aufhören, für j-n* (*od. mit j-m*) *zu arbeiten* Als mir der Chef keine Gehaltserhöhung geben wollte, habe ich den ganzen Kram hingeschmissen.
mach (doch) deinen **Kram** allein(e)! U	*erledige deine Angelegenheiten selbst* „Du könntest mir bei der Abrechnung helfen!" – „Hab' keine Zeit, mach deinen Kram alleine!"
s-n **Kram** vor allen Leuten ausbreiten	*s-e privaten Dinge allen Leuten erzählen* Den ganzen Abend hat sie wieder von ihren Wehwehchen gesprochen. Muß sie denn immer ihren Kram vor allen Leuten ausbreiten?
etw. paßt j-m (nicht) in den (*od.* s-n) **Kram**	*j-d möchte etw. (nicht) so haben, es gefällt ihm (nicht)* Da er in Köln Verwandte hat, scheint es ihm gut in den Kram zu passen, daß er so oft dorthin muß.
(j-m) in s-n **Kram** hineinreden	*s. in j-s Angelegenheiten einmischen* Du machst mich noch ganz unsicher, wenn du immer in meinen Kram hineinredest.
s. **kranklachen** U	*sehr heftig lachen* Wenn er Witze erzählt, könnte man sich kranklachen.
die **Krätze** kriegen S	*= das große* Kotzen *kriegen*
s-n (*od.* e-n) **Kratzfuß** machen L	*j-n formvollendet begrüßen, s. bekannt machen* Meiers haben sich bei den anderen Mietern kurz bekannt gemacht. Am Abend sagt er zu seiner Frau: „Haben wir jetzt überall unseren Kratzfuß gemacht?"
dagegen ist kein **Kraut** gewachsen	*da hilft kein Mittel dagegen, da kann man nichts machen* Er verliebt sich immer wieder aufs neue in irgendeine. Dagegen ist kein Kraut gewachsen.
das macht das **Kraut** (auch) nicht fett U	*= das macht den* Kohl *nicht fett*
ins **Kraut** schießen	*rasch zunehmen, s. schnell verbreiten* (*von etw. Schlechtem*) Sobald man etwas nachgiebiger ist bei den Kindern, schießen ihre Unsitten ins Kraut.
bei j-m (tief *od.* mit hundert Mark) in der **Kreide** stehen (*od.* sitzen, sein) U	*bei j-m (große) Schulden (Schulden in Höhe von DM 100) haben* Den Rolf kann ich nicht schon wieder um Geld bitten. Bei dem stehe ich noch tief in der Kreide (*od.* Bei dem stehe ich noch mit 20 Mark in der Kreide).
immer tiefer in die **Kreide** geraten U	*s. immer mehr verschulden* Durch das viele Geld, das er für seine Erfindungen ausgibt, sind wir immer tiefer in die Kreide geraten.

mit doppelter **Kreide** (an)schreiben	*den Schuldner (durch das Aufschreiben von Doppelbeträgen) betrügen* Ich empfehle Ihnen, bei diesem Kaufmann immer sofort zu bezahlen. Wir haben die Erfahrung gemacht, daß er mit doppelter Kreide anschreibt.
weite **Kreise** ziehen	*viele Personen (od. Dinge) umfassen* Der Bestechungsprozeß hat weite Kreise gezogen.
störe meine **Kreise** nicht!	*laß mich in Ruhe, mische dich nicht ein* „Wie kann man nur in die Politik gehen!" – „Davon verstehst du nichts. Störe meine Kreise nicht."
der **Kreis** ist geschlossen	*die Reihe der Beweise ist jetzt vollständig* Dieses Beweisstück beseitigt alle Zweifel. Der Kreis ist geschlossen, der Angeklagte ist der Tat überführt.
die besseren **Kreise**	*die höheren Schichten der Gesellschaft* Er hat die Tochter des Apothekers geheiratet und zählt in dieser Kleinstadt jetzt zu den besseren Kreisen.
s. im **Kreise** drehen	*immer wieder dasselbe tun (od. sagen)* Er dreht sich mit seinen Vorschlägen im Kreise. Im Grunde ist es doch immer wieder dasselbe.
den ganzen **Krempel** hinwerfen (*od.* hinschmeißen, j-m den [ganzen] **Krempel** vor die Füße werfen) U	= *den ganzen* Kram *hinwerfen*
Krethi und Plethi	= Hinz *und Kunz*
kreuz u. quer (*od.* in die **Kreuz** u. in die Quer[e] L)	*in allen Richtungen, hin u. her* Auf der Suche nach einem netten Ferienort sind wir in Bayern kreuz und quer herumgefahren (*od.* in die Kreuz und in die Quere gefahren).
j-n aufs **Kreuz** legen U	*j-n (im körperlichen* od. *geistigen) Kampf besiegen* Schon in der ersten Runde hat er seinen Gegner aufs Kreuz gelegt.
aufs **Kreuz** fallen U	= *auf den* Rücken *fallen*
es ist ein **Kreuz** (*od.* man hat sein **Kreuz**) mit j-m (*od.* etw.)	*es ist schwierig mit j-m (od. etw.), es ist e-e Plage* Es ist ein Kreuz mit ihm! Alles muß man dreimal sagen.
ein **Kreuz** über etw. machen	= *etw. in den* Schornstein *schreiben*
ein **Kreuz** mit j-m (*od.* etw.) haben	= *s-e (liebe)* Not *mit j-m (od. etw.) haben*
sein **Kreuz** tragen (*od.* auf s. nehmen)	*s-e Leiden geduldig ertragen* Seit dem Unfall ist er gelähmt. Es hat lange gedauert, bis er innerlich bereit war, sein Kreuz zu tragen.

drei **Kreuze** hinter j-m machen U	*erleichtert sein, daß j-d weggeht* Als sie endlich abreiste, machte ich drei Kreuze hinter ihr.
zu **Kreuze** kriechen	*nachgeben, s. demütigen* Jetzt tut er stolz, aber er wird schon zu Kreuze kriechen, wenn er wieder Geld von mir braucht.
ein paar (*od.* sie *od.* was) **kriegen** U	*Schläge, Prügel kriegen, geschlagen werden* Er hat wieder Äpfel gestohlen? Na, der kriegt noch was.
zuviel **kriegen** U	*1) s. sehr aufregen* *2) e-r S. überdrüssig werden* 1) Wenn man sieht, wie andere faulenzen und dabei im Geld schwimmen, könnte man zuviel kriegen. 2) Jeden Abend Schweizer Käse, da kannst du wirklich zuviel kriegen.
das werden wir schon **kriegen** U	*das werden wir schon schaffen, diese S. werden wir erledigen* Ich habe meinen Paß verloren, aber das werden wir schon kriegen. Ich beantrage sofort einen neuen.
es mit j-m zu tun **kriegen** U	*mit j-m Schwierigkeiten bekommen, zusammenstoßen* Wenn er noch einmal etwas Schlechtes über meine Frau sagt, dann kriegt er es aber mit mir zu tun!
das **Kriegsbeil** ausgraben	*Streit anfangen* Ihr zwei wollt doch nicht schon wieder das Kriegsbeil ausgraben?
das **Kriegsbeil** begraben	*den Streit beilegen, Frieden schließen* Er und ich haben endlich das Kriegsbeil begraben.
in voller **Kriegsbemalung** U	*1) mit allen Orden u. Ehrenzeichen* *2) stark geschminkt* 1) Selbst mein Vater erschien diesmal in voller Kriegsbemalung. Dabei haßt er Orden. 2) Schwesterchen in voller Kriegsbemalung! Du willst wohl wieder mal groß ausgehen!?
auf (dem) **Kriegsfuß** mit j-m (*od.* miteinander) stehen	*mit j-m verfeindet sein* Seit dem Erbstreit stehe ich mit Werner (*od.* stehen Werner und ich miteinander) auf (dem) Kriegsfuß.
s. vor Lachen **kringeln** U	*sehr belustigt sein* Ich hätte mich vor Lachen kringeln können, als heute der kleine Bernd zu seiner Kusine sagte: „Wenn du groß bist, heirate ich dich."
etw. (*od.* j-d *od.* es) ist zum **Kringeln** U	*es ist sehr komisch, man muß einfach lachen* Sein eitles Getue ist zum Kringeln.
an der **Krippe** sitzen U	= *an der* Futterkrippe *sitzen*
unter aller **Kritik**	*sehr schlecht* Der Sänger des heutigen Abends war unter aller Kritik.
die **Krone** der Schöpfung U	*der Mensch (auch: der Mann od. die Frau)* Die Gelehrten sind sich noch immer nicht einig, wer die Krone de Schöpfung ist: der Mann oder die Frau.

dabei fällt dir keine Perle (*od.* kein Stein, kein Zacken) aus der **Krone** U	*diese Arbeit ist nicht zu niedrig, zu primitiv für dich* Unser Junge könnte auch ruhig ein bißchen in der Küche helfen, wie seine Schwestern. Dabei fällt ihm bestimmt keine Perle aus der Krone.
dabei bricht dir kein Zacken aus der **Krone**	= *dabei fällt dir keine Perle aus der* **Krone**
s. e-n Zacken aus der **Krone** brechen	*etw. tun, was unter der eigenen Würde ist* Sie hat Angst, sie bricht sich einen Zacken aus der Krone, wenn sie ihre Schuhe selber putzt.
paß auf, daß dir keine Perle (*od.* kein Stein, kein Zacken) aus der **Krone** fällt	*tu keine einfache Arbeit, d. h. schäme dich, daß du sie nicht tust* Beschmutz dir deine armen Händchen nur ja nicht mit Hausarbeit und paß schön auf, daß dir keine Perle aus der Krone fällt.
das setzt der Sache (*od.* allem) die **Krone** auf U	*das ist die Höhe, daß ist e-e Unverschämtheit, Gemeinheit* Erst hat er sie monatelang hingehalten, und jetzt ist er auf und davon. Das setzt doch allem die Krone auf!
einen in der **Krone** (sitzen) haben U	*betrunken sein* Mit dem ist heute abend nicht gut reden, der hat einen in der Krone.
etw. ist ihm in die **Krone** gefahren U	*etw. hat ihn verärgert* Was ist ihm nur heute in die Krone gefahren, er ist so einsilbig!
was ist denn dir in die **Krone** gefahren! U	*was fällt dir ein? was ist das für e-e Unverschämtheit* Du hast zu dem Ball einfach mein Kleid angezogen, ohne mich zu fragen!? Was ist denn dir in die Krone gefahren!
etw. ist ihm in die **Krone** gestiegen U	*etw. hat ihn eingebildet gemacht* Die Beförderung ist ihm anscheinend in die Krone gestiegen. Er grüßt ja kaum noch.
überflüssig wie ein **Kropf** U	*vollkommen überflüssig, in keiner Weise notwendig* Daß wir zu Beginn jedes Schuljahres denselben Fragebogen ausfüllen müssen, ist doch überflüssig wie ein Kropf.
s-n **Kropf** leeren U	*alles sagen, was man an Ärger in s. aufgestaut hat* „War's nett?" – „Wo denkst du hin! Sie hat zwei Stunden lang ihren Kropf geleert, dann ist sie wieder gegangen."
e-e kleine **Kröte** U	*ein freches kleines Mädchen* Ich hatte den Einkaufskorb neben mich gestellt, und da hat doch die kleine Kröte von nebenan mir einfach einen Apfel geklaut.
ein paar **Kröten** U	*etw. Geld, wenig Geld* Die paar Kröten, die ich von der Versicherung kriege, reichen nicht hin und nicht her.
s-e letzten **Kröten** ausgeben U	*das letzte bißchen Geld, das man noch hat, ausgeben* Sie ist so schrecklich eitel, daß sie noch ihre letzten Kröten für Kosmetika ausgibt.
ein **krummes** Ding drehen S	= *ein* Ding *drehen (2)*

e-e **krumme** Tour S	*e-e illegale S. ein hinterhältiges, unehrliches Spiel* Unser Nachbar macht mit Verkäufen antiker Sachen riesige Gewinne. Das ist irgendeine ganz krumme Tour.
auf **krummen** Touren S	*durch unehrliche Manipulationen, Verbrechen* Unser Lehrling versuchte, auf krummen Touren zu Geld zu kommen. Vorige Nacht hat er einen Zigarettenautomaten aufgebrochen.
e-e **krumme** Tour reiten S	*etw. Unehrliches, Illegales tun* In so kurzer Zeit kann man gar nicht so viel Geld verdienen. Er muß irgendeine krumme Tour reiten.
j-n **krumm** und lahm schlagen S	*j-n sehr verprügeln* Den Kerl schlag ich krumm und lahm, der mir mein Auto gestohlen hat.
s. **krümmen** und winden	*versuchen, s. um die ehrliche Antwort herumzudrücken* Ein Richter darf sich nicht beirren lassen, wenn er sieht, wie sich die Angeklagten krümmen und winden.
s. **krummlachen** (*od.* s. krumm- und schieflachen) U	*sehr stark lachen* In diesem Fasching ging mein Mann als Clown. Man hätte sich krumm- (und schief)lachen können.
s. **krummlegen** U	1) *s. sehr anstrengen* 2) *s. in s-m Leben einschränken, einfach leben* 1) Lohnt es sich, sich so krummzulegen und sonntags wie werktags zu arbeiten, nur um sich ein Grundstück zu kaufen? 2) Der alte Herr von nebenan tut mir leid, daß er sich so krummlegen muß, bloß weil sein Sohn so leichtsinnig Schulden gemacht hat.
krummliegen U	*s. irren* Wenn er denkt, daß sich dafür irgend jemand freiwillig meldet, dann liegt er krumm.
etw. **krummnehmen**	*etw. übelnehmen, gekränkt sein von etw.* Meine Freundin hat ein sonniges Gemüt, selten nimmt sie etwas krumm.
Küche und Keller	*Speisen und Getränke* Du kannst dir nicht vorstellen, was Schmitts diesmal wieder aufgefahren haben. Küche und Keller waren großartig!
kalte **Küche**	*kalt servierte Speisen (Aufschnitt, Käse, Salate usw.)* Wir müssen bis 21 Uhr im Restaurant sein, sonst kriegen wir nur noch kalte Küche.
warme **Küche**	*gekochte (gebratene) usw. Speisen* Warme Küche gibt es bei uns nur bis 20 Uhr.
ja, **Kuchen!** U	= *ja*, Pustekuchen!
auf etw. klebt der **Kuckuck**	*etw. ist vom Gericht gepfändet* In seinem Wohnzimmer stehen sehr schöne antike Möbel. Aber auf allen klebt der Kuckuck.
der **Kuckuck** hat's gesehen U	= *der* Teufel *hat's gesehen*

hol's der **Kuckuck**! U	= *hol's der* Teufel!
hol dich (*od.* ihn) der **Kuckuck** (*od.* der Kuckuck soll dich *od.* ihn holen)! U	= *hol dich der* Teufel (usw.)!
weiß der **Kuckuck** U	= Gott *weiß (wer, wo* usw.)
das weiß der **Kuckuck** U	= *das wissen die* Götter
der hört den **Kuckuck** nicht mehr rufen (*od.* schreien)	*er erlebt den nächsten Frühling nicht mehr* Der Arzt meint, es sei nicht ernst mit Vater, aber ich habe das Gefühl, er hört den Kuckuck nicht mehr rufen.
j-d fragt den **Kuckuck** nach etw. U	= *j-d fragt den* Teufel *nach etw.*
s. den **Kuckuck** um etw. scheren U	= *s. den* Teufel *um etw. scheren*
in **Kuckucks** Namen U	= *in drei* Teufels *Namen*
zum **Kuckuck**! U	= *zum* Teufel!
zum **Kuckuck** noch (ein)mal U	= Himmel *noch (ein)mal*
zum **Kuckuck** sein U	= *zum* Teufel *sein*
zum **Kuckuck** mit j-m (*od.* etw.) U	= *zum* Teufel *mit j-m (od. etw.)*
s. zum **Kuckuck** scheren U	= *s. zum* Teufel *scheren*
j-m ein **Kuckucksei** ins Nest legen	*j-m etw. antun, das s. als böse Überraschung entpuppt* Mit der Vertretung der Englischstunden hat man mir ein Kukkucksei ins Nest gelegt. Erst sollten es nur zwei Tage sein, und jetzt geht es schon über einen Monat.
e-e ruhige **Kugel** schieben S	*1) e-e leichte Arbeit tun* *2) s. bei der Arbeit nicht anstrengen* 1) Nach seiner schweren Krankheit ging er in den städtischen Dienst. Da kann er jetzt an seinem Schreibtisch eine ruhige Kugel schieben. 2) Mir scheint, unser neuer Packer liebt es, eine ruhige Kugel zu schieben. Immer wenn ich ihn sehe, macht er gerade eine Zigarettenpause.
s. e-e **Kugel** durch (*od.* in) den Kopf jagen U	*s. Kopf*

s. vor Lachen kugeln U	*sehr belustig sein* Das Schönste im Zirkus ist der Clown; über seine Späße könnte ich mich kugeln vor Lachen.
es ist zum **Kugeln** U	*es ist sehr komisch, man muß einfach lachen* Es ist zum Kugeln, wenn man im Zoo den Affen zusieht.
dastehen wie die **Kuh** am (*od.* vorm) neuen Tor (*usw.*)	= *dastehen wie der* Ochs *am (od. vorm) neuen Tor* (usw.)
dazu taugen wie die **Kuh** zum Seiltanzen	= *dazu taugen wie der* Ochs *zum Seiltanzen*
eine melkende **Kuh** U	*eine gute Einnahmequelle* Du hältst deinen Vater wohl für eine melkende Kuh. Aber da irrst du dich. Ich bezahl dir noch ein Semester, dann ist Schluß.
etw. geht auf keine **Kuhhaut**	1) *etw. ist e-e unglaublich große Menge* 2) *etw. ist e-e unglaubliche Frechheit, Unverschämtheit* 1) Was er für Fehler im Diktat gemacht hat, das geht auf keine Kuhhaut. 2) Was er sich gestern mir gegenüber erlaubt hat, das geht auf keine Kuhhaut.
(sich) hinter den **Kulissen** (abspielen)	*im geheimen* Offiziell ging es um Sachfragen, aber hinter den Kulissen spielten sich unbeschreibliche Szenen ab.
hinter die **Kulissen** sehen (*od.* schauen, e-n Blick tun)	*die geheimen Dinge, die Hintergründe sehen* Wenn man die Memoiren der Staatsmänner liest, kann man manchen interessanten Blick hinter die Kulissen tun.
nicht von (der) **Kultur** beleckt sein (*od.* von keiner **Kultur** beleckt sein)	*wenig kulturelle Bildung, wenig Verständnis für kulturelle Dinge haben* Manche Teilnehmer an der Reise nach Griechenland waren nicht gerade von Kultur beleckt. Sie interessierten sich mehr für die Läden als für die Tempel.
ich bin **Kummer** gewohnt (*od.* gewöhnt)	*ich tue all das Unangenehme und protestiere nicht* Jetzt soll ich wieder alle Vertretungsstunden geben. Na ja, ich bin ja Kummer gewöhnt.
ein fauler **Kunde**	1) *ein schlechter Kunde (od. Käufer)* 2) *ein unzuverlässiger, verdächtiger Mensch* 1) Bei Krediten muß man vorsichtig sein und die faulen Kunden möglichst gleich von vornherein erkennen. 2) Ihm würde ich die Ausarbeitung des Entwurfs nicht anvertrauen, er ist ein fauler Kunde.
was macht die **Kunst?** U	*wie geht es?* Na, was macht die Kunst? Alles in Butter?
e-e brotlose **Kunst**	*e-e Kunst, von der man nicht leben kann* Allgemein gilt die Malerei als eine brotlose Kunst.
das ist keine **Kunst** U	*das kann jeder, so kann ich es auch* Einen kleinen Jungen besiegen, das ist keine Kunst!

(alle) s-e **Künste** spielen lassen	*alle Mittel der Menschenbeeinflussung einsetzen* Er erreicht oft viel, wenn er all seine Künste spielen läßt. Er ist ein Charmeur.
mit s-r **Kunst** am (*od.* zu) Ende sein	= *mit s-r* Weisheit *am (od. zu) Ende sein*
nach allen Regeln der **Kunst**	*s. Regel*
s. **künstlich** aufregen U	*s. furchtbar aufregen (mit viel Theater)* Reg dich nicht künstlich auf! So schlimm ist die ganze Angelegenheit gar nicht.
e-e **Kunstpause** machen	*1) e-e unnatürliche Pause machen, durch die man Wirkung erzielen will* *2) e-e (kleine) Pause machen* 1) Was er sagt, ist interessant, aber er macht zu viele Kunstpausen, und dadurch wirkt das Ganze unnatürlich. 2) Der Reiseleiter machte eine Kunstpause und blickte die beiden eifrig redenden Damen strafend an. Dann fuhr er in seinen Erklärungen fort.
s. e-n (*od.* den) **Kuppelpelz** verdienen	*e-e Heirat vermitteln* Tante Else hat sich mal wieder einen Kuppelpelz verdient. Diesmal ist es ihre Nichte und ihr Untermieter.
j-n in die **Kur** nehmen	*j-m Vorhaltungen machen, j-n bearbeiten* Warum kommt Ihre Sekretärin eigentlich immer zu spät? Die sollten Sie mal in die Kur nehmen.
j-n unter **Kuratel** stellen L	= *j-n an die* Kette *legen*
Kurs nehmen auf etw.	*ein best. Ziel ansteuern* Wir sollten endlich die alten Zöpfe abschneiden und Kurs auf die Jugend nehmen. Sie müssen wir gewinnen.
j-n aus dem **Kurs** bringen	= *j-n aus dem* Konzept *bringen*
e-n (bestimmten) **Kurs** steuern	*e-e (neue, mittlere, extreme usw.) Richtung verfolgen* Solange die Regierung diesen Kurs der Entspannung steuert, wird sie außenpolitisch Erfolg haben.
hoch im **Kurs** stehen (bei j-m)	*1) hohe Anerkennung genießen* *2) sehr teuer und sehr gefragt sein* *3) von j-m sehr geschätzt werden* 1) Manche Heilmethoden unserer Vorväter stehen heute wieder hoch im Kurs. 2) Echte antike Möbel stehen hoch im Kurs. 3) Dr. Schmidt kann sich so manche Extratour leisten, weil er beim Chef hoch im Kurs steht.

die **Kurve** kratzen S	1) *e-e Kurve stark schneiden* 2) *schnell weggehen (und s. etw. Unangenehmem entziehen)* 3) *etw. mit Müh und Not schaffen (od. erledigen)* 1) Wie der die Kurve gekratzt hat! Ein Glück, daß ihm kein Auto entgegenkam! 2) Als der Apfeldieb jemanden kommen hörte, kratzte er die Kurve und verschwand. 3) „Wie steht's mit deinem Examen?" – „Na, ich habe die Kurve gekratzt, aber frag nicht, wie knapp!"
die **Kurve** kriegen S	= *die* Kurve *kratzen (3)*
die **Kurve** noch nicht weghaben (*od.* raushaben) U	= *den* Bogen *noch nicht raushaben*
kurz und bündig (*od.* **kurz** und klar)	*mit wenigen, aber ganz eindeutigen Worten* Der Verteidiger erklärte kurz und bündig, daß sein Mandant die Aussage verweigere.
kurz und gut	*Schluß mit dem Hin und Her, das Ende ist dieses* Nach einigen Debatten sagte der Chef: „Kurz und gut: wir machen den Betriebsausflug nächsten Dienstag und mieten einen Dampfer."
um es **kurz** zu machen	*die Einzelheiten lasse ich weg, das Ende ist dieses* Es gab allerhand Aufregungen. Um es kurz zu machen: er hat sie dann doch nicht geheiratet.
kurz und schmerzlos	*ohne viel Umstände, offen und direkt* Der Fahrprüfer hatte die Gewohnheit, seinen Prüflingen kurz und schmerzlos zu sagen, ob sie die Prüfung bestanden hätten oder nicht.
kurz angebunden sein	*kurze, unfreundliche Antworten geben, abweisend sein* Unser Verkaufsleiter ist außerordentlich höflich und fast nie kurz angebunden.
über **kurz** oder lang	*in nicht sehr ferner Zukunft, ziemlich bald* Es lohnt sich nicht, dieses Buch zu kaufen. Über kurz oder lang kommt eine verbesserte Neuauflage heraus.
j-n **kurz** und klein schlagen U	*j-n heftig verprügeln* Der Wirt schlug den Zechpreller kurz und klein.
alles **kurz** und klein schlagen U	*alles (Möbel, Geschirr usw.) kaputtmachen, zerstören* Als die Diebe in der Wohnung kein Geld fanden, schlugen sie vor Wut alles kurz und klein.
kurzen Prozeß machen	*s. Prozeß*
s. **kurz** fassen	*das Nötige in wenigen Worten sagen, nicht umständlich reden* Die Vorlesungen von Professor Berg sind so beliebt, weil er es versteht, sich kurz zu fassen und doch das Wesentliche zu bringen.
zu **kurz** kommen	*nicht genügend, nicht soviel wie die anderen bekommen* Die Kinder paßten beim Verteilen der Würstchen gut auf, daß keiner zu kurz kam.

j-d ist geistig zu kurz gekommen U	*j-d hat intellektuell nicht genug mitbekommen, er ist dumm* Das achte Kind ist geistig etwas zu kurz gekommen. Der Junge müßte eine Sonderschule besuchen.
den **kürzeren** ziehen	*benachteiligt werden, nicht so günstig davonkommen bei etw.* Niemand möchte gern, wenn etwas verteilt wird, den kürzeren ziehen.
kurzerhand	*ohne daß lange überlegt wird, schnell entschlossen* Als ich hörte, Mercedes wolle seine Preise heraufsetzen, habe ich den Wagen kurzerhand gekauft.
j-n **kurzhalten**	*j-m nicht viel Freiheit gewähren, j-m nicht viel Geld geben* Was! Ihr gebt euren Kindern nur zwei Mark Taschengeld pro Woche. Ihr haltet sie aber ganz schön kurz.
kurztreten (mit etw.)	*1) langsam arbeiten* *2) mit dem Geldausgeben zurückhaltend sein* *3) e-n Plan usw. nicht energisch verfolgen* 1) Ich muß jetzt mal (mit der Arbeit) kurztreten, mein Herz will nicht mehr so recht. 2) Der Geschäftsführer rät, daß man jetzt mit den Ausgaben etwas kurztreten soll, da der Umbau des Büros große Summen verschlingen wird. 3) Wir müssen bei den Verhandlungen kurztreten, da unser neues Projekt noch nicht reif ist.
Kurzschluß haben U	*1) die Beherrschung verlieren* *2) nicht mehr richtig denken (können)* 1) Als er wieder bei der Arbeit gestört wurde, hatte er plötzlich Kurzschluß und knallte die Tür zu. 2) In der mündlichen Prüfung hatte ich Kurzschluß. Mir fiel nichts mehr ein.
seelischer **Kurzschluß** U	*Verzweiflung als Motiv für e-e Handlung* Das Motiv dieses Selbstmordversuches war offenbar seelischer Kurzschluß. Hätte sie sich aussprechen können, wäre es wohl nicht zu dieser Tat gekommen.
küssen: und wer küßt mich? U	*was bleibt für mich?, was wird aus mir?* Als mein Vater kürzlich der Mutti ein Stück Torte aus der Stadt mitbrachte, sagte meine Schwester etwas neidisch: „Und wer küßt mich?"
mit **Kußhand**	*sehr gern, mit großer Freude* Oh, das macht er mit Kußhand. Du brauchst es ihm nur zu sagen.

L

ein langer **Laban** (*od.* Lulatsch) U
ein sehr hochgewachsener Mann
Gestern hatte ich im Kino so einen langen Laban vor mir, ich habe mich immer zur Seite drehen müssen.

lachen: daß ich nicht lache U
da muß ich sehr lachen (höhnisch, spöttisch)
Frau Rudolf hat sich die Haare färben lassen, damit sie so jung aussieht wie ihre Tochter. Daß ich nicht lache!

du wirst **lachen** U
du bist sicher sehr erstaunt, wenn ich dir sage
„Gib mir mal dein Feuerzeug, bitte!" „Du wirst lachen, ich habe keins."

lachen: das wäre ja gelacht U
da müßte man ja lachen, wenn das nicht möglich wäre
Du meinst, unser Verein wird nie Deutscher Fußballmeister? Das wäre ja gelacht.

er hat nichts zu **lachen**
1) es geht ihm schlecht, er lebt in schlechten Verhältnissen
2) er wird streng behandelt (od. bestraft)
1) Viele Auswanderer hatten in Kanada nichts zu lachen. Es fiel ihnen schwer, Arbeit zu finden, weil sie nicht einmal die Sprache des Landes verstanden.
2) Wenn der mir noch mal über den Weg läuft, hat er nichts zu lachen. Den werd ich lehren, sich so rüpelhaft zu benehmen!

du kannst **lachen** U
du hast Grund, dich zu freuen
Du hast zur Hochzeit ein Auto geschenkt bekommen? Du kannst lachen.

j-d hat gut **lachen** U
j-m geht es gut, j-d ist im Vorteil
Herbert hat gut lachen. Der hat die Prüfung bereits bestanden.

s. das **Lachen** verbeißen
kaum verhindern können, daß man sehr lacht
Die Zuschauer konnten sich kaum das Lachen verbeißen, als dem Redner das Tupée vom Kopf rutschte.

die **Lacher** auf s-r Seite haben
die Zuhörer (durch witzige Bemerkungen) für s. gewonnen haben
Ihn konnte man auf einer politischen Versammlung ruhig angreifen. Infolge seiner Schlagfertigkeit hatte er die Lacher bald auf seiner Seite.

da kriege ich (ja) 'nen **Lachkrampf** U
das ist (höchst) lächerlich
Das soll eine moderne Hose sein? Da krieg ich ja 'nen Lachkrampf! Vorsintflutlich ist das Ding!

der **Lack** ist ab (von etw. j-m)
die Frische, das Reizvolle, Beste ist weg
Ich würde diese Frau nicht heiraten. Die ist beinahe fünfzig. Da ist doch schon der Lack ab.

fertig ist der **Lack**
= *fertig ist die Laube*

j-m eine **lackieren** S
j-m e-e Ohrfeige geben
Wenn er frech wird, werd ich ihm eine lackieren.

lackieren: eine lackiert kriegen S	*e-e Ohrfeige kriegen* Wenn er noch mal frech wird, kriegt er eine lackiert.
der **Lackierte** sein	*der Betrogene sein* Diesmal war mein Bruder der Lackierte (*od.* gelackmeiert); er nahm sich, wie immer, den größten Apfel, und nachher sah er, daß er innen ganz faul war.
lackmeiern: gelackmeiert sein	= *der* Lackierte *sein*
laden: geladen sein auf j-n U	*sehr wütend auf j-n sein* Erwähne Thomas nicht mehr, Irma ist geladen auf ihn; er hat sie heute versetzt.
laden: (schwer) geladen haben U	*(sehr) betrunken sein* Wenn freitags, am Zahltag, die Männer nach Hause kommen, hat mancher von ihnen schwer geladen.
der **Laden** klappt U	*die Sache ist in Ordnung* „Hast du die Tankstelle kaufen können?" – „Ja, der Laden klappt. Am Ersten mache ich auf."
ein müder **Laden** S	*e-e langsam arbeitende Behörde, ein langweiliger Betrieb, e-e lustlos arbeitende Belegschaft, e-e langweilige Party usw.* Was, ihr veranstaltet noch nicht einmal einen Betriebsausflug? Was ist denn das für ein müder Laden!
ein chicer **Laden** S	*ein vornehmes Lokal, luxuriös eingerichtetes Büro usw.* Heute gehen wir ins „Atelier"; das ist ein chicer Laden mit phantastischem Essen.
den **Laden** in Ordnung bringen U	*e-e Sache regeln* Laß mich den Laden in Ordnung bringen. Ich werde dem Turnlehrer klarmachen, daß du den Ball nicht absichtlich gegen die Fensterscheibe geworfen hast.
den **Laden** schmeißen S	*1) e-n Betrieb usw. leiten* *2) e-e Sache gut durchführen* 1) Es ist eine Freude zu sehen, mit welchem Geschick und Schwung der Juniorchef den Laden schmeißt. 2) Die Organisation der Zehnjahresfeier übernimmt Herr Werner. Der wird den Laden (schon) schmeißen.
den **Laden** kennen U	*e-e Angelegenheit, e-n Betrieb usw. kennen* Da kannst du dich ruhig bewerben. Ich kenne den Laden.
er kann s-n **Laden** zumachen (*od.* dicht machen) U	*er ist (wirtschaftlich) am Ende* Wenn unser Verein keine Zuschüsse bekommt, dann können wir den Laden zumachen; so geht es nicht weiter.
den ganzen **Laden** hinwerfen	= *den ganzen* Kram *hinwerfen*
e-e geballte **Ladung**	*sehr viel Arbeit (Fragen, Vorwürfe usw.)* Drei Artikel übers Wochenende? Na, das ist ja eine geballte Ladung!

etw. auf **Lager** haben U	*etw. zum Vortragen bereit haben* Ein Abend mit Onkel Pit ist nie langweilig. Er hat immer was auf Lager, Erzählungen aus seiner Studentenzeit, Erlebnisse aus Afrika usw.
ins feindliche **Lager** übergehen	*die gegenteilige Ansicht vertreten, die Partei wechseln usw.* Jetzt ist mein bester Freund ins feindliche Lager übergegangen; bisher haben wir immer beide über die Regierung geschimpft, aber auf einmal findet er alles schön, was von oben kommt.
ein blutiger **Laie**	*j-d, der von e-r Sache nichts versteht* Als blutiger Laie kann ich keinen Unterschied feststellen, ob das Rheinwein oder Moselwein ist.
da staunt der **Laie** (der Fachmann wundert sich) S	= *da staunt der* Fachmann
aus der (kalten) **Lamäng** *(frz. la main)* U	*unvorbereitet, mit Leichtigkeit* Mein Onkel sagt dir heute noch aus der kalten Lamäng Hunderte von Homerversen auf.
aus der freien **Lamäng** U	1) = *aus der kalten* Lamäng 2) *ohne Messer und Gabel* 2) Danke, Sie brauchen mir keine Kuchengabel zu geben. Ich esse das Stückchen aus der freien Lamäng.
einen auf die **Lampe** gießen U	*e-n Schnaps trinken* Endlich haben wir den Text fertig. Jetzt könnten wir eigentlich mal einen auf die Lampe gießen.
das Gelobte **Land**	*das Paradies (in geistiger und materieller Hinsicht)* Für die russische Aristokratie war Frankreich das Gelobte Land. Jeder Gebildete sprach ja auch fließend Französisch.
das **Land**, wo Milch und Honig fließt	*ein Paradies in materieller Hinsicht* Kanada war nach dem Zweiten Weltkrieg für viele Deutsche das Land, wo Milch und Honig fließt.
(wieder) **Land** sehen	*(wieder) Erfolgsmöglichkeiten sehen, Hoffnung bekommen* Als Schriftsteller tat ich mich anfangs schwer. Aber als dann mein erstes Honorar kam, sah ich endlich Land.
j-n an **Land** ziehen	*j-n angeln, für s. gewinnen* Die Vera hat sich da ja einen reichen Kerl an Land gezogen. Hoffentlich wird sie mit ihm glücklich.
e-e Einfalt (*od.* Unschuld) vom **Lande**	*ein einfaches, naives, etw. dummes Mädchen aus dem Dorf* Schau dir diese Einfalt vom Lande an! Trinkt den Wein, als wäre es Wasser.
ins **Land** gehen	*vorübergehen, verstreichen* Ja, damals waren wir Rivalen. Seitdem sind viele Jahre ins Land gegangen, und alles ist vergessen.
bei j-m mit etw. nicht **landen** können	*bei j-m keinen Erfolg haben, nichts erreichen* Der Vorstand wird bei den Mitgliedern mit seinem Vorschlag einer Beitragserhöhung nicht landen können.

fluchen wie ein Landsknecht U	*abscheulich fluchen* Als ich in die Garage kam, fluchte Vater wie ein Landsknecht. Ein Hinterrad hatte Plattfuß.
noch **lange** nicht (*od.* kein)	*durchaus nicht, in keiner Weise* Das Holz, das ihr gesammelt habt, reicht für unser Lagerfeuer noch lange nicht. / Was du sagst, ist interessant, aber es ist noch lange kein Beweis.
lang und breit (*od.* des **langen** und breiten)	*ausführlich, sehr gründlich* Was, das verstehst du nicht? Das habe ich dir doch erst vorgestern lang und breit erklärt!
es nicht mehr **lange** machen (*od.* tun) U	*bald sterben* Ich fürchte, unser Nachbar wird es nicht mehr lange machen. Die Ärzte scheinen die Hoffnung aufgegeben zu haben.
nicht mehr **lange** mitmachen	*1) die Geduld verlieren, aufhören* *2) nicht mehr lange funktionieren* 1) Wenn ihr euch ständig streitet, dann mache ich nicht mehr lange mit und reise alleine weiter. 2) Die alte Kaffeemaschine wird nicht mehr lange mitmachen. Wir werden uns eine neue anschaffen müssen.
da kannst du **lange** warten U	*es ist vergeblich, mach dir keine Hoffnungen* Du meinst, sie würde eines Tages kommen und dich um Verzeihung bitten? Da kannst du lange warten.
da schlag einer **lang** hin S	*s. hinschlagen*
j-m eine **langen** U	*j-m e-e Ohrfeige geben* Wenn du noch mal die Zunge herausstreckst, dann lang ich dir eine.
langsam, aber sicher	*nicht schnell, aber bestimmt entwickelt s. etw. zum Schlechten* Mit den Autos wird es langsam, aber sicher eine Katastrophe. Bald kommt man zu Fuß schneller ans Ziel.
für j-n (*od.* etw.) e-e **Lanze** brechen	*s. für j-n (od. etw.) einsetzen* Brich doch für den armen Krüger eine Lanze. Wegen dieses einen Versehens brauchte man ihn doch nicht gleich hinauszuwerfen.
(j-m) durch die **Lappen** gehen	*j-m entgehen, entkommen* Leider ist mir dieser schöne Auftrag durch die Lappen gegangen, weil ich in Urlaub war.
Lärm schlagen	*laut protestieren, Alarm schlagen* Stellen Sie sich vor, dieser schöne Wald soll abgeholzt werden für ein Versicherungsgebäude. Wenn wir jetzt nicht Lärm schlagen, ist es zu spät.
viel **Lärm** um nichts	*es wird viel geredet, aber es steckt nichts dahinter (od. es hat alles doch gar keinen Zweck)* Die Sensationen dieser Zeitung sind doch meistens nur viel Lärm um nichts.
das muß man ihm **lassen**	*das läßt s. nicht bestreiten, das wenigstens ist wahr* Unser neuer Lehrer ist streng, aber er bringt seinen Schülern etwas bei; das muß man ihm lassen.

e-e **Last** auf s. nehmen	*etw. Mühevolles zusätzlich tun* Der Mann meiner Schwester ist seit einiger Zeit gelähmt. Es ist rührend zu sehen, mit welcher Geduld sie diese Last auf sich nimmt und ihn pflegt.
j-m zur **Last** fallen	*e-e Mühe werden für j-n, zusätzliche Arbeit bedeuten für j-n* Es ist sehr nett, daß Sie mich dabehalten wollen, aber ich möchte Ihnen keinesfalls zur Last fallen.
s-e (liebe) **Last** haben mit j-m (*od.* etw.)	*(ständig) viel Mühe und Sorgen haben mit j-m (od. etw.)* Ich hab so meine liebe Last mit meinem Jüngsten. Er ist einfach faul.
j-m etw. zur **Last** legen	*j-n beschuldigen, behaupten, daß er etw. Schlechtes getan hat* Dem Kassierer wird zur Last gelegt, daß er einen Teil der eingenommenen Gelder für sich verwendet hat.
ein langes **Laster** S	*ein sehr hochgewachsener Mensch* Er ist ein langes Laster, fast einen Kopf größer als ich.
mit s-m **Latein** am (*od.* zu) Ende sein	= *mit s-r* Weisheit *am (od. zu) Ende sein*
j-m ist eine **Laterne** aufgegangen S	*j-d hat endlich begriffen* Als ich den Namen geschrieben sah, da ging mir eine Laterne auf. Das war ja unser alter Lehrer.
j-n (*od.* etw.) muß (*od.* kann) man mit der **Laterne** suchen	*ist kaum zu finden* Einen wirklich weisen Menschen kann man mit der Laterne suchen. Wo gibt's den schon?
geh mir aus der **Laterne** S	*geh zur Seite, so daß ich genügend Licht (zum Lesen) habe* Mensch, geh mir aus der Laterne! Denkst du, ich kann im Dunkeln lesen?
ein Wink mit dem **Laternenpfahl** U	= *ein Wink mit dem* Zaunpfahl
(j-m) mit dem **Laternenpfahl** winken U	= *j-m mit dem* Zaunpfahl *winken*
aus den **Latschen** kippen S	*1) um-, hinfallen* *2) ohnmächtig werden* *3) die Beherrschung verlieren* *4) (übermäßig) begeistert sein* 1) Ich hatte überhaupt nicht gemerkt, daß Glatteis war, und da bin ich eben aus den Latschen gekippt. 2) Diese Schreckensnachricht war zuviel für sie. Sie ist aus den Latschen gekippt. 3) Als er heute wieder zu Unrecht kritisiert wurde, ist er aus den Latschen gekippt und hat wie verrückt getobt. 4) Unsere Jazzgruppe kippte aus den Latschen, als sie hörte, daß sie den ersten Preis bekommen hatte.
e-e lange **Latte** S	= *ein langes* Laster

j-n auf der **Latte** haben S	*j-n nicht leiden können* Ich habe diesen Kerl auf der Latte. Er ist ungepflegt und frech noch dazu.
(sie) nicht alle auf der **Latte** haben S	*nicht ganz bei Verstand sein* Im Winter in der Donau baden? Du hast (sie) wohl nicht alle auf der Latte.
j-m eine vor den **Latz** knallen S	*j-m e-n heftigen Schlag geben* Er wurde wieder pampig, und da hab ich ihm eine vor den Latz geknallt.
fertig ist die **Laube** U	*schon ist die Angelegenheit erledigt* Jetzt wird die Torte noch mit Sahne verziert, und fertig ist die Laube.
e-r S. freien **Lauf** lassen	*zulassen, daß s. etw. frei, ungehemmt entwickelt* Auf wirtschaftlichem Gebiet sollte man den Dingen freien Lauf lassen.
s-n Gefühlen freien **Lauf** lassen	*rücksichtslos, ungehemmt sagen (od. tun), was man denkt* Wenn man nicht in seinen eigenen vier Wänden seinen Gefühlen freien Lauf lassen kann, wo sonst?
laufen: ferner liefen U	*s. ferner*
auf dem **laufenden** sein	*1) informiert sein* *2) mit der Arbeit nachkommen* 1) Ein Chef muß, um alle Entscheidungen richtig treffen zu können, stets auf dem laufenden sein. 2) Endlich bin ich mit meiner Abrechnung wieder auf dem laufenden.
j-n auf dem **laufenden** halten	*j-n ständig über den neuesten Stand der Dinge informieren* Der Arzt bat die Schwester, ihn über das Befinden des Verletzten auf dem laufenden zu halten.
s. wie ein **Lauffeuer** verbreiten	*sehr schnell überall bekanntwerden* Die Nachricht von dem Einbruch verbreitete sich wie ein Lauffeuer in der ganzen Siedlung.
j-m den **Laufpaß** geben	*j-n wegschicken, entlassen (auch bei Freundschaft)* Vier Jahre waren sie miteinander befreundet, und jetzt hat sie ihm auf einmal den Laufpaß gegeben.
du machst mir **Laune** U	*was du machst, bringt mich in schlechte Stimmung* Bei diesem Regenwetter soll ich mit dir einen Spaziergang machen? Du machst mir Laune!
j-m ist e-e **Laus** über die Leber gelaufen (*od.* gekrochen)	*j-d hat sich geärgert, ist verstimmt, schlechter Laune* Du siehst ja heute so bedrückt aus, ist dir eine Laus über die Leber gelaufen (*od.* gekrochen)?
j-m e-e **Laus** in den Pelz setzen	= *j-m ein* Kuckucksei *ins Nest legen*

er hat's **läuten** hören, aber nicht zusammenschlagen	= *er hat die* Glocke *läuten hören, weiß aber nicht, wo sie hängt*
ich habe (davon) etwas **läuten** hören (*od.* ich habe davon **läuten** hören)	*ich habe davon gehört, weiß aber nichts Genaues* „Schreiners wandern nach Kanada aus." – „Ja, ich habe davon läuten hören. Weißt du Näheres?"
ein armer **Lazarus**	= *ein armes* Würstchen
was kann das schlechte **Leben** nützen (*od.* helfen)?	*ein schlechtes Leben nützt nichts, darum machen wir uns das Leben möglichst angenehm* Und jetzt noch ordentlich Schlagsahne drauf – was kann das schlechte Leben nützen!
wie das blühende **Leben** aussehen	*sehr gesund aussehen (es aber vielleicht nicht sein)* Seit der Kur sieht Wolf aus wie das blühende Leben.
Leben in die Bude bringen U	*Bewegung, Betrieb in etw. bringen, etw. lebhaft machen* Wenn der alte Schulz bei der politischen Diskussion mit dabei ist, der bringt Leben in die Bude, das sag ich dir.
das (*od.* sein) **Leben** dransetzen	*das Leben riskieren* Er mußte sein (*od.* das) Leben dransetzen, um das Mädchen zu retten.
das nackte **Leben** fristen	*nur so viel zum Leben haben, daß man nicht verhungert* Wenn sie nichts hat als den Gemüseverkauf aus ihrem Garten, kann sie doch nur das nackte Leben fristen.
das nackte **Leben** retten	*nichts als nur das Leben retten, alles andere verlieren* Die Überlebenden der Schiffskatastrophe konnten nur das nackte Leben retten.
j-m das **Leben** zur Hölle machen	*s.* Hölle
j-m (*od.* s.) das **Leben** sauer machen	*j-m (od. s. selbst) Schwierigkeiten machen, Unannehmlichkeiten bereiten* Schüler, die nicht lernen wollen, können einem Lehrer das Leben wirklich sauer machen.
ein großes **Leben** führen	*elegant, aufwendig leben, viel Gäste haben usw.* Sie war die Tochter des Präsidenten und daher von Kind auf gewohnt, ein großes Leben zu führen.
sein **Leben** in die Schanze schlagen	*s.* Schanze
dem **Leben** ablauschen	*so gestalten, daß es ganz lebensecht wirkt* Dieser Roman ist dem Leben abgelauscht.
auf **Leben** und Tod (kämpfen)	*bis zum letzten kämpfen* In seiner Novelle „Unsterblichkeit" beschreibt Saint-Exupéry zwei Flieger, die in der Luft auf Leben und Tod kämpfen.
aus dem **Leben** gegriffen	*ganz echt* Die Handlungen in seinen Filmen sind immer unmittelbar aus dem Leben gegriffen.

s. durchs **Leben** schlagen	*mit Mühe den Weg durchs Leben gehen* Als ihr Mann starb, hatte sie keinen Pfennig, und so mußte sie sich als Waschfrau durchs Leben schlagen.
(etw.) für sein **Leben** gern (tun) U	*(etw.) sehr gern (tun)* Torte esse ich für mein Leben gern. / „Möchtest du mal fliegen?" – „Für mein Leben gern!"
das hätte ich im **Leben** nicht (*od.* nie) gedacht	*das hätte ich niemals für möglich gehalten* Daß wir es einmal zu einem eigenen Haus bringen würden, das hätte ich im Leben nicht gedacht.
etw. ins **Leben** rufen	*etw. gründen, neu schaffen* Es war die große Tat von Henri Dunant, das Rote Kreuz ins Leben zu rufen.
er hat mit dem **Leben** abgeschlossen	*für ihn ist das Leben zu Ende* Es bedrückte ihn gar nicht, als der Arzt ihm wenig Hoffnung machen konnte. Er hatte ohnehin mit dem Leben abgeschlossen.
zum **Leben** zuwenig, zum Sterben zuviel	*äußerst knapp* Für meine Mutter ist die Rente, die sie seit ihrem Unfall bekommt, zum Leben zuwenig, zum Sterben zuviel.
leben und leben lassen	*so leben, wie man will, und andere leben lassen, wie sie wollen* Er behandelt seine Angestellten nach dem Motto: leben und leben lassen.
nicht **leben** und (nicht) sterben können (*od.* weder **leben** noch sterben können)	*1) s. sehr elend fühlen* *2) zuwenig zum Leben haben* 1) Sie liegt seit Wochen krank im Bett und kann nicht leben und nicht sterben. 2) Von den 150 Mark Unterstützung im Monat kann er weder leben noch sterben.
er nimmt's von den **Lebendigen**	*er läßt sich alles sehr teuer bezahlen* Unser Hausbesitzer verlangt unverschämte Mieten. Er nimmt's wirklich von den Lebendigen.
j-m den **Lebensfaden** abschneiden	*j-m das nehmen, was ihn noch am Leben gehalten hat* Indem man ihm in seinen Betrieb einen Verwalter setzte, hat man ihm regelrecht den Lebensfaden abgeschnitten.
die **Lebensgeister** heben	*den Lebenswillen stärken, die Lebensfreude steigern* Trinken Sie jeden Morgen um 11 Uhr ein Glas Sekt. Sie werden sehen, wie das die Lebensgeister hebt.
das (*od.* j-s) **Lebenslicht** erlischt	*j-d stirbt* Auch die Herzspritzen konnten es nicht mehr verhindern, daß das Lebenslicht langsam erlosch.
j-m das **Lebenslicht** ausblasen	*j-m die Lebenskraft nehmen, j-n töten* Von dem Verkauf ihres Hauses darf man ihr nichts sagen, das könnte ihr das Lebenslicht ausblasen.
etw. frißt j-m an der **Leber**	*(Ärger, Zorn, Kummer usw.) macht j-n halb krank* Unser Jüngster ergibt sich immer mehr dem Alkohol. Mein Mann sagt nicht viel dazu, aber ich weiß, es frißt ihm an der Leber.

frisch (*od.* frei) von der **Leber** weg (reden, sprechen *usw.*)	*so, wie man denkt, ohne Hemmungen (reden* usw.*)* Was mir an Ihren Kindern so gefällt, ist, daß sie so frisch von der Leber weg erzählen.
die gekränkte (*od.* beleidigte) **Leberwurst** spielen	*(aus nichtigem Anlaß) gekränkt sein* Gerold spielt die gekränkte Leberwurst, weil ich gesagt habe, er schwimmt wie eine bleierne Ente.
lecken: wie geleckt aussehen	*übertrieben hergerichtet, nicht natürlich hübsch aussehen* Wenn meine Freundin vom Friseur kommt, sieht sie immer wie geleckt aus.
j-m das **Leder** versohlen (*od.* gerben)	*j-n tüchtig verprügeln* Wenn man ihm rechtzeitig das Leder versohlt hätte, wäre er nicht ein solcher Tunichtgut geworden.
j-m ans **Leder** wollen	*j-n angreifen wollen* Er benimmt sich so ängstlich, als wenn er ständig angegriffen würde. Dabei will ihm doch überhaupt niemand ans Leder.
j-m auf dem **Leder** knien	*j-n bedrängen, j-n unter Druck halten* „Ist Viktor immer noch auf der Musikakademie?" – „Er möchte weg, aber sein Vater kniet ihm nun mal auf dem Leder."
j-m aufs **Leder** rücken	*j-m zusetzen, j-n unter Druck setzen* Gestern ist mir dein Vetter schon wieder aufs Leder gerückt, ich soll ihm endlich das Geld zurückgeben.
vom **Leder** ziehen (gegen j-n)	*j-n angreifen* Als das Gespräch auf seinen Bruder kam, zog sie gegen ihn in unschöner Weise vom Leder.
leer ausgehen	*nichts bekommen (bei e-r Verteilung)* Wir müssen wissen, wieviel kommen, denn bei der Preisverteilung soll ja keins der Kinder leer ausgehen.
gähnende **Leere** herrschte	*es war niemand (od. nichts) da* Als der Professor in den Hörsaal kam, herrschte dort gähnende Leere. Anstatt in die Vorlesung waren die meisten Studenten zum Bootsrennen gegangen.
die Zahl ist **Legion**	*es sind sehr viele* Die Zahl der Ingenieure, die heute nur noch Routinearbeit leisten, ist Legion.
den werde ich **lehren,** etw. zu tun	*ich werde ihm energisch sagen, daß er das nicht tun darf* Den werde ich lehren, auf meine Kosten Telefongespräche zu führen.
lehre du mich (die Menschen *usw.*) kennen	*ich kenne die Menschen besser als du* Lehre du mich die Frauen kennen. Ich bin schließlich das dritte Mal verheiratet.
Lehrgeld zahlen(*od.* geben) (müssen)	*durch Schaden klug werden, aus Fehlern lernen* Kaum konnte ich auf den Skiern stehen, machte ich eine Abfahrt mit und brach mir das Bein. So muß man eben für alles Lehrgeld zahlen.

du kannst dir dein **Lehrgeld** wiedergeben (*od.* zurückgeben) lassen U	*du hast nichts gelernt* Das soll die Monatsabrechnung der Portokasse sein? Du kannst dir dein Lehrgeld wiedergeben lassen. Das stimmt ja hinten und vorne nicht.
Leib und Leben	*Gesundheit und Tod* (riskieren usw.) So mancher große Arzt hat bei Eigenversuchen Leib und Leben eingesetzt (*od.* gewagt).
Leib und Seele zusammenhalten	*dafür sorgen, daß weder der Körper noch die Seele zu kurz kommen* Essen und Trinken hält Leib und Seele zusammen.
gesegneten **Leibes** sein L	= *ein Kind unter dem Herzen tragen*
s-n **Leib** pflegen	*faulenzen* Wie verschieden Brüder sein können! Hans schuftet den ganzen Tag, während Tom seinen Leib pflegt.
etw. am eigenen **Leib(e)** erleben (*od.* erfahren, verspüren *usw.*)	*etw. an s. selbst (u. nicht bei anderen) erleben* Im letzten Krieg haben Millionen von Menschen bitterste Not am eigenen Leib erlebt.
s. etw. am eigenen **Leib(e)** absparen	= *s. etw. vom* Mund *absparen*
s. alles an den **Leib** hängen U	*alles Geld für Kleider ausgeben* Du wunderst dich, daß Else immer modern und fesch aussieht? Sie hängt sich ja alles an den Leib.
(wie) auf den **Leib** geschrieben U	*genau passend, j-s Wesen entsprechend* Die Hauptrolle dieses neuen Theaterstückes ist Ihrer Schwester ja wie auf den Leib geschrieben.
j-m auf den **Leib** rücken	*1) j-m näherkommen* *2) j-n zur Rede stellen* 1) Ich bin schon zwei Stationen eher aus der Straßenbahn ausgestiegen, weil mir so ein unangenehmer Kerl immer mehr auf den Leib gerückt ist. 2) Wenn er mir nicht bald meine Bücher zurückgibt, dann muß ich ihm mal auf den Leib rücken.
gut bei **Leibe** sein	*ziemlich dick sein* Ich habe noch nie einen so dicken Schneider gesehen. Der ist ja wirklich gut bei Leibe.
keine Ehre (*od.* kein Ehrgefühl) im **Leibe** haben	*kein Gefühl für Ehre und Anstand besitzen* Wie konnte er, nur um des Geldes willen, seine Hilfe dem Gegner anbieten! Hat er denn gar keine Ehre im Leibe?
noch nichts (Ordentliches) im **Leib** haben (*od.* in den **Leib** bekommen haben) U	*nichts wirklich Sättigendes gegessen haben* Ich komme gerne mit, aber ich muß erst mal was essen. Ich habe seit gestern nichts Ordentliches im Leib.

mit **Leib** und Seele	*ganz und gar, durch und durch* Er hing mit Leib und Seele an seinem Beruf. / Er war mit Leib und Seele Lehrer.
s. e-r S. mit **Leib** und Seele verschreiben	= *s. e-r S.* mit Haut *und Haar verschreiben*
j-m vom **Leibe** bleiben U	*j-m nicht näherkommen* Bleib mir (zehn *od.* drei Schritt) vom Leibe! Wonach riechst du denn so abscheulich?
s. j-n vom **Leibe** halten U	*s. von j-m trennen, keinen Umgang mit j-m haben* Du solltest dir diese schlechten Freunde vom Leibe halten. Sie verleiten dich nur zum Trinken.
j-m zu **Leibe** rücken (*od.* gehen) U	*j-n zur Rede stellen* Er wollte mir meinen Belichtungsmesser einfach nicht zurückgeben. Da bin ich ihm natürlich zu Leibe gerückt.
e-r S. zu **Leibe** rücken (*od.* gehen) U	*etw. anpacken, in Angriff nehmen* Es geht einem doch oft so, daß eine Sache gar nicht mehr so schwierig ist, wenn man ihr erst einmal zu Leibe rückt.
aus **Leibeskräften** U	= *aus vollem* Hals(e)
Leibgericht: j-s Leib- und Magengericht	*das, was j-d am allerliebsten ißt* Spinat und Spiegelei ist sein Leib- und Magengericht.
wie er **leibt** und lebt	*ganz echt, in allem sehr ähnlich* Sieh dir den Jungen an – sein Vater, wie er leibt und lebt.
wie e-e **Leiche** (auf Urlaub) (*od.* wie e-e wandelnde **Leiche**) S	*sehr elend* (aussehen) Hast du die ganze Nacht durchgefeiert? Du siehst ja aus wie eine wandelnde Leiche.
über **Leichen** gehen	*völlig rücksichtslos vorgehen* Er hat wirklich kein Gewissen. Er würde über Leichen gehen, nur um beruflich Erfolg zu haben.
nur über meine **Leiche!** U	*ich bin absolut dagegen, ich werde es keinesfalls zulassen* Wenn du zum Film willst, so kann ich dazu nur sagen: nur über meine Leiche.
leicht gesagt (*od.* **leichter** gesagt als getan)	*die praktische Durchführung ist schwieriger, als es aussieht* Ich soll fleißiger lernen? Das ist leicht gesagt. Mußt du vielleicht zu Hause bei der Hausarbeit mithelfen?
das kannst du (*od.* du kannst das) **leicht** sagen	*du kennst die Schwierigkeiten nicht* (od. *du bist in e-r günstigeren Lage), für mich ist das schwieriger* Ich sollte die Wörter besser lernen? Das kannst du leicht sagen, du hast ja ein viel besseres Gedächtnis als ich.
es **leicht** mit j-m haben	*keine besonderen Schwierigkeiten* (od. *Mühen*) *mit j-m haben* Mit unserem alten Vater haben wir es leicht. Er paßt sich ganz unseren Lebensgewohnheiten an.

j-n um (ein paar Mark *usw.*) **leichter** machen	*j-n bestehlen, von j-m Geld nehmen (od. erbitten)* Bei dem Einbruch haben sie unseren Hausherrn um mehrere tausend Mark leichter gemacht.
j-m **leichtfallen**	*von j-m ohne Schwierigkeit gelernt (getan usw.) werden* Physik ist mir leichtgefallen, Chemie dagegen gar nicht.
etw. **leichtnehmen**	*1) von e-r Kritik (od. e-m Tadel) kaum getroffen werden* *2) den Ernst, die Wichtigkeit von etw. nicht erfassen* 1) Ich glaube, du kannst diese Kritik leichtnehmen, sie ist weitgehend ungerechtfertigt. 2) Wer das Leben allzu leichtnimmt, der erlebt zwar viel Vergnügen, aber wenig echte Freude.
s. **leichttun** (mit etw.)	*keine Schwierigkeiten haben (mit etw.)* In der fremden Umgebung wird er sich anfangs nicht leichttun.
s. ein **Leid** antun	*Selbstmord begehen* Sie nimmt sich die Krankheit so zu Herzen, daß wir aufpassen müssen, daß sie sich kein Leid antut.
sein **Leid** in s. hineinfressen U	*mit niemandem über s-n Kummer sprechen (und ihn dadurch intensivieren)* Wenn sie sich nur einmal richtig ausweinen würde, statt ihr Leid so in sich hineinzufressen.
wie das **Leiden** Christi S	= *wie eine* Leiche *(auf Urlaub)*
(es ist) immer dieselbe (*od.* die gleiche, die alte) **Leier** U	= *(es ist) immer dieselbe* Platte
j-m auf den **Leim** gehen (*od.* kriechen)	*von j-m betrogen werden* Jetzt bin ich doch diesem Teppichverkäufer auf den Leim gegangen. Es ist gar kein echter Orientteppich.
j-n auf den **Leim** locken (*od.* führen)	*j-n betrügen* Von schönen Verpackungen darf man sich nicht auf den Leim locken lassen. Es kommt allein auf den Inhalt an.
aus dem **Leim** gehen U	*1) entzweigehen* *2) zerbrechen (Freundschaft usw.)* *3) dick werden* 1) Unsere Gartenbank ist während des Winters ganz aus dem Leim gegangen. 2) Die Ehe meiner Schwester ist trotz vieler Bemühungen aus dem Leim gegangen. In Kürze ist die Scheidung. 3) Die Else ist im letzten Jahr ziemlich aus dem Leim gegangen. Sie sollte eine Abmagerungskur machen.
j-n an der **Leine** haben	*Strenge Disziplin aufrechterhalten bei j-m, j-n streng führen* Unser Turnlehrer hat unsere Klasse an der Leine, aber er ist trotzdem beliebt.
j-n an die **Leine** legen (*od.* nehmen)	*strenger erziehen als vorher, weniger Freiheit geben* Der Meister muß seine Lehrlinge strammer an die Leine nehmen (*od.* legen), sonst machen sie, was sie wollen.

Leine ziehen S	*s. davonmachen, verschwinden* Hier hast du noch ein Bonbon, aber dann zieh Leine!
leise weinend S	*still, ohne viel zu sagen, etwas kleinlaut* „Hat er denn nach der Standpauke noch viel gesagt?" – „Nein, er ist leise weinend weggegangen."
alles über e-n **Leisten** schlagen	*die verschiedensten Dinge gleichmäßig behandeln, alles mit ein und demselben Maßstab messen* Der Durchschnitt aller Noten gibt bei einem Schüler ein ungenaues Bild, denn man kann doch so verschiedene Fächer wie Sprachen, Naturwissenschaften und Musik nicht über einen Leisten schlagen.
auf der **Leitung** stehen (*od.* sitzen) S	*dämlich sein* Karl hat offenbar die Pointe nicht verstanden. Der sitzt mal wieder auf der Leitung.
e-e lange **Leitung** haben S	*etw. schwer begreifen, e-e schlechte Auffassungsgabe haben* Hast du aber eine lange Leitung! Das wurde uns doch erst gestern in der Vorlesung lang und breit erklärt.
j-m e-e **Lektion** erteilen	*j-n (streng) zurechtweisen* Er kommt jetzt immer häufiger zu spät. Du mußt ihm eine Lektion erteilen.
mancher **lernt's** nie (u. auch dann nicht *od.* u. auch dann nur unvollkommen S)	*mancher begreift gar nichts, ist sehr dumm* Als in der Tanzstunde ein Schüler immer wieder mit dem falschen Fuß anfing, seufzte der Tanzlehrer leise: „Mancher lernt's nie."
zu guter **Letzt**	*als allerletztes und ganz unerwartet* Mit Dutzenden von Dingen jonglierend, steckte er sich zu guter Letzt noch eine Mundharmonika in den Mund und spielte ein Lied.
sein **Letztes** hergeben	*s. aufs äußerste anstrengen* Unsere Läufer haben wirklich nur gewonnen, weil sie ihr Letztes hergaben.
sein **Letztes** hingeben	*alles, was man an Geld und Gut besitzt, zur Erreichung e-s Zieles einsetzen* Seine Eltern haben wirklich ihr Letztes hingegeben, damit er seine Pianistenlaufbahn zu Ende führen konnte.
etw. (*od.* j-d) ist das **Letzte** S	*1) ist das Beste, Erstaunlichste* *2) ist das Schlechteste, Unverschämteste* 1) Was dieser Zauberer kann, ist wirklich das Letzte. Einfach unglaublich! 2) Der neue Schlager ist das Letzte, einfach ein Brechmittel. / Ich finde, sein Vorschlag ist das Letzte.
e-e **Leuchte** der Wissenschaft L	*ein hervorragender Wissenschaftler* An der Universität kann nicht jeder eine Leuchte der Wissenschaft sein, aber er sollte wenigstens gute Kenntnisse haben und diese gut lehren können.
keine **Leuchte** sein U	*auf e-m bestimmten Gebiet nicht sehr gut sein* Unsere Köchin ist zwar keine Leuchte, aber sie gibt sich große Mühe, abwechslungsreich zu kochen.

unter die **Leute** bringen	*allgemein bekanntmachen* Unser Nachbar hat seine Freude daran, immer die neuesten Sensationen unter die Leute zu bringen.
unter die **Leute** kommen	*1) Umgang mit Menschen bekommen* *2) allgemein bekanntwerden* 1) Herr Mayer kommt als Vertreter viel unter die Leute und weiß ziemlich gut, was das Volk denkt. 2) Mit Hilfe von Dichtervorlesungen kommt mancher junge Autor heute unter die Leute und hat so die Möglichkeit, sich einen Namen zu machen.
in aller **Leute** Munde sein	= *in aller* Munde *sein*
wir sind geschiedene **Leute**	*wir sind jetzt keine Freunde mehr, sondern Feinde* Seit er diese falsche Zeugenaussage gegen mich gemacht hat, sind wir geschiedene Leute.
es ist (ja) nicht wie bei armen **Leuten** U	*wir haben es ja, wir können es uns ja leisten* Wein brauchen Sie nicht mitzubringen, wir haben für alles gesorgt. Es ist ja nicht wie bei armen Leuten.
j-m die **Leviten** lesen	= *j-m e-e* Standpauke *halten*
ein wandelndes **Lexikon** U	*j-d, der ein sehr großes Wort- od. Sachwissen hat* Er kennt aber auch jedes englische Wort – (er ist) ein wandelndes Lexikon.
j-m geht ein **Licht** auf	*j-d begreift (endlich)* Ich hatte nie verstanden, warum er ausgerechnet Portugiesisch lernte. Als ich aber seine Heiratsanzeige las, ging mir ein Licht auf. Er heiratet eine Portugiesin.
kein großes **Licht** sein U	= *kein (großes)* Kirchenlicht *sein*
das **Licht** der Welt erblicken	*geboren werden* Ich selbst stamme aus dem Harz, aber mein Vater hat im Elsaß das Licht der Welt erblickt.
das **Licht** scheuen	*wegen schlechter Taten (od. Absichten) nicht gesehen werden wollen (vor allem von der Polizei)* In vielen Städten gibt es Menschen, die Grund haben, das Licht zu scheuen.
Licht in e-e (dunkle) S. bringen	*etw. aufklären* Der Fall wurde aufgeklärt. Nach jahrelangen Bemühungen ist es der Polizei gelungen, Licht in diese dunkle Angelegenheit zu bringen.
j-m ein **Licht** aufstecken	*1) j-n aufklären, ihm etw. sagen, was er noch nicht weiß* *2) j-n zurechtweisen* 1) Gestern hab ich ihm mal ein Licht darüber aufgesteckt, was mir an ihm nicht paßt. 2) Heute ist sie schon wieder zu spät gekommen? Na, ich werde ihr nachher mal ein Licht aufstecken.

ein (merkwürdiges, bezeichnendes *usw.*) **Licht** werfen auf	*in merkwürdiger, bezeichnender Weise charakterisieren* Daß er selbst in einer gemütlichen Unterhaltung seine Ansichten so streng äußert, wirft ein bezeichnendes Licht auf ihn. Er ist und bleibt ein Fanatiker.
kein gutes (*od.* ein schlechtes) **Licht** werfen auf	*etw. (od. j-n) negativ beleuchten, charakterisieren* Daß er jetzt in Urlaub gefahren ist, wo seine Mutter im Sterben liegt, wirft kein gutes Licht auf ihn.
sein **Licht** leuchten lassen	*sein Talent, s-e besonderen Fähigkeiten zeigen* Gestern abend hat er wieder sein Licht leuchten lassen. Aus dem Stegreif hat er ein Gedicht vorgetragen.
sein **Licht** nicht unter den Scheffel stellen	*s. Scheffel*
j-m grünes **Licht** geben	*s. grün*
etw. ans **Licht** bringen	*etw. herausbringen* Dieser Mordfall bleibt mysteriös. Man wird die Wahrheit wohl nie ans Licht bringen.
ans **Licht** kommen	*s. herausstellen, s. aufklären* Eines Tages wird es schon ans Licht kommen, wer mir damals das Geld weggenommen hat.
etw. ans **Licht** zerren	*öffentlich preisgeben, was besser verborgen geblieben wäre* Manche Prominenten lassen es zu, daß ihre privaten Dinge von den Illustrierten ans Licht gezerrt werden.
bei **Licht(e)** besehen (*od.* betrachtet)	*wenn man die Dinge genauer betrachtet* Bei Lichte betrachtet, ist der junge Mann gar nicht so übel, wie es anfangs schien.
j-n hinters **Licht** führen	*j-n täuschen, betrügen* Stell dir vor, diese echt griechische Vase ist in Deutschland hergestellt. Der Händler hat uns hinters Licht geführt.
etw. in rosarotem (*od.* rosigem) **Licht** sehen (*od.* betrachten)	*etw. optimistisch sehen (od. beurteilen)* Die beiden passen gut zusammen: sie sehen immer alles in rosarotem Licht.
etw. in e-m milderen **Licht** sehen	*etw. nicht mehr so negativ beurteilen* Seitdem ich weiß, was er für ein Zuhause hat, sehe ich seine schlimme Tat in einem milderen Licht.
im rechten (in gutem, günstigem) **Licht** erscheinen (*od.* stehen)	*als gut erscheinen, günstig beurteilt werden* Als Politiker muß man nicht nur richtig handeln, sondern auch dafür sorgen, daß alle Taten in günstigem Licht erscheinen.
in keinem guten (*od.* in ungünstigem, falschem, schiefem) **Licht** erscheinen (*od.* stehen)	*e-n schlechten (od. falschen) Eindruck machen, schlecht (od. falsch) beurteilt werden* Seine Vorschläge sind an sich gut. Aber durch seine ständigen Attacken auf den ersten Vorsitzenden erscheinen sie in keinem guten (in ungünstigem *usw.*) Licht.

j-m im **Licht** stehen	*j-m dadurch schaden, daß man von ihm ablenkt* Der Junge ist hochbegabt, aber er kommt nicht voran, weil ihm der Vater im Licht steht.
s. selbst im **Licht** stehen	*s. selbst schaden, selbst an der eigenen schlechten Beurteilung schuld sein* Er könnte heute schon ein großer Komponist sein, aber er steht sich ja ständig selbst im Licht.
j-n (*od.* etw., s.) ins rechte **Licht** (*od.* in ein vorteilhaftes Licht) rücken (*od.* stellen, setzen)	*es so machen, daß j-d (od. etw.) e-n guten Eindruck macht* Er ist nicht nur ein origineller Kopf, sondern er versteht es auch, sein Talent ins rechte Licht zu rücken. / Er versteht es großartig, sich bei allen Gelegenheiten ins rechte Licht zu rücken.
j-m (*od.* etw., s.) in ein falsches **Licht** rücken (*od.* stellen, setzen)	*es so machen, daß j-d (od. etw.) e-n falschen Eindruck hervorruft* Vor Gericht hat er damals als Zeuge den Angeklagten in ein völlig falsches Licht gesetzt.
die **Lider** werden j-m schwer	*j-d wird müde* An Silvester hatten die Kinder bis Mitternacht aufbleiben wollen, aber schon um zehn Uhr wurden ihnen die Lider so schwer, daß ich sie ins Bett brachte.
lieb und teuer	*sehr wertvoll, am Herzen liegend* Gib auf diese Vase acht! Ich hab sie von meiner Mutter bekommen, sie ist mir besonders lieb und teuer.
ich wüßte nicht, was ich **lieber** täte U	*ich tue das bestimmt nicht, das kommt nicht in Frage* Ich soll den Text noch mal abschreiben? Ich wüßte nicht, was ich lieber täte!
j-n vor **Liebe** fressen können U	*j-n sehr (vielleicht übertrieben) lieben* In den Flitterwochen hätte er mich vor Liebe fressen können, und jetzt schaut er mich kaum mehr an.
die **Liebe** geht durch den Magen	*die Sympathie wird (beim Mann) durch das bestimmt, was man ihm Gutes zu essen gibt* Er ist so anhänglich an seine Nachbarn. Ich glaube, die Liebe geht durch den Magen, denn Frau Klein hat immer etwas Gutes für ihn bereit.
verlorene (*od.* vergebliche) **Liebesmüh**	*vergebliche Anstrengung, Bemühung ohne Erfolg* Er schickte ihr oft Blumen und half ihr auch finanziell, aber das war vergebliche Liebesmüh, sie heiratete einen anderen.
(es ist) immer dasselbe (*od.* das gleiche, das alte) **Lied** U	= *(es ist) immer dieselbe* Platte
das **Lied** kennen	= *die* Platte *kennen*

davon kann ich ein **Lied(chen)** singen (*od.* davon weiß ich [auch] ein **Lied[chen]** zu singen)	*das weiß ich aus eigener (schlimmer) Erfahrung* Das Begleiten von Touristengruppen ist keine einfache Sache. Davon kann ich ein Lied singen.
liefern: geliefert sein U	*wirtschaftlich (od. in s-r Berufsarbeit) am Ende sein* Wenn ich bis Ende dieser Woche nicht die fünfhundert Mark für den Wechsel habe, bin ich geliefert.
liegen: etw. kommt gelegen	*etw. kommt, ereignet s. zu e-m günstigen Zeitpunkt* Die Reise kommt für den Patienten sehr gelegen. Die neuen Eindrücke werden ihm helfen, die letzten Depressionen zu überwinden.
liegen: j-m gelegen kommen	*gut in j-s Pläne, Arbeit usw. passen* Der Besuch von Herrn Wagner kommt mir sehr gelegen. So kann ich in Ruhe das Programm der Wintersaison jetzt mit ihm schon durchsprechen.
liegen: mir liegt (viel, nichts *usw.*) daran (*od.* dran)	*es ist mir (sehr, gar nicht) wichtig* Mir liegt (*od.* Es liegt mir) viel daran, daß meine Kinder einen ordentlichen Beruf erlernen.
j-d hat ein **Lineal** verschluckt	*jd- hält s. kerzengerade, ganz steif* Der Mann da drüben geht doch, als ob er ein Lineal verschluckt hätte.
die schlanke **Linie**	*e-e schlanke Figur, das Schlankbleiben* Das billigste Rezept für die schlanke Linie (*od.* zur Erhaltung der schlanken Linie) ist: iß die Hälfte.
in erster (*od.* zweiter) **Linie**	*s. erste (od. zweite)*
auf der ganzen **Linie**	*ganz u. gar, völlig* Wir haben auf der ganzen Linie gesiegt. / Das neue Waschmittel ist ein Reinfall auf der ganzen Linie.
mit der **Linken** nehmen, was die Rechte gibt	*e-e gute Tat auf unerlaubte Weise wieder rückgängig machen* Wenn du den Kindern doppeltes Taschengeld gibst, aber verlangst, sie müssen alle kleinen Ausgaben selbst tragen, dann nimmst du mit der Linken, was du mit der Rechten gibst.
nicht nach rechts und **links** blicken (*od.* schauen)	*s. durch nichts beirren lassen, mutig vorwärts gehen* Das Leben bringt so viele verwirrende Einflüsse, daß man sich nur an den Grundsatz halten kann, nicht zuviel nach rechts und nach links zu blicken.
nicht mehr wissen, was rechts und **links** ist	*vollkommen verwirrt sein* Nachdem ich fünf Minuten der Umleitung gefolgt war, wußte ich wirklich nicht mehr, was rechts und links ist.
j-n **links** liegenlassen	*j-n nicht beachten, s. nicht um ihn kümmern* Warum läßt sie ihre Nachbarin neuerdings links liegen? Früher waren sie doch dick befreundet.

etw. **links** liegenlassen	*rechts vorbeigehen an etw.* Gehen Sie bis zu der Kapelle, die lassen Sie links liegen und biegen dann in einen Fußweg rechts ein.
etw. um (*od.* für) ein **Linsengericht** verkaufen (*od.* hergeben)	*etw. Wertvolles für etw. Wertloses hergeben* Er hat seinen Betrieb für ein Linsengericht hergegeben. Warum, weiß ich nicht.
e-e (große) **Lippe** riskieren S	*ein freches Wort wagen* Er hatte eine hervorragende Stellung, aber dann hat er eine große Lippe riskiert und ist rausgeflogen.
an j-s **Lippen** hängen U	*mit großer Spannung jedem Wort zuhören* Wenn unser Lehrer von seinen Afrikareisen erzählte, hingen wir alle an seinen Lippen.
etw. (*od.* es) schwebt mir auf den **Lippen**	= *etw. schwebt mir auf der* Zunge
das Wort erstarb ihm auf den **Lippen**	*mitten im Sprechen hörte er (vor Schreck) auf* Plötzlich erkannte er in seinem Gegenüber seinen alten Widersacher. Das Wort erstarb ihm auf den Lippen.
s. auf die **Lippen** beißen	= *s. auf die* Zunge *beißen*
s. j-m auf die **Lippen** drängen	*so wichtig für j-n werden, daß man es sagen möchte* Als er mir erzählte, er habe seine gute Stellung aufgegeben, drängte sich mir sofort die Frage nach dem Warum auf die Lippen. Aber ich schwieg.
etw. nicht über die **Lippen** bringen	*etw. (trotz Bemühung) nicht sagen können* Ludwig brachte es nicht über die Lippen, seinem Vater den Fehltritt einzugestehen.
über j-s **Lippen** kommen	*gesagt werden, laut werden* Er muß entsetzlich gelitten haben, aber kein Wort der Klage kam über seine Lippen.
j-m glatt (*od.* leicht) von den **Lippen** gehen (*od.* fließen)	*mit Leichtigkeit gesagt werden* Die schwierigsten polnischen Wörter gehen ihm glatt von den Lippen.
mit **List** und Tücke U	*mit viel Geschick, mit großer Mühe* Nachdem ich es mit List und Tücke vermieden hatte, das Gespräch auf dieses heikle Thema zu bringen, mußt du ihn ausgerechnet danach fragen.
loben: das lob ich mir (*od.* da lob ich mir ...)	*das finde ich anerkennenswert, sehr gut* Onkel Karl läßt sein Auto zu Hause, wenn er abends mit seiner Frau ausgeht. Das lob ich mir. Da können sie wenigstens beide einige Gläser Wein trinken.
wie ein **Loch** trinken (*od.* saufen) S	*sehr viel Alkohol trinken* Seit der alte Mann seine Frau verloren hat, säuft er wie ein Loch. Das kann nicht gutgehen.

ein **Loch** aufmachen, um ein anderes zuzustopfen (*od.* und ein anderes zumachen, zustopfen)	*neue Schulden machen, um alte Schulden zu bezahlen* Was hat es für einen Zweck, wenn ich ein Loch aufmache, um ein anderes zuzustopfen? So komme ich aus den Schulden ja nie heraus.
ein **Loch** haben	*nicht stimmen, falsch sein* Ich soll ihm meinen Wagen geben und noch zweitausend Mark draufzahlen. Dafür soll ich dann einen neuen kriegen. Aber die Rechnung hat ein Loch, denn mein Wagen ist ja noch neuwertig.
ein **Loch** zurückstecken	*bescheidener werden, weniger erwarten* Bei deinen Plänen mußt du wohl ein Loch zurückstecken – es sei denn, du gewinnst das Große Los.
das reißt (*od.* frißt) ein (böses) **Loch** in den Beutel (*od.* in die Kasse)	*das kostet viel Geld* Die Reparaturkosten nach meinem Autounfall haben ein böses Loch in den Beutel gerissen.
Löcher in die Luft schießen	*das Ziel weit verfehlen, nicht treffen* Wer Löcher in die Luft schießt, den können wir hier nicht brauchen, sagte der Offizier.
j-m **Löcher** (*od.* ein Loch) in den Bauch fragen U	*j-m pausenlos e-e Frage nach der anderen stellen* Mütter müssen Geduld haben, wenn ihre Kinder in das Alter kommen, wo sie einem Löcher in den Bauch fragen.
j-m **Löcher** (*od.* ein Loch) in den Bauch reden U	*dauernd auf j-n einreden* Die Kleine redet einem Löcher in den Bauch. Merkt sie denn nicht, daß man das gar nicht alles wissen will?
Löcher (*od.* ein Loch) in die Luft (*od.* in die Wand) starren (*od.* stieren, gucken) U	*lange Zeit starr in e-e Richtung sehen* Im Wartezimmer saß ein junger Mann und starrte Löcher in die Wand. Ich möchte wissen, was der denkt.
auf (*od.* aus) dem letzten **Loch** pfeifen	(mit der Gesundheit, dem Geld, dem Leben usw.) *am Ende sein* Die Firma Müller und Co. pfeift auf dem letzten Loch. Hoffentlich gibt ihr die Bank noch mal Kredit.
der Wind pfeift aus e-m anderen **Loch**	*s. Wind*
aus welchem **Loch** pfeift der Wind?	*s. Wind*
j-n ins **Loch** stecken S	*j-n ins Gefängnis stecken* Wer gestohlen hat, der gehört ins Loch gesteckt.
ins **Loch** kommen (*od.* fliegen) S	*ins Gefängnis kommen* Ich sage dir, wenn du so weitermachst, kommst du noch ins Loch.
im **Loch** sitzen S	*im Gefängnis sitzen* Wer schon mal im Loch gesessen hat, für den ist die Rückkehr in ein normales Leben sehr schwer.

nicht **lockerlassen**	*nicht nachgeben, am ursprünglichen Vorhaben festhalten* Unsere Stadt darf nicht lockerlassen in ihren Bestrebungen, den sozialen Wohnungsbau zu fordern.
(Geld) **locker-machen**	(Geld) *durch Überredung usw. erhalten* Gitta möchte so schrecklich gern ein neues Frühjahrskostüm, und nun versucht sie, mit Bitten und Betteln bei ihrem Vater das nötige Geld dafür lockerzumachen.
keine silbernen **Löffel** stehlen	*einwandfrei sein, mit dem Gesetz nicht in Konflikt kommen* Du brauchst nicht alles zu verschließen, wenn Hilde kommt. Sie hat noch keine silbernen Löffel gestohlen.
j-m eins (*od.* eine) hinter die **Löffel** geben (*usw.*) U	= *j-m eins hinter die* Ohren *geben*
s. etw. hinter die **Löffel** schreiben	= *s. etw. hinter die* Ohren *schreiben*
er hat die Weisheit nicht (gerade) mit **Löffeln** gefressen U	*s. Weisheit*
j-n über den **Löffel** barbieren (*od.* balbieren)	*j-n hereinlegen, betrügen* 150 Mark hat er für diese schäbige Decke verlangt? Da hat er dich aber ganz schön über den Löffel barbiert.
s-n **Lohn** bekommen	*s-e Strafe bekommen, die bösen Folgen spüren* Robert trinkt immer noch, obwohl ihm der Alkohol ganz verboten wurde. Eines Tages wird er schon seinen Lohn dafür bekommen.
das Große**Los** gezogen haben mit j-m (*od.* etw.)	*großes Glück mit j-m* (*od. etw.*) *haben* Mayers haben mit ihrem neuen Hausmädchen das Große Los gezogen. Sie ist ehrlich und unglaublich fleißig.
los und ledig	*ganz frei von* Jetzt muß ich noch eine Rate bezahlen, dann bin ich alle meine Schulden los und ledig.
mit ihm ist etw. **los** U	*mit ihm ist etw. nicht in Ordnung (er ist krank, er hat Kummer usw.)* Ich möchte nur wissen, was mit ihr los ist. Sie sieht so traurig aus.
mit ihm ist nichts (*od.* nicht viel) **los** U	*1) er ist krank, schlechter Stimmung* usw. *2) er ist untüchtig, uninteressant* usw. 1) Wir müssen heute ohne Dietmar zum Fußballspielen gehen, mit ihm ist heute nichts los. Ich glaube, er hat Kopfschmerzen. 2) Den Fred laden wir zu der Party nicht ein. Mit dem ist nicht viel los.
dort ist nichts (*od.* nicht viel) **los** U	*dort sind keine Veranstaltungen, dort ist es uninteressant* Ich bin froh, daß ich jetzt in der Stadt wohne. In meinem Heimatdorf war wirklich nicht viel los.

dort ist was **los** U	1) *dort ist etwas passiert* 2) *dort ist viel Betrieb, sind Veranstaltungen, ist es interessant* 3) *dort geht es lustig zu* 1) Da drüben stehen so viele Leute an der Ecke, da muß was los sein. Wahrscheinlich wieder ein Unfall. 2) Heute kommen die Radler der Deutschlandtour durch unser Dorf, da müssen wir hin, da ist was los! 3) Zu der Party meiner Schwester mußt du unbedingt kommen, da ist was los!
was ist **los**? U	1) *was ist passiert?* 2) *was hast du gesagt, was willst du von mir?* 1) „Warum gehst du zurück, was ist los?" – „Ich habe meinen Schirm vergessen." 2) Was ist los? Ich hab dich nicht verstanden.
was ist **los** mit dir?	*Was hast du, bist du krank, hast du Kummer usw.?* Was ist los mit dir? Kann ich dir irgendwie helfen?
etwas (*od.* was) **los** haben U	*viel können, viel verstehen, tüchtig sein* Mein Goldschmied hat wirklich was los. Mein neuer Ring, den er gemacht hat, wird oft bewundert.
j-n **loseisen** U	*j-n frei machen von Verpflichtungen, für s. gewinnen* Wenn wir diesen Programmierer für unsere Firma loseisen könnten, wäre das ein großer Gewinn.
etw. **loseisen** U	*machen, daß man etw. bekommt (trotz Schwierigkeiten)* Ich kann die Griechenlandfahrt nur mitmachen, wenn ich bei meinem Vater hundert Mark loseisen kann.
etw. **loskriegen** U	1) *etw., das fest ist, losmachen* 2) *verkaufen* 3) *abgenommen bekommen* 1) Die Schraube sitzt so fest, daß wir sie erst mal ölen müssen, um sie loszukriegen. 2) Ich will mir einen neuen Wagen kaufen. Da muß ich sehen, daß ich mein altes Auto günstig loskriege. 3) „Hast Du Deine Erzählung losgekriegt?" – „Ja, die ‚Neue Zeitung' wird sie bringen."
j-n **loskriegen** U	1) = loseisen 2) = loswerden (1)
etw. **loslassen** U	1) (Brief usw.) *schreiben und absenden* 2) (Witz usw.) *erzählen* 3) (Rede) *halten* 1) Dieses Wochenende werde ich mal einen energischen Brief ans Finanzamt loslassen. 2) Wenn der seine Witze losläßt, dann kannst du dich nicht mehr retten vor Lachen. 3) „War es interessant?" – „Ach wo, unser Präsident hat wieder eine seiner üblichen Reden losgelassen."

j-n **loslassen** auf U	*j-m die Möglichkeit, die Freiheit geben, bei anderen aufzutreten, auf andere zu wirken usw.* Wie kann man nur so einen Verrückten auf die Menschheit loslassen! Der gehört doch in eine Anstalt.
loslegen U	*1) energisch anfangen, etw. zu tun* *2) anfangen zu reden, Witze zu erzählen* usw. *3) s-r Erregung freien Lauf lassen* 1) Kaum war die neue Haushilfe in der Wohnung, da legte sie auch schon los: Teppich aufgerollt usw. 2) Ich hab seine Witze gern. Wenn er so loslegt, könnte ich ihm stundenlang zuhören. 3) Ich hatte eine weniger freundliche Bemerkung über ihre Nachbarn gemacht, und da hättest du mal hören sollen, wie sie loslegte.
losmachen U	*anfangen (s. fertigzumachen), s. beeilen* Nun mach endlich los, wir warten alle nur auf dich.
s. von j-m **lossagen**	*s. von j-m, s-r Ansicht (Partei* usw.*) trennen* Als er seine wissenschaftliche Tätigkeit auf die Politik ausdehnte, habe ich mich von ihm losgesagt.
losschießen U	*anfangen zu berichten (zu erzählen* usw.*)* Jetzt möchte Karlchen auch mal was sagen. Also schieß mal los. Wie war das gestern abend?
losschlagen	*1) militärisch, politisch angreifen* *2) verkaufen* 1) Eine Situation ist nie so verfahren, daß eine Regierung das Recht hätte loszuschlagen. 2) Es ist uns gelungen, den ganzen Restposten mit recht gutem Gewinn loszuschlagen.
lostigern S	*anfangen zu gehen (marschieren* usw.*)* Endlich waren wir alle beisammen und konnten lostigern. Die Sonne stand schon hoch am Himmel.
loswerden	*1) sich befreien von j-m od. etw.* *2) = etw. loskriegen (2)* *3) (Witze* usw.*) erzählen, als ob man sie verkaufen wollte* *4) verlieren* *5) genötigt werden, (Geld) auszugeben* *6) = etw. loskriegen (3)* 1) Ich hatte Mühe, den Kerl loszuwerden, der mir die ganze Zeit folgte. / Ich würde mir gerne einen kleineren Schrank kaufen. Aber wie werde ich diesen alten Riesenschrank los? 3) Er geht immer erst, wenn er seinen letzten Witz losgeworden ist. Schrecklich! 4) Gestern bin ich im Gedränge meine Armbanduhr losgeworden. 5) Wir können ja in dies Lokal gehen, aber da werden wir eine ganze Menge Geld los.
losziehen gegen j-n U	*j-n scharf angreifen, häßliche Dinge über ihn sagen* Jemanden sachlich angreifen und gegen jemanden losziehen, das sind doch zwei ganz verschiedene Dinge.
loszittern S	= lostigern

von etw. (*od.* j-m) gehen hundert auf ein **Lot**	*etw.* (*od. j-d*) *ist nichts wert* Vor Freunden solcher Art warne ich dich sehr. Davon gehen hundert auf ein Lot.
(nicht) im **Lot** sein	*(nicht) in Ordnung, gesund sein* Er ist nicht ganz im Lot, er hatte eine schlechte Nacht.
etw. (wieder) ins **Lot** bringen	*(wieder) in Ordnung bringen* Laß uns doch hinübergehen und die Sache mit der eingeworfenen Fensterscheibe wieder ins Lot bringen.
(wieder) ins **Lot** kommen	*(wieder) in Ordnung gebracht werden, gesund werden* Richtig krank ist er nicht. Mit einem guten Stärkungsmittel wird er bald wieder ins Lot kommen.
der **Löwe** des Tages (*od.* des Abends)	*die auffallendste Person (für e-n kurzen Zeitraum)* Groß, kräftig, braungebrannt, erfüllt von seinen Erlebnissen in Afrika, war er natürlich der Löwe des Tages.
s. in die Höhle des **Löwen** wagen (*od.* begeben *od.* in die Höhle des **Löwen** gehen)	*e-m mächtigen Menschen mutig gegenübertreten* Reformpläne sich ausdenken, das kann jeder. Aber sich in die Höhle des Löwen zu begeben und diese Pläne beim Minister durchzusetzen, dazu fehlt doch manchem der Mut.
den Kopf in den Rachen des **Löwen** stecken	*etw. außerordentlich Gefährliches tun* Wer den Diktator erzürnt hatte und dann zu ihm gerufen wurde, der wußte, daß er den Kopf in den Rachen des Löwen steckte.
den schlafenden **Löwen** (auf)wecken	*j-n auf etw. aufmerksam machen, der einschreiten wird* Ich würde diesen Vorfall der Behörde nicht melden. Warum sollen wir den schlafenden Löwen wecken?
aufpassen wie ein **Luchs**	= *aufpassen wie ein* Schießhund
Augen wie ein **Luchs** (*od.* **Luchsaugen**) haben	= Argusaugen *haben*
Ohren wie ein **Luchs** (*od.* **Luchsohren**) haben	*außerordentlich scharfe Ohren haben* Wir haben doch so leise gesprochen, und trotzdem hat er es gehört. Er muß Ohren wie ein Luchs haben.
ein armes **Luder** U	*ein bedauernswerter Mensch* Die alte Blumenfrau, die bei uns an der Haustür verkauft, ist ein armes Luder.
ein dummes **Luder** U	*ein gutmütiger Mensch* Sie war schon immer ein dummes Luder und verschenkte ihre besten Sachen.
ein feines **Luder** U	*ein fein angezogener, vornehm tuender Mensch* Guck dir das feine Luder an! Vor zwei Jahren hat sie noch auf dem Hof ihres Vaters Mist gefahren.
die **Luft** ist rein	*es ist niemand da, der uns hört od. sieht, es besteht keine Gefahr* So, jetzt können wir so viel Äpfel klauen, wie wir wollen. Die Luft ist rein.

j-m geht die **Luft** aus bei etw.	*j-d verliert die nötigen (finanziellen* usw.*) Möglichkeiten* Soll er ruhig noch die Firma aufkaufen. Dabei wird ihm die Luft ausgehen.
j-m bleibt die **Luft** weg	*j-d kann vor Schreck, Überraschung kaum mehr atmen* Als ich von meinem großen Lotteriegewinn erfuhr, blieb mir die Luft weg.
jetzt gibt es **Luft**	*jetzt gibt es (mehr) Platz* Die Tante ist abgereist; jetzt gibt es wieder Luft in unserer Wohnung.
dicke **Luft** U	*Gefahr, (durch Streit entstehende) Spannung* Zu den Eltern würde ich nicht hineingehen. Da ist dicke Luft. Sie haben Krach wegen dem Pelzmantel.
Luft sein für j-n	*völlig gleichgültig sein für j-n, nicht existieren* Seit er ‚dämliche Ziege' zu mir gesagt hat, ist er Luft für mich.
(wieder) **Luft** bekommen (*od.* kriegen)	*aus e-r Enge, aus Schwierigkeiten herauskommen* Seit unsere Firma den Großauftrag aus England hereinbekommen hat, kriegen wir endlich wieder Luft.
Luft haben	*den Berg Arbeit (die Schwierigkeiten, die e-n bedrängt haben* usw.*) erledigt haben, wieder Bewegungsfreiheit haben* Seit Wochen arbeite ich wie verrückt, aber endlich habe ich die Patentschrift fertig und habe wieder Luft.
kaum Zeit haben, **Luft** zu holen (*od.* nach Luft zu schnappen)	*(durch viele Arbeit) abgehetzt sein* Mit meinem Mann ist es in der letzten Zeit schrecklich. Er hat kaum mehr Zeit, Luft zu holen.
wieder **Luft** holen (*od.* schnappen) können	*wieder freier, weniger abgehetzt sein, besser dran sein* Die Aufbauzeit in unserer Firma ist jetzt endlich vorbei, wir können wieder Luft holen.
Luft machen (*od.* schaffen)	*durch Aufräumen Platz (od. Übersicht) gewinnen* Ich habe den ganzen Tag in meiner Bibliothek Ordnung gemacht. Es waren so viele neue Bücher hinzugekommen, daß ich endlich einmal Luft schaffen mußte.
s. (*od.* s-m Herzen, s-m Ärger, s-m Zorn usw.*) **Luft** machen	*frei aussprechen, was e-n bedrückt (od. wütend macht* usw.*)* Das Schlimmste am Alleinsein ist, daß man sich (*od.* seinem Herzen usw.*) nicht Luft machen kann.
(j-m) **Luft** schaffen	*j-m Erleichterung schaffen* Deine hundert Mark haben mir erst mal Luft geschafft. Vielen Dank.
s. **Luft** verschaffen (*od.* machen)	*s. freien Raum, Platz verschaffen* Bevor ich anfange, muß ich mir erst mal Luft verschaffen. In dieser Enge kann ich einfach nicht arbeiten.
j-n wie **Luft** behandeln	*j-n so behandeln, als ob er nicht existiert* Peter und Inge haben sich wohl zerstritten. Sie behandelt ihn jedenfalls wie Luft.

die **Luft** reinigen	*die gespannte Atmosphäre beseitigen* Die Aussprache, die ich gestern mit meinen Eltern hatte, hat endlich die Luft gereinigt.
frische **Luft** in etw. bringen	*e-r S. neue Impulse geben* Was er sagte, war zwar ein bißchen ausgefallen, aber es brachte wenigstens frische Luft in die Diskussion.
die gleiche **Luft** atmen wie j-d	*in der Nachbarschaft von j-m, in der gleichen Gegend wie j-d wohnen* Diese beiden Schriftsteller haben zeitlebens die gleiche Luft geatmet, aber wie verschieden ist alles, was sie denken und sagen.
halt die **Luft** an! S	*1) höre auf zu quatschen* *2) übertreibe nicht so* 1) Jetzt halt doch mal endlich die Luft an und laß mich auch etwas sagen! 2) Du willst diese schwere Eisenstange zehnmal hochgestemmt haben? Halt die Luft an!
an die **Luft** gehen	*spazierengehen* Ich will noch ein bißchen an die Luft gehen.
j-n an die (frische) **Luft** setzen U	*j-n hinauswerfen, entlassen* Wenn du mich jetzt nicht in Ruhe läßt, dann setze ich dich an die frische Luft. Verstanden?
aus der **Luft** gegriffen	*völlig frei erfunden, nicht den Tatsachen entsprechend* Seine Argumente sind völlig aus der Luft gegriffen.
s. in **Luft** auflösen U	*(Pläne) nicht verwirklicht werden* „Ich dachte, ihr seid in Afrika!?" – „Unsere schönen Reisepläne haben sich leider alle in Luft aufgelöst."
in der **Luft** liegen	*1) bevorstehen, drohen* *2) naheliegend sein* 1) Der Streit zwischen beiden Parteien nimmt immer schärfere Formen an. Es liegt eine Krise in der Luft. 2) Die ersten Entdeckungen für das Radio wurden in verschiedenen Ländern fast gleichzeitig gemacht. Diese Dinge lagen damals in der Luft.
j-n in der **Luft** (förmlich) zerreißen	*1) (als Kritiker) j-n verdammen* *2) (aus Wut) j-n umbringen* (als Drohung gesagt) *3) von vielen bedrängt werden* 1) Nach meinem zweiten Schauspiel haben mich die Kritiker förmlich in der Luft zerrissen. 2) Leute, die mutwillig öffentliche Telefone zerstören, könnte ich in der Luft zerreißen. 3) Nach ihrem zweiten Olympiasieg stürmten von allen Seiten Reporter und Zuschauer auf sie zu. Sie wurde förmlich in der Luft zerrissen.
(noch) in der **Luft** schweben	*(noch) keine feste Grundlage haben* Trotz der bemannten Mondflüge schweben die Pläne für Reisen zu Venus und Mars noch in der Luft.

(schnell, leicht) in die **Luft** gehen	*(schnell, leicht) wütend werden* Er ist schon ein netter Kerl, aber bei der geringsten Kleinigkeit geht er in die Luft.
in die **Luft** fliegen	*explodieren* Vor kurzem ist ein Tankwagen in die Luft geflogen.
in die **Luft** reden	*vergeblich reden* Wer heute den Menschen Maßhalten predigt, der redet in die Luft.
nach **Luft** schnappen	*1) mühsam atmen* *2) wirtschaftlich schlecht dran sein* 1) Unser Dackel erwischte die Katze natürlich nicht. Aber jetzt schnappt er nach Luft. 2) Ich fürchte, es dauert nicht mehr lange, bis mancher Geschäftsmann nach Luft schnappen wird.
von **Luft** und Liebe leben	*1) in e-m Zustand der Seligkeit leben, in dem Materielles unwichtig wird* *2) keine Nahrung brauchen, wenig essen* 1) Die beiden sind ein glücklich verliebtes Paar. Man könnte meinen, sie leben von Luft und Liebe. 2) Wie, mehr ißt du nicht? Du lebst wohl von Luft und Liebe.
nicht von der **Luft** (allein) (*od.* nicht von **Luft** und Liebe) leben können	*e-e materielle Grundlage benötigen.* Ich muß mich nach einer Stelle umsehen; vom Bücher schreiben allein wird man nicht satt. Und man kann nun mal nicht von der Luft (*od.* von Luft und Liebe) leben.
Luftschlösser bauen	*(undurchführbare) Zukunftspläne entwerfen* Was gibt es Schöneres, als an einem Sommertag in einer Blumenwiese zu liegen und Luftschlösser zu bauen.
Lug und Trug	*(alles) nur Täuschung, List, Betrug* Was sie dir erzählt hat, klingt alles sehr schön, ist aber alles Lug und Trug. Ich weiß es besser.
e-e faustdicke **Lüge**	*e-e grobe, unverschämte Lüge* Die soeben vorgetragene Darstellung des Unfalls ist eine faustdicke Lüge. Hier der Beweis.
j-n **Lügen** strafen	*beweisen, daß j-s Worte Lüge, nicht wahr sind* Du möchtest kein Stück Torte? Deine Augen strafen dich Lügen. Natürlich willst du eins.
nie um e-e **Lüge** verlegen sein	*immer e-e Ausrede zur Hand haben* Es ist unglaublich, wie sie sich immer wieder herausredet. Sie ist nie um eine Lüge verlegen.
lügen wie gedruckt	*s. drucken*
haut den **Lukas**! U	*jetzt schlag(t) mal tüchtig zu!* Feste! Haut den Lukas! Der Pfahl muß noch viel tiefer in den Boden!
ein langer **Lulatsch** U	= *ein langer* Laban

ich will ein **Lump** sein, wenn (ich das tue)	*du darfst mich Lump (Schuft) nennen, wenn ich das tue (d. h. ich versichere, daß ich es nicht tue)* Ich will ein Lump sein, wenn ich dir das Geld nicht in vier Wochen zurückgebe.
s. nicht **lumpen** lassen	*im Vergleich zu anderen nicht weniger freigebig sein* Wenn ich meine Prüfung bestanden habe, werde ich mich nicht lumpen lassen und euch zu einer Party einladen.
s. die **Lunge** aus dem Hals (*od.* Leib) schreien (*od.* brüllen) U	*lange u. sehr laut schreien* Ich schrie mir die Lunge aus dem Hals, aber kein Mensch hörte mich. Es war zum Verzweifeln.
Lunte riechen U	= *den Braten riechen*
etw. unter die **Lupe** nehmen	*etw. sorgfältig prüfen, exakt beurteilen* Wenn man seine Behauptungen unter die Lupe nimmt, stellt sich schnell heraus, daß sie nicht stimmen.
Lust und Liebe (zu etw.)	*innerliche Bereitschaft und Anteilnahme an etw.* Gerade die pädagogischen Berufe verlangen viel Lust und Liebe zur Arbeit.
s. **lustig** machen über	*auf humorvolle Weise die Schwächen von etw. zeigen* Dieser Film macht sich lustig über die Starallüren gewisser Filmschauspieler.
das kann ja **lustig** werden U	*die Dinge scheinen s. schlecht zu entwickeln* Alle Fahrprüflinge vor mir sind bis jetzt durchgefallen. Das kann ja lustig werden!

M

j-n in der **Mache** haben S	1) *j-n bearbeiten, j-m zusetzen* 2) *j-n verprügeln* 1) Vati, geh mal schnell rein, da ist gerade ein Vertreter da, der hat Mutti in der Mache wegen eines Staubsaugers! 2) Der Kerl hat den Dieter doch wieder so in der Mache gehabt, daß alle Jackenknöpfe ab sind.
etw. in der **Mache** haben S	*an etw. arbeiten, etw. bearbeiten* „Hast du heute abend Zeit fürs Theater?" – „Nein, ich habe gerade meine Diplomarbeit in der Mache."
reine (*od.* alles, alles nur) **Mache** sein U	*völliger Schwindel sein* Die Dankesbriefe von Käufern, die diese Firma ihrem Präparat beilegt, sind doch reine Mache.
etwas **machen** U	*s-e Notdurft verrichten* Du, schau mal, die Kleine steht in der Ecke und weint. Ich fürchte, sie hat etwas gemacht.
etwas aus s. **machen**	*s. zu besserer Wirkung bringen, als es den Leistungen eigentlich entspricht* Er ist zwar nicht begabt, aber er versteht es, etwas aus sich zu machen, und daher hat er ziemlich großen Erfolg.
s. nichts (*od.* wenig, nicht viel) **machen** aus U	*nicht sehr mögen* „Machst du dir nichts aus Tanzmusik?" – „Doch, manchmal hör' ich sie ganz gern."
machen: mach dir nichts daraus (*od.* draus) U	*ärgere dich nicht darüber* Mach dir nichts daraus, daß du das Portemonnaie verloren hast. Zum Geburtstag kriegst du ein neues.
s. (sehr) gut **machen**	*gut zur Wirkung kommen* Der Strauß rosa Nelken auf dem schwarzen Flügel macht sich sehr gut.
machen: er macht's nun mal nicht anders	= *er tut's nun mal nicht anders* (tun)
machen: unter dem macht er's nicht	= *unter dem tut er's nicht* (tun)
mit mir kann man ja alles **machen** (*od.* kannst du's, könnt ihr's ja **machen**) U	*ich bin geduldig, gutmütig* Jetzt nehmt ihr mir auch noch den einzigen Sessel aus dem Zimmer? Mit mir könnt ihr ja alles machen.
es nicht mehr lange **machen** U	*s. lange*

machen: (nun) mach schon! U	*beeile dich* Nun mach schon! Alle andern sind fertig.
machen: ich mache ja schon!	*ich beeile mich sehr* „Nun komm doch endlich!" – „Ich mache ja schon!"
ein **Machtwort** sprechen	*etw. Energisches, Entscheidendes sagen* Wenn ihr euch nicht einigen könnt, muß Papa eben ein Machtwort sprechen.
Mädchen für alles	*e-e Hilfskraft für alle einfachen Arbeiten (in Haushalt, Krankenhaus usw.)* In meinem ersten Lehrjahr war ich Mädchen für alles.
ein spätes **Mädchen** U	*e-e nicht mehr junge unverheiratete Frau (mit allerlei sonderbaren Eigenheiten)* Meine Cousine, die in der Familie als spätes Mädchen galt, hat jetzt noch einen netten Mann bekommen.
wie die **Made** im Speck leben (*od.* sitzen) U	*in bezug auf Essen und Trinken sehr gut leben* Er wohnt jetzt im Haus seines steinreichen Onkels und lebt wie die Made im Speck.
s. wohl fühlen wie die **Made** im Speck U	*s. sehr wohl, sehr angenehm fühlen* Er ist zur Zeit Hauslehrer bei einer sehr reichen Familie. Er fühlt sich wohl wie die Made im Speck.
j-n **madig** machen U	*j-n schlechtmachen, j-n anschwärzen, verspotten* Er wollte eigentlich Fräulein Bräuer als Sekretärin anstellen, aber dann haben die anderen Sekretärinnen sie madig gemacht.
j-m etw. **madig** machen U	*j-m die Freude an etw. nehmen, j-m etw. verleiden* Du kannst unsere beiden Theaterkarten haben. Ich hatte mich so auf die Vorstellung gefreut, aber mein Mann hat sie mir durch seine ständige Kritik madig gemacht.
s. **madig** machen U	*s. durch Wichtigtuerei unbeliebt machen* Er wird uns wohl bald verlassen. Er hat sich durch seine ständige Angeberei madig gemacht.
j-m dreht s. (bei etw.) der **Magen** um U	*j-m wird übel* In den Ferien haben wir Tintenfisch gegessen. Mir dreht sich der Magen um, wenn ich nur dran denke.
j-m knurrt der **Magen** U	*j-d ist hungrig* Wollen wir nicht erst mal essen gehen? Mir knurrt der Magen. Ihnen nicht?
j-m hängt der **Magen** in der Kniekehle S	*j-d ist sehr hungrig* Wo ist denn hier ein Gasthof? Mir hängt der Magen in der Kniekehle.
j-s **Magen** streikt	*j-d ist satt* Vielen Dank, ich kann nicht mehr. Mein Magen streikt.
etw. dreht (*od.* kehrt) einem den **Magen** um U	*etw. verursacht Übelkeit* Hast du schon mal schlechtgewordenes Fleisch gesehen? Das dreht einem den Magen um.

etw. schlägt j-m auf den **Magen** U	*1) etw. verursacht Appetitlosigkeit, Magenschmerzen* *2) etw. verdirbt die gute Laune* 1) Ich kann jetzt nichts essen. Die schlimme Nachricht hat mir (zu sehr) auf den Magen geschlagen. 2) Wie soll man denn noch lustig sein, wenn einem der Schreck so auf den Magen geschlagen hat.
und das auf nüchternen **Magen**! U	*auch das noch, auch dies Unglück mußte noch passieren* Heute morgen kam dann der Brief, daß ich entlassen bin. Und das auf nüchternen Magen!
j-n im **Magen** haben	*j-n nicht leiden können* Ich geb's zu, ich hab' den Kerl im Magen. Er hat mich zu oft geärgert.
j-m (schwer) im **Magen** liegen U	*1) schwer verdaulich sein* *2) j-n (sehr) bedrücken* *3) j-d ist j-m unangenehm, man kann ihn nicht leiden* 1) Der Truthahn liegt mir jetzt noch schwer im Magen. 2) Ich soll das Labor jetzt allein machen und kann es doch noch nicht. Das liegt mir ziemlich schwer im Magen. 3) Alle meine Kollegen sind nett, nur der Schmidt liegt mir im Magen.
j-m wie Blei im **Magen** liegen U	*= j-m schwer im* Magen *liegen (1, 2)*
es kommt alles in e-n **Magen** U	*es ist unwichtig, in welcher Reihenfolge man die Speisen ißt* Essen wir doch die Suppe hinterher, wenn sie noch nicht ganz fertig ist. Es kommt ja doch alles in einen Magen.
(na,) prost **Mahlzeit**! U	*1) das ist unerfreulich, das kann ja gut werden* *2) das kommt nicht in Frage, damit ist es nichts* 1) Prost Mahlzeit! Jetzt ist das Tonband gelöscht und ich kann alles noch mal diktieren. 2) „Kannst du mir bis Sonntag 100 Mark leihen?" – „Prost Mahlzeit! Wo denkst du hin!"
wie einst im **Mai**	*wie auf dem Höhepunkt der Jugend* In diesem Kleid siehst du aus wie einst im Mai.
ein ehrlicher **Makler**	*ein Vermittler, der keine eigenen Interessen im Spiel hat* Es ist eine der Hauptaufgaben der UNO, bei Konflikten zwischen Mitgliedern als ehrlicher Makler aufzutreten.
Makulatur reden S	*Unsinn reden* Reden Sie doch keine Makulatur! Den Quatsch glauben Sie doch selber nicht!
malen: wie gemalt (*od.* gemalt könnte nicht schöner sein) U	*wunderschön* Heute war eine solch herrliche Bergsicht – wie gemalt (*od.* gemalt könnte nicht schöner sein).
etw. ist zum **Malen** (schön)	*etw. ist sehr schön* In ihrer Tracht ist sie doch einfach zum Malen (schön).

schnöder **Mammon**	*Geld (als etw. Verachtenswertes und doch Wünschenswertes)* Wie könnt ihr euch nur so fürchterlich streiten, und alles nur wegen dem schnöden Mammon.
dem **Mammon** frönen (*od.* dienen)	*nur dem Geld nachjagen, rein materiell eingestellt sein* Kein Wunder, daß er jetzt auf der Nase liegt. Er hat ja auch zeit seines Lebens nur dem Mammon gefrönt.
Mann Gottes!	*s. Gott*
der **Mann** des Tages	*der Mann, von dem auf einmal alle sprechen* Der Polizist, der den Bankräuber überwältigte, war der Mann des Tages.
der **Mann** auf der Straße	*der durchschnittliche Bürger* Mit der neuesten Umfrage will das Institut für Meinungsforschung ergründen, was der Mann auf der Straße über die Wahlen denkt.
selbst ist der **Mann**	*statt zu warten, muß man s. notfalls selbst helfen* Nachdem am Bahnhof kein Gepäckträger zu sehen war, dachte ich mir ‚selbst ist der Mann' und schleppte die zwei schweren Koffer zum Taxi.
er ist (nicht) der **Mann** (*od.* **Manns** genug), etw. Bestimmtes zu tun	*er ist (nicht) energisch, tatkräftig genug* Dr. Seibert sollten Sie zu der Besprechung mitnehmen. Er ist der Mann (*od.* Manns genug), unseren Standpunkt energisch zu vertreten.
s. **Manns** genug fühlen, etw. zu tun	*s. stark, gesund genug fühlen, um etw. zu tun* Fühlen Sie sich Manns genug, den Bagger zu fahren?
ein **Mann** des Todes sein	*dem Tod nicht entgehen können* Wer versucht, die Wüste zu durchqueren, ohne sich mit Wasser versorgt zu haben, ist ein Mann des Todes.
ein **Mann** der Feder	*ein Schriftsteller* Wenn ich ein Mann der Feder wäre, würde ich über diesen Mißstand einen flammenden Artikel schreiben.
ein **Mann** der Tat	*ein Mann, der (lieber) handelt (als daß er lange überlegt)* Churchill war nicht nur ein Mann der Feder, sondern vor allem ein Mann der Tat.
wie ein **Mann** (ein *betont*)	*alle miteinander, geschlossen* Die Abgeordneten stellten sich (alle) wie ein Mann hinter ihren Fraktionsführer, als es zur Abstimmung kam.
ein **Mann** von Welt	*s. Welt*
ein alter **Mann** ist doch kein D-Zug U	*s. D-Zug*
ein gemachter **Mann**	*j-d, der e-e gute wirtschaftliche Position errungen hat* Mancher, der nach Amerika ging, hoffte, als gemachter Mann zurückkehren zu können.
ein geschlagener **Mann**	*j-d, der politisch (wirtschaftlich usw.) vernichtet wurde* Er hatte versucht, den Konkurs abzuwenden. Als geschlagener Mann kehrte er aus den Verhandlungen zurück.

er ist ein toter **Mann**	*er hat nichts zu sagen, er hat keine Zukunft* Der abgesetzte Minister ist ein toter Mann.
alle **Mann** hoch (*od.* drei **Mann** hoch *usw.*)	*alle (miteinander)* (*od. alle drei* usw.*)* Und dann gingen wir alle Mann hoch zum Essen.
du bist (*od.* er ist) mein **Mann** U	*du bist* (*od. er ist*) *der Richtige, dir* (*ihm*) *vertraue ich* Herr Hiller ist mein Mann. Wenn er bei dem Projekt mitmacht, kann nichts schiefgehen.
mein lieber **Mann!** U	1) ein Ausruf der Warnung 2) ein Ausruf des Erstaunens 3) ein Ausruf der Bewunderung 1) Mein lieber Mann, passen Sie doch auf die Autos auf! 2) Wie, Sie waren schon auf dem Matterhorn? Mein lieber Mann, das glaube ich Ihnen aber nicht! 3) In zwei Tagen sind sie mit dem Auto von Frankfurt nach Moskau gefahren? Mein lieber Mann, das ist eine Leistung!
s-n **Mann** stehen (*od.* stellen)	*tapfer das Notwendige leisten* So jung wie er war, hat er bei der Diskussion tapfer seinen Mann gestanden und alle Zwischenrufe sehr gut und sachlich begründet zurückgewiesen.
den großen (*od.* starken) **Mann** markieren U	*s. so benehmen, als ob man bes. tüchtig* (*od. stark*) *wäre* Zu Hause markiert er gern den starken Mann, während er im Büro nicht viel zu sagen hat.
den wilden **Mann** spielen (*od.* machen, markieren) U	*s. wild benehmen, toben* Das haben wir gern, sagte der Polizist, erst das Schaufenster einschlagen und dann den wilden Mann spielen, wenn man dich dabei erwischt!
du hast wohl 'nen kleinen **Mann** im Ohr U	*du bist wohl ein bißchen verrückt* „Statt jetzt schon ins Bett zu gehen, könnten wir doch noch ins Kino gehen." – „Du hast wohl 'nen kleinen Mann im Ohr! Wir müssen doch morgen ganz früh aufstehen."
es ist Not am **Mann**	*s. Not*
etw. an den **Mann** bringen U	1) *etw. verkaufen* 2) = *etw.* loskriegen (3) 1) Peter ist ein großartiger Verkäufer. Er bringt auch die ältesten Ladenhüter noch an den Mann.
j-n an den **Mann** bringen U	*j-n verheiraten* Es ist gar nicht so einfach, eine Dame mit Anhang an den Mann zu bringen.
mit **Mann** und Maus untergehen	*mit der ganzen Besatzung und Ladung im Wasser versinken* Früher passierte es oft, daß ein Schiff einem Orkan nicht gewachsen war und mit Mann und Maus unterging.
von **Mann** zu Mann	*ehrlich, direkt, ohne Beschönigung* Nun laß uns mal ein klares Wort von Mann zu Mann sprechen: es gefällt mir nicht, daß du die Stellung aufgeben willst. Was ist der eigentliche Grund dafür?

Männchen machen	*(bei Hunden) s. (ähnlich wie ein Mensch) hinsetzen* Ich muß immer noch an unseren Pudel denken, wie er sich auf die Hinterbeine setzte und Männchen machte, wenn man ihm einen Keks hinhielt.
Manschetten haben vor j-m *(od. etw.)* S	*große Angst haben vor j-m (od. etw.)* Vor der schriftlichen Prüfung habe ich keine Manschetten, aber vor der mündlichen.
den *(od. s-n)* **Mantel** *(od.* sein **Mäntelchen)** nach dem Wind hängen *(od.* drehen)	*s. Wind*
etw. mit dem **Mantel** der (christlichen Nächsten-) Liebe zudecken *(od.* bedecken) *(od.* den **Mantel** der Liebe *usw.* über etw. breiten *od.* decken)	*über e-n Fehler (e-e Schwäche, e-e unsaubere Sache usw.) schweigen, es nicht anzeigen* Er hat es ja nur gut gemeint und wegen ihrer Jugend den Mantel der Liebe über die Sache breiten *(od.* die Sache mit dem Mantel der Liebe zudecken) wollen.
e-r S. ein **Mäntelchen** umhängen	*etw. Negatives als einwandfrei (od. harmlos) erscheinen lassen* Hoch angesehen wie er war, wurde er natürlich nicht verurteilt, sondern der ganzen Sache wurde ein Mäntelchen umgehängt.
erzähl doch keine **Märchen** U	*schwindle nicht, sage nicht die Unwahrheit* Was, ein fremder Mann hat dir deinen Schirm aus der Hand gerissen? Erzähl doch keine Märchen! Du wirst den Schirm im Zug liegengelassen haben!
dieses **Märchen** kannst du jemand(em) anders erzählen	*was du sagst, glaube ich nicht, ist unwahr* „Hat dein Vater das Zeugnis unterschrieben?" – „Ja, aber er kann es auf seinem Schreibtisch nicht finden." – „Das Märchen kannst du jemand(em) anders erzählen!"
Maria und Joseph! U	*o Schreck! wie entsetzlich!* Maria und Joseph! Der Gerichtsvollzieher!
j-m das **Mark** aus den Knochen saugen	*j-n sehr ausbeuten, zu äußerster Arbeitsleistung zwingen* Es läßt sich nicht bestreiten, daß den Sklaven früher das Mark aus den Knochen gesaugt wurde.
kein **Mark** in den Knochen haben	*= keinen* Mumm *in den Knochen haben*
bis aufs **Mark** (quälen, schikanieren)	*in höchstem Maße (quälen)* Unter dem alten Chef wurden die Arbeiter bis aufs Mark schikaniert.
j-m durch **Mark** und Bein *(od.* Knochen) gehen U	*j-m bis ins Innerste treffen* Der Hilferuf des Ertrinkenden ging mir durch Mark und Bein. Kurz entschlossen sprang ich ins Wasser und zog den Jungen heraus.
bis ins **Mark** (erschrecken)	*bis ins Innerste, tödlich (erschrecken)* Die Hiobsbotschaft hatte ihn bis ins Mark erschreckt.

(bis) ins **Mark** treffen	1) *j-n zutiefst verletzen* 2) *j-m e-n vernichtenden Schlag versetzen* 1) Deine taktlose Bemerkung hat ihn bis ins Mark getroffen. 2) Die Zerstörung der neuerbauten Fabrikhalle durch Feuer hat unsere Firma damals ins Mark getroffen.
j-d ist e-e **Marke** für sich U	= *j-d ist e-e* Nummer *für sich*
e-e komische **Marke** U	= *ein komischer* Kauz
j-d ist e-e nette (*od.* schöne) **Marke** U	= *j-d ist e-e schöne* Nummer
e-e tolle **Marke** U	= *e-e tolle* Nummer
kalt wie **Marmor**	*in den Gefühlen ganz kalt, gefühllos* Schön ist sie schon, aber kalt wie Marmor.
j-m den **Marsch** blasen	*j-m gehörig die Meinung sagen* Als sie heute wieder zu spät kam, habe ich ihr mal den Marsch geblasen.
den **Marschallstab** im Tornister tragen	*ein hohes Ziel erreichen können* Jeder von euch, Jungens, trägt den Marschallstab im Tornister. An euch liegt es, was ihr daraus macht.
mit gebundener **Marschroute**	*nicht frei in den Entscheidungen über einzelne Punkte* Ob wir was erreichen werden? Die Delegation der Gegenseite kommt sicher mit gebundener Marschroute.
das ist die **Masche** (die *stets betont*) (*od.* die richtige, e-e tolle **Masche**) S	1) *der beste Trick, die beste Methode, etw. zu tun* 2) *e-e günstige Gelegenheit* 3) *e-e großartige Idee, S.* 1) In den fünfziger Jahren war es die Masche, Schrott zu sammeln und zu verkaufen; das brachte Geld! 2) Am Silvesterabend sind alle Lehrer beim Direktor eingeladen. Da können wir aus dem Internatsgebäude über die Feuerleiter rauskommen. Das ist die Masche. 3) Wenn es weiter so warm bleibt, dann können wir die Party im Garten machen. Das wäre doch die Masche.
auf e-e **Masche** reisen S	*mit e-m bestimmten Trick arbeiten* Wir müssen warnen vor einem Betrüger, der auf folgende Masche reist: er behauptet, er müsse den Gasherd nachsehen, und dabei nimmt er immer etwas mit.
durch die **Maschen** des Gesetzes schlüpfen	*nicht verurteilt, nicht bestraft werden* Den Gangstern ist es lange Zeit gelungen, durch die Maschen des Gesetzes zu schlüpfen.
die **Maske** fallenlassen (*od.* abwerfen, von s. werfen)	*sein wahres Gesicht zeigen* In Gesellschaft ist sie bezaubernd liebenswürdig, aber kaum sind die Gäste weg, läßt sie die Maske fallen.

j-m die **Maske** herunterreißen (*od.* vom Gesicht reißen)	*j-n entlarven, j-n als Bösewicht erweisen* Ein ehrenwerter Bürger? Er sieht nur so aus. Wer wagt es, ihm die Maske herunterzureißen?
s. ohne **Maske** zeigen	*s. so zeigen, wie man wirklich ist* Ich möchte nur mit Menschen zu tun haben, die sich ohne Maske zeigen.
das **Maß** ist voll	*meine Geduld ist zu Ende* Bernd hat zum drittenmal die Schule geschwänzt. Jetzt ist das Maß voll! Er muß einen Nachmittag nachsitzen.
das **Maß** vollmachen (*od.* zum Überlaufen bringen)	*die Grenze des Möglichen, Erlaubten überschreiten* Unser Lehrling hat seine Unehrlichkeit dann nicht einmal bereut. Das hat das Maß vollgemacht (*od.* zum Überlaufen gebracht), und er wurde entlassen.
ein gerüttelt **Maß** (an Arbeit, Zeit *usw.*)	*sehr viel (Arbeit, Zeit usw.)* Meine Tante hat fünf Kinder und somit ein gerüttelt Maß an Arbeit.
ohne **Maß** und Ziel	*ohne vernünftige Grenzen, maßlos* Meine Nachbarin ist ohne Maß und Ziel. Was ihr gefällt, kauft sie. Am Monatsende hat sie dann nichts mehr.
weder **Maß** noch Ziel kennen	*maßlos, unmäßig sein* Er kannte beim Essen und Trinken weder Maß noch Ziel.
mit zweierlei **Maß** messen	*nicht gerecht urteilen, handeln* Wenn du Christa das Tanzen erlaubst und ihrer Schwester nicht, mißt du mit zweierlei Maß.
mit **Maßen**	*maßvoll, nicht übertreiben* Alles, was man mit Maßen genießt, kann nicht schaden.
über alle **Maßen** (*od.* über die **Maßen**)	*außerordentlich (loben, erstaunt sein usw.)* Wir waren über alle Maßen erstaunt, als heute früh alles weiß verschneit war.
an der **Matratze** horchen S	*schlafen* Es ist schon halb zwei! Wollen wir mal ein bißchen an der Matratze horchen.
j-n **matt** setzen	*j-n ausschalten, ungefährlich machen* Lange Zeit war mir ein Kollege in der Exportabteilung gefährlich, aber den habe ich jetzt matt setzen können.
auf der **Matte** bleiben U	= *auf dem* Teppich *bleiben*
j-n auf die **Matte** legen U	1) *j-n besiegen* 2) *j-n übervorteilen, täuschen* 3) *j-n heftig zurechtweisen* 1) Im Ringen wird die deutsche Mannschaft doch glatt von den Japanern auf die Matte gelegt. 2) Jetzt habe ich so aufgepaßt, und der Händler hat mich doch auf die Matte gelegt. 3) Wenn einer der Jungen frech wird, dann müssen Sie ihn auf die Matte legen.

bei j-m ist **Matthäi** am letzten U	1) *j-d ist wirtschaftlich, finanziell am Ende* 2) *j-d liegt im Sterben* 1) Klaus kann nicht mit, bei dem ist Matthäi am letzten, und Geld leiht ihm keiner mehr. 2) Den alten Johann hat beim Heuen der Schlag getroffen. Ich fürchte, bei ihm ist Matthäi am letzten.
j-d hat (*od.* bei j-m ist) **Mattscheibe**) S	*j-d begreift schwer, mit j-m kann man nicht reden* Ich kann keinen klaren Gedanken fassen. Bei mir ist heute Mattscheibe.
Mätzchen machen U	1) *Unsinn treiben* 2) *Ausflüchte machen, s. sträuben* 1) Wie willst du denn die Prüfung bestehen, wenn du, statt zu arbeiten, immer nur Mätzchen machst. 2) Ich hab' dir gesagt, du sollst den Mülleimer ausleeren. Nun mach keine Mätzchen und geh!
das **Maul** aufmachen (*od.* auftun) U	= *den* Mund *aufmachen* (aber grober)
das **Maul** aufreißen (wie ein Scheunentor) U	1) *derb, zornig reden* 2) *außerordentlich prahlen* 1) Von dem habe ich noch nie ein freundliches Wort gehört. Er reißt immer das Maul auf. 2) Was hat er schon geleistet! Aber das Maul reißt er auf wie ein Scheunentor.
das **Maul** (weit) aufreißen über j-n U	*(sehr) schlecht reden über j-n* Es ist schlimm, wenn man eine Nachbarin hat, die über jeden Mitbewohner das Maul aufreißt.
das **Maul** (*od.* **Maul** und Nase *od.* **Maul** und Ohren) aufsperren U	= *den* Mund *aufsperren* (aber grober)
das **Maul** halten U	= *den* Mund *halten* (aber grober)
j-m das **Maul** stopfen U	1) *j-m die Lust am weiteren Reden nehmen* 2) *j-n durch Bestechung daran hindern zu reden* 1) Wie unsere Nachbarn über uns reden, das geht auf keine Kuhhaut. Wie können wir denen das Maul stopfen? 2) „Merkwürdig, daß der Zeuge den Angeklagten so wenig belastet." – „Man wird ihm das Maul gestopft haben."
das **Maul** (zu) voll nehmen U	= *den* Mund *(zu) voll nehmen* (aber grober)
das **Maul** (*od.* das **Mäulchen**) nach etw. spitzen U	*etw. gern haben wollen (zum Essen)* Ich brauche nur den Pralinenkasten aus dem Schrank zu holen, schon spitzen die Kinder das Maul.
j-m das **Maul** verbieten U	= *j-m den* Mund *verbieten* (aber grober)

s. das **Maul** verbrennen U	= s. den Mund verbrennen (aber grober)
j-m das **Maul** wässerig machen U	= j-m den Mund wässerig machen
ich kann mir das **Maul** wischen U	= ich kann mir den Mund wischen
s. das **Maul** zerreißen (über j-n) U	häßlich reden (über j-n) Über eine Stunde stehen nun schon diese drei Weiber zusammen und schwatzen. Möchte wissen, über wen sie sich wieder das Maul zerreißen.
ein grobes (od. böses, freches, loses, gottloses) **Maul** haben U	= ein grobes (usw.) Mundwerk haben
ein großes **Maul** haben (od. führen) U	prahlerisch reden, übertreiben Der Abend gestern war eigentlich sehr nett, nur Volker hat wie immer ein großes Maul gehabt.
ein schiefes **Maul** ziehen (od. machen) U	unzufrieden, beleidigt sein „Warum meinst du, er ist beleidigt? Hat er was gesagt?" – „Nein, aber er hat ein schiefes Maul gezogen."
kein Blatt vors **Maul** nehmen U	= kein Blatt vor den Mund nehmen
j-m eins (od. eine) aufs **Maul** geben U	= j-m eins (od. eine) auf den Mund geben (aber grober)
nicht aufs **Maul** gefallen sein U	= nicht auf den Mund gefallen sein
j-m etw. ins **Maul** schmieren U	etw. so sagen, daß die Antwort für den anderen damit praktisch gegeben ist Muß ich dir die Antwort ins Maul schmieren (die Antwort ist doch ganz naheliegend)?
j-m übers **Maul** fahren U	= j-m über den Mund fahren (aber grober)
j-m ums **Maul** gehen U	j-m schmeicheln Hast du noch nicht gemerkt, daß du praktisch alles von ihm haben kannst, wenn du ihm ums Maul gehst?
j-m etw. ums **Maul** schmieren U	j-m etw. Unangenehmes so sagen, daß es möglichst angenehm klingt Natürlich sollst du diese Sache deinem Vater nicht einfach so berichten, wie sie ist. Dann geht alles schief. Du mußt versuchen, es ihm ums Maul zu schmieren.
Maulaffen feilhalten U	dastehen u. mit weit offenen Augen zuschauen (u. nichts tun) Das wäre ja noch schöner – rumstehen und Maulaffen feilhalten! Jeder muß mithelfen und zupacken.

pünktlich wie die **Maurer**	*(allzu) pünktlich* Wenn Feierabend ist, sind unsere Sekretärinnen pünktlich wie die Maurer. Was nicht fertig ist, bleibt liegen.
da(von) beißt die **Maus** keinen Faden ab (*od.* da[von] beißt keine **Maus** e-n Faden ab) U	*das ist so und nicht anders, das ist unabänderlich* Auch wenn wir jetzt kein Geld haben – du brauchst neue Schuhe. Da beißt die Maus keinen Faden ab.
das kann e-e **Maus** auf dem Schwanz forttragen (*od.* das trägt e-e **Maus** auf dem Schwanz fort *od.* weg) U	*das ist sehr wenig, sehr gering* Was, mehr Butter gibt das Hotel nicht zum Frühstück? Das kann ja eine Maus auf dem Schwanz forttragen. / Ich bin bei dem Geschäft nicht eingestiegen. Was da an Profit herausschaut, kann eine Maus auf dem Schwanz wegtragen.
die weißen **Mäuse**	*die Verkehrspolizisten* Auf dieser gefährlichen Strecke patrouillieren die weißen Mäuse besonders oft.
Mäuse merken (*od.* riechen) U	*Schliche, Tricks merken (od. merken, wo etw. nicht stimmt)* Als Geschäftsführer brauchen wir einen Mann, der nicht nur sein Handwerk versteht, sondern jemanden, der Mäuse merkt, dem niemand etwas vormachen kann.
weiße **Mäuse** sehen	*Wahnvorstellungen haben (vor Furcht, aus Trunkenheit usw.)* „Da, die zwei Männer, sie kommen auf unser Haus zu. Sie wollen mich verhaften!" – „Unsinn! Du siehst ja weiße Mäuse!"
da möchte ich **Mäuschen** sein (*od.* spielen) U	*da möchte ich dabei sein (und sehen oder hören, was geschieht), ohne selbst gesehen zu werden* Auf der Konferenz wird heute über meine Anstellung entschieden. Da möchte ich Mäuschen sein.
ich hätte mich in ein **Mauseloch** verkriechen mögen U	= *ich hätte in den* Erdboden *versinken mögen*
es ist zum **Mäusemelken** S	= *es ist, um auf die* Akazien *zu klettern*
s. **mausig** machen	*wichtig tun, keck auftreten* Seinen Antrag auf Schluß der Debatte brauchen Sie nicht ernst zu nehmen. Er will sich nur mausig machen.
die Kehrseite der **Medaille**	*s. Kehrseite*
wie ein **Mehlsack** schlafen	*ganz tief schlafen* Nach dem vielen guten Wein legte ich mich ins Bett und schlief wie ein Mehlsack.
etw. schmeckt nach **mehr** U	*etw. schmeckt besonders gut (so daß man noch mehr davon essen möchte)* Der Pudding ist herrlich, er schmeckt nach mehr.

wenn –, dann heiß ich **Meier** (*od.* ich will **Meier** heißen, wenn –)	= *wenn –, dann heiß ich* Emil
zu Tante **Meier** gehen U	*s. Tante*
etw. drei **Meilen** gegen den Wind riechen U	*etw. ganz deutlich merken* Das riecht man doch drei Meilen gegen den Wind, daß irgend etwas an dieser Sache nicht stimmt.
drei **Meilen** gegen den Wind stinken S	*sehr stark (bes. nach Parfüm) riechen* Ich kann einfach nicht lange neben ihm sitzen, er stinkt immer drei Meilen gegen den Wind.
meilenweit von etw. entfernt sein (*od.* davon entfernt sein, etw. zu tun)	*keineswegs die Absicht haben, etw. zu tun (od. etw. keineswegs tun können)* Ich dachte, er würde sich bei mir entschuldigen. Aber davon ist er meilenweit entfernt.
mein und dein verwechseln (*od.* **mein** und dein nicht unterscheiden können)	*scheinbar aus Versehen mitnehmen, stehlen* Gib bei dem neuen Mitarbeiter acht, er kann mein und dein nicht unterscheiden. Gestern habe ich mein Feuerzeug in seiner Jackentasche wiedergefunden.
das will ich **meinen**	*natürlich, ganz gewiß ist das so* „Die Griechen sind doch hervorragende Künstler gewesen." – „Das will ich meinen!"
j-m die **Meinung** sagen (*od.* geigen)	*j-m sagen, was man (Negatives) von ihm denkt (od. ihn tadeln)* Dem muß ich mal ganz gehörig die Meinung sagen! Er kommt meist unpünktlich, geht aber auf die Minute.
j-d hat eine **Meise** U	*j-d ist nicht recht bei Verstand* „Er geht jeden Abend kegeln." – „Der hat doch 'ne Meise."
s-n **Meister** finden	*von j-m übertroffen werden* Die Staatsmänner auf dem Wiener Kongreß haben damals in Metternich ihren Meister gefunden.
nichts zu **melden** haben U	*nichts zu sagen haben, ganz unbedeutend sein* Das Hotel gehört beiden. Aber er hat nichts zu melden. Seine Frau führt das Regiment.
jede **Menge** U	*sehr viel* Im Diktat macht er noch immer jede Menge Fehler.
in rauhen **Mengen** S	*sehr viel(e), in großer Zahl* Dieses Jahr gab es Kirschen in rauhen Mengen.
jetzt bin ich wieder ein **Mensch**	*jetzt habe ich mich von der Anstrengung wieder erholt* „Na, wie geht es Ihnen?" – „Gott sei Dank wieder viel besser. Jetzt bin ich allmählich wieder ein Mensch."
ich bin auch nur ein **Mensch**	*ich habe begrenzte Kräfte, habe meine Schwächen* Wie können Sie denn erwarten, daß er die Arbeit seines im Urlaub befindlichen Kollegen mit erledigt? Er ist doch auch nur ein Mensch.

ich bin kein **Mensch** mehr	*ich bin völlig erschöpft* Nach diesem langen Marsch war ich kein Mensch mehr.
kein **Mensch** muß müssen U	*niemand kann zu etw., das er nicht will, gezwungen werden* „Ach, komm mit, den Film mußt du einfach gesehen haben." – „Wieso? Kein Mensch muß müssen."
(nur noch) ein halber **Mensch** sein	*s. halb*
e-n neuen **Menschen** anziehen (*od*. den alten Menschen ablegen) L	*(sittlich, moralisch) ein ganz anderer Mensch werden* Einige Religionen verlangen nicht mehr und nicht weniger, als daß man den alten Menschen ablege.
etw. für den inneren **Menschen** tun	*für Speise und Trank sorgen, sich etw. zum Essen beschaffen* Jetzt hab ich sechs Stunden hintereinander gearbeitet, jetzt muß ich was für den inneren Menschen tun.
etw. für den äußeren **Menschen** tun	*das Äußere, den Anzug pflegen* Aufs Können allein kommt es nicht an, wenn man sich um eine Stelle bewirbt. Man muß auch etwas für den äußeren Menschen tun.
unter die **Menschen** kommen	= *unter die Leute kommen*
von **Mensch** zu Mensch	*ohne die Schranken der Konvention, ohne den Unterschied von Rang, Dienstgrad, Stellung usw.* Es ist schon etwas Besonderes, wenn man mit dem Direktor mal von Mensch zu Mensch sprechen kann.
Mensch Meier! U	*Donnerwetter!* Die Fußballspieler klopften ihrem Torwart begeistert auf die Schulter: „Mensch Meier, den Ball hast du aber prima abgefangen!"
das **Menschen**mögliche tun (*od.* sein **Menschen**möglichstes tun)	*alles tun, was überhaupt denkbar oder möglich ist* Die Mutter verbrauchte ihre ganze Kraft, um den Sohn wieder gesund zu pflegen. Sie hat wirklich ihr Menschenmöglichstes getan.
keine **Menschenseele**	*niemand, kein Mensch* Wenn ich abends spät nach Hause gehe, begegne ich keiner Menschenseele.
s. wieder **menschlich** machen	*s. (nach e-r Reise usw.) wieder frischmachen* Zwölf Stunden Fahrt! Endlich hab' ich mich wieder menschlich machen können.
es ist ihm etw. **Menschliches** begegnet (*od*. zugestoßen, passiert)	*er mußte s. übergeben (od. s-e Notdurft verrichten)* Während der Versammlung stieß ihm etwas Menschliches zu, so daß er schnell den Raum verlassen mußte, um ein gewisses Örtchen aufzusuchen.
das **Messer** sitzt ihm an der Kehle	*er ist in äußerster Bedrängnis (bes. in Geldnot)* Das Messer sitzt ihm jetzt an der Kehle. Er kann nicht mal den nächsten Wechsel fürs Auto einlösen.

j-m das **Messer** an die Kehle (od. Gurgel) setzen	*j-n mit (bes. wirtschaftlicher) Vernichtung bedrohen* Die Bank hat ihm jetzt das Messer an die Kehle gesetzt. Weil er im Rückstand ist, verlangt sie den Kredit zurück.
j-m selbst das **Messer** in die Hand geben	*(s-m Gegner) das Mittel zur Vernichtung, die vernichtenden Argumente selbst liefern* In seiner Erregung nannte er die Quelle seiner Informationen und gab dem Gegner damit selbst das Messer in die Hand.
auf des **Messers** Schneide stehen	*höchst kritisch sein, in den Chancen 50 zu 50 stehen* Noch immer steht das Ergebnis der Operation auf des Messers Schneide.
j-n ans **Messer** liefern	*j-n der Polizei, den Gerichten ausliefern* Sie hätte den Erpresser schon längst ans Messer liefern können, aber sie hat entsetzliche Angst vor ihm.
auf diesem **Messer** kann man (bis) nach Rom reiten U	*dies Messer ist sehr stumpf* Gib mir doch mal ein anderes Messer. Auf diesem kann man ja (bis) nach Rom reiten!
bis aufs **Messer**	*bis zum äußersten (Kampf, kämpfen, bekämpfen)* Die beiden Parteien bekämpften sich bis aufs Messer.
ins offene **Messer** rennen	*sehr viel riskieren, s. in große Gefahr begeben* Ich würde zu all den Vorwürfen schweigen und gar nichts sagen. Was immer du sagst – du rennst ins offene Messer.
alt wie **Methusalem**	*sehr alt* Dr. Krüger ist schon alt wie Methusalem, aber bei bester Gesundheit.
einen **Metzgersgang** machen	*seinen Weg umsonst machen* Ich wollte mir bei ihm ein Fahrrad leihen, aber ich habe wieder einen Metzgersgang gemacht: sein Rad ist kaputt.
die **Meute** auf j-n hetzen (od. hinter j-m herjagen)	*j-m die Feinde auf den Hals schicken* Er hat so viel Gegner – wenn du ihn weghaben willst, brauchst du nur die Meute auf ihn zu hetzen.
der deutsche **Michel**	*der fleißige, aber engstirnige deutsche Bürger (od. Spießer)* Der deutsche Michel, brav und fleißig, mit engem Horizont, stirbt allmählich aus.
Miene machen (etw. zu tun)	*den Eindruck erwecken (etw. tun zu wollen)* Als wir auf seine Forderungen nicht eingehen wollten, machte er Miene, den Raum zu verlassen und damit die Verhandlungen abzubrechen.
gute **Miene** zum bösen Spiel machen	*s-n Ärger (Zorn usw.) nicht zeigen, so tun, als wäre nichts geschehen* Es gehört oft zur Kunst eines Diplomaten, gute Miene zum bösen Spiel zu machen.
keine **Miene** verziehen (od. ohne e-e **Miene** zu verziehen)	*s-n Gesichtsausdruck (trotz Zorn od. Freude) nicht ändern* Selbst als sie ihn einen Halunken nannten, verzog er keine Miene.
j-n **miesmachen** U	= *j-n schlechtmachen (bei j-m)*
etw. **miesmachen** U	= *etw. schlechtmachen*

wie **Milch** und Blut aussehen	*s. Blut*
e-e **Mine** legen (gegen j-n)	*etw. tun, das s. später verhängnisvoll auswirkt* Er wird sich nicht mehr lange halten können. Ich habe schon verschiedene Minen (gegen ihn) gelegt.
alle **Minen** springen lassen	*möglichst viele raffinierte, bes. psychologische Mittel einsetzen, um etw. zu erreichen* Wir hätten den Antrag nie durchgekriegt, wenn wir nicht alle Minen hätten springen lassen.
die grüne **Minna**	*der Polizeiwagen für den Gefangenentransport* Schau mal, da drüben fährt einer in der grünen Minna.
j-n zur **Minna** machen S	= *j-n zur* Sau *machen*
minus machen U	*verlieren, einbüßen* Gewinn? Gar keiner! Dreißig Mark habe ich minus gemacht.
in letzter **Minute**	= *in* zwölfter *Stunde*
mir nichts, dir nichts U	*s. nichts*
das ist mir ein inneres **Missionsfest** S	*das ist mir e-e große Freude, e-e Genugtuung* Unser Skilehrer hat heute den Angeber ordentlich gezwiebelt. Das war mir ein inneres Missionsfest.
nicht auf j-s **Mist** gewachsen sein U	*nicht von j-m stammen* Der Schlager ist aber auf seinem Mist gewachsen. Es gab früher schon mal einen ähnlichen.
so ein **Mist**! S	*1) so ein dummes Zeug!* *2) ist das ärgerlich!* 1) Das stimmt doch überhaupt nicht! So ein Mist! 2) „Der letzte Bus ist schon weg." – „So ein Mist!"
Mist bauen S	*e-e sehr schlechte Leistung vollbringen, e-e schlimme Tat begehen* Gestern habe ich auf der Autobahn Mist gebaut beim Überholen. Mein Wagen wurde stark beschädigt.
etw. **mitgehen** (*od.* **mitlaufen**) lassen (*od.* mitgehen heißen)	*etw. heimlich verschwinden lassen, stehlen* Die Zahl der Bierkrüge, die die Besucher des Münchner Oktoberfestes mitgehen lassen, geht in die Tausende.
mitkommen: da komme ich nicht (mehr) mit	*das verstehe ich nicht (mehr)* Erst verkauft er sein Auto und jetzt noch sein Grundstück? Da komme ich nicht mehr mit!
mitkönnen: da kann ich nicht (mehr) mit	*1) das verstehe ich nicht (mehr)* *2) das ist mir zu teuer* 1) Dieses Grundstück hat er auch noch verkauft? Da kann ich nicht mehr mit. 2) Die alte Schwarzwälder Standuhr hätte ich gern ersteigert. Aber sie wurde schon mit 8000 DM geschätzt. Da kann ich nicht mehr mit.

die goldene **Mitte**	*die vernünftige Mitte zwischen zwei Extremen* Nirgends ist die Macht der Extreme so groß wie in der Politik. Wer findet hier schon die goldene Mitte?
ab durch die **Mitte**! U	*verschwinde(t)!* So, jetzt kriegt noch jeder fünfzig Pfennig für ein Eis, und dann ab durch die Mitte!
Mittel und Wege suchen	*Möglichkeiten, Methoden, Tricks suchen* Es muß doch Mittel und Wege geben, diesem Betrüger das Handwerk zu legen.
Mittel und Wege finden	*Methoden, Lösungen finden* Wir müssen einfach Mittel und Wege finden, wie wir aus dieser mißlichen Lage wieder herauskommen.
s. ins **Mittel** legen (für j-n)	*s. einsetzen für j-n, für j-n vermitteln* Könntest du dich nicht bei deinem Vater ins Mittel legen, daß er meinem Freund nicht kündigt?
mit allerlei **Mittelchen** (etw. versuchen)	*mit den verschiedensten Tricks, nicht einwandfreien Mitteln* Es ist toll zu sehen, wie Dirk versucht, aus seinem Vater mit allerlei Mittelchen mehr Geld herauszuholen.
der goldene **Mittelweg**	*ein Kompromiß, e-e Methode, die die Extreme vermeidet* Vater ist für strenge Bestrafung, Mutter dafür, daß gar nichts geschieht. Der goldene Mittelweg wäre das beste.
der letzte **Mohikaner** (*od.* der Letzte der **Mohikaner**) U	*das letzte Stück (Kuchen* od. *Geld, die letzte Weinflasche* usw.) Hier ist noch ein Fünfmarkstück, aber das ist der letzte Mohikaner.
e-n **Mohren** weißwaschen wollen	*etw. Vergebliches versuchen* Jetzt willst du versuchen, ihm die Bruchrechnung beizubringen? Du willst wohl auch einen Mohren weißwaschen!
den **Mond** anbellen	*gegen Unerreichbares, Unabänderliches schimpfen* Nun hör mal mit deinem Schimpfen über die Parkuhren auf. Es hat doch keinen Zweck, den Mond anzubellen.
auf dem **Mond** leben U	*= hinter dem* Mond *leben*
j-n auf den **Mond** schießen U	*= j-n zum* Tempel *hinausjagen*
(drei Meilen) hinter dem **Mond** leben (*od.* hinter dem Mond zu Hause sein) U	*von nichts etw. wissen, rückständig sein* Sie wissen nicht, daß Sie einen Lichtbildausweis brauchen, wenn Sie die Grenze überschreiten wollen? Ja, leben Sie denn hinter dem Mond?
in den **Mond** gucken U	*leer ausgehen, das Nachsehen haben* Meine Geschwister haben von Onkel Olaf natürlich etwas mitgebracht gekriegt, aber ich konnte wie immer in den Mond gucken.
etw. in den **Mond** schreiben	*etw. als hoffnungslos aufgeben, verloren geben* Das Geld, das du Ingo gibst, kannst du gleich in den Mond schreiben. Ich warne dich.

nach dem **Mond** gehen U	*ganz falsch gehen* (von der Uhr) Ich kann dir nicht genau sagen, wie spät es ist. Meine Uhr geht nach dem Mond.
nach dem **Mond** greifen	*Unerreichbares anstreben* Es hat keinen Sinn, daß du immer nach dem Mond greifen willst.
er kann mir im **Mondschein** begegnen U	*ich will von ihm nichts wissen* Klaus kann mir im Mondschein begegnen. Der dumme Kerl hat mich zu sehr geärgert.
s. ein **Monogramm** in den Bauch beißen S	*vor Wut toben* Ich könnte mir ein Monogramm in den Bauch beißen, wenn ich daran denke, wie leicht ich hier 500 Mark losgeworden bin.
du kannst dir ein **Monogramm** in den Bauch beißen S	*du kannst sagen (od. machen), was du willst* Du kannst dir ein Monogramm in den Bauch beißen, ich nehme trotzdem den Wagen.
blauer **Montag**	*ein Montag, den man s. unberechtigterweise von der Arbeit freigemacht hat* Schade, daß wir am Sonntag nach Hause müssen. Könntest du nicht einfach blauen Montag machen?
die **Moral** von der Geschicht'	*die Lehre, die man aus etw. ziehen muß* „Und gerade, als ich mit dem Sack Äpfel fort wollte, kam der Bauer angerannt." – „Ja, ja, die Moral von der Geschicht', stiehl andrer Leute Äpfel nicht."
e-e **Moral** mit doppeltem Boden	*s. doppelt*
e-n (*od.* den) **Moralischen** haben (*od.* kriegen, bekommen)	*den Zustand (mst. nach e-m Rausch) haben, bei dem man Weltschmerz empfindet; Gewissensbisse haben* Als er wieder nüchtern war, kriegte er einen Moralischen und schämte sich, daß er laut grölend durch die nächtlichen Straßen gezogen war.
es gibt **Mord** und Totschlag U	*es gibt e-e große Aufregung, heftigen Streit* Sobald in unserer Familie das Gespräch auf die Politik kommt, gibt es Mord und Totschlag.
Mord und Brand schreien	*in heller Aufregung (um Hilfe) schreien* Die Marktfrau schrie Mord und Brand, als ein Hund eines ihrer Hühner schnappte und davonlief.
das ist ja **Mord** (*od.* der reine **Mord**, der reinste **Mord**)	*das ist entsetzlich, sehr gefährlich* Bei diesem Wetter soll ich aufs Dach und die Fernsehantenne reparieren? Das ist ja (der reinste) Mord.
j-n **Mores** lehren	*1) j-m Anstand beibringen* *2) = j-m e-e Standpauke halten* 1) Willst du wohl der alten Dame Platz machen, du Lausebengel? Dich werd ich Mores lehren!
Morgenluft wittern	*endlich vorteilhafte Möglichkeiten, die große Chance ahnen* Die Opposition witterte Morgenluft, als der Zwist in der Regierungskoalition plötzlich offen zutage trat.

in **Morpheus'** Armen ruhen (*od.* liegen) L	*schlafen* Da liegt mein Göttergatte und ruht in Morpheus' Armen. Wenn er wüßte, daß er im Toto gewonnen hat!
du kriegst die **Motten** (ins Gebein)! U	*das ist toll, unglaublich, das ist e-e Überraschung* „Morgen fliege ich nach Australien." – „Du kriegst die Motten! Morgen schon?"
ich denke, ich kriege die **Motten** U	= *(ich denke) mich laust der* Affe
da sind die **Motten** hineingekommen U	*die S. ist steckengeblieben, steht nicht mehr so gut wie früher* „Und wie steht es mit den Plänen für die Altersversorgung der Institutsdozenten?" – „Da sind die Motten hineingekommen. Es ist noch alles ganz ungewiß."
wie die **Motten** ums Licht fliegen	*von e-r Sache nicht loskönnen, bis man vernichtet ist* In Hollywood leben Hunderte von jungen Mädchen, die zum Film wollen. Sie fliegen wie die Motten ums Licht – bis sie eines Tages mittellos dasitzen.
j-m die **Motten** austreiben	= *j-m die* Grillen *austreiben*
aus der **Mottenkiste** stammen	*völlig veraltet, in gar keiner Weise modern sein* Das Schlagerfestival war das Letzte! Alles, was gespielt wurde, stammte aus der Mottenkiste.
j-m die **Mucken** austreiben	*j-n dazu bringen, s-e Eigenheiten (s-n Trotz,* Widerstand *usw.) fallenzulassen* Wir hatten doch den Sonntagsausflug so schön besprochen. Und jetzt will Dieter wieder etwas anderes? Dem werd ich die Mucken schon austreiben.
s-e **Mucken** haben U	*1) s-e Launen haben* *2) nicht recht funktionieren* 1) Bei Onkel Theodor weiß man nie so recht vorher, wie er sich entscheiden wird. Er hat so seine Mucken. 2) Mein Rasierapparat hat manchmal seine Mucken, und dann muß ich mich naß rasieren.
aus e-r **Mücke** e-n Elefanten machen	*etw. sehr stark übertreiben, aufbauschen* Was heißt denn hier gemeiner Dieb? Der Junge hat doch nur einen einzigen Apfel an sich genommen. Mach doch aus einer Mücke keinen Elefanten!
keinen **Mucks** (*od.* nicht **Mucks**) sagen U	*gar nichts sagen (u. nicht das Gesicht verziehen)* Als ich ihr eröffnete, sie würde bis Weihnachten kein Taschengeld mehr bekommen, sagte sie keinen Mucks.
(nur) keine **Müdigkeit** vorschützen U	*keine Ausreden haben, es ginge nicht, sondern weitermachen* Bitte, meine Herren, keine Müdigkeit vorschützen, sondern eifrig mit Ihren Damen das Tanzbein schwingen!
mit (knapper) **Müh** und Not	*nur mit den allergrößten Schwierigkeiten* Mit Müh und Not ist es uns gelungen, unseren entflogenen Kanarienvogel wiederzubekommen.

s-e **Mühle** steht niemals still U	*er redet ununterbrochen* Hast du schon mal erlebt, daß seine Mühle stillsteht? Der redet doch von morgens bis abends.
Wasser auf j-s **Mühle** sein	*s. Wasser*
in die **Mühle** (der Verwaltung, der Ämter *usw.*) geraten	*in e-e langwierige bürokratische Prozedur geraten* Bei der Adoption von Eva sind wir in die Mühle der Ämter geraten. Es hat Monate gedauert.
mir geht (es wie) ein **Mühlrad** im Kopf herum U	*ich bin ganz verwirrt* Heute war so viel los, so viel Durcheinander, mir geht es wie ein Mühlrad im Kopf herum.
reden wie ein **Mühlrad** U	*ununterbrochen reden* Heute war ein Vertreter an der Tür, der redete wie ein Mühlrad, um mir ein neues Bohnerwachs zu verkaufen.
Lieschen **Müller** U	*der durchschnittliche Spießbürger (in Geschmacksfragen)* Erwähnen Sie bitte auch in Ihrem Artikel, was das Kaiserpaar anhatte und was es aß – sonst ist Lieschen Müller nicht zufrieden.
keinen **Mumm** in den Knochen haben U	*keine Energie, keinen Schneid haben* Reinhard ist ein lieber Kerl, aber er hat keinen Mumm in den Knochen. Er gibt immer nach.
nicht wagen, **mumm** zu sagen U	*nicht den Mut haben, etw. dagegen zu sagen* Bisher war das Kind so brav, es wagte nicht einmal, mumm zu sagen. Plötzlich hat es nur noch Widerworte.
der **Mund** steht ihr nicht (*od.* nie) still U	= *ihr* Mundwerk *steht nicht still*
den **Mund** halten	*nicht reden, still sein* Du sollst den Mund halten! / Er kann im Unterricht den Mund nicht halten.
den **Mund** aufmachen (*od.* auftun)	*1) reden, etw. sagen* *2) (über Negatives) reden, wenn die Zeit dafür gekommen ist* 1) Er weiß eine ganze Menge, aber er macht im Unterricht fast nie den Mund auf. 2) Wenn ich einmal nicht mehr im Dienst bin, dann werde ich den Mund aufmachen.
den **Mund** aufreißen (wie ein Scheunentor) U	= *das* Maul *aufreißen (wie ein Scheunentor)*
den **Mund** aufreißen über j-n U	= *das* Maul *(weit) aufreißen über j-n*
den **Mund** (*od.* Mund und Nase) aufsperren	*höchst erstaunt blicken* Als ich mit meinem Oldtimer vorfuhr, sperrte meine Tante Mund und Nase auf.
j-m den **Mund** stopfen U	= *j-m das* Maul *stopfen*

j-m den **Mund** verbieten	*j-m verbieten zu sprechen* Ich lasse mir von niemandem den Mund verbieten.
s. den **Mund** verbrennen U	*etw. sagen, was böse Folgen hat* Sie ist ein freches Ding und wird sich bei den Kollegen noch oft den Mund verbrennen.
den **Mund** (zu) voll nehmen U	*angeben, prahlen* Er hat wieder mal den Mund voll genommen und behauptet, er mache das alles viel schneller und besser.
ich kann mir den **Mund** wischen U	*ich gehe leer aus, bekomme nichts* Allen hatte Onkel Manfred etwas mitgebracht, nur ich konnte mir wieder den Mund wischen.
s. den **Mund** zerreißen U	= *s. das* Maul *zerreißen*
s. den **Mund** fusselig (*od.* fransig *od.* in Fransen) reden U	*etw. immer wieder sagen, j-m immer wieder zureden (aber erfolglos)* Was habe ich mir den Mund fransig geredet, er soll sich wärmer anziehen; jetzt ist er erkältet.
j-m den **Mund** wässerig (*od.* wäßrig) machen U	*j-n auf etw. gelüstig machen, j-m Appetit machen* Hör endlich auf mit deinen Erzählungen von dem Festessen, du machst mir richtig den Mund wässerig.
reinen **Mund** halten	*ein Geheimnis bewahren* Sie ist wirklich zuverlässig, sie wird über alles reinen Mund halten.
den großen **Mund** haben U	= *den* Mund *(zu) voll nehmen*
e-n losen **Mund** haben U	= *ein loses* Mundwerk *haben*
an j-s **Mund** (*od.* j-m am **Mund**) hängen U	= *an j-s* Lippen *hängen*
j-m eins (*od.* eine) auf den **Mund** geben U	*j-m e-n Schlag auf den Mund geben* Wenn das Kind mal ein bißchen vorlaut ist, brauchst du ihm doch nicht gleich eins auf den Mund zu geben.
nicht auf den **Mund** gefallen sein U	*redegewandt, schlagfertig sein* Nun sag, was du angerichtet hast! Du bist doch sonst nicht auf den Mund gefallen.
etw. aus j-s **Mund** (zum erstenmal) hören	*etw. von j-m hören, erfahren* Von der Verlegung unserer Firma hab' ich zuerst aus dem Mund von Dr. Müller etwas gehört.
(viel) im **Munde** führen U	*viel reden, behaupten* Das ist doch Unsinn! Der Erwin führt viel im Munde, bis der Tag rum ist.
in aller (Leute) **Munde** sein	*viel beredet werden, Gegenstand des Klatsches sein* Es gibt viele Filmschauspieler, deren Privatleben in aller Leute Munde ist.

j-m etw. in den **Mund** legen	1) *etw. so sagen, daß der andere die richtige Antwort geben muß* 2) *j-m e-n Gedanken nahelegen* 3) *e-e Rolle etw. Bestimmtes sagen lassen* 1) Er konnte ja gar nicht durchfallen. Der Prüfer hat ihm die Antworten (förmlich) in den Mund gelegt. 2) Er mußte mir dies Angebot machen. Ich hatte es ihm ja (quasi) in den Mund gelegt. 3) Seine eigenen Lebensansichten hat er in diesem Stück dem Pfarrer in den Mund gelegt.
von der Hand in den **Mund** leben	*alles gleich verzehren (od. verbrauchen), was man verdient* Er hat keinerlei Rücklagen, da er jahrelang nur von der Hand in den Mund gelebt hat.
(ein Wort) (nicht) in den **Mund** nehmen	*ein (abscheuliches) Wort (nicht) benutzen* Es war so ein gemeines Wort, das er sagte, wie ich es nie in den Mund nehmen würde.
j-m etw. in den **Mund** schmieren U	*etw. so darlegen, daß man es verstehen muß* Wenn du diese Rechnung noch nicht kapiert hast, dann ist dir nicht zu helfen. Der Lehrer hat es dir doch in den Mund geschmiert.
mit dem **Mund** vorneweg sein U	*frech, vorlaut sein* Mit dem Mund ist er immer vorneweg. Aber wenn's dann ans Arbeiten geht, ist er verschwunden.
mit offenem **Mund** dastehen U	= *den Mund (od. Mund u. Nase) aufsperren*
j-m nach dem **Mund(e)** reden	*das sagen, was j-d gern hören möchte* Er hat sich das Herz meiner Mutter erobert, indem er ihr immer nach dem Munde redet.
j-m über den **Mund** fahren	*j-m heftig widersprechen, j-n scharf zurechtweisen* Wenn Olga nur ein Wörtchen sagt, fährt Vater ihr über den Mund. Es ist schrecklich.
s. etw. vom **Mund(e)** absparen	*das Geld für etw. sparen, indem man weniger ißt* Die Geige hat er sich vom Munde abgespart.
von **Mund** zu Mund gehen	*s. schnell mündlich (oft geflüstert) verbreiten* Die saftigsten Witze werden wohl kaum je gedruckt, sondern gehen von Mund zu Mund.
kein Blatt vor den **Mund** nehmen	*s. Blatt*
j-m etw. **mundgerecht** machen	= *j-m etw. schmackhaft machen*
j-n **mundtot** machen	*machen, daß j-s Worte nicht verbreitet werden* Es gehört zum Wesen der Demokratie, daß Opposition ermuntert und nicht etwa mundtot gemacht wird.
ihr **Mundwerk** steht nicht (od. nie) still U	*sie redet ununterbrochen* Sie arbeitet flink und gut, aber ihr Mundwerk steht dabei auch nicht einen Augenblick still.

ein gutes (od. flinkes, geöltes) **Mundwerk** haben U
: *schnell und gewandt reden können*
Ein Vertreter muß ein gutes Mundwerk haben.

ein grobes (od. böses, freches, loses, gottloses) **Mundwerk** haben U
: *(oft) grobe (gemeine, freche, häßliche) Dinge sagen*
Vor Ihrer Nachbarin nehmen Sie sich in acht! Die hat ein böses Mundwerk.

gangbare **Münze**
: *etw. allgemein Anerkanntes und oft Verwendetes*
Solche Begriffe wie Gleichheit, Brüderlichkeit – sind sie eigentlich heute noch gangbare Münze?

etw. für bare **Münze** nehmen
: *etw. ernst nehmen, etw. für so wahr halten, wie es gesagt ist (statt zu begreifen, daß es nicht wörtlich gelten soll)*
Wie kannst du das, was er sagt, für bare Münze nehmen? Ihm darf man doch nichts glauben.

er versteht es, sein Können (od. seine Begabung usw.) in klingende **Münze** umzuwandeln (od. umzusetzen)
: *er weiß, wie man es macht, daß man s. gut bezahlen läßt*
Er ist nicht nur ein ausgezeichneter Arzt, sondern er versteht es auch, sein hervorragendes Können in klingende Münze umzuwandeln.

j-m (etw.) mit gleicher **Münze** heimzahlen (od. zahlen, bezahlen)
: *j-m etw. auf die gleiche Weise vergelten*
Von dem lasse ich mich in Zukunft nicht mehr so anschreien. Das nächste Mal werde ich ihm (seine Grobheit) mit gleicher Münze heimzahlen.

(j-m etw.) mit grober **Münze** (heim-) zahlen
: *auf grobe Weise etw. vergelten, auf etw. reagieren*
Du hättest (ihm) nicht mit so grober Münze zu zahlen brauchen. Ihm gleich das Auge blau schlagen!

mit klingender **Münze** bezahlen
: *mit barem Geld bezahlen (u. nicht nur mit e-m Zahlungsversprechen)*
Heute kaufte ein junges Paar Küche und Schlafzimmer und bezahlte alles gleich mit klingender Münze.

münzen: etw. ist auf j-n gemünzt
: *etw. zielt auf j-n, spielt auf j-n an*
Was er eben von dem übertriebenen Gebrauch von Kosmetika sagte, war auf mich gemünzt.

j-n **mürbe** machen
: *j-s Widerstand brechen*
Die Tochter hatte den Vater so lange mürbe gemacht, bis er ihr das Geld für die Reise nach Spanien gab.

wie ein **Murmeltier** schlafen
: *sehr fest schlafen*
Mein Bruder schläft die ganze Nacht wie ein Murmeltier, und morgens kriegt man ihn kaum wach.

j-n zu **Mus** hauen (od. zerquetschen) U
: = *j-n zu* Brei *schlagen*

j-n hat die **Muse** geküßt
: *j-d ist zum Dichten (od. Schreiben) aufgelegt*
Wenn unseren Vater die Muse geküßt hat, dann schreibt er an einem Abend das schönste Hochzeitsgedicht.

da ist **Musik** drin U	*etw. ist (auch finanziell) interessant* Die neuen Pläne sind ja hochinteressant – da ist Musik drin.
etw. ist (*od.* klingt wie) **Musik** in meinen (*od.* für meine) Ohren	*etw. ist für mich sehr erfreulich* Nach der Probezeit zahlen Sie mir hundert Mark mehr? Das ist Musik in meinen Ohren!
Musik im Blut haben	*musikalisch, bes. rhythmisch begabt sein; musikbesessen sein* Wenn man diesem Zigeuner beim Geigenspiel zuhört, dann weiß man, was es heißt, Musik im Blut zu haben.
keine **Musik** im Leibe haben	*unmusikalisch sein* Nicht mal im Takt tanzen kann er, er hat keine Musik im Leibe.
etw. in **Musik** setzen	*die Musik zu etw. schreiben* Eines Tages setzte J. S. Bach die Buchstaben B-A-C-H in Musik.
ich **muß** mal! U	*ich muß mal auf die Toilette* Entschuldige mich einen Augenblick. Ich muß mal eben. Ich bin gleich wieder da.
nach berühmtem **Muster**	*wie das unter bestimmten Verhältnissen so üblich ist* Wir sind beide berufstätig. Nach dem Abendessen legt er sich dann nach berühmtem Muster auf die Couch, und ich darf den Abwasch ganz allein machen.
du kommst wohl aus dem **Mustopf**? U	*du weißt wohl von gar nichts, bist ganz dumm* „Du kommst wohl aus dem Mustopf! Wenn die Ampel auf Rot schaltet, mußt du doch stehenbleiben!" – „Ja, gilt das auch für Fußgänger?"
j-m den **Mut** abkaufen	*= j-m den Schneid abkaufen*
sein **Mütchen** an j-m kühlen	*s-e schlechte Laune, s-n Ärger an j-m auslassen* Seit unser Ältester weg ist, ist Peter unerträglich geworden. Er hat eben niemanden mehr, an dem er sein Mütchen kühlen kann.
Vorsicht ist die **Mutter** der Porzellankiste U	*es ist besser, wenn man vorsichtig ist* Zieh eine Schürze an, wenn du die Kirschen entsteinst. Du weißt, Vorsicht ist die Mutter der Porzellankiste. Es gibt zu leicht Flecken.
bei **Mutter** Grün (schlafen, übernachten) U	*im Freien, unter freiem Himmel (schlafen) usw.)* Als er kein billiges Nachtquartier finden konnte, entschloß er sich, bei Mutter Grün zu schlafen.
wie bei **Muttern** U	*wie zu Hause* Ich kenne ein Lokal, da schmeckt es wie bei Muttern – fabelhaft!
mit der **Muttermilch** einsaugen	*von der frühesten Jugend an erleben, in s. aufnehmen* Die Liebe zur Musik haben unsere Kinder schon mit der Muttermilch eingesaugt (*od.* eingesogen).
m. w. U (*sprich:* em we)	*machen wir (d. h. ich bin einverstanden)* „Du bringst Wein mit, und ich Apfelsaft und Gebäck." – „M. w.! Ich komme dann so gegen acht Uhr."

N

nach und nach	*allmählich* Nach und nach beruhigten sich die Gemüter, und wir konnten die Diskussion fortsetzen.
nach wie vor	s. *vor*
von jetzt auf **nachher** U	*in kürzester Frist* Solche Kunden hat man gern, die einen Anzug von jetzt auf nachher gemacht haben wollen.
das **Nachsehen** haben	*der Betrogene sein, die Nachteile spüren müssen* Wenn die Inflationsrate so weitersteigt, haben die Sparer wieder einmal das Nachsehen.
j-m bleibt das **Nachsehen**	*j-d ist der Betrogene, muß die Nachteile spüren* Da der Mann, der mein Auto beschädigt hatte, nicht ausfindig gemacht werden konnte, blieb mir das Nachsehen.
(na,) dann gute **Nacht!** U	*dann klappt es bestimmt nicht, dann geht es schief* „Stell dir vor, die Bedingungen für die Führerscheinprüfung sind verschärft worden." – „Na, dann gute Nacht! Jetzt falle ich bestimmt durch."
häßlich wie die **Nacht**	*sehr häßlich* Sie ist zwar intelligent, aber häßlich wie die Nacht.
schwarz wie die **Nacht**	*ganz dunkel, blau-schwarz* Hast du ihre Haare gesehen? Schwarz wie die Nacht.
die **Nacht** zum Tage machen	*die Nacht durcharbeiten (durchlesen usw.)* Ist denn dieser Roman so spannend, daß du die Nacht zum Tage machen mußt?
s. die (*od.* e-e) **Nacht** um die Ohren schlagen	s. *Ohr*
bei **Nacht** sind alle Katzen grau	s. *Katze*
bei **Nacht** und Nebel (s. davonmachen *usw.*)	*ganz heimlich* Als das Fest seinen Höhepunkt erreicht hatte, machten wir uns bei Nacht und Nebel davon.
über **Nacht**	*ganz schnell, plötzlich* Über Nacht ist der Frühling gekommen.
Nachtigall, ich (*od.* ick) hör dir trapsen (*od.* trampeln, laufen, schlagen) U (*norddt.*)	*ich merke, was los ist* (*od. worauf das hinauswill*), *ich rieche den Braten* „Hat der Arzt dir nicht Schlagsahne verboten?" – „Nachtigall, ich hör dir trapsen! Du willst wohl meine Portion mit Schlagsahne auch noch haben!"

den **Nacken** beugen	*sich unterwerfen* Vor zweitausend Jahren hat fast die ganze Welt vor Rom den Nacken gebeugt.
j-m den (*od.* s-n) **Nacken** beugen	*j-n demütigen* Einmal werde ich ihm überlegen sein, und dann werde ich ihm seinen (stolzen) Nacken beugen.
den **Nacken** steifhalten	*nicht nachgeben* Es ist bewundernswert, wie er trotz der vielen Schicksalsschläge den Nacken steifhält.
j-m den **Nacken** steifen	= *j-m den* Rücken *steifen*
e-n starren (*od.* steifen) **Nacken** haben	*trotzig, unbeugsam sein* Unser Seniorchef hat einen starren Nacken. Der gibt nicht nach, und wenn es ihn ein Vermögen kostet.
j-m auf dem **Nacken** sitzen	*j-n bedrängen* Wir müssen uns ganz gewaltig anstrengen, denn die Konkurrenz sitzt uns auf dem Nacken.
j-m den Fuß auf den **Nacken** setzen	= *j-m den* Nacken *beugen*
j-n im **Nacken** haben	*von j-m verfolgt werden* Schnell, fort von hier! Wir haben die Bande im Nacken!
er hat den Schalk (*od.* Schelm) im **Nacken**	s. *Schelm*
j-m im **Nacken** sitzen	1) *dicht hinter j-m her sein* 2) = *j-m auf dem* Nacken *sitzen* 1) Ich kann sein Verhalten verstehen. Die Polizei saß ihm ja schon seit Stunden im Nacken.
die Angst sitzt j-m im **Nacken**	*j-d wird von Angst beherrscht* Wenn einem Menschen die Angst im Nacken sitzt, dann tut er leicht etwas gänzlich Falsches.
keine **Nadel** konnte zu Boden (*od.* zur Erde) fallen	= *keine* Stecknadel *konnte zu Boden* (od. *zur Erde*) *fallen*
so still, daß man e-e **Nadel** fallen hören konnte	= *so still, daß man e-e* Stecknadel *fallen hören konnte*
bei j-m noch etw. auf der **Nadel** haben	=*ein* Hühnchen *mit j-m zu rupfen haben*
wie auf **Nadeln** sitzen	*sehr ungeduldig, unruhig dasitzen* Ausgerechnet heute kam sie zu Besuch; ich saß wie auf Nadeln, ich wollte doch die Wohnung putzen, ehe mein Mann nach Hause kommt.

mit der heißen **Nadel** genäht	*ganz schnell und schlecht, unsorgfältig genäht* Hör mal, diese Bluse mußt du noch mal auftrennen. Die ist ja mit der heißen Nadel genäht.
j-m **Nadelstiche** versetzen	*j-m kleine Bosheiten sagen, j-n durch kleine Bemerkungen kränken* Sie versteht es, einem selbst in harmlosen Gesprächen kleine Nadelstiche zu versetzen.
etw. (*od.* j-d) ist ein (*od.* der) **Nagel** zu j-s Sarg	*etw. (od. j-d) ist ein großer Kummer (für j-n)* Sein ständiger Widerspruch gegen alles, was ich sage, ist der Nagel zu meinem Sarg.
den **Nagel** auf den Kopf treffen	*s. Kopf*
Nägel mit Köpfen machen	*s. Kopf*
etw. an den **Nagel** hängen	*(mit e-r Arbeit) aufhören, (Beruf, Studium usw.) aufgeben* Warum hat er eigentlich sein Geschäft an den Nagel gehängt?
etw. brennt j-m auf (*od.* unter) den **Nägeln**	*etw. ist sehr eilig, dringend* Die Arbeit brannte mir auf den Nägeln. Montag früh war Abgabetermin.
j-m nicht das Schwarze unter dem **Nagel** gönnen	*s. schwarz*
s. etw. unter den **Nagel** reißen U	*s. etw. geschickt aneignen* Sein Radio hat er sich selbst gebastelt, und zwar praktisch umsonst, denn die Einzelteile hat er sich nach und nach auf Ausstellungen unter den Nagel gerissen.
die **Nagelprobe** machen	*etw. bis zum allerletzten Tropfen austrinken* Er kann was vertragen. Er macht dir selbst beim größten Glas die Nagelprobe.
nahe daran sein	*s. daran*
j-n j-m **nahebringen**	*bei j-m Verständnis erwecken für j-n* Dieser Dichter wurde uns in der Schule nahegebracht.
j-m etw. **nahebringen**	*Verständnis, Interesse erwecken bei j-m für etw.* Es ist nicht leicht, der heutigen Jugend klassische Literatur nahezubringen.
j-m **nahegehen**	*j-n seelisch ergreifen* Der Tod seines alten Lehrers ist ihm sehr nahegegangen.
j-m **nahekommen**	*mit j-m menschlich vertraut werden* Diesem Mann kann man nicht nahekommen, er hat eine sehr abweisende Art an sich.
j-m zu **nahe** kommen	*die Grenzen der Konvention etw. überschreiten, ins Persönliche eindringen* Es gibt viele Menschen, die haben es nicht gern, wenn man ihnen zu nahe kommt.

j-m zu **nahe** treten	*j-n kränken, verletzen* „Warum ist er denn so eisig?" – „Ich bin ihm mal wieder mit einer ganz harmlosen Bemerkung zu nahe getreten."
in greifbare **Nähe** rücken	*kurz vor der Verwirklichung stehen, endlich möglich werden* Nach all den Jahren des Sparens ist der Bau eines Hauses jetzt endlich in greifbare Nähe gerückt.
j-m etw. **nahelegen**	*j-m etw. empfehlen (bes. etw. zu tun, was man ungern tut)* Am Schluß der Unterredung legte er mir nahe zu kündigen.
naheliegen	*offensichtlich, wahrscheinlich, natürlich sein* Was liegt näher als diese Frage?
j-m etw. **näherbringen**	*j-m etwas verständlich(er) machen* Er steht unserem Vorhaben so negativ gegenüber, daß es sehr schwer sein wird, ihm die Sache näherzubringen.
s. **näherkommen**	*einander verstehen lernen, vertraut werden* Durch die internationalen Ferienlager kommt sich die Jugend der europäischen Länder näher.
j-m **nahestehen**	*j-m vertraut, verbunden sein* Ich kenne ihn schon lange, er steht mir sehr nahe.
e-e **Naht** zusammenlügen U	*viel und frech lügen* Die Jungen haben eine Naht zusammengelogen!
e-e (tolle) **Naht** draufhaben S	= *e-n (tollen)* Zahn *draufhaben*
e-e tüchtige **Naht** beziehen (*od.* bekommen) U	*e-e ordentliche Tracht Prügel erhalten* Dafür, daß Max zum Klassenlehrer gegangen ist und alles erzählt hat, hat er eine tüchtige Naht bezogen.
e-e gute **Naht** saufen S	*viel Alkohol trinken* Na, du hast an dem Abend eine gute Naht gesoffen!
j-m auf den **Nähten** knien	= *j-m auf dem* Leder *knien*
aus den (*od.* allen) **Nähten** platzen U	1) *dick(er) werden* 2) *räumlich sehr beschränkt sein* 1) Wenn er weiter so ißt, wird er bald aus den Nähten platzen. 2) Unser Chef will uns noch zwei Mitarbeiter hereinsetzen, dabei platzen wir jetzt schon aus allen Nähten.
s. e-n **Namen** machen	*berühmt, bekannt werden* Carl Benz hat sich durch die Erfindung des Automotors einen Namen gemacht.
etw. beim rechten (*od.* richtigen) **Namen** nennen	*etw. als das bezeichnen, was es wirklich ist, ohne Beschönigung* Wenn ich das Kind beim rechten Namen nennen soll: dein Bruder studiert nicht, er bummelt nur.

das Kind muß doch e-n **Namen** haben U	1) die S. muß irgendeine Bezeichnung bekommen 2) die S. braucht irgendeinen Vorwand 1) Wie nennen wir jetzt aber unseren neuen Verein? Das Kind muß doch einen Namen haben. 2) „Die neue Preiserhöhung ist in Ordnung. Aber wie publizieren wir das? Das Kind muß doch einen Namen haben!" – „Sprechen wir einfach von struktureller Preisangleichung."
an j-m (*od.* etw.) e-n **Narren** gefressen haben	*j-n (od. etw.) sehr gern (od. in übertriebener Weise gern) haben* Großmutter hat an ihrem jüngsten Enkel einen Narren gefressen. Er darf alles tun, was seine Geschwister nicht durften.
j-n zum **Narren** halten (*od.* haben)	*j-n irreführen, necken, verspotten* Er hat sie ganz schön zum Narren gehalten. Erst hat er ihr versprochen sie zu heiraten, wenn er eine bessere Stelle hat, dann ist er ins Ausland gegangen.
j-n am **Narrenseil** (herum)führen L	*Scherz mit j-m treiben, ihn mit leeren Worten hinhalten* Er hat mich jetzt lange genug am Narrenseil herumgeführt.
s-e **Nase** gefällt mir nicht U	*er ist mir unsympathisch* „Was hast du denn gegen den Karl?" – „Seine Nase gefällt mir nicht."
s. die **Nase** begießen U	*Alkohol trinken* Einmal am Tag muß er ins Wirtshaus und sich die Nase begießen.
die **Nase** beleidigen (*od.* e-e Beleidigung für die **Nase** sein)	*schlecht riechen* Die Tasche ist abscheulich – der Geruch dieses Kunstleders beleidigt die Nase.
die (*od.* s-e) **Nase** in etw. (*od.* alles *od.* jeden Dreck) stecken U	*s. um etw. kümmern, das einen nichts angeht* Sie steckt ihre Nase mit Vorliebe in meine Angelegenheiten.
die (*od.* s-e) **Nase** in alles (*od.* in jeden Dreck *od.* **Quark**) stecken U	*s. um alles mögliche kümmern, das einen nichts angeht* Meine Tante ist schrecklich, sie steckt ihre Nase einfach in alles (*od.* in jeden Quark *usw.*)
die (*od.* s-e) **Nase** in ein Buch stecken	*in e-m Buch lesen* (*od. lernen*) Jetzt steck doch endlich mal die Nase in dein Englischbuch! Denkst du, du lernst das im Schlaf?
die **Nase** zu tief ins Glas stecken	*= einen über den Durst trinken*
die **Nase** (über etw.) rümpfen	*etw. verachten, verächtlich ansehen* Es zeugt von sehr schlechter Erziehung, wenn man über arm gekleidete Menschen die Nase rümpft.
die (*od.* s-e) **Nase** hoch tragen	*eingebildet, hochnäsig sein* Er hat keinen Grund, die Nase so hoch zu tragen. Geleistet hat nur sein Vater etwas.
die richtige **Nase** für etw. haben	*= e-n Riecher für etw. haben*

die **Nase** voll haben (von etw.) U	*etw. satt haben, nichts mehr wissen wollen von etw.* Jahrelang habe ich umsonst für diesen Verein gearbeitet, aber jetzt habe ich die Nase voll (davon).
e-e feine (*od.* gute) **Nase** für etw. haben	*ein feines Empfinden, ein gutes Urteilsvermögen für etw. haben* Er hat eine gute Nase dafür, ob jemand krank ist oder nur simuliert.
j-m e-e **Nase** drehen (*od.* j-m e-e [lange] **Nase** machen) U	*j-n (überlisten u. dann) verspotten* Wieder und wieder hat Till Eulenspiegel den Leuten eine Nase gedreht (*od.* gemacht).
e-e ellenlange (*od.* tüchtige) **Nase** bekommen (*od.* kriegen) U	*einen Tadel od. Rüffel bekommen* Wenn wir bei Tisch nicht ganz still waren, bekamen wir von unserer Gouvernante eine ellenlange Nase.
nicht weiter als s-e **Nase(nspitze)** sehen U	= *nicht über s-e* Nase *hinaussehen*
j-n an der **Nase** herumführen U	*j-n hereinlegen, irreführen* Wochenlang konnten die Einbrecher die Polizei durch fingierte Telefonanrufe an der Nase herumführen.
es (*od.* etw.) j-m an der **Nase(nspitze)** ansehen U	*etw. deutlich aus j-s Gesichtsausdruck erkennen* Ich seh dir doch deinen Wunsch an der Nase(nspitze) an: du möchtest noch ein Stück Kuchen.
zupf (*od.* zieh) dich an deiner (eigenen) (*od.* an der eigenen) **Nase** (*od.* faß dich an deine[r] eigene[n] **Nase**)	*kümmere dich um deine eigenen Dinge (denn da stimmt auch nicht alles)* „Hast du dich für das Geburtstagsgeschenk schon bedankt?" – „Zupf dich an deiner eigenen Nase! Du brauchst für deine Dankesbriefe länger als wir alle."
auf der **Nase** liegen U	*krank sein, im Bett liegen* Er liegt schon wochenlang auf der Nase.
j-m etw. auf die **Nase** binden U	*j-m etw. mitteilen* Wie ich den Auftrag bekommen habe? Das werde ich dir gerade (*od.* nicht) auf die Nase binden.
j-m auf der **Nase** herumtanzen U	*tun, was man will, ohne auf j-s Einspruch zu hören* Wenn ihr nicht ruhig seid, gehe ich zum Direktor. Ich lasse mir nicht auf der Nase herumtanzen.
j-m eins auf die **Nase** geben U	*j-n zurechtweisen, j-n dazu bringen, daß er s. fügt* In dieser Arbeitsgruppe hat Tom das Sagen. Wer sich nicht unterordnet, dem gibt er eins auf die Nase.
eins auf die **Nase** bekommen (*od.* kriegen) U	*zurechtgewiesen werden, dazu gebracht werden, s. zu fügen* Wer nicht mitmachte, der bekam eins auf die Nase.
auf die **Nase** fallen (mit etw.) U	*Mißerfolg haben, e-n Reinfall erleben (mit etw.)* Mit seiner Erfindung ist er auf die Nase gefallen. Er bekam nicht einmal ein Patent dafür.

j-m in die **Nase** fahren (*od.* steigen) U	*j-m mißfallen, j-n ärgern* Die dummen Bemerkungen sind ihm in die Nase gefahren.
j-m in die **Nase** stechen U	j-n locken, reizen Dieses Angebot sticht mir besonders in die Nase.
j-n mit der **Nase** auf etw. stoßen U	*j-m etw. ganz deutlich zeigen* Er merkt seine Fehler erst, wenn man ihn mit der Nase darauf stößt.
mit langer (*od.* e-r langen) **Nase** abziehen U	*als Verlierender, Überlisteter, Enttäuschter weggehen* Wegen dieser Intrige bekam unsere Firma den Auftrag nicht und konnte mit langer Nase abziehen.
(immer) der **Nase** nach U	*immer geradeaus (wie der Weg führt)* Bis zur Post, dann rechts ab immer der Nase nach!
pro **Nase** U	*für jede einzelne Person* Der Ausflug kostete 120.–, pro Nase 6.–.
nicht über s-e (*od.* die eigene) **Nase** hinaussehen U	*sehr kurzsichtig sein, e-n engen Horizont haben* Für solch weitreichende Planung hat er kein Verständnis. Er sieht doch nicht über seine Nase hinaus.
s. den Wind um die **Nase** wehen lassen	s. *Wind*
j-m etw. unter die **Nase** reiben U	*j-m etw. (Unangenehmes) nachdrücklich sagen* Dem müssen Sie sein unhöfliches Benehmen mal unter die Nase reiben. Vielleicht bessert er sich.
etw. vor der **Nase** haben	*etw. in unmittelbarer Nähe haben* Wir haben zu Hause den Wald direkt vor der Nase und können herrliche Spaziergänge machen.
vor j-s **Nase** liegen	*in unmittelbarer Nähe von j-m liegen* Dein Lineal? Das liegt doch vor deiner Nase.
j-m j-n vor die **Nase** setzen	*j-m e-e andere Person als Vorgesetzten, Leiter hinsetzen* Ein Jahr habe ich die Arbeit selbständig gemacht; jetzt haben sie mir jemanden vor die Nase gesetzt.
j-n vor die **Nase** gesetzt bekommen	*j-n als Chef, Vorgesetzten bekommen* Denkst du, ich bin entzückt, meinen bisherigen Kollegen als Abteilungsleiter vor die Nase gesetzt zu bekommen?
j-m etw. vor der **Nase** wegschnappen U	s. *etw. nehmen, kurz bevor j-d es hätte bekommen können* Der Herr vor mir hat mir die letzte Karte für die Oper vor der Nase weggeschnappt.
vor der **Nase** wegfahren	*kurz, bevor man einsteigen kann, wegfahren* Ich mußte die ganze Strecke zu Fuß gehen, denn die letzte Straßenbahn ist mir vor der Nase weggefahren.

j-m die Tür vor der Nase zuschlagen	1) *im letzten Augenblick vor j-m die Tür zumachen* 2) *j-n durch Türschließen am Eintreten hindern* 3) *j-n schroff zurückweisen* 1) Entschuldigen Sie bitte, daß ich Ihnen die Tür vor der Nase zugeschlagen habe. Ich habe Sie nicht gesehen. 2) Eine Aussprache ist sinnlos. Er hat mir gestern die Tür vor der Nase zugeschlagen, als ich zu ihm wollte. 3) Durch die plötzliche Abreise ihrer Vertreter hat diese Firma uns praktisch die Tür vor der Nase zugeschlagen.
alle **naselang** (*a.* nasenlang *od.* Nasen lang) U	*jeden Augenblick, immer wieder kurz hintereinander* Alle naselang kam Willi angerannt und stellte eine neue Frage.
j-n um **Nasenlänge** schlagen	*j-n ganz knapp besiegen* Bei dem Wettbewerb habe ich die anderen um Nasenlänge geschlagen.
edles **Naß**	1) *U ein guter Wein* 2) *S jede Art Alkohol* 3) *U Wasser (in dem man schwimmt)* 1) Wenn Sie noch etwas von diesem edlen Naß haben, nehme ich gern noch ein Glas. Der Wein schmeckt ja vorzüglich. 2) Gestern auf der Party gab's eine Menge edles Naß zu inhalieren. Vom Whisky bis zum Sekt wurde alles aufgefahren. 3) Nach dieser Bergtour ist aber ein Bad fällig. Also – runter zum See und hinein ins edle Naß!
für **naß** S	*umsonst, ohne Eintrittsgeld* Ob du es glaubst oder nicht, ich konnte für naß hinein.
auf **naß** einsteigen S	*schmarotzen, s. in e-m Lokal zu anderen dazusetzen, ohne zu bezahlen* Gestern saß ich mit Volker im Lokal. Da kam Chris dazu und wollte auf naß einsteigen. Er hatte aber Pech, wir hatten schon bezahlt und waren gerade am Gehen.
er hat der **Natur** s-n Tribut entrichtet	*er ist krank geworden* (*od. gestorben*) Jahrelang hat er an seinen Kräften Raubbau getrieben, aber jetzt hat er der Natur seinen Tribut entrichtet.
das liegt in der **Natur** der S.	*das gehört untrennbar zum Wesen der S.* Daß bei politischen Diskussionen auch einmal harte Worte gesagt werden, liegt in der Natur der Sache.
er ist von der **Natur** stiefmütterlich bedacht (*od.* behandelt) worden	*er ist häßlich* (*od. er hat ein Gebrechen*) Er ist hoch begabt, aber er ist von der Natur stiefmütterlich bedacht worden. Er hinkt sehr.
j-m zur zweiten **Natur** werden	*durch Gewöhnung od. Selbstbeherrschung zu e-m festen Bestandteil des Charakters werden* Früher kam ich morgens nur sehr schwer aus dem Bett, aber jetzt ist mir das Frühaufstehen schon längst zur zweiten Natur geworden.
etw. fällt aus wegen **Nebel** U	*etw. findet nicht statt, wird nicht gemacht, passiert nicht* Die Geburtstagsfeier bei Hans, auf die ich mich so gefreut habe, fällt aus wegen Nebel. Seine Mutter ist krank.

j-n auf ein **Neben-gleis** schieben	*j-n auf e-n weniger einflußreichen Posten versetzen* Er ist und bleibt ein Querulant. Wir müssen ihn bei nächster Gelegenheit auf ein Nebengleis schieben.
das haut den stärksten **Neger** um S	*das ist unfaßlich (od. schrecklich, toll)* Was sagst du? Deine Schwester ist Miß Universum geworden? Das haut den stärksten Neger um!
j-n zu **nehmen** wissen	*j-n behandeln, mit j-m umgehen können* Für den Chef einer Firma ist es sehr wichtig, daß er die Menschen zu nehmen weiß.
das lasse ich mir nicht **nehmen**	*1) das tue ich bestimmt* *2) davon bin ich fest überzeugt* 1) „Sie brauchen mich nicht bis zur Bahn zu begleiten." – „Doch, doch, das lasse ich mir nicht nehmen." 2) Die Beweise für seine Unschuld sind eindeutig. Das lasse ich mir nicht nehmen!
woher **nehmen** und nicht stehlen? U	*ich habe das Geld (od. die S.) nicht* „Papa, kauf mir doch ein neues Rad." – „Woher nehmen und nicht stehlen? Ich habe im Augenblick einfach das Geld nicht dafür.
hart im **Nehmen** sein	*s. hart*
nehmen: vom Stamme Nimm sein U	*unbescheiden sein, nehmen, was man kriegen kann* Du bist wohl auch vom Stamme Nimm! Kaum habe ich etwas Neues, willst du es haben.
der blasse **Neid**	*das Gefühl starken Neides* Da kann einen der blasse Neid packen, wenn man sieht, wie gut Lisa tanzen kann.
der **Neid** der Besitzlosen (*od.* nur kein **Neid**)	*die negative Äußerung, die Kritik j-s, der e-e S. nicht hat* „Jetzt bricht dein Auto aber bald zusammen." – „Nur langsam, Rudi, das ist nur der Neid der Besitzlosen. Besser ein alter Wagen als gar keiner."
das muß ihm der **Neid** (ja) lassen	*das muß man, wenn auch nicht gern, anerkennen* Paul ist ein schrecklicher Schürzenjäger, aber Ski fahren, das kann er, das muß ihm der Neid lassen.
vor **Neid** vergehen (*od.* platzen U)	*außerordentlich neidisch sein (od. werden)* Wenn die meine neue Skiausrüstung sieht, wird sie vor Neid platzen.
zur **Neige** gehen	*zu Ende gehen* Unser schöner Weinvorrat geht langsam zur Neige.
den Kelch bis zur **Neige** leeren L	*s. Kelch*
nicht **nein** sagen können	*weichherzig, gutmütig sein* Er ist zu gut zu seinen Kindern. Er kann einfach nicht nein sagen.
etw. auf e-n (gemeinsamen) **Nenner** bringen	*1) (Verschiedenes) aneinander anpassen, koordinieren* *2) = etw. auf e-e (einfache) Formel bringen* 1) Wenn die Familie eine Reise machen will, ist es gar nicht so leicht, die vielen verschiedenen Wünsche auf einen Nenner zu bringen.

den Nerv haben	*den Mut, die Kraft (a. die Frechheit) haben, s. etw. zutrauen* Er hatte tatsächlich den Nerv, allein nach London zu fahren und seine Frau zu Hause zu lassen.
den Nerv nicht finden	*die erforderliche Kraft nicht haben* Er fand nicht den Nerv, sich sein Recht durch einen Prozeß zu holen.
den letzten Nerv haben S	*unverschämt, rücksichtslos sein* Wie der die Hauptstraße entlangrast! Der hat wirklich den letzten Nerv!
j-m den letzten Nerv rauben (*od.* töten) U	*1) j-n ständig mit Anliegen belästigen, j-m die Geduld rauben* *2) = j-m auf die Nerven gehen* 1) Seit meinem Totogewinn rauben mir diese ständigen Bettelbriefe den letzten Nerv.
die Nerven verlieren	*die Ruhe (od. Selbstbeherrschung) verlieren* Als Stewardeß darf man nie die Nerven verlieren.
die Nerven behalten	*die Ruhe (od. Selbstbeherrschung) bewahren* Allein unser Vater behielt in all dieser Aufregung noch die Nerven.
j-m die Nerven zerfetzen U	*j-n sehr nervös machen (so daß er die Fassung verliert)* Diese greuliche Musik kann einem die Nerven zerfetzen.
Nerven wie Drahtseile haben U	*sehr viel aushalten können* Wenn du dieses Gekreische aushalten kannst, mußt du Nerven wie Drahtseile haben.
du hast (vielleicht) Nerven! U	*du verlangst (od. erwartest) Unmögliches (od. was du verlangst, ist unverschämt)* Das alles abschreiben bis heute abend? Du hast vielleicht Nerven!
gute Nerven haben	*viel aushalten (können)* Ein Verkehrspolizist muß gute Nerven haben.
schlechte Nerven haben	*s. leicht aufregen, wenig aushalten (können)* Wenn er nur nicht so schlechte Nerven hätte und immer gleich in die Luft ginge!
an j-s Nerven zerren	*j-s Konzentration, Selbstbeherrschung belasten, j-n nervös machen* Er kann zu Hause leider nicht ruhig arbeiten. Die Kinder zerren an seinen Nerven.
j-m auf die Nerven (*od.* auf den Nerv) gehen (*od.* fallen)	*j-n nervös, aufgeregt machen, j-n stören (od. verwirren)* Du fällst mir mit deinen ewigen Fragen schon sehr auf die Nerven!
mit den Nerven durcheinander sein	*nervös und verwirrt sein* Als ich damals zurückkam, stürmte so viel Neues auf mich ein, daß ich bald mit den Nerven durcheinander war und mich in die Berge flüchtete.
mit den Nerven heruntersein (*od.* runtersein) U	*fast nervenkrank, völlig zerrüttet sein* Nach der Vortragsreise – jeden Abend ein Vortrag in einer anderen Stadt – war mein Mann mit den Nerven völlig herunter.

das **Nest** leer finden	*niemand mehr an dem angegebenen Ort* (*od. zu Hause*) *vorfinden* Drei Stunden dauerte es, bis die Polizei nach dem anonymen Telefonanruf eintraf. Da fand sie das Nest natürlich leer, die Schmuggler waren längst ausgeflogen.
das eigene **Nest** beschmutzen	*schlecht über s-e Familie* (*od. sein Land*) *reden* Ich kenne sein Heimatland nicht, aber ich weiß nicht, warum er so schlecht darüber redet. Ich finde, man sollte das eigene Nest nicht beschmutzen.
(s.) sein (eigenes) **Nest** bauen	*s. s-e Wohnung* (*gemütlich*) *einrichten, s. ein Heim, ein Zuhause schaffen* (bes. von jungen Eheleuten gesagt) Früher bekam die Braut oft die neue Wohnung mitsamt Einrichtung von ihrem Vater. Heute bauen sich die jungen Eheleute ihr eigenes Nest in der Regel ohne Hilfe.
ins **Nest** gehen (*od.* s. ins **Nest** legen)	= *in die* Falle *gehen (2)*
ins **Nest** kommen	*s. schlafen legen* Ich bin keinen Abend vor 12 ins Nest gekommen.
s. ins warme (*od.* gemachte) **Nest** setzen	*in e-e wohlhabende Familie einheiraten* Seine langjährigen Finanzprobleme hat er auf einfache Weise gelöst. Er hat eine reiche Witwe geheiratet und sich so ins warme Nest gesetzt.
das kann ja **nett** werden! U	= *das kann ja* lustig *werden*
s-e **Netze** (überall) auslegen (*od.* auswerfen)	(*überall*) *versuchen, Menschen zu fangen* Heutzutage legt die Reklame überall ihre Netze aus, damit die Dummen kaufen.
s. im eigenen **Netz** verstricken	*s. selbst fangen* (*od. Schwierigkeiten machen*) *durch das, was man in Richtung auf andere getan hat* Predige nicht zuviel Moral – du könntest dich im eigenen Netz verstricken.
j-m ins **Netz** gehen (*od.* in j-s **Netz** fallen *od.* geraten)	*überlistet, betrogen werden* Das Mädchen behauptet, sie sei völlig nichtsahnend in das Netz der Rauschgifthändler geraten.
j-n ins **Netz** locken (*od.* ziehen)	*j-n verführen und dadurch fangen* Es ist eine der wichtigsten Aufgaben der Zollfahndung, zum gegebenen Zeitpunkt die richtigen Leute ins Netz zu locken.
ach, du grüne **Neune!** U	*Donnerwetter!* (*Ausruf der Verwunderung, Bestürzung*) Ach, du grüne Neune! Jetzt kann ich den ganzen Riesenabwasch allein machen. Christa ist fortgegangen.
auf **neunundneunzig** kommen (*od.* sein)	= *auf* hundert *kommen*
nichts für ungut	*s. ungut*
nichts auf j-n kommen lassen	*s. kommen*

nach **nichts** aussehen	s. *aussehen*
es zu **nichts** bringen	s. *bringen*
zu **nichts** kommen	s. *kommen*
für **nichts** und wieder nichts	*völlig umsonst* Mein Mantel war immer noch nicht fertig. Jetzt bin ich für nichts und wieder nichts hingefahren.
mir **nichts**, dir nichts U	*ohne Umstände, ohne Rücksicht auf andere* Er hat uns mir nichts, dir nichts einfach stehengelassen.
nichts da! U	*kommt nicht in Frage* „Vater, darf ich den Krimi sehen?" – „Nichts da, du hast eine sechs in Latein geschrieben, du lernst."
nichts wie (los, fort, raus, hin *usw.*) U	*unbedingt (los, fort* usw.*)* Was, es ist schon 10 Uhr? Dann aber nichts wie los!
vor dem **Nichts** stehen	s. *dem völligen Ruin gegenübersehen* Vor kurzem ist das Hotel meines Onkels abgebrannt, und da er nur ungenügend versichert war, steht der Ärmste jetzt vor dem Nichts.
nie und nimmer	*niemals, unter gar keinen Umständen* Nie und nimmer werde ich meine Einwilligung geben.
niederlegen: da legste dich nieder (und stehst nicht mehr auf) U	*das ist unglaublich, toll* „Stell dir vor, der Thomas hat seine kleine Geschichte an den Rundfunk eingeschickt und dafür 500 Mark bekommen." – „Da legste dich nieder!"
niedriger hängen	(e-e Gemeinheit usw.) *allgemein bekanntmachen, etw. der allgemeinen Verachtung preisgeben* Zu diesen schmutzigen Veröffentlichungen über mein politisches Wirken kann ich nur sagen: niedriger hängen!
auf Herz und **Nieren** prüfen	s. *Herz*
j-m (mächtig) an die **Nieren** gehen U	*j-m zusetzen, j-n mitnehmen, aufregen* Obwohl er unschuldig war und freigesprochen wurde, ist ihm der Prozeß sehr an die Nieren gegangen.
was nicht **niet-** und **nagelfest** ist	*alles, was beweglich ist, was man mitnehmen kann* Der gestrige Sturm hat alles, was nicht niet- und nagelfest war, weggerissen.
e-e **Niete** ziehen	*Pech haben, nichts abbekommen* „Hast du keinen Erdbeerkuchen mehr bekommen?" – „Nein, ich hab mal wieder eine Niete gezogen, für mich war nichts mehr da."
am (St.) **Nimmerleinstag**	= *wenn Ostern und Pfingsten zusammenfallen*
auf **Nimmerwiedersehen** verschwinden U	*endgültig verschwinden, gestohlen werden* usw. Gestern ließ ich meinen Hut im Café hängen, und als ich ihn heute holen wollte, war er auf Nimmerwiedersehen verschwunden.

noch und noch U	*sehr viel(e)*
	Wir haben Äpfel noch und noch, ihr könnt gerne welche haben.
das wäre ja **noch** besser!	s. *besser*
das wäre ja **noch** schöner!	s. *schön*
geistiger **Normalverbraucher**	*ein Mensch mit geistig durchschnittlichen Ansprüchen*
	Die Problemstücke der modernen Theater sind für einen geistigen Normalverbraucher völlig unverständlich.
aus der **Not** e-e Tugend machen	*e-e schlechte Lage auf vorteilhafte Weise zu e-m guten Ende führen*
	Ist nicht schlimm, wenn dir die Schuhe nicht passen. Mach aus der Not eine Tugend und heb die Schuhe als Weihnachtsgeschenk für Christa auf?
in **Not** und Tod (zusammenhalten, zusammenstehen *usw*.)	*auch in den schlimmsten Zeiten, Gefahren (s. gegenseitig helfen)*
	Die vom Wasser Eingeschlossenen wuchsen zu einer Gemeinschaft zusammen, die in Not und Tod zusammenstand.
es ist **Not** am Mann	*es besteht dringende Gefahr, es eilt sehr*
	Ich habe zwar selbst sehr viel zu tun, aber wenn Not am Mann ist, komme ich natürlich und helfe dir.
zur **Not**	*allenfalls, wenn es nicht anders geht*
	Hoffentlich ist der Backofen bis Sonnabend repariert. Zur Not können wir aber auch Kuchen kaufen.
s-e (liebe) **Not** mit j-m (*od. etw*.) haben	*Mühe, Schwierigkeiten mit j-m (od. etw.) haben*
	Seit seine Frau gestorben ist, hat er seine liebe Not mit den Kindern.
mit knapper (*od.* genauer) **Not** davonkommen, retten *usw*.)	*unter größten Schwierigkeiten, fast nicht (davonkommen usw.)*
	Die Gruppe von Skifahrern ist nur mit knapper Not der drohenden Lawine entgangen.
damit hat es keine **Not**	1) *das ist zu beschaffen, das haben wir*
	2) *das wird schon gehen, das geht in Ordnung*
	1) Getreide? Damit hat es im Moment noch keine Not.
	2) „Wir können doch zwölf Personen an diesen Tisch setzen." – „Damit hat es keine Not. Aber es fehlen uns die nötigen Stühle."
nach **Noten**	= *nach allen* Regeln *der Kunst*
wie nach **Noten** gehen	*gut vorangehen, s. entwickeln, wie es sein soll*
	Wir kommen gut voran, es geht wie nach Noten.
du hast es gerade **nötig** (etw. zu tun)	*du bist genau der Falsche*
	Er hat es gerade nötig, mich zum Sparen zu ermahnen, wo er doch selbst jeden Pfennig ausgibt.
Notiz von j-m nehmen	*j-n beachten*
	Er ist so sehr in seine Arbeit vertieft, daß er von seiner eigenen Frau kaum Notiz (*od.* keine Notiz) nimmt.

im **Nu**	*sofort, ganz schnell* Im Nu hatten die Matrosen die Segel gehißt und schon stach das Boot in See.
e-e freche **Nudel** U	*e-e freche Person* So eine freche Nudel! Wirft mir einfach einen Schneeball ins Kreuz!
e-e giftige **Nudel** (*od.* Giftnudel) U	*j-d, der gehässige Dinge sagt, der verleumdet* Die Müller ist eine giftige Nudel! Wenn die den Mund auftut, kommt irgendeine Beleidigung heraus.
e-e ulkige **Nudel** U	*e-e merkwürdige, etw. verrückte Person* Du bist eine ulkige Nudel. Bei Sonne ziehst du den Wollpulli an und heute bei der Kälte die dünne Bluse.
e-e reine (*od.* absolute, glatte, große) **Null**	*ein Mensch, der gar nichts kann, von der S. nicht das geringste versteht* Unser neuer Chorleiter ist eine reine Null.
gleich **Null** sein	*so gut wie nichts sein, völlig bedeutungslos sein* Was hat er alles erzählt, was er von seiner Reise mitbringen würde, aber das Ergebnis war gleich Null.
in **Null** Komma nichts U	*sehr rasch* Mit diesem neuen Gerät haben Sie in Null Komma nichts Ihr Eiweiß zu Schnee geschlagen.
null und nichtig	*völlig ungültig* Er hat sein Testament für null und nichtig erklärt.
auf den **Nullpunkt** sinken (*od.* den **Nullpunkt** erreichen, auf dem **Nullpunkt** ankommen)	*kalt, unfreundlich, nahezu feindlich werden* (von menschlichen Beziehungen, Stimmungen usw. gesagt) „Trefft ihr euch noch mit den Müllers?" – „Nein, unsere Beziehungen sind auf den Nullpunkt gesunken."
diese **Nummer** fällt aus S	*das kommt nicht in Betracht, das tue ich nicht* Ich soll schon wieder am Sonntag Dienst tun, aber diese Nummer fällt aus.
das ist genau meine **Nummer** S	*das paßt mir ausgezeichnet, kommt mir sehr gelegen* Gestern hat mir man die Reiseleitung nach Griechenland angetragen. Das ist genau meine Nummer.
j-d ist e-e **Nummer** für sich U	*j-d ist ein besonderer Typ* Mit Tante Paula kommen die wenigsten aus. Sie ist eine Nummer für sich.
j-d ist e-e schöne **Nummer** U	*j-d ist ein unzuverlässiger, enttäuschender Mensch* Du bist mir ja eine schöne Nummer! Lädst mich zum Essen in ein feudales Restaurant ein, und dann hast du nicht genug Geld, das Essen zu bezahlen.
e-e tolle **Nummer** U	*ein lebenslustiger Mensch, j-d der durch humoristische, akrobatische, sportliche usw. Leistungen Bewunderung erregt* Willi ist eine tolle Nummer. Er kann eine ganze Tafelrunde ständig zum Lachen bringen.

(nur) e-e **Nummer** unter vielen sein	1) *kein Mensch mit e-r ausgeprägten Persönlichkeit sein* 2) *j-d sein, der genau wie alle anderen eingestuft wird, ganz gleich, was s-e besonderen Fähigkeiten sind* 1) Von unserem neuen Sportlehrer wurden Wunderdinge erzählt, aber er ist nur eine Nummer unter vielen. 2) In einem solchen Mammutbetrieb möchte ich nicht arbeiten, da ist man ja nur eine Nummer unter vielen.
etw. (*od.* j-d) ist ein paar **Nummern** zu groß für j-n	*etw. (od. j-d) paßt nicht zu j-m, ist ihm überlegen* Den Auslandsposten würde ich ihm nicht anbieten. Der ist doch ein paar Nummern zu groß für ihn.
e-e **Nummer** abziehen S	= *e-e* Schau *abziehen*
e-e große (*od.* gute) **Nummer** (bei j-m) haben	*von j-m sehr geschätzt werden* Er hat eine ganz große Nummer (bei uns), seit er das große Auslandsgeschäft erfolgreich abgeschlossen hat.
auf **Nummer** Sicher sitzen (*od.* sein) U	*im Gefängnis sitzen* Der Kerl, der kürzlich in unseren Keller eingebrochen ist, sitzt auf Nummer Sicher.
auf **Nummer** Sicher gehen U	s. *auf kein Risiko einlassen* Wie kann ich mein Geld am besten anlegen? Ich möchte dabei möglichst auf Nummer Sicher gehen.
alles auf e-e **Nummer** setzen	= *alles auf e-e* Karte *setzen*
nun und nimmer (mehr) L	*niemals, unter keinen Umständen* Das arme Mädchen weinte und sagte: „Nun und nimmer will ich die Frau dieses hartherzigen Mannes werden."
der **Nürnberger** Trichter	s. *Trichter*
eine taube (*od.* doofe) **Nuß**	*ein beschränkter Mensch ohne Initiative* Erich will heute abend nicht mit zum Tanzen, diese doofe Nuß.
e-e harte **Nuß** U	= *ein harter* Brocken
e-e harte **Nuß** zu knacken haben (*od.* zu beißen bekommen) U	= *an e-m harten* Brocken *zu kauen haben*
j-m eins auf die **Nuß** geben U	= *j-m eins auf den* Kopf *geben*
eins auf die **Nuß** kriegen (*od.* bekommen)	= *eins auf den* Kopf *bekommen*
zu j-s **Nutz** und Frommen	*zugunsten von j-m, zu j-s Vorteil* Erst später stellte sich heraus, daß der Kaufvertrag zu Nutz und Frommen des Käufers ausgelegt werden konnte.

O

und **ob**	*natürlich, selbstverständlich, wie kann man nur so fragen* „Kann er Tennis spielen?" – Und ob! Er ist in seinem Verein der beste Spieler."
s. **oben** halten	*nicht untergehen, alle Schwierigkeiten überwinden* In den ersten Jahren nach dem Kriege war es für einen Geschäftsmann gar nicht leicht, sich oben zu halten.
nicht (*od.* kaum) wissen, was **oben,** (und) was unten ist	*nicht wissen, was los ist (so sehr ist alles durcheinander)* Als wir nach der Gasexplosion die Küche wieder betraten, wußten wir kaum mehr, was oben und was unten war.
bei ihm fehlt **oben** etwas U	*er ist ein bißchen verrückt* Wundere dich nicht, wenn er manchmal so komische Sachen sagt. Bei ihm fehlt oben was.
oben hui, unten pfui U	= *außen hui, innen pfui*
von **oben** bis unten mustern	*mit den Augen gründlich prüfen* Der Verkäufer musterte den Jungen von oben bis unten, ehe er ihm das kostbare Buch aushändigte.
j-n von **oben** herab ansehen (*od.* behandeln)	*j-n arrogant (od. mit Verachtung) ansehen (od. behandeln)* Freddy hat keinen Grund, dich von oben herab anzusehen. Er turnt auch nicht besser als du. / In den Laden geh ich nie wieder! Die Verkäuferin behandelt einen derart von oben herab!
(alles) von **oben** nach unten kehren	*alles durcheinanderwerfen, durchwühlen* Bei der Durchsuchung der Wohnung haben die Beamten alles von oben nach unten gekehrt.
(wieder) **obenauf** sein	*(wieder) gesund sein, die Schwierigkeiten überwunden haben* Die unerwartete Operation hat ihn körperlich wie finanziell sehr mitgenommen, aber jetzt ist er wieder obenauf.
immer **obenauf** sein	*immer gute Laune haben* Frau Ziegler hat eine glückliche Veranlagung, sie nimmt nichts schwer und ist immer obenauf.
obenhinaus wollen	*ein hohes Ziel haben, ehrgeizig sein* Er ist ein Arbeiterjunge, hat aber schon immer obenhinaus gewollt. Ich glaube, er wird es auch schaffen.
er ist (*od.* geht) immer gleich **obenhinaus** U	*er wird immer gleich heftig* Sie kann sich leider überhaupt nicht beherrschen und ist immer gleich obenhinaus.
an der **Oberfläche** dahinplätschern (*od.* schwimmen)	*in e-e S. nicht tiefer eindringen, oberflächlich sein* Der Vortrag war leider gar nicht interessant, da der Mann nur an der Oberfläche dahinplätscherte.

die **Oberhand** gewinnen	*siegreich werden, s. als der Stärkere erweisen* In ihrem Kampf gegen die Römer gewannen die Germanen schließlich die Oberhand.
die **Oberhand** haben (*od*. behalten)	*siegreich, der Stärkere sein (od. bleiben)* Es ist keineswegs sicher, welche Partei in den nächsten Wahlen die Oberhand behält.
das **Oberste** zuunterst kehren	= *(alles) von* oben *nach unten kehren*
bei ihm ist es im **Oberstübchen** nicht ganz richtig U	*er ist ein bißchen verrückt* Mein Onkel war im Krieg zehn Stunden lang verschüttet, und seitdem ist es bei ihm im Oberstübchen nicht mehr ganz richtig.
Oberwasser haben (*od*. behalten)	*Vorteil haben, in vorteilhafter Position sein (od. bleiben)* Seit ihn der Chef vor allen Leuten gelobt hat, hat er natürlich Oberwasser.
Oberwasser bekommen	*e-n Vorteil erlangen, in e-e vorteilhafte Position kommen* Er denkt, wenn er tüchtig Überstunden macht, bekommt er Oberwasser, und der Chef zieht ihn das nächstemal den anderen vor.
s-n **Obolus** entrichten (*od*. beisteuern) (für etw.)	*das bezahlen, was man (als s-n Anteil) bezahlen muß* „Hast du schon deinen Obolus entrichtet?" – „Nein, ich habe eine Freikarte."
danke für **Obst** (und Südfrüchte) S	*danke nein (Ausdruck der Ablehnung)* „Möchtest du einen Schnaps?" – „Dein selbstgebranntes Zeug? Danke für Obst und Südfrüchte."
dastehen wie der **Ochs** am (*od*. vorm) Berg (*od*. neuen Tor, Scheunentor)	*völlig ratlos dastehen gegenüber e-r S.* Ein Leiter muß jeder Situation gewachsen sein. Es darf einfach nicht vorkommen, daß er dasteht wie der Ochs vorm Berg (Scheunentor usw.).
ich komme mir vor wie der **Ochs** vorm Berg (*od*. neuen Tor, Scheunentor)	*ich weiß mir keinen Rat, ich weiß nicht, was ich tun soll* Nach all dem Hin und Her der sich widersprechenden Anweisungen komme ich mir vor wie der Ochs vorm Scheunentor.
dazu taugen wie der **Ochse** zum Seiltanzen	*überhaupt nicht für e-e best. S. taugen (od. zu brauchen sein)* Onkel Eduard soll die Damenrede halten? Der taugt dazu gerade so gut wie der Ochse zum Seiltanzen.
den **Ochsen** hinter den Pflug spannen	= *das* Pferd *hinter den Wagen spannen*
jetzt ist der **Ofen** aus U	*jetzt ist Schluß, das ist die Höhe* Meine Braut ist schon den dritten Sonntag mit Gerd weggefahren. Jetzt ist aber der Ofen aus!
hinterm **Ofen** hocken (*od*. nicht hinterm **Ofen** vorkommen) U	*ein Stubenhocker sein* Wie kann er wissen, was in der Welt vor sich geht, wenn er immer hinter dem Ofen hockt.
in die **Öffentlichkeit** flüchten	*versuchen, dadurch Recht zu bekommen, daß man e-e S. publiziert* Da seine Berichte auf dem Amtsweg keine Beachtung fanden, flüchtete er in die Öffentlichkeit.

j-d ist nicht (ganz) ohne (*od.* gar nicht so **ohne**) U	*1) j-d ist gut (fähig, interessant* usw.*)* *2) j-d ist nicht so harmlos, wie er aussieht* (od. tut) 1) Unser neuer Direktor ist nicht ohne. Wie er mit den Abiturienten gesprochen hat, das war einfach großartig. 2) Gib acht, unser Schäferhund ist nicht so ohne. Erst vor kurzem hat er einen kleinen Jungen gebissen.
(der Wein) ist nicht **ohne** U	*er ist stark, er macht leicht betrunken* Sei vorsichtig, der Wein ist nicht ohne. Du hast schnell einen Schwips, wenn du so weitertrinkst.
etw. ist nicht (ganz) **ohne** (*od.* gar nicht so **ohne**)	*1) etw. ist nicht ohne Schwierigkeiten, Gefahren* *2) es lohnt s., es ist allerhand zu erwarten von etw.* 1) Ich bin heute die neue Autostraße abgefahren. Sie ist nicht ganz ohne, besonders die Kurven sind gefährlich. 2) Dies Theaterstück ist gar nicht so ohne. Hinter einer heiteren Fassade verbirgt sich ein interessanter Kern.
ganz **Ohr** sein	*aufmerksam zuhören* Als Vater von seiner Jugend zu erzählen anfing, waren wir alle ganz Ohr.
j-m klingen die **Ohren**	*j-d merkt, daß von ihm gesprochen* (*od.* an ihn gedacht) *wird* Sie kommen? Haben Ihnen nicht die Ohren geklungen? Wir haben die ganze Zeit von Ihnen gesprochen.
j-s **Ohr** haben (*od.* besitzen)	*j-d hört auf das, was ein anderer sagt* Der einzige, der unser Anliegen vorbringen kann, ist Dr. Trimberg. Er hat das Ohr des Direktors.
Ohren wie ein Luchs haben	s. *Luchs*
die Wände haben **Ohren**	*es gibt Horcher (hinter der Tür* usw.*)* Bitte allergrößte Vorsicht bei den Gesprächen. Die Wände haben hier überall Ohren.
die **Ohren** bei etw. haben	*e-r S. zuhören (der man nicht zuhören sollte)* Unser Lehrer erzählte eigentlich recht interessant von seiner Reise, aber wir hatten alle die Ohren bei der Musik, die von der Straße heraufdrang.
die **Ohren** aufmachen (*od.* auftun, aufsperren) U	*aufpassen, hinhören* Wenn du die englische Aussprache gut lernen willst, dann mußt du die Ohren aufmachen.
die Ohren hängenlassen	*enttäuscht, mutlos sein* Zum zweitenmal ist sein Roman abgelehnt worden; da läßt er natürlich die Ohren hängen.
j-m die **Ohren** langziehen	*j-n (durch Ziehen an den Ohren) ermahnen und strafen* Wenn er seine Arbeit weiter so schlampig macht, dann muß ich ihm mal tüchtig die Ohren langziehen.
die **Ohren** spitzen	*mit besonderer Aufmerksamkeit zuhören* Als die Rede auf den Sonntagsausflug kam, spitzten die Kinder die Ohren. Wo würde es diesmal hingehen?

die **Ohren** steif- halten	*s. nicht unterkriegen lassen, mutig bleiben* Unser armer Papa muß ins Krankenhaus, Kinder. Da müssen wir jetzt alle die Ohren steifhalten.
mein **Ohr** hat s. getäuscht (*od.* muß s. getäuscht haben)	*ich habe etw. Falsches gehört, ich habe mich geirrt* Ich meinte, Elses Schritte gehört zu haben, aber sie war es doch nicht. Mein Ohr hat sich getäuscht.
j-s **Ohr(en)** schmeicheln	*angenehm in j-s Ohren klingen* Natürlich ist sie lieb Kind bei ihm. Sie weiß, was seinen Ohren schmeichelt.
j-m sein **Ohr** leihen	*auf j-s Worte hören* Unser Chef hat meiner Meinung nach sein Ohr den falschen Beratern geliehen.
wo hast denn du (*od.* du denn) deine **Ohren**?	*hörst du nicht, was ich sage?* Zum drittenmal sage ich dir, du sollst dein Zimmer aufräumen! Wo hast du denn deine Ohren?
seinen **Ohren** nicht trauen (wollen)	*etw. so Überraschendes hören, daß man es kaum glauben kann* Ich traute meinen Ohren nicht (*od.* Ich wollte meinen Ohren nicht trauen), als ich seine Stimme hörte.
j-m (*od.* j-s Klagen) sein **Ohr** ver- schließen	*auf j-n (od. j-s Klagen) nicht hören (wollen)* Er ist wirklich armselig dran, und du bringst es fertig, ihm dein Ohr zu verschließen?
ein feines (*od.* gutes) **Ohr** für etw. haben	*ein feines Empfinden, ein gutes Urteilsvermögen für etw. (Akustisches) haben* Er hat ein feines Ohr für klangliche Raffinessen.
ein offenes (*od.* geneigtes, williges) **Ohr** bei j-m finden	*j-n bereit finden zuzuhören (u. etw. zu tun)* Bei unserem Pfarrer werden Sie sicher ein offenes Ohr für Ihr Anliegen finden.
lange **Ohren** machen	*neugierig zuhören* Wir sollten nicht weiter über Weihnachtsgeschenke sprechen; die Kinder drüben machen schon lange Ohren.
taube **Ohren** (bei j-m) finden	*kein Interesse, Ablehnung bei j-m antreffen* Mit der Bitte um Spenden fand er nur taube Ohren.
taube **Ohren** haben	*nicht (auf gute Ratschläge) hören wollen* Kinder nehmen Ratschläge vielleicht noch an, aber Erwachsene haben allzuoft taube Ohren.
tauben **Ohren** predigen	*Menschen Ermahnungen geben, die sie nicht hören wollen* Seine Zuhörer waren von vornherein anderer Meinunge als er, so daß er im Grunde tauben Ohren predigte.
du hast wohl keine **Ohren**?	= *wo hast denn du deine Ohren?*
s. aufs **Ohr** hauen (*od.* legen) U	*s. schlafen legen* Haut euch jetzt aufs Ohr, ihr müßt morgen früh raus.
auf den (*od.* beiden) **Ohren** sitzen	*nicht hören (wollen)* Jetzt rufe ich schon zum drittenmal! Sitzt du eigentlich auf deinen Ohren?

auf diesem **Ohr** nicht hören (*od.* taub sein)	*von dieser S. nichts wissen wollen* Er bettelt immer wieder, ich soll ihm ein Tonbandgerät kaufen, aber auf dem Ohr hör ich nicht.
das ist nichts für fremde **Ohren**	*das geht nur uns an, das sollen andere nicht hören* Besprechen wir das lieber in meinem Zimmer. Das ist nichts für fremde Ohren.
das ist nichts für zarte **Ohren**	*das ist für Damen zu grob, zu unanständig* Den Witz kann ich jetzt leider nicht erzählen, das ist nichts für zarte Ohren.
für deutsche (*od.* englische *usw.*) **Ohren**	*für e-n Deutschen (Engländer) usw.*) Für englische Ohren klingt seine Aussprache einfach schauderhaft.
es faustdick (*od.* knüppeldick) hinter den **Ohren** haben U	*s. faustdick*
j-m eins (*od.* e-e, ein paar) hinter die **Ohren** geben U	*j-m e-e Ohrfeige (od. mehrere) geben* Hast du ihm eins hinter die Ohren gegeben?
eins (*od.* eine, ein paar) hinter die **Ohren** kriegen (*od.* bekommen) U	*e-e Ohrfeige (od. mehrere) bekommen* Er hat eine hinter die Ohren gekriegt, weil er lügt. / Wenn du nicht artig bist, kriegst du ein paar hinter die Ohren!
s. etw. hinter die **Ohren** schreiben U	*s. etw. nachdrücklich merken* Du hast wieder vergessen, ihm sein Buch zurückzugeben. Jetzt schreib es dir mal hinter die Ohren!
(noch) nicht trocken (*od.* noch feucht, naß) hinter den **Ohren** sein U	*noch jugendlich unreif sein* Mit 14 Jahren willst du dich schon an der Politik beteiligen? Du bist ja noch nicht trocken hinter den Ohren.
noch die Eierschalen hinter den **Ohren** haben U	= *(noch) nicht trocken hinter den* Ohren *sein*
etw. (*od.* es) im **Ohr** haben	*1) etw. in s. hören, s. an etw. erinnern* *2) etw. richtig hören (ohne es gelernt zu haben)* 1) Noch immer habe ich seine Worte im Ohr, er würde mich nie vergessen. Und jetzt? 2) Die Harmonien für die Begleitung hat mir niemand gesagt, die habe ich einfach im Ohr.
ins **Ohr** gehen (*od.* fallen)	*gefällig sein u. s. deswegen einprägen* Charakteristisch für den Schlager ist, daß seine Melodie ins Ohr geht.
j-m in den **Ohren** liegen (mit etw.)	*j-n ständig mit Bitten belästigen* Seit Monaten liegt mir Rudi im Ohr, ich soll ihm ein Rad kaufen.
mit den **Ohren** schlackern U	*erschreckt sein, e-r S. ratlos gegenüberstehen* Auf der Hochschule habe ich zwar viel gelernt, aber als ich meine erste Arbeit bekam, habe ich doch mit den Ohren geschlackert.

(nur) mit halbem (*od.* e-m halben) **Ohr** (zu)hören	*ohne große Aufmerksamkeit (zu)hören* Du hörst ja nur mit halbem Ohr zu, wenn ich erzähle. An was denkst du eigentlich?
(nur) mit halbem **Ohr** dabeisein (*od.* bei der S. sein)	*nur mit geringer Aufmerksamkeit bei e-r S. sein* Heute war unsere Lehrerin nur mit halbem Ohr bei der Sache. Weißt du, was mit ihr los ist?
mit offenen (*od.* beiden) **Ohren** (zu)hören	*sehr aufmerksam (zu)hören* Ich war erfreut zu sehen, daß die Studenten mit offenen Ohren zuhörten.
j-n übers **Ohr** hauen U	*j-n hereinlegen, betrügen* Bei Käufen an der Haustür wird man allzu leicht übers Ohr gehauen.
j-m das Fell über die **Ohren** ziehen	= *j-n übers* **Ohr** *hauen*
bis über die (*od.* beide) **Ohren** verliebt sein	*heftig verliebt sein* Sind die beiden nicht süß? Bis über beide Ohren verliebt.
bis über die (*od.* beide) **Ohren** verschuldet sein (*od.* in Schulden stecken)	= *bis über den* **Kopf** *in Schulden stecken*
viel um die **Ohren** haben	*viel Arbeit u. Sorgen haben* Mein Mann ist immer etwas ungenießbar, wenn er so viel um die Ohren hat.
s. die Nacht um die **Ohren** schlagen U	*die Nacht aufbleiben* Mit dieser schwierigen Übersetzung habe ich mir doch weiß Gott die ganze Nacht um die Ohren geschlagen.
s. viel Zeit mit etw. um die **Ohren** schlagen U	*viel Zeit für etw. (ungern) verbrauchen* Ich habe mir mit dieser langen Abschrift viel Zeit um die Ohren geschlagen, und wozu?
s. den Wind um die **Ohren** pfeifen lassen	*s.* **Wind**
um ein geneigtes **Ohr** bitten	*um freundliches Zuhören bitten* Verehrte Anwesende! Ich bitte um Ihr geneigtes Ohr für folgendes Anliegen unseres Vereins.
von e-m **Ohr** zum andern strahlen U	*ein breites, strahlendes Lächeln zeigen* Als ich ihr den Ring überreichte, strahlte sie von einem Ohr zum andern. Sie freute sich wie ein Kind.
j-m zu **Ohren** kommen	*j-m bekanntwerden (bes. von e-r überraschenden od. negativen Tatsache.)* Mir ist zu Ohren gekommen, Herr Schmitt, daß Sie auch für die Konkurrenz arbeiten. Stimmt das?
zum e-n **Ohr** hinein, zum andern (wieder) hinaus(gehen) U	*gehört, aber wieder vergessen (od. nicht beachtet) werden* Alles, was ich sage, ist für die Katz. Es geht zum einen Ohr hinein und zum andern wieder hinaus.

e-e gesalzene **Ohrfeige**	*e-e kräftige Ohrfeige* Als er dann noch frech wurde, habe ich ihm eine gesalzene Ohrfeige gegeben.
e-e moralische **Ohrfeige**	*e-e heftige (moralische) Kritik, ein strenger Tadel* Das wenige, was sie sagte, war eine moralische Ohrfeige für ihn, die er wirklich verdient hat.
Öl auf die Lampe gießen	= *einen auf die* Lampe *gießen*
Öl auf die (erregten) Wogen gießen	*beruhigend wirken* In einer so temperamentvollen Familie ist es die Aufgabe der Mutter, Öl auf die erregten Wogen zu gießen.
Öl ins Feuer gießen (*od.* schütten)	*Erregung, Streit noch intensiver machen* Hättest du dir diese häßliche Bemerkung nicht sparen können!? Du hast damit nur Öl ins Feuer gegossen.
dastehen (*od.* dasitzen) wie ein **Ölgötze**	*unbeweglich, dumm dastehen* (od. *dasitzen*) Als Lisa in die Küche kam, war das Gulasch völlig verkohlt. Da stand sie wie ein Ölgötze und kam nicht mal auf den Gedanken, das Gas abzudrehen.
seit **Olims** Zeiten	*seit sehr langer Zeit* Onkel Eduard habe ich schon seit Olims Zeiten nicht mehr gesehen.
aus **Olims** Zeiten stammen (*od.* sein)	= *von Anno* Tobak *stammen*
(e-e) alte **Oma** ist doch kein D-Zug S	*s. (ein) alter Mann ist doch kein* D-Zug
über den großen **Onkel** gehen (*od.* laufen, latschen) U	*mit einwärts gerichteten Füßen gehen* Früher ging Karl über den großen Onkel, das sah nicht schön aus. Jetzt trägt er Einlagen.
rede (*od.* erzähl, quatsch) doch keine **Opern** S	*rede keinen Unsinn* Quatsch doch keine Opern, so was gibt's gar nicht! Du allein das Zimmer gestrichen!
es j-m **ordentlich** geben	*j-m gehörig die Meinung sagen, ihn tadeln* Wenn der Junge noch mal dein Fahrrad kaputtmacht, dann werde ich es ihm aber ordentlich geben.
in **Ordnung** gehen	*richtig gemacht werden, ordentlich erledigt werden* „Ich brauche die Uhr nächste Woche." – „Geht in Ordnung! Sie können sie in fünf Tagen wieder abholen."
j-n zur **Ordnung** rufen	*j-n offiziell zurechtweisen* Während der nachfolgenden Diskussion mußte der Leiter einige Zwischenrufer mehrmals zur Ordnung rufen.
erster **Ordnung**	*von ganz besonderer (von besonders schlimmer* usw.*) Art* Die ganze Geschichte war ein Reinfall erster Ordnung, ich habe keinen Pfennig dabei verdient.
kein **Organ** für etw. haben	*kein Empfinden, kein Urteilsvermögen für etw. haben* Er ist zu grob veranlagt. Er hat einfach kein Organ für feinere Töne, für Andeutungen oder Unausgesprochenes.

wie die **Orgelpfeifen** U	*in auf- od. absteigender Größenordnung* Als der Fotograf kam, standen alle Kinder nebeneinander wie die Orgelpfeifen.
an e-m dritten **Ort**	*nicht zu Hause (nicht im Büro usw.)* In diesem Falle ist es besser, daß wir uns an einem dritten Ort treffen, um die Sache zu regeln.
Ort: höheren Ortes	*bei e-r oberen Dienststelle (in der Regierung usw.)* Die Angelegenheit ist bereits höheren Ortes bekannt und wird zur Zeit bearbeitet.
ein gewisses (*od.* stilles, verschwiegenes) **Örtchen**	*die Toilette, das W. C.* „Wo ist denn Gerda?" – „Auf einem gewissen Örtchen."
frech wie **Oskar** U	*sehr frech* Am nächsten Morgen kam er frech wie Oskar ins Büro und tat, als ob nichts gewesen wäre.
wenn **Ostern** und Pfingsten zusammenfallen (*od.* auf e-n Tag fallen)	*nie* Ich fürchte, wir kriegen unser Urlaubsgeld erst, wenn Ostern und Pfingsten auf einen Tag fallen.
das schmeckt nach **Ozean** S	= *das schmeckt nach* mehr (d. h. *Meer,* also *Ozean*)

P

zu **Paaren** treiben L	*in die Enge treiben, in die Flucht schlagen* Wir werden die Banditen zu Paaren treiben, wo immer sie sich zeigen.
ein **paar** kriegen (*od.* s. einhandeln)	*einige Ohrfeigen (od. Schläge) kriegen (od. herausfordern)* Hör jetzt endlich mit der Schreierei auf, oder willst du dir unbedingt ein paar einhandeln?
pachten: für s. gepachtet haben U	*etw. (in arroganter Weise) nur für s. beanspruchen* Du hast wohl den Fensterplatz für Dich gepachtet! Ich will auch mal raussehen.
jeder hat sein **Päckchen** zu tragen	*jeder hat s-e Sorgen (auch wenn es nicht so aussieht)* Unsere Obstfrau ist immer lustig und guter Dinge. Aber auch sie hat ihr Päckchen zu tragen: ihr Mann liegt schon seit einem halben Jahr im Krankenhaus.
paff sein U	= *baff sein*
j-m gebührt die **Palme** L	*j-d ist der Sieger, der Beste* Meiner Meinung nach gebührt dem Komponisten des dritten Liedes die Palme.
die **Palme** des Sieges (erringen, erhalten, erstreben *usw.*) L	*den Sieg, den ersten Preis (bekommen usw.)* Es war ein edler Wettstreit der Besten unserer Schule. Die Palme des Sieges errang Wolfgang Müller.
j-m die **Palme** (des Sieges) zuerkennen L	*j-n zum Sieger, zum Besten erklären* Wem haben sie wohl die Palme (des Sieges) zuerkannt – Ihrem fabelhaft begabten Sohn natürlich!
um die **Palme** (des Sieges) ringen (*od.* kämpfen, streiten *usw.*) L	*um den Sieg kämpfen* In der Endausscheidung waren es noch zwei Pianisten, die um die Palme (des Sieges) rangen (stritten *usw.*).
auf der (höchsten) **Palme** sein (*od.* sitzen) S	*sehr wütend sein* Vater ist mal wieder auf der (höchsten) Palme, weil Gottfried, ohne zu fragen, mit dem Wagen fort ist.
auf die **Palme** klettern S	*sehr wütend werden* Erwähne ihren Namen nicht, sonst klettert er gleich auf die Palme.
j-n auf die **Palme** bringen (*od.* treiben) S	*j-n sehr wütend machen* Erinnere ihn nicht an die verunglückte Aufführung, sonst bringst du ihn gleich auf die Palme.
von der **Palme** herunterkommen S	*s. wieder beruhigen* Nun komm mal wieder runter von der Palme! Kannst du denn gar keine Kritik vertragen?

es ist, um auf die **Palme(n)** zu klettern S	= *es ist, um auf die* Akazien *zu klettern*
auf sein **Panier** schreiben	= *auf s-e* Fahne(n) *schreiben*
aus den **Pantinen** kippen S	= *aus den* Latschen *kippen*
unter dem **Pantoffel** stehen (*od.* unter den **Pantoffel** gekommen *od.* geraten sein)	*von der Ehefrau beherrscht werden* Im Betrieb ist er der Alleinherrscher, und zu Hause? Da steht er unter dem Pantoffel.
j-n unter dem **Pantoffel** haben U	*die Gewalt über (e-n Ehemann) haben* Ich bin nicht so ganz überzeugt, daß sie ihn unter dem Pantoffel hat.
unter den **Pantoffel** kommen U	*von der Ehefrau abhängig werden* Wenn er sich nicht rechtzeitig wehrt, kommt er bald ganz unter den Pantoffel.
stur wie ein **Panzer** sein U	*völlig uneinsichtig sein, starr auf etw. beharren* Bei dem Beamten erreichst du nichts! Der ist stur wie ein Panzer.
nur ein Fetzen **Papier**	*s. Fetzen*
s-e **Papiere** bekommen (*od.* kriegen)	*entlassen werden* Der Umsatz der Firma ist so stark zurückgegangen, daß mehrere von uns ihre Papiere bekommen haben.
nur auf dem **Papier** stehen	*nicht vorhanden sein, nicht ausgeführt werden* Das ist ein Paragraph, der nur auf dem Papier steht. Kein Mensch hält sich daran.
etw. zu **Papier** bringen (*od.* aufs **Papier** werfen)	*etw. niederschreiben, skizzieren* Am besten ist es, Sie bringen Ihre Ansichten zu Papier und schicken sie als Leserbrief an die Zeitung.
nicht mehr **papp** sagen können U	*s. ganz vollgegessen haben* „Ob der Junge satt ist?" – „Er kann ja nicht mal mehr papp sagen."
nicht von **Pappe** sein U	*nicht schlecht, solide, kräftig, recht beachtlich sein* Das Donnerwetter des Chefs war ja nicht von Pappe.
s-e **Pappenheimer** kennen	*s-e (Nachbarn, Schüler, Kinder usw.) mit ihren Schwächen usw. kennen* Gib ihnen nur so viel Geld mit, wie sie ausgeben dürfen. Ich kenne meine Pappenheimer. Gibt man ihnen mehr, geben sie auch mehr aus!
für e-n **Pappenstiel** U	*ganz billig* Ob du es glaubst oder nicht, ich habe dieses Motorrad für einen Pappenstiel gekauft.

das ist kein **Pappenstiel** U	*das ist keine Kleinigkeit, nicht wenig, recht schwierig* In fünf Jahren aus dem Nichts eine Firma mit 300 Angestellten aufzubauen, das ist kein Pappenstiel.
keinen **Pappenstiel** wert sein	*ganz wenig wert sein, wertlos sein* Das Bild ist keinen Pappenstiel wert. Es ist gar nicht von Picasso.
päpstlicher als der **Papst**	*übertrieben kritisch (od. streng)* Die neuen Verträge sind von allen gebilligt worden, was gibt es also daran auszusetzen? Sei nicht päpstlicher als der Papst!
j-m in die **Parade** fahren	*j-m energisch entgegentreten, j-n daran hindern, etw. zu tun* Als er wieder mit der alten Verleumdung anfing, da bin ich ihm gehörig in die Parade gefahren.
das **Paradies** auf Erden	*ein Leben ohne Not, Sorgen, Feindschaft usw.* Wir hatten das Paradies auf Erden. Sonne, herrlichen Strand und phantastisches Essen.
etw. (glatt) aufs **Parkett** legen U	*etw. mühelos bewerkstelligen* Das Simultandolmetschen hat er glatt aufs Parkett gelegt. Dabei hat er es nie gelernt.
s. auf e-m (best.) **Parkett** bewegen können	*s. im gesellschaftlichen Leben bestimmter Kreise gut benehmen können* Jemand, der sich auf internationalem Parkett nicht bewegen kann, hat als Diplomat keine Chance.
j-m **Paroli** bieten	*j-m (mit Überlegenheit) Widerstand leisten* Sie ist nicht auf den Mund gefallen und ist die einzige, die dem vorlauten jungen Mann Paroli bieten kann.
Partei sein in etw.	*parteiisch, voreingenommen sein* Mutter können wir natürlich nicht fragen. Sie ist in dieser Sache Partei und hält zu ihrem Sohn.
für j-n (*od.* j-s) **Partei** ergreifen (*od.* nehmen)	*für j-n eintreten, s. auf j-s Seite stellen* Wenn ihr über Paul so schlecht redet, dann muß ich einfach seine Partei (*od.* für ihn Partei) ergreifen.
bei der falschen **Partei** sein	*der verlierenden Partei (od. Seite) angehören* Wenn man heute bei der falschen Partei ist, verliert man zwar nicht den Kopf, aber Nachteile bringt es schon.
es mit beiden **Parteien** halten	*mit der e-n wie mit der anderen Seite gute Verbindung haben, für beide Seiten Verständnis haben* Er ist geschickt genug, es mit beiden Parteien zu halten, mit Arbeitgebern und Arbeitnehmern.
über den **Parteien** stehen	*unparteiisch, unvoreingenommen sein* Es ist besser, wenn der Diskussionsleiter über den Parteien steht.
e-e gute **Partie** sein	*ein Ehepartner mit viel Vermögen sein* Anneliese ist eine gute Partie. Ich schätze ihre Mitgift auf mindestens 300 000 Mark.
e-e gute **Partie** machen	*e-n reichen Ehepartner finden* Walter hat eine gute Partie gemacht. Seine Frau ist nicht nur reizend, sondern auch noch steinreich.

mit von der **Partie** sein	*bei e-r S. mitmachen* Wir bringen morgen unserem Chef ein Ständchen. Wer ist mit von der Partie? Wir brauchen etwa zehn Mann.
ein blinder **Passagier**	*ein Passagier, der ohne zu bezahlen im Versteck mitfährt* Wir hatten damals auf unserer Überfahrt nach Rio zwei blinde Passagiere an Bord.
das könnte dir so **passen**	*das würde dir e-n unangemessenen Vorteil verschaffen* Er dachte, wir machen nicht mit. Das könnte ihm so passen; dann wäre er fast ohne Konkurrenz.
unter uns **Pastorentöchtern** U	= *unter uns* Pfarrerstöchtern
in der **Patsche** sitzen	= *in der* Tinte *sitzen*
(mächtig) auf die **Pauke** hauen U	*1) tüchtig feiern* *2) sehr angeben* 1) An meinem 21. Geburtstag haben wir mächtig auf die Pauke gehauen. 2) Er haut gern mächtig auf die Pauke, aber es ist nichts dahinter.
mit **Pauken** und Trompeten durchfallen U	*ganz und gar (nicht nur knapp) durch e-e Prüfung fallen* Er hat sein Studium aufgegeben, weil er schon durchs erste Examen mit Pauken und Trompeten durchgefallen ist.
aus e-m Saulus ein **Paulus** werden	*ein ganz anderer Mensch, das Gegenteil des früheren werden* Klaus kennst du nicht wieder. Seit er verheiratet ist, ist aus einem Saulus ein Paulus geworden. Das Rauhbein ist beinah schon ein Gentleman.
Pech haben U	*Unglück, Mißgeschick haben* Max hat Pech gehabt. / Heute hatte ich das Pech, meine Schlüssel zu verlieren.
wie **Pech** und Schwefel zusammenhalten	*ganz fest in allen Situationen zusammenhalten* Die beiden Brüder halten wie Pech und Schwefel zusammen.
den **Pegasus** reiten (*od.* satteln, besteigen)	*dichten, Verse machen* In der Zeitung ist ein Wettbewerb für einen Vierzeiler ausgeschrieben. Hättest du nicht Lust, den Pegasus zu besteigen?
die **Peitsche** sitzt j-m im Nacken	*j-d wird hart angetrieben, aufs härteste gezwungen* Er muß so schuften, er hat riesige Schulden. Die Peitsche sitzt ihm im Nacken.

j-m (dicht) auf die **Pelle** rücken U	1) *j-m näher rücken* 2) *s. j-m aufdrängen, ihn mit Bitten* usw. *belästigen* 3) *j-m zusetzen, dahin bringen, daß er etw.* **Bestimmtes tut** 1) Kürzlich rückte mir in der Straßenbahn ein Mann dermaßen auf die Pelle, daß ich froh war, bei der nächsten Haltestelle aussteigen zu können. 2) Jetzt kommt wieder die Zeit, wo Frau Arndt mir auf die Pelle rückt, ich sollte doch was für die Weihnachtsfeier ihres Turnvereins spenden. 3) Ich muß mal dem Hans auf die Pelle rücken, daß er mir endlich meine Schreibmaschine wieder zurückgibt.
j-m auf der **Pelle** sitzen (*od.* nicht von der **Pelle** gehen) U	*j-n sehr bedrängen, mit Bitten belästigen* Seit Tagen sitzt er mir auf der Pelle, ich soll ihm sein altes Auto abkaufen.
j-m auf dem **Pelz** sitzen U	= *j-m auf der* Pelle *sitzen*
j-m auf den **Pelz** rücken U	= *j-m auf die* Pelle *rücken*
j-m eins auf den **Pelz** brennen U	*j-n mit e-r Kugel treffen* Gefangen hab' ich den Wilddieb leider nicht, aber ich hab' ihm wenigstens eins auf den Pelz brennen können.
dabei fällt dir keine **Perle** aus der Krone (*usw.*)	s. Krone
Perlen vor die Säue werfen	*wertvolle Dinge uninteressierten Menschen vorsetzen, j-m, der es nicht verdient, Kostbares anbieten* „Willst du nicht etwas vorspielen?" – „Ich werde doch keine Perlen vor die Säue werfen. Die Müllers sind ja völlig unmusikalisch."
in **Person** (*od.* in eigener **Person**)	*selbst* Der Herr Staatsminister in Person hat die Ausstellung eröffnet.
etw. in **Person** sein	*ganz u. gar e-e bestimmte Eigenschaft haben* Wie konnte er nur vor allen Leuten sagen, daß er in der Prüfung durchgefallen ist. Er ist doch die Dummheit (*od.* die Frechheit) in Person.
es stinkt wie die **Pest** S	*es riecht außerordentlich schlecht* Heute stank es im Chemiesaal wie die Pest.
j-m die **Pest** an den Hals wünschen U	*j-m alles Schlechte wünschen* Hat der mich in der Kurve doch so geschnitten, daß ich wie verrückt bremsen mußte. Dem Kerl möchte ich die Pest an den Hals wünschen!
hassen wie die **Pest** U	*intensiv hassen* Wenn ich etwas hasse wie die Pest, dann ist es sein ewiges Kritisieren.
j-n meiden wie die **Pest**	*um jeden Preis versuchen, j-m nicht zu begegnen* Früher waren die beiden mal eng befreundet, aber jetzt meidet sie ihn wie die Pest.

der Schwarze **Peter**	*s. schwarz*
ein langweiliger (*od.* alberner, dummer) **Peter** U	*ein langweiliger (od. alberner, dummer) Mensch* Den Joachim willst du einladen – diesen langweiligen Peter? Der verdirbt uns die ganze Party.
dem **Peter** nehmen und dem Paul geben	= *ein* Loch *aufmachen, um ein anderes zuzustopfen*
j-m die **Petersilie** verhageln U	*j-n niedergeschlagen machen, j-m die Laune verderben* Er hat von drei Zeitschriften seine Kurzgeschichte wieder zurückbekommen. Kannst dir denken, daß ihm die Petersilie verhagelt ist.
Petrus meint's gut U	*das Wetter wird* (od. *ist*) *schön* Wir können heute nach Tisch doch noch wegfahren, Petrus meint's gut (mit uns).
etw. in **petto** haben	*etw. vorbereitet haben, planen* Wenn Sie denken, das wäre alles – ich habe noch mehr in petto, das ich Ihnen jetzt gleich vorspielen werde.
ein dorniger **Pfad**	*ein Weg mit vielen Schwierigkeiten, Widerständen, Hindernissen* Es ist ein dorniger Pfad, bis man endlich das letzte Examen hinter sich gebracht hat.
ausgetretene **Pfade** (*od.* auf ausgetretenen **Pfaden**) wandeln	*das Herkömmliche tun, nicht originell sein* Dieses neue Buch ist vollkommen überflüssig. Sein Verfasser wandelt nur auf ausgetretenen Pfaden.
die ausgetretenen **Pfade** verlassen	*etw. anderes tun als üblich, originell sein* In Lehrbüchern des Englischen liest man eigentlich immer dasselbe. Dieser Autor hat nun die ausgetretenen Pfade verlassen und bietet tatsächlich Neues.
krumme **Pfade** (*od.* auf krummen **Pfaden**) wandeln	*unrechte Wege gehen, unrechte Dinge tun* Wer im Leben immer krumme Pfade wandelt, kann wohl viel Geld verdienen, aber kein Ansehen erringen.
ein **Pfahl** im Fleisch	*etw., das ständig sehr quält* Der Älteste – ein reiner Bohemien – war dem soliden Vater immer ein Pfahl im Fleisch.
j-s vier **Pfähle** U	*j-s Wohnung, j-s Zuhause* Ich bleibe heute in meinen vier Pfählen. Ich will lesen.
nach dem **Pfandhaus** gehen S	= *nach dem* Mond *gehen*
etw. auf der **Pfanne** haben U	1) *etw. vorhaben* 2) *etw. in Arbeit haben* 3) *etw. (Besonderes) bereit haben* 1) Dieser Staubsaugervertreter war merkwürdig. Er fragte so interessiert, ob wir heute abend zu Hause seien. Ob der was auf der Pfanne hat? 2) Endlich hat er wieder was auf der Pfanne. Er arbeitet, glaub ich, an einem Roman. 3) Mein Autohändler hat immer günstige Angebote. Frag ihn mal. Er hat bestimmt was auf der Pfanne.

j-n in die **Pfanne** hauen U	*1) e-n vollen Sieg erringen über j-n* *2) j-n (od. etw.) schärfstens kritisieren, bestrafen* 1) Die Münchner Elf haben wir aber in die Pfanne gehauen, was? 2) Der Kritiker hat die letzte Opernpremiere ja restlos in die Pfanne gehauen.
aufgehen wie ein **Pfannkuchen** U	*1) dick werden* *2) s-n Stolz immer deutlicher zeigen* 1) Mein Bruder ist seit seiner Heirat aufgegangen wie ein Pfannkuchen. 2) Als ihn der Chef vor allen Leuten so lobte, da ist er aufgegangen wie ein Pfannkuchen.
platt wie ein **Pfannkuchen** U	*1) sehr überrascht* *2) mit e-r Brust wie ein Mann* 1) Daß du das in einer Stunde geschafft hast! Ich bin platt wie ein Pfannkuchen! 2) Ihre Frisur ist toll, aber sie ist doch platt wie ein Pfannkuchen.
unter uns **Pfarrerstöchtern** U	*1) unter uns Eingeweihten, unverblümt gesagt* *2) ohne fremden Zeugen* 1) Unter uns Pfarrerstöchern – das Schlafzimmer ist keine hundert Mark mehr wert. 2) Zieh dich ruhig aus und probier das Kleid richtig an. Wir sind ja unter uns Pfarrerstöchtern.
er soll hingehen (*od.* bleiben), wo der **Pfeffer** wächst	*den wünsche ich weit weg von hier* „Der Günter will nachher mal vorbeikommen!" – „Der soll bleiben, wo der Pfeffer wächst! Der will doch nur Geld von mir."
Pfeffer im Hintern haben U	= Hummeln *im Hintern haben*
da liegt der Hase im **Pfeffer**	*s. Hase*
nach j-s **Pfeife** tanzen U	*das tun, was j-d sagt* Das könnte dir so passen, daß ich nach deiner Pfeife tanze! Ich bin jetzt 21!
j-m etwas **pfeifen** U	= *j-m was* husten
(alle) s-e **Pfeile** verschossen haben	= (all) sein Pulver *verschossen haben*
e-n **Pfeil** umsonst verschießen	*e-e Bosheit sagen, die nicht trifft* Mit deiner gehässigen Bemerkung über ihn hast du deinen Pfeil umsonst verschossen. So was läßt ihn kalt.
jeden **Pfennig** (dreimal) umdrehen	*wenig Geld haben u. s. daher jede Ausgabe sehr überlegen* Als Vater arbeitslos war, mußten wir jeden Pfennig dreimal umdrehen.
keinen **Pfennig** wert sein	= keinen Deut *wert sein*
auf den **Pfennig** sehen	*sehr sorgfältig mit s-m wenigen Geld umgehen, sparsam sein* Bei nur 180 Mark Rente im Monat ist es verständlich, daß sie auf den Pfennig sieht.

nicht für fünf **Pfennig(e)!** U	*nicht im geringsten* „Interessiert dich das?" – „Nicht für fünf Pfennig!"
mit dem **Pfennig** rechnen	= *auf den Pfennig sehen*
das beste **Pferd** im Stall U	*der beste, tüchtigste, fähigste Mitarbeiter* So jung wie er ist, ist Dr. König zur Zeit doch tatsächlich das beste Pferd im Stall.
das glaubt (dir) kein **Pferd** U	*das glaubt (dir) kein Mensch* Im Leben passieren die unwahrscheinlichsten Dinge, aber was du da erzählst, das glaubt dir kein Pferd.
das hält kein **Pferd** aus U	*das ist auch für e-n starken Menschen unerträglich* Den ganzen Tag arbeiten in einem Raum mit zwanzig Schreibmaschinen, dazu noch ständig das Telefon – das hält ja kein Pferd aus.
arbeiten wie ein **Pferd** U	*äußerst intensiv, angestrengt arbeiten* Ich habe mein Studium ganz selbst finanzieren müssen, und das bedeutete: arbeiten wie ein Pferd.
j-m gehen die **Pferde** durch U	*j-d verliert die Beherrschung* Als Vorsitzenden brauchen wir einen besonnenen Mann, nicht jemanden, dem ständig die Pferde durchgehen.
keine zehn **Pferde** bringen mich dahin (*od*.dazu)	*unter gar keinen Umständen tue ich das* Ich soll wieder in meine alte Firma? Keine zehn Pferde bringen mich dahin (*od.* dazu, dorthin zu gehen).
überlaß das Denken den **Pferden,** die haben den größeren Kopf S	*denke nicht, denn du denkst falsch* „Ich dachte eben, so ist es das einfachste." – „Ich dachte, ich dachte. Überlaß das Denken den Pferden, die haben den größeren Kopf."
das **Pferd** vor den falschen Wagen (*od*. Karren) spannen	*etw. Falsches tun, von zwei Lösungen die falsche wählen* Zu dumm, ich habe das Pferd vor den falschen Wagen gespannt! Ich hätte damals gleich zu Dr. Ernst gehen sollen. Aber ich habe ihn damals übergangen, und nun werde ich die Baugenehmigung nie bekommen."
(Ich denk') mich tritt ein **Pferd**	*unvorhergesehene (negative) Wende der Dinge* Ich hole den Wagen aus der Reparatur, bezahle 500 Mark, fahre 3 Kilometer, bleibt der doch schon wieder stehen. Ich denk' mich tritt ein Pferd.
das **Pferd** hinter den Wagen spannen	= *das Pferd beim Schwanz aufzäumen*
die **Pferde** scheu machen	*die Leute einschüchtern, ängstigen* Wenn Sie gleich von den vielen Schwierigkeiten sprechen, die das Französische bietet, dann machen Sie nur die Pferde scheu. Die Leute verlieren den Mut und geben den Kurs auf.
auf dem hohen **Pferd** sitzen	= *auf dem hohen Roß sitzen*
s. aufs hohe **Pferd** setzen	= *s. aufs hohe Roß setzen*

alles auf ein **Pferd** setzen (ein *ist betont*)	= *alles auf e-e* Karte *setzen*
aufs falsche **Pferd** setzen	= *auf die falsche* Karte *setzen*
das trojanische **Pferd**	*s. trojanisch*
mit j-m **Pferde** stehlen können	*mit j-m sehr schwierige (od. heikle) S. machen können* Ich kenne sie von früher Jugend an, sie ist ein großartiger Kamerad. Mit ihr kann man Pferde stehlen.
vom **Pferd** auf den Esel kommen	*herunterkommen, verarmen* Noch hat er Geld. Wenn er aber so weitermacht, wird er bald vom Pferd auf den Esel kommen.
da schaut (*od.* guckt) der **Pferdefuß** hervor (*od.* kommt der **Pferdefuß** zum Vorschein)	*da zeigt s. der wahre, niederträchtige Grund (od. Plan, Hintergedanke)* „Man will nur meinen guten Namen zur Tarnung eines ganz schmutzigen Geschäfts benutzen." – „Da kommt also der Pferdefuß zum Vorschein."
s. auf solche **Pfiffe** verstehen (*od.* solche **Pfiffe**, den **Pfiff** kennen) U	*den Trick, die raffinierte Methode kennen* Obwohl das Kino ausverkauft war, kam Franz zuletzt doch noch mit zwei Karten an, sogar verbilligt. Er versteht sich eben auf solche Pfiffe.
(e-e S.) mit **Pfiff** U	*mit etw. Raffiniertem, Auffallendem, mit e-m Blickfang* Was sie trägt, ist nicht der letzte Schrei, aber immer etwas mit Pfiff.
e-r S. den richtigen **Pfiff** geben U	*etw. interessant, attraktiv, auffallend machen* Der Gürtel gibt diesem Kleid erst den richtigen Pfiff.
keinen **Pfifferling** wert sein U	*nichts wert sein* Deine ‚echt goldene Uhr' ist keinen Pfifferling wert.
geputzt (*od.* geschmückt, aufgedonnert) wie ein **Pfingstochse**	*übertrieben, auffallend schön gekleidet* Sie steckt ihr ganzes Geld in ihre Kleider und läuft ständig geschmückt wie ein Pfingstochse herum.
ein teures **Pflaster** U	*ein Ort, in dem das Leben teuer ist* Baden-Baden ist ein idealer Kurort, aber, unter uns gesagt, ein teures Pflaster.
Pflaster treten U	*1) keine Arbeit tun, müßiggehen, bummeln* *2) in der Stadt (statt in der Natur, auf dem Lande) leben* 1) Was tun denn deine neuen Freunde den ganzen Tag? Pflaster treten und mit Mädchen herumziehen. 2) Hier in den Bergen ist es herrlich. Ich denke mit Schrecken daran, daß ich ab Montag wieder Pflaster treten muß.
ein **Pflaster** auf die (*od.* j-s) Wunde	*ein gewisser Trost* Wenn wir auch nicht gewonnen haben, so ist es doch ein Pflaster auf die Wunde, daß die Zeitung schreibt, wir hätten hervorragend gespielt.

auf dem **Pflaster** liegen	*arbeitslos sein* Heute gibt es immer noch Länder, in denen Millionen Menschen auf dem Pflaster liegen.
es ist s-e (verdammte, verfluchte) **Pflicht** und Schuldigkeit	*es ist unbedingt s-e unerläßliche Pflicht* Es wäre die (verdammte) Pflicht und Schuldigkeit der Regierung, diesen Vorfall zu bedauern und sich offiziell zu entschuldigen.
e-n **Pflock** (*od.* einige **Pflöcke,** ein paar **Pflöcke**) zurückstecken	*weniger anspruchsvoll sein* Wenn du nicht ein paar Pflöcke zurücksteckst, wirst du aus deinen Schulden nie herauskommen.
an der **Pforte** des (*od.* zum) Jenseits stehen L	*sehr alt sein* Professor Bauer ist schon lange nicht mehr im Amt. Er steht ja schon an der Pforte des Jenseits.
s. die **Pfoten** lecken nach etw. U	= *s.* die Finger *lecken nach etw.*
s. die **Pfoten** verbrennen U	= *s.* die Finger *verbrennen*
j-m eins auf die **Pfoten** geben U	= *j-m eins auf die* Finger *geben*
die **Pfropfen** knallen (*od.* springen) lassen	*viel Sekt ausschenken, trinken* Eine Party bei Heiner ist immer prima. Der läßt wenigstens die Pfropfen knallen.
j-n am **Pfropfen** riechen lassen S	*sehr geizig sein, nichts zu essen und trinken geben wollen* Egon ist ein schrecklicher Geizkragen. Er möchte seine Gäste am liebsten nur am Pfropfen riechen lassen.
sein anvertrautes (*od.* das anvertraute) **Pfund** vergraben	*s-e Fähigkeiten nicht ausnützen* Du hast doch so wunderbare musikalische Gaben. Warum willst du dein Pfund vergraben?
mit s-m **Pfunde** wuchern	*s-e Begabung, s-e Mittel anwenden* Er hat es verstanden, mit seinem Pfunde zu wuchern, und war schon in jungen Jahren ein bekannter Rechtsanwalt.
Phantasie mit Schneegestöber	*s. Schneegestöber*
wie **Phoenix** aus der Asche steigen (*od.* erstehen, *od.* s. wie **Phoenix** aus der Asche erheben)	*s. nach völligem Zusammenbruch wieder erheben* (od. *neu erstehen*) Wer hätte gedacht, daß Deutschlands Städte sich einmal wieder wie Phoenix aus der Asche erheben (*od.* wie Phoenix aus der Asche steigen) würden.
Phrasen dreschen	*Worte sagen, die schön klingen, aber nichts Gehaltvolles bieten* Er kann stundenlang Phrasen dreschen, ohne etwas Vernünftiges zu sagen.
nicht **piep** (und nicht papp) sagen U	*nicht das geringste sagen* Ich weiß auch nicht warum, aber gestern abend hat sie nicht piep und nicht papp gesagt.

das ist mir **piepe** U	= *das ist mir* schnuppe
piepen: bei dir piept's wohl? U	*du bist wohl ein bißchen verrückt* Ich soll das Ganze mit der Hand abschreiben? Bei dir piept's wohl. Wenn ich keine Maschine kriege, schreibe ich es nicht.
etw. (*od.* es) ist zum **Piepen** U	= *etw. (od. es) ist zum* Kringeln
wie (eine) **Pik-Sieben** dastehen (*od.* dasitzen, gucken)	= *dastehen wie ein* Ölgötze
e-n **Pik** auf j-n haben U	*böse auf j-n sein* Seit ich ihn auf sein falsches Verhalten gegenüber seinen Mitarbeitern aufmerksam gemacht habe, hat er einen Pik auf mich.
von der **Pike** auf dienen (*od.* lernen)	*im Dienst (od. in der Ausbildung) ganz von vorne anfangen* Unser Generaldirektor ist stolz darauf, daß er als Lehrling angefangen und von der Pike auf gedient hat.
die (*od.* e-e) (bittere) **Pille** schlucken	*etw. Unangenehmes akzeptieren, s. mit etw. Schlechtem, Bösem abfinden* Wie wird der Präsidentschaftskandidat die (bittere) Pille schlucken, daß er unterlegen ist?
(j-m) die (*od.* e-e) (bittere) **Pille** versüßen (*od.* verzuckern)	*für j-n etw. Unangenehmes weniger unangenehm machen* Wie soll ich meinem Chef die bittere Pille versüßen, daß ich ab Mai für eine andere Firma arbeiten werde?
wie **Pilze** aus der Erde (*od.* aus dem [Erd]Boden) schießen (*od.* wachsen)	*schnell u. zahlreich entstehen u. s. verbreiten* In den letzten 20 Jahren schossen neue Wohnhäuser wie Pilze aus der Erde.
schlank wie e-e **Pinie** U	= *schlank wie e-e* Tanne
es ist, um auf die **Pinie(n)** zu klettern S	= *es ist, um auf die* Akazien *zu klettern*
ein feiner **Pinkel** S	*ein übertrieben sorgfältig angezogener Mann, Geck, Dandy* Über den feinen Pinkel da drüben kann ich nur lachen.
j-m die **Pistole** auf die Brust setzen	*j-n zu zwingen versuchen, zu e-r Entscheidung drängen* Er muß sich doch mal entschließen, mir das Geld zurückzugeben. Heute abend werde ich ihm mal die Pistole auf die Brust setzen.
wie aus der **Pistole** geschossen	*sofort, ohne das geringste Zögern* Die Antwort kam wie aus der Pistole geschossen.
auf dem **Plan** stehen	*geplant sein, in der (nahen) Zukunft möglich sein* Eine Urlaubsreise steht für mich dieses Jahr nicht auf dem Plan.
auf den **Plan** treten	*in Erscheinung treten, auftauchen* Wenn erst die brasilianische Mannschaft auf den Plan tritt, haben die anderen nicht mehr viel zu bestellen.

platt sein U	*ganz überrascht, sehr erstaunt sein* Ich bin ganz platt, wie gut du das Examen bestanden hast.
eine bunte **Platte**	*eine Platte mit verschiedenen Wurstsorten in aufgeschnittener Form* Würdest du bitte die bunte Platte für heut abend herrichten?
immer dieselbe (*od.* die gleiche, die alte) **Platte** U	*immer dasselbe, dieselben Erzählungen* Bring nicht immer dieselbe Platte (*od.* Leg nicht immer die alte Platte auf)! Diese Geschichte hast du erst letzte Woche erzählt.
e-e neue (*od.* andere) **Platte** auflegen U	*etw. anderes, Neues erzählen* Du könntest ruhig mal eine neue Platte auflegen. Was du in Spanien erlebt hast, kenne ich auswendig.
die richtige **Platte** U	*die erfolgversprechende Methode* Er ist ein hervorragender Vertreter. Er kennt die richtige Platte, so daß er seine Präparate reißend loswird.
die **Platte** abstellen U	*ein Thema fallenlassen* Stell endlich mal die Platte ab! Vom Krieg will niemand mehr was wissen.
die **Platte** kennen U	*wissen, was jemand sagen will, den Gang der Dinge kennen* Die Platte kenne ich schon. Wenn er soweit ist, dann dauert es nicht mehr lange, bis er die Anwesenden um freiwillige Spenden bittet.
die **Platte** putzen U	*weggehen, verschwinden* Was, die andern sind schon weg? Dann muß ich wohl auch die Platte putzen.
das kommt nicht auf die **Platte** U	*das kommt nicht in Frage* Was, ich soll deine Rechnung bezahlen? Das kommt nicht auf die Platte.
auf die **Platte** bringen U	*vorschlagen, anregen* Ich meine, wir sollten in unserer Sitzung heute mal das Thema „pünktliche Beitragszahlung" auf die Platte bringen.
j-n **plattschlagen**	= *j-n* breitschlagen
j-m **Platz** machen	*j-m s-e Stellung geben* Es wäre langsam an der Zeit, daß unser Seniorchef seinem Sohn Platz machte.
nicht (*od.* fehl) am **Platz** sein	*unangebracht sein, nicht passen* Deine Bemerkung ist vollkommen fehl am Platz (*od.* ist hier nicht am Platz).
ein **Platz** an der Sonne	*eine Möglichkeit zu unbeschwertem Leben* Jeder Mensch in der Welt hat ein Recht auf einen Platz an der Sonne.
e-n **Platz** an der Sonne erringen (*od.* s. e-n **Platz** an der Sonne erobern)	*s. behaupten, vorankommen, erfolgreich sein* Die jungen Staaten Afrikas wollen sich alle einen Platz an der Sonne erobern.
auf dem **Platz** bleiben	= *auf der* Strecke *bleiben*

auf die **Plätze** verweisen	*die Konkurrenten im Sport auf die weniger guten Plätze kommen lassen, Sieger werden* Er konnte die übrigen Teilnehmer auf die Plätze verweisen und ging als unangefochtener Sieger aus dem Rennen hervor.
die **Platze** kriegen S	*äußerst wütend werden* Wieder hatte er mein Fahrrad genommen und kaputt hingestellt. Da habe ich die Platze gekriegt!
vor Lachen (*od.* Ärger, Wut, Neid, Stolz) (fast) **platzen**	*außerordentlich lachen (ärgerlich, wütend, neidisch, stolz* usw. *werden)* Als sie da ankam, das Kleid verkehrtherum angezogen, wäre ich vor Lachen fast geplatzt. / Er platzte vor Stolz, als er mit einer Eins in Latein nach Haus kam.
das gibt e-e große (*od.* völlige) **Pleite** U	*die Sache mißlingt vollständig, das gibt e-n großen Reinfall* Die Firma hat einen riesigen Werbefeldzug organisiert. Aber das gibt eine große Pleite, denn die Konkurrenz ist billiger.
pleite gehen (*od.* machen) U	*bankrott gehen, nicht mehr zahlungsfähig sein* Ehe wir pleite gehen (*od.* machen), sollten wir doch versuchen, noch einmal einen Kredit zu bekommen.
pleite sein U	*zahlungsunfähig sein, kein Geld mehr haben* Die Firma Müller ist seit vorigem Monat pleite.
der **Pleitegeier** geht um U	*viele Geschäfte machen Bankrott* In der Baubranche geht zur Zeit der Pleitegeier um.
bei j-m sitzt der **Pleitegeier** auf dem Dach U	*j-d macht bald Bankrott* „Wenn ich nur auch so ein schönes Geschäft in der Stadt hätte." – „Hast du eine Ahnung, bei manchen von denen sitzt schon der Pleitegeier auf dem Dach."
plus machen U	*gewinnen, verdienen, dazubekommen* Ich bin den ganzen Abend freigehalten worden und habe noch zehn Mark plus gemacht.
der ruhende **Pol** (in der Erscheinungen Flucht) L	*der ruhende Punkt, j-d (etw.), der (das) nicht durch Aufregung durcheinandergebracht werden kann* Während des ganzen Durcheinanders war er der ruhende Pol.
noch ist **Polen** nicht verloren	*noch ist nicht alles verloren, noch besteht Hoffnung* Es steht zwar nicht gut mit meiner schriftlichen Prüfung, habe ich gehört, aber noch ist Polen nicht verloren.
dümmer, als (es) die **Polizei** erlaubt S	*sehr dumm* Der Kerl da ist doch dümmer, als es die Polizei erlaubt.
polstern: gut gepolstert sein U	*ziemlich dick sein* Meine Mutter war damals gut gepolstert; ich glaube, sie wog fast 180 Pfund.
von **Pontius** zu Pilatus laufen (*od.* rennen) U	*zu vielen Personen (od. Ämtern) gehen, um etw. zu erreichen* Paul hat seine Brieftasche mit allen Ausweisen verloren. Was der von Pontius zu Pilatus laufen mußte, bis er alle Papiere wieder bekommen hatte.

(nur) e-e halbe **Portion** (sein)	*s. halb*
(viel, allerhand) **Porzellan** zerschlagen	*e-e behutsam eingeleitete Entwicklung zum Besseren plump zerstören* Mit einer unvorsichtigen Bemerkung hat kürzlich ein hoher Diplomat bei einer Reise viel Porzellan zerschlagen.
s. in **Positur** setzen	*e-e würdevolle oder e-m bestimmten Zweck dienende Haltung einnehmen* Der Richter setzte sich in Positur, rückte sein Barett zurecht und ließ die Verhandlung beginnen.
(nicht) auf dem **Posten** sein U	*(nicht) gesund (od. im Vollbesitz s-r Kräfte) sein* Was ist mit Ihnen? Sind Sie heute nicht (ganz) auf dem Posten?
auf verlorenem **Posten** stehen (od. kämpfen)	*in aussichtsloser Situation sein* Isoliert von seinen früheren Freunden, steht dieser Politiker auf verlorenem Posten.
Potemkinsche Dörfer	*äußerlich schön Hergerichtetes, das e-n schlechten Zustand verdecken soll* Das Werk sieht großartig aus. Die Empfangshalle solltest du mal sehen. Aber das sind alles nur Potemkinsche Dörfer. Im Grunde ist es so gut wie pleite.
ein **Prä** (*od.* das Prä) haben	*e-n Vorteil, den Vorrang haben* Dadurch, daß er mehrere Jahre in England war, hat er natürlich gegenüber den anderen Studenten ein Prä.
die kalte **Pracht** U	*die beste Stube, die kaum benutzt wird und oft ungeheizt ist* Es war für mich eine Ehre, daß man mich in die kalte Pracht führte.
es ist e-e (wahre) **Pracht**	*es ist e-e hervorragende Sache, Leistung* Es ist eine wahre Pracht, was dieser Saal für eine Akustik hat.
daß es e-e **Pracht** ist	*in sehr guter Weise* Sie spielte die Rolle, daß es eine Pracht war.
am **Pranger** stehen	*als schlecht, schändlich öffentlich bekanntgemacht sein* Die große Zahl der „Kavaliere am Steuer" ist erfreulich, aber wie viele müßten am Pranger stehen, weil sie keine Kavaliere sind!
j-n (*od.* etw.) an den **Pranger** stellen	*als schlecht, schändlich öffentlich bekanntmachen (od. herausstellen)* Es ist gut, daß die Umweltverschmutzung immer wieder an den Pranger gestellt wird.
auf dem **Präsentierteller** sitzen U	*so sitzen, daß man von allen gesehen wird* Dieser Platz gefällt mir gar nicht. Ich möchte nicht auf dem Präsentierteller sitzen.
s. auf den **Präsentierteller** setzen U	*s. so setzen, daß man von allen gesehen wird* Er ist viel zu bescheiden, als daß er sich freiwillig auf den Präsentierteller setzte.
um jeden **Preis**	*auf jeden Fall, unter allen Umständen* Ich will diesen antiken Schrank um jeden Preis haben.

um keinen **Preis** (der Welt)	*auf keinen Fall, unter gar keinen Umständen* Ich bin sehr glücklich in meiner beruflichen Stellung und möchte um keinen Preis mit einem anderen tauschen.
ein gepfefferter (*od.* gesalzener) **Preis** U	*ein außerordentlich hoher Preis* Dies ist ein besonders schöner Juwelierladen, man verlangt dort aber auch gepfefferte (*od.* gesalzene) Preise.
ein stolzer **Preis**	*ein (viel zu) hoher Preis (der durch seine Höhe die besondere Qualität der Ware unterstreichen soll)* 15 000 DM für den billigsten Mercedes? Das ist ein stolzer Preis.
so schnell schießen die **Preußen** nicht U	*so schnell geht das nicht, gedulde dich ein bißchen* „Du bist mit deinem Aufsatz noch nicht fertig?" – „Was denkst du? So schnell schießen die Preußen nicht."
auf e-m **Prinzip** herumreiten	*e-n Grundsatz hartnäckig predigen, anderen (od. s. selbst) aufzwingen* Er wäre ein ganz angenehmer Mensch, wenn er nicht ständig auf seinen Prinzipien herumreiten wollte.
die **Probe** aufs Exempel machen	*etw. genau ausprobieren, die entscheidende Prüfung vornehmen* Diesmal kaufe ich den Apparat erst, wenn ich die Probe aufs Exempel gemacht und ihn ausprobiert habe.
j-n auf die **Probe** stellen	*prüfen, ob j-d ehrlich, charakterfest ist* Er ist absolut vertrauenswürdig. Wir haben ihn mit mehreren Geheimaufträgen auf die Probe gestellt.
Probleme wälzen	*schwer zu Entscheidendes immer wieder neu durchdenken* Selbst auf seinen Spaziergängen wälzt er mathematische Probleme.
auf dem **Programm** stehen	= *auf dem* Plan *stehen*
beim Barte des **Propheten** U	*s.* Bart
prost Mahlzeit	*s. Mahlzeit*
kurzen **Prozeß** machen mit j-m (*od.* etw.)	*1) j-n ohne Verfahren hinrichten* *2) etw. ohne viel Umstände (mit harten Mitteln) erledigen* 1) Wer mit einer Waffe angetroffen wird, mit dem wird kurzer Prozeß gemacht. 2) Machen wir doch kurzen Prozeß und stellen dem Gegner ein Ultimatum.
j-m den **Prozeß** machen	*e-n Prozeß gegen j-n durchführen (lassen)* Er würde mir sofort den Prozeß machen, wenn er könnte, aber er hat keinerlei Beweise.
wie ein begossener **Pudel** (dastehen, dreinschauen, abziehen *usw.*)	*betreten, eingeschüchtert (dastehen usw.)* Alle zehn Briefe hatte ihr der Chef zerrissen zurückgegeben. Sie stand da wie ein begossener Pudel.
des **Pudels** Kern	*s.* Kern

j-m (auf) den **Puls** fühlen	*j-n prüfend ausfragen* Er hat letzthin so merkwürdige Dinge gesagt. Ich muß ihm mal auf den Puls fühlen, was eigentlich los ist.
das (*od.* sein) **Pulver** trockenhalten	*auf der Hut sein, immer kampfbereit sein* Solange beide Seiten nicht zur Abrüstung bereit sind, müssen wir das Pulver trockenhalten.
er hat das **Pulver** (auch) nicht (gerade) erfunden	*er ist nicht sehr klug od. einfallsreich, er ist dumm* Heute habe ich den neuen Abteilungsleiter gehört. Der hat das Pulver ja auch nicht gerade erfunden.
(all) sein **Pulver** verschossen haben	*alle s-e Argumente (od. Gründe) vorgebracht haben* Ich habe lange geschwiegen. Als meine Gegner dann all ihr Pulver verschossen hatten, da habe ich losgelegt.
keinen Schuß **Pulver** wert sein	*völlig wertlos od. unbrauchbar sein* Den Schmidt könnt ihr entlassen, der ist sowieso keinen Schuß Pulver wert.
die Lunte ans **Pulverfaß** legen (*od.* den Funken ins **Pulverfaß** schleudern)	*den Streit, Kampf verursachen* Sie wollen die Frage der Spitzengehälter wieder aufbringen? Damit legen Sie die Lunte ans Pulverfaß. Das gibt Krach.
(wie) auf dem (*od.* e-m) **Pulverfaß** sitzen	*in größter Gefahr sein* Ich kann mich an die Zeit vor 1939 nicht mehr so richtig erinnern. Aber damals hat doch eigentlich ganz Europa auf dem Pulverfaß gesessen.
auf **Pump** kaufen	*etw. kaufen und erst später bezahlen* Ich habe es meiner Frau ein für allemal verboten, etwas auf Pump zu kaufen. Es soll nur etwas angeschafft werden, was wir auch sofort bezahlen können.
auf **Pump** nehmen	*borgen, sich ausleihen* „Hast du dir diese elektrische Schreibmaschine gekauft?" – „Nein, ich hab' sie nur auf Pump genommen."
auf **Pump** leben	*von geliehenem Geld leben* Er hat jetzt ein gut gehendes Geschäft. Die Zeiten, wo er auf Pump leben mußte, sind vorbei.
der springende **Punkt**	*die entscheidende S., das entscheidende Kriterium* Beide Parteien haben Vertrauen zueinander, das ist der springende Punkt.
ein dunkler **Punkt**	1) *etw. nicht Einwandfreies, e-e sittliche Verfehlung* 2) *e-e unklare Stelle, S.* 1) Es gibt in seinem Leben mehrere dunkle Punkte. So hat er als junger Mann z. B. einmal Geld unterschlagen. 2) In seinem Vortrag waren einige dunkle Punkte, die eine Diskussion vielleicht klären könnte.
ein kitzliger **Punkt**	*e-e peinliche, unangenehme S.* Gehaltskürzung bei den leitenden Herren ist ein kitzliger Punkt.

ein schwacher **Punkt**	*e-e logisch nicht einwandfreie, leicht anzugreifende Stelle* Die mathematische Berechnung seiner Theorie ist der schwache Punkt in seiner Beweisführung.
ein toter **Punkt**	*1) die Stelle, wo e-e S. nicht mehr weitergeht* *2) ein Moment, e-e Periode starker Erschöpfung* 1) Die Verhandlungen über die Abrüstung sind nach langer Zeit endlich über den toten Punkt hinweggekommen. 2) Nach dem Mittagessen habe ich eigentlich jeden Tag einen toten Punkt.
ein wunder **Punkt**	*die Stelle, wo jemand bes. empfindlich ist* Zweifel an seiner Ehrlichkeit kann er gar nicht vertragen. Das ist nun mal ein wunder Punkt bei ihm.
etw. **Punkt** für Punkt durchgehen	*etw. ganz genau durchgehen, prüfen* Sobald ich Zeit habe, werde ich die Abrechnung Punkt für Punkt durchgehen.
e-n **Punkt** machen	*aufhören* Wir haben in der letzten Zeit so viel Geld ausgegeben, wir müssen jetzt einen Punkt machen.
(jetzt) mach (aber) mal e-n **Punkt**! U	*das kann doch nicht wahr sein!* Wie, du hast dich verlobt? Jetzt mach aber einen Punkt!
Punkt, Schluß, Streusand drüber U	*die alte (unangenehme) S. soll abgeschlossen (und verziehen) sein* Du hast mich sehr gekränkt mit deinem Gerede, aber jetzt sagen wir Punkt, Schluß, Streusand drüber!
ohne **Punkt** und Komma (reden *usw.*)	*pausenlos und schnell, eintönig (daherreden usw.)* Ich weiß oft nicht, was ich sagen soll. Meine Schwester dagegen redet ohne Punkt und Komma.
und damit **Punktum**	*das ist mein letztes Wort* Es wird gemacht, wie ich sage, und damit Punktum!
e-e **Pupille** riskieren S	= *ein Auge riskieren*
s. die **Pupillen** verstauchen S	*schlecht Entzifferbares zu lesen versuchen* Warum wollen Sie sich die Pupillen verstauchen? Hier, nehmen Sie doch diese Lupe.
bis in die **Puppen** aufbleiben U	*sehr lange aufbleiben, sehr spät zu Bett gehen* Ja, willst du denn heute bis in die Puppen aufbleiben? Es ist doch schon Mitternacht.
bis in die **Puppen** schlafen U	*sehr lange schlafen* Die letzten Nächte bin ich so spät ins Bett gekommen – morgen werde ich mal bis in die Puppen schlafen.
die **Puppen** tanzen U	*es findet e-e heftige Auseinandersetzung statt* Bei den Meyers nebenan ist was los, da tanzen mal wieder die Puppen.
mir geht die **Puste** aus U	*Energie, Kraft, Geld usw. reichen nicht aus* Robert will Revision gegen das Urteil einlegen. Hoffentlich geht ihm nicht vorher die Puste aus.

(ja,) **Pustekuchen** U	*nein, es ist nicht so (du irrst dich, das kommt nicht in Frage)* „Hast du bei der Lotterie endlich mal was gewonnen?" „Pustekuchen, es war wieder eine Niete."
du kannst mir was **pusten** U	= *ich werd' dir was* husten
auf den **Putz** hauen S	1) *großsprecherisch reden, übertreiben* 2) *sich etw. ganz Besonderes leisten, (fast) zuviel Geld ausgeben* 3) *ganz energisch vorgehen* 1) Nun hör dir an, wie der wieder auf den Putz haut, der Angeber. 2) Übermorgen hast du fünfzigsten Geburtstag, da hauen wir mal ordentlich auf den Putz. 3) Wir müssen jetzt endlich mal gewaltig auf den Putz hauen, um von dieser Firma bessere Lieferbedingungen zu bekommen.

Q

die **Quadratur** des Kreises (*od.* Zirkels)	*der Versuch, das Unmögliche zu tun, e-e unlösbare Aufgabe* Er möchte von seinen wenigen Ersparnissen ein Haus kaufen und gleichzeitig seinen jetzigen Lebensstandard beibehalten. Da versucht er aber die Quadratur des Kreises.
Qualm in der Waschküche	= *Dampf in der Waschküche*
so ein **Quark**! U	*So ein Unsinn!* So ein Quark! Jetzt muß ich heute in die Stadt und morgen wieder. Hätte man das nicht zusammenlegen können!
rede (*od.* erzähle, verzapf) doch nicht (*od.* keinen) solchen **Quark**! U	= *rede doch nicht solchen* Käse
das geht dich e-n **Quark** an U	= *das geht dich e-n* Käse *an*
s. über jeden **Quark** aufregen U	*s. über jede Kleinigkeit aufregen* Warum regst du dich denn über jeden Quark auf? Es ist doch ihre Sache, ob sie Handschuhe anzieht.
s. um jeden **Quark** kümmern (*od.* s. in jeden **Quark** einmischen)	*s. um jede Kleinigkeit kümmern, s. in alles einmischen* Kümmere dich bitte nicht um jeden Quark, die Küche ist mein Ressort!
Quatsch mit Soße	*s. Soße*
ein **Quecksilber** (*od.* das reine Quecksilber) sein (*od.* Quecksilber im Leib haben) U	*sehr lebendig, unruhig sein* Ich kann nicht arbeiten, wenn du nicht endlich still bist. Du bist ja das reinste Quecksilber (*od.* du hast ja Quecksilber im Leib).
an der **Quelle** sitzen	*1) Waren direkt (vom Hersteller usw.) bekommen* *2) Nachrichten aus erster Hand beziehen* 1) Alle Elektrosachen können Sie von meinem Schwager beziehen. Er ist Leiter einer großen Firma. Er sitzt an der Quelle und kann Ihnen alles billig besorgen. 2) Aus den Zeitungen erfährt man nicht alles. An der Quelle müßte man sitzen, um sich ein Bild verschaffen zu können.
aus trüben **Quellen** schöpfen	*s-e Informationen von unzuverlässigen (od. böswilligen) Personen bekommen, aus falschen Druckerzeugnissen nehmen* Was er in seiner Wahlrede gesagt hat, kann nicht stimmen. Er muß aus trüben Quellen geschöpft haben.

frisch von der **Quelle**	*aus erster Hand, direkt, unverdorben* Was du ihm erzählt hast, findet er hochinteressant, aber als Journalist möchte er das frisch von der Quelle haben.
j-m in die **Quere** kommen	*1) j-m zufällig begegnen* *2) j-m in den Weg kommen* *3) j-s Pläne, Arbeiten stören* 1) Sollte dir der Max in die Quere kommen, dann erinnere ihn bitte daran, daß morgen Kegelabend ist. 2) Er war so in Gedanken versunken, daß er über einen Hund stolperte, der ihm plötzlich in die Quere kam. 3) Ich komme sehr langsam vorwärts mit meiner Arbeit, weil mir immer irgend etwas in die Quere kommt und mich von der Arbeit abhält.
quergehen	= *schiefgehen*
s. **querlegen**	*Widerstände, Schwierigkeiten machen, den Gang e-r S. stören* Solange sich der Juniorchef immer querlegt, kommen wir mit unseren Plänen nicht voran.
querschießen	*Hindernisse schaffen, den Gang e-r S. stören* Seine Mutter hat so lange quergeschossen, bis er seinen Plan, dieses Mädchen zu heiraten, aufgab.
etw. ist zum **Quietschen** U	*etw. ist sehr komisch* Es ist zum Quietschen, wenn sie versucht, die große Dame zu spielen.
da ist mir die **Quint** gesprungen	*da habe ich die Geduld verloren (u. ihn gestraft)* Als er denselben Fehler zum fünften Mal machte, ist mir die Quint gesprungen, und ich hab' ihm eine gelangt.
(mit j-m) **quitt** sein	*1) alle offenstehenden Fragen, Geschäfte mit j-m erledigt haben* *2) mit j-m gleich sein (d. h. er hat mich geärgert, ich hab' ihn dafür geärgert)* *3) von j-m nichts mehr wissen wollen, mit j-m gebrochen haben* 1) Heute hat Herr Meyer die letzte Rate bezahlt, nun sind wir endlich quitt (mit ihm). 2) Gestern hat er mir die Luft aus dem Rad gelassen, dafür hab' ich ihm heute die Birne aus seiner Fahrradlampe geschraubt. Jetzt sind wir wieder quitt. 3) Inge ist wieder nicht zum Rudern mitgekommen. Mit der bin ich quitt, ich suche mir jetzt jemand anderen.
die **Quittung** bleibt nicht aus	*die böse Folge, die Strafe kommt hinterher* Vor kurzem habe ich ein billiges gebrauchtes Auto gekauft. Leider blieb die Quittung nicht aus, denn gestern ist die Achse gebrochen.
das ist (*od.* da hast du, da habt ihr) die **Quittung**	*das ist die böse Folge, die Strafe* Die Achse ist gebrochen? Warum hast du dir auch so ein billiges Auto gekauft. Da hast du die Quittung.
auf dem **Quivive** sein U	*aufpassen* (bes. *auf s-n Vorteil*), *vorsichtig sein* Beim Briefmarkentauschen muß man sehr auf dem Quivive sein, sonst erhält man schlechtere Marken, als man hergibt.

R

ein weißer **Rabe**	*ein seltener Mensch, etw. ganz Außergewöhnliches* Ein Mensch, der anderen uneigennützig hilft und von anderen nur Gutes erwartet, ist ein weißer Rabe.
den **Rachen** weit aufreißen S	*das große Wort führen, prahlen* Wer natürlich am wenigsten mithalf und hinterher den Rachen weit aufriß, war der Egon.
j-m den **Rachen** stopfen U	*j-s Gier befriedigen* Meine Kinder wollen immer wieder neue Spielsachen. Ich weiß nicht, wie ich ihren Rachen stopfen soll.
den **Rachen** nicht voll genug kriegen (können) U	*ganz unersättlich sein* Jetzt hast du in diesem Jahr schon so viel zum Anziehen bekommen und willst schon wieder was? Du kannst wohl den Rachen nicht voll genug kriegen!
etw. in den falschen **Rachen** kriegen U	= *etw. in den falschen* Hals *bekommen*
j-m etw. in den **Rachen** werfen (*od.* schmeißen, stopfen) U	*1) j-m zuviel Geld für etw. geben* *2) e-m Reichen noch mehr Geld geben* 1) 520 Mark für dieses Radio? Da hast du dem Kerl aber ganz schön was in den Rachen geworfen für dies alte Gerät. 2) Dem Schulz würde ich doch keinen Pfennig mehr in den Rachen werfen. Der hat doch Geld wie Heu!
das fünfte **Rad** am Wagen sein	*überflüssig sein* Seit meine Schwester einen Freund hat, bin ich immer das fünfte Rad am Wagen.
ein **Rad** schlagen	*1) eine Übung machen, bei der man einen Handstand seitlich macht und dann wieder auf den Füßen steht.* *2) (vom Pfau gesagt) die Schwanzfedern wie einen Fächer halbkreisförmig öffnen* 1) Clowns im Zirkus schlagen gerne ein Rad. 2) Schau mal – der Pfau hat ein Rad geschlagen.
bei ihm ist ein **Rad** (*od.* **Rädchen**) locker (*od.* los) (*od.* bei ihm fehlt ein **Rad**, ein **Rädchen**) U	*er ist ein bißchen verrückt* Nimm's ihm nicht übel, wenn er manchmal sonderbare Fragen stellt, bei ihm ist ein Rädchen locker.
(nur) ein **Rädchen** unter vielen (*od.* ein **Rädchen** im Getriebe) sein	= *(nur) e-e* Nummer *unter vielen sein*

unter die **Räder** kommen (*od.* geraten)	*(wirtschaftlich, moralisch) zugrunde gehen* Wenn Karl nicht so schlechte Freunde gehabt hätte, wäre er bestimmt nicht unter die Räder gekommen.
rädern: wie gerädert sein (*od.* s. fühlen)	*so müde sein, daß e-m alle Knochen weh tun* Wenn man sechzehn Stunden mit dem Zug gefahren ist, ist man wie gerädert.
s. die **Radieschen** von unten besehen S	*tot sein* Der alte Krüger? Der besieht sich doch schon längst die Radieschen von unten.
wenn –, dann kannst du dir die **Radieschen** von unten besehen S	*wenn –, dann schlage ich dich tot* Wenn du mir nicht auf der Stelle das Geld gibst, dann kannst du dir die Radieschen von unten besehen!
in **Rage** kommen	= *in* Wut *kommen*
s. in **Rage** reden	= *s. in* Wut *reden*
den **Rahm** abschöpfen U	*das Beste bekommen, den größten Vorteil von etw. haben* Ich habe die Firma aufgebaut, und jetzt soll ein anderer den Rahm abschöpfen?
im **Rahmen** bleiben	*s. an das Übliche halten, vom Üblichen nicht abweichen* Wir wollen mit unserem Geschenk im Rahmen bleiben, sonst muß Lisa uns auch mehr schenken, als ihr lieb ist.
aus dem **Rahmen** fallen (*od.* nicht in den **Rahmen** passen)	*vom Üblichen (stark) abweichen* Die Tischrede fiel völlig aus dem Rahmen. Sie war viel zu lang und auch zu aggressiv.
den **Rahmen** sprengen	*sehr stark vom Gewohnten abweichen, in krassem Gegensatz dazu stehen* Mit diesem Roman hat er den Rahmen (der Erzählkunst) gesprengt und ist völlig neue Wege gegangen.
im **Rahmen** des Möglichen	*soweit es tatsächlich möglich, durchführbar ist* Im Rahmen des Möglichen werden wir versuchen, die gemachten Vorschläge zu verwirklichen.
rammeln: gerammelt voll U	= *gesteckt voll* (stecken)
das **Rampenlicht** der Öffentlichkeit	*das öffentliche Leben als hell erleuchtete Szenerie* Nur wenige fühlen sich im Rampenlicht der Öffentlichkeit wohl.
im **Rampenlicht** stehen	*auf der Bühne (od. in der Öffentlichkeit) tätig sein* Sie hat nichts von ihrer Faszination verloren, obwohl sie schon 30 Jahre im Rampenlicht steht.
den (*od.* s-n) **Rand** halten U	*den Mund halten, nichts sagen* Der Emil quasselt in einem fort; nicht mal beim Fernsehen kann er seinen Rand halten.
am **Rande** des Grabes stehen	*todkrank sein* Er stand am Rande des Grabes, die Ärzte hatten ihn aufgegeben.

am **Rand**e des Abgrundes (*od.* des Verderbens, Unterganges, Ruins) stehen	*kurz vor dem Abgrund (Verderben usw.) stehen, fast vernichtet werden* Als der entsetzliche Krieg zu Ende war, stand das deutsche Volk am Rande des Abgrundes (*od.* Verderbens, Unterganges, Ruins).
j-n an den **Rand** des Abgrundes (*od.* Verderbens, Unterganges, Ruins) bringen (*od.* treiben, führen)	*j-n dahin bringen, daß er fast vernichtet wird* Er ahnte nicht, daß ihn diese Fälschung an den Rand des Abgrundes (*od.* Verderbens *usw.*) bringen (*od.* treiben, führen) würde.
an den **Rand** des Abgrundes (*od.* Verderbens, Unterganges, Ruins) geraten	*dahin kommen, daß man fast vernichtet wird* Mit seinen Stehlereien wäre er fast an den Rand des Abgrundes geraten, wenn ihn nicht im letzten Augenblick ein Freund vor dem Schlimmsten bewahrt hätte.
an den **Rand** der Verzweiflung bringen (*od.* treiben)	*j-n dahin bringen, daß er fast völlig verzweifelt* Die Erpressungsversuche eines Unbekannten hatten sie an den Rand der Verzweiflung getrieben.
j-n an den **Rand** des Grabes bringen	*s. Grab*
am **Rand**e bemerkt	*nebenbei gesagt* Daß doch noch so viele Gäste kamen, wundert mich eigentlich, denn am Rande bemerkt, die Einladungen sind ja viel zu spät abgeschickt worden.
das versteht s. am **Rand**e	*das ist selbstverständlich* Daß die Damen zu der Aufführung in ihren elegantesten Abendkleidern erschienen, versteht sich am Rande.
etw. (nur) am **Rand**e miterleben	*etw. nicht ganz miterleben, nicht selbst betroffen sein von etw.* Ich habe diese Auseinandersetzungen mit unserem Chef nur am Rande miterlebt, kann Ihnen also keine Einzelheiten mitteilen.
(mehr) am **Rand**e liegen	*weniger wichtig sein* In unseren höheren Schulen liegen solche Gebiete wie Philosophie und Gesellschaftskunde (mehr) am Rande.
außer **Rand** und Band sein	*außer s. sein vor Freude, ganz ausgelassen, wild sein* Heute ist der letzte Schultag, da sind die Kinder natürlich außer Rand und Band.
außer **Rand** und Band geraten	*(vor Freude, Übermut usw.) ganz ausgelassen, wild werden* Als die Klasse hörte, daß morgen ein Ausflug gemacht werden sollte, geriet sie außer Rand und Band.
etw. zu **Rand**e bringen	*(eine Arbeit) schaffen, zu Ende bringen* Wie soll ich die Arbeit zu Rande bringen, wenn ihr mich ständig stört?
mit (e-r Arbeit) zu **Rand**e sein	*(e-e Arbeit) fertig, erledigt haben* Bis Ostern muß ich mit meinem Buch zu Rande sein.

mit etw. zu **Rande** kommen	*(e-e Arbeit) fertigbekommen, zu Ende führen* Ich habe ihm eine schwierige Aufgabe gestellt, aber ich glaube, er wird damit zu Rande kommen.
mit j-m zu **Rande** kommen	*mit (e-m schwierigen Menschen) fertig werden, es verstehen, mit ihm auszukommen* Er ist ein schwieriger Mensch, aber wenn du ihn wirklich liebst, wirst du mit ihm schon zu Rande kommen.
j-m den **Rang** streitig machen	*j-s besondere Stellung, Wichtigkeit bestreiten* (od. *ablehnen*) Der Parteivorsitzende befürchtet seit längerem, daß ihm die Jüngeren den Rang streitig machen könnten.
j-m den **Rang** ablaufen	*j-n übertreffen, im Vergleich zu j-m anderen s. als Sieger erweisen* Bei seiner Bewerbung um den Direktorposten hat ihm ein weitaus Jüngerer den Rang abgelaufen.
Rang und Namen	*hohes Ansehen* Alles, was Rang und Namen hat, ist auf diesem Fest vertreten.
ersten **Ranges** (od. von hohem **Rang**)	*von ganz besonderer Art, außerordentlich* Der Presseball in Bonn ist jedes Jahr ein Ereignis ersten Ranges. / Diese Symphoniekonzerte sind ein künstlerischer Genuß von hohem Rang (od. ersten Ranges).
Ränke schmieden L	*heimliche Pläne (der Rache, des Verbrechens* usw.) *ersinnen* Die böse Stiefmutter schmiedete allerlei Ränke, wie sie das schöne Schneewittchen töten könnte.
nicht recht **ranwollen**	*s. dranwollen*
j-m den **Ranzen** vollhauen S	*j-n tüchtig verprügeln* Und daß du mir pünktlich nach Hause kommst, sonst hau ich dir den Ranzen voll!
s. den **Ranzen** vollschlagen S	= *s. den* Bauch *vollschlagen*
er hat e-n **Rappel** (od. bei ihm **rappelt's**) U	*er ist ein bißchen verrückt* Mit Werner kannst du heute nichts anfangen, der hat einen Rappel.
rappeln: gerappelt voll U	= *gesteckt voll* (stecken)
s. **rar** machen U	*nur selten kommen* In diesem Jahr machen sich die Störche rar. Viele Storchennester sind leer geblieben.
der grüne **Rasen** deckt ihn (schon lange)	*er ist schon lange tot* Er hatte ein interessantes Leben. Nun deckt ihn schon lange der grüne Rasen.
j-n unter den **Rasen** bringen	*j-s Tod verursachen* Das viele gute Essen hat ihn unter den Rasen gebracht.
(ein Mädchen od. Pferd) ist (od. hat) **Rasse**	*(Mädchen / Pferd) ist ausgesucht edel, schön, sportlich (tüchtig)* Schlank, temperamentvoll, feurige Augen – das Mädchen ist Rasse, sag ich Ihnen.

ohne **Rast** und Ruh	*ohne Pause, ohne ausruhen zu müssen* Unser Hausmädchen ist eine Perle, sie arbeitet von früh bis spät ohne Rast und Ruh. Das ist eine Seltenheit.
da ist guter **Rat** teuer	*es ist schwierig, j-m gut zu raten, guter Rat ist (fast) unmöglich* „Bitte, wie komme ich nach Neukirchen?" – „Da ist guter Rat teuer. Eben ist der letzte Zug weg, und Bus geht keiner."
mit **Rat** und Tat (beistehen *usw.*)	*mit allem, was möglich ist (helfen)* Ich habe zwar meist viel zu tun, aber ich werde dir trotzdem immer mit Rat und Tat beistehen.
etw. (*od.* j-n) zu **Rate** ziehen	*um Rat fragen, konsultieren, (in e-m Buch) nachschlagen* Der Fall war so kompliziert, daß unser Hausarzt zwei Fachärzte zu Rate zog.
mit s. zu **Rate** gehen	*s. selbst um Rat fragen, s. e-e S. gründlich überlegen* Gib mir bitte drei Tage Bedenkzeit. Ich muß erst mal mit mir zu Rate gehen.
dreimal darfst du **raten** U	*das ist ganz einfach, beinahe selbstverständlich* „Wer hat denn jetzt wieder diese Fensterscheibe eingeschlagen?" – „Dreimal darfst du raten!" – „Was, schon wieder Bernhard?"
eiserne **Ration**	*Lebensmittel für den Notfall* Die eingeschlossenen Bergsteiger hatten bereits ihre eisernen Rationen verbraucht und waren auf die Verpflegung aus der Luft angewiesen.
(ein) **Rätsel** (*od.* viele **Rätsel**) aufgeben	*rätselhaft, unerklärlich sein* Diese neue Entdeckung in der Atomphysik gibt den Forschern (viele) Rätsel auf.
in **Rätseln** sprechen (*od.* schreiben)	*unverständliche Dinge sagen (od. schreiben)* Du sprichst in Rätseln. Sag doch endlich mal, was eigentlich passiert ist.
vor e-m **Rätsel** stehen	*e-e S. völlig unerklärlich finden* Er hat seine Frau vergiften wollen. Niemand weiß warum, wir stehen alle vor einem Rätsel.
wie e-e **Ratte** (*od.* ein **Ratz**) schlafen	= *wie ein Murmeltier schlafen*
die **Ratten** verlassen das sinkende Schiff	*ein Mensch (od. ein Unternehmen) ist vom Unglück bedroht, und die Unzuverlässigen ziehen s. von ihm zurück* Als das Unternehmen in Schwierigkeiten geriet, verließen die Ratten das sinkende Schiff. Einige Mitarbeiter waren bereits zur Konkurrenz übergewechselt.
die **Ratten** aus den Löchern jagen	*die Verbrecher aus ihren Schlupfwinkeln treiben* Wir müssen in der nächsten Zeit wieder eine Großrazzia veranstalten und die Ratten aus den Löchern jagen.
ein **Raub** der Flammen werden	*durch Feuer vernichtet werden* Bis auf eine Scheune ist der ganze Hof ein Raub der Flammen geworden.

mit (s-r Gesundheit, s-n Kräften) **Raubbau** treiben	*s-e Gesundheit sehr überanstrengen, schädigen* Mein Onkel hat jahrelang Überstunden gemacht und dadurch mit seinen Kräften Raubbau getrieben. Jetzt muß er mindestens für ein Jahr in ein Sanatorium.
unter die **Räuber** fallen (*od.* geraten)	*1) ausgeraubt werden* *2) ausgenützt werden* 1) Nicht nur im Orient kann es einem passieren, daß man auf einer Reise unter die Räuber fällt. 2) Ich hatte die Firma für seriös gehalten und nicht gedacht, daß ich unter die Räuber fallen würde.
in **Rauch** (und Flammen) aufgehen	*durch Feuer vernichtet werden* Bei dem großen Brand in der Innenstadt ging damals auch unser Vermögen in Rauch und Flammen auf.
rauchen: es raucht U	*es herrscht Streit, Krach* Geh lieber nicht nach nebenan, dort raucht's mal wieder.
rauchen: sonst raucht's U	*sonst gibt es ein Donnerwetter, sonst muß ich streng tadeln* In fünf Minuten seid ihr im Bett, sonst raucht's!
rauchen: daß es (nur so) raucht U	*angestrengt, intensiv* Wochenlang hat er gebummelt, aber jetzt arbeitet er, daß es nur so raucht.
in den **Rauchfang** schreiben	= *in den* Schornstein *schreiben*
etw. schmeckt **rauf** wie runter S	*s. schmecken*
du kommst einen **rauf** (du darfst dich einen **raufsetzen**) U	*das hast du gut gemacht, ich muß dich loben* Du hast heute zum erstenmal das Diktat ohne Fehler geschrieben. Du darfst dich einen raufsetzen!
Raupen im Kopf haben U	*komische, lächerliche Einfälle haben* Meine Geschwister haben immer gesagt, ich hätte Raupen im Kopf. Als dann meine Erfindung patentiert wurde und viel Geld brachte, haben sie natürlich gestaunt.
j-m **Raupen** in den Kopf setzen U	= *j-m e-n* Floh *ins Ohr setzen*
j-d *od.* etw. fehlt mir gerade noch in meiner **Raupensammlung**	= *j-d od. etw. kann mir gestohlen bleiben* (stehlen)
im ersten **Rausch**	*in der ersten Begeisterung, Erregung* Tausend Mark hat er dir versprochen? Ich fürchte, das hat er nur so im ersten Rausch gesagt, als er die Nachricht von seinem Lotteriegewinn bekam.
die **Rechnung** geht (nicht) auf	*dieser Weg, diese Methode ist (nicht) richtig, führt (nicht) zum Ziel* Wenn du meinst, mit Gewalt erreichen zu können, daß sie freundlich zu dir ist, dann täuschst du dich sehr. Diese Rechnung geht nicht auf.

e-r S. **Rechnung** tragen	*etw. berücksichtigen, s. e-r S. anpassen* Wir haben den Wünschen der Eltern Rechnung getragen und den Beginn des Unterrichts auf 7.30 Uhr vorverlegt.
die **Rechnung** ohne den Wirt machen	*bei s-n Überlegungen falsch kalkulieren, e-n entscheidenden Umstand außer acht lassen* Er stürzte sich in Schulden, weil er dachte, diese mit dem Geld bezahlen zu können, das seine Tante ihm vererben würde. Er hatte aber die Rechnung ohne den Wirt gemacht, denn die Tante vererbte den größten Teil ihres Vermögens ihrer Nichte.
j-m die **Rechnung** verderben	= *j-m e-n* Strich *durch die Rechnung machen*
j-m e-e **Rechnung** aufmachen	*j-m Gegenforderungen stellen* „Unsere Mieterin sagt, wir verlangten von ihr zuviel Geld, seit sie bei uns wohnt." – „So, dann werde ich ihr mal eine Rechnung aufmachen. Sie ahnt offenbar nicht, wie günstig sie bei uns wohnt."
e-e alte **Rechnung** begleichen (mit j-m)	*an j-m Rache nehmen* Wenn ich ihm diese Stellung nicht zugeschanzt habe, so begleiche ich damit nur eine alte Rechnung. Er hat es mir ja damals unmöglich gemacht, neben seinem Grundstück zu bauen
auf eigene **Rechnung**	*auf eigenes Risiko, so daß man selbst bezahlt* Sie können Ihre Holzschnitzereien in meinem Laden mit anbieten, aber bitte auf eigene Rechnung.
auf s-e **Rechnung** kommen	*Gewinn, Freude bei etw. haben* Bei einem Pensionspreis von 38 Mark kommt der Wirt gut auf seine Rechnung. / Sind Sie bei dem Fest auf Ihre Rechnung gekommen?
etw. in **Rechnung** stellen	*etw. berücksichtigen, mit einkalkulieren* Wenn du die Kosten der Bahn- und Flugreise vergleichst, dann mußt du auch in Rechnung stellen, daß wir bei der Bahnreise zwei Tage länger unterwegs sind.
erst **recht**	*(aus Trotz, aus Ärger) mehr als vorher* Nachdem ich unseren Nachbarn gebeten hatte, sein Radio leiser zu stellen, drehte er es erst recht laut auf.
alles, was **recht** ist	*das muß man zugeben (ob man will oder nicht)* Sie ist nicht schön, aber singen kann sie – alles, was recht ist.
es ist mir **recht**	*ich bin einverstanden* Wenn es dir recht ist, nehme ich heute das Auto.
es ist mir nicht **recht**	*es ist mir nicht lieb, angenehm* Es ist mir nicht recht, daß Sie meinetwegen noch aufbleiben müssen.
recht und billig	*richtig und in Ordnung, gerecht* Ich finde es recht und billig, daß die Kinder, wenn sie verdienen, zum Haushaltsgeld beisteuern.
recht und schlecht	= schlecht *und* recht
recht und schön	*das ist in Ordnung, aber nur die e-e Seite der S.* Das ist ja alles recht und schön, aber ich bleibe bei dem, was ich gesagt habe.

das geschieht dir **recht**	*das ist die verdiente Strafe* Willi hat einen Anpfiff vom Chef bekommen, weil er wieder zu spät kam. Das geschieht ihm recht.
du kommst mir gerade **recht** U	*du bist nicht der, den ich brauchen (od. der mir helfen) kann* „Was ist denn los, kann ich helfen?" – „Du kommst mir gerade recht! Verstehst du etwas vom Kuchenbacken?"
ich denke, ich höre nicht **recht**!	*ich war völlig überrascht von dem, was ich hörte* Sagt doch der Polizist zu mir, er müsse mir den Führerschein abnehmen. Ich denk', ich hör nicht recht.
j-m **recht** geben	*sagen, daß j-s Äußerung richtig ist* Ich muß Ihnen recht geben: die Wasserkur war das einzig Richtige für mich.
recht haben	*mit dem, was man äußert, das Richtige sagen* Sie will nie zugeben, daß ich recht habe.
es j-m **recht** machen	*es so machen, wie j-d es haben möchte, j-n befriedigen* Mein Mann ist sehr verwöhnt. Es ist nicht leicht, es ihm recht zu machen.
j-m nichts **recht** machen	*j-n mit nichts befriedigen* Nichts mache ich ihm recht, an allem hat er etwas auszusetzen. Es ist schlimm.
das **Recht** beugen	*ein Gesetz zu s-m Vorteil ändern (od. auslegen)* Ein Richter soll nach seinem Gewissen frei entscheiden, aber eines darf er nicht – das Recht beugen.
das **Recht** mit Füßen treten	*die Gesetze mißachten (od. vergewaltigen)* Auch unsere Zeit kennt so manchen Diktator, der das Recht mit Füßen tritt.
(der Körper *usw*.) verlangt sein **Recht**	*der Körper will ausruhen, schlafen* Nach dieser langen Wanderung noch zum Tanzen gehen? Ausgeschlossen, der Körper verlangt sein Recht.
auf sein **Recht** pochen	*mit Nachdruck auf dem bestehen, was e-m rechtmäßig zusteht* Ich habe damals leider den Vertrag unterschrieben, und nun pocht er auf sein Recht.
im **Recht** sein	1) = recht *haben* 2) *juristisch der obsiegende Teil sein* 2) Er ist leider im Recht, und ich muß ihm die Summe zahlen. Ich habe damals die Vorschriften nicht gekannt.
mit Fug und **Recht** L	*s. Fug*
von **Rechts** wegen	*wenn es so gemacht wird, wie es rechtlich einwandfrei ist* Ich bewohne das Haus, aber von Rechts wegen gehört es meinem Bruder.
zu s-m **Recht** kommen	*die gebührende Berücksichtigung finden* In den Stundenplänen unserer Schulen kommt die Kunst meines Erachtens nicht zu ihrem Recht.

du bist mir der **Rechte**	*1) du bist genau der Falsche* *2) das hätte ich nicht von dir gedacht* 1) Wie, du willst den neuen Waschsalon übernehmen? Du bist mir der Rechte! Du kannst ja nicht einmal eine Waschmaschine von einem Stück Seife unterscheiden! 2) Ihm hast du dein Rad geliehen? Du bist mir der Rechte! Mir hast du es immer abgeschlagen!
an den **Rechten** kommen (*od.* geraten)	*an den Falschen, an den Überlegenen kommen* Eva hat sich heute beim Chef über Anni beschwert; da kam sie allerdings an den Rechten, der ist doch mit Anni heimlich verlobt.
nach dem **Rechten** sehen	*prüfen, ob alles in Ordnung ist* Wenn ich einkaufen gehe, paßt meine Mutter auf die Kinder auf und sieht nach dem Rechten.
Rechtens sein	*erlaubt sein, rechtlich einwandfrei sein* Die Entscheidung, die unser Direktor gefällt hat, ist absolut Rechtens.
j-m **Rede** und Antwort stehen	*gegenüber j-m sein Tun verantworten* Der Postminister muß dem Ausschuß Rede und Antwort stehen.
j-m die **Rede** verschlagen	= *j-m die* Sprache *verschlagen*
große **Reden** schwingen	*s. durch viele Worte wichtig machen* Wenn Günter etwas zuviel getrunken hat, dann schwingt er gern große Reden über die Regierung.
j-m in die **Rede** fallen	= *j-m ins* Wort *fallen*
der langen **Rede** kurzer Sinn	*das Ergebnis der vielen Worte, die gesagt wurden* Ich verstehe schon – der langen Rede kurzer Sinn ist, daß ich die Arbeit alleine machen soll.
das war (schon immer) meine **Rede** (*od.* mein **Reden**)	*das war immer meine Meinung, das sage ich ja die ganze Zeit* „Sollen wir uns ein neues Auto kaufen?" – „Klar, Vater, das war doch schon immer mein Reden."
von etw. (*od.* davon) kann keine **Rede** sein	*1) das entspricht nicht den Tatsachen* *2) das kommt nicht in Frage* 1) Daß er sich irgend etwas hat zuschulden kommen lassen, davon kann gar keine Rede sein. 2) Von einer Ferienfahrt, du mit deiner Freundin in meinem Wagen, kann gar keine Rede sein.
vergiß deine **Rede** nicht	*vergiß nicht, was du sagen willst* Moment mal, ich bin gleich wieder da. Vergiß inzwischen deine Rede nicht.
nicht der **Rede** wert sein	*nicht schlimm, ganz unwichtig sein* Wegen dem kleinen Riß im Kleid brauchst du doch nicht zu weinen, der ist nicht der Rede wert.
j-n zur **Rede** stellen	*j-n zwingen, zu sagen, was er getan und warum er es getan hat* Die Jungen, die im Park eine Bank umgeworfen hatten, wurden gleich darauf vom Parkwächter zur Rede gestellt.

du hast gut **reden**	*s. gut*
reden: du redest, wie du's verstehst	*du verstehst nichts von der S.* „Das Menuett drei Töne höher zu spielen, ist doch gar nicht so schwierig." – „Du redest, wie du's verstehst. Kannst du etwa flöten?"
darüber läßt s. (schon eher) **reden**	*das muß man nicht gleich ablehnen, darüber kann man s. einigen* „Ich lasse Ihnen zehn Prozent vom Preis nach, und Sie können die Summe in vier Raten bezahlen." – „Darüber läßt sich (schon eher) reden."
mit s. **reden** lassen	*gutmütig, zum Verhandeln bereit sein* Warum gehst du mit deiner Beschwerde nicht zum Chef? Er ist doch kein Unmensch und läßt mit sich reden.
viel von s. **reden** machen	*bekannt, berühmt werden* Neuerdings machen einige Ärzte mit ihren neuen Heilmethoden bei Krebs viel von sich reden.
in der **Regel**	*normalerweise, so wie es der Regel entspricht* Er kommt in der Regel um fünf nach Haus.
nach allen **Regeln** der Kunst	*so wie es s. gehört, hundertprozentig* Die Kritik hat das Stück nach allen Regeln der Kunst fertiggemacht.
vom **Regen** in die Traufe kommen	*von e-r unangenehmen Situation in e-e noch unangenehmere kommen* Bei seinem Arbeitsplatzwechsel kam er vom Regen in die Traufe: kaum höheres Gehalt, aber einen längeren Anfahrtsweg.
gespannt wie ein **Regenschirm** S	*s. spannen*
ein Gesicht machen wie drei (*od.* sieben) Tage **Regenwetter**	*ein enttäuschtes (od. mürrisches) Gesicht machen* Helga machte ein Gesicht wie drei Tage Regenwetter. Der Dackel des Nachbarn hatte ihren eben gekauften neuen Ball erwischt und zerbissen.
das **Regiment** führen	*tatsächlich der Maßgebliche, der Leiter sein* Sie ist klein und unscheinbar, aber sie führt in der Familie das Regiment.
in höheren **Regionen** schweben	*in der Welt der Phantasie leben, s-n Träumen nachhängen* Seit Eva in dem Preisausschreiben die Reise nach Paris gewonnen hat, schwebt sie in höheren Regionen.
alle **Register** spielen lassen	*= (alle) s-e* Künste *spielen lassen*
alle **Register** ziehen	*alle verfügbaren Mittel einsetzen* Wir werden alle Register ziehen, die Wahl zu gewinnen.
(ganz) andere **Register** ziehen	*= (ganz) andere* Saiten *aufziehen*
reichen: mir reicht's U	*für mich ist es genug, ich will nichts mehr davon wissen* „Mutti, willst du die Fahrprüfung nicht doch noch einmal probieren?" – „Nein danke, mir reicht's!"

im **Reichtum** schwimmen	*sehr reich sein, viel Geld haben* Mein Freund Paul hat von seiner Tante ein großes Gut geerbt. Er schwimmt jetzt im Reichtum.
den **Reigen** eröffnen	*der erste sein, als erster auftreten* Den Reigen eröffnete am Geburtstagsmorgen Onkel Heinrich mit einem großen Gladiolenstrauß.
den **Reigen** schließen	*der letzte sein* Den Reigen der Genüsse schloß eine Käseplatte.
in e-r **Reihe** mit j-m stehen	*auf gleicher Ebene stehen, j-m ebenbürtig sein* Es ist wohl nicht zuviel gesagt, wenn man sagt, daß deutsche Wissenschaftler durchaus in einer Reihe mit denen anderer Länder stehen.
s. in e-e **Reihe** mit j-m stellen	*s. für ebenbürtig mit j-m halten* Er ist ja größenwahnsinnig, wenn er meint, er könne sich in eine Reihe mit Prof. Müller stellen.
der **Reihe** nach (*od.* nach der **Reihe**)	*e-r nach dem anderen, entsprechend e-r bestimmten Ordnung* Alle Anträge werden der Reihe nach bearbeitet, wir können niemanden vorziehen.
an der **Reihe** sein	*der nächste in e-r bestimmten Reihenfolge sein, jetzt gerade bearbeitet, erledigt werden* „Der nächste bitte!" – „Wer ist denn an der Reihe?"
an die **Reihe** kommen	*als nächster behandelt, bearbeitet, erledigt werden* Kommen Sie an die Reihe, oder war ich vor Ihnen da?
die **Reihe** ist an j-m	*j-d ist der nächste, der etw. tun muß* Jetzt ist die Reihe an Ihnen, Sonntagsdienst zu machen. Alle anderen haben es schon getan.
außer der **Reihe**	*nicht wie es die Reihenfolge vorsieht, außerplanmäßig* Wegen meiner starken Schmerzen hat mich der Zahnarzt außer der Reihe drangenommen.
in **Reih** und Glied	*nach der Größe (nach dem Alter oder sonstwie) geordnet* Am Weihnachtsabend saßen alle Puppen mit neuen Kleidchen in Reih und Glied unter dem Christbaum.
die **Reihen** lichten s.	*die Zahl der Personen (od. Dinge) wird weniger* Nach Mitternacht werden sich die Reihen lichten, und dann können wir endlich richtig tanzen.
bunte **Reihe** machen	*Personen so setzen, daß immer ein Herr und e-e Dame nebeneinander sitzen* Als ich kam, saßen alle Frauen und alle Männer beieinander. Natürlich schlug ich vor, bunte Reihe zu machen, damit es ein bißchen lustiger wird.
aus der **Reihe** tanzen (*od.* fallen)	*eigene Wege gehen, s. nicht einordnen* „Ich mache bei diesem Unternehmen nicht mit!" – „Immer mußt du aus der Reihe tanzen."
aus der **Reihe** kommen	*in Unordnung geraten, verwirrt werden* Unterbrich mich bitte nicht und warte, bis ich die Seiten gezählt habe, sonst komme ich aus der Reihe.

wieder in die **Reihe** kommen	*wieder in Ordnung kommen, geordnet werden* Du meinst zwar jetzt, du würdest nie wieder so richtig gesund werden, aber laß nur, du wirst schon wieder in die Reihe kommen.
in die **Reihe** bringen	*wieder in Ordnung bringen, reparieren* Weißt du jemanden, der mir meine Garderobe wieder in die Reihe bringt? Überall ist eine Kleinigkeit kaputt.
s. keinen **Reim** auf etw. machen können	= *s. keinen* Vers *auf etw. machen können*
rein-	*s. herein- oder hinein-*
ins **reine** schreiben	*e-e Reinschrift, e-e saubere Abschrift von etw. machen* Wenn du deinen Aufsatz ins reine geschrieben hast, darfst du hinaus und spielen.
etw. ins **reine** bringen	*etw. klären, Ordnung in etw. bringen* Ich rufe den Kunden noch heute an und bringe die Sache mit der verspäteten Lieferung ins reine.
ins **reine** kommen	*geklärt werden, in Ordnung kommen* Ich hoffe, daß der Wohnungstausch bald ins reine kommt, damit wir wissen, woran wir sind.
mit j-m ins **reine** kommen	*s. einigen, einig werden mit j-m* Ich hoffe, daß die beiden bald miteinander ins reine kommen.
mit s. ins **reine** kommen	*s. klarwerden (wie die Dinge eigentlich sind)* Ob ich ihn heirate, weiß ich noch nicht. Ich muß erst mit mir selbst ins reine kommen.
mit etw. im **reinen** sein	*etw. geklärt haben, über etw. im klaren sein* Mein neuer Roman ist bald druckreif; ich bin mit der Weiterführung der Handlung endlich im reinen.
in **Reinkultur** U	*ganz echt, typisch, hundertprozentig* Dieses Bild ist ja wirklich Surrealismus in Reinkultur.
s-e (*od.* die) letzte **Reise** antreten	*sterben* Unserem alten Pfarrer geht es so schlecht. Wir fürchten, daß er bald seine letzte Reise antreten wird.
Reißaus nehmen U	*davon-, weglaufen* Als die beiden Diebe Schritte hörten, ließen sie ihr Werkzeug fallen und nahmen Reißaus.
ein totes **Rennen**	*ein unentschiedener Kampf* Zwischen den beiden großen Parteien gab es diesmal ein totes Rennen: beide errangen 42 Prozent der Stimmen.
das **Rennen** machen	*siegreich sein* Unsere Firma hat alle Chancen, die Konkurrenz zu schlagen und das Rennen zu machen.
noch im **Rennen** sein (*od.* liegen)	*am (Wett-)Kampf beteiligt sein* Bei der Deutschen Meisterschaft im Schwimmen sind (*od.* liegen) nur noch die Favoriten im Rennen.

der letzte **Rest** vom Schützenfest U	*der allerletzte Rest* „Mutti, hast du noch was von dem guten Geflügelsalat?" – „Ja, hier, das ist der letzte Rest vom Schützenfest."
der **Rest** ist Schweigen	*über das übrige spricht man besser nicht* Er beendete seinen Bericht von den mutigen Polarforschern mit dem Satz: „Der Rest ist Schweigen."
j-m den **Rest** geben U	1) *j-n völlig zugrunde richten* 2) *j-n völlig betrunken machen* 3) *j-n ins Grab bringen* 4) *j-n seelisch erschüttern, vernichten* 1) Schließlich versuchte er es mit einer Vertretung für Zeitschriften, aber die ausbleibenden Bestellungen haben ihm den Rest gegeben. 2) Die fünfte Flasche Wein gab ihm dann den Rest. 3) Er hatte schon immer viel Pech gehabt. Als aber dann der Hof abbrannte, gab ihm das den Rest. 4) Die ständigen Reibereien mit seiner Frau haben ihm den Rest gegeben. Er wurde ein ungeselliger Mensch.
sich den **Rest** holen U	1) *sich völlig kaputtmachen* 2) *sich die Krankheit holen, an der man (fast) stirbt* 1) Durch die vielen Nachtwachen im Krankenhaus hat sie sich den Rest geholt. 2) Während der Kriegsgefangenschaft hat er sich den Rest geholt: er starb kurz nach der Entlassung.
Retourkutschen gelten (*od.* fahren) nicht S	*die Beantwortung meiner (kränkenden) Bemerkung durch dieselbe Bemerkung deinerseits hat keine Wirkung, ist dumm* „Du bist doch das größte Roß auf Gottes Erdboden!" – „Du bist selber ein dämliches Roß!" – „Retourkutschen fahren jetzt nicht!"
s. nicht zu **retten** wissen vor	*überhäuft werden von, bedrängt werden mit* Als die Sängerin auf der Höhe ihres Ruhmes stand, wußte sie sich vor Liebesbriefen nicht zu retten.
bist du noch zu **retten?** S	*bist du vollkommen verrückt?* Was, du willst dein neues Auto so billig wieder verkaufen? Ja, bist du denn noch zu retten?
Revue passieren lassen	*s. in Gedanken nacheinander vorstellen* Er ließ alle seine bisherigen Freundinnen Revue passieren: keine entsprach seinem Idealbild.
es ist (hier) nicht (ganz) **richtig** U	*es ist etwas unheimlich, es spukt* Abends gehe ich nicht gerne in den Schloßpark. Im Schloß ist es nicht ganz richtig.
bei (*od.* mit) ihm ist es nicht ganz **richtig** U	*er ist nicht ganz bei Verstand* Manchmal guckt er einen so merkwürdig an. Ich glaube, bei ihm ist es nicht ganz richtig.
du bist mir der **Richtige** U	*du bist gerade der Falsche, dich kann ich nicht brauchen* Du bist mir der Richtige! Kommst eine Stunde zu spät zum Essen und meckerst, daß das Gemüse so kalt ist.

richtigliegen mit etw. U	*das Richtige tun (denken, vorhaben* usw.*) in bezug auf etw.* Mit dem neuen Wagentyp liegt die Firma ganz richtig. So etwas wird heute verlangt.
etw. **richtigstellen**	*etw. berichtigen, sagen, wie es richtig ist* Ich möchte etwas richtigstellen: alle hier genannten Summen wurden für dienstliche und nicht, wie behauptet wurde, für private Zwecke verwendet.
nicht **riechen** können U	*nicht ausstehen, leiden können* Ich kann den Kerl mit seinem vornehmen Getue einfach nicht riechen.
ich kann das doch nicht **riechen** S	*ich kann das doch nicht ahnen* (od. *wissen*) „Warum kommst du denn mit solcher Verspätung?" – „Seit vorgestern fährt der Mittagsbus nicht mehr. Das konnte ich ja nicht riechen."
du darfst mal dran **riechen** S	*du darfst es ansehen, aber du bekommst es nicht* (od. *nichts davon*) „Was hast du denn da Schönes in Papier eingewickelt?" – „Nichts für dich! Na ja, du darfst mal dran riechen."
e-n (*od.* e-n guten *od.* den richtigen) **Riecher** für etw. haben S	*den richtigen Instinkt haben, um e-e Lage vorteilhaft auszunutzen* Er hatte den richtigen Riecher und kaufte diese Grundstücke, bevor die Straßenbaupläne bekanntwurden.
e-r Sache e-n **Riegel** vorschieben	*etw. verhindern, unterbinden* In der Innenstadt wird so oft falsch geparkt – wenn wir dem nicht bald einen Riegel vorschieben, bricht der Verkehr dort völlig zusammen.
s. in die **Riemen** legen	*s. sehr anstrengen* Wenn wir uns alle mächtig in die Riemen legen, können wir diesen Roman noch bis zur Messe herausbringen.
den **Riemen** enger schnallen	= *den* Gürtel *enger schnallen*
s. am **Riemen** reißen	1) *s. zusammennehmen* 2) *s. anstrengen* 1) Jetzt reiß dich am Riemen und hör auf zu heulen! 2) Wenn der Entwurf bis Samstag fertig sein soll, muß er sich aber ganz schön am Riemen reißen.
ein abgebrochener **Riese**	1) *j-d, der spindeldürr und etw. verwachsen ist* 2) *j-d, der seinen* (bes. *akademischen*) *Berufsweg nicht bis zum Examen durchgeführt hat* 1) Was hat Erika denn für einen abgebrochenen Riesen bei sich? Ihr neuer Freund? 2) Er kann sehr viel, aber er ist ein abgebrochener Riese, deshalb wird er vom Staat nicht angestellt.
nach Adam **Riese**	*wenn man richtig rechnet* DM 3.–, DM 5.– und DM 4.50 – das sind nach Adam Riese DM 12.50. Stimmt's?

rin in die gute Stube U	*Treten Sie ein! Zögern Sie nicht, ins Zimmer zu kommen (od. gehen)* Was steht ihr denn so lange im Flur herum? Immer rin in die gute Stube!
rin ins Vergnügen! U	*1) hinein in die Stube, ins Kino (in den Zirkus usw.)* *2) hinein in die Arbeit* 1) Eintrittskarten haben wir schon. Schnell noch ein bißchen Schokolade gekauft und dann rin ins Vergnügen! 2) Auf geht's, die ganze Küche steht voll Geschirr. Nichts wie rin ins Vergnügen.
rin in die Kartoffeln, raus aus den (*oft* die) Kartoffeln U	*s. Kartoffel*
bei ihm kann man alle **Rippen** zählen U	*er ist sehr mager* Wenn ich denke, wie dick er früher war! Und jetzt kann man bei ihm alle Rippen zählen.
nichts auf (*od.* in *od.* zwischen) den **Rippen** haben U	*1) mager sein* *2) hungrig sein* 1) Sie gefällt mir gar nicht, sie hat ja nichts auf den Rippen. 2) Ich muß jetzt mal was essen. Ich habe seit heut früh noch nichts zwischen den Rippen (gehabt).
etw. zwischen die **Rippen** kriegen U	*etw. essen* Kommst du mit? Ich muß jetzt mal was zwischen die Rippen kriegen.
ich kann mir das doch nicht aus den **Rippen** schneiden (*od.* durch die **Rippen** schwitzen) U	= *ich kann mir das doch nicht aus der* Haut *schneiden*
(sich) eins (*od.* einen) hinter die **Rippen** plätschern S	= *(sich) eine (od. einen) hinter die* Binde *gießen*
j-m e-n **Rippenstoß** geben (*od.* verpassen, versetzen) U	*j-m e-n Anstoß geben zu etw., (endlich etw. zu tun)* „Hat er jetzt den Artikel angefangen?" – „Nein, ich glaube, du gibst ihm besser noch mal einen Rippenstoß!"
von j-m e-n **Rippenstoß** kriegen (*od.* verpaßt kriegen, verpaßt bekommen) U	*angestoßen, ermuntert werden, etw. zu tun* Ehe der nicht mal einen ordentlichen Rippenstoß verpaßt bekommt, tut er gar nichts.
ein **Ritter** von der traurigen Gestalt	*ein energieloser, melancholischer Mensch* Heinz packt doch nichts an und bläst nur Trübsal – was man so einen Ritter von der traurigen Gestalt nennt.
den bunten **Rock** anziehen	*s. bunt*

in die **Röhre** gucken (*od.* schauen) U	*1) nichts bekommen (bei e-r Verteilung* usw.*)* *2) fernsehen* 1) Ich habe es nun schon zu oft erlebt, daß die, die die meiste Arbeit tun, am Schluß in die Röhre schauen. 2) Den ganzen Abend willst du wieder in die Röhre gucken? Eine vernünftige Unterhaltung kann dabei ja nicht aufkommen.
wie ein **Rohrspatz** schimpfen	*laut und anhaltend schimpfen* Als er sah, daß ihm jemand den letzten Parkplatz weggenommen hatte, schimpfte er wie ein Rohrspatz.
die **Rollen** vertauschen	*die Aufgaben (Posten, a. die Ansichten* usw.*) vertauschen* Die beiden Krügers haben die Rollen vertauscht. Sie verdient das Geld, und er versorgt den Haushalt.
die **Rollen** verteilen	*die Aufgaben (Posten* usw.*) verteilen* Es wäre schön, wenn die Rollen so verteilt wären, daß die Fähigsten an den wichtigsten Stellen sitzen.
(k)eine (große) **Rolle** spielen	*(nicht) wichtig sein* Die richtige Berufswahl spielt im Leben eine große Rolle.
e-e untergeordnete (*od.* unwesentliche, sekundäre) **Rolle** (*od.* keine wesentliche **Rolle**) spielen	*wenig wichtig sein* Das Glatteis spielte bei dem Unglück eine untergeordnete (keine wesentliche *usw.*) Rolle. Es war hauptsächlich auf menschliches Versagen zurückzuführen.
keine gute (*od.* nicht die beste, e-e armselige, klägliche, niedrige, unerfreuliche) **Rolle** spielen	*in negativer Weise bei etw. mitwirken* (od. *an etw. beteiligt sein*) Er spielt als Kritiker keine gute (e-e armselige *usw.*) Rolle, da er von den Dingen kaum etwas versteht.
s-e **Rolle** gut spielen	*die zugeteilte Aufgabe gut erfüllen* Er spielt seine Rolle als Vermittler zwischen den streitenden Parteien wirklich gut.
j-d hat s-e **Rolle** ausgespielt	*1) j-d ist als Verbrecher entlarvt* *2) j-d hat nichts mehr zu sagen, s-e Tätigkeit ist beendet* 1) Jahrelang hatte dieser Mann eine leitende Stellung inne. Jetzt wurde er der Unterschlagung überführt. Er hat seine Rolle ausgespielt. 2) Nach den Wahlen hatte der bisher so mächtige Minister seine Rolle ausgespielt.
aus der **Rolle** fallen	*etw. Ungehöriges, Unpassendes tun* Du mußt aber auch immer aus der Rolle fallen! Man erzählt in Damengesellschaft keine zweideutigen Witze!
s. in s-r **Rolle** gefallen	*s. auf sein Benehmen, s-e Stellung etw. einbilden* Wenn er das Wort als Präsident ergreift, hört er nicht so bald wieder auf. Er gefällt sich sehr in seiner Rolle.
s. in j-s **Rolle** versetzen	*s. vorstellen, in welcher Lage j-d ist (u. wie schwer er es hat)* Versetz dich mal in die Rolle eines Schalterbeamten, dann wirst du ihn nicht ständig gleich kritisieren.

s. mit der **Rolle** des Zuschauers begnügen	*(zufrieden sein,) nicht mitmachen (zu müssen)* Mein Mann beim Frühlingsputz mitmachen? Nie! Er begnügt sich immer nur mit der Rolle des Zuschauers.
mit vertauschten **Rollen**	*indem zwei (od. mehr) Personen ihre Stellung (Posten usw.) austauschen* Sehr zur Belustigung des Publikums trug bei, daß der Polizeipräsident und der Interviewer mit vertauschten Rollen auftraten.
etw. ins **Rollen** bringen	*1) etw. in Gang bringen* *2) machen, daß e-e S. bearbeitet (untersucht usw.) wird* 1) In München hat es Jahre gedauert, bis einsichtige Männer endlich den U-Bahn-Bau ins Rollen brachten. 2) Wer hat diesen Skandal ins Rollen gebracht?
ins **Rollen** kommen	*1) in Gang kommen, in die Tat umgesetzt werden* *2) untersucht, aufgeklärt werden* 1) Durch verschiedene Beschwerden bei der Direktion ist die Sache mit dem Urlaubsgeld jetzt endlich ins Rollen gekommen. 2) Erst in letzter Zeit sind wieder einige Fälle von Steuerhinterziehung ins Rollen gekommen.
er war in **Rom** und hat den Papst nicht gesehen	*er hat das Wichtigste nicht bemerkt* Sie sind in Bayern herumgefahren und haben die Wieskirche nicht besichtigt? Na, da sind Sie in Rom gewesen und haben den Papst nicht gesehen.
auf diesem Messer kann man (bis) nach **Rom** reiten	*s. Messer*
Romane (*od.* e-n ganzen **Roman**) schreiben U	*e-n langen Brief (od. sehr viel) schreiben* Die Mutter hat einen ganzen Roman geschrieben, um ihren Jungen wegen Halsweh zu entschuldigen.
erzähl (mir) keine (langen) **Romane**	*sage nicht so viele (u. lange, wahrscheinlich unwahre) Dinge* Bitte, erzählen Sie mir keine Romane, sondern sagen Sie kurz, was sich ereignet hat.
etw. durch e-e (*od.* die) **rosarote** (*od.* **rosige**) Brille sehen	*s. Brille*
alles in **rosarotem** (*od.* **rosigem**) Licht sehen	*s. Licht*
(wie) auf **Rosen** gebettet	*herrlich und in Freuden, luxuriös* In der Vorstellung vieler Menschen leben die Filmstars wie auf Rosen gebettet.
nicht auf **Rosen** gebettet sein	*ein schweres Leben haben* Hebbel hatte eine schwere Kindheit, und auch später war er in seinem Leben nicht auf Rosen gebettet.
(große) **Rosinen** im Kopf haben U	*große, hochfliegende Pläne haben* Karl hat ein hübsches Spielzeug gebastelt, und jetzt hat er große Rosinen im Kopf von wegen Patent und Lizenz verkaufen und so.

s. die **Rosinen** (aus dem Kuchen) herauspicken (*od.* herausklauben)	*für s. das Beste, das Angenehmste, Vorteilhafteste herausholen* Für Claudia habe ich keine Angst. Sie versteht es wunderbar, sich die Rosinen herauszupicken und andere für sich arbeiten zu lassen.
auf dem hohen **Roß** sitzen (*od.* s. aufs hohe **Roß** setzen)	*sehr eingebildet sein, von oben herab tun* Er sitzt immer auf dem hohen Roß, so daß man wunder meint, wer er ist. Dabei ist gar nichts dahinter.
du bist (doch) das größte **Roß** auf Gottes Erdboden S	*s. Gott*
j-m den **Rost** runtermachen S	*= j-n fertigmachen (4)*
rote Zahlen	*Zahlen, die in der Bilanz ein Defizit, e-n Verlust angeben* Dieses Jahr ist unser Betrieb zum ersten Mal in die roten Zahlen gekommen *(hat Verluste gehabt).*
etw. (*bes.* den Tag) im Kalender **rot** anstreichen	*s. Kalender*
rot sehen U	*(sofort) sehr wütend werden* Jedesmal, wenn ich den Kerl sehe, der mir meine Freundin weggeschnappt hat, sehe ich rot.
der ganze **Rotz** S	*die ganze Sache* Einige Möbel sind nicht mehr ganz neu, aber der ganze Rotz soll nur 220.– Mark kosten.
Rotz und Wasser heulen U	*sehr stark weinen* Renate sitzt im Zimmer und heult Rotz und Wasser, weil sie nicht mit zum Ball darf.
j-m eins auf die **Rübe** geben U	*= j-m eins auf die* Kopf *geben*
eins auf die **Rübe** kriegen (*od.* bekommen) U	*= eins auf die* Kopf *bekommen*
der **Rubel** rollt	*es wird viel verdient (u. viel ausgegeben)* Ihr habt ein neues Wohnzimmer? Da hat es wohl schon wieder Gehaltserhöhung gegeben? Da kann man wirklich sagen, der Rubel rollt.
den **Rubikon** überschreiten L	*den entscheidenden Schritt tun, der nicht mehr rückgängig gemacht werden kann* Mit dieser Erklärung hat die Opposition den Rubikon überschritten. Von jetzt an werden die Regierungsparteien den Wahlkampf so hart wie möglich führen.
s. (innerlich) e-n **Ruck** geben	*s. zusammennehmen, s. überwinden, energisch etw. anfangen* Er hatte mich zwar sehr gekränkt, aber ich gab mir einen Ruck und tat so, als ob nichts geschehen wäre.

dir (*od.* dich) juckt (wohl) der **Rücken**?	= *dir (od. dich) juckt (wohl) das* Fell?
den (*od.* s-n) **Rücken** beugen	= *den (*od. s-n*)* Nacken *beugen*
j-m den (*od.* s-n) **Rücken** beugen	= *j-m den (*od. s-n*)* Nacken *beugen*
s. den **Rücken** decken	*dafür sorgen, daß man nicht von hinten angegriffen wird* Ein Politiker muß sich immer den Rücken decken.
s. den **Rücken** freihalten	*dafür sorgen, daß man hinter s. keine Gegner hat* Wenn man so viele Neider hat, ist es schwer, sich den Rücken freizuhalten.
j-m den **Rücken** steifen (*od.* stärken)	*j-n darin bestärken, daß er nicht nachgibt* Ihre Prozeßaussichten sind doch gut. Ihr Verteidiger sollte Ihnen viel mehr den Rücken steifen.
j-m (*od.* e-r S.) den **Rücken** zuwenden (*od.* kehren)	*1) s. (verächtlich) abwenden von* *2) aus (e-m Verein, e-r Kirche usw.) austreten* *3) (Heimat usw.) verlassen* 1) Er hat neuerdings viel Pech. Merkwürdig, wie ihm das Glück jetzt den Rücken gekehrt hat. 2) Wann hat er der Kirche den Rücken gekehrt? 3) Vor hundert Jahren haben viele Unzufriedene Europa den Rücken gekehrt und sind ausgewandert.
e-n breiten **Rücken** haben	*viel vertragen können, s. nicht aus der Ruhe bringen lassen* „Muten wir unserem Vater nicht ein bißchen viel zu?" – „Ach wo, er hat ja einen breiten Rücken."
e-n krummen **Rücken** machen	= *e-n krummen* Buckel *machen*
(Jahre) auf dem **Rücken** haben	*e-e Zeitspanne durchlebt (u. entsprechende Erfahrung) haben* Er hat 30 Jahre Lehrtätigkeit in Hamburg auf dem Rücken – das bedeutet unschätzbare Erfahrung.
auf den **Rücken** fallen U	*entsetzt sein* Mein Vater fällt immer gleich auf den Rücken, wenn ich mal ein bißchen Geld von ihm will.
ich wäre (fast) auf den **Rücken** gefallen (, als...)	*ich war höchst überrascht, als* Ich wäre fast auf den Rücken gefallen, als man mir den Vorsitz anbot.
auf j-s **Rücken** geht viel	= *j-d hat e-n breiten* Rücken
hinter j-s **Rücken**	*heimlich, so daß j-d es nicht merkt* Und ihr glaubt, ihr könnt das hinter meinem Rücken (*od.* dem Rücken eures Vaters) arrangieren?
im **Rücken** haben	*als Stütze, Hilfe haben* Gegen ihn kommst du nicht an, er hat den Chef im Rücken.

j-m in den **Rücken** fallen	*j-n unerwartet angreifen (dort, wo er s. sicher glaubt)* Als mir dann auch noch meine Kinder in den Rücken fielen, gab ich den Kampf auf.
mit dem **Rücken** an der Wand stehen	*nicht mehr ausweichen können, kurz vor dem Ruin stehen* Unser Unternehmen steht mit dem Rücken an der Wand – wir müssen es grundlegend reformieren.
mit dem **Rücken** zur Wand kämpfen	*in aussichtsloser Position kämpfen* Alle sind gegen ihn. Er kämpft wirklich mit dem Rücken zur Wand.
es läuft j-m (eis)kalt (*od.* heiß u. kalt) über den **Rücken** (*od.* den **Rücken** hinunter) U	*j-d ist entsetzt, voll Angst* Als ich in dieser Stille plötzlich einen qualvollen Schrei hörte, lief es mir kalt über den Rücken.
s. **Rückendeckung** verschaffen	= *s. den* Rücken *decken*
Rückgrat haben (*od.* zeigen)	*charakterfest sein, s-n Prinzipien treu bleiben* Auf ihn können Sie sich stets verlassen, er hat Rückgrat.
j-m das **Rückgrat** brechen	*1) j-n haltlos machen* *2) j-n wirtschaftlich ruinieren* 1) Ich glaube, der Alkohol hat ihm das Rückgrat gebrochen. 2) Der Geschmackswandel des Publikums hat dem Hersteller dieser Modeartikel das Rückgrat gebrochen.
j-m das **Rückgrat** stärken	= *j-m den* Rücken *steifen*
ohne **Rücksicht** auf Verluste U	*s. Verluste*
das geht **ruck-zuck**	*das geht ganz schnell, ohne Schwierigkeiten* Mit der neuen Teppichkehrmaschine geht das ruck-zuck, und wir sind in wenigen Minuten fertig.
das **Ruder** in der Hand haben (*od.* das **Ruder** führen)	= *das* Steuer *in der Hand haben*
am **Ruder** sein	*an der Macht sein* Die Militärjunta ist jetzt bereits seit sieben Jahren am Ruder.
ans **Ruder** kommen (*od.* gelangen)	*an die Macht kommen* In unserer Firma wird es höchste Zeit, daß die junge Generation ans Ruder kommt.
j-n ans **Ruder** bringen	*j-n an die Macht bringen* Erst der Tod des Vaters hat den Sohn ans Ruder gebracht.
rufen: wie gerufen kommen U	*zur rechten Zeit kommen, sehr gut passen* Du kommst (mir) wie gerufen. Eben ist mein Plattenspieler kaputtgegangen, und du kennst dich doch mit diesen Dingen aus. Du kannst ihn sicher reparieren.

nun hat die liebe Seele **Ruh**	*s. Seele*
er ist die **Ruhe** selbst (*od.* er hat die **Ruhe** weg U)	*er ist sehr beherrscht, läßt s. durch nichts erschüttern* Du bist immer so aufgeregt! Nimm dir an deinem Vater ein Beispiel, er ist die Ruhe selbst.
olympische (*od.* stoische) **Ruhe**	*s. olympisch* u. *stoisch*
nur die **Ruhe** kann es bringen (*od.* machen) U	*nur mit Ruhe und ohne Aufregung erreichen wir etw.* Mit diesem Durcheinander erreichen wir gar nichts, Herrschaften! Nur die Ruhe kann es bringen!
immer mit der **Ruhe** (und dann mit 'nem Ruck) S	*nur keine Aufregung, erst mal überlegen!* „Papa, auf was wartest du denn noch? Fahren wir denn noch nicht los?" – „Immer mit der Ruhe, mein Junge!"
Ruhe im Unterhaus! (*od.* Ruhe im Kuhstall!) U	*ich verlange Ruhe! Seid still!* Als die Kissenschlacht im Schlafsaal gerade richtig angefangen hatte, rief plötzlich jemand: „Ruhe im Kuhstall! Ich will schlafen!"
die ewige **Ruhe** (*od.* die letzte **Ruhe**) L	*der Tod* Nach einem arbeitsreichen Leben hat unser hochverehrter Seniorchef nun die ewige Ruhe gefunden.
zur letzten **Ruhe** betten (*od.* bringen) L	*beisetzen, beerdigen* Am 30. Januar 1965 wurde Winston Churchill zur letzten Ruhe gebettet (*od.* gebracht).
zur **Ruhe** gehen (*od.* zur ewigen **Ruhe** eingehen) L	*sterben* Vorgestern abend ist mein geliebter Vater zur Ruhe gegangen (*od.* zur ewigen Ruhe eingegangen).
s. zur **Ruhe** setzen	*pensioniert werden, s. pensionieren lassen* 65 ist das Alter, in dem sich die meisten Menschen bei uns zur Ruhe setzen.
s. nicht gerade mit **Ruhm** bekleckern (*od.* bedecken) U	*s. blamieren, etw. tun, durch das man negativ auffällt* Der Redner des heutigen Abends hat sich nicht gerade mit Ruhm bekleckert, seine Rede war langweilig.
kein **Ruhmesblatt** sein für	*unrühmlich sein, kein Lob verdienen* Die Art und Weise, wie der berühmte Sänger auf die schlechte Kritik reagierte, war kein Ruhmesblatt für ihn.
ein menschliches **Rühren** U	*das Bedürfnis, auf die Toilette zu gehen* Gegen Ende des Vortrags verdrückte ich mich heimlich. Ich verspürte ein menschliches Rühren.
der ganze **Rummel** U	*alle S. zusammen* Ich hab den ganzen Rummel von der Witwe für sage und schreibe hundert Mark gekauft.
den **Rummel** (*od.* etwas von dem **Rummel**) verstehen (*od.* den **Rummel** kennen) U	*die S. kennen, durchschauen, den Trick kennen* „Beim Schlußverkauf kann man doch nichts Gescheites kaufen." – „O doch, nur muß man den Rummel kennen."

es geht (*od.* bei uns geht es) **rund** S	*1) es ist viel Betrieb, es ist etw. los* *2) wir haben viel Arbeit, wir müssen uns anstrengen* 1) Heute hat Manfred Geburtstag und läßt ein paar Flaschen Sekt springen. Da geht es rund! 2) Bei uns geht es rund, kann ich Ihnen sagen. Bis 18 Uhr müssen alle diese Fotos entwickelt sein.
die **Runde** machen	*überall bekanntwerden* Die Nachricht, daß der Wirt vom „Goldenen Löwen" im Toto gewonnen hatte, machte schnell die Runde.
e-e **Runde** ausgeben	*allen Anwesenden ein Bier bezahlen* Wer die Wette verliert, muß eine Runde ausgeben.
e-e **Runde** drehen (*od.* s-e **Runden** drehen)	*1) e-n Tanz tanzen* *2) e-e (Renn-)Strecke abfahren* *3) e-n Kreis fliegen, e-n Rundflug machen* 1) Na, Sabinchen, wollen wir mal eine Runde drehen? 2) In einem sagenhaften Tempo hat er gestern beim Training seine Runden gedreht. 3) Sonntags kann man für dreißig Mark über dem Flugplatz einige Runden drehen.
etw. über die **Runde(n)** bringen	*etw. zum (guten) Ende bringen* Drei Sitzungen haben wir gebraucht, um die Frage des Urlaubsgeldes über die Runden zu bringen.
j-n über die **Runde(n)** bringen	*j-n mit Mühe zu e-m Ziel zu bringen suchen, j-m helfen, schwere Zeiten zu überstehen* Wir können ihn nicht über die Runden bringen, wenn er sich nicht selbst auch anstrengt.
j-m über die **Runden** helfen	*j-m über Schwierigkeiten hinweghelfen* Könntest du ihm nicht mit einem Darlehen über die Runden helfen?
über die **Runden** kommen	*mit Mühe über Schwierigkeiten hinwegkommen* Er hat es geschafft, aber frag nicht, wie er über die Runden gekommen ist.
etw. **rundweg** ablehnen (*od.* abschlagen, verneinen)	*etw. voll und ganz, ohne die Möglichkeit e-s Einwandes ablehnen (od. verneinen)* Die Schulleitung lehnte mein Gesuch um Ferienverlängerung rundweg ab.
runter-	*s.* herunter-
mit eiserner **Rute** L	*mit großer Strenge* Wer mit eiserner Rute regiert, schafft Ordnung im Lande, gewinnt aber keine Freunde.
s. unter j-s **Rute** beugen L	*s. j-s Herrschaft unterwerfen* Ich glaube, kein Volk beugt sich freiwillig unter die Rute eines Diktators.
s. e-e **Rute** aufbinden	*s. zu etw. verpflichten, das e-e Qual oder Last ist* Ich hätte diesen ungezogenen Jungen ja nicht zu adoptieren brauchen. Diese Rute habe ich mir (selbst) aufgebunden.

guten **Rutsch** ins neue Jahr! U	*kommen Sie gut ins neue Jahr!* „Was schreibt er auf seiner Karte?" – „Ach, nur: guten Rutsch ins neue Jahr und alles Gute!"
e-n **Rutsch** machen U	*e-e (kleine) Reise machen* An diesem Wochenende könnten wir wieder mal einen kleinen Rutsch an den Bodensee machen. Was meinst du?
rutschen: das rutscht noch U	*das kannst du noch essen* Diesen kleinen Rest Spinat willst du übriglassen? Das rutscht noch!
an etw. ist nicht zu **rütteln**	*etw. läßt s. nicht ändern* Der Direktor wird die Genehmigung nicht erteilen. Daran ist nicht zu rütteln.
nicht **rütteln** lassen an etw.	*festhalten an etw.* Unsere Kinder kommen aufs Gymnasium. Daran lassen wir nicht rütteln.

S

mit dem **Säbel** rasseln	*mit Krieg drohen* Es gehörte früher zur Politik, daß von Zeit zu Zeit der eine oder andere Machthaber mit dem Säbel rasselte.
das ist **Sache** (*od.* 'ne **Sache**) U	*das ist hervorragend, großartig* Wie John Tennis spielt! Das ist ('ne) Sache, sag ich dir.
die **Sache** ist (*od.* wäre) geritzt U	*d. S. geht in Ordnung, es klappt* Wenn wir den Nachtzug nehmen, dann haben wir Anschluß an den letzten Bus. Die Sache wäre also geritzt.
das ist e-e **Sache** für sich	*1) das ist e-e andere, getrennt zu behandelnde Angelegenheit* *2) das ist e-e besondere Angelegenheit* 1) Gott sei Dank ist der Junge wieder da, und es ist ihm nichts passiert. Ob und wie wir ihn bestrafen, das ist eine Sache für sich. 2) Hier ist das Geld! Wie ich es bekommen habe, das ist allerdings eine Sache für sich.
das ist so e-e **Sache**	*das ist schwer zu entscheiden, ist bedenklich* Er meint, ich könnte trotz der Schlaftabletten die Fahrt machen. Aber das ist so eine Sache, denn die Tabletten setzen die für das Autofahren erforderliche Konzentrationsfähigkeit herab.
e-e abgekartete **Sache**	*s. abgekartet*
e-e krumme **Sache** S	*e-e bedenkliche, ungesetzliche S.* Ich möchte nur wissen, wie der Paul zu seinem billigen Whisky kommt. Das muß irgendeine krumme Sache sein
e-e runde **Sache** U	*e-e Angelegenheit, die großartig ist (weil alles gelungen ist und nichts fehlt)* Das Faschingsfest war eine runde Sache. Essen, Wein, prima Musik, großartige Stimmung, was willst du mehr?
etw. ist nicht jedermanns **Sache**	*etw. liegt nicht jedem, gefällt nicht jedem* Atonale Musik ist nicht jedermanns Sache.
Sachen gibt's, die gibt's gar nicht! S	*(Ausruf des Erstaunens) Das ist ja toll!* Gestern war sie noch hellblond, und heute ist sie ganz dunkel, fast schwarz – Sachen gibt's, die gibt's gar nicht!
das sind ja nette **Sachen** (die ich da höre) U	*das ist etw. Überraschendes, Unangenehmes* Wie, Bettina ist erst heute früh um fünf Uhr nach Hause gekommen? Das sind ja nette Sachen!

scharfe **Sachen** S	*1) hochprozentige Getränke*
	2) erotisch gewagte Erzählungen und Witze
	1) In diese Bar gehen wir lieber nicht, da gibt es nur scharfe Sachen, und du verträgst keinen Alkohol.
	2) Heut sind wir unter uns, da kannst du mal ein paar von deinen scharfen Sachen vom Stapel lassen.
was sind das für **Sachen** U	*das ist unglaublich, unerhört*
	Kinder, was sind denn das für Sachen, das ganze Kinderzimmer auszuräumen!
(s.) s-r **Sache** sicher (*od.* gewiß) sein	*wissen, daß man recht hat* (od. *daß e-e S. richtig ist*)
	Bist du dir deiner Sache ganz sicher, daß du die beiden miteinander gesehen hast?
unverrichteter **Sache**	= *unverrichteter* Dinge
s-e **Sache** verstehen	*s-e beruflichen* (od. *ähnlichen*) *Dinge gut können*
	Das muß ich sagen, er versteht seine Sache. Seit er die Werbung macht, verkaufen wir das Doppelte.
ganze **Sache** machen	*nicht auf halbem Wege stehenbleiben, etw. so machen, daß alle Gesichtspunkte berücksichtigt werden*
	Wenn wir uns schon ein neues Auto kaufen, dann sollten wir ganze Sache machen und einen Wagen nehmen, in dem die ganze Familie Platz hat.
gemeinsame **Sache** machen mit j-m	*s. mit j-m* (*meistens zur Durchführung e-r schlechten Tat*) *verbünden, zusammentun*
	Man hat herausgefunden, daß die Zollbeamten mit den Schmugglern gemeinsame Sache machten.
mach **Sachen**! U	(*Ausruf des Erstaunens*) *Donnerwetter!*
	„Ich war überzeugt, der Emil fällt durch, und jetzt hat er das Examen sogar mit Gut bestanden." – „Mach Sachen! Das kann doch gar nicht sein!"
mach keine **Sachen**! U	*1) mach nichts Dummes, Unerlaubtes, sei vorsichtig*
	2) (*Ausruf des Erstaunens*) *Donnerwetter!*
	1) Mach keine Sachen, und nimm nur so viel Zigaretten durch den Zoll, wie erlaubt ist.
	2) Was sagst du, wir haben den ersten Preis bekommen? Mach keine Sachen!
s-e sieben **Sachen** packen	*all sein Gepäck zusammenpacken*
	Als ich hörte wie sehr er in Not geraten war, packte ich meine sieben Sachen und fuhr hin.
bei der **Sache** sein	*aufmerksam sein, zuhören*
	Junge, paß auf, mir scheint, du bist nicht ganz bei der Sache! Jetzt kommt das Wichtigste!
mit hundert (120, 150 *usw.*) **Sachen** S	*mit e-r Geschwindigkeit von 100* (*120, 150 usw.*) *Stundenkilometern*
	Wenn du noch öfter mit 80 Sachen durch die Stadt fährst, bist du bald deinen Führerschein los.

zur **Sache**!	*schweifen wir nicht ab, sprechen wir vom eigentlichen Thema!* Zur Sache bitte! Ihre bisherigen Ausführungen gehören nicht zum Thema.
zur **Sache** kommen	*zur eigentlichen, wichtigen S., auf das Thema kommen* Es gäbe eine Menge über die Entstehungsgeschichte dieses Planes zu berichten, doch kommen wir zur Sache: der Plan sieht folgendes vor.
das tut nichts zur **Sache**	*das ist (in diesem Fall) nicht wichtig* „Ich möchte mich um die von Ihnen ausgeschriebene Wohnung bewerben. Allerdings habe ich Kinder." – „Das tut nichts zur Sache. Ich habe nichts gegen Kinder."
von jeglicher **Sachkenntnis** ungetrübt (*od.* von keiner **Sachkenntnis** getrübt) S	*völlig unwissend; völlig falsch* Seinen Ausführungen über Autos brauchst du gar nicht zuzuhören, er ist (*od.* sie sind) ja doch von jeglicher Sachkenntnis ungetrübt.
ein lahmer (*od.* müder **Sack** S	*ein energieloser Mensch* Der Josel ist doch ein lahmer Sack, der wird es nie zu einer Frau bringen.
ein trauriger **Sack** S	*ein Versager, Schwächling* Läßt sich doch dieser traurige Sack von seiner Frau schlagen!
mit **Sack** und Pack	*mit allem, was man besitzt* Im Jahre 1970 ist mein Bruder mit Sack und Pack nach Kanada ausgewandert.
tief in den **Sack** greifen	= *tief in den* Säckel *greifen*
j-n (einfach) in den **Sack** stecken (*od.* j-n im **Sack** haben)	*j-m überlegen sein* Der letzte Prüfungskandidat war hervorragend, er steckte alle anderen Prüflinge glatt in den Sack.
in **Sack** und Asche gehen (*od.* sich in **Sack** und Asche hüllen) L	*s. sich* Asche *aufs Haupt streuen*
die Katze im **Sack** kaufen	*s.* Katze
die Katze aus dem **Sack** lassen	*s.* Katze
lieber e-n **Sack** Flöhe hüten (*usw.*)	*s.* Floh
schlafen wie ein **Sack**	= *schlafen wie ein* Mehlsack

voll wie ein **Sack** S	*schwer betrunken* Anton ist heute erst gegen fünf Uhr nach Hause gekommen, voll wie ein Sack.
ein **Sack** voll U	*sehr viel(e)* Er hat mir einen ganzen Sack voll Lügen erzählt, warum er nicht kommen konnte.
ihr habt daheim wohl **Säcke** an den Türen? S	*mach gefälligst die Türe zu!* Wie wär's mit der Tür, Herr Nachbar? Ihr habt daheim wohl Säcke an den Türen?
tief in den **Säckel** greifen	*sehr viel Geld ausgeben* Die Stadt München mußte tief in den Säckel greifen, um die ersten 12 km U-Bahn zu finanzieren.
in e-r **Sackgasse** sein	= *auf e-m toten Gleis sein*
in e-e **Sackgasse** geraten	= *aufs tote Gleis geraten*
ohne **Saft** und Kraft	*schwach, ohne Schwung, fade* Das Thema ist interessant, aber wie er es erzählt, das ist alles ohne Saft und Kraft.
im eigenen **Saft** schmoren U	*in der selbstverschuldeten schlechten Situation bleiben* Wenn er nicht mitkommen will, dann soll er eben zu Hause bleiben und im eigenen Saft schmoren.
sagen: wem sagst du das!	*gerade ich weiß das sehr gut* „Ehrlich währt am längsten. Das gilt auch heute noch." – „Wem sagst du das? Zeit meines Lebens habe ich gegen die Korruption gekämpft."
was Sie nicht **sagen!** U	*das ist e-e Überraschung* „Mein Mann ist seit 1. Oktober pensioniert." – „Was Sie nicht sagen! Ich dachte, er wäre noch keine 60."
ich will dir mal was (*od.* etwas) **sagen** U	*merke dir, was ich dir Ernstes zu sagen habe* Ich will dir mal was sagen: entweder du erzählst mir, wo du heute warst, oder wir sind geschiedene Leute.
das kann ich dir **sagen!**	*1) das sage ich dir ganz im Ernst, als Warnung* *2) das ist ganz bestimmt so* 1) Wenn du noch mal zu spät kommst, dann gibt's was, das kann ich dir sagen! 2) Er ist ein ganz gemeiner Kerl, das kann ich dir sagen!
sagen wir (mal)	*als Beispiel sei – genannt* Wir geben jedem, sagen wir, tausend Mark. Was meinst du wohl, was nach Jahresfrist daraus geworden ist?
das **sagen** Sie!	*ich bin anderer Ansicht* „In der heutigen Welt will niemand mehr den Krieg." – „Das sagen Sie! Warum wird dann so sehr gerüstet?"

sagen: gesagt, getan	*kaum waren die Worte gesagt, da folgte auch schon die Tat* Er bot ihr seine Hilfe beim Reifenwechseln an. Gesagt, getan. Zwanzig Minuten später war der Reifen gewechselt.
sagen: laß dir das gesagt sein	*merke dir das, laß dir das eine Warnung sein* Du fährst nicht mit meinem Auto, ehe du nicht den Führerschein hast. Laß dir das gesagt sein.
sagen: es ist (noch) nicht gesagt	*es ist (noch) nicht sicher* Es ist nicht gesagt, daß der Faschingszug an unserem Haus vorbeikommt.
sagen: unter uns gesagt	*dieses ist im Vertrauen gesagt, andere sollen es nicht hören* Der Chef hat sie zwar gelobt, aber, unter uns gesagt, mir gefällt die neue Verkäuferin gar nicht.
sagen: es ist nicht zuviel gesagt	*es ist keine Übertreibung* Es ist nicht zuviel gesagt, wenn ich behaupte, daß diese Rose mindestens drei Monate lang blüht.
sagen: sage und schreibe	*ganz bestimmt, ob du es glaubst oder nicht* Jetzt ist meine Autobatterie sage und schreibe zum drittenmal innerhalb eines Monats über Nacht leer geworden.
sagen: nun sage bloß U	*ich hätte nicht gedacht (od. erwartet), daß* Nun sage bloß, du hast den ersten Preis gewonnen!
das hat nichts zu **sagen**	*das ist bedeutungslos, unwichtig* Wenn Zimmerpflanzen im Winter ein paar Blätter abwerfen, so hat das nichts zu sagen.
etw. zu **sagen** haben	*1) Einfluß (od. Befehlsgewalt) haben* *2) wichtig sein, Konsequenzen haben* *3) e-n wertvollen Inhalt haben (weswegen man etw. liest od. s. anhört)* 1) Er ist zwar nicht mehr der Leiter des Betriebs, aber er hat schon noch was zu sagen. 2) Herr Doktor, ich habe manchmal ein Stechen hier an der Seite. Hat das etwas zu sagen? 3) Auch uns Heutigen hat Homer (noch) etwas zu sagen.
(j-m) nichts zu **sagen** haben	*1) keinen Grund haben, etw. zu äußern, e-e Mitteilung zu machen* *2) keine Befehlsgewalt (über j-n), kein Anweisungsrecht (für j-n) haben* *3) unwichtig, bedeutungslos sein* *4) keinen wertvollen Inhalt haben* 1) Warum ich nicht zu ihm gehe? Ich habe ihm nichts zu sagen. Wir sind geschiedene Leute. 2) Der Bürovorsteher hat nicht viel zu sagen. Da gehen Sie lieber mit Ihrem Antrag zum Direktor. 3) Die Blaufärbung der Haut an dieser Stelle hat nichts zu sagen. 4) Ich bin nicht der Meinung, daß die Dichtung vergangener Jahrhunderte, uns nichts (mehr) zu sagen hat.
das **Sagen** haben (*od.* zu **sagen** haben)	*die Befehlsgewalt haben, die Entscheidung treffen* Bei den Müllers hat die Schwiegermutter das Sagen.

s. nichts **sagen** lassen	*eigensinnig sein, trotzig auf s-m Willen bestehen* Man kann mit ihr nicht auskommen, sie läßt sich einfach nichts sagen.
s. von j-m nichts **sagen** lassen	*von j-m keinen Befehl, keine Anweisung, keinen Rat annehmen* Von dem laß ich mir nichts sagen, er ist nicht mein Vorgesetzter.
s. das nicht zweimal **sagen** lassen	*s. zweimal*
die **Sahne** abschöpfen U	= den Rahm *abschöpfen*
(ganz) andere **Saiten** aufziehen (bei j-m *od.* etw.) U	*(viel) strengere Maßnahmen ergreifen, härter sein* Bei der Kontrolle müssen wir ganz andere Saiten aufziehen. Wer keinen Fahrschein hat, zahlt 20 DM!
da haben wir den (*od.* hast du den) **Salat** U	*das ist e-e unangenehme Überraschung, jetzt ist das Unangenehme doch eingetroffen* Da haben wir den Salat! Jetzt steht unsere Anzeige doch nicht in der Wochenendausgabe, weil du den Brief zu spät eingeworfen hast.
e-n langen **Salm** machen U	*umständlich, mit Abschweifungen etw. sagen (od. erzählen)* Nun mach keinen langen Salm, sondern sag, was los ist.
salomonische Weisheit	*s. Weisheit*
salomonisches Urteil	*s. Urteil*
nicht das **Salz** zum Brot haben	*in sehr großer Not leben* Meine Großeltern waren noch ganz arme Leute, die oft nicht das Salz zum Brot hatten.
j-m das **Salz** in der Suppe nicht gönnen	= *j-m nicht das* Schwarze *unter dem Nagel gönnen*
zur **Salzsäule** erstarren	*plötzlich völlig starr werden, keine Bewegung mehr machen* Als der Einbrecher, der sich völlig unbeobachtet geglaubt hatte, plötzlich angesprochen wurde, erstarrte er zur Salzsäule.
samt und sonders	*alle miteinander* Die Einbrecher wurden samt und sonders verhaftet.
in **Samt** und Seide (gekleidet)	*in kostbarer, festlicher Kleidung* Da standen sie nun in Samt und Seide und warteten auf die Königin.
j-n mit **Samthandschuhen** anfassen	= *j-n mit* Glacéhandschuhen *anfassen*
wie **Sand** am Meer U	*in unübersehbar großer Zahl* Glauben Sie nur nicht, daß diese Münze etwas Besonderes ist. Die gibt es wie Sand am Meer.
Sand im Getriebe U	*ein verborgenes Hindernis, hemmender Einfluß* Unsere Firma arbeitet nicht rationell. Irgendwo ist da Sand im Getriebe.

j-m **Sand** ins Getriebe werfen (*od.* schmeißen, streuen) U	*j-m ein Hindernis bereiten, Schwierigkeiten machen* Es würde reibungslos gehen, wenn du nicht mit deinem ewigen Wenn und Aber Sand ins Getriebe werfen würdest.
j-m **Sand** in die Augen streuen	*j-n täuschen, von der Wahrheit ablenken* Du kannst mir noch so viel erzählen, aber es wird dir nicht gelingen, mir Sand in die Augen zu streuen.
auf **Sand** gebaut haben	*s. getäuscht haben, s. auf Unzuverlässiges stützen* Wer heute seinen Betrieb nur mit Fremdkapital aufbaut, der hat auf Sand gebaut.
auf **Sand** gebaut sein	*unsicher sein* Unsere Pläne für den Bau eines neuen Altersheims setzen einen größeren Regierungszuschuß voraus. Ich fürchte daher, sie sind auf Sand gebaut.
auf (dem) **Sand** sitzen	*festsitzen, nicht weiterkönnen* Anfangs ging unser Forschungsprojekt zügig voran, aber jetzt sitzen wir auf Sand. Unsere Mittel gehen bald zu Ende.
j-n auf (den) **Sand** setzen	*machen, daß j-d festsitzt, nicht weiterkann* Die Kürzung der Mittel von seiten der Regierung hat uns auf Sand gesetzt.
im **Sande** verlaufen	*allmählich erfolglos aufhören* Auch diesmal sind die Nachforschungen leider im Sande verlaufen.
den Kopf in den **Sand** stecken	*s. so verhalten, daß man die Gefahr nicht sieht (weil man sie nicht sehen will)* Wenn du so weitermachst, mußt du über kurz oder lang zusammenbrechen. Es hat doch keinen Zweck, den Kopf in den Sand zu stecken.
der **Sandmann** (*od.* das **Sandmännchen**) kommt U	*der Schlaf kommt (zu kleinen Kindern gesagt)* Paß auf, Hänschen, jetzt kommt bald das Sandmännchen, dann schläfst du wunderbar ein.
sanft und selig schlafen	*in aller Ruhe schlafen (wo man es nicht sollte)* Klaus hat heute während der Vorlesung sanft und selig geschlafen.
sanft und selig einschlafen	1) *in aller Ruhe einschlafen (auch wenn man es nicht sollte)* 2) *ruhig sterben* 1) Er ist meist so müde, daß er vorm Fernsehen sanft und selig einschläft. 2) Im Alter von 93 Jahren ist mein Vater einen Tag vor Weihnachten sanft und selig eingeschlafen.
sang- und klanglos (*od.* ohne **Sang** u. Klang) (verschwinden *usw.*) U	*unbemerkt, ohne viel Aufhebens* Die Tafel im Park „Rasen betreten verboten!", die so viele geärgert hatte, war eines Tages sang- und klanglos wieder verschwunden.
darüber schweigt des **Sängers** Höflichkeit	*darüber spricht man aus Taktgründen nicht* Warum er diese gutbezahlte Stellung aufgeben mußte, darüber schweigt des Sängers Höflichkeit.

(dichtgedrängt) wie die **Sardinen** (in der Büchse)	= *(dichtgedrängt) wie die* Heringe *(in der Tonne)*
sardonisches Gelächter	*krampfhaftes, hämisches Gelächter* Ein befreiendes Lachen ist etwas Schönes, aber dieses sardonische Gelächter finde ich abscheulich.
j-n **satt** haben U	*j-n (wegen s-s negativen Verhaltens) nicht mehr ausstehen können* Ich habe den Anton jetzt gründlich satt mit seinen ewigen Weibergeschichten.
etw. **satt** haben U	*etw. (Negatives) nicht mehr ausstehen können, nicht mehr länger dulden* Ich habe seine ständigen Reden, wir müßten mehr arbeiten, jetzt endlich satt.
es **satt** haben (*od.* sein) (zu tun) U	*mit etw. nicht mehr zufrieden sein, genug davon haben (von etw. Negativem)* Ich habe (*od.* bin) es gründlich satt, dich jeden Tag ermahnen zu müssen.
ich hab's (*od.* habe etw.) bis dahin **satt** U	*s. dahin*
etw. **satt** kriegen (*od.* bekommen) U	*(allmählich) mit etw. unzufrieden werden, etw. nicht länger mehr aushalten können* Diesen langen Winter kriege ich langsam satt.
s. an etw. nicht **satt** sehen können	*etw. immer wieder sehen wollen, begeistert von etw. sein* Mir gefallen die Farbkompositionen von Paul Klee so gut, ich kann mich an ihnen (*od.* daran) nicht satt sehen.
j-n aus dem **Sattel** heben (*od.* werfen)	*j-n stürzen, ihn s-r Stellung (od. s-s Ansehens) berauben* Als Vetter des Direktors wird man ihn nicht so leicht aus dem Sattel heben können.
s. im **Sattel** halten (*od.* im **Sattel** bleiben)	*s. gegen Angriffe behaupten* Solange sich Dr. Suhr im Sattel hält, habe ich in diesem Betrieb keine Chance.
fest im **Sattel** sitzen (*od.* sein)	*in s-r (führenden) Stellung unangetastet sein* Der Zwischenfall ist vergessen, der Mann sitzt wieder fest im Sattel – fester als zuvor.
in allen **Sätteln** gerecht sein	*zu allem geschickt (od. zu brauchen) sein* Unglaublich, was er alles kann. Er ist in allen Sätteln gerecht.
j-n in den **Sattel** heben	*j-m zur Macht verhelfen, ihn in die führende Stellung bringen* Die Großindustrie und das Militär haben den neuen Staatschef in den Sattel gehoben.
j-m in den **Sattel** helfen	*j-m helfen, (wieder) hochzukommen* Der Bankkrach hatte meinen Bruder damals ziemlich ruiniert, aber ich habe ihm wieder in den Sattel geholfen.
laufen wie e-e gesengte **Sau** U	*laufen, so schnell man kann* Ich rief ihm zu, er solle herkommen, aber er lief davon wie eine gesengte Sau.

unter aller **Sau** S	= *unter aller* Kritik (aber grober)
Perlen vor die **Säue** werfen	*s. Perle*
j-n zur **Sau** machen S	= *j-n fertigmachen (4)*
sauer sein (*od.* werden U	*sehr ärgerlich sein* (od. werden) Das hättest du nicht sagen sollen! Jetzt ist er sauer.
j-m (*od. s.*) das Leben **sauer** machen	*s. Leben*
j-m **sauer** werden U	*j-m schwierig* (od. *unangenehm, schmerzhaft*) *werden* Bei dieser Hitze wird jedem das Arbeiten sauer.
es s. **sauer** werden lassen U	*s. sehr anstrengen, s. große Mühe geben* Unser alter Schuhmacher läßt es sich sauer werden, seine vielen Kunden zu befriedigen.
j-m **sauer** aufstoßen U	*j-m Schwierigkeiten bereiten, unangenehm werden für j-n* Ich dachte, er hätte diesen Streit längst vergessen, doch mittendrin ist er ihm wieder sauer aufgestoßen.
wie kommt **Saul** unter die Propheten?	*woher kommt dieser Außenseiter, wie paßt er zu den andern?* „Meine Vorfahren waren alle Ärzte und Rechtsanwälte. Nur einer war Kaufmann." – „Nanu? Wie kommt Saul unter die Propheten?"
dem hab ich **Saures** gegeben U	= *dem hab ich es aber gegeben* (geben)
gib ihm **Saures!** S	1) *prügle ihn tüchtig* 2) *sag ihm gehörig die Meinung, mach ihn fertig* 1) Nimm einen Stock und drauf auf den Kerl! Gib ihm Saures! 2) Wenn er in der Diskussion wieder mit seinen verrückten Ideen kommt, dann gib ihm Saures.
in **Saus** und Braus leben	*sehr luxuriös, verschwenderisch leben* Nach dem riesigen Totogewinn lebten sie in Saus und Braus, bis das viele Geld verbraucht war.
im **Sauseschritt**	*sehr schnell, in Windeseile* Die schönen Urlaubstage sind schon wieder zu Ende. Die Zeit ist im Sauseschritt verflogen.
Schabernack treiben (*od.* machen)	*Streiche ausführen, Unsinn machen* Wenn ein Junge keinen Schabernack treibt, dann ist er kein richtiger Junge.
s-n **Schabernack** mit j-m treiben	*j-m Streiche spielen, Unsinn mit j-m machen* Hans trieb mit seiner kleinen Schwester gern seinen Schabernack. Mal band er ihre Schürze an einen Stuhl fest, so daß sie nicht aufstehen konnte – mal versteckte er ihre Hefte, die sie für die Schule brauchte.

in **Schach** halten	*nicht gefährlich werden lassen, daran hindern, Schlimmes anzurichten* (od. *s. zerstörend auszuwirken*) Für eine alleinstehende Mutter ist es manchmal schwer, ihre heranwachsenden Buben in Schach zu halten.
j-n **schachmatt** setzen	= *j-n* matt *setzen*
schachmatt sein	1) = *erschossen sein* (erschießen) 2) = *auf e-m toten* Gleis *sein*
e-e alte **Schachtel**	*e-e alte Jungfer, ein häßliches giftiges Weib* Tante Friede laden wir nicht ein, das ist ja eine alte Schachtel.
j-m brummt der **Schädel**	1) *j-d hat Kopfschmerzen* 2) = *j-m brummt der* Kopf 1) Die ganze Nacht getrunken und gesungen – natürlich brummt ihm heute morgen der Schädel.
s. den **Schädel** einrennen	1) *etw. mit aller Gewalt versuchen* 2) *mit s-m Eigensinn übel ankommen* 1) Wenn unser Direktor nein gesagt hat, dann bleibt es dabei. Da können Sie sich den Schädel einrennen. 2) Er will sich immer durchsetzen, und wenn er sich dabei den Schädel einrennt.
e-n dicken (*od.* harten) **Schädel** haben	*eigensinnig, starrköpfig sein* Mit ihm ist im Büro nicht leicht auszukommen, er hat einen dicken Schädel.
j-m eins auf den (*od.* über den) **Schädel** geben U	= *j-m eins auf den* Kopf *geben*
eins auf den **Schädel** bekommen (*od.* kriegen) U	= *eins auf den* Kopf *bekommen*
s. etw. in den **Schädel** setzen U	= *s. etw. in den* Kopf *setzen*
mit dem **Schädel** durch die Wand wollen U	*s.* Wand
ein räudiges **Schaf**	*ein Taugenichts, ein moralisch heruntergekommener Mensch* Unsere Schüler sind nicht schlecht, aber wir haben ein paar räudige Schafe, die andere verderben.
das schwarze **Schaf** (in der Familie)	*ein Familienmitglied, das durch s-e Ideen, s-n Charakter* (od. *s-n Beruf*) *nicht zur übrigen Familie paßt* Das ist eine ganz solide Familie. Nur der Jüngste hat keinen Beruf, sondern gammelt seit Jahren in Europa herum. Er ist das schwarze Schaf.
ein verirrtes **Schaf**	*ein Mensch, der den Pfad der Tugend verloren hat* Ein guter Seelsorger ist jemand, der auch ein verirrtes Schaf wieder zur Herde zurückzuholen vermag.

die **Schafe** von den Böcken sondern (*od*. scheiden, trennen)	*die Guten von den Bösen trennen* Bei einer großen Zahl von Angestellten ist es für einen Personalchef nicht immer leicht, die Schafe von den Böcken zu sondern.
sein **Schäfchen** ins trockene bringen	*sich so versorgen, daß man wirtschaftlich keine Sorgen hat* Er hat zu einem günstigen Zeitpunkt viele Aktien gekauft und so sein Schäfchen ins trockene gebracht.
sein **Schäfchen** scheren	= *sein* Schäfchen *ins trockene bringen*
ich will nichts zu **schaffen** haben mit j-m (*od.* etw.)	= *ich will nichts zu* tun *haben mit j-m* (od. *etw.*)
was habe ich damit zu **schaffen**?	= *was habe ich damit zu* tun?
j-m (viel, schwer) zu **schaffen** machen	*j-m viel Schwierigkeiten* (od. *Sorgen, Mühe* usw.) *machen* Vater ist leider immer noch sehr schwach, das ständige Fieber macht ihm schwer zu schaffen.
s. zu **schaffen** machen	*1) arbeiten, tätig sein* *2) Arbeit, Tätigkeit vortäuschen* 1) Eigentlich hätte ich im Garten arbeiten müssen, aber da es regnete, machte ich mir im Hause zu schaffen. 2) Um nicht aufzufallen, machten sich die Diebe als Schlosser im Hause zu schaffen.
schaffen: wie geschaffen	*gut geeignet* Der neue Posten des Stadtgartendirektors ist für ihn wie geschaffen (*od.* Er ist für den neuen Posten des Stadtgartendirektors wie geschaffen).
es **schaffen**	*ein Ziel erreichen, e-e bestimmte Tätigkeit erfolgreich erledigen* Der Zug fährt in zehn Minuten ab! Hoffentlich schaffen wir es noch!
ausreißen wie **Schafleder** U	*eilig die Flucht ergreifen* Als er dann noch einen Krug mit kaltem Wasser über den Kopf geschüttet bekam, riß er aus wie Schafleder.
die **Schale** des Spottes (*od.* des Zornes, s-s Zornes) über j-n ausgießen L	*j-n sehr verspotten* (od. *mit zornigen Worten überschütten*) Als Jungen waren wir damals sehr wild, und ich erinnere mich noch gut, wie wir erstarrten, wenn unser Direktor erschien und die Schale seines Zornes über uns ergoß.
in **Schale** sein S	*bes. gut* (od. *vorschriftsmäßig*) *angezogen sein* Ich möchte wissen, wie Herr Claus das macht. Er ist immer in Schale.
s. in **Schale** werfen (*od.* schmeißen) S	*den besten Anzug anziehen. s. bes. fein machen* Muß man sich heute abend in Schale werfen, vielleicht sogar Frack oder Smoking?
er hat den (*od.* ihm sitzt der) **Schalk** im Nacken	= *er hat den* Schelm *im Nacken*

Schall und Rauch sein	*nichtssagend, bedeutungslos sein* Wenn ich gestorben bin, hat man mich bald vergessen. Name ist Schall und Rauch.
(frei) **schalten** und walten	*nach eigener Entscheidung arbeiten (od. handeln)* Und hier die Küche, das ist dein Reich, Liebling. Hier kannst du schalten und walten, wie du willst.
alle **Schaltjahre**	= *alle* Jubeljahre
ich muß zu meiner **Schande** gestehen	*ich muß zugeben, obwohl ich mich damit blamiere, daß* Ich muß zu meiner Schande gestehen, daß ich von diesem Schriftsteller noch nie etwas gehört habe.
zu **Schanden**	s. *zuschanden*
zu jeder **Schandtat** (*od.* zu allen **Schandtaten**) bereit sein U	*bereit sein, alles zu tun, was notwendig ist (od. was Spaß macht)* Ob ich zu einer Party mitkomme? Klar! Ich bin zu allen Schandtaten bereit.
sein Leben für j-n in die **Schanze** schlagen	*sein Leben für j-n einsetzen, riskieren* Mein Adjutant hat im Krieg mehr als einmal sein Leben für mich in die Schanze geschlagen.
scharf laden	*(ein Gewehr) mit scharfer (Verletzung od. Tod verursachender) Munition laden* Sind diese Gewehre scharf geladen?
scharf schießen	*1) mit scharfer Munition, aufs Ziel schießen* *2) scharfe (od. verletzende) Dinge sagen, streiten* 1) Achtung, hier wird scharf geschossen! 2) Der Redner hat in seiner Wahlrede gegen die Sozialisten scharf geschossen.
scharf sein auf j-n (*od.* etw.) U	*sehr begierig sein auf* Bist du auch so scharf auf Kuchen wie deine Schwester? / Auf dieses Mädchen sind alle meine Freunde scharf.
jn- **scharfmachen** U	*1) j-n aufhetzen, zu strengen Maßnahmen antreiben* *2) j-n erotisch anreizen* 1) Weil er den Chef nicht leiden kann, versucht er auch die anderen gegen ihn scharfzumachen. 2) Mit ihrem tiefen Dekolleté will sie ja nur die Männer scharfmachen.
j-n **scharfmachen** auf	*j-n begehrlich machen auf* Ich glaube, du brauchst ihn auf ein eigenes Haus nicht scharfzumachen. Er hat selbst nichts anderes im Sinn.
e-e **Scharte** auswetzen	*1) erlittenes Unrecht rächen* *2) gezeigte Mängel durch gute Leistungen ausgleichen* 1) Er hat mich damals sehr gedemütigt, aber diese Scharte werde ich eines Tages auswetzen. 2) In Latein ist er jetzt viel besser. Er hat die Scharte endlich ausgewetzt.
e-e alte **Scharteke**	= *e-e alte* Schachtel

nicht der **Schatten** e-s Beweises (*od.* Verdachts)	*nicht der geringste Anhaltspunkt für e-n Beweis* Für seine Beteiligung an dem Mord liegt auch nicht der Schatten eines Beweises vor.
(nur noch) der (*od.* ein) **Schatten** s-r selbst	*sehr abgemagert, sehr schwächlich* Was ist eigentlich mit Herrn Schumacher los? Er ist ja nur noch ein Schatten seiner selbst.
das Reich der **Schatten** L	*das Totenreich* Welch düstere Bilder! Die Phantasie dieses Malers scheint sich nur im Reich der Schatten zu bewegen.
j-m wie ein **Schatten** folgen	*j-m überall(hin) folgen* Der Spionageverdacht war wohl unbegründet, aber ein Agent folgte ihm trotzdem wochenlang wie ein Schatten.
e-n **Schatten** werfen auf j-n (*od.* etw.)	*in ungünstigem Licht, nicht untadelig erscheinen lassen* Ich muß schon sagen, die Affäre mit der Schauspielerin wirft einen Schatten auf diesen Minister.
etw. wirft s-e **Schatten** voraus	*(ein Ereignis usw.) kündigt s. durch gewisse Umstände an* Der Staatsbesuch wirft seine Schatten voraus. Seit Wochen werden Sicherheitsvorkehrungen getroffen.
in j-s **Schatten** stehen	*wegen e-r anderen Person nicht anerkannt werden* Die Söhne Bachs haben lange Zeit im Schatten ihres großen Vaters gestanden.
j-n (*od.* etw.) in den **Schatten** stellen	*j-n (od. etw.) eindeutig übertreffen* Sein neuester Roman stellt alle früheren in den Schatten.
alles (bisher) Dagewesene in den **Schatten** stellen	*einzigartig, einmalig sein, alles Bisherig übertreffen* Die neuen Raumfahrterfolge haben alles bisher Dagewesene in den Schatten gestellt.
über s-n eigenen **Schatten** springen	*s. über die dem Charakter, dem eigenen Wesen gesetzten Grenzen hinwegsetzen* Mit Zucht und Selbstbeherrschung kann man viel erreichen, aber im Grunde kann doch niemand über seinen eigenen Schatten springen.
auf der **Schattenseite** des Lebens (stehen)	*vom Schicksal wenig begünstigt sein, in sehr knappen Verhältnissen leben* Der heutige Wohlstand läßt allzuleicht vergessen, wie viele immer noch auf der Schattenseite des Lebens stehen.
j-m die **Schau** stehlen U	*j-n vom ersten Platz verdrängen, ihm die erwartete Wirkung nehmen* Das Auftreten des Weltmeisterpaares hat den anderen Eisläufern natürlich die Schau gestohlen.
das ist 'ne **Schau** (*od.* das ist die **Schau**) S	*das ist ja großartig* Das neue Kabarettprogramm ist 'ne Schau (*od.* ist einfach die Schau).

e-e **Schau** abziehen S	*1) e-e Bühnenveranstaltung durchführen* *2) viel Aufhebens, großen Krach machen* 1) Unsere nächste Schau ziehen wir in Zürich ab. 2) Mein Vater zog eine (sagenhafte) Schau ab, als ich erst gegen Morgen von dem Ball heimkam.
mach nicht so 'ne **Schau**! S	*gib nicht so an!* Mach nicht so 'ne Schau! Das können andere viel besser.
zur **Schau** tragen	*äußerlich zeigen* Er trug eine Gelassenheit zur Schau, die selbst Kenner sich nicht zu deuten wußten.
Schaum schlagen	*1) die Dinge großartig darstellen, aufbauschen, übertreiben* *2) = j-m blauen Dunst vormachen* 1) Wenn er nur nicht immer so viel Schaum schlagen und sich so wichtig machen wollte.
vom **Schauplatz** abtreten	*= von der Bühne abtreten*
ein **Schauspiel** für Götter	*e-e herrliche Szene (zum Lachen)* Wenn die Affen sich im Zoo gegenseitig die Flöhe absuchen – das ist immer ein Schauspiel für Götter.
wir wollen den Leuten (*od.* den andern) kein **Schauspiel** geben (*od.* bieten)	*wir wollen uns nicht vor den Leuten streiten* (od. *lächerlich machen*) Bitte, schimpfe nicht so laut auf der Straße! Alle Leute drehen sich schon um. Wir wollen denen doch kein Schauspiel geben!
sein Licht nicht unter den **Scheffel** stellen	*sein Wissen u. Können zeigen* Du bist den meisten deiner Kollegen doch haushoch überlegen. Du brauchst dein Licht wirklich nicht unter den Scheffel zu stellen.
s. e-e **Scheibe** von etw. abschneiden können U	*s. ein Vorbild an etw. nehmen können* Das Programm heute abend war hervorragend. Da könnte sich mancher Veranstalter eines bunten Abends eine Scheibe von abschneiden.
am **Scheideweg(e)** stehen L	*an e-m Punkt stehen, an dem man e-e schwierige und endgültige Entscheidung treffen muß* Unsere Firma steht an einem Scheideweg: soll sie sich dem Konzern anschließen oder nicht?
zum **Schein** etw. tun (sagen *usw.*)	*den Eindruck erwecken, als ob man etw. tut (meint* usw.) Zum Schein ging ich auf seine Erpressungsversuche ein. Ich hatte aber längst die Polizei benachrichtigt.
vom **Scheitel** bis zur Sohle	*durch und durch* Er ist ein Gentleman vom Scheitel bis zur Sohle.
j-n über den **Schellenkönig** loben	*= j-n über den grünen* Klee *loben*

er hat den (*od.* ihm sitzt der) **Schelm** im Nacken (*od.* ihm sieht *od.* guckt *od.* schaut der **Schelm** aus den Augen)
er ist ein Spaßvogel, er ist zu Späßen aufgelegt
Der Braun ist ein beliebter Lehrer. Seine Stunden sind oft sehr amüsant, ihm sitzt der Schelm im Nacken. / Bei Onkel Viktor weiß man nie, wie er's meint. Er hat immer den Schalk im Nacken.

nach **Schema** F U
immmer nach demselben Schema, ohne Einfall od. Initiative
Ich erwarte, daß Sie Initiative entwickeln und nicht alles nach Schema F erledigen.

schenken: das ist ja (geradezu, beinahe halb) geschenkt U
das ist sehr billig
Fünf Pfund Äpfel für zwei Mark sind heutzutage ja geradezu geschenkt.

schenken: das ist geschenkt zu teuer (*od.* das möchte ich nicht geschenkt haben, würde ich nicht geschenkt nehmen) U
das ist ganz minderwertig, von schlechter Qualität
Fassen Sie doch mal diesen miserablen Stoff richtig an. Der ist ja geschenkt zu teuer.

schenken: nicht geschenkt U
auf gar keinen Fall
„Möchtest du nicht mal diesen Fisch probieren?" – „Nicht geschenkt!"

... können wir uns **schenken** (*od.* werden wir uns **schenken**)
können wir auslassen, brauchen wir nicht zu tun
Den Rest der Geschichte werde ich mir schenken *(nicht lesen)*. / Diese Bemerkung hättest du dir schenken können *(diese häßliche Bemerkung hättest du nicht machen sollen)*.

schenken: mir wird aber auch (gar) nichts geschenkt
ich muß alles Unangenehme, Bittere selbst durchmachen
Mein Mann liegt auf der Nase und ich bin selbst halb krank. Mir wird aber auch nichts geschenkt.

sein **Scherflein** beitragen (*od.* beisteuern, spenden) zu etw.
durch e-e kleine Spende zu etw. beitragen
Ich möchte zu der Feier auch mein Scherflein beitragen. Wie wär's mit einer Flasche Sekt?

Scherz beiseite (*od.* ohne **Scherz**)
sprechen wir im Ernst über die S.
Besser gar keine Krankheit als so eine! Aber Scherz beiseite – was fehlt Ihnen denn nun eigentlich?

scheuern: e-e gescheuert kriegen U
= *e-e gefeuert kriegen* (feuern)

mit **Scheuklappen** herumlaufen (*od.* **Scheuklappen** vor den Augen haben)
die Dinge nicht so sehen, wie sie wirklich sind
Ein Politiker, der die großen Veränderungen der letzten Jahrzehnte nicht sieht, läuft mit Scheuklappen herum.

essen (*od.* fressen) wie ein **Scheunendrescher** U
viel und gierig essen
Heute gibt's deine Lieblingsspeise, Junge, aber bitte iß nicht wie ein Scheunendrescher!

Schicht machen	*aufhören, Pause machen* Kaum hatten die Maler richtig angefangen, da machten sie schon wieder Schicht und fingen an zu futtern.
j-s **Schicksal** ist besiegelt	*j-s böses Schicksal, schlimmes Ende ist endgültig entschieden* Mit der Schlacht um Stalingrad war das Schicksal der deutschen Wehrmacht besiegelt.
sich einen **Schiefer** einziehen (*süddt.*)	= *sich einen* Spreißel *einziehen*
schiefgehen U	*nicht gelingen, mißraten* „Hat er das Examen bestanden?" – „Nein, es ist leider schiefgegangen." / Nur Mut, die Sache wird schon schiefgehen (*die Sache wird bestimmt gelingen*)!
schiefgewickelt sein U	*im Irrtum sein, s. täuschen* Herr Oswald denkt, wenn er Handschuhe anzieht und einen Hut aufsetzt, ist er ein feiner Mann. Da ist er aber schiefgewickelt.
s. **schieflachen** U	*intensiv lachen* Über die Clowns im Zirkus könnte ich mich immer wieder schieflachen.
schiefliegen U	*s. irren, von falschen Voraussetzungen ausgehen* Das Herz wird oft als der Motor des Körpers angesehen. Mit dieser Ansicht liegen Sie aber schief, meine Herren!
etw. (*od.* j-d *od.* es) ist zum **Schießen** U	= *etw. ist zum* Kringeln
etw. **schießen** lassen	*etw. aufgeben* „Ich dachte, Sie wollten in England studieren." – „Ja, aber ich habe das wieder schießen lassen."
na, **schieß** mal los U	*fang an zu erzählen (od. berichten)* Wir sind ja alle schon so gespannt! Nun schieß mal los!
aufpassen wie ein **Schießhund** U	*sehr scharf aufpassen* Wir können hier nichts machen. Der Portier paßt auf wie ein Schießhund.
er hat das **Schießpulver** nicht erfunden	= *er hat das* Pulver *nicht erfunden*
das **Schiff** der Wüste	*das Kamel* Unglaublich, was so ein Schiff der Wüste alles leistet.
die **Schiffe** hinter s. verbrennen	= *alle* Brücken *hinter s. abbrechen*
Schiffbruch erleiden (mit etw.)	*scheitern, keinen Erfolg haben* Mit seiner Erfindung hat er Schiffbruch erlitten. Sie hat sich nicht bewährt.

mit allen **Schikanen** U	*mit allen denkbaren (luxuriösen) Annehmlichkeiten, technischen Raffinessen usw.* Fred hat ein Schlafzimmer mit allen Schikanen, kann ich dir sagen: Fernsehen, Radio, eine kleine versenkbare Bar usw., alles vom Bett aus elektrisch zu bedienen.
etw. (*mst.* nichts Gutes *od.* Böses) im **Schilde** führen	*etw. (mst. Böses) vorhaben* Er ist neuerdings so übertrieben freundlich zu mir. Wenn ich nur wüßte, was er im Schilde führt.
j-n auf den **Schild** (er)heben	*j-n zum Führer machen* Er wurde eindeutig von den konservativen Kräften seiner Partei auf den Schild gehoben.
den **Schilderwald** abholzen U	*die Zahl der Verkehrszeichen (wesentlich) verringern* Solange der Schilderwald nicht abgeholzt wird, kann sich kein Kraftfahrer mehr zurechtfinden.
das ist ein Gedanke (*od.* e-e Idee) von **Schiller** U	*das ist e-e sehr gute Idee* „Könnten wir nicht dies Jahr nach Griechenland fahren? Vielleicht zeigt uns einer deiner ehemaligen Schüler Athen?" – „Das ist ein Gedanke von Schiller!"
so (et)was lebt, und **Schiller** mußte sterben S	*so dumm kann ein Mensch sein (und stirbt nicht an s-r Dummheit)* Jetzt hat mir dies Kamel doch alle Eintragungen auf die falschen Karteikarten gemacht. So was lebt, und Schiller mußte sterben.
j-m wie e-m kranken **Schimmel** zureden	*j-m, der sehr zögert, immer wieder sagen, daß er etw. Bestimmtes tun soll* Ich habe ihm damals wie einem kranken Schimmel zugeredet, er soll die Kur machen. Aber er wollte nicht.
keinen (blassen) **Schimmer** (*od.* nicht den leisesten **Schimmer**) haben von etw. U	*überhaupt nichts wissen von etw.* Lilo will einen Kosmetiksalon aufmachen, dabei hat sie keinen Schimmer von Kosmetik!
nicht den (blassen) **Schimmer** e-r Ahnung haben (*od.* keinen [blassen] **Schimmer** von e-r Idee haben) S	= keinen Schimmer *haben*
mit **Schimpf** und Schande fortjagen (*od.* wegjagen, davonjagen)	*(wegen schlechter Taten, Leistungen usw.) unter unehrenhaften Bedingungen entlassen (wegschicken usw.)* Einen so faulen Burschen wie ihn sollte man mit Schimpf und Schande fortjagen.
Schindluder mit j-m (*od.* etw.) treiben	*j-n (od. etw.) sehr schlecht, schändlich behandeln* Jemanden zu Überstunden zwingen und ihn nicht bezahlen, heißt doch Schindluder mit ihm treiben.
j-n auf die **Schippe** nehmen U	= j-n auf den Arm *nehmen*

Schiß haben S	*(große) Angst haben* Hättest du gedacht, daß unser Junge so Schiß haben würde, schwimmen zu lernen?
den **Schlaf** des Gerechten schlafen L	*fest schlafen* Nach getaner Arbeit legte er sich hin und schlief den Schlaf des Gerechten.
den Seinen gibt's der Herr im **Schlaf**	*s. Herr*
im **Schlaf** hersagen können (*od.* beherrschen)	*ganz sicher auswendig können* (od. *wissen*) Das große Einmaleins beherrscht er im Schlaf.
das fällt mir nicht im **Schlaf** ein U	*ich denke nicht daran (das zu tun)* Ich soll ihm mein Moped leihen? Das fällt mir nicht im Schlaf ein!
den letzten (*od.* ewigen) **Schlaf** schlafen (*od.* e-n langen **Schlaf** schlafen) L	*gestorben sein, im Grabe liegen* Der alte Herr Müller schläft jetzt seinen letzten Schlaf.
j-n nicht **schlafen** lassen	*j-n beunruhigen, zu eigener Aktivität anstacheln* Der Erfolg seines Rivalen ließ ihn nicht mehr schlafen. Irgend etwas mußte jetzt geschehen.
darüber möchte (*od.* muß) ich erst mal (*od.* noch mal) **schlafen**	*das muß ich mir noch überlegen* „Hätten Sie Lust, mit mir ein halbes Jahr nach England zu gehen?" – „Lust schon, aber darüber möchte ich erst einmal schlafen."
j-n am (*od.* beim) **Schlafittchen** packen (*od.* nehmen, kriegen, fassen)	*j-n packen und festhalten, um ihm Vorhaltungen zu machen* Den muß ich mal am Schlafittchen packen und ihn in sein Zimmer führen, damit er die Unordnung selber sieht. So geht es nicht weiter.
mit **schlafwandlerischer** Sicherheit	*mit hundertprozentiger Sicherheit* Auch in der größten Gefahr tut er mit schlafwandlerischer Sicherheit das einzig Richtige.
ein **Schlag** ins Gesicht	*e-e schwere Beleidigung* (od. *Kränkung*) Daß jetzt einer meiner Untergebenen mein Vorgesetzter werden soll, ist doch ein Schlag ins Gesicht.
ein **Schlag** ins Wasser	*s. Wasser*
ein **Schlag** ins Kontor U	*e-e unangenehme Überraschung, e-e große Enttäuschung* Daß ich dann aus dem Urlaub zurückgerufen wurde, war natürlich ein Schlag ins Kontor.
der **Schlag** hat ihn getroffen (*od.* gerührt *od.* er hat e-n **Schlag** gehabt)	*er hat e-n Schlaganfall gehabt* Drei Wochen, nachdem ihn der Schlag getroffen hatte, konnte er schon wieder das Bett verlassen.

e-n **Schlag** weghaben U	1) *e-n Schlaganfall erlitten haben* 2) *beschränkt, dumm sein* 3) *betrunken sein* 1) Er sollte weniger intensiv arbeiten. Er hat doch schon einen Schlag weggehabt. 2) Seit er aus dem Krieg zurück ist, hat er einfach einen Schlag weg. 3) Mit ihm kannst du heute nicht reden. Er hat einen Schlag weg.
ich dachte, mich trifft (*od.* rührt) der **Schlag** U	*ich war völlig überrascht, ich war entsetzt* Als mir der Geldbriefträger den Totogewinn brachte, dachte ich, mich rührt der Schlag.
mich trifft der **Schlag!** U	*ich bin überrascht, entsetzt, Donnerwetter!* Mich trifft der Schlag! Mein Mann will in einer halben Stunde mit drei Bekannten zum Essen da sein, und ich habe nichts im Hause.
j-m e-n (schönen) **Schlag** versetzen	*j-n sehr enttäuschen, vor den Kopf stoßen* Paul hat mir mit seiner Mitteilung, daß er dieses Jahr ohne mich in Urlaub fahren will, einen (schönen) Schlag versetzt.
keinen **Schlag** tun (*od.* arbeiten)	*gar nichts tun* Du hast heute den ganzen Morgen wieder keinen Schlag getan. Was soll aus dir nur werden?
mit e-m **Schlag(e)**	*ganz plötzlich, ganz überraschend* Durch den Film „Der blaue Engel" wurde Marlene Dietrich mit einem Schlag berühmt.
Schlag auf Schlag	*eins sofort nach dem anderen* Die Unglücksbotschaften kamen damals Schlag auf Schlag; nach kurzer Zeit war er ein armer Mann.
e-n **Schlag** kriegen (*od.* bekommen) U	1) *durch das Berühren von zwei elektrischen Polen e-n starken Stromstoß bekommen* 2) *e-n Schlaganfall bekommen* 1) Sieh dich bei der Reparatur des Schalters vor, daß du keinen Schlag kriegst. 2) Wenn er so weitermacht, bekommt er bald einen Schlag und dann kann ihm keiner mehr helfen.
vom gleichen **Schlag**	*von der gleichen Art* Die beiden sind durchaus nicht vom gleichen Schlag. Michael ist wesentlich begabter.
wie vom **Schlag** gerührt (*od.* getroffen) U	*(so) sehr überrascht (daß man s. kaum bewegen kann)* Als er die Nachricht von dem Unfall seines Sohnes hörte, war er wie vom Schlag gerührt.
schlagen: e-e geschlagene Stunde (Viertelstunde *usw.*, geschlagene zehn [*od.* zwanzig *usw.*] Minuten)	*e-e volle Stunde* (usw.) *und nicht weniger* Ich mußte eine geschlagene halbe Stunde auf ihn warten.
schlagen: jetzt schlägt's dreizehn	*s. dreizehn*

ein **Schlaglicht** werfen auf	*e-n guten Einblick geben in, bezeichnend sein für* Die Tatsache, daß er wegen Meineid vorbestraft ist, wirft ein Schlaglicht auf seinen Charakter.
(leichte) **Schlagseite** haben U	*(leicht) betrunken sein* Hoffentlich merkt keiner, daß er von der Weinprobe leichte Schlagseite hat.
aus dem größten **Schlamassel** heraus sein U	= *aus dem* Gröbsten *heraus sein*
die **Schlange**, die s. in den Schwanz beißt	= *der* Hund, *der s. in den Schwanz beißt*
e-e falsche **Schlange**	*e-e verräterische, heimtückische weibliche Person* Ich würde ihr unter keinen Umständen vertrauen. Ich halte sie für eine falsche Schlange.
Schlange stehen	*in e-r Reihe stehen und warten, bis man drankommt* Einem Ausländer fällt in England sofort auf, daß die Leute sogar an Bushaltestellen Schlange stehen.
e-e **Schlange** am Busen nähren	*j-m etw. Gutes tun, der s. später als undankbar, verräterisch erweist* Diese niederträchtige Rezension über mein Buch hat Anna Förster geschrieben. Ich habe diese Schlange am Busen genährt – sie war lange Jahre meine Schülerin.
etw. **schlankweg** ablehnen (*od.* abschlagen)	= *etw.* rundweg *ablehnen*
etw. **schlankweg** behaupten	*etw. behaupten, ohne zu zögern (und ohne es beweisen zu können)* Er behauptet schlankweg, er hätte von diesem Verbot nichts gewußt.
schlappmachen	*wegen großer Erschöpfung aufhören (od. etw. aufgeben)* Nur jetzt nicht schlappmachen, wir sind doch in wenigen Minuten in der Berghütte.
(nicht) **schlau** werden aus	= *(nicht)* klug *werden aus*
schlecht und recht	*mit Mühe, in unvollkommener Weise* Damals mußte er sich schlecht und recht durchschlagen, bis er wieder eine gute Stelle gefunden hatte.
mehr **schlecht** als recht	*so gut es möglich ist (od. so gut er kann), aber unvollkommen* Der Schuhmacher um die Ecke tut seine Arbeit mehr schlecht als recht; trotzdem hat er immer viel zu tun.
schlecht angeschrieben sein bei j-m	*von j-m negativ beurteilt werden, e-n schlechten Ruf bei j-m haben* Mein Vetter hat keine guten Aussichten auf Gehaltserhöhung, er ist bei seinem Chef schlecht angeschrieben.
schlecht zu sprechen sein auf j-n	*keine gute Meinung von j-m haben, j-n nicht leiden können* Er ist schlecht zu sprechen auf seine Freundin, weil sie ihn ein paarmal versetzt hat.

es **schlecht** treffen	s. treffen
es **schlecht** haben	in schlechten Verhältnissen, unter wenig guten Umständen wo leben Ich würde mich freuen, wenn Sie mir das nächste halbe Jahr im Haushalt helfen könnten. Sie werden es bei uns bestimmt nicht schlecht haben.
bei (od. von) etw. kann e-m **schlecht** werden U	etw. ist ganz miserabel Bei dieser Rede kann einem ja schlecht werden. Immer wieder derselbe Quatsch.
nicht **schlecht** staunen U	sehr staunen Er staunte nicht schlecht, als ich mit meinem neuen Wagen vorfuhr.
etw. **schlechtmachen**	etw. als ungünstig darstellen, j-m etw. verleiden Er ist ein Nihilist. Nichts ist ihm heilig, alles muß er schlechtmachen.
j-n **schlechtmachen** (bei j-m)	über j-n Schlechtes sagen, j-n bei j-m anschwärzen Von Menschen, die andere Leute bei mir schlechtmachen, halte ich nicht viel.
schleichen: du kommst mir geschlichen U	du bist gerade der Richtige, mach, daß du fortkommst! Ich soll dir zwanzig Mark leihen? Du kommst mir geschlichen! Du schuldest mir vom vorigen Monat ja noch dreißig!
den **Schleier** des Vergessens (od. der Vergessenheit) über etw. breiten L	etw. in Vergessenheit geraten lassen Wer weiß denn heute noch, was wir damals im Krieg durchgemacht haben. Die Zeit hat den Schleier des Vergessens darüber gebreitet.
ein **Schleier** fällt j-m von den Augen	= j-m wie Schuppen von den Augen fallen
den **Schleier** (von e-m Geheimnis usw.) lüften	(ein Geheimnis) enthüllen Im Herbst werden die Autofirmen den Schleier (ihrer Geheimnisse, von ihren Geheimnissen) lüften und die neuen Modelle vorführen.
den **Schleier** nehmen	ins Kloster gehen Überraschenderweise nahm seine Tochter den Schleier.
der alte **Schlendrian**	die bisherige schlechte Arbeitsweise, die bisherige Faulheit (Unordnung, Systemlosigkeit usw.) Der alte Schlendrian muß ein Ende haben, wir müssen unseren Betrieb rationalisieren.
j-n ins **Schlepptau** nehmen	j-m, der zurückbleibt (od. nicht mitkommt), helfen Die, die in Sprachen gut sind, müssen die Schüler, denen Sprachen schwerfallen, ins Schlepptau nehmen.
die **Schleusen** öffnen sich	1) j-d fängt an, viel zu reden 2) es fängt an, heftig zu regnen 1) Es geht los, die Schleusen öffnen sich. Das dauert jetzt mindestens eine Stunde, bis er wieder aufhört. 2) Wir waren noch hoch in den Bergen, als sich die Schleusen öffneten.

die **Schleusen** des Himmels öffnen s. (*od.* der Himmel öffnet s-e **Schleusen**) U	= *die* Schleusen *öffnen s. (2)*
j-m auf die (*od.* hinter j-s) **Schliche** kommen	*herausfinden, was j-d tut und wie er es macht* Es wird Zeit, daß wir ihm auf die Schliche (*od.* hinter seine Schliche) kommen. Seit Wochen fehlt jeden Abend etwas Geld in der Portokasse.
schlicht um schlicht	*Leistung gegen Leistung, ohne Bezahlung, au pair, im Austausch* Am besten wickeln wir dieses Geschäft doch schlicht um schlicht ab, dann brauchen wir gar keine Devisen zu beantragen.
e-r S. fehlt der letzte **Schliff**	*e-r S. fehlt die letzte Bearbeitung, die endgültige Form* Ist dies Bild ein Entwurf? Irgendwie fehlt ihm der letzte Schliff.
e-r S. den letzten **Schliff** geben	*etw. fertig bearbeiten, in die endgültige Form bringen* Ehe das Manuskript abgeschickt wird, muß ich ihm noch den letzten Schliff geben.
Schliff kriegen (*od.* bekommen)	*1) die richtige Form, gutes Aussehen bekommen* *2) in guten Umgangsformen gedrillt werden, sie erlernen* 1) Hier muß noch eine knallrote Rose hin, dann kriegt dein Faschingskostüm erst (den richtigen) Schliff. 2) Onkel Max meint, wir sollten Ernst für ein Jahr in ein gutes Internat schicken, da bekäme er Schliff.
j-m die **Schlinge** um den Hals legen	*etw. tun, damit j-d ruiniert wird* Die Konkurrenz versucht seit Monaten, ihm die Schlinge um den Hals zu legen.
bei j-m die **Schlinge** zuziehen	*den letzten Schritt zu j-s Vernichtung (od. Ergreifung) tun* Sobald ich dieses Dokument habe, ist es ein leichtes, bei ihm die Schlinge zuzuziehen. Dann ist er überführt.
s. (*od.* den Kopf, den Hals) aus der **Schlinge** ziehen	*s. noch rechtzeitig aus e-r gefährlichen Situation retten* Till Eulenspiegel, der die Leute so oft erboste, weil er sie zum Narren hielt, gelang es immer wieder, seinen Kopf aus der Schlinge zu ziehen.
s. in der eigenen **Schlinge** fangen	*s. durch eigene Fehler selbst der Polizei ausliefern (od. ihr ein Geständnis machen)* Das Kreuzverhör brachte dann die Überraschung: der Mörder fing sich in seiner eigenen Schlinge und mußte die Tat zugeben.
j-m in die **Schlinge** gehen	= *(j-m) ins* Netz *gehen*
den Kopf (*od.* Hals) in die **Schlinge** stecken	*s. in größte Gefahr begeben* Du weißt, daß ich an der Sache auch beteiligt war. Ich werde also schön den Mund halten. Oder soll ich vielleicht den Hals freiwillig in die Schlinge stecken?
j-m auf den **Schlips** treten U	*j-n kränken* Ich fürchte, ich bin Herrn Kurz sehr auf den Schlips getreten, weil ich gesagt habe, Bier ist ungesund. Er hat doch eine Brauerei.

s. auf den **Schlips** getreten fühlen U	*gekränkt sein* Du mußt dich doch nicht immer gleich bei jeder Bemerkung auf den Schlips getreten fühlen.
mit j-m **Schlitten** fahren U	*j-n sehr scharf zurechtweisen (od. hart körperlich strafen), j-n willkürlich und schlecht behandeln.* Wenn Sie glauben, Sie können mit mir Schlitten fahren, täuschen Sie sich. Schließlich gibt es ja ein Arbeitsgericht.
unter den **Schlitten** kommen (*od.* geraten)	*herunterkommen, sittlich verdorben werden* Allein in der Großstadt, weg von zu Hause – da kann ein junger Mensch leicht unter den Schlitten kommen.
ein **Schloß** im Mond	*etw., was nur in der Einbildung besteht* Welcher Verliebte verspricht seiner Angebeteten nicht mal ein Schloß im Mond?
Schlösser in die Luft bauen	= Luftschlösser *bauen*
j-m ein **Schloß** vor den Mund hängen (*od.* legen) U	*j-m verbieten, etw. zu sagen, j-n zwingen, nichts zu sagen* Sicher wußte er mehr von der Sache, aber sein Vorgesetzter hatte ihm ein Schloß vor den Mund gehängt.
j-n hinter **Schloß** und Riegel bringen (*od.* setzen) U	*j-n ins Gefängnis, in Haft bringen* Gestern ist es endlich der Polizei gelungen, die ganze Diebesbande hinter Schloß und Riegel zu bringen.
hinter **Schloß** und Riegel sitzen (*od.* sein) U	*im Gefängnis (in Haft) sein* Ich habe erst Ruhe, wenn der Einbrecher, der unsere Gegend unsicher macht, hinter Schloß und Riegel sitzt.
heulen wie ein **Schloßhund**	*laut und anhaltend heulen* Alle hat Vater damals nach Paris mitgenommen, nur mich nicht, wegen meiner schlechten Zensuren. Ich habe geheult wie ein Schloßhund.
der **Schlot** raucht (wieder)	= der Schornstein *raucht (wieder)*
rauchen (*od.* qualmen) wie ein **Schlot**	*stark rauchen* Selbst während der Arbeit qualmt er wie ein Schlot.
viel **schlucken** müssen	*viel Kritik, Tadel hinnehmen müssen* Geduldig wie er ist, hat er von seinem Schwiegervater viel schlucken müssen.
an etw. zu **schlucken** haben	*schwer fertig werden mit etw.* An der Erhöhung der Lebensmittelpreise werden gerade die Rentner noch lange zu schlucken haben.
armer **Schlucker** U	*bedauernswerter Mensch* Sieh dir diesen armen Schlucker an! Er ist so krank.
das **Schlußlicht** machen (*od.* bilden) U	*der letzte sein* Und so zogen wir müde die letzten zehn Kilometer durch den Wald. Das Schlußlicht machte (*od.* bildete) mein Bruder.

e-n (*od.* den) Schlußpunkt unter etw. (*od.* hinter etw.) setzen	*etw. (Unangenehmes) endgültig abschließen (und etw. Neues beginnen)* Unter diese dumme Geschichte setzen wir jetzt einen Schlußpunkt und sprechen nicht mehr davon.
e-n (*od.* den) Schlußstrich unter e-e S. ziehen	= den Schlußpunkt *unter etw. setzen*
j-m etw. schmackhaft machen	*j-n so beeinflussen, daß er etw. angenehm, wünschenswert findet* Er wollte mir den Wohnungstausch schmackhaft machen, aber ich möchte hier wohnen bleiben.
bei j-m ist Schmalhans Küchenmeister	*j-d hat wenig Geld und kann für das Essen nicht viel ausgeben* Seit Sie das Haus gebaut haben, ist Schmalhans Küchenmeister. Fleisch kommt nur selten auf den Tisch.
etw. schmeckt rauf wie runter S	*etw. schmeckt immer gleich fade* Das ewige Gasthausessen habe ich gründlich satt. Es schmeckt doch immer rauf wie runter.
etw. schmeckt nach mehr U	*s. mehr*
Schmerz, laß nach! U	= Schreck, *laß nach!*
hast du sonst noch Schmerzen? U	*hast du sonst noch andere (ausgefallene, unerfüllbare) Wünsche?* Also gut, in drei Teufels Namen kriegst du nicht nur die schwarzen Schuhe, sondern auch noch das blaue Kostüm. Hast du vielleicht sonst noch Schmerzen?
mit Schmerzen erwarten	*mit sehr großer Ungeduld, sehnsüchtig erwarten* Die Ehefrauen der Astronauten haben ihre Männer mit Schmerzen erwartet, das kann man sich vorstellen.
einen schmettern S	*einen Schnaps trinken* Laßt uns einen schmettern! So jung kommen wir nicht wieder zusammen.
vor die rechte Schmiede gehen (*od.* kommen)	*s. an die rechte Stelle wenden (od. an die rechte Stelle geraten)* Sicher bekommst du eine zweite Hypothek auf dein Haus, du mußt nur vor die rechte Schmiede gehen.
Schmiere stehen (bei etw.) U	*aufpassen, Wache stehen (bei etw. Illegalem)* Während seine beiden Komplizen das Schaufenster ausräumten, stand er an der Ecke Schmiere.
j-m eine (*od.* ein paar) schmieren U	*j-m e-e Ohrfeige (od. mehrere Ohrfeigen) geben* Sei nicht so frech, sonst kriegst du eine geschmiert.
schmieren: wie geschmiert gehen	*ohne Schwierigkeiten, ganz glatt, ohne zu stocken* Hans hat seine Sonate jetzt so gut geübt, sie geht wie geschmiert.
Schmiß haben U	*in der äußeren Form Schwung haben, nicht alltäglich, gewöhnlich aussehen (od. klingen)* Dieser Foxtrott hat Schmiß. Man möchte am liebsten mittanzen.

im **Schmollwinkel** (*od.* in der **Schmollecke**) sitzen	*böse, verärgert sein* (als Reaktion auf etw.; von Kindern und Mädchen gesagt) Wenn sie sich zu Unrecht kritisiert fühlt, sitzt sie tagelang im Schmollwinkel.
s. in den **Schmollwinkel** (*od.* in die **Schmollecke**) zurückziehen	*böse werden, einschnappen* (von Kindern und Mädchen gesagt) Bei unserer Hausgehilfin muß ich mit jedem Tadel sehr vorsichtig sein, sonst zieht sie sich sofort in den Schmollwinkel zurück.
j-n **schmoren** lassen	= *j-n im eigenen Saft schmoren lassen*
in den **Schmutz** ziehen (*od.* zerren, treten)	*häßliche Verleumdungen verbreiten über* Müssen während des Wahlkampfes die führenden Politiker in den Schmutz gezogen werden?
mit **Schmutz** bewerfen (*od.* besudeln)	= *in den* Schmutz *ziehen*
Schmutz und Schund	*Minderwertiges, die Moral Verderbendes in der Kunst* Mit Gesetzen und Vorschriften läßt sich gegen Schmutz und Schund wenig ausrichten.
reden, wie e-m der **Schnabel** gewachsen ist	*reden, wie e-m die Worte einfallen: einfach, grob, ehrlich* Mir sind die Menschen am liebsten, die so reden, wie ihnen der Schnabel gewachsen ist.
den **Schnabel** halten U	= *den* Mund *halten* (bes. zu Kindern gesagt)
j-m den **Schnabel** stopfen	= *j-m das* Maul *stopfen*
s. den **Schnabel** verbrennen U	= *s. den* Mund *verbrennen*
den **Schnabel** an anderen Leuten wetzen U	*Böses über andere Leute reden* Manche Menschen sind nur glücklich, wenn sie ihren Schnabel an anderen Leuten wetzen können.
s. den **Schnabel** abwetzen U	*sehr viel reden* (od. *schwatzen*) Wann kocht und putzt diese Frau eigentlich mal? Den ganzen Tag sehe ich sie im Hof stehen und sich den Schnabel abwetzen.
schnackeln: jetzt (hat's geschnackelt) U (*süddt.*)	*1) jetzt ist die Geduld zu Ende* *2) jetzt ist die Sache geglückt* *3) jetzt ist es verstanden worden* 1) Jetzt hat's aber geschnackelt: entweder er zahlt oder er kriegt einen Zahlungsbefehl. 2) Endlich hat's geschnackelt. Im Mai kriegen wir eine Wohnung. 3) Bei Peter hat's endlich geschnackelt – er hat die Prozentrechnung verstanden.
schnappen: jetzt hat's (aber) geschnappt U	*jetzt ist die Geduld zu Ende* Jetzt hat's aber geschnappt! Wenn er mir mein Geld nicht sofort zurückgibt, will ich von dem Kerl nichts mehr wissen.
die **Schnauze** halten S	= *den* Mund *halten* (aber viel grober)

die **Schnauze** von etw. (gestrichen) voll haben S	*etw. ganz und gar satt haben, durchaus nicht ausstehen können* Von Wahlversammlungen, auf denen nichts Vernünftiges gesagt wird, habe ich die Schnauze (gestrichen) voll.
j-m die **Schnauze** polieren (*od.* lackieren) S	= *j-m die* Fresse *polieren*
s. die **Schnauze** verbrennen S	= *s. den* Mund *verbrennen (aber viel grober)*
e-e große **Schnauze** haben S	1) = *ein großes* Maul *haben (aber grober)* 2) = *den* Mund *(zu) voll nehmen (aber viel grober)*
frei nach **Schnauze** S	*ohne Vorlage, ohne Berechnung, ungefähr (schätzen, rechnen, zeichnen usw.)* Ein solches Tonbandgerät kostet frei nach Schnauze, ich würde sagen, 500 Mark.
j-n zur **Schnecke** machen S	= *j-n* fertigmachen *(bes. 4)*
im **Schneckentempo** U	*äußerst langsam* Die ganze Strecke durch die Stadt mußten wir im Schneckentempo fahren.
(dahin)schmelzen wie **Schnee** an der Sonne	*zergehen, verschwinden, aufhören (bes. von Zorn usw.)* Wenn Vater wütend war, gab es ein wirksames Mittel. Wir schickten unsere Jüngste zu ihm, und dann schmolz sein Zorn dahin wie Schnee an der Sonne.
Phantasie mit **Schneegestöber**	*1) reine Phantasie, nichts Wahres* *2) ein Essen, wie es nicht im Kochbuch steht (sondern wie es s. aus vorhandenen Resten ergibt)* 1) Was der Willi da von seinen Zeltfahrten erzählt, das ist ja Phantasie mit Schneegestöber. 2) „Was gibt es denn heute zu essen?" – „Phantasie mit Schneegestöber", sagte die Mutter.
s. freuen wie ein **Schneekönig** U	*s. außerordentlich, geradezu kindlich freuen* Als ich Anni die Karte für die Oper schenkte, freute sie sich wie ein Schneekönig.
auf des Messers **Schneide** stehen	*s.* Messer
j-m den (*süddt.:* die) **Schneid** abkaufen	*j-m so mutig, energisch entgegengetreten, daß er den Mut verliert* Er trat sehr forsch auf und versuchte, mir den Schneid abzukaufen. Ich ließ mich aber nicht einschüchtern.
schneiden: da hast du dich geschnitten J	*da irrst du dich sehr, da täuschst du dich gewaltig* Wenn du meinst, ich helfe ihm beim Umzug für nichts und wieder nichts, dann hast du dich geschnitten.
frieren wie ein **Schneider** U	*außerordentlich frieren* Es ist zwar Juli, aber nur 10 Grad. Kein Wunder, daß ich friere wie ein Schneider.

herein, wenn's kein **Schneider** ist U	*bitte hereinkommen (und nicht zögern)* Ich klopfte, und jemand rief: „Herein, wenn's kein Schneider ist."
aus dem **Schneider** sein	*1) über 30 Jahre alt, nicht mehr jung sein* *2) aus der Schwierigkeit heraus sein* 1) Auf dem Foto sieht sie vielleicht zum Anbeißen aus, aber sie ist schon aus dem Schneider. 2) Wenn du das Geld bezahlst, bevor der Gerichtsvollzieher kommt, dann bist du doch aus dem Schneider.
e-n **Schneidergang** machen *(süddt.)*	= *e-n Metzgersgang machen*
schneien: es hat ihm in die Bude geschneit U	*er hat Unannehmlichkeiten gehabt* Ich weiß auch nicht genau, warum er so niedergeschlagen ist, es hat ihm jedenfalls in die Bude geschneit.
schneien: ins Haus geschneit kommen U	*zufällig kommen* Meine Schwester ist viel auf Reisen. Um so größer ist dann die Freude, wenn sie einmal ganz unerwartet ins Haus geschneit kommt.
schniegeln: geschniegelt und gebügelt U	*(auffallend) fein hergerichtet* Jeden Morgen Punkt 8 Uhr tritt Her Ott geschniegelt und gebügelt auf die Straße, um ins Büro zu gehen.
j-m ein **Schnippchen** schlagen U	*j-s Absichten durchkreuzen* Er wollte mir ein Schnippchen schlagen, aber ich habe die Sache natürlich sofort durchschaut.
(e-n guten) **Schnitt** machen bei etw. U	*guten Gewinn, großen Vorteil bei etw. erzielen* Wenn du bei der Sache über fünfzig Prozent verdienst, dann hast du doch einen guten Schnitt gemacht dabei.
das ist mir (alles ganz) **schnuppe** U	*das ist mir (völlig) gleichgültig* Ob er sich ärgert oder nicht, das ist mir ganz schnuppe.
über die **Schnur** hauen U	*die Grenzen des Erlaubten, Möglichen überschreiten* Kurt hat heute wieder über die Schnur gehauen – er ist erst um 5 Uhr morgens heimgekommen.
von der **Schnur** zehren (*od.* leben)	*vom Ersparten leben* Lange können wir nicht mehr von der Schnur zehren. Mein Sparkonto ist so ziemlich aufgebraucht.
wie am **Schnürchen** gehen U	= *wie geschmiert gehen* (schmieren)
etw. wie am **Schnürchen** können (*od.* kennen, wissen) U	*etw. sehr gut gelernt haben, genau wissen, ohne Stocken auswendig wissen* Er hat das Gedicht wirklich gut gelernt. Er kann es wie am Schnürchen.
das ist mir **schnurz** und piepe U	= *das ist mir* schnuppe
an der **Scholle** kleben (*od.* haften)	*am heimatlichen Boden hängen* Heute kleben die Bauernkinder nicht mehr so wie früher an der Scholle. Sie arbeiten oft lieber in der Fabrik.

auf eigener **Scholle** sitzen	*auf e-m eigenen Stück Land wohnen* Die Sehnsucht vieler Städter ist es, auf eigener Scholle zu sitzen.
mit der **Scholle** verwachsen (*od.* an die **Scholle** gebunden) sein	*enge, schwer lösbare Bindungen an den heimatlichen Boden haben* Man kann doch wegen eines neuen Stausees nicht Dutzende von Bauern umsiedeln, die seit Generationen mit der Scholle verwachsen sind.
nun mach **schon**! U	*s. machen*
hat ihn (*od.* ihm) **schon** S	*ich habe es (etw., was man sucht, fangen will usw.)* „Meinst du, du fängst den Schmetterling noch mal?" – „Hat ihn schon! Willst du ihn mal sehen?"
(na,) wenn **schon**! U	*das macht nichts* Mit dem Zug kommen wir ja nach Mitternacht an!" – „Na, wenn schon! Wir können eine Taxe nehmen!"
wenn **schon**, denn schon U	*wenn überhaupt (etw. gemacht wird), dann (wird es) richtig* (*od.* gründlich gemacht) „Was, die Möbel willst du für die Party auch aus dem Zimmer raustun?" – „Wenn schon, denn schon. So bald wird es keine Party mehr geben, und wir wollen doch richtig tanzen."
zu **schön**, um wahr zu sein U	*e-e herrliche Sache, die wenig Aussicht auf Verwirklichung hat* Der Chef hat gesagt, er will mich für eine Woche nach Rom mitnehmen. Das ist zu schön, um wahr zu sein.
die **schöne** Hand	*die rechte Hand (zu Kindern gesagt)* Gib dem Onkel die schöne Hand und sag guten Tag!
schön und gut	*ich gebe mich zufrieden, ich erkenne es an* Schön und gut, deine Kritik ist nicht unberechtigt. Sie kommt aber leider zu spät.
das wäre (ja) noch **schöner** U	*das wäre besonders schlimm, das kommt gar nicht in Frage* Ich soll ihm meine Kamera in die Ferien mitgeben? Das wäre ja noch schöner!
bei j-m **schön** ankommen	*von j-m schlecht aufgenommen werden, bei j-m abblitzen* Dieser Tage war er schon wieder wegen Gehaltserhöhung beim Chef. Bei dem ist er aber schön angekommen.
er wird **schön** gucken (*od.* schauen) U	*er wird (sehr) überrascht sein* Er wird schön gucken, wenn er zurückkommt und sieht, daß sein Zimmer umgeräumt worden ist.
das wird ja immer **schöner** U	*die Dinge werden immer schlimmer, unglaublicher* Erst schreibst du in Mathematik eine fünf, dann in Latein und jetzt auch noch in Deutsch. Das wird ja immer schöner.
die Gelegenheit (*od.* das Glück) beim **Schopf** packen (*od.* ergreifen, fassen, nehmen)	*den günstigen Augenblick wahrnehmen* (*od. ausnutzen*) Wenn heute der Chef bei uns hereinschaut, werde ich die Gelegenheit beim Schopf packen und ihn um eine persönliche Unterredung bitten.
der **Schornstein** raucht (wieder)	*das Geschäft geht (wieder), es kommt Geld ein* Seit wir Aufträge aus dem Ausland haben, raucht der Schornstein wieder.

von irgend etw. muß der **Schornstein** ja rauchen U	*irgendeine Arbeit muß man ja tun, irgendwoher muß das Geld kommen* Mein Mann ist eigentlich Kunsthistoriker, aber da findet er nichts Passendes. Jetzt gibt er Unterricht. Von irgendwas muß ja der Schornstein rauchen.
rauchen (*od.* qualmen) wie ein **Schornstein**	= *rauchen wie ein* Schlot
in den **Schornstein** schreiben	(Geldsumme, Schuld) *als verloren ansehen* Die hundert Mark, die ich ihm vor einem Jahr geliehen habe, muß ich wohl in den Schornstein schreiben.
(sein Geld, Vermögen *usw.*) zum **Schornstein** hinausjagen	*(sein Geld) sinnlos verschwenden* Sie hat es fertiggebracht, das riesige Vermögen ihres Vaters in wenigen Jahren zum Schornstein hinauszujagen.
im **Schoß** der Erde	*im Innern der Erde* Im Schoß der Erde ruhen noch viele ungehobene Schätze.
im **Schoß** der Familie	*im Familienkreis, als Teil e-r Familie* Nur im Schoß der Familie kann sich ein Kind richtig entwickeln.
das ruht noch im **Schoß** der Götter (*od.* der Zeit, der Zukunft)	*das läßt s. nicht voraussagen* Wann das Projekt einmal Wirklichkeit wird, das ruht noch im Schoß der Götter.
j-m (als reife Frucht, wie e-e reife Frucht) in den **Schoß** fallen	*j-m unerwartet, wie ein Geschenk zufallen* Meinst du, dieses Wissen fällt einem (wie eine reife Frucht) in den Schoß? Das muß erarbeitet werden!
das ist ihm nicht in den **Schoß** gefallen	*darum hat er s. sehr bemühen müssen* Jeder bewundert die Leichtigkeit seines Spiels. Sie ist ihm nicht in den Schoß gefallen.
e-r S. sind keine **Schranken** gesetzt	(der Phantasie, Spendefreudigkeit, Kunst usw.) *ist kein Zwang auferlegt, sie ist frei* Bei dem Aufsatz „Die Welt im Jahr 2000" sind eurer Phantasie keine Schranken gesetzt.
etw. übersteigt alle **Schranken**	*etw. geht weit über das Erlaubte hinaus* Sein rücksichtsloser Egoismus übersteigt alle Schranken.
e-r S. (enge) **Schranken** setzen (*od.* ziehen)	*für etw. die Grenzen (des Erlaubten, Schönen* usw.) *festlegen* Hat jemand das Recht, dem Schaffen eines Künstlers Schranken zu setzen (*od.* zu ziehen)?
s. (keine) **Schranken** auferlegen	*bestimmte Grenzen (nicht) einhalten* Der verantwortungsbewußte Journalist wird sich immer gewisse Schranken auferlegen.
keine **Schranken** (mehr) kennen	*(in der Wut, der Erregung) bis zum äußersten gehen* In seinem Haß gegen seinen Meister kannte er keine Schranken (*od.* Sein Haß gegen seinen Meister kannte keine Schranken).

bei j-m ist e-e **Schraube** locker (*od.* los) U	*j-d ist nicht ganz normal* Emil putzt seit Tagen sein Auto; ich glaube, bei dem ist eine Schraube locker.
e-e **Schraube** ohne Ende	*e-e S., deren Ende nicht abzusehen ist* Die ständigen Preis- und Lohnerhöhungen sind eine Schraube ohne Ende.
eine alte **Schraube** U	*ein altes, unangenehmes Weib* Die Frau dort, die du eine alte Schraube nennst, war mal ein nettes, hübsches Mädchen.
die **Schraube** überdrehen	*mit etw. zu weit gehen* Ein paar Mark hätte er dir ja vielleicht noch geliehen. Aber du hast ihn so unter Druck gesetzt, daß du die Schraube überdreht hast. Jetzt stellt er sich stur.
j-n in der **Schraube** haben	*j-n unter Druck halten, j-n zwingen* „Warum zeigt er denn diese Erpresser nicht an?" – „Die müssen irgendein Geheimnis von ihm wissen, und dadurch haben sie ihn in der Schraube."
j-n in die **Schrauben** (*od.* den **Schraubstock**) nehmen	*j-n unter starken Druck setzen* Wenn der Kerl nicht mitmacht, dann müssen wir ihn mal in die Schrauben (*od.* in den Schraubstock) nehmen.
mit dem (bloßen) **Schrecken** davonkommen	*nichts Schlimmeres erleben als nur e-n Schrecken* Um ein Haar wären wir frontal mit einem anderen Wagen zusammengestoßen. Wir sind aber noch mal mit dem bloßen Schrecken davongekommen.
auf den **Schreck** hin	*weil ich mich so erschreckt habe, um diesen Schrecken zu überwinden* Auf den Schreck hin muß ich erst mal einen Schnaps trinken. Möchtest du auch einen?
(ach du) heiliger **Schreck(en)!** (*od.* ach du **Schreck,** [ach] du mein **Schreck!**) U	*(Ausruf des Entsetzens, Schreckens) wie schrecklich!* Ach du mein Schreck, jetzt habe ich mein Portemonnaie zu Hause liegengelassen.
Schreck, laß nach! U	*(Ausruf des Schreckens, der Verzweiflung) ist das furchtbar!* „Eben ist ein Telegramm gekommen. Wir müssen sofort aus dem Urlaub zurück!" – „Schreck, laß nach! Was ist denn passiert?"
der letzte **Schrei**	*die allerneueste Mode, der allerneuesten Mode entsprechend* Solche bunt gemusterten Röcke sind jetzt der letzte Schrei.
schreiben: wo steht geschrieben, daß (*od.* es steht nirgends geschrieben, daß)	*1) es ist nicht sicher, nicht selbstverständlich 2) es ist nicht zwingende Vorschrift* 1) Wo steht geschrieben, daß der Mensch in seinem Leben glücklich werden muß? 2) Wo steht geschrieben, daß junge Mädchen abends nicht alleine ausgehen dürfen?
s. von **schreiben** können U	*s. von*

etw. (*od.* es) ist zum Schreien U	= *etw. ist zum* Kringeln
e-n guten **Schritt** am Leibe haben	*schnell gehen* Er hat für sein Alter einen guten Schritt am Leibe. Man kommt beim Spazierengehen kaum mit.
bleib mir drei **Schritt** vom Leib(e)!	*komm mir nicht zu nahe, fasse mich nicht an* Um Gottes willen, du bist ja über und über schmutzig! Bleib mir nur ja drei Schritt vom Leibe!
s. j-n drei **Schritt** vom Leib(e) halten	*j-n nicht zu nahe an s. herankommen lassen, nicht zu vertraut mit j-m werden* Er ist ein sehr aufdringlicher Mensch. Halt ihn dir drei Schritt vom Leibe, wenn du kannst.
Schritt für Schritt	*allmählich, mehr und mehr* Langsam, sozusagen Schritt für Schritt, nähert sich das Forschungsprojekt seinem Abschluß.
Schritt halten mit	*1) im gleichen Tempo wie j-d gehen* *2) den Fortschritt, die laufenden Veränderungen mitmachen, in gleicher Weise wie j-d vorwärtskommen* 1) Er ist zwar zehn Jahre älter, aber trotzdem kann ich kaum mit ihm Schritt halten, so schnell wandert er. 2) Wenn wir mit der Konkurrenz Schritt halten wollen, müssen wir uns wesentlich mehr anstrengen als bisher.
den ersten **Schritt** tun	*den Anfang machen (bei Schwierigem, Unangenehmem usw.)* Warum soll ich immer den ersten Schritt tun? Schließlich hat sie ja mit dem Streit angefangen.
den zweiten **Schritt** vor dem ersten tun	*nicht richtig anfangen, nicht folgerichtig vorgehen* In der Politik ist es besonders wichtig, daß man den zweiten Schritt nicht vor dem ersten tut.
er ging noch e-n **Schritt** weiter	*er wagte noch mehr (od. er sagte, tat noch mehr)* Er ging noch einen Schritt weiter und ließ die Gefangenen auf seine persönliche Verantwortung hin frei.
ein **Schritt** vorwärts (*od.* nach vorn)	*ein Fortschritt, ein Erfolg* Daß die Frauen das Stimmrecht erhielten, war ohne Zweifel ein Schritt vorwärts.
etw. e-n (guten) **Schritt** weiterbringen	*etw. zu e-m weiteren Teilerfolg bringen* Die Lösung der Rohstofffrage hat uns einen Schritt weitergebracht; viele Produktionsprobleme sind aber noch ungelöst.
Schritte unternehmen	*Maßnahmen ergreifen* Wenn die Polizei nicht bald Schritte gegen die Verkehrsrowdys unternimmt, sehe ich für den Verkehr schwarz.
auf **Schritt** und Tritt	*überall(hin)* Auf Schritt und Tritt begegnete man jungen Männern, die Frisuren wie Mädchen hatten.
von echtem **Schrot** und Korn	*von guter, echter Art* Der Tischler an der Ecke, das ist noch ein richtiger Handwerksmeister von echtem Schrot und Korn.

wo drückt j-n der **Schuh?** U	*was für Kummer od. Sorgen hat er?* Ich weiß schon, wo ihn der Schuh drückt – er hat zuviel Schulden.
umgekehrt wird ein **Schuh** daraus (*od.* draus) U	*genau umgekehrt ist es* (*od. muß es gemacht werden*) Umgekehrt wird ein Schuh draus: erst die Schraube einsetzen und dann die Mutter!
j-m etw. in die **Schuhe** schieben	*j-n e-r S. beschuldigen, um s. selbst zu entlasten* Keiner will es gewesen sein, jeder schiebt es dem andern in die Schuhe.
s. etw. an den **Schuhen** abgelaufen haben	= *s. etw. an den* Schuhsohlen *abgelaufen haben*
j-n wie e-n **Schuhputzer** behandeln U	*j-n ganz von oben herab, sehr verächtlich behandeln* Wenn er nicht aufhört, mich wie einen Schuhputzer zu behandeln, habe ich die längste Zeit für ihn gearbeitet.
s. die **Schuhsohlen** nach etw. ablaufen	*s. (mst. erfolglos) um etw. bemühen* Was hab' ich mir die Schuhsohlen nach diesem alten Lexikon abgelaufen; es war nirgends aufzutreiben.
s. etw. an den **Schuhsohlen** abgelaufen haben	*etw. längst wissen, kennen* Yoga, Atemgymnastik, Obstdiät – das hab' ich mir längst alles an den Schuhsohlen abgelaufen.
die **Schulbank** drücken U	*Schüler sein* Wenn ich an die Zeiten zurückdenke, wo ich die Schulbank gedrückt habe...
mehr **Schulden** als Haare auf dem Kopf haben	*s. Haar*
j-m nichts **schuldig** bleiben	*j-m scharf antworten* In der nachfolgenden Diskussion ist der Redner seinen Fragestellern nichts schuldig geblieben.
Schule machen	*nachgeahmt werden, von anderen auch getan werden* Vor Jahren haben einige Jungen angefangen, sich lange Haare wachsen zu lassen. Das hat dann immer mehr Schule gemacht.
die **Schule** schwänzen (*od.* hinter, neben die **Schule** gehen)	*nicht am Unterricht teilnehmen* Wenn du noch einmal die Schule schwänzt, mußt du nächsten Sonntag zu Hause bleiben und lernen!
der alten **Schule**	*mit der früheren strengen Erziehung, soliden Ausbildung* Ihr Vater ist noch ein Diplomat der alten Schule, das sieht man sofort.
aus der **Schule** plaudern (*od.* schwatzen) U	*Geheimnisse verraten oder Erfahrungen weitergeben* Er hat früher als Reiseleiter gearbeitet und ein bißchen aus der Schule geplaudert, wie die Leute oft betrogen werden.
(noch) aus der alten **Schule** stammen	*noch die frühere strenge Erziehung, solide Ausbildung genossen haben* Einige meiner Lehrer stammten noch aus der alten Schule und standen uns Jungen verständnislos gegenüber.

durch e-e harte **Schule** gehen (*od.* e-e harte **Schule** durchmachen)	*e-e strenge Erziehung, e-e schwere Jugend erleben* Er ist bei seinem Vater durch eine harte Schule gegangen. Da gab es nur eiserne Pflichterfüllung.
bei j-m in die **Schule** gehen	*von j-m etw. lernen* (*od. übernehmen*) Man sieht seinen Bildern sofort an, daß er bei Chagall in die Schule gegangen ist.
j-d in e-e harte **Schule** (*od.* in die **Schule**) nehmen	*j-n in e-e strenge Erziehung nehmen* Es ist der Sinn eines Erziehungsheimes, daß die Jungen in eine harte Schule genommen werden.
zur **Schule** gehen	*1) Schüler werden* (*od. sein*) *2) Lehrer werden* 1) Geht Ihr Junge schon zur Schule? 2) Sie ist Ärztin, ihre Schwester will zur Schule gehen.
du kannst dir dein **Schulgeld** wiedergeben (*od.* zurückgeben) lassen U	= *du kannst dir dein* Lehrgeld *wiedergeben lassen*
Schulter an Schulter	*1) ganz dicht* (*stehen*) *2) gemeinsam* (*kämpfen*) 1) Schulter an Schulter säumten die Neugierigen den Weg des neuen Präsidenten. 2) Schulter an Schulter mit den Arbeitern der Stahlindustrie kämpfen wir für höhere Löhne.
j-m die kalte **Schulter** zeigen	*kalt, gleichgültig gegenüber j-m auftreten* Als ich ihn um Entschuldigung bat, hat er mir nur die kalte Schulter gezeigt.
auf j-s **Schultern** liegen (*od.* ruhen, lasten)	*von j-m getan, geleistet, getragen werden* Seit sich die Mutter im Krankenhaus befindet, liegt das ganze Haus (alle Hausarbeit usw.) auf den Schultern der Siebzehnjährigen.
auf j-s **Schultern** stehen	*j-s Erfahrungen benutzen, s. auf j-n stützen* Seine neuen Theorien sind genial. Man darf dabei aber nicht übersehen, daß er auf Einsteins Schultern steht.
auf beiden **Schultern** (Wasser) tragen	*es mit beiden Parteien halten* Ich habe den Eindruck, daß unser Rechtsanwalt nicht loyal ist und auf beiden Schultern (Wasser) trägt.
etw. auf s-e (eigenen) **Schultern** nehmen	*die Verantwortung für etw. übernehmen* Wir haben keine Genehmigung dafür, aber ich nehme das auf meine (eigenen) Schultern.
etw. auf die leichte **Schulter** nehmen	*etw. für unwesentlich halten und vernachlässigen* Ich verstehe gar nicht, wie man die Erziehung seiner Kinder so auf die leichte Schulter nehmen kann.
j-n über die **Schulter** ansehen	= *j-n über die* Achsel *ansehen*

j-m wie **Schuppen** von den Augen fallen	*von j-m plötzlich klar erkannt werden* Als ich hörte, daß die beiden Brüder waren, fiel es mir wie Schuppen von den Augen, warum ich sie immer verwechselt habe.
an Mutters **Schürze** (*od.* **Schürzenband, Schürzenzipfel**) hängen	*von der Mutter abhängen, ein Mutterkind sein* Mit seinen 18 Jahren hängt er immer noch an Mutters Schürze (*od.* Schürzenband *usw.*).
hinter jeder **Schürze** her sein (*od.* jeder **Schürze** nachlaufen)	*versuchen, mit vielen Mädchen ein Verhältnis anzufangen* Der Franz ist doch ein Weiberheld. Der ist hinter jeder Schürze her.

U

der **Schuß** geht nach hinten los	*e-e Maßnahme wirkt s. gegen e-n selbst aus* Ich fürchte, wenn du wegen zu hoher Gehälter einiger Herren etwas sagst, geht der Schuß nach hinten los, und dein Gehalt wird als erstes gekürzt.
ein **Schuß** ins Schwarze	*s. schwarz*
j-m e-n **Schuß** vor den Bug geben (*od.* setzen)	*j-n durch Worte od. Taten nachdrücklich warnen* Er denkt wohl, er kann sich alles erlauben. Ich muß ihm mal einen Schuß vor den Bug geben.
keinen **Schuß** Pulver wert sein	*s. Pulver*
in (*od.* im) **Schuß** sein	*in Betrieb, im Gang sein, laufen* Meine Arbeit am Wörterbuch ist jetzt gut im Schuß.
nicht recht in (*od.* im) **Schuß** sein	*nicht ganz in Ordnung* (od. *wohlauf*) *sein* Mein Vater ist zur Zeit nicht recht in Schuß – immer müde, schlapp, unlustig.
etw. in (*od.* im) **Schuß** haben	*etw. gut in Ordnung, gut im Gang haben* Hast du deine Kamera jetzt wieder in Schuß?
etw. in **Schuß** bringen	*etw. in Ordnung bringen, machen, daß es gut funktioniert* Ich kann das Fahrrad allein nicht in Schuß bringen. Wo ist hier eine Werkstätte?
in **Schuß** kommen	*in Ordnung kommen, funktionieren* Du wirst nur wieder in Schuß kommen, wenn du deine Lebensweise grundsätzlich änderst.
weit vom **Schuß** sein	*außer Gefahr sein* Wir waren glücklicherweise weit vom Schuß, als die Demonstration in eine Schlägerei ausartete.
zu weit vom **Schuß** sein	*zu weit weg sein (für e-e richtige Beurteilung)* Wir in Europa verstehen das asiatische Denken kaum. Aber wir sind hier wohl zu weit vom Schuß, um in diese Sphäre eindringen zu können.
j-m vor den **Schuß** kommen	*den Weg von j-m, der e-n schnappen will, kreuzen* Ich habe seine Gemeinheit nie vergessen. Zehn Jahre später ist er mir dann vor den Schuß gekommen, und ich habe mit ihm abgerechnet.

vor leeren **Schüsseln** sitzen	*Hunger leiden* Du kannst hier gar nicht mitreden. Du hast noch nie vor leeren Schüsseln gesessen.
in die **Schußlinie** kommen (*od.* geraten)	= *ins* Feuer *kommen (*od. *geraten)*
auf **Schusters** Rappen	*zu Fuß* Du kannst mit dem Auto schon vorfahren. Wir kommen durch den Wald auf Schusters Rappen nach Hause.
in **Schutt** und Asche legen (*od.* verwandeln)	*(Stadt* usw.*) zerstören* Ein Erdbeben hat damals die Stadt in Schutt und Asche gelegt.
in **Schutt** und Asche liegen	*zerstört sein* Nach dem Zweiten Weltkrieg lagen die meisten deutschen Städte in Schutt und Asche.
in **Schutt** und Asche (ver)sinken	*zerstört werden* Wieviel herrliche Kunstwerke sind im letzten Krieg für immer und ewig in Schutt und Asche versunken.
schwach auf der Brust	*s. Brust*
j-n **schwachmachen** (mit etw.) S	1) *j-n willensschwach machen, zu etw. verführen* 2) *j-n nervös machen, aus der Fassung bringen* 3) *j-n weichherzig stimmen* 4) *in j-m Übelkeit erregen* 1) Mit einer Pralinenschachtel kannst du die Kleine wohl kaum schwachmachen. 2) Er hat mich mit seinem ewigen Fragen völlig schwachgemacht. 3) Die alten schönen Lieder machen mich richtig schwach. 4) Hör doch mit dem Gedudel auf, du machst mich völlig schwach. Ich kann das Zeug nicht mehr hören.
mach mich nicht **schwach** (*od.* du machst mich **schwach**) S	1) *das ist ja toll* 2) *das ist ja furchtbar* 1) Ich habe hundert Mark gewonnen? Du machst mich schwach! 2) Du machst mich schwach! Du bist wieder durchgefallen?
Schwamm drüber! U	*die S. ist erledigt (*od. *vergeben u. vergessen)* Die Folgen waren ja nicht so schlimm, wie ich anfangs dachte – Schwamm drüber!
schwanen: mir schwant etw. U	*ich habe e-e Ahnung, ein Gefühl* Mir schwant so was, daß er viel länger bleiben will, als er sagt, und das würde unsere Ferienpläne stören.
schwanen: mir schwant nichts Gutes U	*ich ahne nichts Gutes, ich habe böse Vorahnungen* Ich würde mich an deiner Stelle nicht mit ihm treffen. Mir schwant nichts Gutes.
etw. ist j-s **Schwanengesang**	*etw. ist j-s letzter Auftritt* (als Schauspieler, Redner usw.) Leider geht es ihm gar nicht gut. Ich fürchte, daß die Opernaufführung am letzten Sonntag sein Schwanengesang war.

im **Schwange** sein	*allgemein üblich sein* In meiner Jugendzeit war der Ausdruck „knorke" im Schwange; heut wird er kaum noch gebraucht.
in **Schwang** kommen	*in Gebrauch kommen* Nach dem Krieg sind merkwürdige Wörter in Schwang gekommen, zum Beispiel „Zahn" oder „dufte Biene" für „Mädchen".
mit etw. (*bes.* e-r Idee) **schwanger** gehen U	*e-e bestimmte Idee immer wieder erwägen* Ihn solltest du lieber nicht ansprechen. Er geht mal wieder mit einer neuen Idee schwanger.
kein **Schwanz** war da S	*niemand war da* Ich bin natürlich pünktlich zu der Versammlung hingegangen, und stellen Sie sich vor: kein Schwanz war da.
den **Schwanz** einziehen (*od.* den **Schwanz** zwischen die Beine nehmen!) U	*den Widerstand aufgeben, nachgeben, s. (feige) zurückziehen* Sie brauchen ihm nur energisch gegenüberzutreten, und er wird sofort den Schwanz einziehen.
etw. (*od.* ein Pferd) am (*od.* vom **Schwanz** her) aufzäumen (*od.* den Aal beim **Schwanz** fassen)	*etw. verkehrt herum anpacken* Wenn Sie erst Ihren Urlaub nehmen und dann die Kur machen, dann zäumen Sie die Sache (*od.* das Pferd) ja am Schwanz auf (*od.* dann fassen Sie den Aal beim Schwanz *usw.*).
j-m auf den **Schwanz** treten U	= *j-m auf den* Schlips *treten*
bis (*od.* daß) j-m die **Schwarte** knackt (*od.* kracht) U	*tüchtig, gewaltig* Die Jungen sollen mal arbeiten, bis (*od.* daß) ihnen die Schwarte knackt.
j-m die **Schwarte** gerben (*od.* klopfen) U	= *j-m den* Frack *voll hauen*
das **Schwarze** Brett	*e-e Anschlagtafel für Bekanntmachungen* Hast du den Anschlag am Schwarzen Brett gelesen, daß die Prüfungen um acht Tage verschoben sind?
schwarze Diamanten	*s. Diamant*
der **Schwarze** Erdteil	*Afrika* Der Schwarze Erdteil spielt in der Geschichte der Welt eine immer größere Rolle.
etw. in **schwarzen** (*od.* den **schwärzesten**) Farben schildern (*od.* malen, beschreiben *usw.*)	*etw. sehr pessimistisch darstellen* Als geborener Pessimist malte er die Zukunft Europas in den schwärzesten Farben.

schwarze Gedanken (*bes.* **schwarzen** Gedanken nachhängen)	*traurige, pessimistische Gedanken (solchen Gedanken freien Lauf lassen)* Seit einiger Zeit hängt er oft schwarzen Gedanken nach. Ob er in der Liebe enttäuscht worden ist?
die **Schwarze** Kunst	*1) der Buchdruck* *2) Zauberei* 1) Die Erfindung der Schwarzen Kunst war sicher eine der größten unblutigen Revolutionen. 2) Auch die Aufklärung konnte die Schwarze Kunst nicht vertreiben. Noch heute gibt es Wahrsagerinnen, Kartenlegerinnen und sonstige Zauberer.
der **Schwarze** Mann	*e-e Schreckgestalt (bes. als Drohung für Kinder)* Es gibt wohl kaum etwas Rückständigeres in der Kindererziehung als die Drohung mit dem Schwarzen Mann.
der **schwarze** Markt	*ein illegaler Warenverkehr (bes. in Notzeiten)* Da ich mir die Oper unbedingt anhören wollte, die Karten aber ausverkauft waren, mußte ich mir eine sehr teure Karte auf dem schwarzen Markt besorgen.
j-m den **Schwarzen** Peter zuschieben (*od.* zuspielen)	*es so machen, daß j-d anders das Unerfreuliche zu tun (od. die Schuld auf s. zu nehmen) hat* Er versteht es großartig, anderen den Schwarzen Peter zuzuschieben, so daß er immer untadelig dasteht.
das **schwarze** Schaf (der Familie)	*s. Schaf*
e-e **schwarze** Seele haben	*s. Seele*
ein **schwarzer** Tag	*s. Tag*
der **Schwarze** Tod	*s. Tod*
da kannst du warten, bis du **schwarz** wirst U	*da kannst du sehr, sehr lange warten* Du meinst, ich leihe dir noch mal Geld? Da kannst du warten, bis du schwarz wirst.
j-m **schwarz** vor (den) Augen werden	*(fast) ohnmächtig werden* Als ich mich der Unglücksstelle näherte, wurde mir schwarz vor (den) Augen.
mit etw. sieht es **schwarz** aus	*es sieht sehr ungünstig aus für etw.* Mit der Obsternte sieht es dieses Jahr schwarz aus.
schwarz angeschrieben sein (bei j-m)	*von j-m sehr schlecht beurteilt werden, bei j-m sehr wenig beliebt sein* Da er oft von seinem Nachbarn abschreibt, ist er bei seinen Lehrern schwarz angeschrieben.
s. **schwarz** ärgern	*= s. grün und blau ärgern*
schwarz auf weiß	*geschrieben, gedruckt* Das glaube ich erst, wenn ich es schwarz auf weiß gesehen habe.

j-m nicht das Schwarze unter dem Nagel (od. unter den Nägeln) gönnen	*j-m nicht das geringste gönnen* Mein Bruder verdient doppelt soviel wie ich, aber er gönnt mir nicht das Schwarze unter dem Nagel.
er hat nicht das Schwarze unter den Nägeln	*er hat gar nichts mehr, er ist ganz arm* Als der Schuhfabrikant starb, war er so verschuldet, daß er nicht mehr das Schwarze unter den Nägeln hatte.
aus **schwarz** weiß machen	*in sein Gegenteil verkehren* Wenn man auf ihren Sohn zu sprechen kommt, dann möchte sie gern aus schwarz weiß machen, aber es ist nun mal eine Tatsache – er ist ein Gammler.
ins **Schwarze** treffen	*genau das Richtige sein, großen Erfolg haben* Unser neues Werbeplakat hat ins Schwarze getroffen. Unser Umsatz ist danach um 35% gestiegen.
ein Schuß ins **Schwarze**	*ein Treffer, ein voller Erfolg* Sein letztes Buch war ein Schuß ins Schwarze. Alle Kritiker sind voll des Lobes. Es wurde ein Bestseller.
schwarzarbeiten	*ohne Genehmigung des Arbeitsamtes und ohne Steuerkarte arbeiten* Ich möchte nicht wissen, wie viele Arbeiter heutzutage samstags schwarzarbeiten.
schwarzfahren	*ohne Fahrkarte (od. Fahrschein) fahren* Wer schwarzfährt, wird mit einer Geldstrafe nicht unter DM 20,- belegt.
schwarzhören	*1) ohne Genehmigung Rundfunk hören* *2) ohne Genehmigung (in der Universität) Vorlesungen hören* 1) Wegen der monatlichen Rundfunkgebühr gibt es immer noch Leute, die schwarzhören. 2) Ich habe diese Vorlesung schwarzgehört.
schwarzschlachten	*ohne amtliche Genehmigung* (ein Tier) *schlachten* Die Zahl der schwarzgeschlachteten Tiere ist gering.
schwarzsehen	*1) pessimistisch sein* *2) für etw. keine Chance sehen* *3) ohne Genehmigung fernsehen* 1) Mit dem bißchen Benzin willst du noch bis nach München kommen? Da sehe ich aber schwarz. 2) Da er jetzt schon so aufgeregt ist, sehe ich schwarz für ihn, wie er die Prüfung bestehen will. 3) Nur selten kann jemand schwarzsehen, da für guten Empfang eine sichtbare Antenne notwendig ist.
in der **Schwebe** sein (od. bleiben)	*unentschieden sein (od. bleiben)* Er hat jetzt alle Prüfungen, aber sein weiterer Berufsweg ist trotzdem noch ganz in der Schwebe.
etw. in der **Schwebe** lassen	*etw. unentschieden lassen* Ich möchte kein Öl ins Feuer gießen und daher diese strittige Angelegenheit in der Schwebe lassen.

e-e schwebende Frage	*e-e unentschiedene Frage* Alle schwebenden Fragen müssen auf der nächsten Konferenz geklärt werden.
alter **Schwede** U	*Schlaumeier, gerissener Mensch* Na, alter Schwede, wie hast du dich denn aus dieser Affäre herausgezogen?
hinter **schwedischen** Gardinen sitzen U	*im Gefängnis sitzen* Sein Bruder sitzt schon seit Monaten hinter schwedischen Gardinen – Einbruchdiebstahl.
j-n hinter **schwedische** Gardinen bringen U	*machen, daß j-d ins Gefängnis kommt* Ich weiß, daß es ihm das liebste wäre, mich hinter schwedische Gardinen zu bringen.
hinter **schwedische** Gardinen kommen U	*ins Gefängnis kommen* Wenn sie es mit ihren Betrügereien so weiter treibt, wird sie bald hinter schwedische Gardinen kommen.
s. in **Schweigen** hüllen	= *s. in* Stillschweigen *hüllen*
ein armes **Schwein** U	= *ein armes* Luder
wie ein **Schwein** bluten S	*sehr stark bluten* Der Schnitt in den Arm muß irgendeine wichtige Ader getroffen haben, denn ich blutete wie ein Schwein.
besoffen wie ein **Schwein** S	*sinnlos betrunken* Der Mann war besoffen wie ein Schwein.
kein **Schwein** war da S	= *kein* Schwanz *war da* (aber grober)
das kann kein **Schwein** lesen U	*das ist so miserabel geschrieben, daß man es nicht lesen kann* Diesen Brief kannst du nicht wegschicken, den kann ja kein Schwein lesen!
da wird kein **Schwein** draus klug U	*das versteht kein Mensch* Das hier ist der Entwurf des neuen Vertrages, aber da wird kein Schwein draus klug.
Schwein haben U	*Glück haben* Es hätte einen fürchterlichen Zusammenstoß geben können, aber ich habe noch mal Schwein gehabt. Nur leichter Blechschaden.
wo haben wir denn zusammen **Schweine** (*od.* Säue) gehütet? U	*warum reden Sie mich so (plump) vertraulich an, wir kennen uns ja gar nicht!?* Ich redete ihn wie damals mit Du an, aber er erkannte mich nicht und sagte nur: „Wo haben wir denn zusammen Schweine gehütet?"
(bei j-m) zeigt s. der innere **Schweinehund**	*bei j-m kommt der schlechte Charakter (die Feigheit, die Gemeinheit usw.) zum Vorschein* Was für ein Kerl einer ist, das erkennt man doch eigentlich nur in Notzeiten. Dann zeigt sich der innere Schweinehund.

im **Schweinsgalopp** S	*sehr schnell, so schnell er konnte* Wir Frauen waren natürlich schon auf der Fähre, während die Herren erst im letzten Augenblick im Schweinsgalopp angerannt kamen.
(wie) in **Schweiß** gebadet sein U	(durch Anstrengung, Hitze usw.) *völlig mit Schweiß bedeckt sein* Nach dem langen Weg in der Sonne waren wir alle (wie) in Schweiß gebadet.
im **Schweiße** s-s Angesichtes	*in langer, mühevoller Arbeit* Im Schweiße seines Angesichtes hat mein Vater diese Fabrik aus kleinsten Anfängen aufgebaut.
die Früchte seines **Schweißes**	*die Ergebnisse seiner (mühevollen) Arbeit* Die Flutkatastrophe hat die Früchte seines Schweißes vernichtet: von seinen Manuskripten existiert kein einziges mehr.
das hat viel **Schweiß** (der Edlen) gekostet U	*das hat viel Mühe und Arbeit erfordert* Zehn Jahre hat man an diesem Wörterbuch gearbeitet. Es hat viel Schweiß (der Edlen) gekostet.
mit **Schweiß** gedüngt	*mit sehr großen Mühen bearbeitet* Dieser Boden ist steinig und wenig fruchtbar. Man kann wirklich sagen, er ist mit Schweiß gedüngt.
an der **Schwelle** von etw. stehen	*an e-r wichtigen, eindeutigen Grenzlinie (angelangt) sein (hinter der etw. Neues beginnt)* Er steht an der Schwelle des 30. Lebensjahres. Mit dem Abitur steht ihr an der Schwelle zu einem neuen Lebensabschnitt.
schwellen: es geschwollen geben U	*als Gastgeber übertrieben viel anbieten* Sekt, Kaviar, Austern – von allem nur das Teuerste! Die Schmidts geben es mal wieder geschwollen!
es **schwer** mit j-m haben	*besondere Schwierigkeiten (od. Mühen) mit j-m haben* Mit unserem alten Vater haben wir es ziemlich schwer. Er kann sich so gar nicht unseren Lebensgewohnheiten anpassen.
j-m **schwerfallen**	*von j-m nicht ohne Schwierigkeit (od. nur mit Mühe) gelernt (behalten, getan usw.) werden* Chemie ist mir immer schwergefallen. Manchen Menschen fällt es schwer, sich zu entschuldigen.
es wird **schwerhalten**	*es wird schwierig sein* In dieser Sache wird es schwerhalten, eine allseits befriedigende Lösung zu finden.
etw. **schwernehmen**	1) *von e-r Kritik (od. e-m Tadel) getroffen sein* 2) *den Ernst, die Wichtigkeit von etw. besonders tief empfinden, davon beeindruckt sein* 1) Ich glaube, du solltest diese Kritik nicht so schwernehmen, sie ist doch weitgehend ungerechtfertigt. 2) Wer das Leben allzu schwernimmt, gerät in Gefahr, daran zu zerbrechen.
s. **schwertun** (mit etw.)	*große Schwierigkeiten haben (mit etw.)* Besonders mit der Sprache wird er sich im Ausland anfangs schwertun.

ein zweischneidiges **Schwert**	*e-e S., die gute, aber auch schlechte Seiten, Konsequenzen hat* Eine Abwertung ist immer ein zweischneidiges Schwert. Die Exporte steigen, aber die Importe werden teurer.
das **Schwert** in die Scheide stecken L	*e-n Streit beenden, aufhören zu kämpfen* Die beiden Familien haben lange Jahre einen leidenschaftlichen Kampf gegeneinander geführt. Jetzt haben sie das Schwert in die Scheide gesteckt.
sein **Schwert** in die Waagschale werfen	*e-e Auseinandersetzung gewaltsam beenden, durch Waffen entscheiden.* Auch früher schon wurde über Grenzen verhandelt, aber allzuoft hat dann doch ein Fürst sein Schwert in die Waagschale geworfen.
ins **Schwimmen** kommen (*od.* geraten)	*anfangen (beim Reden, Dolmetschen usw.), unsicher zu werden* Wenn Sie sich für Ihren Vortrag nicht wenigstens ein Konzept zurechtlegen, werden Sie schnell ins Schwimmen kommen.
der ganze **Schwindel** U	*die ganze S., alle diese Dinge* Was soll denn der ganze Schwindel kosten?
den **Schwindel** kennen U	*die S. kennen, den Trick durchschauen* Ich soll erst das Geld vorstrecken und dann Monate warten, bis ich es wiederkriege. Den Schwindel kenne ich.
(die) **Schwindsucht** im Geldbeutel (haben) U	*wenig Geld (haben)* Er gibt sein Geld viel zu leicht aus, und dann wundert er sich, daß er Schwindsucht im Geldbeutel hat.
s. die **Schwindsucht** an den Hals ärgern U	*s. außerordentlich ärgern* Mit diesem faulen Kerl ärgere ich mir noch die Schwindsucht an den Hals.
Schwung haben	*1) kraftvoll, ausdrucksstark, mitreißend sein* *2) voll Begeisterung, Triebkraft, Initiative sein* 1) Mir gefällt Tanzmusik besser als Unterhaltungsmusik, weil sie Rhythmus hat, Dynamik, Tempo – kurz, sie hat Schwung. 2) Ich kann nur mit einem zusammenarbeiten, der Schwung hat. Nichts ist schlimmer als so eine lahme Ente.
in **Schwung** bringen	*1) in Gang bringen, machen, daß etw. vorangeht* *2) machen, daß j-d intensiver wird (in s-r Tätigkeit)* 1) Ich weiß einfach keinen Weg mehr, wie ich unser Geschäft in Schwung bringen soll. 2) Du solltest dir einmal etwas einfallen lassen, wie du deine Mitarbeiter etwas in Schwung bringst.
in **Schwung** kommen	*1) in Gang kommen, vorangehen* *2) intensiver werden (in s-r Tätigkeit)* 1) Die Zusammenarbeit mit anderen Firmen ist erst in letzter Zeit in Schwung gekommen. 2) Er ist kein Frühaufsteher. Morgens braucht er immer etwas Zeit, bis er so richtig in Schwung kommt.

in **Schwung** sein	*1) intensiv arbeiten, viel leisten* *2) in guter Stimmung, mitreißend sein* *3) intensiv in Betrieb sein, stark im Gange sein* 1) Seine Produktivität ist nicht ganz gleichmäßig, das stimmt. Aber wenn er einmal in Schwung ist, leistet er Außerordentliches. 2) Auf der letzten Party war er so richtig in Schwung. Er hat die ganze Gesellschaft unterhalten. 3) Ich gehe am liebsten in die Stadt, wenn der Schlußverkauf so richtig in Schwung ist.
zwischen **Scylla** und Charybdis	*zwischen zwei gleich großen Gefahren (od. Unannehmlichkeiten), in auswegloser Lage* Wenn ich nachgebe, verliere ich an Autorität. Wenn ich hart bleibe, ziehe ich mir den Haß der Leute zu. Ich bin wirklich zwischen Scylla und Charybdis.
e-n **sechsten** Sinn (für etw.) haben	*e-n guten Instinkt, die übernatürlich erscheinende Fähigkeit haben, das Richtige, Notwendige zu erahnen* Er weiß immer genau, wo er Profit machen kann. Er hat geradezu einen sechsten Sinn dafür.
auf hoher **See**	*im Ozean, weit weg von der Küste* Auf hoher See begegneten uns einige Segelboote.
in **See** stechen (*od.* gehen)	*e-e Schiffsreise beginnen* Wann geht euer Schiff (*od.* Wann stecht ihr) in See?
die **Seele** des Betriebs (der Firma *usw.*)	*derjenige, der mit Hingabe etw. leitet* Noch immer ist unser alter Chef die Seele des Betriebs.
nun hat die liebe **Seele** Ruh	*jetzt ist er endlich befriedigt* Jetzt hat er seinen Baukasten bekommen, und nun hat die liebe Seele hoffentlich Ruh.
e-e **Seele** von e-m Menschen (*od.* von Mensch)	*ein sehr gütiger, verständnisvoller Mensch* Bundespräsident Theodor Heuss war eine Seele von einem Menschen. Er hatte ein Herz für alle, die ihn brauchten.
e-e durstige **Seele** sein U	*viel Alkohol trinken (wollen)* Laß ihn noch ein Gläschen trinken, er ist eine durstige Seele.
e-e gute (*od.* treue) **Seele**	*j-d, der gut u. treu immer s-e Pflicht tut, immer hilfsbereit ist* Unsere Nachbarin, die gute Seele, hat mir eben ein Stück von ihrem Zwetschgenkuchen gebracht.
zwei **Seelen** in e-r (*od.* s-r) Brust	*zwei s. widerstreitende Gefühle in e-m Menschen* Einerseits möchte er Karriere machen, andererseits möchte er sein Leben genießen. Er hat eben zwei Seelen in seiner Brust.
zwei **Seelen** u. ein Gedanke	*zwei Menschen sagen (u. wollen) dasselbe im selben Augenblick* „Gehen wir heute abend ins Kino!" – Das wollte ich auch gerade vorschlagen." – „Zwei Seelen und ein Gedanke!"
keine **Seele**	*niemand* Als ich in der Mittagshitze die Dorfstraße entlangging, begegnete mir keine Seele.

keine **Seele** haben	*grausam, unmenschlich sein* Wie kann er seine zarte Frau nur so anschreien! Er hat einfach keine Seele, dieser Mensch!
Leib u. **Seele** zusammenhalten	*s. Leib*
j-m die **Seele** aus dem Leib fragen	*j-m (allzu) viele Fragen stellen, von j-m alles wissen wollen* Als ich von meinem ersten Ball nach Hause kam, hat mir meine Mutter die Seele aus dem Leib gefragt.
s. die **Seele** aus dem Leib reden	*sehr eifrig reden* Der Autohändler redete sich die Seele aus dem Leib, um uns zum Kauf des Wagens zu bewegen.
s. die **Seele** aus dem Leib schreien U	= *s. die* Lunge *aus dem Halse schreien*
e-e schwarze **Seele** haben	*ein schlechter, böser Mensch sein* Was er sich so alles ausdenkt, um anderen zu schaden und sich Vorteile zu verschaffen – er hat schon eine schwarze Seele.
s-e (*od.* die) **Seele** aushauchen	= *den (od. s-n)* Geist *aufgeben*
etw. brennt j-m auf der **Seele** (*od.* es brennt j-m auf der **Seele**, etw. zu tun)	*j-d möchte etw. unbedingt, ganz dringend tun* Der Besuch bei meiner Mutter im Krankenhaus brennt mir auf der Seele (*od.* Es brennt mir auf der Seele, meine Mutter zu besuchen).
j-m auf der **Seele** knien U	*j-n intensiv bedrängen* Seit Tagen kniet er mir auf der Seele, ich soll ihm Sonntag mein Auto leihen, aber ich mag nicht.
j-m auf der **Seele** liegen	= *j-m auf dem* Gewissen *liegen*
j-m auf die **Seele** fallen	= *j-m aufs* Gewissen *fallen*
j-m etw. (*od.* j-n) auf die **Seele** binden	*j-n dringend bitten, etw. zu tun (od. s. um etw. od. j-n zu kümmern)* Mein Kätzchen hab' ich ihr besonders auf die Seele gebunden.
j-m aus der **Seele** sprechen	*das sagen, was j-d denkt (od. möchte)* „Ich finde diesen Schlagersänger abscheulich." – „Sie sprechen mir aus der Seele.
aus tiefster **Seele** bedauern	= *aus tiefstem* Herzen *bedauern*
hinter etw. her sein wie der Teufel hinter der (armen) **Seele**	*s. Teufel*
j-m tut etw. in der **Seele** (*od.* in tiefster **Seele**) weh	*etw. ist für j-n ein großer seelischer Schmerz* Es tut einem in der Seele weh zu sehen, was aus diesem hoffnungsvollen jungen Mann geworden ist.

j-m in tiefster **Seele** verhaßt (*od.* zuwider) sein	*j-m ganz außerordentlich verhaßt (od. zuwider) sein* Das falsche Pathos dieses Redners ist mir in tiefster Seele verhaßt *(od. zuwider)*.
mit Leib u. **Seele**	*s. Leib*
s. e-r S. mit Leib u. **Seele** verschreiben	= *s. e-r S. mit* Haut *und* Haar *verschreiben*
mit ganzer **Seele** bei etw. sein	*mit s-m ganzen Interesse, mit Hingabe bei etw. sein* Er studiert Medizin und ist mit ganzer Seele dabei.
s. etw. von der **Seele** reden (*od.* schreiben)	*etw. sagen (od. schreiben), das e-n bedrückt hat (und s. so erleichtern)* Jetzt habe ich mir meinen ganzen Kummer von der Seele geredet – jetzt ist mir wieder wohler ums Herz.
von ganzer **Seele**	*mit großer Hingabe, mit Begeisterung* Er ist von ganzer Seele Kinderarzt.
wenn dein **Seelenheil** daran hängt	*wenn du es unbedingt willst, wenn du es dir so sehnlich wünschst* Na gut, dann kaufe dir dieses Kleid, wenn dein Seelenheil daran hängt.
das haut den stärksten **Seemann** um S	= *das haut den stärksten* Neger *um*
die **Segel** streichen	= *die* Waffen *strecken*
j-m den Wind aus den **Segeln** nehmen	*s. Wind*
mit vollen **Segeln**	*mit aller Kraft (arbeiten, auf etw. losgehen* usw.*)* Nach den Ferien heißt es mit vollen Segeln arbeiten, sonst schaffst du das Abitur nicht.
der ganze **Segen** U	*alles, der ganze Kram* Ist das der ganze Segen? Wenn es nicht mehr (Holz) ist, habe ich es in einer Stunde gespalten und aufgeschichtet.
es ist ein (wahrer) **Segen**, daß	*es ist e-e Wohltat, es ist sehr gut, daß* Es ist ein wahrer Segen, daß die Straße für Autos gesperrt ist; jetzt haben wir endlich Ruhe.
kein reiner **Segen** sein	*etw. Gutes sein, das (erhebliche) Nachteile hat* Manche Erfindungen der Technik sind weiß Gott kein reiner Segen für die Menschheit.
s-n **Segen** zu etw. geben	*s-e Zustimmung zu etw. geben* Am Sonnabend fahren wir Segeln. Hat dein Vater seinen Segen dazu gegeben? Darfst du mit?
meinen **Segen** hast du (*od.* hat er)	*ich bin einverstanden* Von mir aus kann er die Ferienarbeit annehmen. Meinen Segen hat er.
sehen: hast du (*mst.* haste) nicht gesehen?	*sehr schnell, ganz plötzlich* Als mein Vater in den Garten kam, waren die Jungen, haste nicht gesehen, verschwunden.

etw. nicht mehr **sehen** können	*etw. nicht mehr ausstehen (essen* usw.*) können* Ich kann dieses Kleid einfach nicht mehr an mir sehen.
s. **sehen** lassen	*zu Besuch kommen, auf Besuch gehen* Wir müssen uns auch wieder mal bei Schneiders sehen lassen. Sie haben uns schon mehrere Male eingeladen.
s. **sehen** lassen können	*hervorragend sein* Hans hat ein Zeugnis nach Hause gebracht, das sich sehen lassen kann. Keine Note unter zwei.
s. nicht mehr **sehen** lassen können	*s. blamiert haben, nicht mehr angesehen sein (und deswegen nicht mehr hingehen können)* Walter können wir leider nicht mitnehmen. Seit dem Zusammenstoß mit deinem Vater kann er sich bei deinen Eltern ja nicht mehr sehen lassen.
den (*od.* das) möchte ich mal **sehen** U	*den (od. das) gibt es nicht* Den möchte ich mal sehen, der mich aufs Kreuz legt.
es gern **sehen**	*erfreut sein, es gern haben* Mein Vater sieht es gern, wenn die ganze Familie abends im Wohnzimmer versammelt ist.
sehe ich recht?	*ist so etw. Überraschendes möglich?* Sehe ich recht? Sie sind wieder im Land? Ich dachte, Sie wären in New York.
sehen: siehst du (wohl)! (*mst.* siehste wohl *od.* siehste woll!) U	*erkennst du jetzt endlich, daß ich recht habe?* „Ich habe tatsächlich im Turnen den Salto geschafft." – „Siehste wohl! Ich hab es dir ja gleich gesagt."
die **Seifenblase** zum Platzen bringen	*e-e unlautere (od. phantastische) S. aufdecken (od. zum Scheitern bringen)* Endlich hat die Polizei die Seifenblase zum Platzen gebracht. Das ganze Bauprojekt war ein reiner Schwindel.
j-m geht ein **Seifensieder** auf U	*j-d begreift (endlich)* Jetzt endlich geht mir ein Seifensieder auf, was die Leute bei unseren Nachbarn wollen: dort gibt's Obst zu kaufen.
am gleichen **Seil** ziehen	= *am gleichen Strang ziehen*
auf dem **Seil** tanzen	*s. in e-r unsicheren Lage befinden* Wenn wir diese Wohnung schon kündigen und von der neuen noch keinen unterschriebenen Mietvertrag haben, dann tanzen wir aber auf dem Seil.
ein Tanz auf dem **Seil**	*ein gefährliches, unsicheres Unternehmen* Die große Politik ist immer ein Tanz auf dem Seil.
etw. **sein** lassen	*etw. nicht tun, aufhören mit etw.* Er kann das Rauchen nicht sein lassen.
ich will (mal) nicht so **sein** U	*s. so*

sein: das wär's U	*das ist alles, was zu sagen (zu tun* usw.*) ist* Alle Zimmer sind geputzt und staubgewischt, das wär's.
sein: keiner will es gewesen sein	*jeder behauptet, er hat es nicht getan* Jetzt ist der Fernsehapparat schon wieder kaputt, aber keiner will es gewesen sein.
sein: mir ist	*ich habe das Gefühl* Mir ist, als ob ich das schon mal gehört hätte.
sein: mir ist nicht nach e-r S.	*ich habe keine Lust zu e-r S.* Mir ist heute nicht nach Spazierengehen, ich bleibe lieber zu Hause.
jedem das **Seine** lassen	*dem e-n wie dem anderen sein Recht, s-e Anerkennung geben* Er ist der bessere Schwimmer, und du bist der bessere Läufer. Man muß jedem das Seine lassen.
er hat das **Seine** (*od.* **Seinige**) getan	*er hat alles getan, was man von ihm erwarten konnte, was s-e Pflicht war* Er hat das Seine getan. Wenn aus diesem Projekt nichts wird, ist das allein die Schuld seiner Vorgesetzten.
j-s grüne **Seite** U	*j-s linke Seite* Setz dich an meine grüne Seite, da ist noch Platz.
j-s schwache **Seite**	*1) etw., was man nicht gut kann* *2) etw., was man sehr gern tut* 1) Rechnen ist seine schwache Seite. Das läßt er immer mich machen. 2) Schokolade, besonders Pralinen, sind ihre schwache Seite. Die ißt sie für ihr Leben gern.
j-s starke (*od.* stärkste) **Seite**	*etw., was j-d bes. gut kann* Turnen, überhaupt Sport, ist seine starke Seite. / Pünktlichkeit ist nicht gerade seine stärkste Seite.
e-r S. e-e neue **Seite** abgewinnen	*neue (positive) Gesichtspunkte für etw. finden* Früher hatte er für Tanzen überhaupt nichts übrig. Aber seit er weiß, wie wichtig Bewegung für ihn ist, versucht er, dem Tanzen eine neue Seite abzugewinnen.
s. die **Seiten** halten vor Lachen U	*heftig lachen* Als ich ihn seine Grimassen schneiden sah, mußte ich mir die Seiten halten vor Lachen.
(auch) s-e guten **Seiten** haben	*nicht nur negativ (od. schlecht) sein* Der Unfall hatte auch seine guten Seiten. So hat der Arzt wenigstens deinen Herzfehler entdeckt.
etw. hat (s-e) zwei **Seiten**	*etw. ist zwiespältig, ist sowohl positiv als auch negativ* Das Angebot hat seine zwei Seiten. Ich verdiene wesentlich mehr, verliere aber dafür meinen freien Sonnabend.
an s-r **Seite**	*zusammen mit ihm* Ich zeige mich nicht gern an seiner Seite.
j-n (*od.* etw.) j-m (*od.* e-r S.) an die **Seite** stellen können	*vergleichen, gleichstellen (können)* Seine Sinfonie ist gekonnt, aber den klassischen Sinfonien kann man sie doch nicht an die Seite stellen.

auf der **Seite** haben	*gespart haben* Er hat mindestens 10 000 Mark auf der Seite.
auf die **Seite** legen	*sparen* In den letzten Jahren habe ich nichts auf die Seite legen können. Ich habe alles für meine Kinder gebraucht.
etw. auf die **Seite** schaffen (*od.* räumen)	*s. etw. unredlich aneignen, stehlen, verschwinden lassen* Als er noch in der Textilabteilung arbeitete, hat er so manche Hose und Krawatte auf die Seite geschafft.
j-n auf die **Seite** schaffen (*od.* bringen)	*j-n umbringen* In der amerikanischen Unterwelt wird mancher Gangster von seinen Genossen auf die Seite geschafft, ohne daß die Polizei jemals etwas davon merkt.
j-n auf s-e **Seite** bringen	*j-n veranlassen, s. e-r bestimmten Ansicht (od. Gruppe, Partei usw.) anzuschließen* Er war früher einer unserer schärfsten Gegner. Aber durch lange Nachtgespräche habe ich ihn auf unsere Seite bringen können.
s. auf j-s **Seite** schlagen	*s. j-m (od. j-s Gruppe, Partei, usw.) anschließen* Meinst du, er hat sich aus Überzeugung auf unsere Seite (auf die Seite der Revolutionäre *usw.*) geschlagen?
s. auf j-s **Seite** stellen (*od.* s. j-m zur **Seite** stellen *od.* j-m zur **Seite** treten *od.* springen)	*j-m helfen, ihn unterstützen, ihn nicht im Stich lassen* Ich danke euch, daß ihr mir in dieser schwersten Stunde meines Lebens zur Seite getreten seid (euch auf meine Seite gestellt habt *usw.*).
j-n von der **Seite** ansehen	*j-n verächtlich, böse ansehen* Warum siehst du mich so von der Seite an? Habe ich dir etwas getan?
j-n dumm von der **Seite** anreden (*od.* anquatschen S)	*anfangen, mit j-m aufdringlich (od. frech) zu sprechen* Wenn du glaubst, du könntest ihn dumm von der Seite anreden, dann kommst du bei ihm an den Falschen.
von dieser **Seite** (her) kannte ich ihn noch (gar) nicht	*diese Charakterseite war mir an ihm noch unbekannt* Er ist gestern abend mit mir ausgegangen und hat mich wunderbar unterhalten. Von dieser Seite kannte ich ihn noch gar nicht.
etw. von der guten **Seite** ansehen	*in allen Dingen das Positive sehen (od. zu sehen versuchen)* Optimisten sind glückliche Menschen, die immer alles von der guten Seite ansehen.
s. von s-r guten (*od.* besten) **Seite** zeigen	*s. so verhalten, daß die guten (od. besten) Charaktereigenschaften s. zeigen* Er ist ein unangenehmer Mensch, aber heute hat er sich entschieden von seiner besten Seite gezeigt.
etw. von der leichten (*od.* heiteren) **Seite** nehmen	*die Dinge nicht schwernehmen, s. von den Umständen nicht bedrücken lassen* Sie sollten versuchen, das Leben von der leichten (*od.* heiteren) Seite zu nehmen.

etw. von dritter (*od.* anderer) **Seite** erfahren	*etw. von j-m erfahren, von dem man es nicht erfahren möchte, etw. nicht direkt erfahren* „Hat dir der Chef gesagt, du würdest entlassen?" – „Nein, ich habe es nur von dritter Seite erfahren."
von unterrichteter **Seite**	*aus Quellen, denen viele Informationen vorliegen* Von unterrichteter Seite war zu erfahren, daß eine neue Gipfelkonferenz geplant ist.
j-m (mit Rat und Tat) zur **Seite** stehen	*j-m (mit Ratschlägen und Taten) helfen* Ein Freund ist jemand nur dann, wenn er einem in Notzeiten mit Rat und Tat zur Seite steht.
s. **selbständig** machen U	*zu Boden fallen (herausfallen, verlorengehen usw.)* Mein Füllhalter hat sich selbständig gemacht. Hast du ihn irgendwo liegen sehen?
wer's glaubt, wird **selig**	*s. glauben*
ein älteres **Semester**	*ein nicht mehr junger Mann* Kein Wunder, daß er für Pop-Musik nichts übrig hat. Er ist doch schon ein älteres Semester.
wie warme (*od.* frische) **Semmeln** weggehen U	*s. schnell und gut verkaufen* Der neue Kriminalroman ging weg wie warme Semmeln.
s-n **Senf** dazugeben U	*s-e Meinung ungefragt äußern* Und wenn er von einer Sache überhaupt nichts versteht – er muß immer seinen Senf dazugeben.
mach keinen langen **Senf** U	*= erzähl keine Romane*
j-n in den **Senkel** stellen S	*j-n scharf zurechtweisen* Als er wieder zu spät kam, habe ich ihn mal ordentlich in den Senkel gestellt.
das einzig **Senkrechte** U	*das unbedingt Richtige (Vernünftige, Maßgebende usw.)* Seine Gesundheit ist so angegriffen, daß er jetzt Urlaub machen will. Ich finde, das ist das einzig Senkrechte.
jetzt ist aber **Sense!** S	*jetzt ist es aber genug!* Ich habe dir zweimal Geld für den Jahrmarkt gegeben, jetzt ist aber Sense!
bei mir ist **Sense** S	*ich habe es satt, ich mache nicht mehr mit, ich verstehe nicht* Als die Mädchen anfingen, barfuß weiterzutanzen, da war bei mir Sense.
setzen: gleich (*od.* sonst) setzt's was	*= gleich (od. sonst) gibt's was (geben)*
sicher ist sicher U	*seien wir lieber etw. vorsichtig (od. noch vorsichtiger)* „Sind alle Fenster und Türen verschlossen?" – „Ich glaube schon. Ich sehe aber lieber noch einmal nach. Sicher ist sicher."
aber **sicher,** sagte Blücher U	*s. Blücher*

er ist nicht **sicher**	*es ist nicht gewiß, daß er zahlt* (od. *das Geld zurückgibt*) Mehr als fünf Mark würde ich ihm nicht leihen, er ist nicht sicher.
mit schlafwand- lerischer **Sicherheit**	*s. schlafwandlerisch*
mit tödlicher **Sicherheit** U	*mit hundertprozentiger Gewißheit* Wenn sie abgereist ist, finden wir mit tödlicher Sicherheit hinterher etwas, was sie vergessen hat.
s. in **Sicherheit** wiegen	*überzeugt sein, daß alles sicher* (od. *ungefährlich*) *ist (was s. dann oft hinterher als Irrtum herausstellt)* Zu Anfang dieses Jahrhunderts wiegten sich die meisten Menschen in Sicherheit. Erst der Weltkrieg hat sie dann herausgerissen.
auf lange (*od.* weite) **Sicht**	*unter Berücksichtigung der ferneren Zukunft (späterer Erfolge usw.)* Ein modernes Industriewerk kann man nur aufbauen, wenn man es versteht, auf lange Sicht zu planen.
dazu kann man **Sie** sagen U	*davor muß man Achtung haben, das ist hervorragend* Donnerwetter! Das ist ein Schnitzel – dazu kann man Sie sagen.
ein Gedächtnis haben wie ein **Sieb**	*ein sehr schlechtes Gedächtnis haben* Wart mal, ich muß mir das aufschreiben. Ich habe ein Gedächtnis wie ein Sieb.
mit e-m (*od.* dem) **Sieb** Wasser schöpfen	*s. abmühen, ohne daß es zu etw. führt* Mit ihr Englisch lernen heißt mit dem Sieb Wasser schöpfen. Sie lernt es einfach nicht.
e-e böse **Sieben** U	*e-e böse, giftige Frau* Meine Wirtin ist gräßlich, eine richtige böse Sieben.
s-e **sieben** Sachen packen	*s. Sache*
in **sieben** Sprachen schweigen	*s. Sprache*
ein Buch mit **sieben** Siegeln	*s. Siegel*
mit j-m um **sieben** Ecken verwandt sein	*s. Ecke*
im **sieb(en)ten** Himmel sein	*s. Himmel*
e-r S. das **Siegel** s-r Persönlichkeit aufdrücken	*bewirken, daß etw. die Charakterzüge e-r (leitenden) Persönlichkeit annimmt* In den zwanzig Jahren seiner Tätigkeit hat der Regisseur unserem Stadttheater das Siegel seiner Persönlichkeit aufgedrückt.
ein Buch mit sieben **Siegeln**	*1) ein Buch, dessen Inhalt unverständlich ist* *2) e-e S., die unverständlich ist* 1) Ich interessiere mich sehr für Musik, aber diese Harmonielehre ist für mich ein Buch mit sieben Siegeln. 2) Ich habe mal versucht, ein bißchen in die Atomtheorie einzudringen, aber das ist und bleibt für mich ein Buch mit sieben Siegeln.

unter dem **Siegel** der Verschwiegenheit	*streng vertraulich* Ich dürfte Ihnen das eigentlich gar nicht sagen, denn unser Direktor hat mir das unter dem Siegel der Verschwiegenheit anvertraut *(od. mitgeteilt).*
in den **Sielen** sterben L	*mitten während der Arbeit sterben* Es war sein Wunsch, in den Sielen zu sterben. Gestern hat ihn nun am Schreibtisch der Schlag getroffen.
ein **Silberstreifen** am Horizont	*ein Zeichen beginnender Besserung (in politischen, wirtschaftlichen usw. Dingen)* Vielleicht ist die neue Abrüstungskonferenz wirklich ein Silberstreifen am Horizont.
das ist nicht der **Sinn** der S.	*das ist nicht der Zweck, das Richtige* Du sollst doch nicht mit den Malstiften spielen, das ist nicht der Sinn der Sache, sondern malen.
j-m steht der **Sinn** *(od.* j-s **Sinn** steht) nach etw.	*j-s Wunsch, j-s Interesse ist etw.* Mir steht der Sinn jetzt nicht nach klassischer Musik. Ich möchte lieber ein bißchen Unterhaltung.
j-m schwinden *(od.* vergehen) die **Sinne**	*j-d verliert das Bewußtsein* Der Schmerz wurde immer unerträglicher, und mir schwanden die Sinne.
e-n sechsten **Sinn** (für etw.) haben	*s. sechste*
anderen **Sinnes** werden	*s-e Ansicht ändern* Zuerst hat er seinen Schwiegersohn völlig abgelehnt. Erst im Laufe der Zeit wurde er anderen Sinnes.
gleichen *(od.* e-s) **Sinnes** sein (mit j-m)	*der gleichen (oft grundsätzlichen) Ansicht sein* Er Franzose, ich Deutscher, und doch sind wir gleichen Sinnes.
s-r (fünf) **Sinne** nicht (mehr) mächtig sein	*nicht mehr bei Verstand (od. Bewußtsein) sein* Kein Wunder, daß er bei diesen Schmerzen seiner (fünf) Sinne nicht mehr mächtig war.
s-e fünf **Sinne** (nicht) beisammen haben	*(nicht) bei Verstand, (nicht) vernünftig sein* Er muß seine fünf Sinne nicht beisammen gehabt haben, als er an jenem Abend so viel dummes Zeug redete.
s-e fünf **Sinne** zusammennehmen	*s. voll und ganz konzentrieren* Nimm deine fünf Sinne jetzt zusammen und beantworte meine Fragen.
(keinen) **Sinn** für etw. haben	*(kein) Verständnis, Gefühl für etw. haben* Er hat Sinn für Geschichte.
j-m nicht aus dem **Sinn** wollen *(od.* gehen)	= *j-m nicht aus dem Kopf gehen*
j-m ganz aus dem **Sinn** kommen	*völlig vergessen werden* Ist dir mein Vorschlag ganz aus dem Sinn gekommen?
s. etw. aus dem **Sinn** schlagen	= *s. etwas aus dem Kopf schlagen*

nicht bei **Sinnen** sein	*verrückt sein* Ich soll den langen Text wegen eines Tippfehlers noch mal abschreiben? Du bist wohl nicht bei Sinnen!
etw. im **Sinn** haben	*etw. vorhaben, beabsichtigen* Er hat sich zu meinem Vorschlag noch nicht geäußert. Ich weiß nicht, was er im Sinn hat.
j-m im **Sinn** liegen	*j-n beschäftigen* Ihm liegt sein Hausbau im Sinn.
das ist nicht im **Sinne** des Erfinders	= *das ist nicht der* Sinn *der S.*
j-m in den **Sinn** kommen	*j-m einfallen* Gestern las ich etwas, und dabei sind mir die Gedichte meines Großvaters in den Sinn gekommen. Kennst du sie eigentlich?
das will mir nicht in den **Sinn**	= *das will mir nicht in den* Kopf
ohne **Sinn** und Verstand	*völlig sinnlos, ohne die S. (od. die Folgen) zu bedenken* Er hat die Wörter ohne Sinn und Verstand heruntergelernt.
(wie) von **Sinnen** sein	*wahnsinnig sein* Er war (wie) von Sinnen vor Schmerzen.
j-s **Sinnen** und Trachten	*j-s Denken und Streben* All sein Sinnen und Trachten gilt nur der Fabrik.
nach mir die **Sintflut**	*die Konsequenzen sind (od. die Zukunft ist) mir gleichgültig* Peter hat den ganzen Kuchen aufgegessen, obwohl er wußte, daß wir noch Kaffee trinken wollen. Der denkt sich auch: Nach mir die Sintflut.
auf e-n **Sitz** U	*1) ohne Unterbrechung (tun)* *2) ohne abzusetzen (trinken)* 1) Ich habe die Aufsätze auf einen Sitz korrigiert. 2) Er hat das große Glas Bier auf einen Sitz ausgetrunken.
einen **sitzen** haben U	*leicht betrunken sein* In dem Augenblick, wo er aufstand, merkte ich, daß er einen sitzen hatte.
sitzen: das hat gesessen	*diese (kränkende, scharfe) Bemerkung hat ihn getroffen* Er kann sich kolossal beherrschen, aber an einem Zucken seiner Augen habe ich doch gemerkt: das hat gesessen.
sitzenbleiben	*1) nicht in e-e höhere Klasse versetzt werden* *2) nicht zum Tanzen aufgefordert werden* *3) nicht geheiratet werden* *4) nicht aufgehen, so flach bleiben wie der Teig (von e-m Kuchen)* 1) In der Schule ist er zweimal sitzengeblieben, und später ist er dann doch ein tüchtiger Mann geworden. 2) Zu den Tanzabenden geht meine Schwester nicht mehr. Das letzte Mal ist sie allzuoft sitzengeblieben. 3) Sie hatten fünf Töchter, von denen nur eine sitzengeblieben ist. Sie wurde später Krankenschwester. 4) Natürlich ist man enttäuscht, wenn man den Kuchen aus dem Ofen zieht und feststellt, daß er sitzengeblieben ist.

auf (*od.* mit) etw. sitzenbleiben	*etw. nicht verkaufen* Wenn es die Schlußverkäufe nicht gäbe, blieben viele Geschäfte auf ihren Waren sitzen.
j-n sitzenlassen	*1) (ein Mädchen) nicht zum Tanz auffordern* *2) (ein Mädchen) nicht heiraten* *3) nicht hingehen zu j-m, obwohl man es versprochen hat* 1) Der Tischherr darf seine Tischdame beim ersten Tanz nicht sitzen lassen. 2) Erst hat er ihr die Ehe versprochen, und dann hat er sie sitzenlassen. 3) Ich fände es wenig nett, wenn wir die Schmidts einfach sitzenließen. Sie erwarten uns doch.
etw. nicht auf s. sitzenlassen	*(etw. Kränkendes, Falsches usw.) nicht unwidersprochen lassen* Sie müssen ihn zur Rede stellen. Sie können diesen Vorwurf doch nicht auf sich sitzenlassen.
kein (rechtes) **Sitzfleisch** haben U	*keine Ausdauer haben* Zum Wissenschaftler taugt er nicht, denn er hat kein Sitzfleisch.
etw. so drehen, daß ...	*etw. so beeinflussen (*od.* steuern), etw. so darstellen (*od.* erklären usw.), daß ...* Er hat die Sache so gedreht, daß wir fast gar keine Steuern zu zahlen brauchen.
so siehst du aus (*mst.* **so** siehste aus) U	*da irrst (*od.* täuschst) du dich sehr* Du gehst mit deinen Freunden zum Kegeln, und ich soll allein zu Hause bleiben. So siehst du aus!
ich will (mal) nicht **so** sein (*od.* ich bin [ja] [gar] nicht **so**)	*ich will (diesmal) großzügig (*od.* entgegenkommend, nicht nachtragend usw.) sein* „Leihst du mir dein Auto?" – „Ungern. Aber ich will mal nicht so sein!"
du kannst (*od.* der kann) **so** bleiben	*du kannst (*od.* er kann) nicht so bleiben, du bist naiv (*od.* frech usw.)* Du willst zu der Party einfach ein Kleid von mir anziehen? Du kannst so bleiben.
nur **so**	*1) ganz schnell, wie ein Blitz* *2) ohne bestimmten Grund, ohne Absicht* 1) Auf dem Roller flitzte er nur so durch den Park. 2) „Was meint er damit?" – „Nichts Schlimmes. Das hat er nur so gesagt." / Das meint er nur so.
nein **so** was (*od.* **so** etwas)!	*ist das e-e Überraschung* Nein, so was! Der Herr Berger persönlich. Ich dachte, Sie lägen im Krankenhaus!?
es geht **so so** (la la) U (das zweite *so*, das zweite *la* ist betont)	*es geht einigermaßen* „Sind Sie wieder ganz auf dem Damm?" – „Es geht so so (la la)."
j-m auf den **Socken** sein U	*j-n verfolgen* Die Polizei war ihm die ganze Zeit auf den Socken, aber schließlich gelang es ihm doch noch, in eine Seitenstraße abzubiegen.

s. auf die **Socken** machen U	*1) losgehen* *2) weggehen* 1) Wenn wir den Zug nicht verpassen wollen, müssen wir uns auf die Socken machen. 2) Jetzt müssen wir uns aber auf die Socken machen. Wir sind ja viel länger geblieben, als wir vorhatten.
(ganz *od.* völlig) von den **Socken** sein S	*sehr überrascht sein* Ich war völlig von den Socken, als er mir hundert Mark als Belohnung überreichte.
Sodom und Gomorra	*ein Ort der größten Unmoral, ein Verbrechernest* Dieses Haus ist der Polizei gut bekannt, es ist ein wahres Sodom und Gomorra.
s. die **Sohlen** nach etw. wundlaufen	= s. die Schuhsohlen *nach etw. ablaufen*
e-e kesse (*od.* flotte) **Sohle** aufs Parkett legen U	*e-n Tanz schwungvoll tanzen* Du hättest mal sehen sollen, was unser Lateinlehrer für eine kesse Sohle aufs Parkett legte.
s. etw. an den **Sohlen** abgelaufen haben	= s. etw. an den Schuhsohlen *abgelaufen haben*
s. an j-s **Sohlen** heften	*j-n unermüdlich verfolgen, hinter j-m her sein* Er wähnte sich noch in Sicherheit, aber die Polizei hatte sich längst an seine Sohlen geheftet.
auf leisen **Sohlen** L	*heimlich, ganz unbemerkt* Das Glück kommt auf leisen Sohlen.
es (*od.* die Zeit) brennt j-m unter den **Sohlen**	*es ist höchste Zeit, die Zeit drängt sehr* Bis zur Biennale sind es nur noch wenige Wochen, und die Außenaufnahmen sind noch nicht mal fertig. Es brennt mir unter den Sohlen.
vom Scheitel bis zur **Sohle**	*s. Scheitel*
der verlorene **Sohn**	*ein Mensch, der sittlich (od. geistig) nicht mehr zu retten ist* Ich verstehe schon, daß Frau Herms über ihren Ältesten betrübt ist. Seit er sich in seinem Studium von der Klassik der Jazzmusik zugewandt hat, ist er für sie der verlorene Sohn.
die **Sonne** lacht	*die Sonne scheint strahlend* Nach diesen langen Regenwochen sind wir froh und glücklich, daß endlich wieder die Sonne lacht.
die **Sonne** meint es (heute besonders) gut U	*die Sonne scheint heute (sehr) stark* Ich glaube, ich muß auch noch die Jacke ausziehen. Die Sonne meint es heute besonders gut.
die **Sonne** zieht Wasser	*s. Wasser*
er ist nicht wert, daß ihn die **Sonne** bescheint	*er ist nichts wert, ein Taugenichts* Er hat noch nie richtig gearbeitet; ich finde, er ist nicht wert, daß ihn die Sonne bescheint.

Sonne im Herzen haben	*stets fröhlich und vergnügt sein* Es ist wunderbar, wenn man so veranlagt ist wie deine Frau. Sie hat wirklich Sonne im Herzen.
geh mir aus der **Sonne!** U	*1) geh mir aus dem Licht* *2) geh mir aus den Augen* 1) Geh mir aus der Sonne! Ich kann überhaupt nicht sehen, was ich hier mache. 2) Geh mir aus der Sonne, du Nichtsnutz! Ich will dich nie wieder sehen!
j-s **Sonnenschein** sein	*j-s bes. Freude (und Trost) sein* Seit unsere Enkelin da ist, ist wieder Freude bei uns eingekehrt. Sie ist wirklich unser aller Sonnenschein.
auf der **Sonnenseite** des Lebens (stehen)	*vom Schicksal begünstigt sein, in guten Verhältnissen leben* Wissenschaft und Technik ist es zu verdanken, daß heute viel mehr Menschen als früher auf der Sonnenseite des Lebens stehen können.
sonst noch was! U	*das fehlte gerade noch! du bist wohl verrückt!* „Hans läßt dich bitten, ihm beim Umzug zu helfen." – „Sonst noch was! Bei meinem hat er mir auch nicht geholfen."
sonst wer U	*etw. Besonderes, e-e besondere Persönlichkeit* Er kommt daher, stolz wie ein Spanier. Er denkt wohl, er ist sonst wer.
Quatsch mit **Soße** S	*völliger Unsinn* „Das war ein toller Film!" – „Quatsch mit Soße! Hab' mich noch selten so gelangweilt!"
leben Sie **sowohl** als auch S	*auf Wiedersehen, lassen Sie es sich gut gehen* Auf Wiedersehen bis zum nächsten Mal. Leben Sie sowohl als auch!
e-n **Span** wider j-n haben L	*e-n Groll gegen j-n haben* Seit alters hatte er einen Span gegen den benachbarten Bauern. Das sollte sich auch nicht mehr ändern.
e-n **Span** haben U	*etw. verrückt sein* Laß ihn in Frieden, er hat einen Span.
Späne haben U	*Geld haben* Wegen dem brauchst du dir keine Sorge zu machen, der hat Späne!
Späne machen	*Schwierigkeiten machen, Widerstand leisten* So, wie Vater es gesagt hat, wird's gemacht. Mach also keine Späne und komm mit.
daß die **Späne** fliegen	*eifrig, zügig (arbeiten)* Es war die Zeit des Großreinemachens. Mutter und Tochter schufteten, daß die Späne flogen.
stolz wie ein **Spanier**	*sehr stolz* Seitdem er den Doktortitel hat, kommt er daher stolz wie ein Spanier. Er kennt einen kaum noch.
j-m **spanisch** vorkommen	*j-m merkwürdig, verdächtig vorkommen* Wo hat sie nur immer das viele Geld her? Das kommt mir spanisch vor.

e-e **spanische** Wand	*e-e zusammenklappbare Wand, hinter der man s. ausziehen kann usw.* Es ist nur ein Raum vorhanden, aber die Damen können sich hinter einer spanischen Wand umziehen.
spannen: gespannt sein (wie ein Flitz[e]bogen *od.* wie ein Regenschirm) U	*von großem Interesse am Ergebnis e-r S,. von Spannung erfüllt sein* Heute gibt es Zeugnisse. Achim ist gespannt (wie ein Flitzebogen), wie seine Noten ausgefallen sind.
spannen: auf gespanntem Fuß leben (*od.* stehen)	*s. Fuß*
e-n **Sparren** (im Kopf) haben U	*verschroben, wunderlich sein* Laß ihn! Er hat einen Sparren (im Kopf), aber er ist ganz harmlos.
e-n **Sparren** zuviel (*od.* zuwenig) haben U	*nicht ganz bei Verstand sein* Ich soll dir schon wieder Taschengeld geben? Du hast wohl einen Sparren zuviel!
sein **Sparschwein** schlachten U	*s-e Ersparnisse angreifen* Wir bleiben zu Hause. Für eine richtige Urlaubsreise reicht unser Geld nicht, und mein Sparschwein möchte ich noch nicht schlachten.
j-m den **Spaß** versalzen	*j-s Freude stören, j-m den Erfolg verderben* Er denkt, er kann sich auf meine Kosten schöne Ferien machen, aber dem werde ich den Spaß versalzen.
j-m ist der **Spaß** vergangen	*j-d hat die Freude an etw. verloren* Nach diesem Ärger mit dir habe ich keine Lust mehr mitzufahren. Mir ist der Spaß vergangen.
keinen **Spaß** verstehen (mit etw.)	*1) humorlos sein* *2) etw. ernst nehmen (ernster als andere)* 1) Mit deinen vielen Witzen kannst du bei ihm nicht landen. Er versteht nun mal keinen Spaß. 2) Hast du die 100 Mark mit Vater schon abgerechnet? Mit Geld versteht er keinen Spaß, das weißt du doch!
Spaß beiseite (*od.* ohne Spaß)	*reden wir jetzt ernst über die S.* Sehr witzig! Aber – Spaß beiseite, hast du das Geld nun oder nicht?
mach keine **Späße** (*od.* keinen Spaß)	*das ist überraschend, das glaubst du selbst nicht* Er hat seinen guten Job schon wieder aufgegeben? Mach keine Späße. Warum denn?
mit j-m ist nicht zu **spaßen**	*man muß s. bei j-m vorsehen, er wird leicht böse* Er sieht so jovial aus, aber mit ihm ist nicht zu spaßen.
damit ist nicht zu **spaßen**	*das muß man ganz ernst nehmen* Sie müssen sofort ins Krankenhaus. Mit einer Blinddarmentzündung ist nicht zu spaßen.
ein frecher **Spatz** U	*ein freches kleines Mädchen* Die Arndts haben nur ein Kind, die Luise. Sie ist ein frecher Spatz, aber recht intelligent.

wie ein **Spatz** essen U	*sehr wenig essen* Wie willst du denn jemals zunehmen, wenn du wie ein Spatz ißt. Hast du denn gar keinen Appetit?
das pfeifen die **Spatzen** von den (*od.* allen) Dächern	*das ist (längst) bekannt, dieses Geheimnis kennt jeder* Heute hat er mir unter dem Siegel der Verschwiegenheit anvertraut, daß er um die Hand der Tochter des Direktors anhalten wird. Dabei pfeifen das schon die Spatzen von den Dächern.
du hast wohl **Spatzen** unterm Hut? U	*du solltest den Hut zur Begrüßung abnehmen* Warum hast du denn Dr. Schulz nicht ordentlich begrüßt? Du hast wohl Spatzen unterm Hut!
mit Kanonen auf (*od.* nach) **Spatzen** schießen	*viel zu starke Mittel gegen etw. anwenden, viel zu scharf auf etw. reagieren* Wegen eines kleinen Schnupfens gleich eine Penicillinspritze? Das ist Unsinn. Man sollte doch nicht mit Kanonen auf Spatzen schießen.
ein **Spatzenhirn** haben U	*sehr wenig Verstand haben* Wie kann er nur einen für ihn so ungünstigen Vertrag unterschreiben. Er muß doch ein Spatzenhirn haben.
Speck ansetzen U	= Fett *ansetzen*
den **Speck** riechen U	= den Braten *riechen*
ran an den **Speck**! U	*jetzt an die Arbeit, mutig an die S.* So, jetzt haben wir genug geredet, nun aber ran an den Speck!
j-d geht ran an den **Speck** U	*j-d packt e-e Arbeit energisch an* Es macht Spaß, ihm bei der Arbeit mit seinem Bagger zuzusehen. Er geht wirklich ran an den Speck.
(wie die Made) im **Speck** sitzen U	*s.* Made
die **Spendierhosen** anhaben U	*bereit sein, großzügig zu sein (od. Geld für andere auszugeben usw.)* „Kommt, gehen wir zum Eisessen, ich lade euch alle ein!" – „Du hast heute wohl deine Spendierhosen an!"
Sperenzien (*od.* Sperenzchen) machen U	*Schwierigkeiten machen, s. sträuben* Vier Kinder wäre ja gar nicht so schlimm, wenn sie alle unter einen Hut zu bringen wären. Aber einer macht immer Sperenzien (*od.* Sperenzchen).
in höheren **Sphären** schweben	= in höheren Regionen *schweben*
j-m den (*od.* e-n) **Spiegel** vorhalten (*od.* vors Gesicht halten)	*j-m s-e Fehler deutlich sagen* Dieses Kabarett war sehr kritisch. Es hat uns allen wirklich den Spiegel vorgehalten.
etw. (*bes.* e-n Brief) (s.) nicht hinter den **Spiegel** stecken	*(etw. Tadelndes) anderen nicht zeigen, es vernichten* Diesen Brief ihres Lehrers wird sie sich nicht hinter den Spiegel stecken. Er hat ihr darin nämlich gehörig die Meinung gesagt.

s. etw. hinter den **Spiegel** stecken können	*s. etw. merken, etw. beherzigen müssen* Er ist ein fauler Kerl, mit dem ich nichts zu tun haben will! Das kann er sich hinter den Spiegel stecken.
das **Spiel** ist aus	*wir (od. Sie) sind entdeckt, die S. ist verloren* Die Banditen zählen gerade ihr Geld, die Tür fliegt auf: „Hände hoch! Das Spiel ist aus!"
das **Spiel** hat s. gewendet	*die S. hat s. zum Schlechten verändert* Lange Zeit hatte ich gute Chancen, aber neuerdings hat sich das Spiel gewendet.
ein abgekartetes **Spiel**	*s. abgekartet*
ein **Spiel** mit dem Feuer	*leichtsinniger Umgang mit der Gefahr* In der heutigen weltpolitischen Lage ist ein Spiel mit dem Feuer verantwortungsloser denn je.
genug des grausamen **Spiels**	*genug mit der unangenehmen S.* Na, lassen wir's genug sein des grausamen Spiels, wenn du nicht gerne Motorrad fährst.
j-s **Spiel** durchschauen	*j-s (böse) Pläne erkennen* Ich durchschaue sein Spiel. Ich soll auf einen Auslandsposten, damit er in der Zentrale freie Hand hat.
gewonnenes **Spiel** haben	*erreicht haben, daß e-e S. positiv ausgeht* Ich habe den neuen Mann überzeugt, er stimmt jetzt für uns. Damit haben wir jetzt gewonnenes Spiel: 13 zu 12 Stimmen für unseren Antrag.
j-m das (*od.* sein) **Spiel** verderben	*j-s Pläne durchkreuzen* Er versucht mich auszuschalten, aber ich werde ihm das Spiel schon verderben.
das **Spiel** verloren geben	*e-e S., die man gewagt hatte, aufgeben, weil man sie für aussichtslos hält* Ich habe lange versucht, diesen Plan durchzusetzen, aber ich gebe das Spiel verloren – der Widerstand ist zu groß.
das **Spiel** zu weit treiben	*in Verfolgung e-r S. die Grenze des Vernünftigen, Zulässigen überschreiten* Ich sehe ja ein, daß Herr M. selbständig arbeiten möchte, aber wenn er Maschinen bestellt, ohne den Chef zu fragen, treibt er das Spiel entschieden zu weit.
ein doppeltes (*od.* falsches) **Spiel** spielen	*unehrlich handeln, beide Seiten täuschen* Es gibt auch Spione, die ein doppeltes Spiel spielen – sogenannte Doppelagenten.
ein falsches **Spiel** mit j-m treiben	*unehrlich mit j-m verfahren, ihn täuschen* Um die Erbschaft zu erlangen, hat er mit ihr jahrelang ein falsches Spiel getrieben.
freies **Spiel** haben	= *freie* Hand *haben*
ein gewagtes (*od.* gefährliches) **Spiel** treiben (*od.* spielen)	*gefährliche Wege gehen, gefährliche Mittel anwenden* Ohne genügende Sicherheiten Geld aufzunehmen heißt ein gewagtes Spiel treiben.

(ein) leichtes **Spiel** mit j-m (*od. etw.*) haben	*leicht mit j-m (od. etw.) fertig werden* Alle Segel waren zerfetzt, so daß der Sturm mit dem Schiff leichtes Spiel hatte.
ein offenes **Spiel** spielen	*offen u. ehrlich handeln* Heimlichkeiten lagen ihm fern. Er spielte ein offenes Spiel.
sein **Spiel** mit j-m treiben	*j-n necken (od. quälen), nicht ernst mit j-m umgehen* Er ist so verliebt in sie, daß er gar nicht sieht, daß (*od.* wie) sie ihr Spiel mit ihm treibt.
auf dem **Spiele** stehen	*das sein, worum es geht (od. was verloren sein kann)* Es steht ernst um ihn, denn sein Leben (*od.* sein ganzes Vermögen, sein guter Ruf *usw.*) steht auf dem Spiel.
etw. aufs **Spiel** setzen	*etw. riskieren, den Verlust von etw. wagen* Rettungsschwimmer setzen ständig ihr Leben aufs Spiel.
aus dem **Spiel** bleiben	*beiseite bleiben, ausgeschaltet bleiben* In diesem Fall muß jegliches persönliches Interesse ganz aus dem Spiel bleiben.
aus dem **Spiel** lassen	*beiseite lassen, nicht erwähnen, nicht hineinziehen* Laß die Eltern aus dem Spiel. Das geht nur uns zwei an.
(mit) im **Spiel(e)** sein (bei j-m *od.* etw.)	*1) e-e Rolle spielen, ein Teil der S. sein* *2) = s-e Hand im Spiel haben* 1) Bei ihm ist auch eine gehörige Portion Ehrgeiz im Spiel. / In dieser Sache scheint Verrat im Spiel zu sein.
s-e Hand im **Spiel(e)** haben	*s. Hand*
wie im **Spiel** (lernen)	*spielend lernen, ohne jede Anstrengung* Die Kinder sollen alle neuen Wörter wie im Spiel lernen.
j-n (*od. etw.*) ins **Spiel** bringen	*zur Wirkung bringen, s. auswirken lassen* Wir müssen dich noch irgendwie ins Spiel bringen. Könntest du nicht einen Vortrag halten?
ins **Spiel** kommen	*zur Wirkung, Auswirkung kommen, etw. mitgestalten können* Wenn erst die versprochenen Kredite ins Spiel kommen, dann geht's aufwärts.
vom **Spielteufel** besessen sein	*ein unverbesserlicher Glücksspieler sein* All sein Geld ist wieder hin – er ist nun mal vom Spielteufel besessen.
den **Spieß** gegen j-n kehren	*j-n angreifen* Auf der Tagung hat Dr. Maurer den Spieß gegen mich gekehrt. Na, ich bin ihm nichts schuldig geblieben.
den **Spieß** umdrehen (*od.* umkehren)	*die Waffe des Gegners gegen ihn selbst wenden* Bei der Debatte gab er sich eine Blöße, und so konnte ich den Spieß umdrehen und ihn attackieren.
wie am **Spieß** schreien (*od.* brüllen) U	*fürchterlich laut schreien* Kleine Kinder schreien manchmal wie am Spieß, dabei fehlt ihnen gar nichts.

Spießruten laufen	*an vielen neugierigen (od. feindlichen) Blicken vorbeigehen* Das Schlimmste ist, daß man durch den Saal Spießruten laufen muß, bevor man auf die Bühne kommt.
spitz aussehen	*(wegen Krankheit, Entbehrungen usw.) ein schmales, eingefallenes Gesicht haben* Seit einiger Zeit sieht sie so spitz aus. Fehlt ihr etwas?
etw. **spitzkriegen** U	*etw. merken, durchschauen* Ich habe (es) längst spitzgekriegt, daß du mich damals angeschwindelt hast.
e-r S. die **Spitze** abbrechen (*od.* nehmen)	*(e-m Vorwurf, e-r unangenehmen S. usw.) das Verletzende, die Gefährlichkeit nehmen* Vorwürfe sind leider oft berechtigt; man sollte ihnen aber die Spitze abbrechen, indem man erst einmal das Positive sagt.
j-m (*od.* e-r S.) die **Spitze** bieten	*mutig entgegentreten* Ich an deiner Stelle würde hingehen und deinen Widersachern die Spitze bieten.
an der **Spitze** stehen	*die Führung (od. Leitung) innehaben* An der Spitze des Vereins steht ein Präsident.
j-n an die **Spitze** stellen	*j-m die Führung (od. Leitung) geben* Seit sie meinen Mann an die Spitze der Filiale gestellt haben, hat sich dort viel geändert.
auf **Spitze** und Knopf stehen	*bis zuletzt gut oder schlecht ausgehen können* „Bei dir war das Examen doch nicht zweifelhaft, oder?" – „Hast du eine Ahnung! Bis zuletzt stand es auf Spitze und Knopf (ob ich bestehen würde oder nicht)."
auf die **Spitze** treiben	*machen, daß etw. s. bis zum Äußersten entwickelt* Über Politik streiten ist ja ganz schön, aber man sollte es nie auf die Spitze treiben.
s. die ersten **Sporen** verdienen (mit etw.)	*s. die erste Anerkennung erringen* Mit einer Festouvertüre für seine Schule hat er sich die ersten Sporen als Komponist verdient.
j-m bleibt die **Sprache** weg	= *j-m bleibt die* Spucke *weg*
die **Sprache** auf etw. bringen	*das Gespräch auf etw. lenken, ein Thema anschneiden* Dann brachte der Redner die Sprache auf die internationale Zusammenarbeit.
j-m die **Sprache** verschlagen (*od.* rauben, nehmen)	*so auf j-n wirken, daß er (im Augenblick) nichts sagen kann* Der phantastische Weltrekord verschlug sogar dem Reporter die Sprache.
e-e andere **Sprache** sprechen (*od.* reden)	*etw. anderes (Gegensätzliches) sagen (od. ausdrücken)* Er entschuldigte sich, aber seine Augen redeten eine andere Sprache (verrieten Ärger, Haß usw.).

dieselbe (od. die gleiche) **Sprache** sprechen (od. reden)	*1) s. gegenseitig sachlich u. begrifflich verstehen* *2) die gleichen Denkgewohnheiten haben (u. deswegen nicht sofort in Gegensatz geraten)* 1) Über dieses internationale Treffen brauchten wir uns keine Sorgen zu machen. Alle Teilnehmer waren Wissenschaftler und sprachen dieselbe Sprache. 2) Ein deutscher, ein englischer und ein französischer Fabrikant werden, auch wenn der Dolmetscher nicht gut ist, immer zueinanderfinden; sie sprechen ja im Grunde dieselbe Sprache.
e-e deutliche **Sprache** sprechen (od. reden)	*deutlich etw. zeigen (od. ausdrücken)* Vergleiche doch die Preise jetzt und vor 10 Jahren. Diese Ziffern sprechen eine deutliche Sprache.
in sieben **Sprachen** schweigen	*nicht das geringste sagen* „Und was hat Ihr Mann dazu gesagt?" – „Er hat wie immer in sieben Sprachen geschwiegen."
mit der **Sprache** herausrücken (od. herauskommen)	*1) anfangen zu reden, erzählen* *2) sagen, was man (Böses) getan hat, etw. eingestehen* 1) Als wir dann abends endlich allein waren, rückte er mit der Sprache heraus. Er hatte ja soviel erlebt. 2) Ich mußte ihm sehr ins Gewissen reden, bevor er mit der Sprache herausrückte.
heraus mit der **Sprache**!	*sage, was passiert ist, wer es getan hat usw.* Wer hat die Kaffeekanne zerschlagen? Heraus mit der Sprache!
nicht (recht) mit der **Sprache** heraus(rücken) wollen	*nichts sagen wollen, nicht sagen wollen, was passiert ist, wer es getan hat usw.* Einer dieser Jungen muß die Scheibe eingeworfen haben, aber keiner will mit der Sprache heraus.
etw. zur **Sprache** bringen	= die Sprache *auf etw. bringen*
zur **Sprache** kommen	*erwähnt, besprochen werden* Sind die Finanzen zur Sprache gekommen?
wir **sprechen** uns noch!	*die Abrechnung kommt noch* (e-e Drohung) Denkst du, so etwas lasse ich mir von dir gefallen? Wir sprechen uns noch!
für sich **sprechen**	*allein schon viel besagen, wichtig sein* Er ist Künstler. Dieser Umstand spricht schon für sich.
auf j-n (od. etw.) zu **sprechen** kommen	*(zufällig) ein Thema berühren (od. behandeln)* Seid ihr auch auf eine Gehaltserhöhung zu sprechen gekommen?
darüber kann man mit ihm nicht (od. ist mit ihm nicht zu) **sprechen**	*in dieser S. ist er uneinsichtig, stur* Vater ist strikt gegen Ratenkäufe. Darüber kann man mit ihm nicht sprechen.
sich einen **Spreißel** einziehen U *(süddt.)*	*sich (unnötigen) Ärger zuziehen* Wenn ich dem Chef die Sache mitteile, muß ich sie nur in Ordnung bringen – so einen Spreißel werde ich mir nicht einziehen!

wie **Spreu** im Winde verweht werden	*unbeachtet vergehen* Manchmal will es mir scheinen, als ob alle guten Ratschläge der Eltern wie Spreu im Winde verweht werden.
verflogen (*od.* zerstoben) wie **Spreu** im Winde	*verschwunden (als ob es nie dagewesen wäre)* Als der letzte Ferientag zu Ende ging, da waren auch die Sommergäste verflogen wie Spreu im Winde.
die **Spreu** vom Weizen sondern (*od.* scheiden)	*das Schlechte vom Guten trennen* Fast die Hälfte der Bewerber kam von vornherein nicht in Frage. Es war eine mühselige Arbeit, die Spreu vom Weizen zu sondern.
etw. **springen** lassen U	*(Geld) ausgeben, (Wein usw.) spendieren* Das ist ein Grund zum Feiern! Da mußt du etwas (*od.* ein paar Mark, ein paar Flaschen Wein) springen lassen.
Sprüche machen	*viele Worte machen, viel daherreden, prahlen* Mach keine Sprüche, sondern sag ehrlich, wie es war.
sein **Sprüchlein** hersagen (*od.* herbeten)	*immer etw. Bestimmtes (wie eingelernt) sagen* Am Schluß kam dann noch unser Vereinsvorsitzender und sagte sein Sprüchlein her vom hohen Wert des Wanderns usw., und dann war Schluß.
bis (*od.* zu) ... ist es nur ein **Sprung**	*dorthin ist es gar nicht weit* Kommst du mit zur Post? Dorthin (*od.* Bis zur Post) ist es nur ein Sprung.
ein **Sprung** ins Ungewisse (*od.* Dunkle)	*e-e Handlung, deren Folgen unbekannt sind, ein Wagnis* Vieles, was der Mensch im Leben tut, ist im Grunde ein Sprung ins Ungewisse – nicht nur ein Berufswechsel oder gar eine Auswanderung.
den **Sprung** wagen	*s. zu etw. Kühnem entschließen* Obschon als Architekt ausgebildet, hat er doch den Sprung gewagt und die Werkleitung übernommen.
e-n großen **Sprung** machen	*in s-r Laufbahn überraschend weit vorankommen* Er hat einen großen Sprung gemacht und ist Innenminister geworden.
keine großen **Sprünge** machen können U	*s. nicht viel leisten können* Sein Gehalt ist ja nicht hoch. Damit kann er keine großen Sprünge machen.
auf dem **Sprung** sein (*od.* stehen)	*= im Begriff sein*
immer auf dem **Sprung** sein U	*immer Eile haben* Ich habe noch nie erlebt, daß er sich mal gemütlich Zeit zu etwas nimmt. Er ist immer auf dem Sprung.
auf e-n **Sprung** (besuchen, [vorbei-]kommen *usw.*) U	*für kurze Zeit (besuchen) usw.* Sind Sie heute nachmittag zu Haus? Ich würde gern mal auf einen Sprung vorbeikommen.
j-m auf die **Sprünge** helfen U	*j-m helfen, etw. Bestimmtes zu tun* Na, Ännchen, sag mal das Gedicht auf. Wenn du steckenbleibst, werde ich dir auf die Sprünge helfen.

na wart, dir werd ich auf die **Sprünge** helfen U	= *ich werd dir* helfen (2)
s. auf die **Sprünge** machen	*weggehen, losgehen* Du könntest dich eigentlich mal auf die Sprünge machen und mir was vom Metzger holen.
j-m bleibt die **Spucke** weg U	*j-d ist sehr überrascht, weiß nicht, was er sagen soll* Mir bleibt die Spucke weg! Du hast schon wieder einen Strafzettel bekommen?
e-e **Spur** verfolgen	= *e-e Fährte verfolgen*
s-e **Spuren** hinterlassen	*ganz deutlich sichtbar sein* Das schwere Leben, das sie führen mußte, hat seine Spuren in ihrem Gesicht hinterlassen.
keine **Spuren** hinterlassen	*(wider Erwarten) äußerlich nicht sichtbar sein* Die Krankheit hat mich zwar fast ein halbes Jahr ans Bett gefesselt, aber sie hat keine Spuren hinterlassen. Ich bin wieder ganz der alte.
j-s **Spur(en)** verlieren	*jegliche Verbindung mit j-m verlieren* Durch seine Auswanderung nach Australien haben wir seine Spur ganz verloren. Wir haben seitdem nichts mehr von ihm gehört.
keine **Spur** von e-r Ahnung haben U	*von etw. nicht das geringste wissen* Wie soll ich denn den Reifen flicken? Ich hab' doch keine Spur von einer Ahnung, wie man so etwas macht.
keine **Spur** (*od.* nicht die **Spur**)! U	*durchaus nicht(s)* „Hat es dich geärgert?" – „Keine Spur!"
auf der richtigen (*od.* falschen) **Spur** sein	= *auf der richtigen Fährte sein*
j-n auf die **Spur** bringen	*j-m e-e Vermutung nahelegen, e-n Hinweis geben* „Wie bist du eigentlich auf die Lösung gekommen?" – „Ein Kriminalroman hat mich auf die Spur gebracht."
j-m (*od.* e-r S.) auf die **Spur** kommen	*hinter j-s Geheimnis kommen, etw. allmählich aufdecken* „Mir ist völlig unverständlich, wie mein Junge so etwas tun konnte." – „Sehen Sie sich mal seine Freunde etwas näher an. Dann werden Sie ihm (*od.* der Sache) schon auf die Spur kommen!"
in j-s **Spuren** wandeln (*od.* treten)	*e-m Vorbild folgen* Wie mancher Sohn wandelt nicht in den Spuren (*od.* tritt nicht in die Spuren) seines berühmten Vaters.
j-n von der **Spur** abbringen	*j-n veranlassen, e-e Vermutung aufzugeben* Er möchte mich gern von dieser Spur abbringen. Ich glaube, er ist selbst in die Sache verwickelt.
spurlos verschwinden	*abhanden kommen, verschwinden (und sich nicht wieder finden lassen)* Weißt du, wo mein Regenschirm ist? Seit gestern ist er spurlos verschwunden.

Staat machen mit etw.	*(großen) Eindruck machen mit etw.* Der Anzug war mal gut, ja, aber heute kannst du keinen Staat mehr damit machen.
s. in **Staat** werfen U	*s-e schönsten Kleider anziehen* Heut geht's in die Oper, da müssen wir uns in Staat werfen.
s. **staats** machen U	= *s. in* Staat *werfen*
im besten **Staat**	*in den schönsten Kleidern* Ihr Mann kam, wie er ging und stand, aber sie erschien natürlich im besten Staat.
zum **Staat**	*um Eindruck zu machen (ohne benutzt zu werden)* Keiner von ihnen kann Klavier spielen. Der Flügel steht nur zum Staat da.
e-e **Staatsaktion** aus etw. machen	*e-e hochoffizielle und ernstzunehmende S. aus etw. machen* Statt eine Staatsaktion daraus zu machen, hätte ich dem Jungen für einen Monat das Taschengeld gestrichen, und damit Schluß.
den **Stab** über j-n (*od.* etw.) brechen	*j-n (od. etw.) nachdrücklich (od. völlig) verurteilen* Wer ist ohne Tadel, daß er den Stab über seinen Nächsten brechen möchte?
ein **Stachel** ist geblieben	*ein Rest von Bitterkeit, von Gekränktsein ist geblieben* Er mußte zwar seine äußerst negative Kritik widerrufen, aber die Dinge waren nun mal ausgesprochen, und so ist ein Stachel geblieben.
e-r S. den **Stachel** nehmen	*e-r S. das Unangenehme, Verletzende nehmen* Dadurch, daß er seine Einwände nicht direkt an den Betreffenden richtete, sondern in eine allgemeine Form kleidete, nahm er der Sache den Stachel.
wider den **Stachel** löcken L	*(immer wieder) gegen den Zwang (bes. der Obrigkeit) rebellieren* Er hat die strenge Disziplin des Internats nicht ertragen und solange wider den Stachel gelöckt, bis er von der Schule verwiesen wurde.
die Ewige **Stadt**	*Rom* In meinem Alter möchte ich nur einen Ort noch einmal sehen – die Ewige Stadt.
der tödliche **Stahl** L	*die tödliche Stichwaffe, die Mordwaffe* Caesar vertraute Brutus voll und ganz, und doch traf ihn hinterrücks der tödliche Stahl.
das kannst du dir ins **Stammbuch** schreiben U	*das kannst du dir merken, das laß dir gesagt sein* Niemand hat mich in meinem Leben so gekränkt wie du! Das kannst du dir ins Stammbuch schreiben.
vom **Stamme** Nimm sein U	*s. nehmen*
e-n schweren (*od.* keinen leichten) **Stand** haben	*1) s. nur mit Mühe verteidigen können* *2) s. nur mit Mühe Achtung und Anerkennung verschaffen können* 1) In der anschließenden Diskussion hatte Fred keinen leichten Stand. 2) Seit Jean zu den Sozialisten übergetreten war, hatte er in seinem konservativen Elternhaus einen schweren Stand.

im **Stande** sein	*s. imstande*
gut im **Stande** sein	*1) in gutem Zustand sein* *2) gesund sein* 1) Das alte Motorrad kannst du ruhig nehmen, es ist gut im Stande. 2) Für sein Alter ist er eigentlich noch recht gut im Stande.
j-m e-e **Standpauke** halten	*j-m sagen, was er Schlechtes getan hat, j-m e-e Strafpredigt halten* Als er wieder anfangen wollte zu faulenzen, habe ich ihm eine Standpauke gehalten, die sich gewaschen hat.
j-m den **Standpunkt** klarmachen	*j-m gehörig die Meinung sagen* Wenn er glaubt, er kann hier machen, was er will, dann muß ich ihm mal den Standpunkt klarmachen.
j-m die **Stange** halten	*für j-n eintreten, treu zu ihm stehen, ihn in Schutz nehmen* Man muß ein paar Freunde haben im Leben, die einem die Stange halten, komme was wolle.
j-n bei der **Stange** halten	*j-n veranlassen, bei e-r S. zu bleiben, sie nicht aufzugeben* Für einen Vereinsvorsitzenden ist es nicht immer leicht, die Mitglieder bei der Stange zu halten.
bei der **Stange** bleiben	*e-e S. nicht aufgeben, ausharren bei etw.* Es hat sich gelohnt, daß ich bei der Stange geblieben bin und weiter Englisch gelernt habe. Jetzt kann ich es gut gebrauchen.
von der **Stange** U	*als Fertigware produziert (und nicht nach Maß gearbeitet)* „Ist dieser Anzug von der Stange?" – „Ja, ich kaufe alle meine Anzüge von der Stange."
(fast) von der **Stange** fallen U	*sehr überrascht sein* Als sie mit ihrem neuen Kleid hereinkam, fiel ich fast von der Stange. Das war genau das Kleid, das ich mir hatte kaufen wollen.
e-e (schöne) **Stange** (Geld) U	*sehr viel (Geld)* Tausend Mark, das ist eine schöne Stange Geld.
e-e (tüchtige) **Stange** angeben U	*sehr stark angeben, prahlen* Dein Bruder hat aber wieder mal eine Stange angegeben. Was der alles in den Ferien erlebt haben will!
etw. vom **Stapel** lassen	*1) (Witze, Bemerkungen, Dummheit) machen* *2) (Rede) halten* *3) (Brief) schreiben u. absenden* 1) Ich könnte mich totlachen, wenn er seine Witze (*od.* drolligen Bemerkungen) vom Stapel läßt. 2) Hoffentlich läßt er keine Rede vom Stapel! 3) Ich muß endlich mal an meine Schwester einen Brief vom Stapel lassen.
auf **Stapel** legen	= *auf* Kiel *legen*
j-m den **Star** stechen	= *j-m die* Augen *öffnen*
das ist **stark** U	= *das ist ein starkes* Stück
sich **stark** machen	*behaupten, daß man etw. kann, was andere einem nicht zutrauen* Er machte sich stark, er würde die Hütte ohne Hilfe an einem Tag fertigbauen.

s. **stark** machen für j-n	*sich sehr einsetzen für j-n (od. etw.)* Allein aufgrund seiner Kenntnisse hätte er den Posten nicht bekommen. Aber seine Parteifreunde haben sich für ihn stark gemacht.
freie **Station**	*Unterkunft und Verpflegung* Wir bieten in unserem Heim freie Station und ein gutes Gehalt.
den **Staub** (Londons usw.) von den Füßen schütteln	*(London usw.) verlassen* Drei Jahre arbeitete ich in Chicago. Dann schüttelte ich den Staub dieser Stadt von den Füßen und ging nach Kalifornien.
(viel) **Staub** aufwirbeln	*(viel) Aufsehen erregen, (viel) Unruhe schaffen* Die Affäre des Filmstars hat viel Staub aufgewirbelt.
s. aus dem **Staub(e)** machen	*(schnell) verschwinden* Kaum war der Polizeiwagen um die Ecke gebogen, da machten sich die beiden Männer aus dem Staube.
j-n (*od. etw.*) in den **Staub** ziehen (*od.* zerren, treten)	*mißachten, herabwürdigen* Er hat nicht das Recht, die Ideale anderer Menschen in den Staub zu ziehen.
zu **Staub** werden L	*sterben (und s. in Erde verwandeln)* Wir sind alle Menschen; wir werden alle einmal zu Staub werden.
stechen: wie gestochen schreiben	*sehr regelmäßig und schön schreiben* Früher konnte derjenige Ratsschreiber werden, der es gelernt hatte, wie gestochen zu schreiben.
es j-m **stecken** U	1) *j-m e-e unangenehme Wahrheit sagen, ihm gehörig die Meinung sagen* 2) *j-m etw. heimlich sagen* 1) Eine Zeitlang habe ich mir seine Frechheiten angehört, aber heute habe ich es ihm gesteckt. 2) Und als sie das von dem unehelichen Kind hörte, hat sie es der Tante natürlich gleich gesteckt.
stecken: es steckt etw. dahinter	*s. dahinterstecken*
stecken: in ihm steckt etwas (*od.* mehr, als du denkst)	*in j-m liegen große Fähigkeiten, Talente* Doch, in dem Jungen steckt etwas. Er wird mal ein tüchtiger Wissenschaftler.
stecken: gesteckt voll U	*ganz überfüllt* Der Saal war gesteckt voll, es gab nicht einmal mehr Stehplätze!
ein **Steckenpferd** reiten	*e-e private Lieblingsbeschäftigung, ein Hobby haben* Er reitet ein Steckenpferd, das mich auch interessiert: er sammelt Münzen.
sein **Steckenpferd** reiten	*etw. als Liebhaberei gern tun, über sein Lieblingsthema sprechen* Er hat wieder lang und breit über chinesische Literatur gesprochen. Na ja, er reitet eben gern sein Steckenpferd.

keine **Stecknadel** konnte zu Boden (*od.* zur Erde) fallen	*ganz eng, sehr dicht gedrängt* In der Straßenbahn war es mal wieder so voll, daß keine Stecknadel zu Boden fallen konnte.
so still, daß man e-e **Stecknadel** fallen hören konnte	*so still, daß man nicht das geringste hören konnte* Als das Urteil verkündet wurde, war es im Gerichtssaal so still, daß man eine Stecknadel fallen hören konnte.
j-n (*od.* etw.) wie e-e **Stecknadel** suchen	*intensiv, sehr gründlich und mühselig suchen* Hier auf dem Speicher bist du! Ich habe dich schon wie eine Stecknadel gesucht.
e-e **Stecknadel** in e-m Heuschober (*od.* Heuhaufen) suchen	*etw. völlig Aussichtsloses tun* Ich soll ihn auf dem Fußballplatz treffen? Da kann ich genausogut eine Stecknadel in einem Heuschober suchen.
aus dem **Stegreif** (sprechen, vortragen, dichten *usw.*)	*ohne (schriftliche) Vorbereitung (sprechen usw.)* Mein Vater konnte wunderbar aus dem Stegreif dichten oder kleine Szenen vorspielen.
wie **stehen** Sie dazu?	*was ist Ihre Meinung?* Unser Rathaus soll abgerissen werden. Wie stehen Sie dazu?
über den Dingen **stehen**	*s. Ding*
stehen: es steht mir bis hier(her) U	*s. hier*
stehen: etw. steht und fällt mit etw.	*etw. hängt völlig ab von etw.* Unsere Tournee steht und fällt mit der Teilnahme unserer Hauptdarstellerin.
stehend freihändig S	*ohne Mühe, in gekonnter Weise* Was, das soll schwierig zu reparieren sein? Das macht mein Bruder stehend freihändig.
alles **stehen-** und liegenlassen	*alle Arbeit unterbrechen, mit allem aufhören, alles aufgeben* Ein Arzt muß manchmal alles stehen- und liegenlassen und so schnell wie möglich zu einem Patienten fahren.
stehlen: j-d (*od.* etw.) kann mir gestohlen bleiben	*j-d (od. etw.) interessiert mich nicht, ich will nichts mit ihm (od. damit) zu tun haben* Mit deiner Jazzmusik kannst du mir gestohlen bleiben.
steif und fest (behaupten, glauben)	*immer wieder und nachdrücklich (behaupten usw.)* Der Angeklagte behauptete steif und fest, daß er die Tat nicht begangen habe.
j-m den **Steigbügel** halten	*j-m helfen hochzukommen* (od. *an die Macht zu gelangen*) Der damalige Vizekanzler von Papen hat für gewisse Kreise der deutschen Großindustrie Hitler den Steigbügel gehalten, weil sie sich wirtschaftliche Vorteile davon erhofften.
der **Stein** des Anstoßes	*dasjenige, worüber man s. ärgert (od. worüber man s. beschwert)* Es war damals ein handfester Skandal. Der Stein des Anstoßes war sein scharfer Artikel gegen den Bürgermeister; das Material dazu hatte er von dessen Sekretärin.

der **Stein** der Weisen	*ein geheimnisvoller Stein, der alle Rätsel löst, ein Symbol der Weisheit* Auch dieser Philosoph hat sich zeit seines Lebens bemüht, den Stein der Weisen zu finden.
der **Stein** kommt ins Rollen	*e-e (unangenehme) S. fängt an, s. zu entwickeln, ein Skandal beginnt* Dieser Betrug wäre vielleicht noch jahrelang weitergegangen, wenn durch seine Anzeige nicht der Stein ins Rollen gekommen wäre.
j-m fällt ein **Stein** vom Herzen	*j-d fühlt s. durch das, was er gehört hat, sehr erleichtert* Für den Kranken besteht keinerlei Gefahr mehr. Mir fällt ein Stein vom Herzen.
dabei fällt dir kein **Stein** aus der Krone	*s. Krone*
kein **Stein** blieb auf dem anderen	*alles wurde zerstört* Nicht nur die heutige Zeit kennt völlige Vernichtung. Auch früher blieb bei der Eroberung einer Stadt oft kein Stein auf dem anderen.
wie ein **Stein** schlafen	= *wie ein* Mehlsack *schlafen*
man könnte ebensogut **Steinen** predigen	*es hat keinen Zweck, auf j-n einzureden* Ich habe ihm immer wieder gesagt, er soll mit dem Trinken aufhören. Man könnte aber ebensogut Steinen predigen.
es (ge)friert **Stein** und Bein	*es herrscht sehr starker Frost* Gestern hat es Stein und Bein gefroren. Ich glaube, es hatte mindestens 20° minus.
Stein und Bein schwören	*bes. fest, nachdrücklich schwören* Unser Junge und sein Freund schwören beide Stein und Bein, daß sie das Geld nicht genommen haben.
den **Stein** ins Rollen bringen	*e-e (unangenehme) S. aufdecken und dadurch in Gang bringen* Jahrelang blieb dieser Schmuggel unentdeckt. Was hat eigentlich den Stein ins Rollen gebracht?
j-m die **Steine** aus dem Weg räumen	*für j-n die bestehenden Schwierigkeiten beseitigen* Mein Junge, von jetzt ab mußt du dir selbst helfen. Es geht nicht an, daß deine Eltern dir ständig die Steine aus dem Weg räumen. Selbst ist der Mann!
j-m **Steine** in den Weg legen	*für j-n Schwierigkeiten, Hindernisse absichtlich schaffen* Wie soll ich in meinem Betrieb vorankommen, wenn einige mißgünstige Mitarbeiter mir ständig Steine in den Weg legen.
Steine statt Brot geben	*Wertloses statt Wertvollem geben* (bes. *Phrasen statt Trostworten spenden*) Es hat immer Demagogen gegeben, die dem Volk nur Steine statt Brot gaben.
bei j-m e-n **Stein** im Brett haben	*bei j-m gut angeschrieben sein, von j-m bevorzugt werden* Mit dieser Bitte kommen wir nur durch, wenn wir Herrn Scherer zum Chef schicken. Der hat bei ihm einen Stein im Brett.

ein Herz von **Stein** (*od.* e-n **Stein** statt des Herzens in der Brust) haben	*sehr hartherzig sein* Wer kein Mitleid mit armen, kranken Menschen hat, muß doch ein Herz von Stein haben.
j-m e-n **Stein** in den Garten werfen	*1) j-m Schaden zufügen (a. iron.)* *2) j-m e-e Gefälligkeit erwidern* 1) Diese schadenfrohe Person freut sich nur, wenn sie einem anderen einen Stein in den Garten werfen kann. 2) Ich danke Ihnen für Ihre Hilfe. Bei nächster Gelegenheit werde ich Ihnen auch einen Stein in den Garten werfen.
es könnte e-n **Stein** erbarmen	*es ist ein äußerst trauriger Anblick (*od. *e-e äußerst traurige S.)* Das Schlimmste in den Hungergebieten ist der Anblick so vieler völlig ausgemergelter Kinder. Es könnte einen Stein erbarmen.
(k)einen **Stein** auf j-n werfen	*j-n (nicht) verurteilen* Wir alle haben Fehler, also hat niemand das Recht, einen Stein auf einen anderen Menschen zu werfen.
keinen **Stein** auf dem andern lassen	*alles völlig zerstören, vernichten* In früheren Zeiten haben Eroberer oft keinen Stein auf dem andern gelassen.
nur ein Tropfen auf e-n (*od.* den) heißen **Stein**	*s. Tropfen*
zu **Stein** erstarren	*1) vor Schreck völlig unbeweglich werden* *2) = zu Stein werden* 1) „Unser Junge ist in dem verunglückten Zug!" rief Vater aufgeregt. Mutter erstarrte zu Stein.
zu **Stein** werden	*steinerne, harte Züge annehmen* Sie kann nun mal ihren Schwiegersohn nicht leiden. Selbst in der lebhaftesten Unterhaltung konnte sie, sobald er das Zimmer betrat, zu Stein werden.
zum **Steinerbarmen** (*od.* **Steinerweichen**) heulen (*od.* weinen) (daß es e-n **Stein** erweichen *od.* erbarmen könnte)	*ganz außerordentlich weinen* (usw.) Kleine Kinder heulen manchmal zum Steinerweichen (od. daß es einen Stein erbarmen könnte); dabei ist eigentlich gar nichts los.
e-e wunde **Stelle**	*ein empfindlicher Punkt* Erzähle nichts von deiner Familie. Das ist eine wunde Stelle bei ihm, seit er sich hat scheiden lassen.
an deiner **Stelle**	*wenn ich du wäre* An deiner Stelle hätte ich dieses Mädchen sofort geheiratet.
auf der **Stelle**	*sofort* Ich gehe auf der Stelle, wenn du mir nicht sagst, wo du gestern warst.

auf der **Stelle** treten	*1) nicht weiter-, nicht vorankommen (können)* *2) absichtlich nicht weitermachen* 1) Uns ging der Zement aus, und so mußten wir mit dem Bau auf der Stelle treten. 2) Ich hätte längst vor ihm fertig sein können, aber ich habe auf der Stelle getreten, da ich ihn nicht entmutigen wollte. Wir haben unsere Arbeiten dann gemeinsam abgegeben.
nicht von der **Stelle** kommen	*steckenbleiben, nicht weiterkommen* Heute ging dauernd das Telefon, und so bin ich mit meiner Arbeit nicht von der Stelle gekommen.
zur **Stelle** sein	*anwesend sein (um zu helfen)* Wenn er gebraucht wird, ist er stets zur Stelle.
s. zur **Stelle** melden	*s. dienstbereit melden* Feuerwehrmann Schneider meldet sich zur Stelle!
wie **stellen** Sie s. dazu?	= *wie* stehen *Sie dazu?*
stellen: gut (*od.* schlecht) gestellt sein	*e-e gute (od. schlechte) Stellung haben, wirtschaftlich in guter (od. schlechter) Lage sein* Sie ist jetzt Chefsekretärin geworden. Damit ist sie so gut gestellt, daß sie sich einen Wagen leisten kann.
stellen: (ganz) auf sich gestellt sein	*unabhängig sein, von niemandem unterstützt werden* Seit er von zu Hause weg ist, ist er ganz auf sich gestellt.
vom **Stengel** fallen U	= *vom* Stuhl *fallen*
fall nicht vom **Stengel!** U	*1) falle nicht hin!* *2) verliere nicht die Fassung! sei nicht überrascht!* 1) Vorsicht! Fall nicht vom Stengel, hier ist frisch gewachst! 2) Fall nicht vom Stengel, wenn ich dir sage, daß ich in acht Tagen heirate.
sterben: daran (*od.* davon) stirbt man nicht gleich U	*das ist gar nicht so schlimm* Es macht nichts, wenn du auch einmal etwas hart arbeiten mußt. Daran (*od.* davon) stirbt man nicht gleich.
vor Langeweile (fast) **sterben**	*Langeweile (fast) völlig unerträglich finden* Heutzutage meinen doch manche Leute wirklich, ohne Fernsehen müßten sie vor Langeweile (fast) sterben.
vor Neugier(de) fast **sterben** U	*außerordentlich neugierig sein* Wenn ich nur verstehen könnte, was die miteinander besprechen. Ich könnte vor Neugier fast sterben.
zum **Sterben** langweilig sein U	*außerordentlich langweilig sein* Ich finde, Cocktailpartys sind zum Sterben langweilig.
s. zum **Sterben** langweilen U	*s. außerordentlich langweilen* Gehen Sie nicht in diesen Film! Sie würden sich zum Sterben langweilen.
kein **Sterbens-wörtchen** sagen (*od.* flüstern) U	*nicht das geringste sagen (obwohl man es hätte erwarten können)* Sie sagte zu Hause kein Sterbenswörtchen, daß sie zum erstenmal mit einem jungen Mann im Kino war.

ein aufgehender **Stern**	*e-e immer berühmter werdende Person* (bes. *Schauspieler*) So mancher aufgehende Stern hat die in ihn gesetzten Erwartungen nicht erfüllt.
sein **Stern** ist im Aufgehen	*sein Ruhm wächst* Wir haben einen wunderbaren neuen Tenor am Stadttheater. Sein Stern ist im Aufgehen.
ein **Stern** ist im Sinken	*sein Ruhm schwindet* Für einen Schauspieler bedeutet auch hohes Alter nicht immer, daß sein Stern im Sinken ist.
ein (*od.* mein) guter **Stern** U	*1) ein glücklicher Zufall* *2) j-d, der s. als glückbringend erweist* 1) Du kommst? Dich hat ein (*od.* mein) guter Stern hergeführt. Kannst du mir diesen Brief übersetzen? 2) Meine Frau ist mein guter Stern. Ich wüßte nicht, was ohne sie aus mir geworden wäre, sagte er sinnend.
Sterne sehen U	*benommen, vorübergehend e-r Ohnmacht nahe sein (bei e-m Zusammenstoß usw.)* Im Dunkeln habe ich mir fürchterlich den Kopf angeschlagen. Ich habe nur noch Sterne gesehen.
die **Sterne** befragen	*sein Schicksal durch astrologische Methoden vorausberechnen* Die Astrologie ist so alt wie die Menschheit. Die Menschen haben zu allen Zeiten die Sterne befragt.
die **Sterne** vom Himmel holen (wollen)	*bereit sein, alles (auch das Unmögliche) zu tun* Du weißt nicht, ob er dich liebt? Bist du überzeugt, daß er für dich die Sterne vom Himmel holen würde?
auf e-m andern **Stern** leben	= *hinter dem* Mond *leben*
das steht in den **Sternen** (geschrieben)	*das ist e-e (völlig ungewisse) S. der Zukunft* Was unser Junge einmal machen wird, wenn er die Musikakademie abgeschlossen hat, das steht noch in den Sternen (geschrieben).
nach den **Sternen** greifen	*nach dem Höchsten, dem Unerreichbaren streben* Statt nach den Sternen zu greifen, sollte er lieber bescheiden seine Arbeit verrichten.
unter e-m guten (*od.* glücklichen, günstigen) **Stern** geboren sein	*ein Glückskind sein, immer wieder Glück haben* Er meint, alles sei schicksalhaft, und er sei unter einem glücklichen Stern geboren.
unter e-m glücklichen (*od.* günstigen, guten) **Stern** stehen	*günstige Voraussetzungen haben* Auf dieser Expedition ging Gott sei Dank alles gut. Sie stand von Anfang an unter einem glücklichen Stern.
sternhagelvoll sein U	*sehr betrunken sein* Er war an sich ein rechtschaffener Mann, nur war er eben einmal im Monat sternhagelvoll.

das **Steuer** in der Hand haben (*od.* das **Steuer** führen)	*an der Macht sein, die Leitung ausüben* Mit souveräner Überlegenheit hat er das Steuer seiner Partei in der Hand.
das **Steuer** ergreifen (*od.* in die Hand nehmen)	*die Macht übernehmen* (*od. an s. nehmen*) Es ist noch gar nicht sicher, wer nach dem Tode des Präsidenten das Steuer ergreifen wird.
das **Steuer** herumwerfen	*e-n ganz anderen, den entgegengesetzten Kurs einschlagen* Bisher hat unsere Propaganda nur die Erwachsenen angesprochen. Unsere Partei muß das Steuer herumwerfen und sich an die Jugend wenden!
am **Steuer** sein	= *am* Ruder *sein*
ohne **Steuer** (dahin) treiben	*ohne feste Führung sein* Unser Stadtrat ist viel zu schwach! Unsere Stadt treibt praktisch ohne Steuer dahin.
die **Steuerschraube** anziehen	*die Steuern erhöhen* Womit soll der Staat sein Defizit decken? Ich fürchte, er wird wieder die Steuerschraube anziehen.
im **Stich** lassen	*1) j-n bei e-r Gefahr verlassen* *2) versagen, nicht funktionieren* 1) Du kannst dich auf ihn verlassen, er hat noch nie jemanden im Stich gelassen. 2) Schlimm wäre es, wenn uns der Projektor heute abend im Stich läßt (*nicht funktioniert*).
Stich halten	*s. als richtig* (*od. wahr*) *erweisen* Ich hoffe, seine Behauptungen werden (bei) einer Nachprüfung Stich halten.
j-m e-n **Stich** versetzen	*j-n verletzen, kränken* Deine Bemerkung über sein taktloses Benehmen hat ihm doch einen Stich versetzt.
e-n **Stich** haben U	*etwas verrückt sein* Ich soll den schweren Koffer allein tragen? Du hast wohl einen Stich!
das sind zwei Paar (*od.* zweierlei) **Stiefel**	*das sind zwei ganz verschiedene Dinge* Einen Roman schreiben oder ihn übersetzen, das sind wirklich zwei Paar Stiefel. Das zweite kann man lernen, das erste nicht.
lauter linke **Stiefel**	*alles verkehrt, alles unbrauchbar; geliefert, was man nicht bestellt hat* Ich habe 30 englische Wörterbücher bestellt und 30 englische Liederbücher bekommen – lauter linke Stiefel!
das zieht e-m ja die **Stiefel** aus S	*das ist zum Verzweifeln* Statt des zweiten Bandes haben sie jetzt noch mal den ersten geschickt. Das zieht einem ja die Stiefel aus!
s-n (alten) **Stiefel** weitermachen U	*das Bisherige weitermachen, wie es auch ausgehen mag* Er kann sich nicht an die neuen Apparate gewöhnen – er macht seinen alten Stiefel weiter.

s. e-n (gehörigen) **Stiefel** einbilden U	*e-e viel zu hohe Meinung von s. haben* Weil er jetzt einen Orden bekommen hat, bildet er sich einen (gehörigen) Stiefel ein.
(s.) e-n (tollen) **Stiefel** zusammenreden (*od.* zusammenschreiben) U	*viel dummes Zeug daherreden (od. schreiben)* In seiner Wahlrede hat er (sich) einen tollen Stiefel zusammengeredet.
e-n guten (*od.* gewaltigen, tüchtigen) **Stiefel** vertragen (können) U	*viel Alkohol trinken können* Den Maier trinken Sie nie unter den Tisch. Der kann einen gewaltigen Stiefel vertragen.
s. etw. an den **Stiefeln** abgelaufen haben	= *s. etw. an den* Schuhsohlen *abgelaufen haben*
den alten **Stiefel** (*od.* im alten *od.* nach dem alten **Stiefel**) weitergehen U	*in der bisherigen Weise mehr schlecht als recht weitergehen* Wenn das mit unserem Betrieb noch lange im alten Stiefel weitergeht, dann machen wir bald Pleite.
stiefeln: gestiefelt und gespornt	*fertig angezogen, um das Haus zu verlassen* Karl kam gestiefelt und gespornt, um Luise zum Ball abzuholen, und sie war erst halb fertig.
j-n (*od.* etw.) **stiefmütterlich** behandeln	*vernachlässigen, nicht gebührend beachten* Er ist ein sehr gerechter Lehrer und gibt sich Mühe, keinen seiner Schüler stiefmütterlich zu behandeln.
Stielaugen machen (*od.* bekommen, kriegen) U	*gierig (od. neugierig) blicken* Als Lucy in ihrem Brokatkleid hereinrauschte, machte alles Stielaugen.
arbeiten wie ein **Stier**	= *arbeiten wie ein* Pferd
brüllen wie ein **Stier**	*laut und anhaltend brüllen* Die Schmerzen müssen furchtbar gewesen sein; er brüllte wie ein Stier.
den **Stier** bei (*od.* an) den Hörnern packen (*od.* fassen, nehmen)	*etw. mutig an s-r gefährlichen Stelle anpacken* Ich werde den Stier bei den Hörnern packen und selbst zum Direktor gehen und ihn fragen, ob ich mit einer Beförderung rechnen könne.
stiften gehen U	*ausreißen, weglaufen* Als er mich um die Ecke kommen sah, ging er stiften.
es ist **still** um j-n (*od.* etw.) geworden	*die Öffentlichkeit beachtet j-n (od. etw.) nicht mehr* Es ist ganz still um Spenglers Buch „Der Untergang des Abendlandes" geworden.
im **stillen**	1) *unbemerkt* 2) *bei s. selbst* 1) Ich schätze meinen Schwager sehr. Er hat im stillen viel Gutes getan. 2) Er klatschte Beifall, im stillen aber sagte er: so ein Quatsch.

die **Stille** vor dem Sturm	*die (bedrückende) Ruhe vor e-m Streit (od. e-r Strafpredigt)* Sie unterhielten sich ruhig, aber das war nur die Stille vor dem Sturm, denn wenig später kam es zu einer heftigen Auseinandersetzung.
in aller **Stille**	*ganz heimlich, unbemerkt, ohne j-n zu informieren* Die Beisetzung (die Trauung, die Abreise usw.) vollzog sich in aller Stille.
s. in **Stillschweigen** hüllen	*nichts bekanntgeben (obwohl etw. erwartet wird)* Seit Monaten ist eine Untersuchung des Falles im Gange, aber die Behörden hüllen sich in Stillschweigen.
die **Stimme** des Blutes	*die (unüberwindliche) Kraft der Blutsverwandtschaft* Er ist zu den Seinen zurückgekehrt. Die Stimme des Blutes war stärker als das Wohlleben in den USA.
die **Stimme** des Gesetzes	*das Gesetz als wirkende Kraft, als bestimmende Gewalt* In einem Land, in dem die Stimme des Gesetzes nicht mehr gilt, muß eines Tages Anarchie herrschen.
die **Stimme** des Gewissens	*das Gewissen als wirkende, mahnende Kraft* Nur wer der Stimme des Gewissens folgt, kann ein anständiges Leben führen.
die **Stimme** des Herzens	*die Mutter-, Gattenliebe, e-e starke Neigung* Bei der Wahl ihrer Ehepartner folgen die meisten Mädchen heute der Stimme ihres Herzens und nicht dem Rat der Eltern.
die **Stimme** der Natur	*1) die gegenüber dem Künstlichen, Technischen letzten Endes siegreiche Kraft der Natur* *2) die Macht der Triebe (gegenüber der Kraft des sittlichen Willens)* 1) Die Zivilisation hat den heutigen Menschen so verbildet, daß er oft die Stimme der Natur nicht mehr hören kann und deswegen lauter Dinge tut, die ihm schaden müssen. 2) Wer nur der Stimme der Natur folgt, bleibt zeitlebens ein Sklave seiner Triebe.
die **Stimme** des Volkes	*die (nicht zu übergehende) Meinung des (souveränen) Volkes, des einzelnen Bürgers* Eine Regierung, die nicht auf die Stimme des Volkes hört, muß eines Tages untergehen.
e-e innere **Stimme**	*das Gewissen, e-e Vorahnung* Eine innere Stimme warnte mich, das Flugzeug zu besteigen, und es ist dann ja auch tatsächlich entführt worden.
(k)eine **Stimme** haben	*etwas (nichts) zu sagen haben* In unserem Familienrat habe ich keine Stimme; mein Mann und mein Schwiegervater entscheiden alles allein.
stimmen: stimmt's, oder hab ich recht? U	*ist es nicht so, wie ich sage?* Du bist gestern abend doch tanzen gegangen. Stimmt's, oder habe ich recht?
stimmen: bei dir stimmt's wohl nicht U	*du bist nicht recht bei Vernunft, ein bißchen verrückt* Ich soll dir schon wieder Taschengeld geben? Bei dir stimmt's wohl nicht!

stimmen: stimmt auffallend U		*es ist richtig, in Ordnung* „Max, du kriegst noch Geld von mir. Hier!" – „Sechs Mark vierzig. Stimmt auffallend."
stinken: hier stinkt's S		*hier ist etw. ganz und gar nicht in Ordnung* Ich kann nur sagen, hier stinkt's. Irgend etwas ist hier faul. Ich würde meine Hände aus dem Spiel lassen.
stinkend faul sein S		*außerordentlich faul sein* Ich würde den Jungen auf keinen Fall versetzen; er ist doch das ganze Jahr stinkend faul gewesen.
s. freuen wie ein **Stint** U		= *s. freuen wie ein* Schneekönig
j-m (*od.* e-r S.) die **Stirn** bieten		*j-m harten Widerstand entgegensetzen* Wir müssen dem Preiswucher die Stirn bieten.
die **Stirn** haben (*od.* besitzen) zu etw. (*od.* etw. zu tun)		*die Frechheit haben* Er hatte doch weiß Gott die Stirn zu behaupten, ich hätte ihm das Geld nie gegeben.
die **Stirn** runzeln über etw.		*etw. (moralisch) beanstanden* Unsere Großeltern würden so ungefähr über alles, was unsere Jugend treibt, die Stirn runzeln.
e-e eherne (*od.* eiserne) **Stirn** haben		*in dreister Weise hartnäckig sein* Er hat eine eherne Stirn, sich so aufzuführen.
man kann es ihm an der **Stirn** ansehen		*man kann s-e Gedanken erraten* Er ist dagegen; das kann man ihm doch an der Stirn ansehen.
da greift man s. an die **Stirn** (*od.* da kann man s. nur an die **Stirn** greifen)		= *darüber kann man nur den Kopf schütteln*
es steht ihm auf (*od.* an) der **Stirn** geschrieben		*(e-e Lüge, Untat usw.) wird sichtbar an e-m Menschen* Es steht ihm doch auf der Stirn geschrieben, daß er der Übeltäter ist.
nicht wissen, was hinter j-s **Stirn** vorgeht		*nicht wissen, was j-d denkt* Die ganze Zeit hört er schweigend zu. Möchte wissen, was hinter seiner Stirn vorgeht.
etw. mit eherner **Stirn** behaupten (*od.* abstreiten *usw.*)		*etw. ganz dreist behaupten* (usw.) Trotz der vielen Beweise streitet er die Tat mit eherner Stirn ab.
der **Stock** regiert		*durch Prügel wird eine strenge Disziplin aufrechterhalten* Was waren das für Zeiten, als in der Schule der Stock regierte.
über **Stock** und Stein		*querfeldein, ohne e-m Weg od. e-r Straße zu folgen* Wir waren im Nebel vom Wege abgekommen und fuhren jetzt über Stock und Stein.
j-d hat e-n **Stock** verschluckt		= *j-d hat ein* Lineal *verschluckt*

am **Stock** gehen S	1) *krank sein* 2) *wenig Geld haben* 1) Seit er die Gallenoperation hatte, geht er am Stock. Er kommt einfach nicht mehr hoch. 2) Er muß jetzt für sein uneheliches Kind bezahlen. Da kannst du dir vorstellen, daß er am Stock geht.
da gehst du (*mst.* gehste) am **Stock** S	*das ist ja toll* „Stell dir vor, ich bin vierzehn Tage nach Rom eingeladen." – „Da gehste am Stock!"
stoische Ruhe (*od.* Gelassenheit, *od.* **stoischer** Gleichmut)	*e-e unerschütterliche Haltung, die auf charakterlicher und geistiger Selbstzucht beruht* (vgl. *olympische Ruhe*) Ich bewundere ihn, wie er alle Schicksalsschläge mit stoischer Ruhe erträgt.
warum so **stolz**? U	*warum begrüßen Sie mich nicht?* „Na, Franz, warum so stolz?" – „Ach, Entschuldigung, ich habe dich überhaupt nicht gesehen. Wie geht's?"
e-n **Stoß** erleiden	*weniger fest werden, erschüttert werden* Durch diese letzte Affäre hat mein Vertrauen zu ihm einen (ziemlichen *od.* argen) Stoß erlitten.
j-m e-n **Stoß** geben (*od.* versetzen)	*j-n verletzen, erschüttern* Der Tod der alten Dame hat mir einen Stoß versetzt.
s. e-n **Stoß** geben (*od.* s-m Herzen e-n **Stoß** geben)	*s. energisch zusammenreißen und überwinden* Ich weiß, die Schmidts haben dich sehr gekränkt, aber ich möchte dich doch herzlich bitten, gib dir einen Stoß und komm mit zu ihnen.
j-m e-n **Stoß** in die Rippen geben	= *j-m e-n* Rippenstoß *geben*
der **Storch** kommt zu j-m U	*bei j-m kommt ein Kind an* Weißt du eigentlich schon, daß der Storch zu Tante Anna kommt?
der **Storch** hat sie ins Bein gebissen (*od.* sie ist vom **Storch** ins Bein gebissen) U	*sie wird ein Kind bekommen* Weißt du schon, daß der Storch Tante Anna ins Bein gebissen hat?
wie ein (*od.* der) **Storch** im Salat U	*steif, ungelenk* (gehen usw.) Die geht so komisch, wie der Storch im Salat.
da brat mir (aber) einer e-n **Storch** U	*da bin ich aber sehr erstaunt* Da brat mir aber einer 'nen Storch! Ausgerechnet du sollst bei der Jahresfeier die Ansprache halten?
auf **Stottern** kaufen U	*so kaufen, daß man erst nur e-n kleinen Teil und dann wöchentlich oder monatlich weitere Teilsummen bezahlt* Hast du dieses Radio auf Stottern gekauft?
betrunken (*od.* voll *od.* geladen) wie e-e **Strandhaubitze** (*od.* **Strandkanone**) U	*völlig betrunken* Als ich kam, lag er unter dem Wirtshaustisch, voll wie eine Strandhaubitze.

wenn alle **Stränge** reißen U	= wenn alle Stricke *reißen*
an e-m (*od.* am gleichen, an demselben) **Strang** ziehen	*(trotz verschiedener Mittel usw.) das gleiche Ziel anstreben* Wir scheinen manchmal gegeneinander zu arbeiten, aber im Grunde ziehen wir doch alle an einem Strang: unseren Betrieb voranzubringen.
über die **Stränge** schlagen (*od.* hauen) U	*die Grenzen (des Anstandes, des Guten usw.) überschreiten* Jugend muß mal über die Stränge schlagen, aber das darf kein Dauerzustand werden.
die **Straße** abklappern U	*von Haus zu Haus gehen* Ich werde mal die Straße abklappern und fragen, ob jemand meine Hausschlüssel gefunden hat.
mit etw. die **Straße** pflastern können U	*etw. überreichlich haben* Unsere Gäste haben abgesagt, und Mutti hat so viel Kuchen gebacken, daß wir damit die Straße pflastern können.
der Mann auf der **Straße**	*s.* Mann
auf der **Straße** liegen	1) = *auf dem* Pflaster *liegen* 2) *ganz leicht zu erringen sein* 2) Was ich mir schwer erarbeite – ihm fällt das alles zu. Für ihn liegt der Erfolg auf der Straße.
das Geld liegt auf der **Straße** U	*es gibt gute Verdienstmöglichkeiten* Für den Tüchtigen liegt das Geld auf der Straße.
das Geld liegt nicht auf der **Straße** U	*Geld muß mühsam verdient werden* Dafür soll ich 200,- Mark ausgeben? Hör mal, das Geld liegt doch nicht auf der Straße!
auf der **Straße** sitzen U	*s-n Arbeitsplatz verloren haben* Dieter sitzt seit gestern auf der Straße – fristlos entlassen.
auf offener **Straße**	*öffentlich, so daß jeder es sieht* Sie küßt ihn immer völlig ungeniert auf offener Straße.
auf die **Straße** gehen	*die politischen Ansichten außerhalb des Parlamentes vertreten, öffentlich demonstrieren* Wenn wir uns im Parlament nicht durchsetzen können, dann müssen wir auf die Straße gehen. Vielleicht erreichen wir eine Volksabstimmung.
j-n auf die **Straße** setzen (*od.* werfen)	*j-n entlassen, hinauswerfen* Ich habe keine Lust, jeden Tag Überstunden zu machen, und wenn der Chef mich auf die Straße setzt.
(Geld) auf die **Straße** werfen	*(Geld) vergeuden, leichtsinnig ausgeben* Daß du so oft ins Spielkasino gehst! Da kannst du dein Geld doch gleich auf die Straße werfen!
über die **Straße** verkaufen	*zum Verbrauch außerhalb der Gaststätte (des Cafés usw.) verkaufen* Verkaufen Sie Wein (Kuchen *usw.*) über die Straße?

von der **Straße** auflesen	(e-n Freund) *in ganz einfachen Kreisen finden* Seinen neuen Freund hat er scheint's von der Straße aufgelesen – so primitiv sieht er jedenfalls aus.
e-n **Straußen-magen** haben	*alles vertragen können* „Pflaumen, Äpfel, Wasser, Bier – alles durcheinander! Na, wenn das man gutgeht!" – „Doch, doch, er hat einen Straußenmagen."
auf der **Strecke** bleiben	*1) nicht mehr weiterkönnen* *2) nicht zum Ziel kommen, nicht verwirklicht werden* 1) Wenn ihn seine Geschäftsfreunde nicht großzügig unterstützt hätten, wäre er während der Wirtschaftskrise auf der Strecke geblieben. 2) Der Prozeß ging zwar legal über die Bühne, aber die Gerechtigkeit blieb doch auf der Strecke.
zur **Strecke** bringen	*1) (e-n Löwen usw.) töten* *2) (e-n Verbrecher usw.) fangen od. töten* 1) Heute ist es Mode, in Afrika zu jagen und dort einen Löwen zur Strecke zu bringen. 2) Der Film war das Übliche. Scotland Yard hat natürlich alle Verbrecher zur Strecke gebracht.
j-m e-n **Streich** spielen	*j-m etw. Böses antun, j-n hereinlegen* Wir sind noch nicht in Urlaub gefahren. Das Wetter hat uns einen Streich gespielt.
auf e-n **Streich**	*in e-m Arbeitsgang, auf einmal* Wenn ich einen Farbfilm nehme, kriege ich auf einen Streich Dias und Schwarzweißabzüge.
zu **Streich** kommen mit etw. U	*zurechtkommen mit etw., wissen, wie man etw. macht* Kommst du mit dem neuen Diktiergerät zu Streich?
e-n **Streit** vom Zaun brechen	*s. Zaun*
die **Streitaxt** begraben	*= das Kriegsbeil begraben*
dünn wie ein **Strich** (*od.* bloß noch ein, nur noch ein, der reinste **Strich**) U	(durch Krankheit, Entbehrungen) *sehr schmal geworden* Die Anni kennt man kaum wieder. Sie ist ja dünn wie ein Strich (der reinste Strich *usw.*).
j-m e-n **Strich** durch etw. machen	*j-m etw. verderben, unmöglich machen* Das Wetter hat uns leider einen Strich durch unsere Urlaubsreise gemacht. Bei dem Regen kann man ja nicht campen.
j-m e-n **Strich** durch die Rechnung machen	*j-m etw. verderben, unmöglich machen* „Ihr seid noch nicht im Urlaub?" – „Leider hat uns das Wetter einen Strich durch die Rechnung gemacht."
e-n (dicken) **Strich** unter etw. ziehen	*(endgültig) Schluß mit etw. machen, e-e alte, unangenehme S. (endgültig) begraben* Endlich haben die beiden Rivalen einen dicken Strich unter die Vergangenheit gezogen und kommen nun sehr gut untereinander aus.

keinen **Strich** tun U	*nichts tun, faul sein* Den ganzen Morgen hat sie noch keinen Strich getan, nur herumgesessen und Musik gehört.
j-n auf dem **Strich** haben U	*böse sein auf j-n* Er ist ein netter Kerl, aber wenn er jemanden auf dem Strich hat, ist er nicht wiederzuerkennen.
auf den **Strich** gehen S	*Prostituierte sein* Das sieht man diesem Frauenzimmer doch auf zehn Kilometer an, daß sie auf den Strich geht.
noch auf dem **Strich** gehen können U	*nicht sehr betrunken sein* Einen Schwips hat er schon, aber er kann noch auf dem Strich gehen.
j-m gegen den **Strich** gehen	*j-m zuwider sein, gegen j-s Neigungen (od. Ansichten) sein* Diese sentimentale Musik geht mir gegen den Strich.
nach **Strich** und Faden U	*gehörig, tüchtig (schlagen od. tadeln)* Wegen seiner unglaublichen Frechheit habe ich ihn mal nach Strich und Faden verprügelt (*od.* verdroschen).
j-m e-n **Strick** aus etw. drehen	*j-m etw. vorwerfen, j-n durch etw. zu Fall bringen* Während der Dienstzeit kann ich von hier nicht weg. Man könnte mir allzu leicht einen Strick daraus drehen.
wenn alle **Stricke** reißen	*im schlimmsten Fall, im Notfall* Die Zimmersuche ist bei uns schwierig. Wenn alle Stricke reißen, kannst du ein paar Tage bei uns wohnen.
du wirst (dir) doch nicht gleich den **Strick** nehmen (*od.* zum **Strick** greifen)	*du wirst das hoffentlich nicht allzu ernst (od. tragisch) nehmen* Es war wirklich nicht schön, wie er dich sitzengelassen hat. Aber du wirst dir doch deswegen nicht gleich den Strick nehmen.
striegeln: gestriegelt und gebügelt U	= *geschniegelt und gebügelt* (schniegeln)
an der **Strippe** liegen U	*nicht frei, nicht sein eigener Herr sein* Er ist zwar schon 23, aber er liegt noch immer an der Strippe.
an der **Strippe** haben U	*1) j-n in der Gewalt haben, j-n streng erziehen* *2) j-n am Telefon haben* 1) Seine Kinder sind längst erwachsen, aber er will sie immer noch an der Strippe haben. 2) Ich hab' schon x-mal angerufen; endlich hab' ich dich an der Strippe.
an der **Strippe** hängen U	*telefonieren* Wenn du den ganzen Tag an der Strippe hängst, kommst du mit deiner Arbeit ja nicht voran.
s. an die **Strippe** hängen U	*(anfangen zu) telefonieren* Diesmal verschicken wir keine Einladungen, sondern ich werde mich heute abend an die Strippe hängen (*versuchen, alle anzurufen*).
j-n an die **Strippe** kriegen U	*e-n Telefonteilnehmer erreichen* Er ist fast nie zu Hause, deswegen ist es so schwer, ihn an die Strippe zu kriegen.

Stroh im Kopf haben U	*dumm sein* Er muß Stroh im Kopf haben, wenn er in der 2. Klasse noch nicht seinen Namen schreiben kann.
(leeres) **Stroh** dreschen	*dummes, inhaltloses Zeug reden* Neues hat er in seinem Vortrag nicht gebracht. Er hat eigentlich nur Stroh gedroschen.
der rettende **Strohhalm**	*gerade das (bißchen), das j-m aus e-r Schwierigkeit hilft* Er hatte völlig abgewirtschaftet. Aber die Heirat mit der Bäckerstochter erwies sich als der rettende Strohhalm.
s. an e-n **Strohhalm** klammern	*auf e-e noch so geringe Möglichkeit hoffen, die e-m helfen könnte* Er ist restlos bankrott und hat keinen Pfennig. Jetzt versucht er, sein Geschäft zu verkaufen, und an diesen Strohhalm klammert er sich.
nach e-m (*od.* diesem) (rettenden) **Strohhalm** greifen	*bei e-r noch so aussichtslos erscheinenden Möglichkeit, die weiterhelfen könnte, zugreifen* Wenn einem das Wasser bis zum Hals steht, ist es klar, daß er nach jedem (rettenden) Strohhalm greift.
heiliger **Strohsack!** U	*(Ausruf etwas unwilliger Überraschung)* Heiliger Strohsack! Hast du das denn immer noch nicht kapiert!?
gegen den **Strom** schwimmen	*s. nicht der herrschenden Meinung und Tendenz anpassen* Gegen den Strom zu schwimmen war schon von jeher ein Zeichen besonderer Charakterstärke.
mit dem **Strom** schwimmen	*s. der vorherrschenden Meinung und Tendenz anpassen* Er ist nicht der Typ, der rebelliert. Er schwimmt eben mit dem Strom.
in **Strömen** regnen (*od.* gießen)	*sehr heftig regnen* Als wir das Theater verließen, regnete (*od.* goß) es in Strömen.
in **Strömen** fließen U	*sehr viel getrunken werden, unbegrenzt ausgeschenkt werden* Der letzte Presseball war ein rauschendes Fest. Der Wein floß in Strömen.
s. auf die **Strümpfe** machen	= *s. auf die* Socken *machen*
(sein Geld) in den **Strumpf** stecken	*(sein Geld) nicht auf e-r Bank sparen, sondern zu Hause* Zweimal hat er schon all sein Geld verloren, trotzdem steckt er jeden Pfennig in den Strumpf.
in der **Stube** hocken U	*nicht an die frische Luft, nicht hinausgehen* Tagelang hockt er in der Stube und steckt die Nase ins Buch. Kein Wunder, daß er so bleich aussieht.
nur (*od.* immer) herein in die gute **Stube!** U	= rin *in die gute Stube*
ein faules **Stück** U	*ein fauler Mensch* Der liefert dir die Arbeit niemals pünktlich ab. Er ist ein ganz faules Stück.

ein freches **Stück** U	*ein frecher Mensch* „Holzkopf" hat er zu dir gesagt? So ein freches Stück!
das ist ein starkes **Stück** U	*das ist e-e Unverschämtheit* Erst schwindelt er dich an, und dann wird er noch frech? Das ist ein starkes Stück.
mein gutes (*od.* bestes) **Stück** U	*mein Ehemann (od. meine Ehefrau)* Ich muß Ihnen noch mein bestes Stück vorstellen. Er arbeitet gerade im Garten.
Stücker zehn (*od.* zwölf *usw.*) U	*ungefähr zehn (od. zwölf) Stück* Dann brauchen wir noch Kisten. Etwa Stücker zehn.
s. ein **Stück** leisten U	*etw. Schlimmes, Dummes tun* Heut hat er sich wieder ein Stück geleistet. Als einziger hatte er die Übersetzung nicht vorbereitet.
große **Stücke** auf j-n halten	*e-e bes. hohe Meinung von j-m haben* Unser Chef hält große Stücke auf den Buchhalter.
aus freien **Stücken**	*freiwillig* „Hat ihn jemand gezwungen, diese Arbeit zu machen?" – „Nein, er hat sie aus freien Stücken übernommen."
in e-m **Stück** U	*andauernd, ununterbrochen* Zur Zeit ist es schlimm mit Vater. Er schimpft mit Kurt in einem Stück.
s. in **Stücke** reißen lassen für j-n	*j-s treuer Freund, verläßlicher Beschützer sein* Richard wird mich nie im Stich lassen. Er läßt sich für mich in Stücke reißen.
mit j-m (*od.* etw.) auf gleicher (*od.* der gleichen, derselben) **Stufe** stehen	*gleich, von der gleichen Art sein wie j-d (od. etw.)* Künstlerisch gesehen steht der Film mit dem Theater nicht auf der gleichen Stufe.
auf die gleiche (*od.* dieselbe, eine) **Stufe** stellen	*als gleich ansehen, (als) gleich behandeln* Wollen Sie wirklich die modernen Dichter und die Klassiker auf eine Stufe stellen?
j-m den **Stuhl** vor die Tür setzen U	*j-n entlassen, hinauswerfen* Bei der nächsten Gelegenheit werde ich ihm den Stuhl vor die Türe setzen.
j-m den **Stuhl** unter dem Hintern wegziehen U	= *j-m den Boden unter den Füßen wegziehen*
vom **Stuhl** fallen U	*sehr überrascht sein* Ich fall vom Stuhl! Ich habe gewonnen!
ich bin (*od.* wäre) fast vom **Stuhl** gefallen, als (*od.* wie) U	*ich war sehr überrascht, als* Ich wäre fast vom Stuhl gefallen, als der Direktor erklärte, ich soll die Festansprache halten.

zu **Stuhl(e)** kommen mit etw. U	*zurechtkommen, fertig werden mit etw. (das lange dauert)* Ob er in diesem Jahr mit seiner Doktorarbeit endlich zu Stuhl kommt?
zwischen zwei **Stühlen** sitzen	*ohne Erfolg sein, weil man s. zwei Möglichkeiten hat entgehen lassen* Die eine Stelle habe ich nicht gewollt, die andere Firma hat mir wieder abgeschrieben – jetzt sitze ich richtig zwischen zwei Stühlen.
s. zwischen zwei **Stühle** setzen	*bei zwei Möglichkeiten s. beide entgehen lassen* Wenn er sich nicht bald für die eine oder andere Sache entscheidet, setzt er sich zwischen zwei Stühle.
mit **Stumpf** und Stiel ausrotten	*ganz und gar vernichten* Der Alkoholismus gehört mit Stumpf und Stiel ausgerottet.
sein letztes **Stündchen** hat geschlagen (*od.* ist gekommen)	*sein Ende ist gekommen* (scherzhaft od. drohend gesagt) Leider ist für unsere Zeitschrift das letzte Stündchen gekommen. Sie muß ihr Erscheinen einstellen.
was die **Stunde** geschlagen hat	*was die Glocke geschlagen hat*
j-s **Stunde** (*od.* die **Stunde** von etw.) schlägt	*j-s Ende (od. das Ende von etw.) naht unweigerlich* Ich bin gespannt, wann die Stunde dieses Diktators schlägt.
j-s **Stunde** kommt noch	*j-s Augenblick der Rache (od. des Triumphes) kommt noch* Er saß drei Jahre unschuldig in Haft, aber er wußte, daß seine Stunde kommen würde.
ihre schwere **Stunde**	*die Stunde der Entbindung* Sie sah ihrer schweren Stunde ganz gefaßt entgegen.
e-e geschlagene **Stunde**	*s. schlagen*
dem Gebot der **Stunde** gehorchen (*od.* folgen)	*das tun, was im Augenblick zwingend notwendig ist* Alle, die vom Erdbeben verschont waren, folgten dem Gebot der Stunde und nahmen Obdachlose auf.
in e-r schwachen **Stunde**	*in e-m willensschwachen Augenblick (in dem man nicht alle Konsequenzen bedacht hat)* „Vati, kaufen wir heute das Tonbandgerät?" – „Davon weiß ich ja gar nichts." – „Doch, du hast es mir doch am Sonntag versprochen." – „Das muß ich in einer schwachen Stunde getan haben."
ein **Sturm** der Begeisterung	*sehr große, wilde Begeisterung* Als der Pianist sein Spiel beendet hatte, brach ein Sturm der Begeisterung los.
ein **Sturm** im Wasserglas	*s. Wasserglas*
Sturm läuten	*laut und anhaltend läuten, um Gefahr anzuzeigen* Was ist denn passiert? Man erschrickt ja richtig, wenn du so Sturm läutest.

das Barometer steht auf **Sturm**	*es herrscht Spannung, die Menschen sind sehr gereizt* Am besten ist es, du gehst gar nicht erst ins Wohnzimmer, sondern gleich in dein Zimmer. Das Barometer steht mal wieder auf Sturm.
Sturm laufen gegen j-n (*od.* etw.)	*laut protestieren, kämpfen gegen j-n (od. etw.)* Wenn wir alle gegen ihn Sturm laufen, muß die Regierung ihn absetzen.
im **Sturm** nehmen (*od.* erobern)	*das Interesse (die Zustimmung, Zuneigung* usw.*) vieler Leute sofort erringen* Diese Sängerin hat München im Sturm erobert.
im **Sturm** erprobt	*durch viel Praxis erfahren* Unsere Souffleuse ist im Sturm erprobt. Sie hat schon manche bedrohliche Situation gerettet.
du hast hier nichts zu **suchen**	*du gehörst nicht hierher, dies ist nicht dein Zimmer* usw. Verschwinde bitte, du hast hier nichts zu suchen.
suchen: die (beiden) haben s. gesucht und gefunden	*s. finden*
s. dem **Suff** ergeben	*(an e-m Abend od. im Verlauf längerer Zeit) viel Alkohol trinken* Stell dir vor, er hat überhaupt nicht getanzt, sondern sich einfach dem Suff ergeben.
häßlich wie die **Sünde**	= *häßlich wie die* Nacht
(es ist) e-e **Sünd(e)** u. Schande (*od.* e-e wahre **Sünde**) (daß *od.* wie)	*es ist schändlich, sehr schlecht* Es ist einfach eine Sünd und Schande, wie er sein Auto verkommen läßt.
sein **Süppchen** am Feuer anderer kochen	*s. Feuer*
klar wie dicke **Suppe** U	= *klar wie* Kloßbrühe
die **Suppe** auslöffeln müssen, die man s. eingebrockt hat	*die Folgen e-r dummen (od. bösen) Tat auf s. nehmen müssen* Daß du die ganze Arbeit jetzt allein machen mußt, hast du dir selbst zuzuschreiben. Du mußt eben die Suppe auslöffeln, die du dir eingebrockt hast.
das macht die **Suppe** nicht fett U	= *das macht den* Kohl *nicht fett*
j-m die **Suppe** versalzen U	*j-m die Freude, den Erfolg verderben* Ja, er hat mich bei dem Hauskauf reingelegt. Aber ich habe noch Möglichkeiten, ihm die Suppe zu versalzen.
s. e-e (böse, hübsche, schöne) **Suppe** einbrocken U	= *s. etwas (Schönes)* einbrocken

j-m in die **Suppe** (*od.* in den **Suppentopf**) fallen U	*gerade kommen, wenn gegessen wird* Paßt es Ihnen, wenn wir um 12 kommen? Wir möchten Ihnen nicht gerade in die Suppe fallen.
j-m in die **Suppe** spucken U	*j-m e-n Plan, e-e Unternehmung verderben* Irgend jemand muß mir in die Suppe gespuckt haben. Ich hatte den Vertrag schon so gut wie sicher, und jetzt springt der Käufer unter fadenscheinigen Vorwänden wieder ab.
Süßholz raspeln	*(einander) liebevolle, verliebte Worte sagen* Ich erwarte ja nicht gerade, daß der Chef Süßholz raspelt, aber liebenswürdiger könnte er schon sein.
die **Szene** beherrschen	*dominierend wirken* Er verstand es, auf jeder Parteiversammlung die Szene zu beherrschen, obwohl ihm eigentlich keine führende Rolle zukam.
j-m e-e **Szene** machen	*j-n laut tadeln, laut beschimpfen, mit Vorwürfen überhäufen* Ich kann nicht verstehen, warum sie mir wegen der Verspätung so eine Szene gemacht hat.
etw. in **Szene** setzen	*etw. (Auffallendes) durchführen* Wie können wir die Werbekampagne für dieses neue Produkt am besten in Szene setzen?
s. in **Szene** setzen	*s. so benehmen, daß man beachtet wird* Sie versteht es großartig, sich überall in Szene zu setzen.

T

das ist starker **Tabak** U	= *das ist starker* Tobak
die **Tafel** aufheben L	*das Essen für beendet erklären* Das Essen schloß mit Eisbaiser, und dann hob die Dame des Hauses die Tafel auf.
der Jüngste **Tag**	*das Ende der Welt (und das damit verbundene Gericht Gottes)* Es gibt Menschen, die leben nur in Erwartung des Jüngsten Tages.
er redet so viel, wie der **Tag** lang ist (*od.* viel, wenn der **Tag** lang ist) U	*er sagt viel Unwichtiges, auf s-e Worte kann man nichts geben* Mit dieser Kollegin kann ich einfach nicht zusammenarbeiten. Sie redet so viel, wie der Tag lang ist.
ein schwarzer **Tag**	*ein Unglückstag* Das war heute ein schwarzer Tag für die Bahn – gleich zwei Zugunglücke auf einmal.
nun wird's (aber) **Tag!** U	*das ist die Höhe, das ist ja unglaublich!* Seit drei Tagen hast du einen Brief von deinem Lehrer und gibst ihn mir nicht? Nun wird's aber Tag!
s-e **Tage** sind gezählt	*sein Ende wird bald kommen* Die Ärzte haben nicht mehr viel Hoffnung. Ich fürchte, seine Tage sind gezählt.
ein Unterschied wie **Tag** und Nacht	*s. Unterschied*
verschieden wie **Tag** und Nacht	*sehr verschieden, grundverschieden* Man möchte es nicht glauben, daß die beiden Schwestern sind. Sie sind verschieden wie Tag und Nacht.
ein Gesicht machen wie drei **Tage** Regenwetter	*s. Regenwetter*
e-s schönen **Tages**	*an e-m (nicht näher bestimmten) Tag* Eines schönen Tages kommt ein junger Mann und wird dich heiraten wollen.
dieser **Tage**	*während der letzten Tage* Dieser Tage kam ein Mann in unseren Laden und kaufte für über fünfhundert Mark Waren ein.
es ist noch nicht aller **Tage** Abend	*s. Abend*
den **Tag** totschlagen	= *die Zeit totschlagen*
den (ganzen) lieben langen **Tag**	*die ganze Zeit, immerzu* Heut hat es den (ganzen) lieben langen Tag geregnet.

dem lieben Gott die **Tage** stehlen	*s. Gott*
die **Tage** zählen, bis	*mit großer Ungeduld warten bis* Er zählt die Tage, bis er in Urlaub fahren kann.
s. e-n guten **Tag** (*od.* ein paar schöne **Tage**) machen	*e-n Tag (od. mehrere Tage) nicht arbeiten, sondern s. vergnügen* Jetzt machen wir uns mal einen guten Tag (*od.* ein paar schöne Tage). Ich habe eine kleine Erbschaft gemacht.
s-n guten **Tag** haben	*in guter Verfassung sein, als Redner (Schauspieler* usw.*) besonders gut sein* Du solltest meinen Vater mal sehen, wenn er seinen guten Tag hat. Da könnte man sich über ihn totlachen.
keinen guten (*od.* s-n schlechten) **Tag** haben	*nicht in guter Verfassung sein, als Redner, Schauspieler* usw. *nichts Gutes leisten* Leider hast du ihn heute nicht richtig kennengelernt. Er hatte heute keinen guten (*od.* seinen schlechten) Tag.
keinen guten **Tag** mehr bei j-m haben	*von j-m schlecht behandelt werden* Seit seine Frau dahintergekommen ist, daß er beim Pferderennen 500,– DM verspielt hat, hat er zu Hause keinen guten Tag mehr.
(schon) bessere **Tage** gesehen haben	*in Zeiten gelebt haben, in denen es j-m besser ging* Unsere Zeitungsfrau hat vor dem Krieg schon bessere Tage gesehen. Damals hätte sie nie gedacht, daß sie einmal Zeitungen austragen müßte.
wenig gute (*od.* viele böse) **Tage** gesehen haben	*Zeiten durchgemacht haben, in denen es einem schlecht ging* Du mußt verstehen, wenn er so ernst ist. Er hat in seinem Leben wenig gute (*od.* viele böse) Tage gesehen.
etw. an den **Tag** (*od.* ans **Tageslicht**) bringen	*dafür sorgen, daß ein Geheimnis bekannt wird* Ich bin nicht ganz unschuldig daran, daß die Sache mit dem Jungen ans Tageslicht (*od.* an den Tag) kam. Ich habe den Eltern des Mädchens einen Wink gegeben.
an den **Tag** (*od.* ans **Tageslicht**) kommen	*bekannt werden* Ich bin sicher, daß es niemals an den Tag (*od.* ans Tageslicht) kommen wird, wer das Geld gestohlen hat.
an den **Tag** legen	*(deutlich) zeigen* Die Höflichkeit, die er an den Tag legte, als er dir in den Mantel half, war bemerkenswert.
auf s-e alten **Tage**	*in hohem Alter* Auf seine alten Tage hat er noch angefangen, Griechisch zu lernen, um Homer im Original lesen zu können.
nur für den **Tag** leben	*nicht an die Zukunft denken* Seit ich richtig verdiene, habe ich mir ein Sparbuch zugelegt. Man kann doch nicht nur für den Tag leben.
etw. ist nur für den **Tag** (geschrieben)	*etw. hat keinen bleibenden Wert* Dieser Roman soll das bedeutendste Buch unseres Jahrzehnts sein, aber ich finde, er ist nur für den Tag geschrieben.

in den **Tag** hinein reden	*viel und wenig sinnvolles Zeug reden* Was meine Arbeitskollegen so in den Tag hinein reden, das interessiert mich überhaupt nicht.
unter **Tage** (arbeiten *usw.*)	*in der Erde, im Bergwerk (arbeiten)* usw.) Mein Mann und mein Sohn arbeiten beide unter Tage und bringen ein ganz schönes Stück Geld nach Hause.
von **Tag** zu Tag	*jeden Tag und immer mehr (od. weniger)* Die Hitze wird von Tag zu Tag unerträglicher.
von e-m **Tag** auf den anderen (abfahren *usw.*)	*ganz schnell, plötzlich* Als es über eine Woche geregnet hatte, reisten einige Gäste von einem Tag auf den anderen ab.
vor Tau und **Tag**	*s. Tau*
tagaus, tagein	*jeden Tag, immerzu* Es gibt Gegenden, in denen tagaus, tagein die Sonne scheint.
es wird schrecklich **tagen** L	*es wird zu e-r fürchterlichen Katastrophe kommen* Wenn diese sündhafte Welt sich nicht bessert, wird es schrecklich tagen, sagte der Wanderprediger.
an der **Tagesordnung** sein (*od.* zur **Tagesordnung** gehören)	*allgemein üblich, häufig sein* Früher machte unser Chef alles allein, aber jetzt sind Gespräche mit Mitarbeitern an der Tagesordnung.
zur **Tagesordnung** übergehen	*e-e S. nicht berücksichtigen* Großvater wollte noch mal die alte Geschichte aufwärmen, aber wir sind gleich zur Tagesordnung übergegangen und haben unsere Ferienpläne besprochen.
den **Takt** angeben	= *den* Ton *angeben*
j-n aus dem **Takt** bringen	*j-n aus dem Gewohnten herausbringen, unsicher machen* Mit seiner unvermittelten Frage, ob ich einen Herrn Bender kenne, brachte mich der Polizist ganz aus dem Takt. Sollte ich es zugeben?
s. nicht aus dem **Takt** bringen lassen	*s. nicht verwirren (od. unsicher machen) lassen* Rita ist gewöhnt, sich in der Öffentlichkeit zu bewegen. Sie läßt sich nicht so schnell aus dem Takt bringen.
aus dem **Takt** kommen	*unsicher werden* Ein geübter Redner kommt auch bei Zwischenrufen nicht aus dem Takt.
ein paar **Taler**	= *ein paar* Groschen
s. e-n hübschen **Taler** (bei e-r S.) verdienen	*e-e recht große Summe bei etw. verdienen* Auf der Baumesse habe ich mir als Standhilfe einen hübschen Taler verdient.
keinen **Taler** wert sein	= *keinen* Deut *wert sein*
j-m geht ein **Talglicht** auf	= *j-m geht ein* Seifensieder *auf*

viel **Tamtam** um (*od.* wegen) etw. machen U	= Theater *machen*
schlank wie e-e **Tanne** U	*hoch, schlank und gutgewachsen* Angela ist immer noch schlank wie eine Tanne.
das kann meine **Tante** auch U	*das ist ganz leicht, ist nicht die richtige Lösung der gestellten Aufgabe* Hör mal, die Träger mit Sicherheitsnadeln feststecken, das kann meine Tante auch. Du solltest sie doch annähen.
Tante Meier U	*Abort* Wart einen Augenblick, ich muß mal schnell zu Tante Meier gehen.
der **Tanz** um das Goldene Kalb L	*s. Kalb*
ein **Tanz** auf dem Seil	*s. Seil*
ein **Tanz** auf dem Vulkan	*s. Vulkan*
e-n **Tanz** aufführen U	*1) laut viele Vorwürfe machen* *2) s. laut streiten* 1) Was haben meine Eltern für einen Tanz aufgeführt, als sie hörten, daß ich ihren Wagen genommen hatte. 2) Wenn er nicht tun will, was sie sagt, dann führen die beiden einen Tanz auf – schrecklich!
das wird noch e-n **Tanz** (*od.* ein **Tänzchen**) geben U	*das wird noch e-e scharfe Auseinandersetzung* (od. *viel Vorwürfe*) *geben* Das wird noch einen Tanz geben, wenn ich zu Hause sage, daß ich in ein eigenes Zimmer ziehen will.
das **Tanzbein** schwingen U	*(viel) tanzen* Der Presseball war wieder ganz groß. Tausende schwangen die ganze Nacht das Tanzbein.
etw. aufs **Tapet** bringen U	*etw. zur Sprache bringen* Wir wollen doch versuchen, die Frage einer Gehaltserhöhung aufs Tapet zu bringen.
aufs **Tapet** kommen U	*zur Sprache kommen* Ich glaube kaum, daß das Thema Preiserhöhung heute aufs Tapet kommen wird.
die **Tapete(n)** wechseln U	*1) umziehen* *2) das Lokal wechseln* *3) s. im Beruf verändern* 1) 15 Jahre wohnen wir jetzt hier, wir sollten mal die Tapete(n) wechseln. 2) Laßt uns mal die Tapete wechseln. Ich weiß hier noch ein hübscheres Lokal. 3) Ich suche zum neuen Jahr eine neue Stelle. Ich muß unbedingt mal die Tapeten wechseln.

wie von der **Tarantel** gestochen U	*plötzlich, schnell* Als er sah, daß jemand mit seinem Mantel aus dem Lokal ging, sprang er wie von der Tarantel gestochen auf und rannte hinterher.
j-n (*od.* etw.) wie s-e (eigene) **Tasche** kennen	= *j-n (*od. etw.*) wie s-e* Westentasche *kennen*
s. (*od.* j-m) die (*od.* s-e) **Taschen** füllen	*s. (*od. *j-n) bereichern* Er hoffte, sich durch die Vermittlung dieses guten Geschäfts auch seine Taschen füllen zu können.
die Hand auf der **Tasche** halten	*kein Geld geben, geizig sein* Sein ganzes Leben hat er die Hand auf der Tasche gehalten. Er kann weder sich noch anderen Freude machen.
j-m auf der **Tasche** liegen	*von j-m bezahlt, unterhalten werden* Bald wird sie selbst verdienen und ihren Eltern nicht mehr auf der Tasche liegen.
j-m Geld aus der **Tasche** ziehen	*j-n gegen s-n Willen zu großen Ausgaben veranlassen* Ich muß sehr aufpassen, daß mir meine Kinder nicht für die unsinnigsten Sachen Geld aus der Tasche ziehen.
etw. aus der eigenen (*od.* aus eigener) **Tasche** bezahlen	*etw. selbst bezahlen (u. nicht mehr von den Eltern usw. bekommen)* Wenn sie ihre Wünsche aus eigener Tasche bezahlen muß, wird sie ihre Ansprüche herabschrauben.
j-n in der **Tasche** haben	*j-n so in der Gewalt haben, daß er tut, was der andere will* Er weiß von einer dummen Sache, die Becker mal gemacht hat, und dadurch hat er ihn in der Tasche.
etw. in der **Tasche** haben	*etw. sicher haben* Wenn ich erst mal das Diplom in der Tasche habe, dann kann ich ganz anders auftreten.
die Hand immer in anderer Leute **Tasche(n)** haben	*vom Geld anderer Leute leben, sie ausnutzen* Ein wunderschönes Haus hat er? Kunststück, wenn man die Hand immer in anderer Leute Taschen hat.
(tief) in die **Tasche** greifen (müssen)	*viel bezahlen müssen* Für die Hochzeit meiner Ältesten hab ich tief in die Tasche greifen müssen.
j-n in die **Tasche** stecken (können)	*j-m überlegen sein* Die Studentin aus Athen ist hervorragend. Sie kann alle anderen in die Tasche stecken (*od.* Sie steckt alle anderen in die Tasche).
s-n Stolz in die **Tasche** stecken	*ohne Stolz auftreten, bescheiden sein* Wenn er beim Chef was erreichen will, muß er aber seinen Stolz in die Tasche stecken.
du brauchst nicht immer nur die Hände in die **Taschen** zu stecken	*du kannst auch mal zugreifen, mithelfen* Wenn du bei Onkel Theo zu Besuch bist, brauchst du die Hände nicht immer nur in die Taschen zu stecken.

(Geld) in die eigene **Tasche** stecken	*(Geld) unterschlagen* Seit mehr als drei Jahren hat er Tausende von Mark in die eigene Tasche gesteckt.
in die eigene **Tasche** arbeiten (*od.* wirtschaften)	*dafür sorgen, daß (auf unlautere Weise) Profit gemacht wird* Wer auf diesem Posten hat nicht in die eigene Tasche gearbeitet! Ist es noch Korruption, wenn's alle tun?
j-m in die **Tasche** (*od.* in j-s **Tasche**) arbeiten	*betrügerisch für j-s Vorteil arbeiten* Durch Verschreiben falscher Rezepte haben einige Ärzte Rauschgifthändlern in die Tasche gearbeitet. So haben alle großartig daran verdient.
die Hände in fremde **Taschen** stecken	*(als Taschendieb) stehlen* Unter tausend Studenten kann immer mal einer sein, der seine Hände in fremde Taschen steckt.
e-e trübe **Tasse** S	*ein Mensch ohne Ideen (Aktivität, Schwung usw.)* Den Peter einladen? Diese trübe Tasse! Ein langweiligerer Kerl ist dir wohl nicht eingefallen!?
er hat nicht alle **Tassen** im Schrank (*od.* Spind) S	*er ist verrückt* (tatsächlich u. bildlich) Obwohl er gelernter Friseur ist, arbeitet er als Hilfsarbeiter? Er hat wohl nicht alle Tassen im Schrank!
j-n auf frischer **Tat** ertappen	*j-n in dem Augenblick überraschen, wo er e-e schlechte Tat tut* Du bist es also, der mir immer die neuen Bleistifte klaut. Jetzt habe ich dich mal auf frischer Tat ertappt.
in der **Tat**	*wirklich, tatsächlich* Ich habe die Japaner jetzt etwas näher kennengelernt. Sie sind in der Tat ein arbeitsames Volk.
nackte **Tatsachen**	*1) unverfälschte Tatsachen* *2) nackte Personen S* 1) Ich gebe hier nicht meine persönlichen Ansichten wieder, ich berichte nur nackte Tatsachen. 2) Du gehst doch sonst auch in keinen künstlerischen Film. Dich interessieren hier ja bloß die nackten Tatsachen.
vor **Tau** und Tag	*sehr früh, bevor der Tag angebrochen ist* Um einen Sonnenaufgang im Gebirge zu erleben, muß man vor Tau und Tag aufstehen und auf die Berge steigen.
warten, daß (*od.* bis) e-m die gebratenen **Tauben** in den Mund fliegen	*etw. ohne Anstrengung erreichen wollen* Sich einsetzen oder anstrengen, das kommt für ihn nicht in Frage. Er wartet, daß ihm die gebratenen Tauben in den Mund fliegen.
hier geht es zu wie in e-m **Taubenschlag** U	*hier ist ein ständiges Kommen und Gehen, sehr viel Betrieb (u. deswegen keine Ruhe für vernünftige Arbeit)* Hier kann man sich gar nicht konzentrieren. Hier geht's ja zu wie in einem Taubenschlag.
(erst mal) abwarten und **Tee** trinken U	*fassen wir uns in Geduld, seien wir geduldig* „Du mußt jetzt bei der Post wegen des Pakets eine Verlustanzeige aufgeben!" – „Abwarten und Tee trinken! Das Paket kann durchaus noch kommen."

der große **Teich** U	*der Atlantische Ozean* Einmal in meinem Leben möchte ich über den großen Teich fahren.
s. sein **Teil** denken	*s. s-e eigene (abweichende) Meinung bilden* Ich sagte nicht viel, aber ich dachte mir mein Teil.
er hat sein **Teil** zu tragen	*er hat ein schweres Schicksal zu tragen* Er ist zwar immer guter Dinge, aber er hat auch sein Teil zu tragen.
er hat sein **Teil** weg	1) *er hat s-n Anteil bekommen (u. deswegen keine Ansprüche mehr)* 2) *er hat e-n Schaden, e-e Zurechtweisung erlitten* 3) = *er hat sein Teil zu tragen* 1) Er hat mit dieser Erbschaftssache nichts zu tun, er hat sein Teil schon längst weg. 2) Man sieht es ihm nicht an, aber er hat sein Teil weg. Der Schlaganfall macht ihm zu schaffen.
er hat das bessere (*a.* den besseren) **Teil** erwählt (*od.* gewählt)	*er hat ein besseres Leben* (*od. Schicksal*) *als die anderen* Er hat damals das bessere Teil erwählt und ist nach Kanada ausgewandert. Seinen Brüdern geht es nach wie vor schlecht.
ich für mein **Teil**	*ich ganz persönlich* Ich für mein Teil bin der Ansicht, daß wir uns an diesem Geschäft nicht beteiligen sollten.
am **Telefon** hängen U	= *an der Strippe hängen*
ein bunter **Teller**	*ein Teller mit Gebäck, Obst, Süßigkeiten* Ein bunter Teller für jeden ist bei uns zu Weihnachten sehr wichtig.
j-n zum **Tempel** hinausjagen (*od.* hinauswerfen, hinausschmeißen) U	*j-n hinauswerfen* Heute war der aufdringliche Vertreter schon wieder da. Wie ich den zum Tempel hinausgeworfen habe, kannst du dir denken.
zum **Tempel** hinausfliegen U	*hinausgeworfen werden* Hör jetzt mit deiner ewigen Kritik auf, sonst fliegst du zum Tempel hinaus!
auf dem **Teppich** bleiben U	*sachlich bleiben, keinen Hirngespinsten nachhängen* Jetzt bleib mal schön auf dem Teppich. Bloß weil du eine Gehaltserhöhung bekommen hast, kannst du dir noch lange kein neues Auto kaufen.
j-m (*od.* j-n) **teuer** zu stehen kommen (*od. etw.* **teuer** bezahlen müssen)	*böse Folgen, viele Nachteile für j-n haben* Wie konnte er nur so ungenau arbeiten. Dieser Irrtum wird ihm (*od.* ihn) teuer zu stehen kommen (*od.* Diesen Irrtum wird er teuer bezahlen müssen).
Teufel auch! U	*(Ausruf kräftiger Zustimmung)* „Hier habe ich einen herrlichen Schnaps!" – „Teufel auch, das Zeug ist gut!"
pfui **Teufel** (*od.* Deibel)! U	*(Ausruf des Ekels od. Abscheus)* Pfui Teufel, eine Kröte faßt man doch nicht an!

Teufel noch (ein-)mal U	= Himmel *noch (ein)mal*
der **Teufel** hat's gesehen U	*es ist gemein, tückisch, wie alles immer schiefgehen muß (so, als ob der Teufel es sieht u. dafür sorgt, daß es nicht klappt)* Diese Unterlagen hab' ich schon einmal gesucht, jetzt sind sie schon wieder weg! Der Teufel hat's gesehen! / X-mal hab ich an den Paß gedacht – jetzt hab ich ihn doch vergessen. Der Teufel hat's gesehen.
der **Teufel** (*od.* Deibel) ist los	*es herrscht Lärm, Durcheinander, Streit* Bei der Inventur war der Teufel los – nichts stimmte.
der **Teufel** ist in j-n gefahren	*j-d ist ganz anders als sonst (ist übermütig, brilliert usw.)* So habe ich ihn noch nie reden hören! Der Teufel ist in ihn gefahren.
da hat der **Teufel** s-e Hand im Spiel (*od.* da muß der **Teufel** s-e Hand im Spiel haben *od.* im Spiel sein)	*da wirkt ein tückischer Zufall mit* Seit drei Jahren spiele ich im Lotto, noch nie habe ich etwas gewonnen. Da hat der Teufel seine Hand im Spiel.
j-n reitet der **Teufel**	*j-d ist besessen, verrückt* An manchen Tagen reitet den Jungen der Teufel. Da macht er alles kaputt, was er in die Finger kriegt.
hol's der **Teufel** (*od.* Deibel)! U	*(Ausruf der Verärgerung, Fluch)* Hol's der Teufel, ich krieg' den Koffer nicht auf!
der **Teufel** (*od.* Deibel) soll dich *od.* ihn holen! U	*(Ausruf der Verärgerung über j-n, Fluch)* Ich will den unehrlichen Kerl nicht mehr sehen! Der Teufel soll ihn holen (*od.* Hol ihn der Teufel)!
da soll doch der **Teufel** (*od.* Deibel) dreinschlagen!	*das ist doch zum Verrücktwerden!* Jetzt haben wir das Zimmer ausgeräumt, und der Maler kommt nicht. Da soll doch der Teufel dreinschlagen!
das weiß der **Teufel** U	= *das wissen die* Götter
weiß der **Teufel** (*od.* Deibel) (wer, wo, wann *usw.*) U	= Gott *weiß (wer, wo usw.)*
wie der **Teufel** (*od.* Deibel) U	*sehr intensiv, sehr schnell* Er arbeitet (fährt, reitet *usw.*) wie der Teufel.
hinter etw. her sein wie der **Teufel** hinter der (armen) Seele	*sehr begierig nach etw. sein* Er will sie heiraten, denn er ist hinter ihrem Geld her wie der Teufel hinter der (armen) Seele.
auf etw. erpicht sein wie der **Teufel** auf die (arme) Seele	= *hinter etw. her sein wie der* Teufel *hinter der (armen) Seele*
etw. fürchten wie der **Teufel** das Weihwasser	*vor etw. ganz außerordentliche Furcht haben* Er fürchtet eine Pressekonferenz wie der Teufel das Weihwasser. Er fühlt sich den Journalisten nicht gewachsen.

ein armer **Teufel** U	*ein Bettler, ein armseliger, kranker Mensch* Niemand nimmt sich seiner an, er ist wirklich ein armer Teufel. Er ist doch fast ganz gelähmt.
ein leibhaftiger **Teufel** (*od.* ein wahrer **Teufel**, ein **Teufel** in Menschengestalt, der reine **Teufel**)	*ein wilder, grausamer, niederträchtiger, tückischer Mensch* Wie er die armen Gefangenen tagaus, tagein gequält hat – er ist ein leibhaftiger Teufel (*od.* der reine Teufel *usw.*).
ein (richtiger) kleiner **Teufel** U	*ein übermütig-boshaftes Kind* Unser Jüngster ist ein (richtiger) kleiner Teufel. Alles macht er kaputt, wenn man ihm nicht seinen Willen tut.
ich will des **Teufels** sein (*od.* der **Teufel** soll mich holen), wenn U	*es ist ganz gewiß so, daß ... (nicht)* Ich will des Teufels sein, wenn er der Dieb ist.
bist du des **Teufels**? (*od.* du bist wohl ganz und gar des **Teufels**) U	= *du bist wohl von allen guten* Geistern *verlassen*
in drei **Teufels** Namen U	= *in* Gottes *Namen (aber das Einverständnis wird weniger gern gegeben)* Dann kauf dir in drei Teufels Namen die Wasserpistole, aber benutze sie nicht in der Wohnung!
in **Teufels** Küche geraten (*od.* kommen) U	*in die allergrößten Schwierigkeiten kommen, größte Unannehmlichkeiten haben* Ich kann bei Ihrer Tochter keine Ausnahme machen. Wenn ich sie ohne Prüfung aufnähme, käme ich in Teufels Küche.
j-n in **Teufels** Küche bringen U	*j-n in die allergrößten Schwierigkeiten bringen* Er hat uns mit seiner Beschwerde bei der Regierung in Teufels Küche gebracht.
den **Teufel** an die Wand malen	*s. Wand*
den **Teufel** mit dem (*od.* durch den) Beelzebub austreiben	*etw. Schlimmes beseitigen, indem man etw. anderes Schlimmes entstehen läßt* Der Arzt hat versucht, ihre Bronchitis mit starken Spritzen zu heilen. Jetzt hat sie darauf einen Herzanfall bekommen. So hat er den Teufel mit dem Beelzebub ausgetrieben.
den **Teufel** im Leib haben	*höchst temperamentvoll, wild, besessen sein* Deine kleine Schwester kratzt und beißt wie eine Katze. Sie hat den Teufel im Leib.
j-d fragt den **Teufel** nach etw. U	*etw. ist j-m völlig gleichgültig* Ich frage den Teufel nach seiner Erlaubnis. Ich bin 18.

ich werde den **Teufel** tun (und ...) (*od.* den **Teufel** wirst du tun) U	*ich werde es bestimmt nicht tun* „Ich will raus und Fußball spielen!" – „Den Teufel wirst du tun. Du bleibst hier und machst Schularbeiten."
s. den **Teufel** um etw. scheren (*od.* kümmern) U	*s. nicht im geringsten um etw. kümmern* Er tut, was er will, und schert sich den Teufel darum, was die andern sagen oder denken.
auf **Teufel** komm raus (*od.* auf Deibel komm raus) U	*mit aller Kraft, höchster Intensität, ohne Rücksicht auf die Folgen* Sie haben auf Teufel komm raus gedruckt, damit das Buch noch vor Weihnachten fertig wird.
es müßte mit dem **Teufel** zugehen, wenn (etw. nicht geschieht)	*es muß u. wird ganz bestimmt geschehen* Er hat regelmäßig und fleißig gelernt – es müßte mit dem Teufel zugehen, wenn er das Examen nicht bestünde (*od.* besteht, bestehen würde).
zum **Teufel!** U	(Ausruf der Verärgerung, des Unwillens) Wer, zum Teufel, hat meinen Füller?
zum **Teufel** noch (ein)mal U	= Himmel *noch ein(mal)*
zum **Teufel** mit j-m (*od.* etw.) U	(Ausruf der Verärgerung über j-n od. etw.) Zum Teufel mit dem kaputten Schirm! Jetzt kauf ich mir aber einen neuen!
zum **Teufel** (*od.* Deibel) gehen U	1) *s. nicht verwirklichen lassen* 2) *kaputtgehen* 3) *verlorengehen* 1) Wenn er nicht mitmacht, gehen alle unsere schönen Pläne zum Teufel. 2) Auf dieser Ferienreise ist unser altes Zelt endgültig zum Teufel gegangen. 3) Hast du Kugelschreiber in Reserve? Bei mir gehen die immer so schnell zum Teufel.
geh (*od.* scher dich) zum **Teufel** (*od.* Deibel)! U	*verschwinde!* Geh zum Teufel, du Dummkopf! Du machst mir doch bloß alles kaputt!
geh (*od.* scher dich) zum **Teufel** (*od.* Deibel) mit etw. (*od.* j-m) U	*verschwinde (mitsamt den Dingen, die du hast od. tust)!* „Ich will dich nur kurz etwas fragen." – „Geh zum Teufel mit deiner ewigen Fragerei, ich will meine Ruhe haben!"
zum **Teufel** (*od.* Deibel) sein U	*verloren sein* Meine Tasche ist weg. Also auch meine Kamera und die Filme – alles zum Teufel.
j-n zum **Teufel** jagen U	= *j-n zum* **Tempel** *hinausjagen*
j-n zum **Teufel** wünschen U	*wünschen, daß j-d (für immer) wegkommt, verschwindet* Diese kreischenden Kinder habe ich schon oft zum Teufel gewünscht.

j-n aus dem **Text** bringen	= *j-n aus dem* Konzept *bringen*
aus dem **Text** kommen	= *aus dem* Konzept *kommen*
weiter im **Text**!	*sprich (od. lies) weiter* Weiter im Text! Warum machst du so viel Kunstpausen?
das ist (doch alles) nur (*od.* bloß *od.* nichts als) (reines) **Theater** U	*das ist alles nicht ehrlich, es ist unaufrichtig, vorgetäuscht* Ihre teilnahmsvollen Worte? Das ist doch alles nur (reines) Theater (*od.* nichts als Theater *usw.*). Es interessiert sie nicht im mindesten, wie es dir wirklich geht.
das **Theater** fängt von vorne (*od.* von neuem) an U	*die Vorwürfe (od. die unangenehme S.) fangen von neuem an* Kaum komme ich nach Hause, fängt das Theater von vorne an (höre ich wieder dieselben Vorwürfe).
so ein **Theater**! U	*so e-e Aufregung usw.* Nur ein kleiner Schnitt in den Finger und so ein Theater.
Theater (*od.* so ein, ein furchtbares *usw.* **Theater**) machen (*od.* aufführen) U	*viel Aufhebens wegen etw. machen, viel Aufregung verursachen, viel Vorwürfe machen* Mach doch nicht so ein Theater wegen der kleinen Beule im Wagen!
Theater spielen (*od.* j-m **Theater** vorspielen *od.* vormachen)	*etw. vortäuschen, so handeln, um irrezuführen* Es geht ihr gar nicht so schlecht. Sie spielt nur Theater (*od.* sie macht euch nur Theater vor), um recht bedauert zu werden (*od.* um nicht mithelfen zu müssen).
am (*od.* beim) **Theater** sein	*Schauspieler sein* Sie ist seit ihrer Jugend beim (*od.* am) Theater.
demnächst in diesem **Theater** S	*irgendwann später (vielleicht)* „Kommst du mal wieder mit zum Schwimmen?" – „Demnächst in diesem Theater."
zum (*od.* ans) **Theater** gehen	*Schauspieler werden* Es war lange mein Traum, zum Theater zu gehen, aber meine Eltern waren strikte dagegen.
graue **Theorie**	*etw. rein Theoretisches, das in der Praxis nicht stimmt* Kinder entwickeln sich richtig, wenn man sie aufwachsen läßt wie die Blumen? Das ist graue Theorie!
ein ungläubiger **Thomas**	*j-d, der nicht geneigt ist, etw. zu glauben, ein Mißtrauischer* Du wirst einige Mühe haben, ihn zu überzeugen, daß es jetzt besonders günstig ist, das Auto zu verkaufen. Er ist ein ungläubiger Thomas.
bei j-m nicht **tief** gehen	*j-n nicht sehr beeindrucken (od. berühren)* So ein Anpfiff von Vater geht bei ihm nicht tief. Zum einen Ohr rein, zum andern Ohr raus.
das läßt **tief** blicken	*das enthüllt bisher Verheimlichtes (od. Negatives)* Einen goldenen Armreif hat er ihr geschenkt? Das läßt ja tief blicken. Vielleicht heiratet er sie doch noch?

seelischen **Tiefgang** haben	*gefühlsmäßig tief empfinden, tief empfunden sein* Das Buch ist ein oberflächlicher Bericht, der keinerlei seelischen Tiefgang hat.
ein armes **Tier** U	= *ein armes* Luder
ein großes (*od.* hohes) **Tier** U	*ein einflußreicher Mensch auf hohem Posten* Sein Bruder ist, ganz im Gegensatz zu ihm, ein hohes Tier geworden – Ministerialdirektor oder so etwas.
j-d ist ein gutes **Tier** U	*j-d ist gutmütig (aber beschränkt)* Wenn du ihn bittest, macht er es natürlich. Er ist ja ein gutes Tier, aber er wäre damit völlig überfordert.
zum **Tier** herabsinken	*alles Menschliche, Edle verlieren, nur noch s-n Trieben leben* Das Schlimmste am Alkoholismus ist, daß der Mensch unaufhaltsam zum Tier herabsinkt.
jedem **Tierchen** sein Pläsierchen U	*jeder soll doch das Vergnügen haben, das er möchte* Wenn Elmar nun mal sehr viel lieber Bier trinkt statt Wein und Kurt lieber Apfelsaft, dann gib es ihnen doch. Jedem Tierchen sein Pläsierchen.
über etw. ist viel **Tinte** verspritzt worden	*über etw. ist viel (Unnötiges) geschrieben worden* Über das Verhältnis von Mann und Frau ist schon viel Tinte verspritzt worden, und doch muß jeder seine eigenen Erfahrungen machen.
klar wie dicke **Tinte** U	= *klar wie* Kloßbrühe
du hast wohl **Tinte** gesoffen! S	*du bist wohl völlig verrückt* Du willst dir aus meinem Taftkleid ein Faschingskostüm machen? Du hast wohl Tinte gesoffen!
(schön) in der **Tinte** sitzen U	*in Verlegenheit, in Schwierigkeiten sein* Er kann die Miete nicht mehr bezahlen und von zu Hause kriegt er nichts mehr. Er sitzt ganz schön in der Tinte.
(schön) in die **Tinte** geraten U	*in Verlegenheit, in Schwierigkeiten kommen* Durch seine Weibergeschichten ist er ziemlich in die Tinte geraten.
daran ist nicht zu **tippen** U	*das ist ganz sicher* Er ist der beste Sportler in unserer Klasse. Daran ist nicht zu tippen.
reinen **Tisch** machen (mit etw. *od.* mit j-m wegen etw.)	*e-e schwebende unangenehme S. bereinigen, j-n zur Rechenschaft ziehen wegen etw.* Niemand weiß, wie es zu diesen Differenzen kam, aber man sollte endlich mal reinen Tisch machen und dann nicht mehr davon sprechen.
am runden **Tisch**	*unter Gleichberechtigten, ohne Vorsitzenden* Das Gespräch am runden Tisch hat die gegensätzlichen Standpunkte klar herausgebracht.
beide Parteien an e-n **Tisch** bringen	*beide Seiten dazu veranlassen, miteinander zu verhandeln* Wir können beide Parteien nur an einen Tisch bringen, wenn wir eine Kompromißformel vorschlagen.

auf den **Tisch** hauen (*od.* schlagen) U	*energisch werden* Wenn du nicht mal auf den Tisch haust, wird sich die Unordnung in deinem Betrieb nie ändern.	
bei **Tisch**	*während des Essens* Bei Tisch kam ein lebhaftes Gespräch in Gang.	
unter den **Tisch** fallen U	*nicht stattfinden, nicht getan, gesagt werden* Politische Themen fallen bei uns unter den Tisch.	
unter den **Tisch** fallenlassen	*nicht erwähnen, nicht durchführen* Warum laßt ihr dieses Jahr euren Hausball unter den Tisch fallen?	
j-n unter den **Tisch** trinken	*so lange mit j-m trinken, bis er betrunken zusammensinkt* Meinen Vater trinkt so leicht niemand unter den Tisch.	
sie braucht zu Hause nur die Füße unter den **Tisch** zu st(r)ecken	*sie braucht zu Hause nicht mitzuhelfen, hat keine Pflichten* Sie ist sehr verwöhnt und launisch, denn sie braucht zu Hause nur die Füße unter den Tisch zu stecken.	
die Füße (*od.* Beine) unter j-s **Tisch** st(r)ecken	*von j-m wirtschaftlich abhängig sein* Solange du noch die Füße unter meinen Tisch steckst, Junge, hast du dich nach mir zu richten.	
die Füße (*od.* Beine) unter e-n fremden **Tisch** st(r)ecken	*s. von anderen ernähren, versorgen lassen* Sie hat nie für sich selbst gesorgt, sondern die Füße immer unter einen fremden Tisch gesteckt.	
Trennung (*od.* Scheidung) von **Tisch** und Bett	*Aufhebung der Lebens- und Ehegemeinschaft* Die beiden Ehegatten beschimpfen sich den ganzen Tag. Trennung von Tisch und Bett ist hier die einzige Lösung.	
vom grünen **Tisch** aus) (*od.* am grünen **Tisch**) (entscheiden, ausarbeiten *usw.*)	*rein theoretisch, ohne Kontakt mit der Praxis (u. darum problematisch)* Vom grünen Tisch (aus) kann man das leicht entscheiden, aber die Praxis sieht oft ganz anders aus.	
zu **Tisch** (gehen, führen, bitten, rufen *usw.*)	*zum Essen (gehen usw.)* „Darf ich zu Tisch bitten", sagte die Hausfrau, und alle erhoben sich.	
das Tischtuch zwischen s. und j-m anderen zerschneiden (*od.* entzweischneiden)	*alle Beziehungen zwischen s. und j-m anderen endgültig abbrechen* Zwischen uns ist das Tischtuch zerschnitten. Ich kann ihr diese Kränkung nie verzeihen.	
von Anno **Tobak** stammen	*sehr alt sein* Dieser Zylinder stammt noch von Anno Tobak.	
das ist starker **Tobak**	*das ist e-e Unverschämtheit, e-e Zumutung* Seine Bemerkung, sein Vorgesetzter sei ein Wirrkopf, ist schon starker Tobak.	
höhere **Tochter**	*ein wohlerzogenes Mädchen aus bürgerlicher Familie* In früheren Zeiten gehörte es sich, daß eine höhere Tochter Klavier spielte und Handarbeiten machte.	

der **Tod** sitzt ihm im Nacken	*man sieht, daß er bald sterben muß* Er sieht schrecklich aus. Als käme er aus einer anderen Welt. Der Tod sitzt ihm ganz offenbar im Nacken.
der Schwarze **Tod**	*die Beulenpest (im Mittelalter)* Nichts war im Mittelalter mehr gefürchtet als der Schwarze Tod.
der Weiße **Tod**	*der Tod in Schnee und Eis* In jedem Winter fordert der Weiße Tod im Gebirge unerbittlich seine Opfer.
ein Kind des **Todes** sein	*s. Kind*
ein Mann des **Todes** sein	*s. Mann*
des **Todes** sein	*sterben müssen* (mst. als Drohung) Dieser Schuft! Sollte er es noch einmal wagen, mich anzurühren, dann ist er des Todes!
ich will des **Todes** sein, wenn	*ich versichere hiermit höchst feierlich, daß ... nicht ...* Ich will des Todes sein, wenn ich meinen Bruder nicht wieder aus den Händen dieser Erpresser befreie.
den **Tod** finden	*sterben* Beim Untergang der „Titanic" haben Hunderte von Passagieren den Tod gefunden.
e-n frühen **Tod** finden	= *ein frühes* Grab *finden*
den **Tod** in den Wellen finden	= *sein* Grab *in den Wellen finden*
j-n in den **Tod** hassen	*j-n ganz außerordentlich hassen* Er hat durch Leichtsinn und Betrug meine Firma zugrunde gerichtet. Ich hasse ihn in den Tod.
j-n (etw.) in (*od.* auf) den **Tod** nicht leiden (*od.* ausstehen) können	*j-n (od. etw.) sehr wenig leiden können* Ich kann die Art und Weise, wie Frau Meier über jeden im Hause redet, in den Tod nicht leiden.
er ist mir (bis) in den **Tod** zuwider (*od.* verhaßt)	*er ist j-d, den ich gar nicht ausstehen kann, den ich sehr hasse* Dieser Mann ist mir in den Tod verhaßt. Er hat mir mein Lebenswerk ruiniert.
s. über **Tod** und Teufel (*norddt. a.* Dod und Deibel) unterhalten U	*über alles Mögliche, die verschiedensten Dinge sprechen* „Na, ihr habt wohl gestern abend große Diskussionen geführt?" - „Diskussionen nicht, wir haben uns über Tod und Teufel (*od.* Dod und Deibel) unterhalten."
s. vor **Tod** und Teufel nicht (*od.* weder **Tod** noch Teufel, s. weder vor dem **Tod** noch vor dem Teufel) fürchten	*nicht die geringste Angst haben, keinerlei Furcht zeigen* Die Entdeckung ferner Länder verdanken wir oft kühnen Männern, die weder Tod noch Teufel fürchteten.

(s.) zu **Tode** (arbeiten, schuften, ärgern, schämen, langweilen, lachen, wundern)	*aufs äußerste (arbeiten* usw.*)* Herr Bergner ist gestorben. Er hat sich einfach zu Tode gearbeitet. / Wenn ich so viel Lügen über andere erzählte wie du, würde ich mich zu Tode schämen.
j-n zu **Tode** erschrecken	*j-n so erschrecken, daß er daran fast stirbt* Wo kommst du denn auf einmal so lautlos daher?! Du hast mich ja zu Tode erschreckt!
zu **Tode** erschrocken (*od.* verwundert, erstaunt, betrübt) sein	*außerordentlich erschrocken (verwundert* usw.*) sein* Als ich erfuhr, daß mein Sohn an dem Einbruch beteiligt war, war ich natürlich zu Tode erschrocken.
etw. zu **Tode** reiten (*od.* hetzen)	*etw. so lange sagen, bis es s-e Wirkung verliert* Seine Idee eines natürlichen Lebens ist gut. Aber in seinen vielen Büchern hat er sie zu Tode geritten.
j-m (*od.* e-r S.) den **Todesstoß** geben (*od.* versetzen)	*zum Ende bringen, vernichten, völlig entmutigen* Mit dieser vernichtenden Kritik hat der Kritiker ihm den Todesstoß versetzt.
e-e treulose **Tomate** U	*j-d, der nicht treu ist, nicht getreulich alles mitmacht* Deine Schwester, diese treulose Tomate, ist heute nicht zum Tanzen gekommen.
der **Ton** macht die Musik	*wie etw. gesagt wird, darauf kommt es an* „Ich habe doch gar nichts Negatives geäußert!" – „Der Ton macht die Musik."
der gute **Ton**	*das richtige, taktvolle Benehmen* Dies Buch lehrt den guten Ton in allen Lebenslagen.
was ist das für ein **Ton**!	*wie (unverschämt) redest du mit mir* Ich soll das jetzt sofort machen? Was ist das für ein Ton!? Ich bin dein Vater, nicht dein kleiner Bruder!
ein rauher, aber herzlicher **Ton**	*e-e freundschaftlich gemeinte Redeweise (trotz groberAusdrücke)* Bei uns herrscht ein rauher, aber herzlicher Ton.
den **Ton** angeben	*führend sein, andere beeinflussen* (od. *für sie Vorbild sein*) In der Mode geben Rom und Paris den Ton an.
e-n anderen **Ton** (*od.* e-e andere **Tonart**) anschlagen (gegenüber j-m)	*strenger mit j-m reden* Wenn er auf meine freundlichen Worte nicht hören will, dann muß ich eben einen anderen Ton anschlagen.
e-n (bestimmten) **Ton** anschlagen	*in e-r bestimmten Art u. Weise reden* Er schlug mir gegenüber einen ungehörigen Ton an.
den richtigen **Ton** treffen	*die richtigen Worte finden* Trauernden Angehörigen gegenüber ist es besonders schwer, den richtigen Ton zu treffen.
keinen **Ton** verlauten lassen	*nicht das geringste sagen* (*od. andeuten*) Er hat keinen Ton verlauten lassen, daß er in solchen Geldnöten ist. Ich hätte ihm doch helfen können.

hast du **Töne** (*mst.* haste **Töne**) U	*was sagst du jetzt? das ist doch unerhört* (od. *toll*) Haste Töne! Er gewinnt das Rennen!
große **Töne** reden (*od.* spucken *od.* dicke **Töne** reden)	*laut prahlen* Er spuckt große Töne, daß er der beste Rückenschwimmer ist – am Sonntag werden wir's ja sehen.
s. im **Ton** vergreifen	*nicht den richtigen Ton treffen, unpassend formulieren* Was er sagt, ist ja im Grunde vernünftig – wenn er sich nur nicht im Ton so oft vergriffe.
in den höchsten **Tönen** (etw. loben *od.* von etw. reden)	*sehr lobend* (od. *prahlend*) Er redet immer in den höchsten Tönen, was er alles kann, aber wenn's drauf ankommt, bringt er nichts zustande.
wie **Topf** und Deckel zusammenpassen	*(wegen ihrer Schlechtigkeiten) gut zusammenpassen* Das scheußliche Wetter und deine Stimmung passen zusammen wie Topf und Deckel.
alles in e-n **Topf** werfen	*(Dinge) verwechseln, (nicht zusammengehörige Dinge) miteinander kombinieren* Du wirfst aber wieder mal alles in einen Topf. Der Zoll hat doch nichts mit der Steuer zu tun!
s-e Nase in jeden **Topf** stecken	*s. in alles einmischen, neugierig sein* Den möchte ich nicht als Vorgesetzten haben. Der steckt seine Nase ja in jeden Topf.
vor den **Toren** der Stadt	*außerhalb der Stadt* In den letzten Jahren haben sich manche Industriebetriebe vor den Toren der Stadt angesiedelt.
kurz vor **Tor(es)schluß** U	*kurz vor dem letzten Termin, im allerletzten Augenblick* Kurz vor Toresschluß kam er an und wollte Eintrittskarten. Da hatten wir längst keine mehr.
(vor Angst) mehr **tot** als lebendig sein	*von sehr großer Angst gepackt sein* Ich mache die Tür auf, vor mir steht ein Mann, die Pistole in der Hand. Ich war vor Angst mehr tot als lebendig.
ein Lärm, um **Tote** aufzuwecken	*ein außerordentlich starker Lärm* Wenn die letzten Gäste aus dem Lokal unter uns wegfahren, ist das ein Lärm, um Tote aufzuwecken.
s. **totarbeiten**	= *s. zu* Tode *arbeiten*
s. **totlachen**	= *s. zu* Tode *lachen*
das ist zum **Totlachen** U	*darüber muß man ganz furchtbar lachen* Wenn die sich zum Spaß beschimpfen, das ist zum Totlachen.
die Zeit (*od.* den Tag) **totschlagen**	*s. Zeit*
du kannst mich **totschlagen** (*od.* und wenn du mich **totschlägst**), ich weiß es nicht U	*ich versichere dir ganz nachdrücklich, ich weiß es nicht* „Wieviel Exemplare habt ihr heute denn nun eigentlich verkauft?" „Du kannst mich totschlagen, ich weiß es nicht."

dafür laß ich mich auf der Stelle **totschlagen** U	*das ist ganz gewiß (so)* Ich habe ihn gestern abend in das Haus hineingehen sehen. Dafür laß ich mich auf der Stelle totschlagen.
immer die alte **Tour** U	1) *der alte, oft benutzte Trick* 2) = *immer die alte* Platte 1) Den Hausfrauen schmeicheln und ihnen dann etwas Unnötiges aufschwatzen – die Vertreter haben doch immer die alte Tour.
e-e krumme **Tour** S	*s. krumm*
j-m die **Tour** vermasseln U	*j-s Plan stören, j-n e-e S. nicht durchführen lassen* Mit seiner Vorsprache beim Direktor hat er uns völlig die Tour vermasselt. Den wollten wir doch mit dem neuen Plan überraschen.
er hat s-e **Tour** U	*er hat s-n Anfall von Verrücktheit* Meinen Bruder sprich lieber nicht an. Er hat mal wieder seine Tour.
die **Tour** kenne ich U	*den Trick kenne ich, dadurch laß ich mich nicht täuschen* Er hat mal wieder Kopfweh und kann nicht mithelfen? Die Tour kenne ich.
auf **Touren** bringen U	1) *j-n (od. etw.) in Schwung bringen* 2) *j-n böse machen* 1) Mehr habt ihr bisher nicht geschafft? Na wartet, ich werde euch schon auf Touren bringen! 2) Nichts kann ihn so auf Touren bringen, als wenn man ihm widerspricht.
auf **Touren** kommen U	1) *in Schwung kommen; energisch werden* 2) *böse werden* 3) *in Stimmung kommen* 1) Er hat uns gezeigt, wie man die Arbeit geschickter machen kann, und dadurch sind wir erst richtig auf Touren gekommen. 2) Ich kann dir sagen, unser Lehrer kommt auf Touren, wenn er jemanden beim Abschreiben erwischt. 3) Erst als Erwin ein paar ganz neue Tanzplatten mitbrachte, kamen wir so richtig auf Touren.
auf vollen **Touren** laufen U	*intensiv arbeiten, voll in Betrieb sein* An Aufträgen mangelt es im Moment noch nicht – im Gegenteil, die Produktion läuft auf vollen Touren.
auf e-e **Tour** reisen U	= *auf e-e* Masche *reisen*
in e-r **Tour** U	*ununterbrochen* Was ihn geärgert hat, weiß ich nicht, aber er schimpfte in einer Tour.
immer auf **Trab** (*od.* auf dem **Trab**) sein U	= *immer auf dem* Sprung *sein*
in (*od.* auf *od.* auf den) **Trab** bringen U	*machen, daß j-d nicht faulenzt, s. beeilt* Du mußt mal die Kinder auf Trab bringen, sonst kommen sie noch zu spät zur Schule.

j-n in **Trab** halten U	*ständig dafür sorgen, daß j-d tätig ist* In unserer Firma kommt man kaum mal zum Verschnaufen. Wir werden die ganze Zeit in Trab gehalten.
s. in **Trab** setzen U	*s. beeilen, laufen* Nun setz dich mal in Trab!
e-e **Tracht** Prügel	*e-e größere Zahl von Schlägen (mst. als Strafe)* Für seine unglaubliche Frechheit habe ich ihm mal eine Tracht Prügel verabreicht.
im **Tran** (sein, etw. tun) U	*gedankenlos (sein od. etw. tun)* Ich hab' nicht abgeschlossen? Da muß ich völlig im Tran gewesen sein.
j-m (*od.* e-r S.) keine **Träne** nachweinen	*kein Bedauern haben für* Diesem Lehrer weine ich keine Träne nach. Er hat mich zu oft schikaniert.
mit e-r **Träne** im Knopfloch S	*mit leichtem Bedauern; äußerlich bedauernd, innerlich froh* Und so habe ich mich denn von unsern Lehrern mit einer Träne im Knopfloch verabschiedet.
in **Tränen** schwimmen U	*sehr stark weinen* Als ich ins Zimmer kam, war der junge Mann fort, und sie schwamm in Tränen.
auf die **Tränendrüsen** drücken U	*sentimentale Gefühle hervorrufen* Der Film kostet dich drei Taschentücher, so drückt er auf die Tränendrüsen.
(wegen etw.) (viel) **Trara** machen (*od.* ein großes **Trara** machen) U	*viel reden über, viel Geschrei machen wegen* Mach bloß kein (*od.* nicht so'n, so viel) Trara wegen der Erbschaft, sonst werden die Leute nur neidisch.
die **Trauben** hängen j-m zu hoch (*od.* sind j-m zu sauer)	*etw. ist j-m zu schwer zu erreichen (er sagt freilich, es interessiere ihn nicht)* Er will den Abteilungsleiterposten gar nicht? Die Trauben hängen ihm zu hoch!
es ist ein **Trauerspiel** (mit j-m *od.* etw.)	*die Dinge sind betrüblich, unerfreulich* Er hat in Englisch und Mathematik eine schlechte Note. Es ist ein Trauerspiel (mit ihm).
vom Regen in die **Traufe** kommen	*s. Regen*
der **Traum** meiner (schlaflosen) Nächte S	*mein größter Wunsch* Ein schneeweißer Mercedes mit roten Polstern – das ist der Traum meiner (schlaflosen) Nächte.
das fällt mir nicht im **Traum(e)** ein	*das lehne ich ab (weil es e-e Zumutung ist)* Ich soll mich bei ihm entschuldigen? Das fällt mir nicht im Traum(e) ein.
daran ist nicht im **Traum** zu denken	*das ist ganz ausgeschlossen* Daß wir zu fünft in die Schweiz fahren, daran ist nicht im Traum zu denken. Wo soll ich das Geld hernehmen?

ich denke nicht im **Traum** daran	*ich habe es nicht vor, ich lehne es ab* Mein Bruder meint, ich könnte das Zimmer für den Maler allein ausräumen, aber ich denke nicht im Traum daran.
das wäre mir nicht im **Traum** eingefallen	*an etw. so Kühnes hätte ich nie gedacht* Meinen Chef um sechs Monate bezahlten Urlaub zu bitten, damit ich das Buch schreiben kann, das wäre mir nicht im Traum eingefallen.
das hätte ich mir nicht **träumen** lassen	*ich hätte nie gedacht, daß mir etw. so Schönes passieren würde* Daß wir beide einmal zusammen eine Weltreise machen würden, das hätte ich mir nicht träumen lassen.
träumen: du träumst wohl U	*du bist ein bißchen verrückt, du irrst dich* Ich soll das Loch in die Decke gebrannt haben? Du träumst wohl!
ins **Treffen** führen	= *ins Feld führen*
es gut (*od.* schlecht) **treffen**	*1) zu (un)günstiger Zeit kommen, (un)günstige Umstände vorfinden* *2) (kein) Glück haben* 1) Sie haben es diesmal schlecht getroffen. Mein Mann kommt erst heut abend. 2) Im Urlaub hatten wir es mit dem Wetter und dem Quartier sehr gut getroffen.
es **trifft** sich gut	*es ist ein günstiges Zusammentreffen mehrerer Umstände* Sie wollen mit dem Paket zur Post? Das trifft sich gut. Könnten Sie mein kleines Päckchen bitte mitnehmen?
treffen: s. (im Innersten *od.* bis ins Innerste) getroffen fühlen	*außerordentlich tief verletzt od. gekränkt sein* „Dumme Ziege!" hatte er gesagt. Ich fühlte mich im Innersten getroffen!
e-n klaren **Trennungsstrich** ziehen	*die Grenze (zwischen verschiedenen Ansichten, Rechten, Pflichten usw.) deutlich zeigen* Ein kameradschaftliches Verhältnis zwischen Lehrern und Schülern ist ja ganz schön, aber wir müssen doch einen klaren Trennungsstrich ziehen.
die **Treppe** hinauffallen	*1) auf der (amtlichen) Stufenleiter aufsteigen, obwohl eigentlich das Gegenteil zu erwarten war* *2) befördert werden* 1) „Vor kurzem ist der Skandal aufgekommen. Die Sekretärin wurde entlassen." – „Und ihr Chef?" – „Der ist natürlich die Treppe hinaufgefallen. Er wurde versetzt und ist jetzt Direktor eines Zweigwerkes in Frankfurt." 2) „Na, Inspektor, wie geht's?" – „Von wegen, Inspektor! Ich bin die Treppe hinaufgefallen." – „Schon Oberinspektor geworden?" – „Vor drei Wochen."
auf **Treu** und Glauben	*in gutem Glauben, ohne Nachprüfung* Wir haben die Dokumente auf Treu und Glauben angenommen. Wir hätten sie ja auch gar nicht nachprüfen können.
der Nürnberger **Trichter**	*e-e mechanische Lernmethode, die keine Mühe kostet* Du wünschst dir wohl einen Nürnberger Trichter fürs Englische! Aber den gibt es nicht. Üben muß man.

auf den (richtigen) **Trichter** kommen U	*etw. richtig erfassen, den Trick von etw. herausbekommen* Endlich bin ich auf den Trichter gekommen, wie man Kurven fährt.
j-n auf den (richtigen) **Trichter** bringen U	*j-m den Weg zum Richtigen zeigen, j-n den Trick lehren* Er weiß jetzt, was er werden will. Der Berufsberater hat ihn auf den Trichter gebracht.
eine dumme **Trine** U	*eine einfältige Person* Mit ihr kann man nichts anfangen – sie ist eine dumme Trine.
j-m e-n **Tritt** geben U	*j-n (aus negativen Gründen) entlassen* Er wurde frech, und da hat ihm der Chef natürlich einen Tritt gegeben.
e-n **Tritt** kriegen	*(aus negativen Gründen) entlassen werden* Wenn er nicht mit dem Chef verwandt wäre, hätte er schon längst einen Tritt gekriegt.
auf dem **trockenen** sitzen (*od.* sein)	1) *festsitzen, nicht mehr weiterkommen* 2) *erledigt, bes. finanziell in Verlegenheit sein* 3) *U vor e-m leeren Glas sitzen* 1) Unser Korrespondent in Tokio hat schon lange keinen Bericht mehr geschickt, und wir sitzen in bezug auf Japan völlig auf dem trockenen. 2) In der ersten Monatshälfte lebt er in Saus und Braus, in der zweiten sitzt er dann auf dem trockenen. 3) Aber Herr Vetter, Sie sitzen ja auf dem trockenen. Noch ein Glas Sekt?
das **trojanische** Pferd	*das geheime Mittel, mit dem man den Gegner hinterrücks erledigt* Wenn es uns nur gelänge, das trojanische Pferd zu finden, mit dem wir diesen Agentenring sprengen könnten!
die **Trommel** rühren (*od.* schlagen) für j-n (*od.* etw.)	*nachhaltig werben für* Vertreter sind Leute, die die Trommel für alles Mögliche und Unmögliche rühren.
in die **Trompete** stoßen U	*prahlen, viel Gerede machen* Schön, er hat den 2. Preis gewonnen. Aber deswegen braucht er doch nicht so in die Trompete zu stoßen!
ein guter (*od.* edler) **Tropfen**	*ein guter Wein* Mein Vater liebt Gesellschaft und einen guten Tropfen.
ein **Tropfen** Wermut (*od.* ein bitterer Tropfen)	*etw. Trauriges, die Freude Trübendes* Ein Tropfen Wermut war freilich dabei. Unsere Älteste konnte nicht mitfeiern. Sie lag mit Fieber im Bett.
nur ein **Tropfen** auf e-n (*od.* den) heißen Stein	*viel zuwenig* Hundert Mark (*od.* Vier Exemplare, Zwei Tische, Zwei Packer usw.) sind ja nur ein Tropfen auf den heißen Stein. Wir brauchen mindestens zehnmal soviel.
nicht ganz (*od.* recht) bei **Trost** sein U	*nicht vernünftig, nicht ganz richtig im Kopf sein* Ich soll ihm das Geld in einem Brief schicken? Du bist wohl nicht ganz bei Trost. Wenn der Brief verlorengeht?!

im (od. den) alten (od. gewohnten, gleichen) **Trott** gehen U	*in der bisherigen, unbefriedigenden, schlampigen Weise gehen* Durch den neuen Chef hat sich bei uns im Betrieb nichts geändert. Es geht alles im (od. alles den) alten Trott.
in den alten (od. gewohnten, gleichen) **Trott** zurückfallen (od. verfallen)	*zu der bisherigen, unbefriedigenden, schlampigen Arbeit, Lebensweise zurückkehren* Wir haben jetzt gesehen, wie es anders sein könnte, und dürfen keinesfalls in den gewohnten Trott zurückfallen.
im **trüben** fischen	*durch Ausnutzung e-r undurchsichtigen Lage e-n Vorteil erlangen* Nicht wenige sind heute reich, weil sie es verstanden haben, in den ersten Jahren nach dem Kriege im trüben zu fischen.
Trübsal blasen	*in trauriger Stimmung sein, mißmutig reden* Es hat doch keinen Zweck, den ganzen Tag Trübsal zu blasen. Überlege dir lieber, wie du die Dinge ändern kannst.
j-m zeigen, was **Trumpf** ist	*j-m zeigen, wie die Dinge* (bes. *die Machtverhältnisse*) *wirklich liegen* Wenn er denkt, er hat hier was zu sagen, weil er Dr. ist, dann mußt du ihm mal zeigen, was Trumpf ist.
e-n **Trumpf** ausspielen	*etw. vorbringen* (od. *tun*), *was Vorteile bringt* Er hat auch einen Trumpf ausgespielt, indem er auf seine Auslandserfahrung verwies.
den (od. s-n) höchsten **Trumpf** ausspielen	*das sagen* (od. *tun*), *was man als Wirkungsvollstes für s. sagen* (od. *tun) kann* Jetzt hat er seinen höchsten Trumpf ausgespielt: er kennt als einziger die Konkurrenzfirma gut, weil er früher dort gearbeitet hat.
den (od. s-n) letzten **Trumpf** ausspielen	= *die letzte* Karte *ausspielen*
alle **Trümpfe** ausspielen	*alles tun* (od. *sagen*), *was man als Besonderes für s. tun* (od. *sagen) kann* Er hat mittlerweile alle Trümpfe ausgespielt, und jetzt komme ich zum Zuge.
j-m die **Trümpfe** aus der Hand nehmen (od. winden)	*j-s Vorteile wirkungslos machen* Er hat eine starke Position, aber wir müssen trotzdem versuchen, ihm die Trümpfe aus der Hand zu nehmen.
s-e **Trümpfe** aus der Hand geben	*s-e Vorteile preisgeben* Wie käme ich dazu, meine Trümpfe aus der Hand zu geben?
die (od. s-e, alle) **Trümpfe** in der Hand behalten	*alle Vorteile, alle für e-e Entscheidung wichtigen Dinge zurückhalten* Noch wissen wir nicht, was die Gegenseite vorhat, weshalb wir alle Trümpfe in der Hand behalten müssen.
e-n **Trumpf** in der Hand haben	*etw. haben, was man für s. als besonders wirkungsvoll einsetzen kann* Er hat immerhin einen Trumpf in der Hand: er ist als einziger lange Jahre im Ausland gewesen.

die (*od.* alle) Trümpfe in der Hand (*od.* in Händen) haben (*od.* halten)	1) *die stärkste Machtposition haben* 2) *in e-m Streit alle Vorteile auf s-r Seite haben* 1) Was willst du gegen Krüger machen? Als Generalsekretär der Partei hat er alle Trümpfe in der Hand. 2) Lassen wir uns ruhig auf einen Prozeß ein. Wir haben ja alle Trümpfe in der Hand.
auf die **Tube** drücken S	1) *schneller fahren* 2) *s. beeilen, s. anstrengen* 3) *schauspielerisch übertreiben, (in Richtung des Sentimentalen) überbetonen* 4) *sehr lustig sein, Rabatz machen* 1) Wenn du ein bißchen auf die Tube drückst, kannst du ihn noch vor der Kurve überholen. 2) Wenn wir ein bißchen auf die Tube drücken, kriegen wir die Arbeit bis 6 Uhr fertig. 3) Ich liebe ein verhaltenes Spiel und mag es gar nicht, wenn die Schauspieler auf die Tube drücken. 4) Wir waren mächtig in Stimmung. Vor allem Gerd und Anni haben ziemlich auf die Tube gedrückt.
ein rotes **Tuch** sein für j-n	*etw. sein, was j-n sofort stark reizt, wütend macht* Dieser arrogante Kerl ist ein rotes Tuch für mich.
(auf j-n) wirken wie ein rotes **Tuch**	*j-n stark reizen, wütend machen* Seine rückständigen politischen Ansichten wirken auf mich wie ein rotes Tuch.
Tuchfühlung aufnehmen (mit j-m)	*die Verbindung aufnehmen mit j-m* In Kanada angekommen, nahm er sofort mit seinen Landsleuten Tuchfühlung auf.
Tuchfühlung halten (*od.* in **Tuchfühlung** stehen) (mit j-m)	*in Verbindung stehen mit j-m* Halten Sie weiterhin mit der Botschaft Tuchfühlung. Wir können so wichtige Informationen erhalten.
die **Tücke** des Objekts	*der nicht erwartete, tückische Schaden, den ein Ding anzurichten pflegt* „Jetzt habe ich mich so vorgesehen beim Streichen und doch einen Fleck auf die neue Jacke bekommen." – „Das ist eben die Tücke des Objekts."
nur so **tun**	*s. verstellen, nicht so sein (od. es nicht so meinen), wie es scheint* Ich glaube nicht, daß er dir helfen will. Er tut nur so.
tun: er tut's nun mal nicht anders	1) *das ist so s-e Art, so macht er es immer* 2) = *unter dem tut er's nicht* (tun) 1) An seine altmodischen Sitten werden Sie sich gewöhnen müssen. Der alte Herr tut's nun mal nicht anders.
tun: unter dem (*od.* darunter) tut er's nicht	*das ist das mindeste, weniger kommt nicht in Frage* Er lädt selten ein, aber wenn, dann muß es das Allerbeste sein. Unter dem tut er's nicht.
tun: es tut s. (et)was	*es ändert s. etw., etw. geschieht* Es ist noch zu früh, um Prophezeiungen zu machen, aber eins ist sicher: es tut sich etwas.

nichts zu **tun** haben mit	*nicht in Verbindung stehen mit, völlig getrennt sein von* Unsere Firma hat mit der gleichnamigen Firma in Nürnberg nichts zu tun. / Der Ausschlag auf Ihrer Hand hat mit der Grippe nichts zu tun.
das hat nichts damit zu **tun**	*das ist etw. völlig anderes* Laß bitte die Sache mit dem Darlehen aus dem Spiel. Das hat nichts damit zu tun.
es zu **tun** haben mit	*in Verbindung (od. Beziehung) stehen mit* Sie sind als Produktionsleiter für mich nicht zuständig. Ich habe es nur mit dem Personalchef zu tun.
zu **tun** haben mit	*abhängig sein von, beeinflußt werden durch* Der Charakter eines Menschen hat mit der Vererbung ebenso zu tun wie mit der Erziehung.
ich will nichts zu **tun** haben mit j-m (*od.* etw.)	*j-d (od. etw.) geht mich nichts an, ich will damit nicht in Berührung gebracht werden* Du hast dich mit diesem Geschäftsmann eingelassen, ich will damit nichts zu tun haben.
was habe ich damit zu **tun**?	*was geht mich das an?* Ich habe die Leute nicht hergebeten. Was habe ich also damit zu tun?
ihm ist es (nur) um ... zu **tun**	*ihm ist ... wichtig, ... entspricht s-n Interessen* Ihm ist es (nur) um seinen guten Namen zu tun.
es ist mir (sehr) darum zu **tun**, daß	*es ist mir (sehr) wichtig, es entspricht meinen Interesssen, daß* Es ist mir sehr darum zu tun, daß ich einen guten Eindruck mache, wenn ich mich vorstelle.
es mit der Angst zu **tun** kriegen	*s. Angst*
es mit j-m zu **tun** kriegen	*s. kriegen*
(all) sein **Tun** und Lassen (*od.* sein **Tun** und Treiben)	*alles das, was j-d tut, j-s Handlungen* Jeder Mensch ist selbst für sein Tun und Lassen verantwortlich.
das **Tüpfelchen** (*od.* das Pünktchen) auf dem i (*od.* aufs i) U	*das Letzte, was noch fehlt, um die S. wirklich vollkommen zu machen* Zu diesem Kuchen noch etwas Schlagsahne – das ist das Tüpfelchen auf dem i.
Tag der offenen **Tür**	*Besichtigungstag in Schulen, Ämtern, Kasernen usw.* Am Tag der offenen Tür waren unsere Kinder diesmal auf dem Flughafen.
j-m stehen alle **Türen** offen	*j-d hat alle Möglichkeiten, wird allseits gefördert* Mit seiner hervorragenden Examensleistung stehen ihm natürlich alle Türen offen.
e-r S. (mit etw.) **Tür** und Tor öffnen	*e-r (schlechten) S. alle Hindernisse, Beschränkungen wegräumen, etw. (Schlechtes) fördern* Mit dem Fortfall der Genehmigungspflicht für Apotheker wird dem Mißbrauch von Arzneimitteln Tür und Tor geöffnet.

offene **Türen** einrennen	*etw. schon Bewilligtes zu erreichen suchen* Mit Ihrem Antrag rennen Sie offene Türen ein, denn die Reise nach den USA ist bereits vorgesehen.
die **Tür** (für Verhandlungen *usw.*) offenlassen (*od.* nicht zuschlagen)	*die Möglichkeit (für Verhandlungen usw.) immer noch aufrechterhalten* Das einzige, was am Ende der Verhandlungen erreicht wurde, war, daß die Tür (zu weiteren Gesprächen) offengelassen (*od.* nicht zugeschlagen) wurde.
j-m die **Tür** weisen	*j-n abweisen* Meine Nachbarin weist jedem Hausierer die Tür.
du kriegst die **Tür** nicht zu! S	*das ist toll!, ist das ärgerlich!* Du kriegst die Tür nicht zu! Da drüben sitzt Marion mit meinem früheren Verehrer!
die **Tür** von (dr)außen zumachen U	*verschwinden, weggehen* Mir reicht's jetzt mit euren Witzen. Ihr könnt die Tür von außen zumachen!
j-m die **Tür** vor der Nase zuschlagen	*s. Nase*
s. e-e **Tür** noch offenhalten	*e-e Möglichkeit für s. aufrechterhalten* Ich bin überzeugt, daß er sich als kluger Diplomat eine Tür offengehalten hat, von der wir gar nichts wissen.
an alle **Türen** klopfen	*etw. überall versuchen* Wir haben an alle Türen geklopft, um einen Zuschuß für den Bau des Kindergartens zu bekommen – aber leider umsonst.
hinter verschlossenen **Türen**	*ganz geheim* Früher fanden diplomatische Besprechungen meist hinter verschlossenen Türen statt.
mit der **Tür** ins Haus fallen	*ohne lange Vorrede sagen, was man auf dem Herzen hat* Entschuldigen Sie, daß ich gleich mit der Tür ins Haus falle. Würden Sie mir bitte Ihr Auto leihen? Meine Frau muß sofort ins Krankenhaus!
etw. steht vor der **Tür**	*(ein bestimmter Zeitpunkt) ist ziemlich nahe* Weihnachten steht vor der Tür, und wir haben noch keine Geschenke besorgt.
vor s-r eigenen **Tür** kehren	*s. um das, was man anderen vorwirft, bei s. selbst kümmern* Er sagt, ich führe wie ein Verrückter? Soll er erst mal vor seiner eigenen Tür kehren! Wie fährt er denn!
vor verschlossene **Türen** kommen (*od.* vor verschlossenen **Türen** stehen *od.* [nur] verschlossene **Türen** finden)	*abgewiesen werden, auf Ablehnung stoßen* Als wir dann aber mit unseren Sammelbüchsen kamen, standen wir vor verschlossenen Türen.
j-n vor die **Tür** setzen	= *j-m den Stuhl vor die Tür setzen*

zwischen **Tür** und **Angel**	*ganz schnell und kurz, nicht ausführlich, zwanglos* Dieser Bericht erfordert etwas mehr Sorgfalt. Den kann man nicht einfach zwischen Tür und Angel erledigen.
im elfenbeinernen **Turm** sitzen (*od.* leben) (*od. s.* einen elfenbeinernen **Turm** bauen) L	*in e-r Welt leben (*od. *s. in e-e Welt zurückziehen), die mit den harten Realitäten des Lebens nichts zu tun hat* Wie will ein Dichter heute noch auf seine Leser wirken, wenn er sich einen elfenbeinernen Turm baut (*od.* wenn er in einem elfenbeinernen Turm lebt).
keine Ahnung von **Tuten** und **Blasen** haben U	*nicht das geringste von etw. verstehen* Er redet ständig von Raumfahrt und Raketen, aber er hat keine Ahnung von Tuten und Blasen.
Tüten drehen (*od.* kleben) U	*im Gefängnis sitzen* Hast du denn noch nicht gewußt, daß Karl und Peter geschnappt wurden und Tüten drehen?
das kommt (gar) nicht in die **Tüte** U	*das ist völlig ausgeschlossen, kommt nicht in Frage* „Er will heute vorbeikommen und dich fragen, ob du ihm deinen Wagen leihst." – „Das kommt gar nicht in die Tüte. Er braucht gar nicht erst herzukommen."
j-d (*od.* etw.) ist nicht mein **Typ** U	*j-d (*od. *etw.) ist nicht mein Geschmack, gefällt mir nicht* „Wie gefällt dir die Kleine da drüben?" – „Die ist nicht mein Typ."
dein **Typ** wird verlangt S	*du wirst gerufen* (mst. ans Telefon) „Reinhard, dein Typ wird verlangt!" – „Wer ist denn am Apparat?"
dein **Typ** wird hier nicht verlangt! S	*verschwinde bitte, du bist hier unerwünscht* Mensch, mach die Tür von außen zu. Dein Typ wird hier nicht verlangt.
bis zum **tz**	*bis aufs Äußerste* „Warum bist du denn so wütend auf ihn?" – „Er hat mich vorhin bis zum tz geärgert."

U

übel angeschrieben sein bei j-m	= schlecht *angeschrieben sein bei j-m*
j-m **übel** mitspielen	*j-n betrügen, ihm heimtückisch Schaden zufügen* Während seines Auslandsaufenthalts hat man ihm in der Firma übel mitgespielt. Als er zurückkam, wurde er auf einen ganz unbedeutenden Posten versetzt.
j-m etw. **übel** vermerken	*j-m wegen etw. böse sein* Er hat mir meine Feststellung über die Zustände in dieser Firma übel vermerkt. Ich hatte nicht gewußt, daß sein Vater dort Prokurist ist.
wohl oder **übel**	*s. wohl*
ein notwendiges **Übel**	*e-e negative Sache, die nicht zu vermeiden ist* Viele halten schlechte Zähne heutzutage für ein notwendiges Übel. Dabei wären sie durchaus zu vermeiden.
über und über	*ganz und gar* Er war über und über mit Schmutz bedeckt.
j-m **über** sein U	*stärker als j-d sein, j-m überlegen sein* Wenn du glaubst, du bist ihm über, dann irrst du dich. Er hat Bärenkräfte.
es nicht **über** s. bringen	*s. nicht dazu entschließen können (etw. Negatives zu tun)* Sie brachte es nicht über sich, die Bilder ihres Vaters wegzuwerfen.
überall und nirgends (zu finden) sein	*nie an e-m Ort, ein unsteter Mensch sein* In seinem Alter sollte man doch mal seßhaft werden, aber er ist überall und nirgends (zu finden).
überall und nirgends zu Hause sein	*keine Heimat haben* „Ist er eigentlich Franzose?" – „Er ist überall und nirgends zu Hause. Wo er herkommt, weiß ich nicht."
da bin ich **überfragt**	*da fragst du mich zuviel, das weiß ich nicht* Wieviel Einwohner Chicago hat? Da bin ich überfragt.
j-n (*od.* etw.) **überhaben**	= *j-n* (od. *etw.*) satt *haben*
es **überhaben**, etw. zu tun	= *es* satt *haben, zu tun*
überhandnehmen	*zu viel, zu groß, zu stark werden* Ich muß was einnehmen, die Schmerzen nehmen überhand.
j-m eins (*od.* j-m ein paar) **überziehen** U	*j-m e-e* (od. *mehrere*) *Ohrfeigen* (od. *Schläge*) *geben* Ich bin nicht für viel Prügel, aber gelegentlich muß man dem Jungen schon ein paar überziehen.

nichts (*od.* nicht viel, wenig, nicht das geringste *usw.*) **übrig** haben für	*j-n (od. etw.) wenig mögen, kaum schätzen, ablehnen* Für moderne Musik habe ich nichts (nicht viel *usw.*) übrig, für moderne Malerei dagegen schon.
ein **übriges** tun	*etw. Zusätzliches, Nichtverlangtes tun* Ich hab' ein übriges getan und bin selbst hingegangen. Es zeigte sich, daß die Sache nur halb so schlimm war.
s. ins **Uferlose** verlieren	*vom Thema sehr abschweifen, sehr viel Unnötiges sagen* In politische Versammlungen gehe ich nicht gern, denn die Redner verlieren sich meist ins Uferlose.
die **Uhr** geht nach dem Mond	*s.* Mond
j-m sagen, was die **Uhr** geschlagen hat	= *j-m sagen, was die* Glocke *geschlagen hat*
wissen, was die **Uhr** geschlagen hat	= *wissen, was die* Glocke *geschlagen hat*
die (*od.* s-e) **Uhr** ist abgelaufen	*sein Leben ist zu Ende gegangen* Nun ist auch seine Uhr abgelaufen, und ein sanfter Tod hat sein arbeitsreiches Leben beendet.
um s. greifen	*s. schnell verbreiten* (Feuer, Epidemie, Seuche *usw.*) Dank der Fortschritte in der Medizin können Epidemien heute nicht so um sich greifen wie früher.
mit etw. nur so **um** s. werfen	*etw. großzügig, allzu reichlich verwenden* Der Redner war kaum zu verstehen, er warf mit Fremdwörtern nur so um sich.
umbringen: j-d ist nicht umzubringen U	*j-d kommt immer wieder auf die Füße, hat immer noch etw. zu sagen* Er ist nicht umzubringen. Er war schon zweimal pleite, und jetzt hat er mitten im Zentrum einen Frisiersalon aufgemacht.
umbringen: etw. ist nicht umzubringen U	*etw. geht einfach nicht kaputt, ist unverwüstlich* Ich möchte mir schon längst einen moderneren Staubsauger kaufen, aber dieser ist nicht umzubringen. Einfach wegwerfen kann ich ihn doch nicht.
umbringen: es bringt mich noch um, daß U	*es macht mich fast verrückt, daß* Es bringt mich noch um, daß er mir das nicht sagen will.
du wirst dich (*od.* er wird s.) noch **umgucken** U	= *du wirst dich noch* umsehen
umhinkönnen: ich kann nicht umhin	*ich fühle mich genötigt (od. gezwungen)* Ich kann nicht umhin festzustellen, daß ich schon vor Monaten vor dieser Entwicklung gewarnt habe.
du wirst dich (*od.* er wird s.) noch **umsehen** U	*du wirst (od. er wird) erstaunt sein, später zu sehen, wie anders (od. wieviel schlimmer) die Dinge sind* Noch tue ich ja fast alles für dich. Wenn ich aber einmal nicht mehr bin, dann wirst du dich umsehen.

nicht **umsonst**	*aus gutem Grund* Ich habe euch nicht umsonst gewarnt. Ich habe so etwas nämlich schon einmal erlebt.
Umstände machen	*Unnötiges, Erschwerendes, Verzögerndes tun* Wenn er nicht solche Umstände machte, käme er ja viel besser voran.
keine **Umstände** machen	*nichts Besonderes herrichten, nichts extra vorbereiten* Ich übernachte gern bei Ihnen, aber machen Sie bitte keine Umstände.
nicht viel(e) **Umstände** machen mit etw. (*od.* j-m)	*kurz und radikal etw. erledigen (od. mit j-m umgehen)* Mit dem kaputten Auto wurden nicht viele Umstände gemacht. Es wurde einfach stehengelassen.
in anderen **Umständen** sein	*ein Kind erwarten* Weißt du schon, daß unsere Nachbarin in anderen Umständen ist?
unter **Umständen**	*vielleicht, möglicherweise* Ich komme Sonnabend abend zurück, unter Umständen schon Sonnabend früh.
(gar) nicht **uneben** U	*recht gut, angenehm, hübsch* Ich finde, die Kleine da drüben ist gar nicht uneben.
e-e (himmel-)schreiende **Ungerechtigkeit**	*e-e Ungerechtigkeit, wie sie größer nicht sein kann* Er tut dieselbe Arbeit wie ich, verdient aber viel mehr. Das ist doch eine schreiende Ungerechtigkeit.
ungeschickt (*a.* Ungeschick) läßt grüßen U	*du bist eben einfach zu ungeschickt* Wieder eine Tasse in Scherben? Ungeschickt läßt grüßen.
ungeschoren davonkommen	*ohne Schaden, ohne Nachteil aus e-r Situation herauskommen* Die letzten Jahre habe ich keine Steuernachzahlung leisten müssen, aber dies Jahr werde ich wohl nicht ungeschoren davonkommen.
j-n **ungeschoren** lassen	*j-n in Ruhe lassen, ihn nicht in e-e S. hineinziehen* Es ist das beste, wir lassen Vater ungeschoren. Wenn er davon erfährt, regt er sich nur fürchterlich auf.
nichts **ungeschoren** lassen können	*nichts unangetastet lassen können, alles verspotten* Selbst über dies schöne Gedicht mußt du deine Glossen machen. Kannst du denn nichts ungeschoren lassen!
das **Unglück wollte** es, daß	*es war ein unglücklicher Zufall, daß* Ich hatte schon einen Autoschlüssel verloren. Das Unglück wollte es, daß auch noch der zweite auf dieser Fahrt verloren ging.
nichts für **ungut**	*seien Sie bitte nicht böse* Nichts für ungut, aber was Sie da eben sagten, stimmt ganz und gar nicht.
s. in **Unkosten** stürzen	*viel Geld ausgeben* „Bei dieser Einladung hast du dich aber ziemlich in Unkosten gestürzt." – „Schon, aber diesmal kommt ja auch mein Chef."
s. in geistige **Unkosten** stürzen U	*s. geistig anstrengen* Bei der Abfassung dieses Artikels hat sich dein Freund aber nicht gerade in geistige Unkosten gestürzt.

Unkraut vergeht (*od.* verdirbt) nicht U	*schlechte Leute (wie du und ich) gehen nicht unter* „Nun, haben Sie sich von Ihrer Lungenentzündung wieder erholt?" – „Ja, Unkraut vergeht nicht."
kein **Unmensch** sein U	*Verständnis haben, mit s. reden lassen* Gut. Ich bin ja schließlich kein Unmensch. Soll der kleine Missetäter also morgen früh mal zu mir kommen.
j-n **unmöglich** machen	*machen, daß j-d nicht mehr geachtet (od. anerkannt) wird* Er behauptet alles mögliche von mir, um mich bei den Kollegen unmöglich zu machen.
s. **unmöglich** machen	*s. so schlecht verhalten, daß man nicht mehr geachtet (od. anerkannt) wird* Wenn er sich nicht anders aufführt, wird er sich noch gänzlich unmöglich machen.
Unrat wittern	*Verdacht auf Sittenloses, Skandalöses haben* Als sie von dem Interesse der beiden füreinander hörte, witterte sie sofort Unrat. Schließlich war zumindest er seit Jahren verheiratet.
an den **Unrechten** kommen (*od.* geraten)	*nicht an den Richtigen kommen, sondern an den, der einen abweist* Als er dann zu mir kam und über Fräulein Arndt zu jammern anfing, war er aber an den Unrechten geraten. Ich habe ihn ganz schön abblitzen lassen.
ins **unreine** schreiben	*etw. als Entwurf schreiben* Schreib diesen wichtigen Brief erst ins unreine, damit ich ihn durchsehen und verbessern kann.
e-e **Unschuld** vom Lande	*s. Land*
die gekränkte **Unschuld** spielen	*s. gekränkt geben, weil man (zu Unrecht) verdächtigt wurde* Sie spielt die gekränkte Unschuld, weil wir sie gefragt haben, ob sie vielleicht das Geld genommen hat.
j-m die **Unschuld** nehmen (*od.* rauben)	*1) (Mädchen) verführen* *2) j-m die naive Ursprünglichkeit nehmen* 1) Der alte Mann war sehr erzürnt, als er hörte, daß sein Gast seiner Enkelin die Unschuld geraubt hatte. 2) das Auftreten im Fernsehen hat dieser jungen Künstlerin die Unschuld genommen.
s-e **Unschuld** verlieren	*1) (Mädchen) verführt werden* *2) die naive Ursprünglichkeit verlieren* 1) Wilde Sitten herrschten damals, und so verlor sie schon früh ihre Unschuld. 2) Die Routine ist der größte Feind des Künstlers. Durch sie verliert er allzu schnell seine Unschuld.
s-e **Unschuld** bewahren	*1) (Mädchen) s. nicht verführen lassen* *2) die naive Ursprünglichkeit bewahren* 1) Heutzutage wird es den Mädchen nicht leicht gemacht, ihre Unschuld zu bewahren. 2) Bis ins hohe Alter ist es dieser großen Schauspielerin gelungen, ihre Unschuld zu bewahren.

(die Stadt, e-n Ort usw.) **unsicher** machen	= *die* Gegend *unsicher machen*
blühender **Unsinn** U	*etw. ganz und gar Falsches, Unwahres* Daß ich in dieses Mädchen verliebt gewesen sein soll, ist blühender Unsinn. Ich kenne sie kaum.
nicht wissen, was **unten** und (was) oben ist	= *nicht wissen, was* oben *und (was) unten ist*
von **unten** nach oben kehren	= *(alles) von* oben *nach unten kehren*
unten durch sein bei j-m	*s. durch*
alles **unter** s. gehen lassen	*(wegen Krankheit, Alter) nicht auf die Toilette gehen, sondern die Notdurft im Bett (auf dem Stuhl usw.) verrichten* Das Schlimmste war, daß unsere alte Mutter alles unter sich gehen ließ.
unter uns gesagt	*s. sagen*
das bleibt **unter** uns	*s. bleiben*
unterderhand	*s. unter der* Hand
ein **Unterschied** wie Tag und Nacht	*ein sehr großer Unterschied, außerordentlich verschieden* Die beiden Brüder sehen sich zwar ähnlich, aber in ihrem Charakter sind sie ein Unterschied wie Tag und Nacht.
das **Unterste** zuoberst kehren	= *(alles) von* oben *nach unten kehren*
unverrichteterdinge	*s. unverrichteter* Dinge
unverrichtetersache	*s. unverrichteter* Sache
sein **Unwesen** treiben	= *sein* Wesen *treiben*
üppig werden U	*frech werden, s. etwas herausnehmen* Werde mir nicht zu üppig, mein Lieber. Schließlich bin ich immer noch dein Vater!
fröhliche **Urständ** feiern	*obwohl längst vergangen (od. totgeglaubt), wieder erscheinen* An deutschen Universitäten feiern die Burschenschaften mit allem Drum und Dran wieder fröhliche Urständ.
ein salomonisches **Urteil**	*e-e auf Weisheit u. Güte beruhende, bes. gerechte Entscheidung* Dem jungen Mann die Schande des Gefängnisses zu ersparen und ihn dafür ein Jahr in dem von ihm geschädigten Krankenhaus arbeiten zu lassen, halte ich für ein salomonisches Urteil.

V

va banque spielen	*leichtsinnig so handeln, daß der Fehlschlag wahrscheinlich wird* Erst kauft er sich ein Auto auf Wechsel, und dann lebt er noch auf großem Fuß. Das nenne ich va banque spielen.
der geistige **Vater**	*der Urheber e-s geistigen Produkts* Die geistigen Väter der russischen Revolution waren Marx, Engels und Lenin.
der **Vater** e-s Gedankens	*j-d, der s. etw. Bestimmtes ausgedacht hat* Der Vater des Gedankens, dem Mädchen zu der Erbschaft zu verhelfen, war mein Bruder. Er hatte damals die Absicht, sie später als reiche Erbin zu heiraten.
ist (*od.* war) dein **Vater** Glaser? (*usw.*) S	*s. Glaser*
blau sein wie ein **Veilchen**	*s. blau*
j-d (*od.* etw.) ist nicht zu **verachten** U	*ist recht gut, ist prima* Dieser Wein ist nicht zu verachten. Von dem sollten wir uns gelegentlich ein paar Flaschen besorgen.
verbieten: etw. verbietet s. von selbst	*etw. ist aus offensichtlichen Gründen unmöglich* Zu Fuß können wir nicht gehen. Bei Vaters Alter verbietet sich das von selbst.
verbieten: verboten aussehen U	*schlecht, häßlich, unmöglich aussehen* Mit dieser Frisur siehst du verboten aus.
es mit j-m **verderben**	*schlechte Beziehungen zwischen s. und j-m anders schaffen* Seit er mich als ein altes Faultier bezeichnet hat, hat er es mit mir verdorben.
es mit niemandem **verderben** wollen	*s. bemühen, mit der e-n und der anderen Seite (od. mit allen Seiten) gute Beziehungen zu haben* Wenn es nur irgend geht, gibt er jedem recht. Er will es mit niemand verderben.
verdienen mit e-m großen V schreiben	*besonders großen Wert auf das Geldverdienen legen* Alles dreht sich nur ums Geld. Verdienen wird bei ihm mit einem großen V geschrieben.
in trautem **Verein** (*od.* im trauten **Verein**)	*zusammen mit j-m, den man nicht (dabei) erwartet hätte* Am Abend des Wahltages sah man dann diejenigen, die sich eben noch bekämpft, ja beschimpft hatten, in trautem Verein zusammensitzen.
verflixt und zugenäht (*od.* **verflixt** noch mal) S	*(ein Fluch) verdammt!* Verflixt und zugenäht, jetzt ist mir doch schon wieder der Schnürsenkel gerissen.

verflucht und zugenäht (*od.* **verflucht** noch mal) S	= *verflixt und zugenäht*
bis zur **Vergasung** (tun) S	*bis zum völligen Überdruß* Die unregelmäßigen Verben habe ich jetzt bis zur Vergasung gepaukt.
der **Vergleich** hinkt	*dieser Vergleich stimmt in e-m wichtigen Punkte nicht* „Kleine Kinder sind wie zarte Blumen und wollen genauso sorgsam behandelt werden." – „Ganz schön, aber der Vergleich hinkt leider. Blumen haben nämlich keinen eigenen Willen und keine Widerworte."
j-m das **Vergnügen** versalzen	= *j-m den* Spaß *versalzen*
ein **Verhältnis** haben mit (*od.* ein **Verhältnis** miteinander haben)	*Liebesbeziehungen mit j-m haben* Glaubst du, er hat mit Christa ein Verhältnis (*od.* er und Christa haben ein Verhältnis miteinander)?
über s-e **Verhältnisse** leben	*mehr ausgeben, als man einnimmt* Es mußte ja einmal schiefgehen mit ihm. Er hat jahrelang über seine Verhältnisse gelebt.
mit j-m nicht **verheiratet** (*od.* nicht miteinander **verheiratet**) sein U	*mit j-m nicht unzertrennlich verbunden sein, s. von ihm lösen können* „Ich will mit ihm eine Anwaltskanzlei aufmachen." – „Ob das gutgehen wird?" – „Warum nicht, ich bin ja schließlich nicht mit ihm verheiratet."
wie **verhext** sein	*anders als erwartet, durcheinander, unerklärlich sein* Auf meinem Schreibtisch ist heute alles wie verhext. Ich finde nichts mehr.
j-n (*od.* etw.) nicht **verknusen** können U (*norddt.*)	*j-n (od. etw.) gar nicht ausstehen können* Ich kann den Kerl mit seinem hochtrabenden Gerede nicht verknusen.
verlassen: und damit verließen sie ihn U	*und dann wußte er nicht mehr weiter, blieb er (in der Rede* usw.*) stecken* Als der Sprecher auf einmal nicht mehr weiter wußte, tönte es ganz laut aus einer Ecke des Saales: „Und damit verließen sie ihn."
nichts (mehr) zu **verlieren** haben	*alles verloren haben u. deshalb Tollkühnes wagen* Dieses Projekt konnte ihn leicht einige Tausender kosten, aber er hatte nichts zu verlieren.
verlieren: du hast (*od.* er hat) hier nichts verloren	= *du hast hier nichts zu* suchen
verlieren: nichts verloren haben	*nicht an s-m ordentlichen Platz sein* Der Geigenkasten hat doch in Vaters Arbeitszimmer nichts verloren!

verlieren: verloren geben	*(als hoffnungslos) aufgeben* Man soll sich (*od.* seine Sache) nie verloren geben. Es gibt immer noch wieder einen Ausweg.
verlieren: s. verloren vorkommen	*das Gefühl großer Einsamkeit (od. Verlassenheit) haben* Als ich am ersten Abend in mein Zimmer kam, weit von zu Hause entfernt, kam ich mir doch sehr verloren vor.
ohne Rücksicht auf **Verluste** U	*ohne s. darum zu kümmern, ob Nachteile entstehen* Wir müssen dieses Produkt auf den Markt werfen ohne Rücksicht auf Verluste.
wie **vernagelt** U	*so sehr verwirrt, daß einem nichts einfällt* Ich bin heute wie vernagelt. Jetzt fällt mir schon nicht mal mehr die Telefonnummer meiner Eltern ein.
j-m eine **verpassen** U	*j-m e-e Ohrfeige geben* Bei nächster Gelegenheit werde ich dem mal eine verpassen, dem frechen Kerl.
verpassen: eine verpaßt kriegen U	*e-e Ohrfeige bekommen* Wenn man nur die geringsten Widerworte hatte, kriegte man sofort eine verpaßt.
verpassen: einen verpaßt kriegen U	*verwundet werden* Er kriegte schon in den ersten Kriegstagen einen verpaßt und war dann den Rest des Krieges in der Heimat.
j-n nicht **verputzen** können S	= *j-n nicht verknusen können*
verraten und verkauft	*(schlechten Menschen, e-r schlimmen Situation) hilflos ausgeliefert* Erst hatten uns alle möglichen Leute ihre Hilfe angeboten. Als es dann so weit war, war niemand da. Wir fühlten uns verraten und verkauft.
nicht ums **Verrecken** S	*unter gar keinen Umständen* Nicht ums Verrecken gehe ich zu ihm hin. Entweder er kommt her, oder es ist Schluß.
wie **verrückt** U	1) = *wie* verhext 2) *sehr stark, sehr schnell* 2) Er rannte wie verrückt die Straße entlang.
ich werd(e) **verrückt** S (*nur ich ist betont*)	*ich bin außerordentlich überrascht* Ich werd verrückt. Eben finde ich in meiner Schreibtischschublade 100 Mark. / „Er verlobt sich übrigens zu Ostern." – „Ich werd verrückt."
s. keinen **Vers** auf etw. machen können	*etw. nicht begreifen, keinen Sinn in etw. sehen können* Vorhin war er noch so lieb zu ihr gewesen, und jetzt diese Grobheit? Sie konnte sich keinen Vers darauf machen.
dem werde ich es (*od.* werd ich's) **versalzen**	= *j-m den* Spaß *versalzen*
nichts zu **versäumen** haben	*keine Eile haben* Wir gingen langsam die Straße entlang. Wir hatten ja nichts zu versäumen.

versäumen: nichts versäumt haben bei etw.	*etw. war nicht gut* Bei dem Vortrag hast du nichts versäumt. Er war ausgesprochen langweilig.
da hört (s.) (denn) doch **verschiedenes** auf! U	*das ist unerhört* „Deine schwarzen Pumps kannst du nicht anziehen, die hat, glaube ich, die Liesl an." – „Da hört sich denn doch verschiedenes auf! Was fällt der eigentlich ein!"
verschütten: es bei j-m verschüttet haben U	*j-s Gunst verloren haben* Wie konntest du nur so taktlos sein? Bei dem hast du es jetzt endgültig verschüttet.
verschüttgehen S	1) *verlorengehen, abhanden kommen* 2) *abends länger ausbleiben als geplant u. viel Alkohol trinken* 1) Mein Füller ist verschüttgegangen. Hast du eine Ahnung, wo er sein könnte? 2) Gestern abend sind die beiden nach dem Kegeln noch schwer verschüttgegangen.
er ist die **Verschwiegenheit** selbst (*od.* in Person)	*er ist ganz verschwiegen, verrät keine Geheimnisse* Du kannst dich ihm ruhig anvertrauen, er ist die Verschwiegenheit selbst (*od.* in Person).
ich muß mal **verschwinden** U	*ich muß die Toilette aufsuchen* Paß bitte auf meine Tasche auf! Ich muß mal eben verschwinden.
versehen: ehe man sich's versieht	*schneller als erwartet* Monatelang wartet man auf den Sommer, und ehe man sich's versieht, ist es schon wieder Herbst geworden.
in der **Versenkung** verschwinden U	*plötzlich (auf unerklärliche Weise) aus der Öffentlichkeit verschwinden* (od. *verlorengehen*) Dieser großartige Schauspieler ist offenbar in der Versenkung verschwunden.
aus der **Versenkung** auftauchen	*plötzlich, unerwartet wieder in Erscheinung treten* „Du hast ja deine Lederhandschuhe wieder." – „Ja, auf einmal sind sie aus der Versenkung wieder aufgetaucht."
es bei j-m **versieben** U	= *es mit j-m verderben*
verspielen: bei mir hat er (endgültig) verspielt	*ich habe e-e (definitiv) schlechte Meinung von ihm* Er hat mich zweimal zu hintergehen versucht. Bei mir hat er endgültig verspielt.
den **Verstand** verlieren	*wahnsinnig werden* Wenn man sieht, wie dumm du dich dabei anstellst, könnte man den Verstand verlieren.
da bleibt mir der **Verstand** stehen (*od.* da steht mir der **Verstand** still)	*das begreife ich nicht, das halte ich für unsinnig* Er will sein schönes Haus verkaufen? Da bleibt mir der Verstand stehen.

das hat weder Sinn noch **Verstand**	*das ist völlig sinnlos* Was der Redner da vorträgt, hat weder Sinn noch Verstand. Offenbar versteht er von der Sache gar nichts.
(nicht, nicht ganz) bei **Verstand** sein	*(nicht) normal sein* Bei so kaltem Wetter willst du mit kurzen Hosen herumlaufen? Du bist wohl nicht ganz bei Verstand.
für j-s **Verstand** fürchten	*befürchten, daß j-d wahnsinnig wird* Er hatte sich so in religiöse Vorstellungen hineingesteigert, daß wir für seinen Verstand fürchten mußten.
mit s-m **Verstand** am Ende sein	*etw. nicht mehr begreifen können* Als ich dann hörte, daß er seine gute Stellung aufgegeben hatte, um in die Heilsarmee einzutreten, war ich mit meinem Verstand am Ende.
etw. mit **Verstand** genießen (*od.* essen)	*etw. mit vollem Genuß, richtig essen (rauchen, trinken usw.)* Diese Zigarre mußt du mit Verstand rauchen. Die war ziemlich teuer.
du mußt dich vor ihm (*od.* neben ihm) **verstecken**	*du bist viel schlechter (in deinen Leistungen) als er* In Sprachen bist du ja genauso gut, aber in Mathematik mußt du dich vor ihm (*od.* neben ihm) verstecken.
s. (vor *od.* neben j-m) nicht zu **verstecken** brauchen	*ebenso gut sein (wie j-d)* Deine ersten Kurzgeschichten haben mir nicht gefallen. Aber mit dieser brauchst du dich nicht zu verstecken.
vor j-m **Versteck(en)** spielen	*etw. verbergen, nicht mit der Wahrheit herausrücken* Warum hörst du nicht auf, vor deiner Frau Versteck zu spielen, und sagst ihr einfach, was passiert ist?
j-m etw. zu **verstehen** geben	*j-m etw. nicht sehr deutlich sagen, etw. andeuten* Vielleicht können Sie ihm zu verstehen geben, daß ich mit ihm nicht zufrieden bin.
s. nie (*od.* nicht) dazu **verstehen**, etw. zu tun	*s. nicht bereit finden (od. entschließen), etw. zu tun* Ich werde mich nie dazu verstehen, mein Grundstück zu verkaufen.
es **versuchen** mit (etw., j-m)	*die Lösung eines Problems mit Hilfe von etw. (od. j-m) probieren* Ich habe es mit Strenge und mit Güte versucht: der Junge ist sehr schwierig.
e-n **Versuchsballon** steigen lassen	*durch e-e Äußerung (od. e-e Tat) versuchen, die Reaktion der anderen festzustellen* Bevor wir unsere eigentliche Aktion starten, müssen wir einen Versuchsballon steigen lassen.
e-e babylonische **Verwirrung**	*s. babylonisch*
brich dir nur keine **Verzierung** ab! S	*benimm dich nicht so geziert, rede nicht so geschwollen* Brich dir nur keine Verzierung ab! Man könnte ja meinen, du seist etwas Besseres.
Gefahr ist in **Verzug**	*e-e Gefahr droht* Angesichts der hohen Verschuldung unserer Städte kann ich nur sagen: Gefahr ist in Verzug.

s. auf s-e **vier** Buchstaben setzen	*s. Buchstabe*
in s-n **vier** Wänden	*s. Wand*
unter **vier** Augen	*s .Auge*
alle **viere** von s. strecken	*s. hinlegen, um zu schlafen (od. dösen)* In den Ferien gehe ich am liebsten ans Meer, lege mich in den Sand und strecke alle viere von mir.
auf allen **vieren** (gehen, kriechen *usw.*)	*auf Händen und Füßen (gehen* usw.*)* Vor etwa acht Tagen hat unsere kleine Lucy angefangen, auf allen vieren in der Wohnung herumzukriechen.
(immer) wieder auf alle **viere** fallen	= *(immer) wieder auf die* Füße *fallen*
das akademische **Viertel**	*die 15 Minuten, die die Vorlesungen an der Universität später beginnen* Für die Vorträge in unserer Gesellschaft gilt das akademische Viertel.
s-n **Vinzenz** daruntersetzen U	= *s-n Friedrich* Wilhelm *daruntersetzen*
das **Visier** lüften	*s. zu erkennen geben* Mein Gegner in diesem wissenschaftlichen Streit ist ein ungarisches Akademiemitglied, das sein Visier bisher nicht gelüftet hat.
(nicht) mit offenem **Visier** kämpfen	*(nicht) offen, unter eigenem Namen streiten* In den Tageszeitungen liest man manchmal Pseudonyme. Es wird dann nicht mit offenem Visier gekämpft.
Vitamin B haben S	*Beziehungen haben (durch die man etw. illegal bekommt)* Selbst wenn jemand das nötige Vitamin B hat, muß er arbeiten, um Karriere zu machen.
Vogel, friß oder stirb (*od.* friß, **Vogel**, oder stirb)	*rohe Gewalt (unter Ausnutzung e-r Zwangslage)* Ich hatte damals einfach keine andere Wahl. Die Sache wurde entschieden nach der Methode: „Vogel, friß oder stirb".
der **Vogel** ist ausgeflogen	*der Gesuchte ist nicht da* So eine Gemeinheit, der Vogel ist ausgeflogen! Theo wußte natürlich, daß ich heute kommen und mein Geld verlangen würde.
ein lockerer (*od.* loser) **Vogel**	*j-d, der es mit Pflichten und Moral nicht genau nimmt* Sein Bruder ist ein tüchtiger, gewissenhafter Mensch, er selbst dagegen ein lockerer (*od.* loser) Vogel, der den lieben Gott einen guten Mann sein läßt.
ein lustiger **Vogel**	*ein lustiger Mensch* Den Manfred müssen wir unbedingt auch zur Party einladen. Er ist ein lustiger Vogel.
den **Vogel** abschießen	*der Beste in e-r Gruppe sein* (bes. bei e-m Wettbewerb) Den Vogel hat Eduard mit seinem Gedicht abgeschossen. Wir haben uns alle gekugelt vor Lachen.
j-d hat e-n **Vogel**	*j-d ist verrückt (od. nicht bei Verstand)* Er will das ganze Zimmer lila streichen. Er hat einen Vogel!

wie ein **Vögelchen** essen U	= *wie ein Spatz essen*
das hat mir ein **Vögelchen** gesungen U	*das habe ich als Geheimnis erfahren* „Woher weißt du denn, daß er sie heiraten will?" – „Das hat mir ein Vögelchen gesungen."
wie e-e **Vogelscheuche** aussehen	*abstoßend häßlich aussehen* Viele Mädchen sahen in den Sackkleidern wie Vogelscheuchen aus.
Vogel-Strauß-Politik (be)treiben (*od.* machen)	*so handeln, als ob die bestehenden Gefahren nicht existierten* Wenn wir die Berichte, nach denen das Interesse an unseren Erzeugnissen im Schwinden ist, nicht beachten, dann treiben wir doch einfach Vogel-Strauß-Politik.
fahrendes **Volk** L	*herumziehende Schausteller, Artisten* Dort, wo heute am Stadtrand moderne Siedlungen entstanden sind, war früher fahrendes Volk zu Hause.
voll sein U	*1) satt sein* *2) betrunken sein* 1) „Noch ein Stück Torte?" – „Unmöglich, ich bin voll." 2) Streit dich mit ihm nicht herum, der ist doch voll.
voll wie e-e Strandhaubitze	*s. Strandhaubitze*
j-n nicht für **voll** nehmen (*od.* ansehen)	*j-n nicht ernst nehmen, nicht für vernünftig halten* Seine Ansichten sind oft so wirr, daß man ihn wirklich nicht für voll nehmen kann.
s. **vollaufen** lassen S	*hintereinander viel Alkohol trinken* Er ist nur glücklich, wenn er sich wenigstens einmal die Woche vollaufen lassen kann.
mit **Volldampf** (an etw. herangehen)	*intensiv, mit aller Kraft* Sobald das Thermometer über Null stieg, gingen die Bauarbeiter wieder mit Volldampf an die Arbeit.
aus dem **vollen** leben (*od.* wirtschaften, schöpfen)	*ohne Einschränkungen, großzügig leben (od. wirtschaften usw.)* Ich koche sehr gerne, und zu Hause kann ich mal so richtig aus dem vollen schöpfen.
im **vollen** leben	*ein Leben in Luxus führen* Er hat in den USA all die Jahre im vollen gelebt, wie soll er sich da jetzt bei uns so schnell umstellen?
ins **volle** greifen	*s. uneingeschränkt nehmen (können), was man braucht (od. möchte)* Jahrelang habe ich mir alles versagt, um ein Haus bauen zu können. Jetzt möchte ich mal ins volle greifen.
mit **Vollgas** U	*mit Intensität* Nun aber mit Vollgas an die Arbeit!
s. **vollmachen** U	*1) s. beschmutzen* *2) ein Getue machen, Theater machen* 1) Kind, wie hast du dich vollgemacht! Geh sofort ins Bad! 2) Mach dich bloß nicht voll! Die Sache ist doch ganz harmlos.

von mir aus (**von** ihm aus, **von** Müllers aus *usw.*)	*soweit es von mir (ihm, Müllers usw.) abhängt* Von mir aus kannst du zu der Party gehen, frag aber bitte noch Vater.
von wegen U	*s. wegen*
alles (wieder) **von** s. geben	*(das Gegessene) erbrechen* Seit drei Tagen hat er nichts gegessen, er gibt alles wieder von sich.
s. **von** schreiben können U (*von* ist betont)	*großes Glück haben, in e-r sehr guten Lage sein* Wenn Sie diese Wohnung für 300 Mark monatlich bekommen, dann können Sie sich von schreiben.
vonstatten gehen	= *vor s. gehen* Können Sie mir bitte im einzelnen sagen, wie die Konferenz vonstatten gehen wird?
vor s. gehen	*s. abspielen, durchgeführt werden* Ich kann Ihnen sagen, wie die Abschlußfeier vor sich gehen wird.
etw. **vor** s. haben	*etw. noch tun müssen* Ich kann leider nicht mitkommen, ich habe noch viel vor mir. / Das Abschlußexamen habe ich leider noch vor mir.
nach wie **vor**	*wie bisher* Sein Gesundheitszustand ist nach wie vor unverändert.
im **Vorbeigehen** erwähnen (*od.* bemerken)	*beiläufig, nebenbei erwähnen (od. bemerken)* Im Vorbeigehen möchte ich erwähnen, daß unsere Firma für die Krebsforschung 10 000 Mark gespendet hat.
aneinander **vorbeireden**	*s. (trotz scheinbarer Übereinstimmung) gegenseitig nicht verstehen* Ich fürchte, sie reden aneinander vorbei. Sie sagen dasselbe, meinen aber etwas Verschiedenes.
im **Vordergrund** stehen	*1) an erster Stelle stehen* *2) mit Vorrang wichtig sein* 1) Im Vordergrund steht zwar immer der Präsident, aber die eigentliche Arbeit tut mein Mann. 2) In diesen Jahren steht bei uns der U-Bahn-Bau im Vordergrund.
in den **Vordergrund** stellen (*od.* rücken, schieben)	*1) j-n als wichtig hinstellen* *2) etw. als wichtig hervorheben* 1) Es war richtig, den Kanzler in den Vordergrund zu stellen, denn er ist bei den Wählern sehr beliebt. 2) Wir müssen die Preissenkungen bei Textilien in den Vordergrund stellen, dann fallen die Preiserhöhungen bei den Lebensmitteln nicht so auf.
s. in den **Vordergrund** drängen (*od.* rücken, schieben)	*s. wichtig machen, auffallend benehmen* Bei jeder Versammlung versucht er, sich in den Vordergrund zu drängen.

s. in den **Vordergrund** drängen (*od*. in den **Vordergrund** rücken *od*. treten)	*immer wichtiger, vordringlicher werden* Die Frage einer Rechtschreibreform drängt sich wieder einmal in den Vordergrund (*od*. rückt *od*. tritt jetzt in den Vordergrund).
j-n auf **Vordermann** bringen U	*1) j-n dazu bringen, das zu tun, was verlangt wird* *2) j-n dazu bringen, die offizielle Ansicht anzunehmen* *3) j-n dazu bringen, s. so wie die anderen, vorschriftsmäßig zu verhalten* 1) Es ist Ihre Pflicht als Meister, alle Leute auf Vordermann zu bringen. 2) Für unsere Partei ist es wichtig, daß wir alle Mitglieder immer wieder auf Vordermann bringen. Wir können nur so unser Ziel erreichen. 3) Zwei von den neuen Schülern haben mich nicht anständig gegrüßt. Es liegt an Ihnen, Herr Müller, die beiden auf Vordermann zu bringen.
die **Vorhand** haben (bei, in etw.)	*den Vorteil haben, als erster drankommen* Es ist durchaus richtig, daß beim Kauf der Volksaktien die weniger Begüterten die Vorhand haben.
etw. hat die **Vorhand** vor etw.	*etw. ist vorrangig gegenüber etw. anderem* Gesundheitliche Erwägungen sollten vor verkehrstechnischen immer die Vorhand haben.
j-m die **Vorhand** lassen	*j-n als ersten vorlassen, als ersten etw. tun lassen* Da ich keine schulpflichtigen Kinder habe, lasse ich Ihnen in der Wahl des Urlaubstermins die Vorhand.
in der **Vorhand** bleiben	*im Vorteil, in der vorteilhaften Position bleiben* Dank seiner Kenntnisse und Erfahrungen wird er immer in der Vorhand bleiben.
vorkommen: wie kommst du mir (eigentlich) vor!	*was fällt dir ein, was für e-e Frechheit* Wie kommst du mir eigentlich vor! Ich bin doch nicht dazu da, dich hinten und vorne zu bedienen.
j-m etwas **vormachen**	*j-n beschwindeln, täuschen* Er versuchte mir etwas vorzumachen, aber ich durchschaute das natürlich sofort.
(von) **vorn** und hinten	= *(von)* hinten *und vorn*
ein **Vorschlag** zur Güte U	*(ich möchte dieses als) mögliche Lösung od. Kompromiß (vorschlagen)* Ein Vorschlag zur Güte: wir fahren morgen voraus, und du kommst in zwei Tagen mit der Bahn nach.
Vorschlaghammer *(alle Wendungen)*	= Holzhammer (alle Wendungen)
e-r S. **Vorschub** leisten	*etw. Negatives begünstigen, unterstützen* Wenn wir die Jugendgesetze lockerten, würden wir der Ausbreitung des Alkoholismus Vorschub leisten.

ein wenig **Vorsehung** spielen	*den Gang der Dinge beeinflussen* Ich finde, Klaus und Brigitte würden gut zueinander passen. Wollen wir ein wenig Vorsehung spielen und sie morgen zur Party miteinladen?
Vorsicht ist die Mutter der Porzellankiste U	*s. Mutter*
er kann schon etwas **vorweisen**	*er hat schon Kenntnisse, er hat schon etw. geleistet* Er ist noch jung, aber er kann schon etwas vorweisen.
auf e-m **Vulkan** leben	*unter höchst gefährlichen Umständen leben (*bes. *unter der Drohung e-r Revolution).* Seit der Machtübernahme durch rechtsextreme Militärs lebt dieses Land auf einem Vulkan.
ein Tanz auf dem **Vulkan**	*e-e (festliche) Angelegenheit (*od. *ein Leben) unter höchst gefährlichen Umständen* Die diplomatischen Vermittlungsversuche in diesem Krisengebiet sind ein Tanz auf dem Vulkan, da jeden Moment eine der beiden Seiten losschlagen kann.

W

s. die **Waage** halten	*einigermaßen ausgeglichen, gleich sein* Import und Export sollten sich in etwa die Waage halten.
das Zünglein an der **Waage** sein (*od.* bilden)	*der entscheidende Faktor sein* Die beiden großen Parteien haben je etwa 45% der Sitze. Deshalb ist (*od.* bildet) die dritte Partei mit ihren 10% das Zünglein an der Waage.
jedes Wort auf die **Waagschale** legen	= *jedes Wort auf die* Goldwaage *legen*
in die **Waagschale** fallen	= *ins* Gewicht *fallen*
etw. in die **Waagschale** werfen (*od.* auf die **Waagschale** legen)	(Ansehen, Autorität usw.) *als Mittel einsetzen* Wenn unsere Studentinnen im Examen nicht genug wissen, versuchen sie manchmal, ihren Charme in die Waagschale zu werfen.
sein ganzes Gewicht in die **Waagschale** werfen	*s.* Gewicht
Wachs in j-s Händen sein	*durch j-n sehr leicht beeinflußbar sein, alles tun, was j-d sagt* Man sollte es nicht glauben, daß dieser energische Mann Wachs in ihren Händen ist.
die **Waffen** strecken (*od.* niederlegen)	*den Kampf aufgeben, s. geschlagen geben* Gegen zwei kann ich mich in der Diskussion gut wehren, aber wenn die anderen auch noch über mich herfallen, muß ich die Waffen strecken.
dem Gegner selbst die **Waffe(n)** in die Hand geben	*dem Gegner selbst die Mittel zur eigenen Vernichtung liefern* Mit dieser Aussage haben Sie sich selbst belastet und dem Staatsanwalt die Waffen in die Hand gegeben.
mit den **Waffen** klirren	= *mit dem* Säbel *rasseln*
j-n mit s-n eigenen **Waffen** schlagen	*die Mittel des Gegners gegen ihn anwenden u. ihn dadurch besiegen* Sei doch genau so pedantisch wie er, rechne alles nach – dann kannst du ihn mit seinen eigenen Waffen schlagen.
unter den **Waffen** halten	*in bewaffnetem Zustand bereithalten* In den Krisengebieten wird eine große Anzahl Soldaten unter Waffen gehalten.
unter den **Waffen** stehen	= *unter der* Fahne *stehen*
zu den **Waffen** eilen	= *zu den* Fahnen *eilen*
zu den **Waffen** rufen	= *zu den* Fahnen *rufen*

sehen, wie der **Wagen** läuft	*abwarten, wie s. etw. entwickelt* Die Fotoabteilung vergrößern? Vielleicht. Erst mal sehen, wie der Wagen läuft *(wie sich der Verkauf entwickelt)*.
das fünfte Rad am **Wagen**	*s. Rad*
j-m an den **Wagen** fahren	*j-n angreifen, j-n zu kränken suchen, j-m zu schaden versuchen* Er will mir immer wieder an den Wagen fahren, aber er kann mir nichts anhaben.
das Pferd hinter den **Wagen** spannen	*s. Pferd*
s. nicht vor j-s **Wagen** spannen lassen	= *s. nicht vor j-s Karren spannen lassen*
ein Horizont wie ein **Wagenrad**	*sehr wenig Verständnis für das, was über das Primitive hinausgeht* Kann er oder will er die Konsequenzen nicht erkennen? Er hat ja einen Horizont wie ein Wagenrad!
es ist schon (gar) nicht mehr **wahr** (*od.* bald nicht mehr **wahr**)	*es ist schon sehr lange her* „Wann haben wir uns das letzte Mal gesehen?" – „Das ist ja schon gar nicht mehr wahr."
etw. (*od.* es) nicht **wahrhaben** wollen	*etw. nicht als Tatsache anerkennen* Er will es nicht wahrhaben, daß er das gesagt hat.
der **Wahrheit** die Ehre geben	*s. Ehre*
ein (reiner) **Waisenknabe** in etw. sein U	*sehr wenig von etw. verstehen* Was Technik anbelangt, so bin ich darin ein reiner Waisenknabe (*od.* der reinste Waisenknabe).
den **Wald** vor lauter Bäumen nicht sehen	*s. Baum*
husch, husch, die **Waldfee** U	1) *j-d ist schnell vorübergegangen* 2) *(zu Kindern) aber jetzt schnell ins Bett* 1) „Wer war denn da eben im Garten?" – „Husch, husch, die Waldfee!" *(Ich weiß auch nicht, wer da eben vorbeiging.)* 2) Husch, husch, die Waldfee! Ich höre schon Papas Schritte.
auf der **Walz** sein	*(von Handwerksburschen) auf Wanderschaft sein* Heute kommt es nicht mehr oft vor, daß Handwerksgesellen auf der Walz sind.
auf die **Walz** gehen	*(von Handwerksburschen) auf Wanderschaft gehen* Mein Großvater ist noch, als er sechzehn war, für mehrere Jahre auf die Walz gegangen.
immer die gleiche (*od.* dieselbe) **Walze**	*immer dasselbe (an Worten)* Unser Chef sprach wieder von der Notwendigkeit einer Erziehungsreform. Immer die gleiche Walze.

da wackelt die **Wand** U	*da geht es hoch her, da wird toll gefeiert* Wenn ich den Job kriege, dann mach ich ein Fest, da wackelt die Wand! Das sag ich euch.
weiß (*od.* blaß) wie die **Wand** (*od.* wie e-e [gekalkte] **Wand**)	*ganz weiß, bleich (aussehend)* Als sie den Gerichtsvollzieher sah, wurde sie weiß wie die Wand (*od.* wie eine gekalkte Wand).
die **Wände** haben Ohren	*s. Ohr*
(fluchen, schimpfen, lachen *usw.*) daß die **Wände** wackeln U	*außerordentlich (fluchen usw.)* Gestern war unser lustiger Nachbar bei uns. Wir haben den ganzen Abend gelacht, daß die Wände wackelten.
die **Wand** mitnehmen	*weiß werden durch Anlehnen an e-e getünchte Wand* Darf ich Ihnen den Ärmel abbürsten? Sie haben mal wieder die Wand mitgenommen.
mit ihm kann man **Wände** einrennen U	*er ist sehr beschränkt, stur und dumm* Du wirst ihm nie klarmachen, daß er nur den Schaden davon hat. Mit dem kann man Wände einrennen.
es ist, um die (glatten) **Wände** (*od.* an den [glatten] **Wänden**) hochzugehen (*od.* hochzuklettern) U	*man könnte verrückt werden (vor Verzweiflung od. Ungeduld usw.)* Mit dem Neubau geht es einfach nicht voran. Es ist, um die (glatten) Wände hochzugehen (*od.* hochzuklettern).
e-e **Wand** zwischen j-m errichten (*od.* aufrichten)	*etw. Trennendes schaffen, die guten Beziehungen sehr stören* Durch seine infamen Lügen hat er meinen Bruder so beeinflußt, daß es ihm gelungen ist, eine Wand zwischen uns beiden zu errichten (*od.* aufzurichten).
immer an der **Wand** lang U	*aufs Geratewohl geradeaus, wie der Weg einen gerade führt* Na, du hast ja ganz schön einen sitzen! Wie du jetzt nach Hause kommst? Na, immer an der Wand lang!
nicht von hier bis an die **Wand** denken U	*die Folgen von etw. nicht bedenken, unüberlegt handeln* So funktioniert das doch niemals. Sie können wohl nicht von hier bis an die Wand denken!
j-n an die **Wand** drücken	*j-n mit Gewalt verdrängen, damit man selbst Vorteile hat* Mit seinen Geschäftsmethoden drückt er jeden Konkurrenten einfach an die Wand.
den Teufel an die **Wand** malen	*von möglichem Unheil sprechen* Hör mit dem Gerede von der Urlaubssperre auf. Mal den Teufel nicht an die Wand!
j-n an die **Wand** spielen	*j-s Einfluß durch geschickte Manöver ausschalten* Im Wahlkampf möchte am liebsten jeder Politiker den Gegner an die Wand spielen.
j-n an die **Wand** stellen	*j-n erschießen (meistens ohne Urteil)* Ohne jede Verhandlung wurden die Attentäter kurzerhand an die Wand gestellt.

mit dem Kopf (*od.* Schädel) durch die **Wand** wollen U	*s-e Absichten trotz unüberwindlicher Schwierigkeiten durchführen wollen, starrköpfig sein* Zu diesem Prozeß ist es nur gekommen, weil er immer mit dem Kopf durch die Wand will.
für (*od.* gegen) die **Wände** reden (*od.* predigen, *od.* zu leeren **Wänden** reden)	*keine Aufmerksamkeit finden, umsonst reden* Er tut es ja nur um der Sache willen. Da kann es ihn nicht verdrießen, auch mal für die Wände zu reden.
in s-n vier **Wänden**	*in s-r Wohnung, zu Hause* In seinen vier Wänden kann er tun und lassen, was er will, solange er niemanden stört.
ins **Wanken** bringen	*erschüttern* Auch dir wird es nicht gelingen, seine merkwürdigen politischen Ansichten ins Wanken zu bringen.
ins **Wanken** geraten (*od.* kommen)	*erschüttert werden* Durch neue Entdeckungen geraten unsere wissenschaftlichen Ergebnisse immer wieder ins Wanken.
s. den **Wanst** vollschlagen U	= *s.* den Bauch *vollschlagen*
warm werden mit j-m	*freundschaftliche Beziehungen zu j-m entwickeln* „Bist du mit ihm warm geworden?" – „Nein, mit so einem arroganten Menschen kann man einfach nicht warm werden."
s. j-n **warmhalten**	*dafür sorgen, daß j-d freundschaftlich (od. hilfsbereit) eingestellt bleibt* Er hat dir so viel geholfen, den solltest du dir warmhalten. Schreib ihm doch mal wieder!
was (*alle Wendungen*)	*s. etwas*
schmutzige **Wäsche** waschen	*unerfreuliche Dinge (oft intimer Art) besprechen* Wie können wir es vermeiden, daß bei der Gerichtsverhandlung schmutzige Wäsche gewaschen wird?
dumm (*od.* blöd, doof) aus der **Wäsche** schauen (*od.* gucken) S	*(vor Überraschung, Nichtverstehen) ganz dumm aussehen* Wir hatten doch gewettet! Hättest mal sehen sollen, wie der dumm aus der Wäsche geschaut hat, als er merkte, daß er die Wette verloren hatte.
waschen: etw. hat s. gewaschen U	*etw. ist etw. Besonderes (an Schwierigkeit, Nachdrücklichkeit, Schärfe usw.)* Im Abitur bekamen wir eine Mathematikaufgabe, die sich gewaschen hatte.
Wasser auf j-s Mühle sein	*für j-n vorteilhaft sein (od. s-n Wünschen od. Ansichten entsprechen)* Seit Monaten versucht mein Mann mich von der Schädlichkeit des Rauchens zu überzeugen. Da ist die wissenschaftliche Untersuchung natürlich Wasser auf seine Mühlen.

Wasser auf j-s Mühlen leiten	*etw. zum Vorteil von j-m tun* Dadurch, daß er von den guten Erfahrungen sprach, die er mit natürlichen Heilmethoden gemacht habe, hat er Wasser auf die Mühlen des folgenden Redners geleitet, denn der sprach sich gegen die chemischen Mittel aus.
das **Wasser** läuft mir im Munde zusammen	*ich bekomme Lust, etw. zu essen* Als ich den herrlichen Braten sah, lief mir das Wasser im Munde zusammen.
das **Wasser** steht (*od.* geht) j-m bis zum Hals	*s. Hals*
ein stilles **Wasser**	*j-d, der s-e inneren Gefühle und Ansichten nicht zeigt* „Kennen Sie Herrn Roland?" – „Ja, aber ich kann nicht viel über ihn sagen. Er ist ein stilles Wasser."
bis dahin fließt noch viel **Wasser** die Donau (*od.* die Elbe, den Rhein, die Spree, den Berg *usw.*) hinab (*od.* hinunter)	*bis zu diesem Zeitpunkt wird noch viel Zeit vergehen* Alle wichtigen Fernstraßen müssen einmal vierbahnig ausgebaut sein, aber bis dahin fließt noch viel Wasser die Donau (den Berg *usw.*) hinunter.
verschieden wie **Wasser** und Feuer sein	*sehr starke Gegensätze zeigen, sehr verschieden sein* Wie die beiden miteinander auskommen, ist mir ein Rätsel. Sie sind doch verschieden wie Wasser und Feuer.
Wasser ins Meer (*od.* in die Elbe, den Rhein *usw.*) tragen (*od.* schütten)	= *Eulen nach* Athen *tragen*
Wasser in ein Sieb schöpfen	*etw. tun, das keinen Erfolg hat* (*od. haben kann*) Bei meinem Ältesten heißt Strümpfestopfen wirklich Wasser in ein Sieb schöpfen. Er zerreißt sie schneller, als ich sie stopfen kann.
Wasser lassen	*Urin machen* Zur Untersuchung wollen Sie bitte Wasser lassen.
die Sonne zieht **Wasser**	*die Sonne scheint so, daß es nach baldigem Regen aussieht* Es wird Zeit, daß wir unser Picknick beenden. Die Sonne zieht Wasser, und es wird bald regnen.
die Strümpfe ziehen **Wasser** U	*die Strümpfe rutschen herunter* Junge, deine Strümpfe ziehen Wasser. Ich glaube, die Gummibänder müssen erneuert werden.
Wasser in den Wein (der Begeisterung) gießen (*od.* j-m **Wasser** in s-n Wein gießen)	*auf die infolge der Begeisterung übersehenen Tatsachen, Notwendigkeiten aufmerksam machen* Du hast ja recht mit deinen Bedenken, aber mußt du immer gleich Wasser in den Wein der Begeisterung gießen (*od.* uns Wasser in unseren Wein gießen)?
Wasser auf beiden Schultern tragen	*s. Schulter*

j-m das **Wasser** abgraben	*j-m die Grundlagen s-r Existenz beeinträchtigen* Er versuchte, mir das Wasser abzugraben, indem er in allen möglichen Artikeln gegen meine Bücher wetterte.
j-m das **Wasser** (nicht) reichen können	*(nicht annähernd) so gut, so tüchtig sein wie j-d* Er gibt zwar fürchterlich an, aber in Wirklichkeit kann er dir doch auf keinem Gebiet das Wasser reichen.
reinsten **Wassers** (*od.* von reinstem **Wasser**)	*hundertprozentig, durch und durch* Er ist ein Sozialist reinsten Wassers.
(nahe) am (*od.* ans) **Wasser** gebaut haben U	*sehr leicht in Tränen ausbrechen* Am besten, du erzählst ihr gar nichts von der traurigen Geschichte. Sie hat so nahe am Wasser gebaut.
bei **Wasser** und Brot sitzen	*(im Gefängnis) eingesperrt sein* Wenn er mit seinen Einbrüchen so weitermacht, wird er den Rest seines Lebens bei Wasser und Brot sitzen.
ins **Wasser** fallen U	*nicht stattfinden* Wegen der Erkrankung des Lehrers ist unser Ausflug leider ins Wasser gefallen.
ins **Wasser** gehen	*1) baden (gehen)* *2) s. ertränken* 1) Wollen sehen, daß wir von unserem Ausflug so zurückkommen, daß wir am Spätnachmittag noch ins Wasser gehen können. 2) Und wegen einem solch schlechten Kerl wolltest du ins Wasser gehen?
ein Schlag ins **Wasser**	*ein erfolgloser Versuch, ein erfolgloses Unternehmen* Der letzte Einigungsversuch war leider ein Schlag ins Wasser. Jetzt gibt es also einen Prozeß.
er kocht auch nur mit **Wasser** (*od.* bei ihm wird auch nur mit **Wasser** gekocht)	*er ist auch kein Übermensch, auch er vollbringt s-e Leistungen auf normale Weise* Du meinst, ich soll mal eine Zeitlang bei Prof. Schneider arbeiten, um noch mehr zu lernen? Ich sage dir, bei dem wird auch nur mit Wasser gekocht.
mit allen **Wassern** gewaschen sein U	*alle Tricks kennen, sehr raffiniert sein* Frag doch meinen Bruder! Er kennt sich in Finanzdingen hervorragend aus. Er ist mit allen Wassern gewaschen.
wie mit kaltem **Wasser** begossen (*od.* übergossen)	*plötzlich sehr enttäuscht* Als ich ihm sagte, er würde zur Prüfung nicht zugelassen, stand er da, wie mit kaltem Wasser begossen.
übers große **Wasser** fahren U	*über den Ozean fahren* Es ist der Traum meines Jüngsten, einmal übers große Wasser zu fahren – nach Amerika oder Japan.
s. über **Wasser** halten	*gerade so viel verdienen, daß man leben kann* Als Student ging es mir nicht gut, aber durch Nachhilfestunden konnte ich mich über Wasser halten. / Die Firma konnte sich noch einige Zeit durch Kredite über Wasser halten, aber schließlich ging sie doch pleite.

vom reinsten (*od.* von reinstem) **Wasser**	*sehr rein, voll Feuer, Glanz* (von Diamanten gesagt) Er hat ihr einen wundervollen Diamantring geschenkt. Der Diamant ist vom reinsten Wasser.
zu **Wasser** werden	*s. in nichts auflösen, nicht verwirklicht werden* (ein Plan usw.) Als Student hatte ich einmal hochfliegende Pläne. Sie sind freilich so gut wie alle zu Wasser geworden.
aussehen, als ob man kein **Wässerchen** trüben könnte	*ganz harmlos aussehen (dabei aber gar nicht harmlos sein)* Unsere neue Kollegin ist ein raffiniertes Biest. Dabei sieht sie aus, als könnte sie kein Wässerchen trüben.
wie ein **Wasserfall** reden	*viel und schnell reden* Für einen Dolmetscher ist nichts schlimmer, als wenn ein Delegierter wie ein Wasserfall redet.
ein Sturm im **Wasserglas**	*viel Aufregung um e-e Kleinigkeit* Im Kinderzimmer war mal wieder (ein) Sturm im Wasserglas, weil Franz seiner Schwester die Puppe versteckt hatte.
wie e-e **Wasserleiche** (aussehen) U	= *wie e-e Leiche auf Urlaub*
wie ein kalter **Wasserstrahl** wirken	*sehr ernüchternd (und erschreckend) wirken* Nach der begeisterten Ansprache des Regierungsvertreters wirkte der Vortrag von Prof. Schneider über den Bildungsnotstand wie ein kalter Wasserstrahl.
Watte in den Ohren haben U	*nicht hören wollen* Als wir den beiden zuriefen, sie möchten sich bei der Schlange hinten anstellen, taten sie, als hätten sie Watte in den Ohren.
j-n in **Watte** packen (*od.* wickeln) U	*sehr vorsichtig mit j-m umgehen* Wenn Papa schlechter Laune ist, dann muß man ihn in Watte packen.
j-m auf den **Wecker** fallen (*od.* gehen) S	*j-m lästig werden, ihn nervös machen* Mit deinem Jammern über das Wetter fällst du mir allmählich gewaltig auf den Wecker.
der **Weg**, den wir alle gehen müssen	*das Sterben* Gedanken an den Tod weise ich nicht von mir. Warum nicht auch an den Weg denken, den wir alle (einmal) gehen müssen.
der letzte (*od.* j-s letzter) **Weg**	*der Weg zum Grab* Tausende begleiteten ihn auf seinem letzten Weg.
der **Weg** steht ihm offen	*er kann gehen, wohin er will, ich halte ihn nicht* Wenn es ihm bei uns nicht mehr paßt – der Weg steht ihm offen.
viele **Wege** stehen ihm offen	*er hat viele Möglichkeiten, für die er s. entscheiden kann* Nach einer guten Prüfung stehen ihm viele Wege offen.
(von etw.) bis zu etw. ist noch ein weiter **Weg**	*viel ist zu tun (zu verhandeln, zu klären usw.)* Von der Mondlandung bis zur Landung auf dem Mars ist noch ein weiter Weg.
hier gehen unsere **Wege** auseinander	*hier trennen s. unsere Ansichten, Wünsche, Handlungen* Ich verstehe mich mit meinem Mann sehr gut, nur in der Kindererziehung nicht. Hier gehen unsere Wege auseinander.

damit hat es noch gute **Wege**	*das hat noch Zeit, das kommt, geschieht noch nicht so schnell* Was sorgen Sie sich schon jetzt um die spätere Heirat Ihrer Kinder; damit hat es noch gute Wege.
j-m (*od.* e-r S.) den **Weg** ebnen (*od.* bahnen, bereiten)	= *j-m die* Bahn *ebnen*
j-m den **Weg** abschneiden	*j-n in e-e ausweglose Lage bringen* In Köln hatte man ihn fristlos entlassen, seine Auslandskonten waren gesperrt – so hatte man ihm den Weg abgeschnitten.
den **Weg** allen Fleisches gehen	*s. Fleisch*
den **Weg** des geringsten Widerstandes gehen	*dort weiterzukommen suchen, wo es den schwächsten Widerstand gibt* Zivilcourage kannst du von ihm nicht erwarten. Er geht immer nur den Weg des geringsten Widerstandes.
j-m den **Weg** verlegen	*1) j-n daran hindern, e-n bestimmten Weg zu gehen* *2) j-m e-n bestimmten Ausweg unmöglich machen* 1) Eine Gruppe von Halbstarken hatte dem alten Mann den Weg verlegt, so daß dieser nicht mehr zurückkonnte. 2) Vielleicht behauptet er, unser Brief sei gefälscht. Wir müssen ihm auch diesen Weg verlegen, indem wir die Echtheit nachweisen.
j-m e-n **Weg** abnehmen U	*j-s Besorgung, zu erledigende S. übernehmen* Ich muß auch zur Post, kann ich Ihnen den Weg nicht abnehmen?
e-n (gangbaren) **Weg** finden	*e-e durchführbare (od. zumutbare) Lösung finden* Wir müssen einen für beide Parteien gangbaren Weg finden, die Streitigkeiten beizulegen.
e-n **Weg** einschlagen (*od.* beschreiten, gehen)	*e-e Methode, Möglichkeit benutzen* Manche asiatischen Länder haben den Weg der Industrialisierung erfolgreich eingeschlagen.
e-n **Weg** haben U	*e-e Besorgung zu machen, etw. zu erledigen haben* Ich komme nachher zum Kaffee. Ich habe noch einen Weg.
e-n **Weg** machen (*od.* gehen) für j-n U	*e-e Besorgung machen, etw. erledigen für j-n* Ich bin gleich wieder zurück, ich muß nur noch einen Weg machen (*od.* gehen).
s-n **Weg** gehen	*entsprechend Charakter u. Talent den Weg des Lebens (a. bis zum bitteren Ende) gehen* Albert Schweitzer stand eine ruhmvolle Laufbahn offen, aber er ging seinen Weg, so wie er ihn sah.
s-r **Wege** gehen	*1) weg-, fortgehen* *2) = s-e eigenen* Wege *gehen* 1) Weihnachten vor zwei Jahren hatte er eine heftige Auseinandersetzung mit seinem Vater, und dann ging er seiner Wege. Seitdem wissen wir nichts von ihm.
s-n **Weg** machen	*im Leben vorankommen, Karriere machen* Er ist begabt und fleißig, er wird seinen Weg machen. Vielleicht wird er sogar mal Professor.

s-e eigenen (*od.* eigene) **Wege** gehen	*das tun, was man tun will* Laß ihn seine eigenen Wege gehen, er ist bald dreißig!
krumme **Wege** einschlagen (*od.* gehen)	*unerlaubte Mittel anwenden* Sein Ziel, den Kollegen zu verdrängen, hat er endlich erreicht; er hat dabei ziemlich krumme Wege eingeschlagen.
neue **Wege** einschlagen (*od.* beschreiten, gehen)	*neue Methoden anwenden* Mit der Organverpflanzung hat die Medizin ganz neue Wege eingeschlagen.
auf dem **Wege** (e-s Prozesses, Kompromisses, von Verhandlungen *usw.*)	*mit Hilfe von (e-m Prozeß usw.)* Sie hofft, auf dem Wege eines Prozesses doch noch zu ihrem Recht zu kommen. / Der Streit wurde auf dem Wege von Verhandlungen beigelegt.
auf dem **Wege** der Besserung sein (*od.* s. befinden)	*allmählich gesund werden* Gott sei Dank befindet sich mein Mann jetzt auf dem Wege der Besserung.
ein (wichtiger) Schritt auf dem **Wege** zu etw. sein	*ein erfolgreicher Abschnitt in e-r Entwicklung sein* Die Europäische Wirtschaftsgemeinschaft ist ein wichtiger Schritt auf dem Wege zu einem Vereinten Europa.
auf dem **Wege** sein, zu tun	*im Begriff sein, zu tun* Es sieht so aus, als ob die alten Streithähne auf dem Wege wären, sich zu einigen.
auf dem besten **Wege** sein (zu tun) U	*1) bald ein best. Ziel erreicht haben* *2) bald erreicht haben, daß etw. Schlimmes geschieht* 1) Er ist auf dem besten Wege, in Basel eine Professur zu bekommen. 2) Wenn er weiterhin bis in die Nacht arbeitet, ist er auf dem besten Wege, einen Schlag zu bekommen.
auf gutem **Wege** sein	*e-m guten Ergebnis entgegengehen, voraussichtlich gut enden* Die Sache mit seiner Amnestie ist auf gutem Wege.
auf dem falschen **Wege** sein	*Falsches tun (denken, planen usw.)* Mit der Annahme, er werde bald befördert, ist er auf dem falschen Wege.
auf dem richtigen (*od.* rechten) **Wege** sein	*das Richtige tun (denken, planen usw.)* Ich glaube, mit der Versuchsreihe, die du jetzt begonnen hast, bist du auf dem richtigen Wege.
j-m auf halbem **Wege** entgegenkommen	*j-m teilweise nachgeben (od. s-e Forderungen teilweise fallenlassen)* Eine außergerichtliche Einigung ist nur möglich, wenn die eine Seite der anderen auf halbem Wege entgegenkommt.
s. (*od.* einander) auf halbem **Wege** treffen (*od.* begegnen, entgegenkommen)	*s. gegenseitig nachgeben (od. die Forderungen teilweise fallenlassen)* Es kann nicht jeder auf seinem Standpunkt beharren. Beide Seiten müssen sich (*od.* einander) auf halbem Weg treffen (*od.* begegnen, entgegenkommen).
auf halbem **Wege** stehenbleiben	*mitten in e-r Tätigkeit aufhören, etw. nicht zu Ende führen* Schade, daß er in seinem Studium auf halbem Wege stehengeblieben ist.

auf halbem **Wege** steckenbleiben	*in e-r Tätigkeit nicht weiterkommen, sie nicht zu Ende führen können* Die Verhandlungen über den Grundstücksverkauf sind auf halbem Wege steckengeblieben.
auf halbem **Wege** umkehren	*in e-r Tätigkeit aufhören u. das Getane rückgängig machen* Er hatte schon sein Haus und seinen Laden verkauft, um auszuwandern, aber dann ist er auf halbem Wege umgekehrt.
auf kaltem **Wege**	*ohne Umstände, unauffällig, nicht auf dem Dienstweg* „Wie habt ihr die Sache denn auf kaltem Wege bereinigt?" – „Wir haben ihn wissen lassen, er soll die Beschwerde zurückziehen, sonst würde er sich selbst schaden."
auf dem schnellsten **Wege**	*so schnell wie möglich* Senden Sie mir das Buch auf dem schnellsten Wege.
j-m etw. mit auf den **Weg** geben	*j-m etw. (bes. gute Lehren) sagen, bevor er weggeht* Nur einen Rat gab mir meine Mutter mit auf den Weg, als ich damals loszog: Sei stets hilfsbereit!
j-n auf den rechten (*od.* richtigen) **Weg** bringen	= *j-n in die richtige* Bahn *lenken*
s. auf den **Weg** machen	*losgehen* Es ist Zeit, mach dich auf den Weg, sonst kommst du zu spät.
auf schlimme **Wege** geraten	= *auf die schiefe* Bahn *geraten*
j-m aus dem **Weg** gehen	*j-m nicht begegnen, ihn nicht sehen wollen* Seit dem Streit ging er mir immer aus dem Weg.
e-r S. aus dem **Weg** gehen	(Arbeit usw.) *nicht tun,* (Frage) *nicht beantworten,* (Entscheidung) *nicht treffen,* (Angriff) *nicht hinnehmen* usw. Sie versteht es großartig, jeder Hausarbeit aus dem Weg zu gehen. / Um weiteren Belästigungen aus dem Weg zu gehen, reiste er ab.
etw. (*od.* j-n) aus dem **Weg** räumen (*od.* schaffen)	1) (Hindernisse, j-n usw.) *beiseite schieben* 2) *j-n beseitigen, umbringen* 1) Wenn erst mal die alte Vorstellung, die Frau gehöre in die Küche, aus dem Weg geräumt ist, wird es vielerlei Möglichkeiten für sie geben, sich zu entfalten. 2) Wer sich dem Diktator entgegenstellte, wurde kurzerhand aus dem Wege geräumt.
j-m die Steine aus dem **Weg** räumen	*s.* Stein
j-m (*od.* e-r S.) im **Weg(e)** stehen (*od.* sein)	*für j-n (od. etw.) ein Hindernis sein* Was die Kandidatur meines Mannes betrifft, so steht ihm nur ein Rivale im Wege.
s. selbst im **Weg(e)** stehen	*s. durch bestimmte negative Eigenschaften behindern* Mit seinen fachlichen Qualitäten könnte er bei uns längst Direktor sein, wenn er sich nicht selbst im Weg stünde. Seine Intoleranz macht ihn unannehmbar.

j-m in den **Weg** laufen	*j-m zufällig begegnen* Rat mal, wem ich heute in den Weg gelaufen bin: meinem alten Musiklehrer.
j-m Hindernisse in den **Weg** legen	= *j-m* Steine *in den Weg legen*
etw. in die **Wege** leiten	*etw. in Angriff nehmen, (anfangen) etw. (zu) unternehmen* Ich brauche also eine ministerielle Genehmigung. Könnten Sie das für mich in die Wege leiten?
s. j-m in den **Weg** stellen (*od.* j-m in den **Weg** treten)	*j-m entgegentreten, j-m Widerstand leisten* Alle waren für meine Kandidatur, nur Dr. Mair stellte sich mir in den Weg.
j-m in den **Weg** kommen	*s. für j-n als Hindernis erweisen, störend dazwischenkommen* Ich wollte beim Chef gerade mein Anliegen wegen der Urlaubsverlängerung vorbringen, kommt mir doch der Buchhalter mit demselben Wunsch in den Weg.
er wird mir schon noch mal in (*od.* über) den **Weg** laufen (*od.* kommen)	*ich werde mit ihm noch einmal abrechnen können* Die alte Schuld ist noch immer nicht beglichen. Aber er wird mir schon noch mal in den Weg laufen.
j-m über den **Weg** laufen	= *j-m in den* Weg *laufen*
j-m nicht über den **Weg** trauen	*j-m gar nicht vertrauen, von j-m Böses erwarten* Obwohl sie immer so freundlich zu mir ist, traue ich ihr nicht über den Weg.
j-n vom (rechten) **Weg(e)** abbringen	*j-n vom anständigen Lebenswandel abbringen* Ich will nicht haben, daß du mit dem jungen Mann zusammenkommst. Er hält dich zum Lügen an und bringt dich vom rechten Wege ab.
vom rechten (*od.* graden) **Weg** abkommen	= *auf die schiefe* Bahn *geraten*
in einem **weg** U	*ununterbrochen, pausenlos* Der Ausflug war herrlich: Papa hat in einem weg geschimpft, und die Kleinen haben ständig geheult.
etw. **wegbekommen** U	= *etw. wegkriegen*
von **wegen** U	*1) das kommt nicht in Frage* *2) das stimmt nicht* 1) „Ich möchte jetzt Fußball spielen." – „Von wegen! Du bleibst jetzt hier und machst Schularbeiten." 2) „Ich habe gehört, er soll in Kürze Professor werden." – „Von wegen! Er hat ja nicht mal den Doktor."
weggehen: geh mir weg mit etw. U	*hör auf, von etw. zu reden* Geh mir weg mit Kundentreue. Die gibt's ja schon längst nicht mehr.

etw. **weghaben** U	*etw. begriffen haben, gut können* Er hatte sofort weg, wie er das Schloß aufmachen mußte.
einen **weghaben** U	*1) betrunken sein* *2) nicht ganz bei Verstand sein* 1) Laß den in Frieden, der hat einen weg. 2) Er ist manchmal ein bißchen komisch. Man könnte meinen, er hat einen weg.
weghaben: er hat was weg U	*er hat ein Leiden (od. e-n Schuß, e-n Schaden usw.)* Gesundheitlich ist er nicht gut dran. Er hat was weg.
etw. **wegkriegen** U	*1) etw. herausbekommen, verstehen* *2) s. (e-e Krankheit usw.) holen* 1) Hast du weggekriegt, wie er das Zauberkunststück gemacht hat? 2) Wenn du weiter mit nassen Haaren herumläufst, hast du bald eine Grippe weg.
wegsein U	*1) eingeschlafen sein* *2) ohnmächtig sein* *3) betrunken sein* *4) tot sein* 1) Ich muß ein paar Minuten weggewesen sein. Ich bin schrecklich müde. 2) Sie fiel plötzlich um und war weg, aber jetzt geht es ihr schon wieder besser. 3) Nach drei Glas Bier ist der weg. 4) Den hat's erwischt, der ist weg. Aber sein Kamerad gibt noch Lebenszeichen von sich.
wegsein (in j-n) U	*verliebt sein* Damals war er gleich weg (in sie), aber heute will er nichts mehr von ihr wissen.
wegsein (von) U	*1) überrascht sein (von)* *2) außer s. sein (über)* *3) begeistert, entzückt sein (von)* 1) Als er mir an meinem Geburtstag den Brillantring überreichte, war ich (ganz) weg. 2) Ich war (ganz) weg von so viel Frechheit. „Riesenroß" hatte er zu mir gesagt. 3) Mein Mann ist neuerdings (ganz) weg von dieser italienischen Sängerin.
wegtreten: geistig weggetreten S	*geistesabwesend; dumm* Du bist wohl geistig weggetreten? Hörst du denn gar nicht, was ich sage?
s. **weich** betten	*s. angenehme Lebensumstände schaffen* Er braucht nicht viel zu arbeiten und verdient sehr schön. Er hat sich weich gebettet.
weich werden	*nachgeben* Nur nicht weich werden! Wir werden schon durchhalten.

die **Weichen** stellen	*etw. so planen, daß die zukünftigen Aufgaben gemeistert werden können* (od. *daß s. bestimmte Folgen ergeben*) Schon jetzt sollten die Weichen gestellt werden, daß unsere Stadt auch noch in 20 Jahren den Verkehr meistern kann.
j-n **weichmachen** (*od.* weichkriegen, weichkochen) U	*j-n dazu bringen, nachzugeben* (od. *zu tun, was man will*) Er streitet alles ab? Lassen Sie mich nur machen, ich werde ihn schon weichkriegen.
j-m reinen (*od.* klaren) **Wein** einschenken	*j-m die volle (oft bittere) Wahrheit sagen* Wenn wir ihm über die finanzielle Lage unseres Geschäftes reinen Wein einschenken, fällt er vom Stuhl.
salomonische **Weisheit**	*weises u. gerechtes Urteilsvermögen* Gerade als Jugendrichter müßte man salomonische Weisheit besitzen, um immer das richtige Urteil zu fällen.
j-d hat die **Weisheit** nicht (gerade) mit Löffeln gefressen (*od.* gegessen) U	*j-d ist beschränkt, ziemlich dumm* Er hat die Weisheit ja nicht gerade mit Löffeln gefressen, aber als Hausmeister macht er sich ganz gut.
j-d meint, er hat die **Weisheit** (für s.) gepachtet (*od.* mit Löffeln gefressen *od.* gegessen) U	*j-d hält s. für ausnehmend klug* „Wilfried muß doch immer seinen Senf dazu geben." – „Ja, er meint, er hat die Weisheit für sich gepachtet."
behalte deine **Weisheit** für dich! U	*ich will gar nicht wissen, was du mir erzählen willst* „Über Lucy könnte ich dir auch allerhand erzählen!" – „Behalte deine Weisheit für dich!"
der **Weisheit** letzter Schluß	*die endgültige, wenn auch schlechte Lösung* Jetzt sollen die Mittel für den U-Bahnbau gekürzt werden. Das ist mal wieder der Weisheit letzter Schluß. Dadurch verschlimmert sich die Verkehrsmisere weiter.
mit s-r **Weisheit** am (*od.* zu) Ende sein	*nicht mehr weiter wissen, keinen Ausweg mehr sehen* Ich habe wirklich alles versucht, aber jetzt bin ich mit meiner Weisheit am Ende.
j-m etw. **weismachen** (*od.* j-m weismachen, daß)	*j-m etw. vortäuschen, j-n mit e-r bestimmten Behauptung beschwindeln.* Willst du mir vielleicht weismachen, du wärst zu Hause gewesen? / Ich lasse mir von dir nichts weismachen.
ein **weißer** Rabe	*s. Rabe*
der **Weiße** Tod	*s. Tod*
e-e **weiße** Weste haben	*s. Weste*
j-n zur **Weißglut** bringen (*od.* bis zur **Weißglut** reizen) U	*j-n außerordentlich wütend machen* Für seine Dummheit kann er ja eigentlich nichts, aber seine Langsamkeit bringt mich zur Weißglut.

j-n **weißwaschen**	*j-n von e-m Verdacht (wieder) befreien* Es ist schwer, wenn ein Verdacht entstanden ist, den Betreffenden, auch wenn er unschuldig ist, wieder weißzuwaschen.
weit und breit	*überall, wo man hinsah* Das Dorf war wie ausgestorben. Weit und breit war kein menschliches Wesen zu sehen.
es ist nicht **weit** her mit etw. (*od.* j-m)	*s. her*
bei **weitem**	*mit großem Abstand im Vergleich zu anderen* Dieser Aufsatz ist bei weitem der beste.
bei **weitem** nicht	*durchaus nicht, in keiner Weise* Der Film war bei weitem nicht so gut, wie ich dachte.
es **weit** (*od.* am **weitesten**) haben	*e-n weiten (den weitesten) Weg zu gehen haben* Wir müssen jetzt leider gehen, wir haben es weit (*od.* am weitesten von allen).
es **weit** bringen	*s. bringen*
es ist **weit** gekommen mit j-m (*od.* etw.)	*j-d (od. etw.) ist tief gesunken, hat s. schlecht entwickelt* Mit deiner Liebe zu mir ist es ja weit gekommen. Jetzt hast du sogar meinen Geburtstag vergessen!
es würde zu **weit** führen	*es würde zu lang, zu detailliert werden* Es würde zu weit führen, wenn ich berichtete, wie wir es gemacht haben. Kurzum, das Ziel wurde erreicht.
zu **weit** gehen (mit *od.* in etw.)	*etw. übertreiben* Mit (*od.* In) ihrer Liebe zu ihren Enkeln geht sie entschieden zu weit. Sie verwöhnt die Kinder ja ganz.
das geht (entschieden) zu **weit**	*das ist unglaublich, unerhört* „Jetzt möchte er auch noch Mittwoch nachmittag freibekommen." – „Das geht zu weit! Wer soll denn die ganze Arbeit machen?"
bis auf **weiteres**	*für die nächste Zeit, solange nichts geändert wird* Sie können bis auf weiteres bei uns wohnen bleiben.
ohne **weiteres**	*1) ohne Schwierigkeiten (zu haben od. zu machen)* *2) ohne zu fragen, ohne etwaige Konsequenzen zu bedenken* 1) Er hat die Aufgabe ohne weiteres gelöst. 2) Du kannst doch nicht so ohne weiteres fortgehen!
das **Weite** suchen	*davonlaufen, ausreißen* Als die Polizei auf der Bildfläche erschien, suchten die Einbrecher das Weite.
das **Weite** gewinnen	*entkommen* Zwei der Ausgerissenen konnten wieder eingefangen werden, die übrigen gewannen das Weite.
s. ins **Weite** verlieren L	*s. unendlich weit ausdehnen* Hinter ihrem Anwesen verlor sich die Heidelandschaft ins Weite.
j-s **Weizen** blüht	*j-s Geschäft, Beruf, Lebensumstände sind sehr gut* Ich bin seit drei Jahren selbständiger Steuerberater und kann nur sagen, mein Weizen blüht.

die **Wellen** gehen hoch	*die Erregung (od. Begeisterung) ist groß* Wenn die siegreiche Mannschaft zurückkehrt, werden die Wellen (der Begeisterung) hochgehen.
die **Wellen** glätten s. (wieder)	= *die* Wogen *glätten s. (wieder)*
die **Wellen** (wieder) glätten	= *die* Wogen *(wieder) glätten*
hohe **Wellen** schlagen	*große Erregung verursachen* Es war vorauszusehen, daß die Steuererhöhung hohe Wellen schlagen würde.
s-e **Wellen** schlagen	*s-e Auswirkungen haben* Der Spionagefall schlug seine Wellen weit über Englands Grenzen hinaus.
grüne **Welle**	*aufeinander abgestimmte Grünphasen der Verkehrsampeln in e-r Fahrtrichtung* Wir haben bis zur Autobahneinfahrt grüne Welle.
hier (*od.* da) ist die **Welt** mit Brettern vernagelt	*s.* Brett
in j-m (*od.* für j-n) brach e-e **Welt** zusammen	*alles, woran j-d bisher geglaubt hatte, zerbrach* Als man ihm sagte, daß seine Frau mit seinem besten Freund durchgegangen war, brach für ihn eine Welt zusammen.
alle **Welt** U	*jeder* Alle Welt weiß, daß die Umweltverschmutzung eine ungeheure Gefahr darstellt.
e-e verkehrte **Welt**	*Zustände, die ganz anders sind als sonst (od. als normal)* Früher bat der Mann das Mädchen um einen Tanz; heute sagt er oft: „Du darfst mit mir tanzen." Ist das nicht eine verkehrte Welt?
es liegen **Welten** zwischen (den) beiden	*die beiden werden durch sehr große Unterschiede der Lebensauffassung, des Charakters usw. getrennt* Bach und Mozart sind große Komponisten, von aller Welt verehrt, aber es liegen Welten zwischen beiden.
nicht die **Welt** kosten (*od.* die **Welt** nicht kosten) U	*nicht so teuer sein, wie man meinen möchte* Vom Flughafen zum Studio nehme ich ein Taxi. Das wird nicht die Welt kosten.
ich verstehe die **Welt** nicht mehr	*ich verstehe das, was passiert ist (die Art und Weise, wie es passiert ist), nicht mehr* Ich verstehe die Welt nicht mehr – hier steht, daß man diesen Verbrecher gegen eine Kaution von 10 000 Mark auf freien Fuß gesetzt hat.
am Ende der **Welt** U	*s.* Ende
davon gibt es noch mehr auf der **Welt**	*so kostbar ist das nicht* Hör doch auf mit dem Heulen wegen der zerbrochenen Teekanne. Davon gibt es noch mehr auf der Welt.

auf die **Welt** kommen	1) = *zur* Welt *kommen* 2) *entstehen, in Erscheinung treten, leibhaftig werden* 2) Die große Frage ist, ob der Mensch, seit das Christentum auf die Welt gekommen ist, besser geworden ist.
die **Welt** aus den Angeln heben	s. *Angel*
nicht aus der **Welt** sein (*od.* liegen)	1) *nicht weit weg liegen* 2) *durchaus möglich sein* 1) Am Schluß waren wir dann noch im Zoo. Der liegt (*od.* ist) ja nicht aus der Welt. 2) Vielleicht hat er es aber auch nur einfach vergessen. Diese Lösung liegt (*od.* ist) ja auch nicht aus der Welt.
aus der **Welt** schaffen	*endgültig beseitigen* Gibt es denn keinen Weg, daß der Streit zwischen euch beiden endlich einmal aus der Welt geschafft wird?
s. durch die **Welt** schlagen	*s-n Lebensweg trotz mancher Hindernisse gehen* Heute will schon der junge Mensch Sicherheit. Früher zog er hinaus und schlug sich allein durch die Welt.
in aller **Welt**	*wohl, eigentlich* (verstärkt das vorausgehende Fragewort) Wie in aller Welt konnte denn so etwas passieren?
in e-r anderen **Welt** leben (*od.* sein)	*in der Gedankenwelt des Geistes oder der Kunst leben* Über Dinge des Alltags kann ich mit meinem Mann kaum sprechen. Er lebt in einer anderen Welt.
in die **Welt** setzen	1) (Kinder) *gebären* 2) (Behauptung) *leichtfertig aufstellen* 1) Eines der größten Probleme unserer Zeit ist die Übervölkerung und trotzdem werden in den Entwicklungsländern noch immer viel zuviel Kinder in die Welt gesetzt. 2) Man sollte Menschen, die so irreführende Behauptungen in die Welt setzen wie er, nicht ernst nehmen.
um alles in der **Welt**	1) = *in aller* Welt 2) (Ausruf des Entsetzens) *wie schrecklich* 2) „Und stellen Sie sich vor, nach dem Zusammenstoß begann der Wagen auch noch zu brennen!" – „Um alles in der Welt!"
nicht um alles in der **Welt**	*unter gar keinen Umständen, um keinen Preis* Nicht um alles in der Welt möchte ich mit ihm tauschen. Ich verdiene zwar weniger, aber ich lebe gesünder.
ein Mann von **Welt**	*ein eleganter Mann mit sehr gutem Benehmen und mancherlei Lebenserfahrung* Nimm dir ein Beispiel an Onkel Arnold. Der ist ein Kavalier alter Schule – ein Mann von Welt.
(nicht) von dieser **Welt** sein	*dem Jenseits, dem Paradies angehören* Bachs Matthäuspassion ist überirdisch schön. Man möchte meinen, sie sei nicht von dieser Welt.
zur **Welt** kommen	*geboren werden* Wann ist Ihr Jüngster eigentlich zur Welt gekommen?

da hört (s. doch) die **Weltgeschichte** auf U	*das ist doch unerhört* Jetzt hat der Junge mein Fahrrad genommen, und ich kann zu Fuß gehen. Da hört (sich doch) die Weltgeschichte auf!
immer **weniger** werden U	*abmagern* Sie wird immer weniger; bald ist sie nur noch ein Strich.
meine **Wenigkeit** U	*ich* Ich beanspruche für meine Wenigkeit ja nur ein Stück Kuchen. Den ganzen Rest kannst du für dich haben.
Wenn und Aber	*Zweifel und Einwände* Bist du bereit mitzumachen, ohne viel Wenn und Aber?
ja, **wenn** das Wenn und das Aber nicht wär'	*wenn es nicht die vielen Zweifel und Schwierigkeiten gäbe* Ja, wenn das Wenn und das Aber nicht wäre, dann hätte ich schon längst ein eigenes Haus.
(na,) **wenn** schon U	*s. schon*
wenn schon, denn schon U	*s. schon*
wer sein U (*sein, ist* usw. ist betont)	*bedeutend, angesehen sein* In der Schule war er ja ausgesprochen faul, aber heute ist er wer.
(schon) wieder **werden** U	*wieder gesund werden, wieder in Ordnung kommen* Es wird schon wieder werden *(Du wirst wieder gesund werden,* od. *Es wird alles in Ordnung kommen).*
wo **werd** ich denn! U	*das kommt doch nicht in Frage* „Und daß du mir dem Papa nichts von der Überraschung verrätst!" „Wo werd ich denn!"
werden: na, wird's bald!	*beeil dich!* Na, wird's bald! Wir warten, und du trödelst herum.
mit etw. nur so um s. **werfen**	*s. um*
Wert legen auf	*für (besonders) wichtig halten, (haben) wollen* Ich lege großen (*od.* viel) Wert auf Pünktlichkeit. / Legst du noch Wert auf diesen Karton? *(Willst du ihn noch haben?)* / Ich lege keinen (*od.* wenig, keinen gesteigerten) Wert darauf, mit ihm gesehen zu werden.
e-r S. **Wert** beilegen (*od.* beimessen)	*etw. für bedeutungsvoll, folgenschwer halten* Ich glaube, wir sollten der Tatsache, daß er nicht erschienen ist, einen gewissen (*od.* großen, keinen, nicht den geringsten) Wert beilegen (*od.* beimessen).
sein **Wesen** treiben	*s-e unerfreuliche* (od. *verbrecherische*) *Tätigkeit ausüben* Ein Taschendieb treibt sein Wesen in diesem Warenhaus.
viel **Wesens** machen von (*od.* um) etw.	= *viel* Aufhebens *von etw. machen*
er hat ein einnehmendes **Wesen** U	*er nimmt und behält alles, was man ihm gibt* Sieh dich vor! Ich würde ihm das Buch nicht leihen. Er hat ein ziemlich einnehmendes Wesen.

in ein **Wespennest** stechen (*od.* greifen)	*e-e heikle Sache anpacken (u. s. dadurch Gegner machen)* Mit der Frage nach den geplanten Steuererhöhungen hat der Oppositionsführer natürlich in ein Wespennest gestochen.
etw. ist e-e alte **Weste**	= *etw. ist ein alter* Hut
e-e reine (*od.* saubere, weiße) **Weste** haben	*nichts Unehrenhaftes getan haben, anständig (geblieben) sein* Er hielt sich aus allen schmutzigen Sachen heraus, daher hat er bis heute eine reine Weste.
j-m etw. unter die **Weste** jubeln U	*machen, daß j-d etw. akzeptiert, ohne daß er es so richtig merkt od. ohne daß er etw. dagegen tun kann* Wir müssen sehen, daß wir dies schwierige Referat Dr. Noll unter die Weste jubeln.
j-n (*od.* etw.) wie s-e **Westentasche** kennen	*aus jahrelanger Erfahrung sehr gut kennen* Er hat zwanzig Jahre in Köln gelebt. Er kennt es wie seine Westentasche.
aus der **Westentasche** bezahlen	*mit Leichtigkeit bezahlen* Ob du seine Einladung ins Grand Hotel annehmen sollst? Die bezahlt er doch aus der Westentasche!
wetten: so haben wir nicht gewettet	*so war es nicht ausgemacht* Du kriegst die Schokolade und ich die Bonbons? So haben wir nicht gewettet. Alles wird halb und halb geteilt.
alle **Wetter!**	*das ist überraschend, toll (Ausruf der Bewunderung usw.)* Alle Wetter! Das wird ja eine Rekordernte!
bei j-m gut **Wetter** machen (wollen)	*bei j-m die schlechte Stimmung beheben, die Kränkung wiedergutmachen (wollen)* Du kommst mit einem großen Blumenstrauß? Du willst wohl bei Tante Else wieder gut Wetter machen.
(auf) gut **Wetter** machen (wollen)	*e-e schlechte Stimmung verbessern, e-n schlechten Eindruck beheben (wollen)* Nachdem der Kritiker an dem Geiger allerhand auszusetzen hatte, wollte er zum Schluß doch noch (auf) gut Wetter machen, indem er sein Instrument lobte.
um gut(es) **Wetter** bitten	*darum bitten, daß der andere nicht mehr böse ist* Eva freute sich sehr, als ihr Freund nach der Auseinandersetzung kam und wieder um gut Wetter bat.
in Wind und **Wetter**	*s. Wind*
s. drehen (*od.* unbeständig sein) wie e-e **Wetterfahne**	*keinen festen eigenen Standpunkt haben* Eindeutig Stellung zu beziehen ist noch nie seine Sache gewesen. Er dreht sich wie eine Wetterfahne.
e-e (dunkle) **Wetterwolke**	= *e-e dunkle* Wolke
s. in **Wichs** werfen	= *s. in* Gala *werfen (von Herren)*
so **wichtig** tun (*od.* s. so **wichtig** haben)	*s. benehmen, als ob man besonders wichtig wäre* Hab dich nicht so wichtig (*od.* Tu nicht so wichtig)! Deine Verletzung ist doch ganz harmlos im Vergleich zu der deines Bruders.

es **wichtig** nehmen mit etw.	*etw. für wichtig halten, ernst auffassen* So klein wie er ist, nimmt er es mit seinen Pflichten – Tisch decken usw. – sehr wichtig.
es **wichtig** haben mit	*wegen etw. (Unbedeutendem) sehr wichtig tun* Er hat jetzt keine Zeit, er hat es mit seiner neuen Cowboy-Ausrüstung wichtig.
j-n (*od.* etw.) am (*od.* beim) **Wickel** kriegen (*od.* haben, packen, fassen, nehmen)	1) *j-n fest in der Hand haben* 2) *etw. intensiv tun* 1) Wenn ich ihn erst mal beim Wickel kriege (*od.* habe *usw.*), kommt er mir so leicht nicht wieder davon. 2) Er hat mal wieder sein Lieblingsthema am Wickel. Da hört er so schnell nicht wieder auf.
noch ein **Wickelkind** sein U	*noch ein kleines Kind sein, das man ständig behüten muß* Ihr behandelt mich ja mit meinen 15 Jahren, als wäre ich noch ein Wickelkind.
in die **Wicken** gehen	= *in die* Binsen *gehen*
e-n starken **Widerhall** in j-m wecken	*e-e starke Reaktion in j-m auslösen* Es fällt unseren heutigen Politikern nicht leicht, einen starken Widerhall bei den Wählern zu wecken.
keinen (*od.* nur wenig, geringen) **Widerhall** finden	*keine* (*od.* geringe) *Reaktion auslösen* Sein Appell an die Zuhörer, Mittel für notleidende Kinder zu stiften, fand wenig Widerhall.
das ist ihm (auch) nicht an der **Wiege** gesungen worden	*s-e Lebensumstände haben s. ganz unerwartet verändert* Das ist ihm auch nicht an der Wiege gesungen worden, daß er einmal seine Bilder an der Tür verkaufen muß.
von der **Wiege** bis zur Bahre (*od.* bis zum Grabe)	*von der Geburt bis zum Tod* Die Losung unserer Verwaltung ist: von der Wiege bis zur Bahre – Formulare, Formulare.
wiegen: j-m gewogen sein (*od.* bleiben)	*j-m (weiterhin) geneigt, Freund sein* Ihr ist das Glück gewogen. Was sie anfängt, gelingt.
wiegen: j-d kann mir gewogen bleiben U	= *j-d kann mich* gernhaben
wiegen: gewogen und zu leicht befunden	*beurteilt und verurteilt, geprüft und verdammt* Von vielen Großen unserer Zeit wird es einmal später heißen: gewogen und zu leicht befunden.
j-m eine **wienern** U	*j-m e-e Ohrfeige geben* Dem frechen Kerl möchte ich mal eine wienern, die sich gewaschen hat.
flink wie ein **Wiesel**	*sehr flink und geschickt* Unser Kellner ist wirklich flink wie ein Wiesel. Wir mußten mit dem Bestellen keine drei Minuten warten. Dabei ist der Saal überfüllt.
halb so **wild** U	*ganz harmlos, gar nicht so unangenehm* (*od. schlimm*) Die Arbeit, die wir aufbekommen haben, ist halb so wild. Die schaffe ich an einem Nachmittag.

den feinen **Wilhelm** markieren U	*vornehm tun* Und wenn es ihm noch so dreckig geht, er kann gar nicht anders als den feinen Wilhelm markieren.
s-n Friedrich **Wilhelm** daruntersetzen	*s-e Unterschrift daruntersetzen, unterschreiben* Vertrag, Begleitbrief – alles fertig. Du brauchst nur noch deinen Friedrich Wilhelm daruntersetzen.
es ist zum **Wimmern** U	*es ist entsetzlich* Es ist zum Wimmern, wie er Klavier spielt.
er läßt s. nicht (*od.* ihm kann keiner) an den (*od.* an die) **Wimpern** klimpern U	*er läßt s. nichts anhaben, er läßt s. nicht dreinreden* So unscheinbar wie er aussieht, er läßt sich von niemandem an den Wimpern klimpern.
mit keiner (*od.* nicht mit der) **Wimper** zucken (*od.* ohne mit der **Wimper** zu zucken)	*kein Zeichen der Angst (der Erregung, der Anteilnahme) von s. geben* Er zahlte den Betrag, ohne mit der Wimper zu zucken.
Wind in j-s Segel sein	= Wasser *auf j-s Mühle sein*
der **Wind** hat s. gedreht	*die Lage hat sich geändert, die Stimmung ist umgeschlagen* Bei unserem Chef hat sich der Wind gedreht. Früher lobte er mich; jetzt mache ich ihm nichts mehr recht.
der **Wind** pfeift aus e-m anderen Loch U	*jetzt herrscht e-e strengere Zucht* Seit der neue Oberlehrer da ist, pfeift der Wind aus einem anderen Loch.
aus welchem Loch pfeift der **Wind**? U	*wie liegen die Dinge, wie ist die Situation?* Sprich mal mit dem Direktor, dann weißt du gleich, aus welchem Loch der Wind pfeift.
daher weht (also) der **Wind**	*so ist das (also) gemeint, das ist der wahre Grund (warum das alles gesagt wurde)* Lilo schwärmt beim Abendessen von einem Film, über den sie viel gelesen hat. Später fragt sie ihren Vater, ob er nicht Lust hätte, mit ihr ins Kino zu gehen. „Ach, daher weht der Wind", sagt lachend der Vater.
wissen (*od.* merken), woher der **Wind** weht	*wissen (od. merken), was der wahre Grund für etw. ist* Wenn die uns fragen, ob wir nicht mit ihnen zum Baden fahren wollen, weiß ich schon, woher der Wind weht. Die haben zur Zeit kein Auto, und wir sollen sie mitnehmen.
hier weht (jetzt) ein anderer (*od.* frischer, scharfer) **Wind** (*od.* es weht jetzt ein anderer *usw.* **Wind**)	*hier werden jetzt andere (energischere, strengere) Methoden angewendet.* Unsere Schule soll einen neuen Direktor bekommen. Es wird aber auch höchste Zeit, daß hier mal ein anderer (*od.* frischerer, schärferer) Wind weht.

wie der **Wind** (laufen, s. verbreiten *usw*.)	*sehr schnell* Die Nachricht, daß bei uns eingebrochen worden war, verbreitete sich wie der Wind in der ganzen Siedlung.
Wind von etw. bekommen (*od*. kriegen, haben)	*heimlich von etw. erfahren* Der mutmaßliche Täter muß von seiner bevorstehenden Verhaftung Wind bekommen haben.
Wind in den Segeln haben	*mit gutem Erfolg vorankommen* Anfangs hatte die neue Firma einige Schwierigkeiten, aber jetzt hat sie Wind in den Segeln.
viel **Wind** machen (um etw.)	= *viel* (od. *e-n großen*) Wirbel *machen (um etw.)*
(viel) **Wind** machen	*sehr angeben, übertreiben* Mensch, mach nicht so viel (*od*. nicht solchen, keinen) Wind *(übertreib nicht zu sehr)!*
j-m **Wind** vormachen	= *j-m blauen* Dunst *vormachen*
j-m den **Wind** aus den Segeln nehmen	*j-m die Möglichkeiten, Voraussetzungen zum Handeln nehmen, die Angriffsmöglichkeiten nehmen, j-n mutlos machen* Dadurch, daß er die wesentlichen Punkte zugab, nahm er seinen Gegnern erst einmal den Wind aus den Segeln.
s. den **Wind** um die Nase wehen (*od*. um die Ohren pfeifen) lassen	*das praktische Leben mit all s-n Schwierigkeiten (bes. im Ausland) kennenlernen* Abiturienten sollten alle ein einjähriges Praktikum machen, um sich auf diese Weise den Wind um die Nase wehen zu lassen.
gegen den **Wind** segeln	= *gegen den* Strom *schwimmen*
in **Wind** und Wetter	*bei schlechtem Wetter (od. ohne Rücksicht darauf, ob das Wetter gut oder schlecht ist)* Wenn es regnet, dann fällt heutzutage ein Schulausflug aus. Wir haben früher alle unsere Ausflüge in Wind und Wetter durchgeführt.
in alle **Winde** zerstreuen	*auflösen und in ganz verschiedene Teile des Landes (od. der Welt) gelangen lassen* Die Familie wurde nach dem Krieg in alle Winde zerstreut.
in den **Wind** reden (*od*. sprechen)	*etw. sagen, das keine Beachtung findet (od. keine Beachtung finden)* Die Rede war ganz schön, aber er hat (*od*. seine Worte sind) in den Wind gesprochen *(niemand beachtet sie)*.
etw. in den **Wind** schlagen	*(e-n Rat, e-e Warnung usw.) nicht beachten* Er schlug den Rat seiner Freunde, bei seinen Geschäften vorsichtiger zu sein, in den Wind. Jetzt ist er pleite.
mit dem **Wind** segeln	= *mit dem* Strom *schwimmen*

den Mantel (*od.* s-n Mantel, sein Mäntelchen, die Fahne, s-e Fahne) nach dem **Wind** hängen (*od.* drehen)

opportunistisch sein, s. der jeweils herrschenden Meinung anschließen, so handeln, wie es der eigene Vorteil verlangt
Er hat unter jeder Regierung seinen Posten behalten können, denn er versteht es großartig, seinen Mantel (*od.* seine Fahne *usw.*) nach dem Wind zu hängen.

j-n **windelweich** schlagen U

j-m e-e ganz gehörige Tracht Prügel geben
Stell dir vor, der Junge hat meinen Fotoapparat kaputtgemacht. Am liebsten würde ich ihn windelweich schlagen.

gegen **Windmühlen** kämpfen

gegen e-n eingebildeten Gegner (od. e-n von vornherein aussichtslosen Kampf) kämpfen
Manche Arbeiter sehen in der Automation eine Gefahr für ihre Arbeitsplätze. Sie kämpfen dabei wirklich gegen Windmühlen.

ein **Wink** mit dem Zaunpfahl

s. Zaunpfahl

s. in den (*od.* im hintersten) **Winkel** verkriechen

s. dorthin zurückziehen, wo man unbemerkt, ungestört ist
Wo Monika ist? Die hat sich mit ihrem neuen Roman in den hintersten Winkel verkrochen.

viel (*od.* e-n großen) **Wirbel** machen (um etw.)

viel Aufsehen verursachen, viel Lärm machen
Er wäre mir ja ganz sympathisch, wenn er nur nicht immer wegen jeder Kleinigkeit so viel Wirbel machen wollte.

das ist e-e schöne **Wirtschaft** (*od.* was ist das für e-e **Wirtschaft** hier) U

das ist ein fürchterliches Durcheinander
Wenn Christa mal was gebacken hat, dann ist in der Küche eine schöne Wirtschaft.

mach keine solche **Wirtschaft!** U

mach keine solche Unordnung!
Ich habe ja nichts dagegen, wenn du bastelst, aber mach in deinem Zimmer keine solche Wirtschaft!

j-m eine **wischen**

= j-m eine zischen

von j-m (*od.* etw.) nichts **wissen** wollen

kein Interesse haben an (od. für), negativ eingestellt sein zu
Wir würden uns so freuen, wenn die beiden sich heirateten, aber sie will nichts von ihm wissen.

wissen: ich weiß, was ich weiß

ich lasse mich von meiner Meinung nicht abbringen
Du kannst mir erzählen, was du willst, aber ich weiß, was ich weiß. Er hat in diesem Falle keine reine Weste.

ich möchte nicht **wissen,** wie U

sehr
Ich möchte nicht wissen, wieviel (*od.* was) das Auto gekostet hat (es hat sehr viel gekostet).

wissen: weißt du was U (was *ist* betont)

ich schlage vor, daß
Weißt du was, wir machen erst mal einen Spaziergang.

wissen: wer weiß was U (weiß *ist* betont)

sehr viel
Er tut, als ob er wer weiß was bei der Sache geholfen hätte.

wissen: wer weiß wie oft U	*sehr oft* Ich habe ihn wer weiß wie oft gefragt, ob er die Schlüssel dabeihat. Jetzt hat er sie doch vergessen.
wissen: was weiß ich! U	*ich weiß es nicht und will es auch nicht wissen* „Haben sich die beiden nun eigentlich gekriegt?" – „Was weiß ich! Da mußt du mich doch nicht fragen."
etw. ist e-e (ganze) **Wissenschaft** für s. U	*etw. ist sehr kompliziert, erfordert besondere Kenntnisse* „Wie wird denn dieser Projektionsapparat bedient?" – „Das ist eine Wissenschaft für sich."
es ist nicht weit her mit j-s **Wissenschaft** U	*j-d hat geringe Kenntnisse* Mit seiner Wissenschaft ist es aber nicht weit her! Und er will acht Semester studiert haben?
der (ganze) **Witz** (bei) der Sache (*od.* dabei)	*der entscheidende Punkt, das, worauf es ankommt* Dieses Auto sieht aus wie jedes andere. Aber der Witz bei der Sache ist, daß es mit einem Elektromotor angetrieben wird.
das ist doch (wohl nur) ein **Witz?**	*das kann doch nicht wahr sein* Er hat sein Vermögen hergeschenkt? Das ist doch wohl nur ein Witz!
fauler **Witz**	*dumme Bemerkung, nicht ernst zu nehmende Feststellung* Laß deine faulen Witze! Kannst du nicht mal ein bißchen ernst bleiben?
mach keine (faulen) **Witze!**	*das ist unglaublich, unmöglich* Man will ihm den Doktortitel aberkennen? Mach keine (faulen) Witze. Was ist denn passiert?
wo denkst du hin U	*s. hin*
wo werd ich denn U	*s. werden*
ach **wo** (*od.* i **wo**)! U	*aber nein, durchaus nicht* „Du mußt doch heute abend noch einmal weg, oder?" – „Ach wo (*od.* I wo)! Die Besprechung ist morgen."
in die **Wochen** kommen	*s. dem Tag der Entbindung nähern* Frau Meier kommt in die Wochen und wird ab 15. Mai nicht mehr arbeiten. Bitte sorgen Sie für eine Vertretung.
in den **Wochen** liegen	*im Kindbett liegen* Sie liegt in den Wochen und ist so froh, daß sie sich endlich einmal ausruhen kann.
gedrängte **Wochenübersicht**	*ein Gericht, das aus vielen verschiedenen Zutaten (bes. Resten) besteht* Sonnabends gibt's bei uns meist eine gedrängte Wochenübersicht – was von der Woche so übrigbleibt.
die **Wogen** gehen hoch	= *die Wellen gehen hoch*
die **Wogen** glätten s. (wieder)	*die Erregung nimmt (wieder) ab* Bei uns gibt es oft heftige Auseinandersetzungen. Aber die Wogen glätten sich auch immer wieder.

die **Wogen** (wieder) glätten	*die Erregung (wieder) dämpfen, abschwächen* Zwischen den beiden neuen Kollegen gibt es ständig Krach, und ich muß dann immer die Wogen glätten.
Öl auf die **Wogen** gießen	*s. Öl*
ach **woher** (denn) (*od.* i **woher**)! U	= *ach wo*
ich muß mal **wohin** U	= *ich muß mal irgendwohin*
wohl oder übel	*ob ich will oder nicht* Ich muß den Artikel wohl oder übel noch einmal umarbeiten.
s. in **Wohlgefallen** auflösen U	*1) in s-e Teile zerfallen* *2) verschwinden* *3) harmlos, friedlich enden* 1) Das Wörterbuch benutze ich jetzt schon so lange, daß es sich allmählich in Wohlgefallen auflöst. 2) Wenn ich nur wüßte, wo meine Strümpfe hingekommen sind. Die haben sich anscheinend in Wohlgefallen aufgelöst. 3) Anfangs gab es einen fürchterlichen Streit, aber dann hat alles sich in Wohlgefallen aufgelöst.
ein **Wolf** im Schafspelz	*ein Mensch, der harmlos aussieht, aber sehr gefährlich ist* Schon viele sind auf ihn hereingefallen. Ich sage dir, er ist ein Wolf im Schafspelz.
mit den **Wölfen** heulen	*um des Vorteils willen die Meinung der Mehrheit vertreten* Ein wirklicher Staatsmann unterscheidet sich vom durchschnittlichen Politiker wohl am ehesten dadurch, daß er nicht ständig mit den Wölfen heult.
e-n **Wolfshunger** haben (*od.* hungrig wie ein **Wolf** sein)	*sehr hungrig sein* Was gibt es zu essen? Ich habe einen Wolfshunger.
e-e dunkle **Wolke**	*ein drohendes böses Schicksal* Eine dunkle Wolke zieht sich über der Familie Berger zusammen, seit bekanntwurde, daß die Söhne sich ihr Geld durch Schmuggeln verdient haben.
das ist die (*od.* e-e, 'ne) **Wolke** S	*das ist großartig, e-e gute Idee* Ein Sommernachtsfest bei Schneiders im Garten, mit Swimmingpool und allen Schikanen? Das ist 'ne Wolke!
aus allen **Wolken** fallen	*vollkommen überrascht sein* Er fiel aus allen Wolken, als ich ihm sagte, daß er ab nächsten Monat ins Rheinland versetzt würde.
über (*od.* in) den **Wolken** schweben	*in e-r Welt der Phantasie leben* Wenn man dies Buch liest, hat man das Gefühl, der Autor schwebt über den Wolken.
Wolle bei etw. lassen	= *Haare bei etw. lassen*

in der **Wolle** gefärbt	*ganz echt, voll und ganz (mst. negativ)* Er ist ein Revolutionär durch und durch, in der Wolle gefärbt.
in der **Wolle** sitzen	*wohlhabend sein* So wie der möchte ich auch mal in der Wolle sitzen.
s. in die **Wolle** geraten	*(anfangen zu) streiten* Sie sind die besten Freunde, nur über Politik geraten sie sich immer wieder in die Wolle.
j-n in die **Wolle** bringen	*j-n erzürnen, wütend machen* Mit solch unechtem Pathos kann man ihn sofort in die Wolle bringen.
(leicht, schnell) in die **Wolle** geraten (*od.* kommen)	*(leicht, schnell) wütend, zornig werden* Er gerät (*od.* kommt) so furchtbar leicht in die Wolle. Das müssen wir ihm abgewöhnen.
(na) dann **wollen** wir mal U	*fangen wir also an* Unser Kursleiter begann jede Stunde mit den Worten: „Na, dann wollen wir mal!"
da ist nichts zu **wollen**	*da ist nichts zu machen, nichts zu ändern* Er zieht nun mal keine langen Strümpfe an, da ist nichts zu wollen.
wollen: ich weiß nicht, was du willst	*ich verstehe nicht, warum du wütend bist (kritisierst usw.)* Ich weiß nicht, was du willst: er ist doch pünktlich zurückgekommen!
wollen: wenn man will (*od.* wenn Sie wollen)	*wenn man es negativer formulieren will* Er war oft einseitig, wenn man will, borniert. Aber manche seiner Arbeiten sind großartig.
wollen: sei dem, wie ihm wolle	*wie die Dinge auch liegen mögen* Sei dem, wie ihm wolle, ich lasse mir von meiner Partei nicht vorschreiben, wie ich abzustimmen habe in dieser Gewissensfrage.
Wort für Wort	*1) ein Wort nach dem anderen* *2) ganz genau u. vollständig* 1) Er hat sofort den ganzen Text Wort für Wort wiederholt, und zwar aus dem Kopf! 2) Juristische Dokumente muß man Wort für Wort übersetzen.
das **Wort** blieb j-m im Hals(e) (*od.* in der Kehle) stecken	*s. Hals*
mir liegt das **Wort** auf der Zunge	*s. Zunge*
mir fehlen die **Worte** (für etw.)	*1) ich kann es einfach nicht sagen, es ist unbeschreiblich* *2) = ich finde keine Worte für etw.* 1) Der Sonnenuntergang war ein so großartiges Schauspiel – mir fehlen die Worte.
ein **Wort** ist gefallen	*ein (best.) Wort ist gesagt worden* „Von Politik habt ihr nicht geredet?" – „Nein, denk dir, das Wort ‚Politik' ist überhaupt nicht gefallen."

ein **Wort** gab das andere	*ein scharfes Wort verursachte das nächste, es gab Streit* Erst war alles ganz friedlich, aber dann wurde Max aggressiv, ein Wort gab das andere, und am Schluß gab's Prügel.
das soll ein **Wort** sein!	*das ist ein Hoffnungen weckendes Versprechen* „Nächstes Jahr, wenn er das Buch fertig hat, will Papa mit uns nach Rhodos." – „Das soll ein Wort sein!"
an etw. ist kein wahres **Wort** (*od.* ist kein **Wort** wahr)	*etw. ist von Anfang bis Ende erlogen* An der ganzen Sache ist kein wahres Wort; ich habe nie etwas mit den Finanzen zu tun gehabt.
geflügelte **Worte**	*oft zitierte Wendungen od. Sätze* Es ist unglaublich, wie viele geflügelte Worte aus Goethes Werken stammen.
goldene **Worte**	*s. golden*
das sind nur hohle **Worte**	*schön klingende Worte, hinter denen nichts steckt* Gewisse Wahlreden höre ich mir schon lange nicht mehr an. Das sind doch alles nur hohle Worte.
etw. ist sein drittes **Wort**	*s. drittes*
ist das dein letztes **Wort**?	*bleibst du bei dieser Entscheidung? Hat es gar keinen Sinn mehr, darüber zu sprechen?* Die Reise soll ins Wasser fallen! Ist das dein letztes Wort?
das letzte **Wort** in dieser S. ist noch nicht gesprochen (*od.* gefallen)	*die S. ist noch nicht endgültig entschieden, es kann noch anders kommen* Es ist schon viel darüber debattiert worden, und der Antrag hat auch Aussicht auf Aufnahme. Aber das letzte Wort in dieser Sache ist noch nicht gesprochen.
das letzte **Wort** behalten	*1) recht haben, als letzter etw. zu sagen wissen* *2) = das letzte Wort haben* 1) Wenn wir zu Hause Denkspiele machten, gewannen wir Jungen auch manchmal, aber meistens behielt Vater das letzte Wort.
das letzte **Wort** haben	*die letzte Entscheidung haben* Ich würde es so machen, wie Herr Weber vorgeschlagen hat, aber das letzte Wort hat natürlich die Firmenleitung.
das letzte **Wort** haben wollen (*od.* müssen)	*(immer) recht haben wollen* Daß er mal klein beigibt, kommt gar nicht in Frage. Er will (*od.* muß) immer das letzte Wort haben.
dein **Wort** in Ehren, aber	*s. Ehre*
dein **Wort** in Gottes Ohr	*möge Gott geben, daß es so kommt, wie du sagst* Morgen soll's endlich schön werden? Dein Wort in Gottes Ohr!
etw. (*od.* es) nicht **Wort** haben wollen	*= etw. (od. es) nicht wahrhaben wollen*
j-m das **Wort** abschneiden	*j-n unterbrechen u. am Sprechen hindern* Herr Kraus wollte noch etwas sagen, aber der Vorsitzende schnitt ihm das Wort ab.

j-m das **Wort** entziehen	*j-m die Erlaubnis zum (Weiter)Sprechen nehmen* Herr Kollege, ich muß Ihnen das Wort entziehen. Sie haben schon länger als vereinbart gesprochen.
das **Wort** ergreifen (*od.* nehmen)	*in e-r Sitzung zu sprechen anfangen* Nach dem Vorsitzenden ergriff Herr Krüger das Wort.
j-m das **Wort** erteilen (*od.* geben)	*j-m die Erlaubnis zum Sprechen geben* Ich erteile jetzt Dr. Rahn das Wort.
das **Wort** haben	*(als nächster) sprechen* Das Wort hat jetzt Kollege Schmidt.
j-m (*od.* e-r S.) das **Wort** reden	*s. für j-n (od. etw.) aussprechen (od. einsetzen)* Auf der Sitzung redete er dem bisherigen Geschäftsführer das Wort.
j-m das **Wort** verbieten	= *j-m den Mund verbieten*
j-m das **Wort** im Mund(e) (her)umdrehen	*das Gegenteil von dem, was j-d gesagt hat, als dessen Worte hinstellen* Er behauptete, ich hätte gegen diese Partei gesprochen, womit er mir das Wort im Munde rumdrehte.
j-m das **Wort** aus dem Mund(e) (*od.* von der Zunge) nehmen	1) *etw. sagen, bevor j-d anders es sagt (od. sagen will)* 2) *j-n unterbrechen* 1) „Wir müssen die Produktion umstellen!" – „Richtig! Sie nehmen mir das Wort aus dem Mund!" 2) Die beiden Jungen berichteten mit größtem Eifer – sie nahmen sich gegenseitig das Wort aus dem Mund.
das große **Wort** führen	*prahlen, prahlerisch (viel) reden* Erich hat wie immer das große Wort geführt.
allein das (große) **Wort** führen	*ständig (prahlerisch) reden, andere nicht zu Wort kommen lassen* Hör mal, wenn du allein hier das Wort führen willst, dann können wir ja gleich nach Hause gehen.
in dieser S. habe ich auch noch ein **Wort** (*od.* **Wörtchen**) mitzureden	*diese S. kann nicht ohne mich entschieden werden* In dieser Sache habe ich vielleicht auch noch ein Wort mitzureden. Wer soll denn das Ganze finanzieren?
du sprichst ein großes **Wort** gelassen aus U	*was du sagst, dürfte übertrieben, unwahrscheinlich sein* „Die restlichen 500,– Mark muß mir eben Vater dazugeben." – „Du sprichst ein großes Wort gelassen aus. Aber du solltest deinen Vater besser kennen."
ein (gutes) **Wort** einlegen für	*etw. zur Unterstützung, mildern Beurteilung usw. sagen* Ich möchte so gern einen Fotoapparat haben. Könntest du nicht bei Papa ein Wort für mich einlegen?
sein **Wort** halten	*das Versprochene tun* Wenn er's versprochen hat, dann tut er es auch. Er hat noch immer sein Wort gehalten.
sein **Wort** brechen	*das Versprochene nicht tun* Er hat sein Wort gebrochen und die Sache doch weitererzählt.

j-m sein **Wort** geben	*j-m ein feierliches Versprechen geben* Ich kann es dir nicht sagen. Ich habe ihm mein Wort gegeben, darüber zu schweigen.
hier kann man sein (*od.* ich kann mein) eigenes **Wort** nicht verstehen	*hier ist es außerordentlich laut* Während der Bauarbeiten konnte man in den Klassenräumen oft sein eigenes Wort nicht verstehen.
kein **Wort** fallenlassen	*gar nichts sagen* Von der Verlobung hat er kein Wort fallenlassen.
kein **Wort** über etw. verlieren	*etw. (als nebensächlich) gar nicht erwähnen* Daß ich eine Zeitlang als Barkellner gearbeitet habe, darüber brauchen Sie ja kein Wort zu verlieren.
darüber ist kein **Wort** zu verlieren	*darüber sind wir uns einig* Die neue Firma wird gegründet, darüber ist kein Wort zu verlieren. Die Frage ist nur – wann und wo.
ich unterschreibe jedes **Wort**	*ich bin derselben Ansicht, unterstütze j-s Meinung sehr* Der heutige Leitartikel ist mir so recht aus dem Herzen geschrieben. Ich unterschreibe jedes Wort (darin).
ich finde (*od.* habe) keine **Worte** für j-n (*od.* etw.)	*ich finde j-n (od. j-s Tun) unglaublich, unerhört* Er hat seine Frau geschlagen. Ich finde keine Worte dafür (*od.* für diesen Menschen).
jedes **Wort** (*od.* s-e **Worte**) auf die Goldwaage legen	*s. Goldwaage*
hast du (*mst.* haste) (da noch) **Worte**? U	= *hast du* Töne?
Wörter verschlucken	*(bei schnellem Sprechen) Wörter nicht sagen* Er ist so schwer zu verstehen, weil er immer ganze Wörter verschluckt.
spare dir deine **Worte**	*du brauchst nichts mehr zu sagen, es hat doch keinen Zweck* „Ich lasse das Radio bestimmt nicht laut spielen." – „Spare dir deine Worte, ich kaufe dir kein Radio."
j-m gute **Worte** geben	*freundlich mit j-m reden* Wenn du ihm gute Worte gibst, wirkt das fast immer Wunder.
schöne **Worte** machen	*schöne, verführerische Dinge sagen* Wenn du dir einen Mann fürs Leben suchst, dann höre nicht auf die, die schöne Worte machen.
nicht viel(e) **Worte** machen	*wenig sagen (aber dafür etw. tun)* Er macht nicht viel Worte, aber eh' man sich's versieht, ist die Arbeit getan.
auf ein **Wort**!	*kann ich Sie e-n Augenblick sprechen?* Herr Dr. Forster, auf ein Wort! Dürfte ich an der nächsten Sitzung als stiller Zuhörer teilnehmen?

aufs **Wort** gehorchen (*od.* parieren, hören)	*sofort gehorchen* Ein Wachhund muß bei der Dressur lernen, aufs Wort zu gehorchen.
j-m aufs **Wort** glauben	*j-m sofort alles glauben* Er hat mein volles Vertrauen, ich glaube ihm aufs Wort.
etw. auf j-s **Wort(e)** geben	*Vertrauen setzen in das, was j-d sagt* Ich muß sagen, ich gebe etwas (*od.* viel, wenig, einiges *usw.*) auf sein Wort.
auf j-s **Wort(e)** hören	*j-s Rat annehmen* Wenn die Kinder doch auf das Wort ihrer Eltern hören wollten!
auf j-s **Worte** schwören	*absolutes Vertrauen haben zu dem, was j-d sagt* Ich kenne ihn ja nicht so genau, aber meine Frau schwört auf seine Worte.
j-n beim **Wort** nehmen	*von j-m verlangen, daß er tut, was er versprochen hat* „Meinst du, er leiht dir das Geld?" – „Er hat es versprochen, und ich werde ihn beim Wort nehmen."
j-m ins **Wort** fallen	*j-n mitten im Satz unterbrechen* Es ist nicht fair, seinem Diskussionspartner ins Wort zu fallen.
etw. in **Worte** kleiden	*etw. formulieren* Es fällt mir manchmal richtig schwer, das, was ich sagen will, in Worte zu kleiden.
mit e-m **Wort**	*kurz gesagt* Er hatte alle möglichen Bedenken und Ausflüchte – mit einem Wort, er wollte nicht.
davon ist mit keinem **Wort** die Rede	*das ist keineswegs das Thema* Er meint, es sei um eine Fusion der beiden Werke gegangen, aber davon war mit keinem Wort die Rede.
mit kurzen **Worten**	*in wenigen Worten, knapp* Er hat mir alles mit kurzen Worten geschildert.
j-n mit leeren (*od.* bloßen, schönen) **Worten** abspeisen	*statt etw. zu geben* od. *zu tun, nur etw. sagen* Als es dann soweit war, hat er mich mit leeren Worten abgespeist.
ums **Wort** bitten	*um die Erlaubnis zum Sprechen bitten* Drei Redner haben noch ums Wort gebeten.
zu **Wort(e)** kommen	*etw. sagen, s. äußern (in Wort od. Schrift)* Die Kinder wollen doch auch mal zu Wort kommen!
s. zu **Wort** melden	*durch ein Zeichen zeigen, daß man sprechen möchte* Mehrere Redner haben sich zu Wort gemeldet. Alle Wortmeldungen kommen der Reihe nach dran.
zu s-m **Wort** (*od.* s-n **Worten**) stehen	1) = *sein* Wort *halten* 2) *nicht abstreiten, was man gesagt hat* 2) Er hat diese Meinung damals öffentlich vertreten, und er steht auch heute noch zu seinem Wort.
das ist 'ne **Wucht** U	= *das ist 'ne* Wolke

die alte(n) **Wunde(n)** wieder aufreißen	*frühere, fast vergessene unangenehme Dinge wieder erwähnen (und dadurch wehtun)* Reden wir doch nicht von den Schwierigkeiten, die wir damals miteinander hatten. Wozu die alten Wunden wieder aufreißen?
an e-e **Wunde** rühren	*etw. erwähnen, das einmal sehr unangenehm gewesen war* „Warum ist Klaus auf einmal so still?" – „Mit deinen Erzählungen über das Segelfliegen hast du an eine alte Wunde gerührt. Sein bester Freund ist beim Segelfliegen abgestürzt."
s-n Finger auf e-e offene **Wunde** legen	*auf e-n Mißstand hinweisen* Viele Fachleute legen ihren Finger auf die offenen Wunden in unserem Schulwesen.
in der (alten) **Wunde** bohren (*od.* wühlen)	*immer wieder von etw. sprechen (od. schreiben), das von früher her sehr unangenehm ist* Was nützt es, in der alten Wunde zu bohren? Er hat nun einmal die Firma durch seinen Leichtsinn ruiniert.
sein blaues **Wunder** erleben	*e-e böse Überraschung erleben* Komm erst mal nach Hause. Da wirst du dein blaues Wunder erleben. Vater tobt!
wunder was U	*sehr viel, etw. Besonderes* Er denkt, wunder was er geleistet hat.
wunder wer U	*j-d ganz Besonderer* Er denkt, wunder wer er ist.
wunder wie U	*ganz besonders* Sie war wunder wie stolz auf ihre blonden Haare. / Er meint, wunder wie geschickt er das gemacht habe.
j-n **wundernehmen**	*j-n in Erstaunen versetzen* Es würde mich wundernehmen, wenn er den 1. Preis bekäme.
ein frommer **Wunsch**	*ein unerfüllbarer Wunsch* Daß Onkel Rolf und sein Bruder sich wieder versöhnen, das ist auch nur ein frommer Wunsch.
dein **Wunsch** ist (*od.* sei) mir Befehl U	*was du willst, das werde ich tun* Du möchtest noch eine Tasse Kaffee? Dein Wunsch ist mir Befehl.
der **Wunsch** ist der Vater des Gedankens	*das Gesagte ist nicht Tatsache, sondern nur etw. Erhofftes* „Er sagt, man kann bis dorthin jetzt auf der Autobahn fahren." – „Schön wär's. Da ist der Wunsch der Vater des Gedankens."
j-m jeden **Wunsch** von den Augen ablesen	*s. Auge*
e-n großen **Wurf** tun	*etw. Großes erfolgreich durchführen, (auf einmal) Großes schaffen* Mit seiner Sinfonie hat er einen großen Wurf getan.
e-n guten **Wurf** tun	*etw. (wirtschaftlich) Erfolgreiches tun* Die neuen Aktien lassen sich recht vielversprechend an. Ich habe, glaube ich, einen guten Wurf getan.

auf e-n **Wurf**	= mit e-m Schlag(e)
die **Würfel** sind (*od.* der **Würfel** ist) gefallen	*die (folgenschwere) Entscheidung ist gefallen* Die Würfel sind gefallen. Wir gründen eine neue Firma.
da ist der **Wurm** drin U	*da stimmt etw. nicht, ist etw. nicht in Ordnung* In meinem Wagen ist der Wurm drin. Andauernd muß er zur Reparatur.
ein armes **Wurm** (*od.* **Würmchen**)	*ein ganz kleines, hilfloses (oft verkrüppeltes) Kind* Hast du das arme Wurm gesehen? Es hat gar keine Arme.
s. wie ein (getretener) **Wurm** winden (*od.* krümmen)	*mal so, mal so reagieren* (*od. handeln*)*, weil man etw. nicht tun* (*od. sagen*) *will* Die belastenden Indizien häuften sich. Der Angeklagte wand sich wie ein (getretener) Wurm, bis er eines Tages zusammenbrach und ein Geständnis ablegte.
j-m die **Würmer** aus der Nase ziehen U	*1) j-m Geheimnisse entlocken* *2) j-m die Antworten* (*od. ein Geständnis*) *mühsam abringen* 1) Er sagt nicht, was er vorhat? Na, dann schick doch mal deine Frau zu ihm! Die kann ihm doch immer großartig die Würmer aus der Nase ziehen. 2) Ein Prüfling muß seine Sache nicht nur wissen, sondern auch formulieren können. Oder ist es vielleicht die Aufgabe des Prüfers, dem Kandidaten die Würmer aus der Nase zu ziehen?
du hast (wohl) **Würmer** gefrühstückt? S	= *du hast wohl* Tinte *gesoffen* (aber etwas weniger grob)
es ist mir (alles) **Wurst** (*od.* **Wurscht**) (*od.* das ist mir [ganz] **Wurst** [*od.* **Wurscht**]) U	*es ist mir völlig gleichgültig* Es ist mir völlig Wurst, wie lange du Schularbeiten machst. Hauptsache, du bringst bessere Noten heim. / Was der Holger sagt, ist mir doch ganz Wurst; ich tue, was ich will.
Wurst wider Wurst	*wie du mich behandelst, so behandele ich dich* Neulich hast du mir die Freundin weggeschnappt, heute bin ich an der Reihe. Wurst wider Wurst.
er will immer e-e besondere **Wurst** gebraten haben U	*er will immer bevorzugt behandelt werden* (*s.* Extrawurst) Er unterschreibt den Standardvertrag nicht? Typisch! Er will immer eine besondere Wurst gebraten haben.
mit der **Wurst** nach der Speckseite (*od.* dem Schinken) werfen	*mit Kleinem Großes erreichen wollen* „Er nimmt ihn ein paar Tage bei sich auf und erhofft sich dadurch einen guten Auftrag." – „Aha, so wird mit der Wurst nach der Speckseite geworfen."
mit dem (*od.* den) Schinken nach der **Wurst** werfen	*Größeres einsetzen, um Kleineres zu gewinnen* Du wirst doch nicht mit dem Schinken nach der Wurst werfen und das Grundstück verkaufen, nur um dir einen Sportwagen zu kaufen.
es geht um die **Wurst** U	*es geht ums Ganze, jetzt ist der entscheidende Moment* Wenn die Bank mir keinen weiteren Kredit gibt, muß ich meinen Laden zumachen. Jetzt geht's um die Wurst.

ein armes **Würstchen** U	*ein Mensch, der zu bedauern ist* Er ist schon ein armes Würstchen. Erst fliegt er vom Gymnasium und jetzt bekommt er keine Lehrstelle.
Wurzeln schlagen U	*1) lange warten* *2) s. eingewöhnen, mit der Umwelt verwachsen* 1) Wenn sie nicht bald kommt, schlage ich hier (noch) Wurzeln. 2) Meine Eltern werden nicht mit nach USA übersiedeln. Sie fürchten, daß sie dort nicht mehr Wurzeln schlagen werden.
etw. (*od.* j-n) an (*od.* in) der **Wurzel** treffen	*etw. (od. j-n) an der wundesten Stelle (vernichtend) treffen* Die schlechte Kritik seines Werkes hat ihn an der Wurzel getroffen.
etw. (*bes.* das Übel) an (*od.* bei) der **Wurzel** packen (*od.* fassen)	*ein Problem an s-m Ausgangspunkt (u. nicht s-n Folgen) anpacken* Es gibt nur einen Weg zur Gesundung: wir müssen das Übel an der Wurzel packen und eine Herzoperation vornehmen.
die Axt an die **Wurzel** legen	*s. Axt*
(ein Übel, das Unkraut *usw.*) mit der **Wurzel** (*od.* mit allen **Wurzeln**) ausrotten (*od.* ausreißen, beseitigen)	*etw. Böses voll u. ganz (s-n Ausgangspunkt und s-e Folgen) vernichten* Wenn man das Übel der Karies mit der Wurzel ausrotten wollte, müßte man allen Zucker, alles Weißbrot und vieles andere verbieten.
j-n in die **Wüste** schicken U	*j-n entlassen* Den Rundfunkintendanten haben sie in die Wüste geschickt, weil er sich politisch zu sehr exponiert hatte.
s-e **Wut** an j-m auslassen	*j-n s-e ganze Wut (durch Worte, Schläge usw.) fühlen lassen* Wolf hatte mit der Sache gar nichts zu tun, aber Vater ließ seine (ganze) Wut an dem armen Jungen aus.
s-e **Wut** in s. hineinfressen U	*die Wut in s. gewaltsam unterdrücken* Wenn er tobt, ist es schlimm. Wenn er aber seine Wut in sich hineinfressen muß, ist es noch viel schlimmer.
e-e **Wut** im Bauch haben U	*sehr wütend sein* Komm dem Jürgen nicht zu nahe. Der hat eine fürchterliche Wut im Bauch.
in **Wut** kommen	*sehr wütend werden* Die ersten Zwischenrufe ließen ihn kalt. Aber als es dann immer mehr wurden, kam er in Wut.
s. in **Wut** reden	*während des Redens immer mehr in Wut kommen* Der Gedanke an die Ungerechtigkeit muß ihn so aufgestachelt haben, daß er sich immer mehr in Wut redete.
vor **Wut** platzen (*od.* kochen) U	*in höchstem Maße wütend sein* Wenn Vater sieht, daß sein Filmapparat kaputt ist, dann platzt er vor Wut.
s. vor **Wut** nicht mehr kennen	*aus Wut die Selbstbeherrschung verlieren* Plötzlich kannte er sich nicht mehr vor Wut und schleuderte einen Teller nach dem anderen gegen die Wand.

X

j-m ein **X** für ein U vormachen
j-n täuschen, hineinlegen, irreführen
Ich durchschaue seine Pläne sehr wohl. Er kann mir kein X für ein U vormachen!

Z

auf **Zack** sein S	*auf Draht sein, sofort reagieren* Träumer können wir hier nicht brauchen. Bei uns kommt es auf die Sekunde an, da muß jeder auf Zack sein.
dabei bricht (*od.* fällt) dir kein **Zacken** (*od.* keine **Zacke**) aus der Krone	*s. Krone*
s. e-n **Zacken** (*od.* e-e **Zacke**) aus der Krone brechen	*s. Krone*
rote Zahlen	*s. rot*
der **Zahn** der Zeit	*die zerstörerische Kraft der Jahre* Dieser Burg konnte man den Zahn der Zeit ansehen.
dem tut kein **Zahn** mehr weh U	*er ist tot* Wie es dem alten Holzmann geht? Dem tut kein Zahn mehr weh.
j-m den **Zahn** ziehen U	*j-m e-e bestimmte Hoffnung* (od. *Wunschvorstellung*) *nehmen* Er hoffte, von mir mal etwas zu erben, aber den Zahn habe ich ihm gezogen.
s. an etw. die **Zähne** ausbeißen	*s. mit etw. Schwierigem abmühen* Der Krüger ist doch neu bei uns, soll der sich doch mal die Zähne an diesem Problem ausbeißen.
die **Zähne** heben (*od.* mit langen **Zähnen** essen) U	*mit Widerwillen essen* Du bist unmöglich! Ich koche dir extra dein Lieblingsgericht und du hebst die Zähne.
j-m die **Zähne** zeigen	*j-m trotzen, Widerstand leisten, drohen* Diesem frechen Kerl werde ich die Zähne zeigen.
die **Zähne** zusammenbeißen	*tapfer sein, den Schmerz ertragen* Beiß die Zähne zusammen, so schlimm ist es nicht.
e-n **Zahn** aufreißen S	*s. ein Mädchen angeln* „Hat Fred immer noch keine?" – „Doch, gestern in der Kakadu-Bar hat er einen duften Zahn aufgerissen."
e-n tollen **Zahn** draufhaben S	*1) schnell fahren* *2) etw. schnell tun* 1) Auf der Fahrt von Nürnberg hierher hatten wir gestern einen tollen Zahn drauf. 2) Den großen Haufen Holz in einer Stunde gehackt? Der hat ja einen tollen Zahn drauf.

e-n **Zahn** zulegen S	*1) schneller fahren* *2) etw. schneller tun* 1) Leg mal 'nen Zahn zu, die Autobahn ist doch ganz frei. 2) Wenn wir 'nen Zahn zulegen, könnten wir um 6 noch ins Kino.
bis an die **Zähne** bewaffnet	*sehr stark bewaffnet* Die Terroristen waren bis an die Zähne bewaffnet, als sie die Botschaft besetzten.
Haare auf den **Zähnen** haben	*s. Haar*
j-m auf den **Zahn** fühlen	= *j-m auf den* Puls *fühlen*
das geht (*od*. reicht) auf (*od*. für) e-n hohlen **Zahn** U	*das ist sehr wenig (zu essen* od. *zu trinken)* Das bißchen Brot und Margarine für uns alle? Das reicht ja nur auf einen hohlen Zahn.
j-m etw. aus den **Zähnen** reißen	*j-m etw. mit Gewalt wegnehmen* Ich mußte ihm meine Bücher aus den Zähnen reißen.
mit zusammengebissenen **Zähnen** etw. tun	*mit unterdrückter Wut, verbissen etw. tun* Mit zusammengebissenen Zähnen tat er, was ihm befohlen. Aber einmal würde er Rache nehmen!
etwas zwischen die **Zähne** kriegen U	*etw. essen* Wo ist hier ein anständiges Restaurant? Ich muß endlich mal was zwischen die Zähne kriegen.
unter **Zähneklappern**	*zitternd vor Angst, Kälte* Unter Zähneklappern gingen wir in das Turmzimmer zurück. Spukte es dort nun wirklich?
auf dem **Zahnfleisch** gehen (*od*. laufen) S	*1) nur mit größten Anstrengungen, Schmerzen gehen* *2) in sehr schlechter Verfassung* (od. *Lage) sein* 1) Die letzte Strecke bin ich nur noch auf dem Zahnfleisch gegangen. 2) Das letzte Jahr auf der Uni bin ich ziemlich auf dem Zahnfleisch gegangen – von Zuhause kein Geld, nichts.
j-n in der **Zange** haben	*j-n unter Druck setzen können, unter Druck halten* Er meint, er hat mich in der Zange. Aber er hat sich getäuscht. Ab morgen gehe ich nicht mehr in seine Firma.
j-n in die **Zange** nehmen	*j-n bedrängen, zu tun* od. *zu sagen, was er nicht will* Wir müssen rauskriegen, wer das Fenster eingeworfen hat. Ich werde mal die 8. Klasse in die Zange nehmen.
etw. (*od*. j-n) nicht mit der **Zange** anfassen (mögen)	*s. vor etw.* (od. *j-m) ekeln* Mit dem Kerl soll ich tanzen? Den möchte ich ja nicht mal mit der Zange anfassen.
j-n **zappeln** lassen U	*j-n, der ungeduldig ist, warten lassen* Laß mich nicht so lange zappeln, gib mir den Brief!
zappzarapp machen S	*stehlen* Er macht sich nichts daraus, ein bißchen zappzarapp zu machen, wenn sich die Gelegenheit bietet.

fauler **Zauber** U	*viel Gerede und nichts dahinter, (durchschaubares) Betrugsmanöver* Ob es nun die Reklame ist oder die schönen Worte der Vertreter an der Tür – eines ist fauler Zauber so gut wie das andere.
den **Zauber** kenne ich (*od.* kennen wir) U	*die Tricks kenne ich, damit kann man mich nicht täuschen* Wenn ich unterschreibe, verpflichtet mich das zu gar nichts? Den Zauber kennen wir!
mach (doch) keinen **Zauber!** U	= *mach kein* Theater!
etw. im **Zaum(e)** halten	(Begierden, Leidenschaften) *zügeln, beherrschen* Es fällt ihm unendlich schwer, sein Temperament im Zaum zu halten. Es geht immer wieder mit ihm durch.
e-n Streit vom **Zaun** brechen	*absichtlich, mutwillig e-n Streit anfangen* Manchmal bricht er im Nu wegen nichts einen Streit vom Zaun.
mit dem **Zaunpfahl** winken U	*etw. grob andeuten, einen unmißverständlichen Hinweis geben* Wenn meine Klasse in ihrem Lerneifer nachläßt, brauche ich nur mal mit dem Zaunpfahl zu winken.
ein Wink mit dem **Zaunpfahl** U	*ein unmißverständlicher Hinweis* Dr. Schmidts Bemerkung über die große Pünktlichkeit seiner Patienten war wohl ein Wink mit dem Zaunpfahl, was? Wir müssen in Zukunft pünktlicher sein.
die **Zeche** bezahlen	*für den Schaden aufkommen, für die anderen büßen* Ihr habt nur immer euer Vergnügen im Sinn, und ich kann (*od.* soll) dann die Zeche bezahlen.
j-m auf den (großen) **Zeh** (*od.* auf die **Zehen**) treten	= *j-m auf den* Schlips *treten*
vom Wirbel bis zur **Zehe** L	= *vom* Scheitel *bis zur Sohle*
ich wette **zehn** gegen eins, daß ...	*ich bin fest überzeugt, daß ...* Ich wette zehn gegen eins, daß unsere Mannschaft gewinnen wird.
s. alle **zehn** Finger lecken nach etw.	*s. Finger*
die oberen **Zehntausend**	*die oberste Schicht der Gesellschaft* Früher war Tennis und Reiten ein Sport nur für die oberen Zehntausend.
das kann der **Zehnte** nicht	*das können nur wenige* Wie unser Opa heute noch Auto fährt, das kann der Zehnte nicht.
es geschehen noch **Zeichen** u. Wunder	*es ist etw. sehr Erstaunliches geschehen* Es geschehen noch Zeichen und Wunder: Joachim hat das Rauchen aufgegeben.
wenn nicht alle **Zeichen** trügen	*höchstwahrscheinlich* Wenn nicht alle Zeichen trügen, wird unser neues Modell zur Herbstmesse doch noch fertig.

s-s **Zeichens**	*von Beruf* Mein Urgroßvater war Müller seines Zeichens (*od.* seines Zeichens Müller).
auf **Zeichen** u. Wunder hoffen	*(er)warten, daß etw. Unwahrscheinliches geschieht* Du kannst doch nicht zu Hause sitzen und auf Zeichen und Wunder hoffen. Du mußt etwas tun, damit du den Geldbeutel wiederbekommst.
im **Zeichen** von etw. stehen (*od.* leben)	*unter dem (unmittelbaren) Einfluß von etw. sein* Unsere Weltraumfahrtkonferenz stand im Zeichen der amerikanischen und sowjetischen Erfolge.
es j-m **zeigen**	*scharf mit j-m reden* Wenn er mir mal wieder in die Finger kommt, dann werde ich es ihm zeigen.
j-m auf den **Zeiger** gehen S	= *j-m auf die* Nerven *fallen*
zwischen den **Zeilen** lesen	*nicht nur das Gesagte, sondern auch das Gemeinte verstehen* Gerade beim Übersetzen ist es wichtig, zwischen den Zeilen zu lesen.
was zwischen den **Zeilen** steht	*das Gemeinte (aber in Worten nicht Ausgedrückte)* Verstehst du denn nicht, was zwischen den Zeilen steht?
die **Zeit** arbeitet für j-n	*die Umstände sind so, daß man nichts tun muß, aber automatisch Vorteile hat* Wir können in Ruhe verhandeln, denn die Zeit arbeitet für uns.
j-s **Zeit** ist gekommen	*1) j-d muß sterben* *2) (von e-r Frau gesagt) der Zeitpunkt der Entbindung ist da* *3) j-d ist alt und reif genug (für etw.) geworden* 1) Als sie fühlte, daß ihre Zeit gekommen war, setzte sie ihr Testament auf. 2) Ich glaube, meine Zeit ist gekommen. Hol das Auto und laß uns in die Klinik fahren. 3) „Warum hast du dich damals nicht um die Direktorenstelle beworben?" – „Meine Zeit war noch nicht gekommen."
ach, du liebe **Zeit** (*od.* ach, du meine **Zeit**) U	= *ach, du lieber* Gott
es ist hohe (*od.* höchste) **Zeit** U	*es ist ganz dringend, wir haben keine Zeit mehr, wir müssen uns sehr beeilen* Es war höchste Zeit, daß der Blinddarm operiert wurde.
das hat (noch) **Zeit** (*od.* damit hat es [noch] **Zeit**)	*das ist nicht so dringend, nicht so eilig* „Müssen wir nicht bald die Karten für das Weihnachtsoratorium besorgen?" – „Damit hat es noch Zeit."
j-m die **Zeit** stehlen (*od.* rauben)	*j-m Zeit wegnehmen, j-n mit Dingen beschäftigen, die ihn von s-r Arbeit abhalten* Heute abend war wieder unsere Nachbarin da und hat mir die Zeit gestohlen. Ich hätte so gern einen Brief geschrieben und ein Hörspiel im Radio gehört.

dem lieben Gott die **Zeit** stehlen	*s. Gott*
die **Zeit** totschlagen	*e-n Zeitraum ohne sinnvolle Tätigkeit verbringen* Fang doch mal was Vernünftiges an, oder willst du die ganze schöne Zeit totschlagen?
j-m die **Zeit** verkürzen (*od.* vertreiben)	*j-n unterhalten, j-m die Langeweile vertreiben* Ich freue mich über jeden, der mich im Krankenhaus besucht und mir die Zeit verkürzen hilft.
s. die **Zeit** vertreiben	*s. mit etw. beschäftigen, um keine Langeweile zu haben* Sein Hobby ist Basteln; damit vertreibt er sich die Zeit.
s. **Zeit** lassen	*s. genügend Zeit nehmen, s. nicht unnötig abhetzen* So ein Hochzeitsgedicht kann ich ja nicht von jetzt auf nachher verfassen. Für so etwas muß ich mir Zeit lassen.
es ist (an der) **Zeit,** etw. zu tun	*der Zeitpunkt ist gekommen, etw. zu tun* Lange schaue ich nicht mehr zu, wie er seine Mutter behandelt. Es ist (an der) Zeit, energisch einzugreifen.
es an der **Zeit** finden	*den richtigen Zeitpunkt für gekommen halten* Die Kultusminister der Länder der Bundesrepublik finden es an der Zeit, eine weitreichende Hochschulreform durchzuführen.
für **Zeit** und Ewigkeit	*für lange Zeit, für immer* Eva und Paul glaubten fest, daß sie sich für Zeit und Ewigkeit gefunden hatten.
hinter s-r (*od.* der) **Zeit** zurückbleiben	*nicht so modern wie andere sein, rückständig sein* Wir verbrachten unsere Ferien in einem kleinen Dörfchen, das wohl etwas hinter der Zeit zurückgeblieben war. Dafür aber war es still und erholsam dort.
mit der **Zeit**	*allmählich* Mit der Zeit wird unser Betrieb mehr und mehr auf Automation umgestellt.
mit der **Zeit** gehen (*od.* Schritt halten)	*mit der Entwicklung mitgehen, das Moderne akzeptieren* Man muß mit der Zeit gehen, dachte sie, und kaufte sich die neueste Geschirrspülmaschine.
von **Zeit** zu Zeit	*gelegentlich* „Triffst du dich noch mit deinen Klassenkameraden?" – „Ja, von Zeit zu Zeit kommen wir zusammen."
zur **Zeit**	*jetzt, in diesen Tagen* (od. *Wochen*) Zur Zeit wird bei uns eine Verkehrswoche mit mehreren interessanten Ausstellungen durchgeführt.
das **Zeitliche** segnen	*sterben* Mein Onkel hat schon vor acht Monaten das Zeitliche gesegnet.
s-e **Zelte** abbrechen	*e-n Ort verlassen* Wir werden hier übrigens bald unsere Zelte abbrechen und nach Süddeutschland ziehen.

s-e **Zelte** aufschlagen	*s. niederlassen, ansiedeln* Vorläufig wissen wir noch nicht, wo wir in Amerika unsere Zelte aufschlagen werden.
das **Zepter** schwingen	*die Herrschaft (im Hause) haben* Seit Mutters Tod schwingt Tante bei uns das Zepter.
man möchte s. (am liebsten) **zerreißen** U	*man müßte mehrere Arbeiten gleichzeitig tun (und ist deswegen verzweifelt)* Ich weiß nicht, wo mir der Kopf steht. Man möchte sich am liebsten zerreißen. Was mache ich jetzt zuerst?
Zetermordio (*od.* **Zeter** und **Mordio**) schreien U	*sehr laut (um Hilfe) schreien* Die Kinder schrien Zetermordio, es war aber gar nichts passiert.
j-m etwas am **Zeug(e)** flicken	*(ständig) kleinlich tadeln* Gelobt hat er mich eigentlich nie, sondern immer nur versucht, mir etwas am Zeuge zu flicken.
(scharf, mächtig, tüchtig *usw.*) ins **Zeug** gehen	*1) s. anstrengen, ordentlich zugreifen bei der Arbeit* *2) scharf, rücksichtslos vorgehen* 1) Sie sind dafür verantwortlich, daß die Leute ordentlich ins Zeug gehen. 2) „Der neue Chef hat mit dem alten Schlendrian aufgeräumt?" – „Ja, er ist mächtig ins Zeug gegangen."
s. ins **Zeug** legen (für j-n *od.* etw.)	*1) s. anstrengen* *2) s. einsetzen für* 1) Wenn er bei dem Wettbewerb gut abschneiden will, muß er sich mächtig ins Zeug legen. 2) Er hat sich für die Sozialisten sehr ins Zeug gelegt.
er hat das **Zeug** (*od.* in ihm steckt das **Zeug**) zu etw.	*er hat die Veranlagung, das Talent für etw.* Er hat das Zeug zu einem tüchtigen Musiker.
was das **Zeug** hält U	*mit aller Kraft, sehr* Am Wochenende vor der Hochzeit haben wir alle geschuftet, was das Zeug hält.
dummes **Zeug** U	*Unsinn, irrtümliche Ansichten* „Wenn du mit kurzen Hosen herumläufst, erkältest du dich." – „Dummes Zeug!"
was tun, spricht **Zeus** U	*was machen wir jetzt?* Der letzte Zug ist weg – was tun, spricht Zeus.
Zicken machen U	*Unsinn (od. Komplikationen, Schwierigkeiten) machen* Mach jetzt du bloß keine (neuen) Zicken. Wir haben jetzt alles genau besprochen.
ziehen: es zieht	*es besteht ein Luftzug* „Hier zieht's." – „Hier kann es ja gar nicht ziehen. Fenster und Türen sind zu."
ziehen: mach den Mund zu, es zieht S	*rede nicht soviel Dummes, Unnötiges* Mach den Mund zu, Mensch, es zieht! Dein Gerede macht mich ganz nervös!

ziehen: es zieht j-n wohin	*j-d hat die Neigung, wohin zu gehen* An die See zieht es mich gar nicht, nur in die Berge.
ziehen: das zieht (nicht)	*das ist wirkungsvoll (wirkungslos), ist (nicht) attraktiv* Zehn Mark pro Stunde will er zahlen? Das zieht heute nicht mehr.
(weit) über das (*mst.* übers) **Ziel** hinausschießen	*nicht Maß halten, die Grenze des Vernünftigen (Zulässigen) usw.) (weit) überschreiten* In seinem Jähzorn schießt er leicht übers Ziel hinaus.
j-m e-e **Zigarre** verpassen U	*j-n streng tadeln, scharf zurechtweisen* Paul ist heute zu nichts mehr zu gebrauchen. Der Chef hat ihm eine Zigarre verpaßt!
e-e **Zigarre** (verpaßt) bekommen (*od.* kriegen *od.* einstecken müssen)	*streng getadelt, scharf zurechtgewiesen werden* Ich habe schon wieder eine Zigarre (verpaßt) bekommen. Lange laß ich mir das nicht mehr gefallen.
das **Zimmer** hüten	*so krank sein, daß man einige Zeit nicht aus dem Zimmer darf* Er muß noch ein paar Tage das Zimmer hüten, dann darf er den ersten Spaziergang machen.
ans **Zimmer** gefesselt sein	*lange Zeit wegen Krankheit das Zimmer nicht verlassen können* Wegen seiner Lähmung ist er schon seit Jahren ans Zimmer gefesselt.
j-m zeigen, wo der **Zimmermann** das Loch gelassen hat U	*j-n grob auffordern, den Raum zu verlassen* Als er anfing, über Irma herzuziehen, habe ich ihm gezeigt, wo der Zimmermann das Loch gelassen hat.
der ganze **Zimt** U	= *der ganze* Zinnober
mach keinen (*od.* nicht so viel) **Zimt** U	*mach kein Theater, stell dich nicht an!* Mach keinen Zimt, iß den Teller leer und geh ins Bett!
der ganze **Zinnober** U	*all die vielen kleinen und großen Dinge* Er will mir den ganzen Zinnober, den sein Onkel hinterlassen hat, für DM 500,– verkaufen. Ist es so viel wert?
der übliche **Zinnober**	*die üblichen (kleinen und großen) Dinge* „War die Ausstellung interessant?" – „Nein, nur was man immer sieht. Der übliche Zinnober."
Zinsen bringen (*od.* tragen)	*Gewinn bringen, von Vorteil sein* Ich sage dir, man muß liebenswürdig sein, auch wenn es einem schwerfällt. Liebenswürdigkeit bringt Zinsen.
j-m etw. mit **Zinsen** (*od.* mit **Zins** und Zinseszins) heimzahlen (*od.* zurückzahlen, zurückgeben)	*1) j-m mehr zurückgeben, als man bekommen hat* *2) s. gehörig an j-m rächen* 1) Er hat mir damals nach dem Kriege sehr geholfen, aber das habe ich ihm in späteren Jahren mit Zins und Zinseszins zurückgegeben. 2) Diese Frechheit werde ich ihm mit Zins und Zinseszins zurückzahlen. Die Gelegenheit wird schon kommen.
j-m eine **zischen** S	*j-m (schnell) e-e Ohrfeige geben* Als er dann frech wurde, habe ich ihm eine gezischt.
etw. ist ein alter **Zopf**	= *etw. ist ein alter* Hut

den (alten) **Zopf** (*od.* die alten **Zöpfe**) abschneiden	*etw. Veraltetes aufgeben* „Die alten Zöpfe abschneiden!" ist ein guter Slogan für eine Reformpartei.
es **zu** etwas bringen	*s. bringen*
zu s. kommen	*wieder zu Bewußtsein kommen* Es dauerte lange, bis der Verunglückte zu sich kam.
zu s. (selbst) kommen	*zur Besinnung kommen, sein eigenes Wesen, s-e Lebensaufgabe entdecken* Ich flüchtete (mich) in die Stille der Berge, weil ich hoffte, dort wieder zu mir selbst zu kommen.
mit **Zuckerbrot** und Peitsche vorgehen	*mit Milde und Strenge (je nach Notwendigkeit) handeln* Der Personalchef war ein launischer Mann, der mit Zuckerbrot und Peitsche vorging.
zufliegen: ihm fliegt alles zu	*1) er lernt alles ganz leicht* *2) ihm gelingt alles, er bewerkstelligt alles spielend* 1) Er macht fast gar keine Schularbeiten. Ihm fliegt alles (nur so) zu. 2) Worum andere sich mühen, das fliegt ihm alles zu.
e-n **Zug** durch die Gemeinde machen S	*von Lokal zu Lokal ziehen (und s. betrinken)* Wie wär's, wenn wir morgen abend nach der Prüfung einen Zug durch die Gemeinde machen?
e-n guten **Zug** (am Leibe) haben	*viel und schnell trinken können* Was, du hast das Glas schon leer? Du hast aber einen guten Zug (am Leibe).
in vollen **Zügen** genießen	*voll und ganz, ohne Einschränkung, ausgiebig genießen* Drei Jahre lang habe ich geschuftet. Jetzt möchte ich das Leben mal in vollen Zügen genießen.
in den letzten **Zügen** liegen	*im Sterben liegen* Er liegt in den letzten Zügen. Mit seinem Tod muß stündlich gerechnet werden.
j-n gut im **Zug** haben	*j-n in Disziplin halten* Wenn alle Lehrer ihre Klassen so gut im Zug hätten wie Sie, dann wäre es um unsere Schule besser bestellt.
gut (*od.* so richtig) im **Zuge** (*od.* im besten **Zuge**) sein	*intensiv bei e-r Tätigkeit sein* Wir sind gerade gut im Zuge (*od.* im besten Zuge); in zwei Stunden ist die Übersetzung fertig.
in e-m **Zug(e)**	*in e-m Gang, ohne aufzuhören* Er leerte den Bierkrug in einem Zug.
zum **Zug(e)** kommen	*zum Handeln kommen, aktiv werden können* In Kürze übernimmt der Direktor eine Schule im Ausland. Dann kommt mein Mann zum Zuge, weil er der Dienstälteste ist.
j-m (*od.* j-s Gefühlen *usw.*) (die) **Zügel** anlegen	*j-n strenger behandeln, (j-s Gefühle) bändigen* Wenn er zur Schule kommt, werden wir ihm (*od.* seiner Wildheit) (die) Zügel anlegen müssen.

die **Zügel** lockern (*od.* lockerlassen)	*weniger streng sein* In den Ferien können wir – was das Lernen betrifft – die Zügel lockern (*od.* lockerlassen).
j-m (*od.* j-s Gefühlen *usw.*) die **Zügel** schießen lassen	*die Disziplin lockern, (j-s Gefühlen) freien Lauf lassen* Die Klasse ist so verwildert, weil der bisherige Lehrer den Jungen die Zügel hat schießen lassen.
die **Zügel** straff(er) anziehen	*streng(er)e Disziplin erzwingen* Wenn wir die Zügel straffer anziehen und auch gegen die Parksünder vorgehen, wird der Verkehr flüssiger.
die **Zügel** in der Hand haben (*od.* halten)	*die Führung (energisch) handhaben* Seit der Sohn die Zügel in der Hand hat, läuft der Betrieb sehr viel besser.
zugrunde gehen	*untergehen, vernichtet werden* Die Zahl großartiger Kulturen, die auf dieser Erde bereits zugrunde gegangen sind, ist groß.
zugrunde richten	*vernichten, ruinieren* Seine viele Arbeit hat ihn zugrunde gerichtet.
j-m (etw.) **zugute** halten	*j-m etw. positiv anrechnen* Man muß ihm seine Jugend zugute halten (*od.* ... zugute halten, daß er noch so jung ist). Ich bin für milde Bestrafung.
j-m (*od.* e-r S.) **zugute** kommen	*helfen, sich vorteilhaft auswirken für* Bei dieser Reise kamen mir meine Sprachkenntnisse zugute.
s. etw. **zugute** tun auf	*auf e-e S. stolz sein* Sie tat sich viel zugute auf ihre Erfolge bei Männern.
etw. (ruhig, in Ruhe) auf s. **zukommen** lassen	*in Ruhe abwarten, wie s. etw. entwickelt* Warum soll ich mich jetzt schon aufregen. Ich lasse die Dinge (in Ruhe) auf mich zukommen.
mir ist nicht nach ... **zumute**	*mein Denken und Fühlen ist nicht eingestellt auf* Mir ist nicht nach Feiern zumute. Mir liegt noch der Unfall im Magen, den ich vorhin gesehen habe.
zünden: es hat gezündet (bei j-m) U	*1) j-d hat verstanden* *2) j-d hat s. verliebt* *3) es hat geklappt* 1) Endlich hat es bei ihm gezündet. Ich dachte schon, er lernt die Bruchrechnung überhaupt nicht mehr. 2) Er ist ein schwerfälliger Mensch, aber diesmal scheint es doch gezündet zu haben. Er hat jedenfalls neuerdings die Allüren eines Verliebten an sich. 3) Diesmal scheint es gezündet zu haben. Die Verträge sind jedenfalls schon abgeschickt.
brennen wie **Zunder**	*sehr leicht brennen* Das Haus stand sofort in Flammen. Das alte Holz brannte wie Zunder.

j-m **Zunder** geben U	*1) j-n verprügeln*
	2) j-n attackieren, ihm (geistige) Schläge austeilen
	1) Laß ihn sofort los, sonst gibt's Zunder.
	2) Bei der Diskussion gab ich unseren Gegnern ordentlich Zunder.
Zunder kriegen (*od.* bekommen) U	*1) Prügel bekommen*
	2) (geistige) Schläge bekommen
	1) Was ist denn mit dir los? Du siehst ja aus, als ob du Zunder gekriegt hättest.
	2) Die Gegenseite hat sich für die Auseinandersetzung gut vorbereitet. Ich fürchte, wir werden Zunder kriegen.
die **Zunge** hängt mir zum Halse heraus U	*ich bin außerordentlich durstig, erschöpft*
	Kann ich einen Tropfen Wasser haben? Mir hängt die Zunge zum Halse heraus.
j-m klebt die **Zunge** am Gaumen U	*j-d ist sehr, sehr durstig*
	Hast du irgendwas zu trinken? Mir klebt die Zunge am Gaumen.
böse **Zungen** behaupten	*schlechte, verleumderische Menschen sagen*
	Böse Zungen behaupten, er habe sein Vermögen durch Betrug erworben.
die Angst bindet j-m die **Zunge**	*j-d kann vor Angst nicht sprechen*
	Aus dem Gefangenen war kein Wort herauszubringen. Die Angst band ihm die Zunge.
j-d würde s. eher die **Zunge** abbeißen (als daß er etw. sagt) U	*j-d sagt (od. verrät) gar nichts*
	Er verrät bestimmt nichts. Er würde sich eher die Zunge abbeißen.
s. die **Zunge** ausrenken U	*pausenlos reden*
	Ich kam überhaupt nicht zu Wort. Sie hat sich förmlich die Zunge ausgerenkt.
s. die **Zunge** (ab-)brechen (bei e-m Wort)	*ein Wort ist unaussprechbar schwierig (so daß man s. fast die Zunge verletzt)*
	Bei diesen polnischen Wörtern bricht man sich ja fast die Zunge (ab).
j-m die **Zunge** lähmen	*es j-m unmöglich machen zu sprechen*
	Der Schreck scheint ihm die Zunge gelähmt zu haben.
j-m die **Zunge** lösen	*1) j-n durch Wein zum Reden bringen*
	2) j-n durch Gewalt dazu bringen, Aussagen zu machen
	1) Sonst ist er nicht sehr gesprächig, aber heute hat ihm der gute Wein die Zunge gelöst.
	2) Wir haben schon unsere Mittel, um verstockten Gefangenen die Zunge zu lösen.
s. die **Zunge** verbrennen	= *s. den* Mund *verbrennen*
s-e **Zunge** hüten (*od.* wahren, zügeln)	*vorsichtig sein mit dem, was man sagt*
	Du redest gern und viel – ich rate dir: hüte deine Zunge.

s-e **Zunge** im Zaum halten (*od.* beherrschen) können	*nur das sagen, was man sagen will* Ein falsches Wort kann so viel Schaden anrichten. Darum muß man seine Zunge im Zaum halten können.
e-e beredte (*od.* feurige) **Zunge** haben	*(sehr) beredt, redegewandt sein* Ein Vertreter kann, wenn er eine beredte Zunge hat, auch dich herumkriegen, fürchte ich.
e-e boshafte (*od.* böse, giftige) **Zunge** haben	*boshafte, giftige Reden führen* Dieses gemeine Weib hat eine giftige Zunge.
e-e falsche **Zunge** haben	*Falsches sagen, lügen* Vertraue ihr nicht, sie hat eine falsche Zunge.
e-e freche (*od.* lose) **Zunge** haben	= *ein freches* Mundwerk *haben*
e-e feine **Zunge** haben	*ein Feinschmecker sein* Deinem Onkel kannst du doch so etwas Einfaches nicht vorsetzen. Er hat eine feine Zunge.
e-e glatte **Zunge** haben	*geschickt, schmeichelnd, nicht ohne Lügen reden* Tom soll uns vertreten. Er sieht gut aus und hat eine glatte Zunge.
e-e scharfe (*od.* spitze) **Zunge** haben	*Kränkendes, Verletzendes sagen* Sie ist schon hübsch, aber sie hat eine spitze Zunge.
e-e schwere **Zunge** haben	1) *nicht leicht formulieren können* 2) *angeheitert sein* 1) Er meint es ehrlich, er hat nur eine schwere Zunge. 2) Er hatte mal wieder eine schwere Zunge und lallte unverständliches Zeug.
der (*od.* s-r) **Zunge** freien Lauf lassen	*frei, ungehemmt reden* Erst als die Eltern gegangen waren, ließen die jungen Leute ihrer Zunge freien Lauf.
etw. auf der **Zunge** haben	*etw. sagen wollen, dann aber doch nicht sagen* Ich hatte schon ein scharfes Wort auf der Zunge, aber dann dachte ich an seine Mutter und schwieg.
etw. (*od.* es) liegt j-m auf der **Zunge**	1) *etw. fällt j-m nicht ganz ein* 2) *j-d will etw. sagen, unterdrückt es aber* 1) Die Hauptstadt Albaniens? Sie liegt mir auf der Zunge. Irgendwas mit T. 2) Es lag mir auf der Zunge zu sagen, er sei auch nicht viel besser.
etw. (*od.* es) schwebt j-m auf der **Zunge**	= *etw. liegt j-m auf der* Zunge *(1)*
s. etw. auf der **Zunge** zergehen lassen	*genießerisch etw. nachempfinden* Diese Verse waren Musik. Er ließ sich die Worte noch einmal auf der Zunge zergehen.
s. auf die **Zunge** beißen	*etw. nicht sagen, was man fast gesagt hätte* Sie biß sich auf die Zunge. Sie durfte ihr Geheimnis nicht preisgeben.

s. j-m auf die **Zunge** drängen	= s. j-m auf die Lippen drängen
j-m etw. auf die **Zunge** legen	= j-m etw. in den Mund legen (1, 2)
etw. mit tausend **Zungen** predigen	etw. immer wieder nachdrücklich sagen Rücksicht im Verkehr! Mit tausend Zungen ist es schon gepredigt worden. Und der Erfolg?
etw. nicht über die **Zunge** bringen	= etw. nicht über die Lippen bringen
j-m glatt (*od. leicht*) von der **Zunge** gehen	= j-m glatt von den Lippen gehen
j-m schwer von der **Zunge** gehen	1) (Fremdsprache) *nur mit Mühe gesprochen werden* 2) *nur mühsam formuliert werden* 1) Ihm geht als Slawen das Englische nur schwer von der Zunge. 2) Er war ein einfacher Mann, und so ging ihm die Ansprache nur schwer von der Zunge.
das **Zünglein** an der Waage sein (*od.* bilden)	s. Waage
(j-m) (gerade, gut, sehr) **zupaß** kommen	*gerade im richtigen Moment, in einem günstigen Augenblick kommen* Die 100 Mark kommen mir gerade zupaß. Ich hätte sie mir sonst leihen müssen.
(ein Pferd) **zuschanden** reiten	*(ein Pferd) so reiten, daß es e-n Schaden bekommt, unbrauchbar wird* Er ist sehr tierlieb, er würde nie ein Pferd zuschanden reiten.
(ein Auto) **zuschanden** fahren	*(ein Auto) so fahren, daß es dabei kaputtgeht* Ihm darfst du auf gar keinen Fall deinen Wagen leihen. Er hat schon mal einen zuschanden gefahren.
sich etw. **zuschulden** kommen lassen	*schuld daran sein, daß etw. geschieht* Er hat sich eine große Unachtsamkeit zuschulden kommen lassen: er hat den Wasserhahn nicht zugedreht.
das ist doch kein **Zustand**	*dieser Zustand ist so schlecht, daß er geändert werden muß* Du hast ja nicht einmal ein Fleckchen, wo du dich ordentlich waschen kannst. Das ist doch kein Zustand.
Zustände wie im alten Rom S	*ein unhaltbarer, unmöglicher Zustand* Die Autos parken hier kreuz und quer auf den Gehsteigen. Zustände wie im alten Rom!
das sind **Zustände**! U	= Zustände *wie im alten Rom*
Zustände kriegen (*od.* bekommen) U	*Anfälle von Wahnsinn bekommen, verrückt werden* Wenn ich sehe, wie die Wohnung in meiner Abwesenheit heruntergekommen ist, könnte ich Zustände kriegen.

zustande bringen	*fertigbringen, bewerkstelligen* Du hast das Zimmer schon umgeräumt? Wie hast du das so schnell zustande gebracht?
zustande kommen	*bewerkstelligt werden, entstehen* Der Vertrag über den Zusammenschluß unserer beiden Firmen ist gestern zustande gekommen.
zutage bringen (*od.* fördern)	*ans Licht bringen, finden* „Wo hast du denn dies Foto zutage gefördert?" – „In der untersten Schublade."
zutage treten (*od.* kommen)	*sichtbar (od. gefunden) werden, in Erscheinung treten* Sein Nierenleiden ist erst durch den Unfall zutage getreten.
offen (*od.* klar) **zutage** liegen	*deutlich sichtbar sein* Das Urteil liegt noch nicht vor, aber seine Unschuld liegt doch offen zutage.
was **zuviel** ist, ist zuviel	*jetzt ist meine Geduld zu Ende* Drei Abende habe ich umsonst auf ihn gewartet, jetzt ist Schluß. Was zuviel ist, ist zuviel.
ihm ist (*od.* wird) alles **zuviel**	*alles strengt ihn zu sehr an, er wird immer gleich schlapp* Wir können Opa auf die Kaffeefahrt wohl nicht mehr mitnehmen, ihm ist (*od.* wird) alles gleich zuviel.
er ist s. selbst **zuviel**	*er ist mit s. selbst unzufrieden, hat deshalb schlechte Laune* Den darfst du heute gar nicht ansprechen, der ist sich selbst zuviel.
man könnte (*od.* du könntest) **zuviel** kriegen, wenn U	*man könnte verrückt, es könnte e-m schlecht werden, wenn* Man könnte zuviel kriegen, wenn man solch geschmacklose und kitschige Bilder sieht.
etw. auf **Zuwachs** kaufen (*od.* machen lassen) U	*etw. so kaufen (od. machen lassen), daß es der Träger noch verwenden kann, wenn er gewachsen ist* Wenn du ihm jetzt schon einen Anzug kaufen willst, dann aber bitte auf Zuwachs.
etw. **zuwege** bringen	= *etw.* zustande *bringen*
zuwege kommen	= zustande *kommen*
(noch) gut **zuwege** sein	*(noch) rüstig sein* Mit seinen 85 ist er noch gut zuwege. Er macht noch jeden Tag einen langen Spaziergang.
das ist nicht der **Zweck** der Übung U	= *das ist nicht der* Sinn *der S.*
dazu gehören immer noch **zwei**	*das geht nur, wenn ich auch will* „Den nächsten Tanz tanze ich mit dir!" – „Wenn ich nun aber nicht will? Dazu gehören ja immer noch zwei, mein Lieber!"
zwei Fliegen mit e-r Klappe schlagen	*s. Fliege*
so sicher, wie **zwei** mal zwei vier ist	= *so sicher, wie das* Amen *in der Kirche*

aus lauter **Zweifeln** zusammengesetzt sein U	*viel zuviel Zweifel, gar kein (Selbst)Vertrauen haben* Es ist schrecklich mit ihm. Er ist aus lauter Zweifeln zusammengesetzt und kommt deswegen nicht voran.
auf e-n grünen **Zweig** kommen	*Erfolg haben, vorankommen* Mit diesen unsauberen Geschäftspraktiken wird er nie auf einen grünen Zweig kommen.
s. das nicht **zweimal** sagen lassen	*sofort zusagen (od. etw. sofort tun)* Als mir die Leitung der Außenstelle Paris angeboten wurde, ließ ich mir das nicht zweimal sagen.
das **Zweite** Gesicht	*die Fähigkeit, Ereignisse vorauszusehen* Der alte Schäfer hat manchmal das Zweite Gesicht. Den Brand hat er z. B. schon vor Wochen vorausgesagt.
mein **zweites** Ich	*mir sehr vertraut* Wir kennen uns schon seit vielen, vielen Jahren. Sie ist eigentlich mein zweites Ich.
wie kein **zweiter**	*besser, mehr als alle anderen* Als Werbefachmann hat er Ideen wie kein zweiter; ich verspreche mir viel von ihm.
in **zweiter** Linie	*an zweiter Stelle, sekundär* Geld spielt in dieser Sache erst in zweiter Linie eine Rolle.
zur **zweiten** Natur werden	*s. Natur*
einen **zwitschern** U	*e-n Schnaps trinken* Sein Vater kommt selten nach Hause, ohne nicht vorher noch schnell einen gezwitschert zu haben.
j-m eine **zwitschern** U	= *j-m eine zischen*
von **zwölf** bis Mittag	*nicht mal für e-e ganz kurze Zeit* Du kannst dir nichts von zwölf bis Mittag merken! Wie soll das einmal mit dir werden?
in **zwölfter** Stunde	*im allerletzten Augenblick* Immer wieder kam es zu Grenzüberschreitungen, und ein erneuter Ausbruch des Krieges konnte oft nur in zwölfter Stunde verhindert werden.

Weitere ausgewählte Titel von Wolf Friederich:

10 000 Wörter

A German Vocabulary for Students
140 Seiten, kart.   1104

Diese in 30 Sachgruppen untergliederte Sammlung ist für die systematische Wortschatzarbeit bestimmt. Die etwa zehntausend Wörter, Substantive, Adjektive und Verben, zum Teil in feststehenden Redewendungen, denen jeweils die englische Übersetzung gegenübergestellt ist, wurden nach praktischen Gesichtspunkten ausgewählt: Häufigkeit und Wertigkeit in allen Bereichen des Alltags waren dabei die entscheidenden Kriterien.

Technik des Übersetzens · Englisch und Deutsch

Eine systematische Anleitung für das Übersetzen ins Englische und ins Deutsche für Unterricht und Selbststudium
148 Seiten, kart., Hueber-Nr. 2143

Dieses Buch möchte die Lücke schließen, die im allgemeinen zwischen dem eigentlichen Sprachunterricht und dem Übersetzungsunterricht besteht. Dabei ist es kein grundlegendes Werk zur Übersetzungstheorie, sondern verfolgt in erster Linie praktische Ziele. Ohne besondere sprachwissenschaftliche Kenntnisse vorauszusetzen, gibt es im 1. Teil eine Einführung in das Wesen von Sprache und Übersetzung. Der 2. Teil führt dann 25 Beispielgruppen mit insgesamt 800 Beispielen vor, in dem 25 für das praktische Übersetzen hilfreiche Prinzipien dargelegt werden. Alle Beispiele erscheinen englisch und deutsch.

Dolmetschdialoge · Englisch und Deutsch

Ein Übungsbuch für das Gesprächsdolmetschen
82 Seiten, kart., Hueber-Nr. 2093

Schlüssel: 73 Seiten, kart., Hueber-Nr. 2.2093

Max Hueber Verlag
Krausstraße 30 · 8045 Ismaning/München

Friederich, Wolf / Haensch, Günther / Lawatsch, Edeltrud

Taschenwörterbuch des Fremdenverkehrs
Dictionary of Tourism

Deutsch-englisch, Englisch-deutsch
187 Seiten, kart., Hueber-Nr. 6281

Taylor, Ronald / Gottschalk, Walter

A German-English Dictionary of Idioms

Idiomatic and Figurative German Expressions
with English Translations
598 Seiten, Linson, Hueber-Nr. 6216

Idiomatische Wendungen der Muttersprache stilgerecht in das fremde Idiom zu übertragen, gehört zu den schwierigsten Aufgaben des Übersetzers. Für ihn wurde das vorliegende Buch zusammengestellt. In alphabetischer Folge nach Stichwörtern geordnet, enthält es eine Fülle deutscher idiomatischer Redensarten mit jeweiligen Varianten und ihren englischen Entsprechungen. Da dieses Buch nicht nur als Nachschlagewerk gedacht ist, sind den einzelnen Redensarten jeweils Übungssätze zugeordnet, die vielfältige Anregung und Anleitung zu praktischen Übungen geben. Die Anwendungsbereiche der Ausdrücke sind sorgfältig gekennzeichnet.

Erhard Agricola / Herbert Görner / Ruth Küfner

Wörter und Wendungen

Wörterbuch zum deutschen Sprachgebrauch
824 Seiten, Leinen, Hueber-Nr. 1127

Dem Benutzer wird in diesem Band das jeweils behandelte Stichwort im Zusammenhang eines Teilsatzes oder ganzen Satzes, mit den üblichen oder den typischen Verbindungen vorgeführt. Zu den 8000 Stichwörtern zählen auch freie Wortverbindungen.

Max Hueber Verlag
Krausstraße 30 · 8045 Ismaning/München